HISTÓRIAS CLÍNICAS

OBRAS INCOMPLETAS DE **SIGMUND FREUD**

Freud

HISTÓRIAS CLÍNICAS
Cinco casos paradigmáticos
da clínica psicanalítica

1ª edição
2ª reimpressão

TRADUÇÃO
Tito Lívio Cruz Romão
REVISÃO DE TRADUÇÃO
Maria Rita Salzano Moraes
Pedro Heliodoro Tavares
POSFÁCIO
Marcus André Vieira

autêntica

7 **Apresentação**
Cinco casos paradigmáticos da clínica psicanalítica
Gilson Iannini

15 **Prefácio**
Escrever a clínica: Freud entre a ciência e a literatura
*Gilson Iannini, Pedro Heliodoro Tavares,
Tito Lívio Cruz Romão*

29 Fragmento de uma análise de um caso de histeria (caso Dora) (1905)

173 Análise da fobia de um garoto de 5 anos (caso Pequeno Hans) (1909)

335 Observações sobre um caso de neurose obsessiva (caso Homem dos Ratos) (1909)

435 Anotações originais sobre um caso de neurose obsessiva (Homem dos Ratos) (1955 [1907-1908])

539 Observações psicanalíticas sobre um caso de paranoia (*dementia paranoides*) descrito com base em dados autobiográficos (caso Schreber) (1912 [1911])

631 Da história de uma neurose infantil (caso Homem dos Lobos) (1918)

775 **Posfácio**
Cinco
Marcus André Vieira

Apresentação
CINCO CASOS PARADIGMÁTICOS DA CLÍNICA PSICANALÍTICA

Gilson Iannini[i]

A clínica é o alfa e o ômega da psicanálise. Tudo começa na clínica e a ela retorna. As sofisticadas elaborações teóricas da metapsicologia, as variadas incursões na literatura, as surpreendentes investidas na cultura, a análise dos sonhos e das formações do inconsciente, o mergulho vertiginoso nas ciências, tudo isso, decorre, ao fim e ao cabo, de uma única exigência: construir junto àquele que procura um psicanalista uma maneira melhor de viver. Freud publicou ao todo cinco grandes casos clínicos. É claro que, de ponta a ponta, o restante da obra está recheado por diversos fragmentos e vinhetas clínicas. Mas apenas cinco casos foram publicados como "casos clínicos" ou "histórias clínicas": o caso Dora, o Pequeno Hans, o Homem dos Ratos, o caso Schreber e o Homem dos Lobos.

As histórias clínicas freudianas interessam em muitos sentidos. De certa maneira, elas nos servem mais como interpretação da clínica do que como casos interpretados por ela. Eles nos interessam não apenas como casos analisados, mas sobretudo como analisantes. Por isso, são paradigmáticos da clínica psicanalítica. Mas o que é, ou como funciona,

---

[i] Com a colaboração de Cecilia Lana Nascimento, Fillipe Doria de Mesquita, Henri Kaufmanner, Scheherazade Paes de Abreu, Vinicius Darriba e Vinícius Moreira Lima.

um paradigma? Em *A Interpretação do sonho*, Freud elegeu o célebre "sonho da injeção de Irma" como modelo, como paradigmático. Não fosse a exigência imposta pelo editor de incluir um capítulo introdutório contendo uma revisão sistemática da literatura especializada, na versão original imaginada por Freud, o livro começaria diretamente com a descrição e a análise de um sonho, que funcionaria como modelo. O que isso quer dizer? O que está em jogo não é a presença de elementos comuns a todos os sonhos, mas o caráter paradigmático que sua análise empresta para a análise de outros sonhos igualmente singulares. Nesse sentido, o "sonho de Irma" não é apenas analisado por Freud, mas é um "analisador" ou "analisante", o sonho a partir do qual ele analisa outros sonhos, um a um. Assim, tudo se passa segundo a noção de paradigma, que "não vai do particular ao todo e do todo ao particular, mas do individual ao individual" (AGAMBEN, 2019, p. 36).

Mais ou menos a mesma coisa se passa com as histórias clínicas. Dora, Pequeno Hans, Schreber, Homem dos Ratos, Homem dos Lobos valem não apenas como histórias clínicas analisadas por Freud, mas como casos paradigmáticos que nos permitem ler outros casos. Isso ocorre não porque eles conteriam um modelo teórico que se replica em outros, uma verdade que exemplifica uma estrutura clínica, mas porque em sua singularidade irredutível permitem ler outros arranjos subjetivos igualmente singulares. Tudo se passa como se, *avant la lettre*, Freud tivesse experimentado um método que explode o quadro habitual com que pensamos a relação entre teoria e empiria. Não se trata nem de uma lógica dedutiva, na qual, a partir de uma teoria inferimos um caso particular, nem de uma lógica indutiva, na qual a partir de uma coleção de casos particulares construiríamos uma teoria geral.

Ou seja, Dora não é um exemplar de uma teoria prévia de histeria, que serviria apenas para ilustrar um modelo pronto (como seria num modelo dedutivo de ciência), tampouco podemos dizer que a teoria da histeria foi escrita a partir de uma coleção de Doras (raciocínio indutivo). O que importa em Dora é sua singular solução sintomática.

Mais ou menos o mesmo raciocínio vale nos demais casos paradigmáticos. Mas o que significa passar de um singular a outro singular? Em "O que é um paradigma?", o filósofo italiano Giorgio Agamben expõe o que ele chama, inspirado em Aristóteles, de método paradigmático, que desconcerta as habituais representações que fazemos das relações entre o particular e o universal: "no paradigma, a inteligibilidade não precede o fenômeno, mas está, por assim dizer, 'ao seu lado' (pará)". Nesse sentido, um paradigma não se estrutura nem por dedução nem por indução, mas por analogia, desenhando um movimento que vai do singular ao singular sem passar pelo universal da teoria. Segundo essa concepção, o caso paradigmático, ao mesmo tempo que não é externo ao seu conjunto de pertencimento, não pode ser dele isolado. O que o paradigma expõe é a singularidade de cada caso. Portanto, no uso que a psicanálise faz de nomes como o neurótico, o perverso, o psicótico, o obsessivo, a histérica, não se trata de semelhanças fundadas sobre o julgamento de atribuição do tipo "x é P", do qual a consequência imediata seria a formação de uma comunidade definida pela partilha de propriedades comuns. A noção de classe paradoxal permite explicar a modalidade complexa da *mise-en-scène* do singular na estrutura.

A propósito dos nomes "o neurótico", "o perverso" etc., Milner escreve: "O nome de neurótico, de perverso, de obsessivo nomeia ou finge nomear a maneira neurótica, perversa, obsessiva que tem um sujeito de ser radicalmente dessemelhante de qualquer outro" (MILNER, 2006, p. 91). Por esse motivo, nenhum sujeito poderá ser integralmente representado por uma classe qualquer que se proponha a descrevê-lo, já que, a cada vez, haverá algo em sua apresentação subjetiva que escapa às tentativas de codificação de sua particularidade em uma dada coleção, a exemplo de classificações nosológicas da psiquiatria, mas também da própria formalização psicanalítica das estruturas e seus tipos clínicos (TEIXEIRA, 2021). Afinal, no limite, o que a clínica psicanalítica recolhe não é o fato de que um sujeito é dessemelhante a si mesmo, desidêntico em relação a ele próprio?

Paralelamente ao caráter paradigmático de cada caso clínico, os cinco grandes casos freudianos interessam ainda na medida em que são impasses clínicos que induzem reformulações teóricas e técnicas. Grosso modo, podemos dizer que o caso Dora não apenas tornou-se o paradigma da histeria, como também ensinou sobre a complexa dinâmica da transferência; Hans esclareceu o mecanismo do sintoma fóbico, e mostrou as teorias sexuais infantis como soluções para a angústia do encontro com o sexual; Homem dos Ratos demonstrou não apenas os mecanismos psíquicos da compulsão, mas a própria estrutura obsessiva para além dos fenômenos aparentes; Schreber tornou-se o paradigma da psicose e, particularmente, da paranoia, exigindo ainda a introdução do conceito de narcisismo; Homem dos Lobos mostra os limites tênues entre a neurose obsessiva e a psicose, a insuficiência da interpretação e a necessidade da construção, resultando na elucubração da cena primária. Mas talvez possamos ir um pouco mais longe e dizer que Dora nos mostra que a bissexualidade constitucional em psicanálise não se reduz a escolhas de objeto de ambos os sexos ou gêneros, mas se estende também à oscilação e à coexistência de posições de identificação ditas masculinas e femininas – bem como de modalidades de satisfação pulsional ativas e passivas – em um mesmo sujeito, apontando para um fundo de indeterminação estrutural na sexualidade humana; Dora mostra ainda que a resistência do analista pode estar enraizada em sua posição subjetiva e social; Hans demonstra em ato o declínio da função paterna e como o inconsciente tenta suplementar isso, especialmente quando o desejo da mãe aparece como devorador; Homem dos Ratos mostra a loucura imanente à neurose obsessiva, que se contorce com o desejo proibido e com um modo de gozo que não consegue reconhecer como seu; Schreber nos mostra, por escrito, sua "solução elegante", esse arranjo diante do gozo que empurra o sujeito a uma posição de objeto; Homem dos Lobos, além de exibir a imbricação entre o processo absolutamente singular da sexuação e as marcas histórico-culturais que se inscrevem como precipitados e fragmentos, nos mostra que cada um delira do seu jeito.

Mas, sobretudo, a aposta intransigente na singularidade da clínica como locus por excelência da transmissão tem a ver também com a forma como cada caso foi construído. É essa forma que permite que eles possam ser lidos a cada vez de acordo com modelos teóricos diversos. É isso que faz com que sejam fonte inesgotável para pesquisas em campos tão diversos como as teorias feministas, de gênero e estudos queer, que promovem há décadas releituras de Dora, para a teoria social, que se interessa por Schreber e assim por diante. Isso sem falar da própria clínica psicanalítica que se alimenta o tempo todo de suas releituras a partir de novas perguntas e conceitos. Mas, sobretudo, que a clínica é o lugar de tensionamento entre a estrutura e o singular. Além disso, os casos freudianos ensinam que a clínica psicanalítica avança apesar e através do fracasso.

Foi o próprio Freud que sonhou com a publicação conjunta dessas cinco histórias clínicas, reunidas pela primeira vez num único volume no Brasil. E o leitor terá acesso também à tradução integral das "Anotações originais sobre um caso de neurose obsessiva". Durante meses, Freud anotou detalhadamente as sessões de análise do caso que ficou conhecido como Homem dos Ratos. Contrariamente a seu hábito, ele conservou essa espécie de diário de bordo mesmo após a publicação do caso. O manuscrito dessas anotações privadas foi encontrado em seus arquivos pessoais em Londres. Trata-se do registro mais aproximado da matéria bruta da clínica psicanalítica freudiana de que se tem notícia.

AGRADECIMENTOS

Um trabalho desta magnitude exigiu o empenho de muitas pessoas e consumiu alguns anos de trabalho. A primorosa tradução literária de Tito Lívio Cruz Romão foi minuciosamente revisada por Maria Rita Salzano Moraes. A versão final da tradução é de Pedro Heliodoro Tavares, responsável por equilibrar os aspectos "literários" e "conceituais" do texto. As notas são do tradutor, exceto quando houver indicação em contrário. O aparato crítico foi elaborado pelo editor, com revisão de Carla Rodrigues, Cecília Lana Nascimento, Claudia Moreira, Henri Kaufmanner e Vinícius Moreira Lima. O posfácio foi escrito pelo psicanalista Marcus André Vieira.

REFERÊNCIAS

AGAMBEN, Giorgio. O que é um paradigma? In: *Signatura rerum: sobre o método*. Tradução de Andrea Santurbano e Patrícia Peterle. São Paulo: Boitempo, 2019. p. 9-44.

MILNER, Jean-Claude. *Les noms indistincts*. Paris: Seuil, 1983. [Tradução brasileira: *Os nomes indistintos*. Rio de Janeiro: Companhia de Freud, 2006.]

TEIXEIRA, Antônio. *Le savoir pathologique: La psychanalyse entre le texte et le contexte*. Rennes: Presses Universitaires de Rennes, 2021.

TEIXEIRA, Antônio. Posfácio: A implicação do sujeito na nosologia freudiana. In: FREUD, Sigmund. *Neurose, psicose, perversão*. Belo Horizonte: Autêntica, 2016. (Obras Incompletas de Sigmund Freud.).

Prefácio
O ESCREVER A CLÍNICA:
FREUD ENTRE A CIÊNCIA E A LITERATURA

Gilson Iannini
Pedro Heliodoro Tavares
Tito Lívio Cruz Romão

Toda a formação científica de Freud foi realizada no ambiente duro do fisicalismo alemão, que deixou marcas profundas em sua maneira de trabalhar, particularmente em sua obsessão pelo fato clínico. Contudo, ainda bastante precocemente, Freud percebeu que a natureza do material bruto da psicanálise exigiria do pesquisador algumas habilidades não aprendidas em laboratório. Já em 1895, mesmo ano em que redige o célebre *Entwurf einer Psychologie*, conhecido em português como *"Projeto" de uma psicologia*, seu último esforço de descrever em vocabulário exclusivamente naturalista sua teoria do aparelho neuronial, publica também os *Estudos sobre a histeria*. Na discussão do caso Elisabeth, ele se surpreende, ou finge se surpreender, com o fato de que as histórias contadas pelas pacientes [*Krankengeschichten*] deveriam ser lidas pelo analista muito mais como romances [*Novellen*]. Chega mesmo a afirmar:

> Nem sempre fui psicoterapeuta, mas fui antes ensinado a empregar diagnósticos locais e eletroprognósticos tal como fazem outros neuropatologistas, e ainda me afeta de modo particular perceber que os relatos de casos que escrevo pareçam ser lidos como novelas e que,

por assim dizer, alegadamente prescindiriam da marca de seriedade da ciência. Tenho de consolar-me com o fato de que a natureza do assunto é evidentemente mais responsável por isso do que minhas preferências pessoais; o diagnóstico local e as reações elétricas simplesmente não são válidos no estudo da histeria, ao passo que uma apresentação [*Darstellung*] aprofundada dos processos psíquicos, tal como a que estamos habituados a receber do poeta [*Dichter*], permite-me, pelo uso de algumas poucas fórmulas psicológicas, obter certa compreensão no acompanhamento de uma histeria (FREUD, 1985, p. 227).

Em outros termos: desde o início, o psicanalista estava advertido quanto à necessidade de forjar um método próprio, que transitasse entre registros discursivos diversos: era preciso combinar pelo menos o rigor conceitual do cientista com o rigor formal do poeta. Não custa lembrar: não se trata aqui de um elogio romântico a uma suposta oposição entre a liberdade da poesia e a rigidez da ciência. Ao contrário, a tarefa do analista consiste em ler os relatos clínicos como romances, com todo o rigor formal que é exigido pela própria apresentação do material. Convém não confundir rigor e rigidez. Ler os relatos clínicos como romance: a objetividade do fato clínico depende de sua construção formal, através da escrita. Essa construção engloba recursos linguísticos heterogêneos, indo desde o uso do fragmento e do aforismo ao estabelecimento de inferências causais entre eventos aparentemente desconexos; desde a análise de semelhanças fonéticas até a reconstrução narrativa de detalhes das cenas descritas.

Raramente um escrito do criador da psicanálise pode ser lido como um mero texto técnico-descritivo, o que até hoje faz com que leitores se aproximem de sua obra também pela via da literatura, da ensaística ou da crítica cultural. Esse aspecto torna-se ainda mais decisivo no caso dos cinco textos aqui reunidos, nos quais Freud usa de forma singular a capacidade de uma escrita narrativa clara e envolvente para apresentar histórias de vida de seus pacientes na trama complexa do tratamento. Walter Muschg, em seu histórico ensaio "Freud als Schriftsteller" [Freud como escritor], declara que o escritor Freud não poderia ser separado do cientista (2009, p. 303) e nesse sentido faz coro com a impressão de outros grandes nomes da literatura e da cultura de expressão alemãs. Thomas Mann teria afirmado em seu ensaio "Freud und die Zukunft" [Freud e o futuro]: "Freud escreve de modo geral em uma prosa de forte cunho ilustrativo, é um artista do pensamento tal qual Schopenhauer e, como ele, um escritor europeu" (1955, p. 499).[i] Einstein em carta a Freud declara: "Admiro especialmente sua produção/realização [*Leistung*], como a todos os seus escritos, do ponto de vista literário. Não conheço nenhum contemporâneo nosso que tenha apresentado seus objetos de investigação com tanta maestria na língua alemã" (*apud* SCHÖNAU, 2006, p. 265).[ii] O romancista Hermann Hesse, por fim, teria escrito em resenha à *Neue Rundschau*:

> Sua obra desperta convicção também fora do seu *milieu* devido às suas elevadas qualidades tanto humanas quanto literárias. [...] O Freud pesquisador esmerado, lógico da clareza, criou um instrumento privilegiado

---

[i] No original: "*Freud schreibt überhaupt in eine höchst anschauliche Prosa, er ist ein Künstler des Gedankens wie Schopenhauer und wie er ein europäischer Schriftsteller*".

[ii] No original: "*Ganz besonders bewundere ich Ihre Leistung, wie alle Ihre Schriften, vom schriftstellerischen Standpunkt aus. Ich kenne keinen Zeitgenossen, der in deutscher Sprache seine Gegenstände so meisterhaft dargestellt hat*".

em uma linguagem altamente intelectualizada, mas também de um agudo esplendor, de exata definição, bem como de lúdica capacidade combatida e satírica (*apud* SCHÖNAU, 2006, p. 260).[i]

Sabemos que a discussão em torno dos escritos de Freud envolve aspectos muito mais complexos do que a mera identificação de um conjunto de termos técnicos aplicados. Ao lermos um texto desse autor nos confrontamos – para muito além de um *pensée pensée* (pensamento pensado), das típicas exposições objetivas e inequívocas do pensamento científico – com um *pensée pensante* (pensamento pensante) de um mestre da escrita, da crítica, da reflexão. Os escritos de Freud refletem a experiência de um saber em formação e em constante revisão, a partir do qual nem sempre é simples um posicionamento sobre quais vocábulos deveriam ser elevados à categoria de *conceito*. Difícil também seria saber se uma tradução lhe faria maior justiça buscando elevar seu vocabulário fundamental a uma terminologia precisa ou salvaguardando sua riqueza estilística de composição, compreendendo que o(s) estilo(s) de escrita ocupa(m) uma função teórico-científica.

Mahony, em seu livro *Freud as a writer* (Freud como escritor), trata dessa dupla natureza da escrita freudiana entre as capacidades estético-representacionais e racionais-argumentativas. A prosa de Freud não apenas dramatiza e reflete, ela tem também valor racional e reflexivo. Mais do que a de qualquer outro analista, a prosa de Freud é

---

[i] No original: "*Sein Werk überzeugt auch außerhalb der Gilde durch ganz hohe menschliche wie literarische Qualitäten. [...] Der sorgfältige Forscher und klare Logiker Freud hat sich ein vorzügliches Instrument in seiner ganz intellektualistischen, aber prachtvoll scharfen, genau definierenden, gelegentlich auch kampf- und spottlustigen Sprache geschaffen*".

bilateral, como o rosto de Jano, anfíbia, equilibrando entre mostrar e fazer, entre desempenho e descrição, refletindo e dando testemunho. Em um movimento pendular entre processos primário e secundário, afeto e racionalidade, invenção e análise. A escrita paira entre o consciente e o inconsciente, constituindo-se como uma prosa limítrofe, por isso autenticamente "psicanalítica". Janela e espelho juntos constituem a imagem apropriada para caracterizar sua prosa especulativa (MAHONY, 1987, p. 59).

Se levantamos a questão do estilo e vimos o quanto a sua obra é perpassada por *Gleichnisse* (símiles, parábolas, comparações), tão minuciosamente analisados na tese de Schönau (2006), certamente há também em seus escritos a preocupação com a elaboração de *conceitos*, ou *Grundbegriffe* [conceitos fundamentais] como os teria chamado. Ao conjunto destes *Begriffe*, à teoria psicanalítica, Freud teria dado o nome *Metapsicologia* [*Metapsychologie*]. Curioso que ele use justamente como elemento de comparação com sua Metapsicologia a Bruxa da história do *Fausto* de Goethe, a obra literária, aliás, mais citada pelo psicanalista. Quer dizer, através de sua refinada prosa, Freud supera em muito o objetivismo formal dos cientistas ou filósofos com suas articulações terminológicas, o que também não implica dizer que o autor estaria descomprometido com o rigor intelectual e que deveria ser relegado simplesmente ao plano da beletrística. Se muitos justificam a aproximação de Freud da literatura, e com isso quase que um decorrente afastamento do científico, por ele ter sido o agraciado com o Prêmio Goethe em 1930, valeria lembrar que, mais do que um prêmio "literário", este era destinado aos grandes nomes da cultura que, tal qual Goethe, desenvolviam um pensamento movidos por uma curiosidade que atravessava às fronteiras entre literatura, ciência, política, filosofia etc.

O Prêmio Goethe, ao contrário do que muitos pensam, não é exclusivamente literário. Embora a maioria dos agraciados com essa distinção tenham sido escritores e poetas, ela já foi concedida ao arquiteto Walter Gropius (1961), ao cineasta sueco Ingmar Bergman (1976) e à dançarina e coreógrafa Pina Bausch (2008), entre outros (BRACCO, 2011, p. 253).

Muschg ([1930] 2009), novamente mostrando a singular posição de Freud entre o científico e o literário, afirma que Freud teria usurpado a palavra *sonho* [*Traum*] dos poetas. Isso que foi extraído do poético será submetido a uma outra gramática, aquela da ciência, formulando enunciados tais como "O sonho é a realização (disfarçada) de um desejo (reprimido/recalcado)"[i] (FREUD, [1900] 1999, p. 166), cuja formulação não deixa nada a desejar a uma lei científica padrão como "A toda ação sempre há uma reação de mesma intensidade e direção, porém em sentidos opostos". O recurso a esses dois polos da poesia e da ciência respondem à necessidade de pensar o material clínico, que engloba, ao mesmo tempo, uma verdade que mergulha no singular e um saber que aspira ao universal.

Quer dizer, ele faz por vezes uso de um léxico literário numa sintaxe científica em ocasiões como essa, enquanto nas histórias clínicas [*Krankengeschichten*] apresenta toda a descrição dos sintomas com conceitos em preciso *Medizinerdeutsch*,[ii] porém dentro de uma tão elaborada estrutura narrativa, que cativa leitores interessados nas qualidades literárias desses historiais, lidos como verdadeiros romances.

---

[i] No original: "*Der Traum ist die (verkleidete) Erfüllung eines (unterdrückten/ verdrängten) Wunsches*".

[ii] "Uso do jargão médico" em língua alemã.

TRADUZIR O IMPOSSÍVEL

Cabe aqui um esclarecimento acerca deste termo composto em alemão: *Krankengeschichten*, tão comumente traduzido como "casos clínicos". Uma tradução literal nos daria algo como "histórias de doentes" ou "histórias médicas". Adotando uma solução de compromisso entre a literalidade e o uso, adotamos "histórias clínicas". Há em alemão a palavra *Fall*, que com essa mesma grafia na língua inglesa, ainda que com diferenças de pronúncia, equivaleria a nossa palavra *caso*. Basta vermos a proximidade com *ocaso* para lembrarmos que sua etimologia remete a *queda*. *Cadere*, no latim, assim como no italiano, equivale ao verbo inglês *to fall* ou ao alemão *fallen*, ou seja, *cair*. No vocabulário médico, isso caberia aos "casos" em que os pacientes são acometidos de alguma doença ou sintoma. Mas Freud destaca aqui outra dimensão: não apenas sua doença, seus sintomas, mas sobretudo suas histórias, suas *Geschichten*. A palavra *Geschichte* em alemão dá tanto nome à disciplina científica de Heródoto quanto às histórias reais ou fictícias que podem ser narradas. História ou "estória", *history* ou *story* a um só tempo. Interessante ainda observar que a etimologia alemã remete a *camada*, *etapa* [*Schichte*]. Vilém Flusser leva-nos, em seu ensaio "A história do diabo", às "*Schichten der Geschichte*", ou seja, às *camadas da história*. Já o elemento *Kranke* (grafado em inicial maiúscula e com "e" ao final) se refere ao substantivo *doente* ou *paciente*, enquanto *krank* seria o adjetivo *doente*. Assim, em alemão, um hospital é *casa dos doentes/pacientes* [*Krankenhaus*], uma ambulância é o *carro dos doentes/pacientes* [*Krankenwagen*]. Não existem critérios puramente linguísticos para decidir como traduzir *Kranke*: se como *doente* (tradução mais literal) ou como *paciente* (forma mais usual de nos referirmos a pessoas em tratamento). Contornando essa situação, preferimos dar o título de *Histórias clínicas* ao conjunto, em vez de *Histórias de doentes* ou *Histórias de pacientes*. A propósito, ainda que haja em alemão também o cognato *Patient*, preferimos aqui geralmente traduzir *Kranke* por *paciente*.

As traduções contidas neste volume encerram diversas estratégias e tomadas de decisão que vão desde escolhas semânticas e estilísticas, passando pelas diferentes dicções de cada texto e abrangendo, por fim, a complexidade dos conteúdos e conceitos psicanalíticos que servem de base a cada um dos *romans à clef* elaborados por Freud. Além das cinco histórias clínicas, o tradutor verteu para o português brasileiro, diretamente do alemão de Freud, os registros originais do caso Homem dos Ratos. Quanto ao processo de tradução como um todo, houve o compromisso de buscar manter o equilíbrio entre a escrita científica e o acabamento literário sempre presentes nos textos freudianos originais.

Para designar "tradução" como ato ou resultado de um processo, o alemão usa o termo *Übersetzung*, que tem como sinônimo *Übertragung*. Este segundo vocábulo também significa "transferência", termo psicanalítico que Freud utilizou pela primeira vez no caso Dora. De maneira análoga à transferência vivenciada em terapias, o tradutor também se vê às voltas com "reedições", "reproduções", "reimpressões", "adaptações", conscientes ou inconscientes, das vivências feitas por ele com o protótipo. Pensando nas traduções destas histórias clínicas, os protótipos de que dispôs o tradutor eram os próprios textos originais de Freud. De modo semelhante às transferências na psicanálise, é possível entender que os processos tradutórios significam, algumas vezes, "simples reimpressões, reedições inalteradas", mas que, outras vezes, também precisam ser realizados "com mais engenhosidade", experimentando, não raro, "uma atenuação" – ou, por vezes, uma exacerbação – "de seu conteúdo, uma sublimação, logrando, inclusive, tornar-se conscientes". Quando alcançam esse estágio, as traduções também podem ser entendidas como "novas adaptações, não mais reimpressões" (neste volume, p. 156-157).

Neste volume, em geral, o tradutor buscou não apenas "reimprimir e reeditar", em português do Brasil, os conteúdos apresentados por Freud, mas também adaptá-los para a realidade dos leitores brasileiros – especialistas ou não –, proporcionando-lhes uma visão tanto das superfícies textuais mais aparentes quanto, sempre que possível, das camadas internas, das entrelinhas, das pressuposições mais recônditas nos textos de Freud, indelevelmente marcados por um estilo que mescla o científico e o literário.

Mirando o público brasileiro, diversas vezes o tradutor recorreu a notas visando a esclarecer, no vernáculo, trechos do original que, sem uma explicação mínima, talvez não ficassem totalmente claros. Em alguns casos, será possível dizer, talvez se tenha corrido o risco de as notas serem entendidas como demasiadamente didáticas; porém, a ideia precípua foi tão somente disponibilizá-las aos leitores em geral, inclusive aos profissionais da psicanálise, em especial àqueles que não têm acesso aos textos em alemão.

As motivações que levaram o tradutor a conceber suas notas podem ser classificadas por áreas temáticas, a saber: a) emprego de jogos semânticos e/ou fônicos de palavras alemãs sem correspondentes exatos no vernáculo; b) uso de palavras sinônimas ou quase sinônimas; c) palavras com sentido ambíguo em alemão, mas sem o mesmo caráter polissêmico em português; d) comentários sobre convenções linguísticas próprias da língua original; e) recurso a diferentes níveis e/ou registros de linguagem; f) emprego da forma diminutiva em nomes próprios do alemão; g) transliteração de palavras oriundas de uma terceira língua; h) uso de termos eruditos em oposição a seus sinônimos usados na linguagem cotidiana; i) tradução e comentários de citações literárias; j) uso de termos especificamente austríacos em oposição ao alemão-padrão, dentre outros.

No caso Dora, por exemplo, pode-se destacar a presença de termos polissêmicos em alemão que não encontram correspondência direta no português brasileiro. Ao utilizar o substantivo *Freundin* em seu manuscrito original, Freud obviamente não precisou esclarecer a ambiguidade ali existente: esse vocábulo pode significar tanto *amiga* quanto *namorada*. O tradutor deu especial atenção às diferentes palavras usadas por Freud para designar pessoas do sexo feminino: *Weib, Frau, Dame, Fräulein, Mädchen, Freundin*. Outra preocupação residiu em determinadas pressuposições que podem ocorrer sobretudo a nativos da língua alemã, ao se depararem com certas palavras inseridas em contextos ambíguos. Numa cena com uma presumível carga sexual, Freud usa o verbo *stehen* conjugado na terceira pessoa do singular, tendo como sujeito um homem visivelmente interessado na jovem Dora. Por trás da cena aparentemente corriqueira, a sexualidade subjacente aos personagens envolvidos talvez também possa impor-se como força motriz através do verbo escolhido. Neste caso específico, o verbo *stehen* tem o sentido geral de "estar em uma posição vertical, estar de pé", mas, na linguagem popular, também pode significar "ter uma ereção".

Em Pequeno Hans, um desafio tradutório adicional são as diferentes dicções representadas por três registros de fala distintos: as palavras do pai de Hans dirigidas a Freud, os diálogos entre Hans e seu pai, e as conclusões psicanalíticas de Freud sobre o material compilado e analisado. Em relação a Hans especificamente, o tradutor tentou dotá-lo de uma maneira de expressar-se como uma criança pequena que faz uso do português brasileiro; procurou permitir, portanto, que Hans cometa "erros" típicos de um menino ainda em processo de aquisição da língua materna. Por conseguinte, adaptou certas construções frasais, recorreu a determinados vocábulos e a desvios da norma do discurso "adulto" em português brasileiro. Hans cria, inclusive, o termo *Wiwimacher*, que poderia ser vertido literalmente por "xixizador", se o tradutor buscasse reeditar o processo morfológico visível no termo original. O menino extrai, do verbo *wiescherln* [*urinar* em alemão austríaco], a primeira sílaba de seu neologismo, duplicando-a e adicionando-lhe o substantivo *Macher* [*fazedor*]. O dicionário *Duden* da língua alemã registra que esse verbo é de origem onomatopaica e é usado na linguagem infantil. Poder-se-ia optar por traduzir essa palavra por *faz-pipi*, para soar mais leve e imprimir mais fluência ao texto, mas preferiu-se aqui resgatar a capacidade neológica do termo usado pelo menino.

Em Homem dos Ratos, como em outras histórias clínicas, o tradutor procurou explanar, por exemplo, jogos de palavras existentes no texto alemão que não têm correspondentes diretos no português brasileiro. Num trecho relativo a uma mania de emagrecimento, Freud menciona um homem chamado Richard, mas tratado por Dick. Foi necessário esclarecer a existência do adjetivo homônimo alemão *dick*, que significa *gordo*. Noutro trecho, Freud refere-se a "uma novela de Sudermann". Aqui o tradutor reconheceu a importância de incluir uma nota que minimamente apresentasse dados sobre o autor e a obra mencionados, a fim de que os leitores brasileiros pudessem relacioná-los com a história do paciente em questão.

Recorrer a citações diretas ou indiretas de escritores germanófonos ou estrangeiros era uma prática recorrente de Freud em suas histórias clínicas. No caso Schreber, à guisa de ilustração, são citados trechos de Goethe, Byron, Jalaluddin Rumi, além da ópera *O franco-atirador*, de Carl Maria Weber. A história clínica que aborda o antigo presidente do Tribunal Regional da Saxônia, Dr. Daniel Paul Schreber, representa, por si só, um desafio de tradução, porque Freud a concebeu tomando por base um livro publicado por esse homem que sofria de paranoia.

Na história clínica Homem dos Lobos, o tradutor também procurou desvendar possíveis leituras escondidas por trás de determinados vocábulos, entre os quais também há alguns com clara conotação sexual em alemão. O termo *Zipfel*, utilizado no original para designar *extremidade, ponta*, também pode significar, na linguagem popular, *pênis*. Da mesma maneira, o vocábulo *Schwanz*, encontrado na designação original da espécie de borboleta rabo-de-andorinha [*Schwalbenschwanz*], também pode ter o mesmo significado. Nos contextos em que se encontram inseridas, os leitores brasileiros poderão perceber, com a ajuda das notas, as segundas leituras que essas palavras permitem no protótipo alemão.

Como já afirmado, o presente volume contém ainda os registros originais do Homem dos Ratos, dos quais Freud por acaso não se desfez, contrariando o destino que costumava dar a seus rascunhos. Esses são os únicos remanescentes dos rascunhos feitos para uma história clínica; e foram traduzidos especialmente para este volume para permitir ao leitor brasileiro perceber como se dava a gênese e o processo de reelaboração escrita após uma sessão psicanalítica. Durante as sessões, Freud não podia fazer pausas para cuidar de anotações minuciosas, portanto, nesses registros, aqui compreendidos como um gênero textual à parte, encontram-se muitas abreviaturas, frases incompletas e/ou truncadas, elementos sintáticos em certa desordem etc. Não obstante, com o domínio que tinha de cada história em particular, Freud conseguia recuperar e reelaborar os dados para escrever cada caso clínico.

Em geral, nas traduções das histórias clínicas, não se buscou aplicar uma "correção" de termos atualmente considerados inadequados ou politicamente incorretos; porém, sempre que necessário, o tradutor recorreu a uma nota para deixar claro que o termo brasileiro apenas refletia a escolha freudiana no momento da escrita. À guisa de exemplo, manteve-se, nesta tradução, o sentido original de *Krüppel* [*aleijado*], vocábulo que, na época em que o autor escreveu seu ensaio, era comumente utilizado para designar pessoas com deficiência física. Nos dias de hoje, ele tem sentido depreciativo e discriminatório, de maneira idêntica a seu correspondente em português do Brasil. As notas aqui mencionadas, embora propostas pelo tradutor, normalmente não representam uma decisão única e exclusivamente sua, pois também passaram pelo crivo de revisores e editores. São, em última instância, o resultado de uma cuidadosa pesquisa, na qual o tradutor sempre teve como alvo primordial os leitores brasileiros, e de um trabalho conjunto que envolveu diferentes pontos de vista.

REFERÊNCIAS

BRACCO, Mariangela Oliveira Kamnitzer. Freud e o Prêmio Goethe. *J. psicanal.* [online]. 2011, v. 44, n. 81, p. 253-258.

FREUD, Sigmund. (1900). Die Traumdeutung. In: *Gesammelte Werke: Chronologisch geordnet*. Frankfurt am Main: Fischer Verlag, 1999.

FREUD, Sigmund. (1895a). Studien über Hysterie. In: *Gesammelte Werke: Chronologisch geordnet*. Frankfurt am Main: Fischer Verlag, 1999.

FREUD, Sigmund. (1895b). Entwurf einer Psychologie. In: *Gesammelte Werke: Chronologisch geordnet*. Frankfurt am Main: Fischer Verlag, 1999.

MAHONY, Patrick. *Freud as a Writer*. Nova York: Yale University Press, 1987.

MANN, Thomas. Freud und die Zukunft. In: *Adel des Geistes*. Frankfurt am Main: Fiscer 1955.

MUSCHG, Walter. (1930) Freud als Schriftsteller. In: *Die Zerstörung der deutschen Literatur*. Berna: Diogenes. 2009.

SCHÖNAU, Walter. *Sigmund Freuds Prosa: Literarische Elemente seines Stils*. Giessen: Psychosozial-Verlag, 2006.

FRAGMENTO DE UMA ANÁLISE DE UM CASO DE HISTERIA (CASO DORA) (1905)

PREFÁCIO

Considerando que, após uma extensa pausa, começo a corroborar as minhas proposições apresentadas nos anos 1895 e 1896 sobre a patogênese de sintomas histéricos e os processos psíquicos que ocorrem na histeria, apoiando-me no relato minucioso de uma história clínica e de seu tratamento, não posso poupar-me deste prefácio, que deverá, por um lado, justificar o meu procedimento em diversos sentidos, e, por outro, reconduzir as expectativas que o acolhem a uma proporção adequada.

Sem dúvida, era-me uma tarefa delicada ter de publicar resultados de pesquisas – e na realidade esses resultados surpreendentes e pouco lisonjeiros – que inevitavelmente não puderam passar pelo crivo dos colegas da área. Porém, não é menos delicado se agora começo a disponibilizar à opinião pública um pouco do material que me servira de fonte para obter tais resultados. Não escaparei às críticas. Se estas antes consistiam em afirmar que eu nada relatava sobre meus pacientes, agora tratarão de apontar que relatei de meus pacientes[1] o que não se deve relatar. Tenho a esperança de que serão as mesmas pessoas que, assim agindo, mudarão o ensejo de sua crítica, e de antemão já prescindo de alguma vez querer privar esses críticos de seu julgamento.

Para mim, a publicação de minhas histórias clínicas continua a ser uma tarefa de difícil solução, ainda que eu continue a não me preocupar com aquelas pessoas mal intencionadas e sem compreensão. As dificuldades são em parte de natureza técnica e, por outro lado, têm sua origem na essência das próprias circunstâncias. Se for correto que a causação dos adoecimentos histéricos é encontrada nas intimidades da vida psicossexual dos doentes e que os sintomas histéricos são a expressão de seus desejos recalcados mais recônditos, então a elucidação de um caso de histeria não pode deixar de desvelar essas intimidades e de revelar esses segredos. É certo que os doentes jamais teriam falado se lhes ocorresse a possibilidade de suas confissões serem utilizadas cientificamente, e é igualmente certo que teria sido totalmente em vão, se alguém tivesse pretendido que eles mesmos autorizassem sua publicação. Em tais condições, pessoas circunspectas, bem como também as tímidas, poriam em primeiro plano o dever da discrição médica e lamentariam não poder prestar, nesse caso, quaisquer serviços de esclarecimento à ciência. Não obstante, acho que o médico não assumiu deveres apenas perante cada doente, mas também perante a Ciência. No fundo, perante a Ciência significa nada mais que perante os muitos outros doentes que sofrem ou ainda sofrerão do mesmo problema. A comunicação pública do que se julga saber sobre a causação e a estrutura da histeria torna-se um dever, e a omissão, uma covardia vergonhosa, sempre que se puder evitar o prejuízo pessoal direto do doente em questão. Acredito que fiz tudo para excluir minha paciente de um dano como esse. Escolhi uma pessoa cujos destinos não se desenrolavam em Viena, mas em uma cidadezinha distante, e cujas relações particulares devem ser, portanto, praticamente desconhecidas em

Viena; desde o princípio mantive o sigilo do tratamento com tanto cuidado que apenas um único colega absolutamente digno de toda confiança pode saber que a moça teria sido minha paciente; concluído o tratamento, ainda esperei quatro anos para a publicação, até eu ter sabido de uma mudança na vida da paciente, fazendo-me supor que seu próprio interesse nos acontecimentos aqui narrados e nos processos anímicos poderia, agora, estar dissipado. É óbvio que não foi escrito nenhum nome que pudesse dar uma pista a um leitor dos círculos leigos; além disso, a publicação em um periódico especializado rigorosamente científico deveria ser uma proteção contra esses leitores não autorizados. Naturalmente não posso impedir que a própria paciente experimente uma sensação desagradável, se, por um acaso, cair-lhe nas mãos a narrativa de sua própria história clínica. Porém, nada ficará sabendo sobre si que já não saiba e poderá colocar-se a pergunta sobre quem, além dela, ficará sabendo que se trata de sua pessoa.

Sei que – pelo menos nesta cidade – existem muitos médicos que – com bastante repugnância – não querem ler uma história clínica destas como um artigo sobre a psicopatologia da neurose, mas como um *roman à clef* destinado a seu divertimento. A essa espécie de leitores dou a certeza de que todas as minhas histórias clínicas que venham a ser posteriormente comunicadas serão protegidas por garantias semelhantes de sigilo, contra a perspicácia desse leitorado, embora, devido a esse propósito, minha forma de explorar meu material tenha sido obrigada a enfrentar uma restrição excepcional.

Pois bem, nesta história clínica, a única que até agora logrei subtrair das restrições impostas pela discrição médica e pelo desfavor das circunstâncias, relacionamentos sexuais são debatidos, todavia, com toda franqueza, os órgãos e as funções da vida sexual são chamados por seus nomes corretos, e, a partir da minha exposição, o leitor casto poderá convencer-se de que não hesitei em discutir com uma jovem mulher sobre tais temas em tal linguagem. E agora talvez eu também precise defender-me dessa crítica? Simplesmente faço valer, para mim, os direitos do ginecologista – ou, antes, direitos muito mais modestos que esses – e declaro ser um indício de uma concupiscência perversa e insólita, se alguém vier a supor que tais conversas sejam um bom meio de atingir a excitação ou para a satisfação de desejos sexuais. Ademais, sinto-me inclinado a exprimir meu juízo sobre essa questão recorrendo a algumas palavras tomadas de empréstimo:

"É lamentável ter de destinar um espaço a esses protestos e asseverações em uma obra científica, mas não me venham tecer críticas por isso, mas acusem, sim, o espírito da época, que felizmente nos fez chegar a uma situação em que nenhum livro sério pode mais estar seguro de sua existência."[i]

Passo agora a comunicar o modo como superei as dificuldades técnicas do relatório desta história clínica. Essas dificuldades são muito consideráveis para o médico que precisa realizar diariamente seis ou oito desses tratamentos psicoterapêuticos e, durante a própria sessão[2] com o paciente [*Kranke*], não pode fazer anotações, pois despertaria a sua desconfiança e perturbaria a recepção do material a ser registrado. Também para mim, ainda é um problema não resolvido o modo como eu poderia registrar, com vistas à comunicação posterior, uma história de um tratamento de longa duração. No presente caso, duas circunstâncias vieram em meu auxílio: em primeiro lugar, a duração do

---

[i] Richard Schmidt, *Beiträge zur indischen Erotik* [Contribuições à erótica indiana], 1902. (No prefácio.)

tratamento não se estendeu por mais de três meses; e, em segundo, os esclarecimentos foram agrupados em torno de dois sonhos – um relatado na metade e outro, no final do tratamento –, sonhos cujo teor foi registrado imediatamente após cada sessão e que puderam oferecer um apoio seguro para a subsequente trama de interpretações e lembranças. Quanto à história clínica propriamente dita, escrevi-a de memória, somente após a conclusão do tratamento, enquanto minha lembrança ainda se mantinha fresca e estimulada pelo interesse na publicação. Consequentemente, o registro [*Niederschrift*] não é em absoluto – fonograficamente – fiel, mas se pode atribuir-lhe um alto nível de confiabilidade. Nada de essencial foi nele alterado, a não ser a sequência das elucidações, em alguns trechos, o que fiz em atenção ao contexto.

Passo agora a destacar o que será encontrado neste relato e o que nele fará falta. O trabalho levava originalmente o nome de "Sonho e histeria", pois me parecia especialmente apropriado para mostrar como a Interpretação do sonho se entrelaça na história do tratamento e como, com sua ajuda, é possível obter o preenchimento das lacunas mnêmicas[3] e o esclarecimento dos sintomas. Não foi sem bons motivos que eu, no ano 1900, antecipei[i] um elaborado e exaustivo estudo sobre o sonho às minhas publicações planejadas sobre a "Psicologia das neuroses", e de fato também pude verificar, a partir de sua recepção, como é insuficiente a compreensão com que esses esforços ainda hoje são recebidos pelos colegas da área. Nesse caso, também não era pertinente objetar que minhas considerações, devido à retenção do material, não permitem adquirir uma

---

[i] *Die Traumdeutung* [*A Interpretação do sonho*]. Wien, 1900. *Ges. Werke*, v. II-III.

convicção fundamentada em verificação, pois qualquer um pode submeter seus próprios sonhos ao exame analítico, e a técnica de Interpretação do sonho é, de acordo com as instruções e os exemplos apresentados por mim, fácil de aprender. Hoje, assim como naquela época, preciso afirmar que o aprofundamento nos problemas do sonho é um pressuposto imprescindível para o entendimento dos processos psíquicos no caso da histeria e das outras psiconeuroses, e que ninguém que pretenda esquivar-se desse trabalho preparatório terá a perspectiva de avançar apenas alguns passos nessa área. Uma vez que esta história clínica pressupõe o conhecimento da Interpretação do sonho, sua leitura revelar-se-á altamente insatisfatória para qualquer um que não preencha essa condição prévia. Em vez do esclarecimento buscado, nela ele só encontrará estranhamento e certamente estará inclinado a projetar a causa desse estranhamento no autor, declarado como fantasioso. Na realidade, tal estranhamento está ligado aos fenômenos da própria neurose; ele é encoberto ali apenas por nossa familiaridade médica, voltando à luz a isso na tentativa de explicação. Ele só seria totalmente eliminado se conseguíssemos derivar a neurose, por inteiro, de fatores que já se nos tornaram conhecidos. Mas toda a probabilidade indica que nós, ao contrário, receberemos a partir do estudo da neurose o estímulo para aceitarmos muitas coisas novas, que paulatinamente podem tornar-se objeto de conhecimento mais seguro. O novo, porém, sempre suscitou estranhamento e resistência.

Seria equivocado se alguém acreditasse que sonhos e sua interpretação ocupam uma posição tão destacada em todas as psicanálises quanto neste exemplo.

Se, no tocante à exploração dos sonhos, esta história clínica parece privilegiada, por outro lado, em outros aspectos se revela muito mais precária do que eu teria desejado. Todavia, suas falhas estão relacionadas justamente àquelas circunstâncias às quais devemos a possibilidade de publicá-la. Já afirmei que eu não saberia como dar conta do material de uma história de tratamento que se estendesse por um ano. Esta história, com a duração de apenas três meses, deixou-se abarcar e recordar; mas seus resultados permaneceram incompletos em mais de um aspecto. O tratamento não prosseguiu até alcançar a meta preestabelecida, mas foi interrompido por vontade da própria paciente, quando determinado ponto foi alcançado. Naquele momento, alguns enigmas do caso clínico nem sequer haviam sido abordados, e outros, apenas esclarecidos de forma incompleta, ao passo que a continuação do trabalho teria certamente avançado em todos os pontos até o último esclarecimento possível. Portanto, aqui, só posso oferecer um fragmento de uma análise.

Talvez um leitor familiarizado com a técnica de análise apresentada nos *Estudos sobre a histeria* admire-se com o fato de que, em três meses, não tenha sido possível conduzir, à sua solução final, pelo menos aqueles sintomas já abordados. Mas isso se torna compreensível se eu comunicar que, desde os *Estudos*, a técnica psicanalítica passou por uma revolução radical. Naquela época, o trabalho partia dos sintomas e estabelecia como meta o seu esclarecimento, um após o outro. Desde então, abandonei essa técnica, porque a achei totalmente inadequada à estrutura mais fina da neurose. Agora deixo o próprio paciente determinar o tema do trabalho diário, partindo, assim, especificamente da superfície que seu inconsciente ofereça à sua atenção. Mas, em seguida, obtenho aquilo que se relaciona com uma solução de sintoma, de maneira fragmentada, entrelaçada em diferentes contextos e distribuída em períodos bastante dispersos. Apesar dessa aparente desvantagem, a nova técnica, que é muito superior à antiga, é incontestavelmente a única possível.

Devido à incompletude dos meus resultados analíticos, restou-me apenas seguir o exemplo daqueles pesquisadores que ficam tão felizes por trazerem a lume inestimáveis – embora mutilados após longo sepultamento – vestígios da Antiguidade. Restaurei o que estava incompleto de acordo com os melhores modelos, por mim conhecidos de outras análises, mas, assim como faria um arqueólogo consciencioso, não deixei de indicar em cada caso onde minha construção se superpõe ao autêntico.

Propositadamente, eu mesmo provoquei outro tipo de incompletude. Afinal de contas, em linhas gerais, não expus o trabalho interpretativo a que foi preciso submeter as ocorrências e comunicações da paciente, mas apenas seus resultados. À exceção dos sonhos, a técnica do trabalho analítico só foi revelada em alguns poucos lugares. É que, nesta história clínica, interessava-me colocar em evidência o determinismo dos sintomas e a configuração [*Aufbau*] íntima da doença neurótica; se, ao mesmo tempo, eu tivesse tentado cumprir também a outra tarefa, isso só teria produzido uma confusão inextrincável. Para a fundamentação das regras técnicas, em sua maioria descobertas de modo empírico, provavelmente seria necessário compilar o material de muitas histórias de tratamento. Contudo, neste caso, não se deve imaginar que foi particularmente grande a redução produzida pela moderação da técnica. Justamente a parte mais difícil do trabalho técnico não entrou em questão com a paciente, tendo em vista que o fator da "transferência", do qual se fala ao final da história clínica, não foi tematizado durante o breve tratamento.

Há um terceiro tipo de incompletude deste relato de que nem a doente nem o autor são culpados. Ao contrário, é muito mais natural que uma única história clínica, ainda que completa e que não deixe lugar a nenhuma dúvida, não pode dar resposta a todas as questões levantadas pelo problema da histeria. Ela não pode ensinar a conhecer todos os tipos desse adoecimento, nem todas as configurações da estrutura interna da neurose, nem todos os tipos possíveis de relação entre o psíquico e o somático encontrados na histeria. Não se tem o direito de razoavelmente exigir de um caso mais do que ele pode oferecer. Além disso, quem até agora não quis crer na validade geral e irrestrita da etiologia psicossexual na histeria dificilmente obterá essa convicção através do conhecimento de uma história clínica, mas melhor faria em protelar seu julgamento, até ter adquirido direito a uma convicção mediante trabalho de sua própria lavra.[i]

---

[i] [*Nota acrescida em 1923*:] O tratamento aqui comunicado foi interrompido em 31 de dezembro de 1899, e o relato sobre ele, escrito nas duas semanas subsequentes, mas publicado somente em 1905. Não é de se esperar que mais de duas décadas de trabalho continuado nada tivessem alterado na concepção e exposição de um caso clínico como esse; mas evidentemente seria absurdo "atualizar" [*up to date*] esta história clínica por meio de correções e ampliações, adequando-a ao atual estado de nosso saber. Portanto, eu a deixei essencialmente intacta, tendo corrigido no texto apenas descuidos e imprecisões, para os quais meus excelentes tradutores ingleses, Mr. e Mrs. James Strachey, chamaram minha atenção. Os comentários críticos que me pareceram admissíveis, incorporei-os nestas notas adicionais à história clínica, de modo que o leitor está autorizado a supor que, ainda hoje, eu sustentaria as opiniões representadas no texto, caso ele não encontre, nessas notas adicionais, nenhuma objeção contra elas. O problema da discrição médica, que me ocupa neste prefácio, é desconsiderado nas outras histórias clínicas do presente volume, pois três delas foram publicadas com o consentimento expresso dos pacientes tratados: no caso do pequeno Hans, com o do seu pai, e, em um caso (Schreber), o objeto da análise não é propriamente uma

I
O ESTADO DA DOENÇA

Após haver demonstrado, em minha *A Interpretação do sonho*, publicada em 1900, que sonhos em geral podem ser interpretados, e que eles, uma vez concluído o trabalho interpretativo, podem ser substituídos por pensamentos impecavelmente construídos, inseríveis em um lugar conhecido no contexto anímico, gostaria de dar um exemplo, nas páginas a seguir, da única utilização prática que a arte de interpretar sonhos parece admitir. No meu livro[i] já mencionei de que maneira me deparei com os problemas dos sonhos. Encontrei-os no meu caminho, enquanto me empenhava em curar psiconeuroses por meio de um procedimento especial de psicoterapia, no qual os doentes, entre outros episódios de sua vida anímica, também me contavam sonhos, que pareciam exigir inserção na trama havia muito tempo entretecida entre sintoma de sofrimento e ideia patogênica. Àquela época, aprendi como se deve traduzir a linguagem do sonho para o modo de expressão da nossa linguagem do pensamento compreensível sem qualquer outro auxílio. Posso afirmar que, para o psicanalista, esse conhecimento é

---

pessoa, mas um livro de sua autoria. No caso Dora, o segredo foi guardado até este ano. Soube recentemente que a mulher, que há muito desapareceu de minha vista, e que agora está novamente doente por outras causas, revelou ao seu médico que, quando moça, teria sido objeto de minha análise, e essa comunicação facilitou ao bem informado colega reconhecer, nela, a Dora do ano de 1899. O fato de os três meses do tratamento realizado naquela época não terem feito mais do que apenas eliminar aquele conflito, e de também não poderem deixar uma proteção contra posteriores adoecimentos, não farão nenhum pensador imparcial criticar a terapia analítica.

[i] *Die Traumdeutung.* 1900, p. 68. – 8. ed., 1930, p. 70.

imprescindível, pois o sonho representa um dos caminhos pelos quais pode chegar até a consciência aquele material psíquico que, por força da resistência que seu conteúdo desperta, foi dela [da consciência] bloqueado, recalcado, tornando-se, por conseguinte, patogênico. Em suma, o sonho é um dos *desvios para se contornar o recalcamento*, um dos principais meios do assim chamado modo de figuração [*Darstellung*] indireta no psíquico. O presente fragmento da história do tratamento de uma jovem histérica deverá demonstrar como a Interpretação do sonho intervém no trabalho da análise. Ao mesmo tempo, ele me fornecerá a oportunidade de, pela primeira vez, defender publicamente, em uma extensão que não dê mais lugar a mal-entendidos, uma parte dos meus pontos de vista sobre os processos psíquicos e sobre as condições orgânicas da histeria. Pela extensão eu não preciso mais me desculpar, desde que se admita que é somente pelo aprofundamento mais atencioso, e não pelo afetado desprezo, que é possível cumprir as grandes exigências que a histeria faz ao médico e investigador. Com certeza:

> Não somente Arte e Ciência,
> Na obra há de estar paciência![4]

Começar preparando-me para apresentar uma história clínica sem lacunas e arredondada significaria colocar o leitor, de antemão, em condições inteiramente diferentes daquelas do observador médico. O que os parentes de pacientes – neste caso, o pai da jovem de 18 anos – relatam fornece quase sempre um quadro muito incognoscível do curso da doença. É por isso que então começo o tratamento solicitando na verdade que me seja contada toda a história de vida e doença, mas o que então escuto continua não sendo suficiente como orientação. Esse primeiro relato é comparável a uma corrente não navegável, cujo leito ora é obstruído por massas rochosas, ora dividido em bancos de areia que o tornam raso. Não posso deixar de me admirar sobre como surgiram, no caso dos autores, histórias clínicas uniformes e exatas de histéricos. Na realidade, os pacientes são incapazes de fornecer semelhantes relatos sobre si mesmos. Embora possam informar o médico de maneira suficiente e coerente sobre esta ou aquela etapa da vida, em seguida vem outra etapa em que suas notícias se tornam superficiais, deixam lacunas e enigmas, e, mais uma vez fica-se diante de períodos bem obscuros, não iluminados por qualquer comunicação utilizável. As ligações, mesmo as aparentes, ficam em sua maioria rompidas, a sequência de diversos acontecimentos, incerta; durante o próprio relato a paciente corrige reiteradamente um dado, uma data, talvez para retornar então, após hesitação prolongada, novamente ao primeiro enunciado. A incapacidade dos pacientes de fazer uma exposição ordenada de sua história de vida, na medida em que esta coincida com a história clínica, não só não é característica apenas da neurose,[i] como também não carece de uma grande importância teórica. Especificamente, essa falta tem os seguintes fundamentos: em primeiro lugar, a paciente retém, consciente e

---

[i] Certa vez, um colega enviou-me sua irmã ao tratamento psicoterapêutico, a qual, segundo ele, estava sendo tratada, havia anos, de histeria (dores e dificuldades para andar). A breve informação pareceu-me bem compatível com o diagnóstico; em uma primeira sessão, pedi à própria doente que me contasse sua história. Quando esse relato, apesar das estranhas ocorrências a que ela aludiu, mostrou-se perfeitamente claro e ordenado, afirmei, para mim mesmo, que esse caso não poderia ser histeria, e logo em seguida procedi a um cuidadoso exame físico. O resultado foi o diagnóstico de tabes em estágio moderado, que depois também experimentou uma considerável melhora com a aplicação de injeções de magnésio (*oleum cinereum*, aplicadas pelo Prof. Lang).

propositadamente, uma parte daquilo que lhe é bem conhecido e que ela deveria relatar, proveniente dos motivos ainda não superados da timidez e do pudor (discrição, quando há outras pessoas em jogo); essa seria a parcela da insinceridade consciente. Em segundo lugar, uma parte de seu saber anamnésico, de que a doente normalmente dispõe, não lhe ocorre durante o relato, sem que a doente utilize a intenção de retê-lo: parcela da insinceridade inconsciente. Em terceiro lugar, nunca faltam as amnésias verdadeiras, lacunas da memória, nas quais entraram não apenas lembranças antigas, mas, inclusive, recentes; e tampouco faltam as confusões de memória formadas secundariamente para preencher essas lacunas.[i] Quando os próprios acontecimentos são preservados na memória, alcança-se, com a mesma segurança, a intenção subjacente às amnésias, eliminando-se uma ligação; e a ligação é rompida da forma mais segura se for alterada a sequência cronológica dos acontecimentos. Esta última também sempre se revela ser a componente mais vulnerável do tesouro de lembranças, a mais sujeita ao recalcamento. Algumas lembranças são encontradas, por assim dizer, em um primeiro estágio de recalcamento, mostrando-se marcadas por dúvida. Certo tempo mais tarde, essa dúvida seria substituída por esquecimento ou falha de lembrança.[ii]

---

[i] Amnésias e confusões de memória mantêm, entre si, uma relação complementar. Onde surgirem grandes lacunas mnêmicas encontraremos poucas confusões de memória. Inversamente, estas últimas podem ocultar por completo, à primeira vista, a existência de amnésias.

[ii] No caso de uma descrição duvidosa, ensina uma regra aprendida com a experiência que se desconsidere por completo essa expressão de julgamento do relator. No caso de uma exposição que oscile entre duas configurações, considere-se preferencialmente como correta aquela expressa primeiramente, e a segunda, como produto do recalcamento.

Um estado como esse das lembranças relativas à história clínica é o *correlato exigido pela teoria*, correlato necessário dos sintomas da doença. Ao longo do tratamento, o doente então adiciona aquilo que antes reteve ou o que não lhe havia ocorrido, embora sempre o tivesse sabido. As confusões de memória revelam-se insustentáveis, as lacunas de memória são preenchidas. Somente por volta do final do tratamento é que se pode visualizar uma história clínica coerente, inteligível e sem lacunas. Se a meta prática do tratamento consiste em eliminar todos os sintomas possíveis e substituí-los por pensamentos conscientes, então se pode propor a tarefa, como outra meta teórica, de curar todos os danos de memória do doente. Ambas as metas coincidem; quando uma é alcançada, a outra também será ganha; o mesmo caminho leva às duas.

A partir da natureza das coisas que formam o material da psicanálise, deduz-se que devemos prestar atenção, em nossas histórias clínicas, não apenas às circunstâncias puramente humanas e sociais dos doentes, como também aos dados somáticos e aos sintomas da doença. Acima de tudo, nosso interesse voltar-se-á às relações familiares dos doentes, mais precisamente, como será mostrado, também devido a outros vínculos, e não apenas considerando a hereditariedade a ser investigada.

O círculo familiar da paciente de 18 anos incluía, além de sua pessoa, o casal de genitores e um irmão um ano e meio mais velho. O indivíduo dominante era o pai, tanto por sua inteligência e suas qualidades de caráter como por suas condições de vida, que fornecem a estrutura para a história da infância e da doença da paciente. À época em que aceitei a moça em tratamento, ele era um homem na segunda metade da casa dos 40, dotado de uma vitalidade e um talento não totalmente comuns, um grande industrial em uma cômoda situação material. A filha era apegada a ele com especial afetuosidade, e sua crítica despertada prematuramente resultava em um desagrado ainda mais forte em relação a algumas ações e particularidades dele.

Ademais, essa afetuosidade foi intensificada pelas numerosas e graves doenças a que esteve submetido o pai desde que ela completou o sexto ano de vida. Naquela época, seu adoecimento por tuberculose tornou-se pretexto para a mudança da família para uma pequena cidade, privilegiada pelo clima, de nossas províncias do sul. Ali, a doença pulmonar rapidamente melhorou, porém, em função dos cuidados julgados necessários, esse lugar, que designarei como B., permaneceu sendo, mais ou menos pelos 10 anos seguintes, o domicílio principal dos pais e também dos filhos. Quando estava bem, o pai ficava ausente temporariamente, para visitar suas fábricas; no alto verão, procurava-se uma estância termal nas montanhas.

Quando a garota tinha cerca de 10 anos, um descolamento de retina forçou o pai a um tratamento de repouso em ambiente escuro. A consequência desse acaso médico foi uma restrição permanente da visão. O adoecimento mais grave aconteceu cerca de dois mais tarde; consistiu em um surto de confusão mental, a que se seguiram manifestações de paralisia e leves perturbações psíquicas. Um amigo do doente, de cujo papel ainda nos ocuparemos mais adiante, convenceu-o, tendo ele melhorado um pouco, a viajar com seu médico até Viena, para se consultar comigo. Hesitei um pouco, sem saber se eu não deveria supor, nesse caso, uma paralisia tabética, mas me decidi então pelo diagnóstico de afecção vascular difusa e, após o doente haver admitido uma infecção específica anterior ao casamento, fiz com que realizasse um rigoroso tratamento antiluético, que fez regredirem todos os distúrbios ainda existentes. Foi, sem dúvida, graças a essa feliz intervenção que o pai, quatro anos mais tarde, apresentou-me sua filha, que visivelmente se tornara neurótica, e, passados mais dois anos, levou-a até mim para tratamento psicoterapêutico.

Entrementes, eu também conhecera, em Viena, uma irmã um pouco mais velha do paciente, na qual era preciso reconhecer uma forma grave de psiconeurose sem sintomas caracteristicamente histéricos. Depois de uma vida ocupada com um casamento infeliz, essa mulher faleceu devido às manifestações, afinal não totalmente esclarecidas, de um marasmo que progrediu rapidamente. Um irmão mais velho do paciente, que eu via ocasionalmente, era um solteirão hipocondríaco.

A moça que se tornou minha paciente aos 18 anos desde sempre teve suas simpatias voltadas para a família paterna e, desde que adoecera, via seu modelo na tia, que acabei de mencionar. Também para mim, não era duvidoso que ela pertencia a essa família, tanto pelo seu talento e sua precocidade intelectual como também por sua predisposição a adoecer. A mãe eu não conheci. De acordo com as comunicações do pai e da moça, fui levado a imaginar tratar-se de uma mulher de pouca instrução, mas, sobretudo, não inteligente, que, especialmente a partir do adoecimento e do consequente distanciamento de seu marido, viria a concentrar todos os seus interesses na gestão doméstica, oferecendo, assim, o quadro daquilo que se pode designar como a "psicose da dona de casa". Sem compreensão em relação aos mais vivos interesses de seus filhos, passava o dia todo ocupada em manter limpos a casa, os móveis e os utensílios, em tal medida que praticamente tornava quase impossível usá-los e usufruí-los. Não se pode deixar de lado essa situação, da qual se encontram indícios suficientes em donas de casa normais, de formas de compulsão por lavagem e outros tipos de compulsão por limpeza; todavia, falta totalmente, nessas mulheres, como também na mãe de nossa paciente, o discernimento da doença e, portanto, uma característica essencial da "neurose obsessiva". Há anos, a relação entre mãe e filha era muito inamistosa. A filha ignorava a mãe, criticava-a duramente e escapara inteiramente da sua influência.[i]

O único irmão da moça, cerca de um ano e meio mais velho, fora para ela, nos anos anteriores, o modelo ao qual sua ambição aspirara. Nos últimos anos as relações

---

[i] Com efeito, não dou preferência ao ponto de vista de que a única etiologia da histeria seja a hereditariedade, mas eu não gostaria, justamente com referência a publicações anteriores (L'Hérédité et l'étiologie des névroses. *Revue Neurologique*, 1896), nas quais combato a frase acima, de dar a impressão de que eu esteja subestimando a hereditariedade na etiologia da histeria ou de que eu a considere, em geral, prescindível. No caso de nossa paciente, resulta do que foi comunicado sobre o pai e seus irmãos uma carga suficiente de doenças; e, de fato, quem for de opinião de que também aqueles estados patológicos como o da mãe são impossíveis sem disposição hereditária poderá declarar a hereditariedade desse caso como convergente. Parece-me haver outro fator mais importante para a disposição hereditária, ou melhor, constitucional da moça. Mencionei que o pai, antes do casamento, superou uma sífilis. Pois bem, uma porcentagem notavelmente *grande* dos meus pacientes sob tratamento psicanalítico descendia de pais que haviam sofrido de tabes ou de paralisia. Por causa da novidade do meu procedimento terapêutico, chegam até mim apenas os casos *mais graves* que já tenham sido tratados durante anos sem qualquer êxito. Para o adepto da doutrina de Erb e Fournier, é lícito aceitar tabes ou paralisia do progenitor como indícios de uma infecção luética antecedente, que também eu constatei diretamente nesses pais, em certo número de casos. Na última discussão sobre a descendência de sifilíticos (XIII Congresso Médico Internacional em Paris, de 2 a 9 de agosto de 1900, palestras proferidas por Finger, Tarnowsky, Jullien, entre outros), não vejo qualquer referência ao fato, que sou impelido a reconhecer por minha experiência como neuropatologista, de que a sífilis dos progenitores é absolutamente considerada como etiologia na constituição neuropática dos filhos.

entre os dois haviam se afrouxado. Na medida do possível, o rapaz tentava escapar das confusões de família; quando era necessário tomar partido, ficava do lado da mãe. Desse modo, a costumeira atração sexual aproximara, por um lado, pai e filha, e, por outro, mãe e filho.

Nossa paciente, a quem doravante darei o nome de Dora, na idade de 8 anos já apresentava sintomas nervosos. Nessa época adoeceu de falta de ar permanente, com crises muito agudas, problema que surgiu após uma pequena excursão nas montanhas e foi atribuído ao esforço excessivo. Transcorrido meio ano, aos poucos esse estado foi desaparecendo, graças ao descanso e aos cuidados que lhe prescreveram. O médico da família parece não ter hesitado nem por um momento em diagnosticar o distúrbio como puramente nervoso e excluir uma causa orgânica para a dispneia, mas é evidente que considerou esse diagnóstico compatível com a etiologia do esforço excessivo.[i]

A pequena passou pelas doenças infecciosas habituais da infância sem danos permanentes. Segundo o que ela contou (com intenção de simbolizar!), o irmão costumava adoecer primeiramente, de forma branda, ao que ela o sucedia com manifestações graves. Por volta de 12 anos, ela passou a ter dores de cabeça unilaterais semelhantes a enxaqueca e acessos de tosse nervosa, no início sempre juntos, até que os dois sintomas se separaram e sofreram um desenvolvimento diferente. A enxaqueca tornou-se mais rara, desaparecendo aos 16 anos. Os acessos de *tussis nervosa*, que provavelmente foram provocados por um catarro comum, permaneceram durante todo esse período. Aos 18 anos, quando começou a ser tratada por mim,

---

[i] A respeito da provável causa precipitante desse primeiro adoecimento, v. adiante.

tossia novamente de forma característica. Não foi possível constatar o número desses acessos, sua duração era de três a cinco semanas, uma vez também durou vários meses. Na primeira metade de um tal acesso, o sintoma mais incômodo, pelo menos nos últimos anos, era a total perda da voz. O diagnóstico de que novamente se trataria de nervosismo manteve-se por muito tempo; os variados tratamentos usuais, incluindo hidroterapia e aplicação local de eletricidade, não lograram nenhum resultado. Foi nessas circunstâncias que a menina se tornou uma moça madura, independente em seus julgamentos, acostumou-se a zombar dos esforços dos médicos e acabou por desistir da assistência médica. Aliás, desde sempre relutou em recorrer ao médico, embora não sentisse nenhuma antipatia pela pessoa de seu médico de família. Qualquer sugestão de consultar um novo médico provocava a sua resistência, e também a mim ela só veio movida pelo poder da palavra do pai.

No início do verão de seus 16 anos, vi-a, pela primeira vez, com tosse e rouquidão, e, já naquela época, sugeri um tratamento psíquico, o que foi dispensado, quando também essa crise de duração mais prolongada acabou de forma espontânea. No inverno do ano seguinte, após a morte de sua amada tia, ela esteve na casa do tio e suas filhas, e ali adoeceu, com um estado febril, que àquela época foi diagnosticado como apendicite.[i] No outono subsequente, sua família deixou definitivamente a estância termal de B., uma vez que a saúde do pai parecia permiti-lo, primeiramente estabelecendo residência permanente na localidade em que se encontrava a fábrica do pai, e, menos de um ano mais tarde, passou a residir em Viena.

---

[i] Sobre esse mesmo tema, comparar a análise do segundo sonho.

Nesse ínterim, Dora tornara-se uma moça de aparência viçosa, com feições denotadoras de inteligência e amabilidade, mas que inspirava muitos cuidados aos pais. O principal indício de sua doença tomara a forma de alteração de humor⁵ e mudança de caráter. Era evidente que não estava satisfeita consigo mesma nem com os seus, enfrentava hostilmente o pai e não conseguia mais se entender com a mãe, que estava determinada a fazê-la participar dos trabalhos domésticos. Procurava evitar contatos; quando o cansaço e a desconcentração, de que ela se queixava, permitiam-no, ocupava seu tempo ouvindo palestras para mulheres e cultivava estudos mais sérios. Certo dia, os pais foram tomados de susto por uma carta que encontraram em cima ou dentro de uma escrivaninha da moça, na qual se despedia deles, por não mais conseguir suportar a vida.[i] É verdade que a visão nada estreita do pai permitiu a suposição de que a moça não estivesse dominada por nenhuma intenção séria de suicídio, mas ele ficou abalado; e quando um dia, após uma troca de palavras sem importância entre pai e filha, configurou-se nela um primeiro ataque de perda da consciência[ii] [*Bewußtlosigkeit*], em que também houve

---

[i] Como já comuniquei, esse tratamento e, por conseguinte, minha visão dos encadeamentos da história clínica ficaram fragmentários. Por essa razão, não posso fornecer nenhuma informação sobre certos pontos ou apenas posso servir-me de alusões e suposições. Quando essa carta veio à baila em uma sessão, a moça perguntou, como se estivesse espantada: "Como foi que eles encontraram a carta? Pois ela estava trancada na minha escrivaninha". Mas, tendo em vista que ela sabia que os pais haviam lido esse rascunho de carta de despedida, deduzo que ela mesma fizera com que a carta lhes caísse nas mãos.

[ii] Acho que, nesse acesso, também se observaram convulsões e delírio. Porém, como a análise também sobre esse evento não avançou, não disponho de nenhuma lembrança assegurada sobre isso.

amnésia, foi determinado, apesar da sua relutância, que ela deveria entrar em tratamento comigo.

Não há dúvida de que a história clínica que esbocei até aqui não parece, em sua totalidade, digna de ser comunicada. Trata-se de uma *"petite hystérie"* com os mais triviais de todos os sintomas somáticos e psíquicos: dispneia, *tussis nervosa*, afonia, e possivelmente enxaqueca, além de alteração de humor, insociabilidade histérica e um *taedium vitae* provavelmente não considerado grave. Por certo, já foram publicadas histórias clínicas mais interessantes de histéricos e com frequência registradas de forma mais cuidadosa, pois a seguir nada se encontrará de estigmas da sensibilidade cutânea, da restrição do campo de visão etc. Apenas me permito observar que todas as coleções de fenômenos bizarros e assombrosos no caso da histeria não contribuíram muito quanto ao conhecimento dessa doença que ainda permanece enigmática. O que nos faz falta é justamente o esclarecimento dos casos mais triviais e dos mais frequentes, e neles, os sintomas típicos. Eu ficaria satisfeito, se as circunstâncias me houvessem permitido fornecer, de modo integral, o esclarecimento para este caso de pequena histeria. De acordo com as minhas experiências com outros doentes, não duvido que meus recursos analíticos houvessem bastado para tanto.

No ano de 1896, pouco tempo após a publicação dos meus *Estudos sobre a histeria*, juntamente com o Dr. J. Breuer, solicitei a um eminente colega da área seu parecer sobre a teoria psicológica da histeria ali defendida. Sem rodeios, respondeu-me que a considerava uma generalização infundada de conclusões que poderiam ser corretas para alguns poucos casos. Desde então, tenho visto sobejamente casos de histeria, tenho me ocupado, alguns dias, semanas ou anos, com cada caso, e, em nenhum deles, dei pela falta daquelas condições psíquicas postuladas pelos *Estudos*: o trauma psíquico, o conflito dos afetos e, como acrescentei em publicações posteriores, o abalo na esfera sexual. Tratando-se de coisas que, por seu empenho em se esconder, tornaram-se patogênicas, evidentemente não é lícito esperar que os doentes as ofereceram ao médico, tampouco é lícito resignar-se[i] ao primeiro "não" que se oponha à investigação.

No caso de minha paciente Dora, foi graças à compreensão do pai, já várias vezes destacada, que não precisei, eu mesmo, buscar a conexão com a vida da paciente, pelo menos para a última configuração da doença. O pai contou-me que, em B., ele e sua família haviam selado uma amizade íntima com um casal que ali já residia havia muitos anos. A Sra. K. teria cuidado dele durante sua grande doença e, dessa forma, adquirido um direito eterno

---

[i] Eis um exemplo deste último. Um de meus colegas vienenses, cuja convicção sobre a irrelevância de fatores sexuais para a histeria provavelmente está muito consolidada por experiências como essas, decidiu, no caso de uma garota de 14 anos com vômito histérico alarmante, fazer a desagradável pergunta sobre se ela, por acaso, não haveria tido uma relação amorosa. A menina respondeu: Não!, talvez com um espanto bem representado, e contou, em sua maneira desrespeitosa, à mãe: "Imagina só, aquele sujeito idiota até mesmo me perguntou se estou apaixonada". Ela veio, então, tratar-se comigo, e descobriu-se – claro que não logo na primeira conversa – uma onanista de longa data, com forte *fluor albus* [leucorreia] (que tinha muita relação com o vômito), a qual, por si mesma, finalmente abandonou esse hábito, porém, na abstinência, era atormentada pelo mais violento sentimento de culpa, a ponto de considerar todos os incidentes que recaíam sobre a família como castigo divino por seu pecado. Ademais, estava sob a influência do romance de sua tia, cuja gravidez ilegítima (com segunda determinação para o vômito), fora-lhe supostamente ocultada com sucesso. Era considerada "somente uma criança", mas se revelou iniciada em tudo que é essencial nas relações sexuais.

à sua gratidão. O Sr. K. sempre teria sido muito amável com sua filha Dora, fazia passeios com ela, quando ele se encontrava em B., dava-lhe pequenos presentes, mas ninguém teria visto nada de maldoso nisso. Dora cuidava dos dois filhos pequenos do casal K. do modo mais esmerado, praticamente assumindo, junto a eles, o papel de mãe. Quando pai e filha me procuraram no verão, há dois anos, estavam justamente prestes a empreender viagem para a casa do Sr. e da Sra. K., que estavam passando o verão em um dos nossos lagos alpinos. Dora deveria ficar várias semanas na casa da família K., o pai pretendia viajar de volta após poucos dias. Nesses dias, o Sr. K. também estava presente. Mas, quando o pai se preparava para partir, a moça, de súbito, declarou de maneira muito resoluta que retornaria junto ao pai, e, de fato, assim o fez. Somente alguns dias mais tarde deu a explicação para seu estranho comportamento, ao contar para a mãe, que deveria transmitir a história ao pai, que o Sr. K., durante um passeio após uma volta de barco pelo lago, teria ousado fazer-lhe uma proposta amorosa. O acusado, ao ser interpelado pelo pai e pelo tio no encontro seguinte, negou, com toda veemência, todo e qualquer passo de sua parte que houvesse merecido uma tal interpretação e passou a suspeitar da moça, que, segundo o relato da Sra. K., só mostrava interesse por assuntos sexuais e que, em sua casa no lago, havia lido, inclusive, a *Fisiologia do amor*, de Mantegazza, e livros similares. E que provavelmente, aquecida por essas leituras, teria "imaginado" toda a cena que descreveu.

"Eu não duvido", disse o pai, "que esse incidente seja responsável pelas alterações de humor, pela irritabilidade e pelas ideias suicidas de Dora. Ela exige de mim que eu rompa o contato com o Sr. K. e principalmente com a Sra. K., a quem antes simplesmente venerava. Mas não posso fazê-lo, pois, em primeiro lugar, eu mesmo considero a história contada por Dora sobre o insolente atrevimento do homem uma fantasia que se impôs a ela; em segundo lugar, porque estou ligado à Sra. K. por uma sincera amizade e não quero magoá-la. A pobre mulher é muito infeliz com seu marido, de quem, aliás, não tenho a melhor opinião; ela própria sofria muito dos nervos e em mim encontra seu único apoio. No meu estado de saúde, certamente não preciso garantir ao senhor que, por trás dessa relação, não se esconde nada de ilícito. Somos duas pobres criaturas que nos consolamos mutuamente como podemos, em um envolvimento amistoso. O senhor sabe que não encontro nada [disso] em minha própria esposa. Mas Dora, que tem a minha cabeça dura, não se deixa demover de seu ódio contra os K. Seu último ataque ocorreu após uma conversa, na qual voltou a me fazer a mesma exigência. O senhor que procure agora colocá-la em melhores caminhos."

Não em consonância total com essas revelações havia o fato de o pai buscar, em outras conversas, empurrar a culpa principal pelo caráter intolerável da filha para a mãe, cujas excentricidades roubavam, a todos, o prazer do lar. Todavia, há muito tempo, eu havia me proposto protelar meu julgamento sobre o verdadeiro estado de coisas, até que eu tivesse ouvido também a outra parte.

No episódio vivido com o Sr. K. – na proposta amorosa e na subsequente ofensa contra a honra [difamação][6] –, teríamos, portanto, para nossa paciente Dora, o trauma psíquico que Breuer e eu, àquela época, apresentamos como precondição indispensável para o surgimento de um estado histérico de doença. Contudo, esse novo caso também mostra todas as dificuldades que desde então me impeliram a ultrapassar[i] essa teoria, acrescidas de uma nova dificuldade de natureza especial. O trauma que conhecemos da história de vida é, como ocorre com tanta frequência nas históricas clínicas de histeria, efetivamente impróprio para explicar a singularidade dos sintomas, para determiná-los; apreenderíamos tanto mais ou tanto menos do contexto se outros sintomas, que não *tussis nervosa*, afonia, alterações de humor e *taedium vitae*, houvessem sido o resultado do trauma. Mas, agora, a isso ainda se junta o fato de que uma parte desses sintomas – a tosse e a falta de voz – já foi produzida pela doente anos antes do trauma, e que as primeiras manifestações remontam de fato à infância, já que ocorreram no oitavo ano de vida. Precisamos, portanto, se não quisermos desistir da teoria traumática, recorrer à infância, para ali procurar influências ou impressões que possam ter o efeito análogo ao de um trauma; e então é realmente digno de nota que, mesmo na investigação de casos em que os primeiros sintomas não se haviam instalado na infância, vi-me estimulado a rastrear a história de vida até os primeiros anos da infância.[ii]

---

[i] Ultrapassei essa teoria, sem renunciar a ela, isto é, hoje não a declaro incorreta, mas incompleta. Apenas abandonei a ênfase no chamado estado hipnoide, que, ocasionado pelo trauma, surgiria no doente e tomaria para si a responsabilidade pelo acontecimento posterior psicologicamente anormal. Se, em trabalho conjunto, for permitido realizar, *a posteriori*, uma divisão de patrimônio, então faço questão de declarar, aqui, que a tese dos "estados hipnoides", na qual alguns conferencistas quiseram reconhecer, naquele momento, o cerne de nosso trabalho, teve origem na iniciativa exclusiva de Breuer. Considero supérfluo e capcioso interromper, mediante essa denominação, a continuidade do problema de averiguar a natureza do processo psíquico por ocasião da formação dos sintomas histéricos.

[ii] Comparar meu ensaio: Zur Ätiologie der Hysterie [Sobre a etiologia da histeria]. *Wiener Klinische Rundschau*. 1896. n. 22-26. (*Sammlung kl. Schriften zur Neurosenlehre* [Coletânea de pequenos escritos sobre a

Depois de superadas as primeiras dificuldades da terapia, Dora comunicou-me uma experiência vivenciada com o Sr. K. que, inclusive, era mais apropriada para produzir o efeito de trauma sexual. Àquela época, ela estava com 14 anos. O Sr. K. combinara com ela e sua própria esposa que, à tarde, as duas mulheres fossem até seu estabelecimento comercial, situado na praça matriz de B., para dali irem assistir a uma festividade religiosa. Mas ele induziu sua esposa a ficar em casa, liberou os empregados e estava sozinho quando a garota entrou na loja. Quando se aproximava a hora da procissão, pediu à menina que o esperasse junto à porta que levava da loja ao andar superior, enquanto ele baixava as cortinas. Em seguida, ele retornou e, em vez de passar pela porta aberta, subitamente apertou a garota contra si e deu-lhe um beijo nos lábios. Aí estava a situação que provocaria uma nítida sensação de excitação sexual em uma garota intocada[7] de 14 anos. Porém, nesse momento Dora sentiu um forte nojo, desvencilhou-se e, passando em frente ao homem, correu em direção à escada e dali até a porta da rua. Mesmo assim, o contato com o Sr. K. perdurou; nenhum dos dois jamais fez menção a essa pequena cena, e ela também afirma tê-la mantido como segredo até a confissão no tratamento. Além disso, no período que se seguiu, ela evitou qualquer ocasião de ficar sozinha com o Sr. K. Por aquela época, o casal K. combinara uma excursão de vários dias, da qual também Dora deveria participar. Após o beijo na loja, ela cancelou sua participação sem apresentar motivos.

Nessa cena, que na série é a segunda e no tempo é a primeira, o comportamento da menina de 14 anos já é

---

doutrina da neurose], 1º fascículo, 1906. 5. ed. 1920. Disponível no v. I destas *Ges. Werke*).

total e inteiramente histérico. Toda pessoa em quem uma causa de excitação sexual provoca sentimentos preponderante ou exclusivamente desprazerosos eu consideraria, sem receio, uma histérica, independentemente de ela ser capaz de produzir sintomas somáticos ou não. Esclarecer o mecanismo dessa *inversão de afeto* permanece sendo uma das tarefas mais importantes e, ao mesmo tempo, uma das mais difíceis da psicologia da neurose. Segundo meu próprio julgamento, ainda estou a uma boa distância dessa meta; e também no quadro desta comunicação só poderei apresentar uma parte daquilo que sei.

O caso de nossa paciente Dora ainda não está suficientemente caracterizado pelo destaque da inversão de afeto; é preciso dizer, além disso, que aqui ocorreu um *deslocamento* da sensação. Em vez da sensação genital, que decerto não teria faltado em uma moça saudável sob tais circunstâncias,[i] configura-se nela a sensação de desprazer que é própria da membrana mucosa da entrada do tubo digestivo, o nojo. Decerto, a excitação labial através do beijo exerceu influência sobre essa localização; mas ainda acredito reconhecer também o efeito de outro fator.[ii]

O nojo sentido naquela ocasião não se tornou um sintoma permanente em Dora; além disso, na época do tratamento, ele só existia, por assim dizer, de maneira potencial. Ela comia mal, chegando a confessar uma moderada aversão por alimentos. Em compensação, aquela cena

---

[i] A apreciação dessas circunstâncias será facilitada por um esclarecimento posterior.

[ii] Certamente o nojo de Dora por ocasião desse beijo não teve causas acidentais, estas seriam infalivelmente lembradas e mencionadas. Por coincidência, conheço o Sr. K.; trata-se da mesma pessoa que acompanhou o pai da paciente até mim, um homem ainda jovial, de aparência atraente.

deixara outra consequência, uma alucinação sensorial que, de tempos em tempos, voltava a surgir também durante seus relatos. Dizia que continuava a sentir a pressão daquele abraço na parte superior do corpo. De acordo com certas regras da formação dos sintomas, as quais vim a conhecer em conjunção com outras particularidades da doente que de outra forma seriam inexplicáveis, por exemplo, não querer passar por nenhum homem que ela visse em uma conversa animada ou afetuosa com uma mulher, criei para mim a seguinte reconstrução do desenrolar dos eventos naquela cena. Penso que ela sentiu, no impetuoso abraço, não apenas o beijo em seus lábios, mas também a pressão do membro ereto contra seu corpo. Chocante para ela, essa percepção foi eliminada da lembrança, recalcada e substituída pela inofensiva sensação de pressão no tórax, que recebe da fonte recalcada sua intensidade excessiva. Um novo deslocamento, portanto, da parte inferior do corpo para a parte superior.[i] Por outro lado, a compulsão [*Zwang*] em seu comportamento se construía como se se originasse da lembrança inalterada. Ela não gostava de passar por nenhum homem que ela acreditasse estar sexualmente excitado, porque não queria voltar a ver o indício somático dessa excitação.

É digno de nota como, aqui, três sintomas – o nojo, a sensação de pressão na parte superior do corpo e o temor

---

[i] Esses deslocamentos na verdade não estão sendo tomados com a finalidade de oferecer essa única explicação, mas se revelam uma exigência irrefutável para [a explicação de] uma grande série de sintomas. Desde então, fiquei sabendo do mesmo efeito de pavor causado por um abraço (sem beijo); tratava-se de uma noiva outrora afetuosamente apaixonada, que, devido ao repentino esfriamento da relação com seu noivo, procurou-me, apresentando grave alteração de humor. Nesse caso, sem maior dificuldade, houve êxito em reconduzir o pavor à ereção masculina percebida, mas eliminada da consciência.

[*Scheu*] de homens conversando animadamente – que provêm de uma experiência vivida, e como só referindo um ou outro desses três indícios torna-se possível a compreensão do desenrolar da formação dos sintomas. O nojo corresponde ao sintoma do recalcamento da zona erógena dos lábios (mimada pela sucção infantil, como veremos). A pressão do membro ereto provavelmente provocou a alteração análoga no órgão feminino correspondente, o clitóris, e a excitação dessa segunda zona erógena foi fixada pelo deslocamento sobre a sensação simultânea de pressão no tórax. O temor de homens em estado de possível excitação sexual obedece ao mecanismo de uma fobia, para se proteger contra uma reanimação da percepção recalcada.

Para deixar clara a possibilidade dessa complementação, indaguei à paciente, da maneira mais cuidadosa, se seria de seu conhecimento algo sobre indícios corporais da excitação no corpo do homem. A resposta para o momento atual foi: sim, mas para aquela época foi: ela acreditava que não. Desde o início, usei com essa paciente o máximo de cuidado, para não supri-la com nenhum novo conhecimento do âmbito da vida sexual, e não por razões de escrupulosidade, mas porque eu queria submeter minhas premissas a uma dura prova nesse caso. Portanto, eu só chamava uma coisa pelo nome se suas alusões extremamente claras fizessem a tradução na linguagem direta parecer uma ousadia muito insignificante. Além disso, sua resposta rápida e honesta costumava indicar que aquilo já lhe era conhecido, mas *de onde* ela o sabia era o enigma que não podia ser solucionado através de suas lembranças. A origem de todos esses conhecimentos ela havia esquecido.[i]

---

[i] Comparar com o segundo sonho.

Se me for permitido imaginar assim a cena do beijo na loja, então chego à seguinte proveniência para o nojo.[i] A sensação de nojo parece ser, originalmente, a reação ao cheiro (mais tarde também à visão) dos excrementos. Mas os órgãos genitais e, em especial, o membro masculino realmente podem lembrar as funções excretoras, porque nesse caso o órgão, além da função sexual, também serve à micção. Esse funcionamento é o mais antigo conhecido e o único conhecido no período pré-sexual. É assim que o nojo passa a fazer parte das manifestações de afeto da vida sexual. É o *inter urinas et faeces nascimur* do padre da igreja[8] que está aderido à vida sexual e, apesar de todo o empenho idealizador, dela não consegue se separar. Mas eu quero destacar expressamente como meu ponto de vista que não considero o problema resolvido com a prova dessa via associativa. Se essa associação pode ser evocada, com isso ainda não fica esclarecido que ela de fato será evocada. Ela não o será sob circunstâncias normais. O conhecimento das vias não torna dispensável o conhecimento das forças que por elas transitam.[ii]

Além disso, não achei fácil voltar a atenção da minha paciente para seu contato com o Sr. K. Ela afirmava que nada mais tinha com essa pessoa. A camada superior de todas as ideias que lhe ocorriam nas sessões, tudo o que

---

[i] Aqui, como em todos os trechos semelhantes, não se deve esperar uma fundamentação simples, mas múltipla, uma *sobredeterminação*.

[ii] Em todas essas discussões, há muito de típico e de válido para a histeria de modo geral. O tema da ereção soluciona alguns dos mais interessantes sintomas histéricos. Após ser recalcada, a atenção feminina aos contornos dos genitais masculinos perceptíveis através das roupas torna-se motivo de muitos casos de temor e angústia no trato social. A ampla ligação entre o sexual e o excrementício, cuja importância patogênica certamente não pode ser suficientemente avaliada, serve de base a um número sobremaneira abundante de fobias histéricas.

facilmente lhe vinha à consciência e que ela conscientemente se lembrava do dia anterior, sempre se referia ao pai. Era bem verdade que ela não conseguia perdoar o pai pela continuação do contato com o Sr. K. e principalmente com a Sra. K. Todavia, sua versão sobre esse contato era diferente da que o próprio pai queria alimentar. Para ela, não havia nenhuma dúvida de era uma relação amorosa trivial a que ligava seu pai à jovem e bela mulher. Nada que pudesse contribuir para confirmar essa proposição escapava à sua percepção implacavelmente apurada nesse particular, *aqui não havia nenhuma lacuna em sua memória*. A convivência com os K. já havia começado antes do grave adoecimento do pai; mas só se tornou íntima quando, durante a doença, a jovem senhora arvorou-se oficialmente de cuidadora, enquanto a mãe se mantinha afastada do leito do enfermo. Na primeira temporada de férias de verão após a convalescença, ocorreram coisas que tiveram necessariamente de abrir os olhos de qualquer pessoa para a verdadeira natureza dessa "amizade". Juntas, as duas famílias haviam alugado uma ala do hotel, e aconteceu de, um dia, a Sra. K. declarar não poder manter o dormitório que até então dividira com um de seus filhos, e poucos dias mais tarde o pai de Dora desistiu de seu quarto, e ambos ocuparam outros quartos nas extremidades, separados apenas pelo corredor, enquanto os quartos de que abriram mão não ofereciam essa garantia contra perturbações. Quando, mais tarde, ela repreendeu o pai por causa da Sra. K., ele costumava dizer que não entendia essa hostilidade e que as crianças teriam, ao contrário, todos os motivos para ser gratas à Sra. K. A mãe, a quem ela então se dirigiu para o esclarecimento sobre essa conversa obscura, comunicou-lhe que o papai, naquela ocasião, estava tão infeliz que havia querido cometer suicídio no bosque; mas a Sra. K., que o teria pressentido, fora atrás dele e, com suas súplicas, tê-lo-ia convencido a se preservar aos seus. Naturalmente ela não acreditava nisso, não há dúvida de que eles teriam sido vistos juntos no bosque, e aí o papai inventou esse conto sobre o suicídio para justificar o encontro amoroso [*Rendezvous*].[i] Quando então retornaram a B., diariamente o papai ficava, em determinadas horas, na casa da Sra. K., enquanto o marido estava na loja. Todas as pessoas estariam falando sobre isso e, de maneira insinuante, indagando-a sobre o assunto. Com frequência, o próprio Sr. K. queixava-se amargamente à mãe de Dora, mas sempre a preservando de alusões ao tema, o que ela parecia considerar delicadeza de sua parte. Passeando juntos, o papai e a Sra. K. sabiam arranjar tudo de tal forma que ficava sozinho com a Sra. K. Não havia dúvidas de que ela tirava dinheiro dele, pois fazia despesas que certamente não podia pagar nem com recursos próprios nem com os do marido. O papai também começou a lhe dar grandes presentes; para disfarçá-los, também se tornou bastante mão aberta com a mãe e com ela própria (Dora). A mulher até então achacada, que inclusive precisou procurar uma clínica psiquiátrica durante meses, pois não conseguia andar, desde então estava saudável e cheia de vida.

Mesmo após terem deixado B., o contato de vários anos continuou, com o pai explicando, de vez em quando, que não tolerava o clima rigoroso e precisava fazer algo por si, então começava a tossir e a se queixar, até partir subitamente para B., de onde escrevia as cartas mais animadas. Todas essas doenças apenas eram pretextos para rever sua amiga.[9] Então, um belo dia, ficou decidido que se mudariam

---

[i] Essa é a ligação com sua própria comédia suicida, que, portanto, expressa a ânsia por um amor semelhante.

para Viena, e ela começou a suspeitar de uma combinação. Realmente, nem sequer fazia três semanas que haviam chegado a Viena, ela veio a saber que os K. também tinham se mudado para Viena. E que no momento também estavam aqui, e que com frequência ela encontrava, na rua, o papai com a Sra. K. que amiúde também encontrava o Sr. K., que ele sempre ficava a segui-la com os olhos, e que, quando certa vez a encontrou andando sozinha, seguiu-a durante um longo trecho para se convencer do lugar aonde ela ia, se ela, por acaso, não teria um encontro amoroso.

Que o papai era insincero, que ele tinha um traço de falsidade em seu caráter, que ele só pensava em sua própria satisfação e tinha o dom de arrumar as coisas da forma que lhe conviesse, tais críticas, ouvi-as principalmente nos dias em que o pai voltou a sentir uma piora em seu estado e partiu para B. por várias semanas, ao que a perspicaz Dora logo acabou por descobrir que também a Sra. K. fizera uma viagem com o mesmo destino para visitar seus parentes.

Eu não pude contestar essa caracterização do pai de maneira geral; também era fácil ver com qual recriminação específica Dora estava munida de razão. Quando estava com o ânimo exasperado, impunha-se a ela a interpretação de que teria sido entregue ao Sr. K. como prêmio por sua tolerância às relações entre sua esposa e o pai de Dora, e era possível vislumbrar, por trás do carinho devotado ao pai, a fúria contra esse uso. Em outras ocasiões, ela sabia bem que, com essas falas, tinha se tornado culpada de exagero. Naturalmente os dois homens nunca haviam firmado um pacto formal em que ela tivesse sido tratada como um objeto de troca; sobretudo o pai teria recuado horrorizado diante de uma impertinência dessa natureza. Mas ele era daquele tipo de homens que sabem atenuar um conflito pelo topo, ao falsearem seu julgamento sobre um dos assuntos em oposição. Se lhe tivessem chamado a atenção para a possibilidade de uma relação duradoura e sem vigilância com um homem não satisfeito pela própria mulher poder representar perigo para uma adolescente, certamente ele teria respondido: Ele podia confiar em sua filha, um homem como K. nunca poderia ser perigoso para ela, e seu próprio amigo seria incapaz de tais intenções. Ou então diria: Dora ainda é uma criança e é tratada por K. como criança. Mas, na realidade, as coisas se deram de forma tal que cada um dos homens evitava, a partir do comportamento do outro, extrair qualquer consequência que fosse inconveniente para suas próprias pretensões. Todos os dias, ao longo de um ano inteiro, estando por perto, o Sr. K. autorizou-se a enviar flores a Dora, além de aproveitar qualquer ocasião como pretexto para valiosos presentes e passar todo o seu tempo livre na companhia dela, sem que seus pais reconhecessem, nessa conduta, o caráter de um galanteio amoroso.

No tratamento psicanalítico, quando surge uma sequência de pensamentos corretamente fundamentada e incontestável, há certamente um momento de embaraço para o médico, que o doente aproveita para perguntar: "Mas isso tudo é verdadeiro e correto, não é? O que o senhor está querendo aí modificar, agora que eu lhe contei?". Logo se nota que esses pensamentos inatacáveis pela análise foram utilizados pelo doente para esconder outros que querem escapar à crítica e à consciência. Uma série de censuras contra outras pessoas faz supor uma série de autocensuras com o mesmo conteúdo. É preciso apenas dirigir cada uma das censuras de volta para a própria pessoa do falante. Essa maneira de se defender contra uma autocensura, dirigindo a mesma censura contra outra pessoa, tem algo de inegavelmente automático. Ela encontra seu modelo no "pagar na mesma moeda" das crianças, ao responderem sem hesitar: "Você é um mentiroso", quando são acusadas de terem mentido. No empenho de revidar o insulto, o adulto buscaria qualquer ponto fraco real do adversário, sem colocar o valor principal sobre a repetição do mesmo conteúdo. Na paranoia, essa projeção da censura sobre outro indivíduo torna-se manifesta sem mudança de conteúdo e, por conseguinte, sem apoio na realidade, como um processo de formação de delírio.

As censuras de Dora contra seu pai também estavam sistematicamente "forradas", "revestidas", com autocensuras do mesmo conteúdo, como mostraremos em pormenores: ela tinha razão quanto ao fato de o pai não querer deixar clara a conduta do Sr. K. em relação à sua filha, para não ser incomodado em seu relacionamento com a Sra. K. Mas ela fizera exatamente a mesma coisa. Ela fez-se de cúmplice dessa relação e repeliu todos os indícios que revelavam sua verdadeira natureza. Somente a partir da aventura no lago datavam a sua lucidez sobre esse fato e suas rigorosas exigências ao pai. Durante todos os anos anteriores, ela favoreceu de todas as maneiras possíveis o contato do pai com a Sra. K. Nunca ia à casa da Sra. K. quando suspeitava que seu pai lá estivesse. Ela sabia que, nesse caso, as crianças teriam sido afastadas, e, assim, ajustava seu trajeto de tal modo que encontrasse as crianças e fosse passear com elas. Houvera uma pessoa na casa que, de pronto, quis lhe abrir os olhos para as relações do pai com a Sra. K. e incitá-la a tomar partido contra essa mulher. Tratava-se da sua última preceptora, uma moça mais velha, muito lida e com opiniões liberais.[i] Por algum tempo, professora

---

[i] Essa preceptora, que lia todos os livros sobre vida sexual e assuntos semelhantes, e conversava com a garota sobre essas leituras, com franqueza lhe pediu, porém, que mantivesse em segredo dos pais tudo o

e aluna entenderam-se bastante bem, até que Dora, de repente, inimizou-se com ela e insistiu para que fosse demitida. Enquanto a senhorita teve influência, usou-a para acirrar os ânimos contra a Sra. K. Expôs à mãe que era incompatível com a sua dignidade tolerar essa intimidade de seu marido com uma estranha; também chamou a atenção de Dora para tudo o que era extravagante nessa convivência. Seus esforços, contudo, foram em vão, Dora manteve-se afeiçoada à Sra. K. e não queria saber de nenhum motivo que a levasse a achar indecoroso o contato do pai com ela. Por outro lado, ela se dava conta muito bem dos motivos que moviam sua preceptora. Apesar de cega por um lado, de outro, era suficientemente perspicaz. Notou que a senhorita estava apaixonada pelo pai. Quando o pai estava presente, ela parecia uma pessoa bem diferente, chegando a ser divertida e solícita. No período em que a família vivia na cidade em que ficava a fábrica e a Sra. K. estava fora do horizonte, sua animosidade se voltava contra a mãe, que, nesse momento, era a rival a ser considerada. Mas tudo isso Dora ainda não lhe levava a mal. Só se indignou quando percebeu que ela própria era totalmente indiferente para a preceptora, e que o amor que esta lhe demonstrava aplicava-se, na verdade, ao pai. Enquanto o pai estava ausente da cidade em que ficava a fábrica, a senhorita não tinha tempo nenhum para ela, não queria ir passear com ela, não se interessava por seus trabalhos. Mal o papai voltava de B. e ela já se mostrava pronta para todos os serviços e assistências. Por isso ela a descartou.

---

que se relacionasse a isso, pois não se podia saber que ponto de vista eles adotariam a respeito – e foi nessa mulher que busquei, durante algum tempo, a fonte de todo o conhecimento secreto de Dora, e talvez eu não estivesse totalmente equivocado.

A coitada havia iluminado, com uma lucidez indesejada, uma parte de seu próprio comportamento. Assim como a senhorita era às vezes em relação à Dora, assim também era Dora em relação aos filhos do Sr. K. Assumia o lugar de mãe para eles, instruía-os, saía com eles, oferecendo-lhes um substituto completo para o escasso interesse que a própria mãe lhes demonstrava. Entre o Sr. e a Sra. K., com frequência, veio à baila o tema da separação; ela não se realizou, porque o Sr. K., que era um pai muito carinhoso, não queria abrir mão de nenhum dos dois filhos. Desde o princípio, o interesse comum pelas crianças fora um meio de união do contato entre o Sr. K. e Dora. A ocupação com as crianças era, para Dora, evidentemente, o disfarce que deveria esconder outra coisa de si mesma e de estranhos.

De sua conduta em relação às crianças, bem como do que foi esclarecido através da conduta da senhorita em relação a ela mesma, resultou a mesma consequência que a de sua anuência tácita quanto à convivência do pai com a Sra. K., a saber, que ao longo de todos os anos ela estivera apaixonada pelo Sr. K. Quando formulei essa conclusão, não encontrei nela nenhum assentimento. É verdade que ela imediatamente relatou que também outras pessoas, por exemplo, uma prima que a estivera visitando por algum tempo em B., ter-lhe-iam dito: "Você está mesmo totalmente louca por esse homem"; mas ela própria não queria lembrar-se desses sentimentos. Posteriormente, quando a abundância do material vindo à tona tornou difícil uma negação, ela admitiu que podia ter amado o Sr. K. em B., mas, desde a cena do lago, isso teria passado.[i] De qualquer modo, era certo que a censura por ter feito ouvidos de

---

[i] Comparar com o segundo sonho.

mercador a deveres incontornáveis e por ter disposto as coisas da maneira mais conveniente à sua própria moção apaixonada, ou seja, a censura que fazia contra o próprio pai, recaía sobre sua própria pessoa.[i]

Por seu turno, a outra reprimenda, de que o pai criaria suas doenças como pretextos e as usaria como meios, cobre também toda uma parte da sua própria história secreta. Um dia, ela queixou-se de um sintoma supostamente novo, dores de estômago lancinantes, e quando perguntei: "Quem você está copiando com isso?", eu acertara em cheio. No dia anterior, ela visitara suas primas, as filhas da falecida tia. A mais jovem ficara noiva, e a mais velha adoecera, nessa ocasião, de dores de estômago e precisou ser levada a Semmering.[10] Ela achava que a mais velha só estava com inveja, pois sempre adoecia quando queria obter algo, e agora queria justamente sair de casa para não ter de assistir à felicidade da irmã.[ii] Mas suas próprias dores de estômago testemunhavam que ela se identificava com a prima considerada dissimulada, fosse porque também invejava a mais feliz por seu amor, fosse porque via, no destino da irmã mais velha, que acabava de sair de uma relação amorosa infeliz, seu próprio destino refletido.[iii] Mas, observando a Sra. K., ela também aprendera como utilizar as doenças de forma proveitosa. Uma parte do ano, o Sr. K.

---

[i] Aqui se coloca esta questão: Se Dora amava o Sr. K., como se justifica sua rejeição na cena do lago ou pelo menos a forma brutal dessa rejeição, que indica exasperação? E como uma moça apaixonada podia ver uma ofensa no galanteio amoroso, que – como veremos posteriormente – não fora formulado, absolutamente, de forma grosseira ou indecorosa?

[ii] Um evento cotidiano entre irmãs.

[iii] Outra conclusão a que cheguei a partir das dores de estômago será apresentada posteriormente.

passava viajando; sempre que retornava, encontrava a mulher achacada, embora um dia antes, como Dora sabia, ela estivesse bem de saúde. Dora entendeu que a presença do marido tinha o efeito de fazer a esposa adoecer e que a doença era bem-vinda, para ela esquivar-se dos odiados deveres matrimoniais. Uma observação sobre sua própria alternância entre doença e saúde durante os primeiros anos de menina vividos em B., que de repente inseriu-se nesse ponto, não pode menos do que me fazer suspeitar de que seus próprios estados de saúde, bem como os da Sra. K., deveriam ser considerados em uma dependência semelhante. E que, na técnica da psicanálise, vale a regra de que uma conexão interna, mas ainda recôndita, dá-se a conhecer pela contiguidade, pela vizinhança temporal das ocorrências, exatamente como na escrita um *a* e um *b* colocados um ao lado do outro significam que a partir dali deva ser formada a sílaba *ab*. Dora apresentara inúmeros acessos de tosse com perda de voz; teria a presença ou a ausência do amado exercido influência sobre esse aparecimento e desaparecimento das manifestações da doença? Se esse fosse o caso, então em algum momento se deixaria comprovar uma coincidência denunciadora. Perguntei qual tinha sido a duração média desses acessos. Cerca de três a seis semanas. Quanto tempo teriam durado as ausências do Sr. K.? Ela teve igualmente de admitir que entre três e seis semanas. Com sua doença, ela demonstrava, portanto, seu amor por K., assim como sua esposa demonstrava sua aversão a ele. Apenas era lícito supor que ela teria se comportado de forma contrária à da esposa, ficando doente quando ele estava ausente e gozando saúde depois de sua volta. Isso também parecia realmente estar correto, pelo menos durante um primeiro período dos acessos; na verdade, em momentos posteriores, sem dúvida revelou-se uma necessidade de apagar a coincidência entre os acessos de doença e a ausência do homem amado secretamente, para que o segredo não fosse traído pela constância dessa coincidência. Depois restou a duração do acesso como marca de seu significado original.

Lembro-me de ter visto e ouvido àquela época, na clínica de Charcot,[11] que, nas pessoas com mutismo histérico, a escrita entrava vicariamente em lugar da fala. Elas escreviam de maneira mais fluente, mais rápida e melhor do que outros e do que antes. O mesmo acontecera com Dora. Nos primeiros dias de sua afonia, para ela "a escrita sempre fluía da mão com especial facilidade". Como expressão de uma função fisiológica substitutiva, essa peculiaridade criada pela necessidade não exigia, na verdade, nenhum esclarecimento psicológico; mas era notável como era fácil obtê-lo. Quando em viagem, o Sr. K. escrevia-lhe abundantemente, enviava cartões postais; acontecia de ela ser a única informada sobre sua data de retorno, sendo a esposa surpreendida por ele. Além disso, corresponder-se com o ausente com quem não se pode falar é, por sinal, dificilmente menos compreensível do que tentar entender-se pela escrita no caso da falha da voz. A afonia de Dora admitia, pois, a seguinte interpretação simbólica: quando o amado estava distante, ela renunciava à fala; esta havia perdido seu valor, já que não podia falar com ele. Em compensação, a escrita ganhava importância como o único meio de entrar em contato com o ausente.

Será que agora eu vou propor a afirmação de que em todos os casos de afonia periodicamente recorrente deveria ser apresentado o diagnóstico que aponta para a existência de um amado ausente do lugar por certo tempo? Por certo que essa não é minha intenção. A determinação do sintoma no caso de Dora está demasiadamente especificada para que se possa pensar no retorno frequente da mesma etiologia acidental. Mas, então, que valor tem a elucidação da afonia em nosso caso? Será que não nos deixamos enganar, muito mais, por um jogo racional?[12] Não creio. Aqui, é mister recordar a pergunta tantas vezes levantada quanto a saber se os sintomas da histeria seriam de origem psíquica ou somática, ou, admitindo-se o primeiro caso, se todos seriam de modo necessário condicionados psiquicamente. Como no caso de tantas, essa pergunta, por cuja resposta sempre se veem os pesquisadores esforçando-se em vão, não é adequada. O verdadeiro estado das coisas não está incluído em sua alternativa. Pelo que me é dado ver, todo sintoma histérico carece da contribuição de ambos os lados. Ele não pode ocorrer sem certa *complacência somática* [*somatisches Entgegenkommen*] fornecida por um processo normal ou patológico no interior de um órgão do corpo ou relacionado a esse órgão. Não acontece mais do que uma vez — e a capacidade de se repetir está no caráter do sintoma histérico —, se não tiver um significado psíquico, um *sentido*. O sintoma histérico não traz consigo esse sentido, este lhe é emprestado, soldado a ele, por assim dizer, e ele pode, em cada caso, ser diferente, de acordo com a natureza dos pensamentos reprimidos [*unbterdrückten*] que lutam por se expressar. Não obstante, uma série de fatores atua para que as relações entre os pensamentos inconscientes e os processos somáticos que lhes estão disponíveis como meios de expressão organizem-se de modo menos arbitrário e aproximem-se de várias associações típicas. Para a terapia, as determinações fornecidas pelo material psíquico acidental são as mais importantes; solucionam-se os sintomas investigando-se seu significado psíquico. Uma vez removido o que pode ser eliminado pela psicanálise, pode-se, então, formar-se toda sorte de pensamentos, provavelmente pertinentes, sobre as bases somáticas dos sintomas, que em geral são constitutivas e orgânicas. Mesmo em relação aos acessos de tosse e afonia no caso de Dora, não vamos nos restringir à interpretação psicanalítica, mas sim constatar, por trás desta, o fator orgânico de onde proveio a "complacência somática" para que se expressasse a inclinação por um amado temporariamente ausente. E se, nesse caso, a conexão entre expressão sintomática e conteúdo inconsciente do pensamento vier a se impor como algo produzido de forma hábil e engenhosa, então teremos o prazer de ouvir que ela é capaz de provocar a mesma impressão em qualquer outro caso, em qualquer outro exemplo.

Agora, estou preparado para ouvir que um ganho muito modesto indica, portanto, que, graças à psicanálise, nós não devemos mais buscar o enigma da histeria na "labilidade específica das moléculas nervosas" ou na possibilidade de estados hipnoides, mas sim na "complacência somática".

Contra essa observação, faço questão de enfatizar que, dessa maneira, o enigma não apenas recuou um pouco, mas também diminuiu de tamanho. Não se trata mais do enigma inteiro, mas daquela parte dele em que está contido o caráter especial da histeria, *que a diferencia* de outras psiconeuroses. Em todas as psiconeuroses, os processos psíquicos são os mesmos, ao longo de um extenso trajeto, e só então entra em conta a "complacência somática", que propicia aos processos psíquicos inconscientes uma saída para o corporal. Quando não se obtém esse fator, surge desse estado inteiro algo diferente de um sintoma histérico, mas novamente algo aparentado a ele, talvez uma fobia ou uma ideia obsessiva, em suma: um sintoma psíquico.

Retorno, agora, à censura sobre a "simulação" de doenças que Dora levantou contra seu pai. Logo nos foi possível observar que a essa censura correspondiam não apenas autocensuras relativas a estados de doenças anteriores, mas também aquelas que se referiam ao momento presente. Nessa altura, é comum que o médico tenha por tarefa adivinhar e complementar o que a análise apenas lhe fornece em forma de alusões. Tive de chamar a atenção da paciente para o fato de sua atual doença ser justamente tão motivada e tendenciosa quanto a da Sra. K., como ela entendera. Afirmei não haver dúvida de que ela tinha em vista uma meta que esperava alcançar por meio de sua doença. Mas esta não poderia ser outra senão fazer com que o pai se afastasse da Sra. K. Com pedidos e argumentos, ela não teria logrado fazê-lo; e talvez tivesse a esperança de alcançá-lo assustando o pai (com a carta de despedida), despertando sua compaixão (por meio dos ataques de desmaios), e, se tudo isso não servisse para nada, estaria, no mínimo, vingando-se dele. Eu disse que ela devia saber muito bem o quanto ele era apegado a ela, e que seus olhos se enchiam de lágrimas sempre que lhe perguntavam pelo estado de sua filha. Afirmei estar convicto de que ela imediatamente estaria bem de saúde se o pai lhe explicasse que, pela saúde da filha, sacrificaria a Sra. K. E que eu esperava que ele não se deixasse levar a fazê-lo, pois, então, ela ficaria sabendo que instrumentos de poder ela teria nas próprias mãos e certamente não perderia a chance, em todas as ocasiões futuras, de voltar a fazer uso de suas possibilidades de adoecer. Mas, continuei, se o pai não cedesse, eu já estaria totalmente preparado para o fato de que ela não renunciaria tão facilmente a sua doença.

Omitirei os detalhes pelos quais foi possível concluir como tudo isso estava perfeitamente correto, optando por adicionar algumas observações gerais sobre o papel dos *motivos do adoecimento* na histeria. Deve-se fazer uma distinção conceitual bem clara entre os motivos do adoecimento e as possibilidades de adoecer, ou seja, do material a partir do qual são produzidos os sintomas. Eles não têm participação nenhuma na formação dos sintomas e, também, não estão presentes no início da doença; só aparecem secundariamente, mas é apenas a partir de seu surgimento que a doença estará inteiramente constituída.[i] Pode-se contar com sua presença em todo e qualquer caso que indique um verdadeiro sofrimento e que tenha uma duração mais longa. Para a vida psíquica, o sintoma é primeiramente um hóspede indesejável, tem tudo contra si e é por isso que também, ao que parece, desaparece facilmente por si só sob a influência do tempo. No início, ele não tem nenhuma utilização vantajosa no domicílio psíquico, mas, com muita

---

[i] [*Nota acrescida em 1923:*] Aqui nem tudo está correto. Não se pode manter a afirmação de que os motivos da doença não estão presentes no início da doença e só aparecem secundariamente. Pois na próxima página já serão apresentados alguns motivos de adoecimento que existem antes da irrupção da doença e são corresponsáveis por essa irrupção. Posteriormente forneci uma fundamentação melhor a esse estado de coisas, ao introduzir uma distinção entre *ganho primário* e *ganho secundário da doença*. O motivo para adoecer é, em todos os casos, a intenção de um ganho. Em relação ao ganho secundário da doença, vale o que está dito nas frases subsequentes deste parágrafo. Mas um ganho primário da doença deve ser reconhecido em todo adoecimento neurótico. O adoecimento evita primeiramente uma operação psíquica, revela-se como a solução economicamente mais cômoda no caso de um conflito psíquico (fuga *na doença*), ainda que, na maioria dos casos, o caráter inadequado desse tipo de saída se mostre mais tarde inequívoco. Essa parte do ganho primário da doença pode ser designada como interna, psicológica; ela é, por assim dizer, constante. Ademais, fatores externos, como a situação da esposa reprimida pelo marido, apresentada como exemplo, podem fornecer motivos para o adoecimento e, dessa forma, produzir a parte externa do ganho primário da doença.

frequência, ele a obtém de maneira secundária; alguma corrente psíquica acha cômodo servir-se do sintoma e, assim, este alcança uma função secundária e fica como que ancorado na vida anímica. Aquele que quiser tornar o doente saudável esbarra, então, para seu espanto, em uma grande resistência que o ensina que o doente não leva tão a sério, não de forma total,[i] a intenção de abandonar o sofrimento. Imagine-se um operário, por exemplo, um telhadista, que fica inválido após sofrer uma queda e que agora leva uma vida miserável pedindo esmolas em uma esquina. Chega, então, um milagreiro, prometendo-lhe endireitar sua perna e fazê-lo novamente andar. Acho que não se deve esperar uma expressão de especial alegria em seu rosto. Com certeza ele se sentiu extremamente infeliz quando sofreu a lesão e notou que nunca mais poderia trabalhar, que teria de passar fome ou viver de esmolas. Mas, desde então, aquilo que, em um primeiro momento, deixou-o sem ocupação também se tornou sua fonte de renda; ele vive de sua invalidez. Se esta lhe for tirada, talvez ele fique totalmente desamparado; nesse ínterim, já esqueceu seu ofício, perdeu seus hábitos de trabalho, acostumou-se ao ócio, e talvez também à bebida.

Os motivos para adoecer começam a se manifestar muitas vezes já na infância. A criança sedenta de amor que não gosta de dividir o carinho dos pais com seus irmãos percebe que este volta a afluir totalmente para ela, quando os pais se veem preocupados com o seu adoecimento. Agora ela conhece um meio para atrair o amor dos pais e fará uso dele, tão logo disponha do material psíquico

---

[i] Um literato, que, aliás, também é médico, Arthur Schnitzler, expressou esse conhecimento de maneira muito correta em sua obra *Paracelsus*.

para produzir uma doença. Quando a criança então se torna uma mulher e, em total contradição com exigências de sua infância, encontra-se casada com um homem pouco atencioso, que reprime [*unterdrückt*] a sua vontade, aproveita-se impiedosamente da sua força de trabalho e não lhe oferece nem carinho nem dinheiro, então a doença passa a ser sua única arma para se afirmar na vida. Ela lhe proporciona a ansiada consideração, ela obriga o homem a sacrificar dinheiro e respeito, os quais ele não teria precisado proporcionar à esposa saudável, obriga-o, no caso da recuperação, a tratá-la com prudência, pois, do contrário, está ameaçado de haver uma recaída. O caráter aparentemente objetivo, involuntário, do estado de doença, que o médico que está tratando também precisa referendar, possibilita a ela, sem censuras conscientes, essa utilização adequada de um meio que, durante a infância, ela constatou ser eficaz.

E não se pode negar que esse adoecimento seja obra da intenção! Os estados de doença geralmente são destinados a uma determinada pessoa, de modo que eles desaparecem quando ela se afasta. O julgamento mais rude e mais banal sobre a doença dos histéricos que se pode ouvir da boca de parentes incultos e de cuidadoras é, em certo sentido, correto. É verdade que a mulher que jaz paralisada na cama saltaria do leito se irrompesse um incêndio no quarto, que a esposa mimada esqueceria todos os sofrimentos se um filho seu adoecesse com risco de morte ou se uma catástrofe ameaçasse a condição da casa. Todos que falam assim desses doentes têm razão, à exceção de um ponto, ou seja, ao negligenciarem a diferença psicológica entre consciente e inconsciente, o que ainda é permitido na criança, mas não mais é admissível no adulto. Por esse motivo, todas essas garantias de que é apenas uma questão de vontade e todos os encorajamentos e insultos de nada servem aos doentes. Primeiramente é preciso tentar, pelo caminho tortuoso da análise, convencer da existência de sua própria intenção de adoecer.

No caso da histeria, de modo bem genérico, a fraqueza de toda e qualquer terapia, inclusive da psicanalítica, reside no combate aos motivos da doença. Para o destino, as coisas são mais fáceis nesse caso, ele não precisa atacar nem a constituição nem o material patogênico do doente; ele elimina um motivo de adoecimento, e o doente fica temporariamente, talvez até permanentemente, livre da doença. Quantas curas milagrosas a menos e quantos desaparecimentos espontâneos de sintomas nós, médicos, admitiríamos, se pudéssemos discernir, mais amiúde, os interesses de vida que os doentes nos ocultam! Aqui um prazo se esgotou, cessou a consideração por uma segunda pessoa, uma situação foi radicalmente alterada por um evento externo, e o sofrimento até então obstinado foi eliminado de um só golpe, aparentemente de modo espontâneo, na verdade porque lhe foi subtraído o motivo mais poderoso, uma de suas utilidades na vida.

Provavelmente, serão encontrados, em todos os casos plenamente desenvolvidos, motivos que sustentam a condição de estar doente. Mas existem casos com motivos puramente internos, tais como autopunição, isto é, arrependimento e penitência. Nessas situações, considerar-se-á mais fácil solucionar a tarefa terapêutica do que quando a doença se relaciona com a consecução de uma meta externa. Essa meta, para Dora, era claramente sensibilizar o pai e afastá-lo da Sra. K.

Além disso, nenhum dos seus atos parecia tê-la exasperado tanto quanto sua presteza em considerar a cena do lago um produto da sua fantasia. Ela ficava fora de si quando pensava que poderia ter imaginado algo naquela ocasião. Durante muito tempo, fiquei constrangido em adivinhar que autocensura se escondia por trás da sua recusa apaixonada a essa explicação. Tinha-se razão em supor ali atrás algo escondido, pois uma censura que não procede também não ofende de maneira duradoura. Por outro lado, cheguei à conclusão de que o relato de Dora devia corresponder à verdade em todos os aspectos. Depois de justamente haver entendido a intenção do Sr. K., ela não o deixou explicar-se, aplicou-lhe uma bofetada no rosto e saiu em desabalada carreira. Seu comportamento deve então ter parecido tão incompreensível ao homem, que ficara para trás, quanto a nós, pois, com base em inúmeros pequenos indícios, ele tivera de concluir, havia muito tempo, estar certo da inclinação da moça. Na discussão sobre o segundo sonho, encontraremos, então, tanto a solução desse enigma quanto a autocensura em vão buscada no início.

Quando as acusações contra o pai retornaram com uma monotonia estafante, e a tosse manteve-se paralelamente, tive de pensar que esse sintoma poderia ter um significado relacionado ao pai. Além disso, as exigências que estou acostumado a fazer à explicação de um sintoma estavam longe de ser satisfeitas. Conforme uma regra que eu sempre vi confirmar-se, mas que ainda não tive a coragem de formular como uma proposição geral, um sintoma significa a figuração – realização – de uma fantasia com conteúdo sexual, portanto, uma situação sexual. Seria melhor eu dizer que pelo menos *um* dos significados de um sintoma corresponde à representação de uma fantasia sexual, ao passo que, para os outros significados, não existe essa restrição de conteúdo. O fato de um sintoma ter mais de um significado, de servir simultaneamente à figuração de vários cursos de pensamentos inconscientes, é algo que se aprende logo, quando se empreende o trabalho psicanalítico. Ainda gostaria de acrescentar que, segundo minhas estimativas, um único curso de pensamento inconsciente ou fantasia dificilmente bastará para a produção de um sintoma.

Não demorou muito e surgiu a oportunidade de atribuir à tosse nervosa uma interpretação como essa com base em uma situação sexual fantasiada. Quando ela voltou a frisar que a Sra. K. amava o papai apenas porque ele era *um homem de posses* [*ein vermögender Mann*],[13] notei, a partir de certas circunstâncias secundárias de sua expressão, as quais aqui omitirei, assim como a maioria dos aspectos puramente técnicos do trabalho analítico, que por detrás daquela frase se escondia seu oposto: o pai o era *um homem sem posses/impotente* [*ein unvermögender Mann*]. Isso só podia ser entendido sexualmente, a saber: o pai, enquanto homem, não tinha posses, era impotente.[14] Após ela haver confirmado essa interpretação a partir de seu conhecimento consciente, mostrei-lhe em que contradição ela estava caindo, ao insistir, por um lado, que a relação com a Sra. K. era uma relação amorosa comum, e, por outro lado, ao afirmar que o pai era impotente, portanto, incapaz de tirar proveito de uma relação dessa natureza. Sua resposta mostrou que ela não precisou reconhecer a contradição. Disse que sabia muito bem que havia mais de uma maneira de satisfação sexual. Todavia, a fonte desse discernimento lhe era novamente inencontrável. Quando prossegui perguntando se ela se referia à utilização de outros órgãos, além dos genitais, para a relação sexual, ela respondeu afirmativamente, e pude continuar: ela então estaria pensando justamente naquelas partes do corpo que nela estariam em estado de irritação (garganta, cavidade oral). Evidentemente ela nada queria saber de seus pensamentos até esse ponto, mas, se era isso que devia viabilizar o sintoma, ela tampouco poderia ter se dado conta disso por completo. Mas era irrefutável a complementação de que, com sua tosse espasmódica, que, como é comum, tinha como estímulo uma coceira[15] na garganta, ela imaginava uma situação de satisfação sexual *per os*[16] entre as duas pessoas cuja relação amorosa a ocupava continuamente. O fato de a tosse ter desaparecido em pouquíssimo tempo após ela ter recebido, calada, esse esclarecimento vinha, naturalmente, muito bem a calhar; mas não queríamos atribuir demasiada importância a essa alteração, uma vez que ela já havia surgido tantas vezes espontaneamente.

Se, para o leitor médico, esta pequena parte da análise houver despertado, além da incredulidade a que ele tem direito, estranheza e horror, estou pronto para pôr à prova, nesta altura, essas duas reações no tocante à sua legitimidade. Estranheza, penso eu, motivada pela minha ousadia de falar com uma jovem moça – ou, de modo geral, com uma mulher feita,[17] na idade da sexualidade – sobre coisas tão delicadas e tão horríveis. O horror concerne, sem dúvida, à viabilidade de que uma moça pura possa saber de semelhantes práticas e ocupar-se delas em sua fantasia. Em ambos os pontos eu aconselharia moderação e prudência. Não há, nem aqui nem ali, um motivo para indignação. Pode-se falar, com moças e senhoras, sobre todas as coisas sexuais, sem prejudicá-las e sem se colocar sob suspeição, desde que, em primeiro lugar, adote-se uma determinada maneira de fazê-lo e, em segundo, nelas seja despertada a convicção de que isso é inevitável. Na verdade, sob essas mesmas condições, o ginecologista também se autoriza a submetê-las a todos os desnudamentos possíveis. A melhor maneira de falar sobre essas coisas é seca e direta; ela é, ao mesmo tempo, a que está mais distante da lascívia com que os mesmos temas são abordados na "sociedade" e com a qual garotas e senhoras estão bastante acostumadas. Dou aos órgãos e processos seus nomes técnicos e os comunico quando por acaso eles – os nomes – são desconhecidos. "*J'appelle un chat un chat.*"[18] Certamente ouvi falar de pessoas, médicos e não médicos, que se escandalizam com uma terapia em que ocorra esse tipo de conversa e que parecem invejar a mim ou às pacientes por causa da comichão que, segundo sua expectativa, ali se admite. Mas conheço a decência desses senhores demasiadamente bem para me enervar com eles. Vou evitar a tentação de escrever uma sátira. Só uma coisa eu gostaria de mencionar, que muitas vezes experimento a satisfação de mais tarde ouvir, de uma paciente para quem, no início, não era fácil a franqueza nas questões sexuais, a seguinte exclamação: "Não, o seu tratamento, em muitos aspectos, é muito mais decente do que as conversas do Sr. X.!".

É preciso estar convencido da inevitabilidade de abordar temas sexuais, antes de se empreender um tratamento de histeria, ou então se deverá estar preparado para se deixar convencer através de experiências. Dizemo-nos, então: *pour faire une omelette il faut casser des œufs.*[19] Os próprios pacientes são fáceis de convencer; ao longo do tratamento, há muitas ocasiões para fazê-lo. Não é preciso nenhuma reprimenda por falar com eles sobre fatos da vida sexual normal ou anormal. Se formos bastante cuidadosos, nós lhes traduzimos para o consciente aquilo que eles já sabem no inconsciente, e todo o efeito do tratamento se apoia, de fato, na compreensão de que os efeitos dos afetos de uma ideia inconsciente são mais fortes e, por não poderem ser inibidos, mais danosos do que os de uma ideia consciente. Jamais se corre o perigo de prejudicar uma moça inexperiente; sempre que no inconsciente não houver nenhum conhecimento de processos sexuais, também não ocorrerá nenhum sintoma histérico. Quando uma histeria é identificada, não há como falar em "inocência de pensamentos" no sentido dos pais e educadores. No caso de crianças de 10, 12 e 14 anos, meninos ou meninas, convenci-me da confiabilidade dessa afirmação, sem exceções.

No que concerne à segunda reação emocional, que, no caso de eu estar com a razão, não mais se dirige a mim, mas à paciente, e que considera horrível o caráter perverso de suas fantasias, gostaria de enfatizar que essa condenação apaixonada não compete ao médico. Também considero, entre outras coisas, supérfluo que um médico que escreve sobre os desvios das pulsões sexuais aproveite toda oportunidade para incluir, no texto, a expressão de sua aversão pessoal a coisas tão adversas. Estamos diante de um fato, e é de se esperar que nos acostumemos a ele, reprimindo os nossos gostos pessoais. Precisamos ser capazes de falar sem que haja ofensa sobre aquilo que chamamos de perversões sexuais, a saber, as transgressões da função sexual no âmbito do corpo, bem como no do objeto sexual. A própria indeterminação dos limites do que deve ser chamado de vida sexual normal em diferentes raças e em diferentes épocas já deveria arrefecer os mais zelosos. Também não podemos esquecer que a mais adversa das perversões para nós, o amor sensual de um homem por outro homem, não apenas era tolerada em um povo culturalmente muito superior a nós, os gregos, como também lhe confiavam importantes funções sociais. Cada um de nós, em sua própria vida sexual, ora aqui, ora ali, transgride um pouquinho mais os estreitos limites do que se julga normal. As perversões não são bestialidades nem degenerações no sentido patético da palavra. São desenvolvimentos de germes contidos, em sua totalidade, na constituição sexual indiferenciada da criança, cuja repressão ou viragem para metas superiores, assexuais — sua *sublimação* —, está destinada a fornecer as forças para um bom número de nossas realizações culturais. Se, portanto, alguém se *tornou* perverso de modo grosseiro e manifesto, então se poderá dizer, com mais justeza, que ele *permaneceu* como tal, pois ele representa um estágio de uma inibição. Todos os psiconeuróticos são pessoas com inclinações perversas vigorosas, mas recalcadas e tornadas inconscientes no curso do desenvolvimento. Por essa razão, suas fantasias inconscientes exibem exatamente o mesmo conteúdo que as ações constatadas nos autos dos perversos, ainda que não tenham lido a *"Psychopathia" sexualis*, de Von Krafft-Ebing, à qual pessoas ingênuas atribuem tanta cumplicidade no surgimento de tendências perversas. As psiconeuroses são, por assim dizer, o *negativo* das perversões. A constituição sexual em que também está incluída a expressão da hereditariedade age nos neuróticos juntamente com as influências acidentais da vida. As forças pulsionais da formação de sintomas histéricos não são fornecidas apenas pela sexualidade normal recalcada, mas também pelas moções perversas inconscientes.[i]

As perversões menos repulsivas entre as chamadas perversões sexuais gozam da mais ampla divulgação em

---

[i] Essas proposições sobre perversões sexuais foram escritas vários anos antes do excelente livro de I. Bloch (*Beiträge zur Ätiologie der Psychopathia sexualis* [Contribuições para a etiologia da *Psyhcopathia sexualis*]. 1902 e 1903). Conferir também meus ensaios publicados neste ano (1905) *Drei Abhandlungen zur Sexualtheorie* [Três ensaios sobre a teoria sexual]. (5. ed. 1922. Encontra-se no volume V destas *Ges. Werke*.)

nossa população, como sabe qualquer pessoa, à exceção do médico que escreve sobre esses temas. Ou, tanto mais, o autor também o sabe; só que ele se esforça em esquecê-lo no instante em que toma da pena para escrever. Portanto, não é assombroso que a nossa histérica, prestes a completar 19 anos, que ouviu falar da ocorrência desse tipo de relação sexual (sucção do membro viril), tenha desenvolvido uma fantasia inconsciente dessa natureza, expressando-a através da sensação de comichão na garganta e tosse. Também não seria assombroso se ela, sem esclarecimento externo, houvesse chegado a tal fantasia, como comprovei com certeza em outras pacientes. É que, no seu caso, um fato digno de nota propiciou a precondição somática para essa criação independente de uma fantasia, que, por sua vez, coincide com a prática dos perversos. Ela se lembrava muito bem de que, em sua infância, havia sido uma *"chupadora"* [*Lutscherin*]. O pai também se recordava de tê-la feito perder aquele hábito que se manteve até o quarto ou quinto ano de vida. A própria Dora tinha clara na memória uma imagem de seus anos de criança pequena em que estava sentada no chão em um canto, chuchando o polegar esquerdo, enquanto, com a mão direita, puxava o lóbulo da orelha do irmão tranquilamente sentado a seu lado. Essa é a forma plena da autossatisfação[20] através do chuchar que outras pacientes – posteriormente anestésicas e histéricas – também me relataram. De uma delas recebi uma indicação que lança uma clara luz sobre a origem desse hábito singular. A jovem senhora, que nunca perdera o hábito de chuchar, viu-se em uma lembrança da infância, supostamente da primeira metade de seu segundo ano de vida, mamando no peito de sua ama e, ao mesmo tempo, puxando ritmicamente o lóbulo de sua orelha. Acho que ninguém quererá contestar que é lícito declarar a mucosa labial e oral como uma zona *erógena* primária, já que ela ainda manteve uma parte desse significado para o beijo, que é considerado normal. A extensiva ativação precoce dessa zona erógena é, portanto, a condição para a complacência somática posterior do trato da mucosa que começa nos lábios. Se, em um momento em que o objeto sexual propriamente dito, o membro masculino, já for conhecido, surgirem circunstâncias que voltem a aumentar a excitação da zona da boca, que conservou seu caráter erógeno, então não será necessário nenhum grande dispêndio de força criadora para, na situação da satisfação, colocar o mamilo original e o dedo, seu substituto, em lugar do atual objeto sexual, o pênis. Isso posto, essa fantasia perversa extremamente chocante de sugar o pênis [*saugen am Penis*] tem a mais inofensiva origem; é a reelaboração de uma impressão, que pode ser chamada de pré-histórica, de sugar o seio da mãe ou da ama, uma impressão comumente revivida no contato com crianças amamentadas. Na maioria das vezes, o úbere da vaca tem servido, nesse caso, como uma adequada representação intermediária entre mamilo e pênis.

 A interpretação dos sintomas da garganta de Dora que acabamos de mencionar também pode dar lugar a outra observação. Pode-se perguntar de que maneira essa situação sexual fantasiada combina com a outra explicação de que o aparecimento e o desaparecimento de manifestações patológicas imitam a presença e a ausência do homem amado, portanto, incluindo a conduta da esposa, expressa o pensamento: Se eu fosse sua mulher, eu iria amá-lo de uma maneira bem diferente, ficaria doente (de saudade, digamos), quando ele viajasse, e com saúde (de alegria), quando ele estivesse novamente em casa. A isso preciso responder, de acordo com as minhas experiências na solução de sintomas histéricos: não é necessário que os diferentes significados de um sintoma sejam compatíveis entre si, isto é, que se complementem em um contexto articulado. Basta que o contexto seja produzido pelo tema que deu origem às diversas fantasias. Além disso, em nosso caso, essa compatibilidade não está excluída; um dos significados está mais aderido à tosse, o outro, à afonia e à progressão dos estados; é provável que uma análise mais refinada teria permitido reconhecer com maior sutileza os detalhes da doença. Já aprendemos que um sintoma atende, de maneira muito regular, a diversos significados *simultaneamente*; acrescentemos, agora, que ele também pode dar expressão a muitos significados *sucessivamente*. O sintoma pode modificar um de seus significados ou seu significado principal, com o passar dos anos, ou o papel principal pode passar de um significado para outro. É como um traço conservador no caráter da neurose que o sintoma, uma vez formado, seja possivelmente preservado, ainda que o pensamento inconsciente, que nele encontrou sua expressão, também tenha perdido seu significado. Mas também é fácil explicar mecanicamente essa tendência à conservação do sintoma; a produção de um sintoma como esse é tão difícil, ou seja, a transferência da moção puramente psíquica para o corporal, aquilo que chamei de *conversão*, está atrelada a tantas condições que favorecem uma complacência somática, necessária para a conversão, e é tão pouco fácil de ser alcançada, que a pressão [*Drang*] da descarga da moção vinda do inconsciente acaba levando a se contentar, eventualmente, com a via de descarga já transitável. Bem mais fácil que a criação de uma nova conversão parece ser a produção de vínculos associativos entre um novo pensamento que precisa de descarga e o antigo que perdeu essa necessidade. Pela via assim facilitada, flui a moção a partir da nova fonte de excitações até o lugar anterior de descarga, e o sintoma assemelha-se, segundo a expressão do evangelho, a um velho odre que é preenchido com vinho novo. Por mais que, seguindo essas reflexões, a parte somática do sintoma histérico pareça o elemento mais constante, mais difícil de substituir, e a parte psíquica, o elemento variável, mais fácil de representar, então, que não se queira inferir dessa relação uma hierarquia entre ambas. Para a terapia psíquica, a parte psíquica sempre é a mais significativa em todos os casos.

A incessante repetição dos mesmos pensamentos sobre a relação de seu pai com a Sra. K. ofereceu à análise de Dora a oportunidade de um aproveitamento ainda mais importante.

É lícito designar um curso de pensamento como esse de *hiperintenso*, ou melhor, *reforçado*, *hipervalente*, no sentido de Wernicke.[21] Apesar de seu conteúdo aparentemente correto, ele revela-se doentio pela peculiaridade de que, em que pesem todos os esforços de pensamento conscientes e deliberados da pessoa, não se pode dissolvê-lo nem o eliminar. Um curso normal de pensamento, por intenso que seja, pode finalmente ser dissipado. Finalmente, supera-se uma sequência normal e ainda tão intensa de pensamentos. Dora sentia acertadamente que seus pensamentos sobre o pai exigiam uma apreciação especial. "Não consigo pensar em outra coisa", queixava-se repetidas vezes. "Meu irmão me diz, na verdade que nós, os filhos, não temos o direito de criticar esses atos do papai. Não devemos preocupar-nos com isso e talvez até devamos alegrar-nos por ele ter encontrado uma mulher a quem pode confiar seu coração, já que a mamãe o entende tão pouco. Eu entendo isso e também gostaria de pensar como meu irmão, mas não consigo. Não posso perdoá-lo."[i]

O que se faz agora diante de um pensamento hipervalente como esse, depois de ouvir sua fundamentação consciente, bem como as inúteis objeções contra ele? Dizemos que *esse curso* hiperintenso *de pensamentos deve seu reforço ao inconsciente.* O trabalho de pensamento não pode solucioná-lo, seja porque ele próprio chega com suas raízes até o material inconsciente, recalcado, seja porque outro pensamento inconsciente esconde-se por detrás dele. Este último é quase sempre seu oposto imediato. Opostos sempre estão estreitamente ligados entre si e, muitas vezes, são emparelhados de tal maneira que *um* pensamento *é hiperintensamente consciente, mas* sua *contrapartida é recalcada e inconsciente.* Essa relação é um resultado do processo de recalcamento. De fato, o recalcamento muitas vezes realizou-se de uma maneira que o oposto do pensamento a ser recalcado foi reforçado de modo excessivo. Chamo a isso *reforço reativo,* e *pensamento reativo* a um dos pensamentos que se afirma com hiperintensidade na consciência e mostra-se indissolúvel à maneira de um preconceito. Em sua relação mútua, os dois pensamentos comportam-se mais ou menos como as duas agulhas de um galvanômetro. Mediante certo excesso de intensidade, o pensamento reativo retém, no recalcamento, o pensamento chocante; mas, ao fazê-lo, ele próprio fica "amortecido" e imune ao trabalho consciente de pensamento. Então, tornar consciente o oposto recalcado é o caminho para retirar do pensamento hiperintenso o seu reforço.

---

[i] Unido às profundas alterações de humor, um pensamento hipervalente como esse é, com frequência, o único sintoma de um estado de doença comumente chamado de "melancolia", mas pela Psicanálise, pode ser solucionado como uma histeria.

Também não devemos excluir de nossas expectativas o caso de ocorrer não um de ambos os fundamentos da hipervalência, mas, sim, uma concorrência de ambos. Podem também acontecer outras complicações, mas será fácil incorporá-las.

Tentemos fazê-lo, inicialmente, mediante o exemplo que Dora nos fornece, com a primeira hipótese de que ela própria desconhecia a raiz de sua inquietação compulsiva quanto à relação do pai com a Sra. K., por esta situar-se no inconsciente. Não é difícil adivinhar essa raiz a partir das circunstâncias e manifestações. Era evidente que sua conduta ia bem além da esfera de participação de filha, sentia-se e agia muito mais como uma esposa ciumenta, como se consideraria compreensível no caso de sua mãe. Com sua exigência: "ela ou eu", com as cenas por ela protagonizadas e com a ameaça de suicídio que fez entrever, era evidente que ela estava se colocando no lugar da mãe. Se adivinhamos corretamente a fantasia de uma situação sexual que estava na base de sua tosse, então, nessa fantasia, ela ocupava o lugar da Sra. K. Identificava-se, portanto, com as duas mulheres amadas pelo pai, a de agora e a de outrora. A conclusão é evidente, de que sua inclinação estava voltada para o pai em maior medida do que ela sabia ou mais do que gostaria de haver admitido, de que estava por ele apaixonada.

Aprendi a ver essas relações amorosas inconscientes entre pai e filha, mãe e filho, conhecidas por suas consequências anormais, como o reavivamento de germes de sensações infantis. Expus em outro lugar[i] o quão precocemente se faz valer a atração sexual entre pais e filhos,

---

[i] Na *Traumdeutung* [*A Interpretação do sonho*], p. 178 (8ª ed., p. 180), e no terceiro ensaio dos *Abhandlungen zur Sexualtheorie* [*Ensaios sobre a teoria sexual*] (5ª ed., 1922).

e mostrei que a fábula de Édipo deve provavelmente ser entendida como a elaboração poética do que há de típico nessas relações. Essa inclinação precoce da filha pelo pai, do filho pela mãe, da qual provavelmente se encontra uma pista clara na maioria das pessoas, deve necessariamente ser suposta mais intensa, desde o início, no caso das crianças constitucionalmente destinadas à neurose, de amadurecimento precoce e famintas de amor. Destacam-se, então, certas influências, que aqui não abordaremos, que fixam a moção amorosa rudimentar ou fortalecem-na a ponto de esta, ainda na infância ou apenas a partir da puberdade, dar origem a algo que é equiparável a uma inclinação sexual e que, como esta, reivindica, para si, a libido.[i] As circunstâncias externas, no caso de nossa paciente, não são exatamente desfavoráveis a uma hipótese como essa. Sua constituição sempre a atraíra para o pai, seus inúmeros adoecimentos necessariamente intensificavam sua afetuosidade por ele; em algumas doenças, nenhuma outra pessoa, a não ser ela, era autorizada por ele a realizar as pequenas tarefas de assistência ao enfermo; orgulhoso de sua inteligência precocemente desenvolvida, ele já a recrutara, ainda uma menina, como confidente. Com o aparecimento da Sra. K., ela, e na verdade não a mãe, fora desalojada [*verdrängt*][22] de mais de uma posição.

Quando comuniquei a Dora que eu teria necessariamente de supor que sua inclinação pelo pai já tinha desde cedo o caráter de um enamoramento total, ela, na verdade, deu sua resposta habitual: "Não me lembro disso", mas, imediatamente, relatou algo análogo sobre

---

[i] O fator decisivo nesse caso é, sem dúvida, o surgimento precoce de sensações genitais genuínas, sejam elas espontâneas ou provocadas por meio de sedução ou masturbação. (Ver adiante.)

sua prima (pelo lado materno) de 7 anos, na qual, com frequência, acreditava enxergar como que um reflexo de sua própria infância. A pequena havia testemunhado novamente uma acalorada discussão entre seus pais e sussurrou no ouvido de Dora, que fora visitá-los após o ocorrido: "Você não faz ideia de como odeio essa pessoa (apontando para a mãe)! E um dia, quando ela morrer, vou me casar com o papai!". Estou acostumado a ver, nessas súbitas ocorrências [*Einfällen*] que trazem algo afinado com o conteúdo da minha afirmação, uma confirmação que vem do inconsciente. Nenhum outro "sim" se deixa ouvir a partir do inconsciente; um "não" inconsciente absolutamente não existe.[i]

Durante anos, esse enamoramento pelo pai não se manifestara; ao contrário, durante longo tempo, ela estivera na mais cordial harmonia com a mesma mulher que a desalojara [*verdrängte*] de junto ao pai e, como sabemos por suas próprias autocensuras, ainda favorecera a relação desta com ele. Portanto, esse amor havia sido reavivado recentemente, e, se esse era o caso, estamos autorizados a indagar com que fim isso aconteceu. Pelo visto, como sintoma reativo para reprimir outra coisa que, portanto, ainda era poderosa no inconsciente. Da forma como as coisas se encontravam, tive de primeiramente pensar que o amor pelo Sr. K. seria essa outra coisa reprimida. Vi-me obrigado a supor que o seu enamoramento ainda perdurava, mas que encontrava, desde a cena do lago – por motivos desconhecidos –, uma forte resistência de sua parte, e que

---

[i] [*Nota acrescida em 1923:*] Outra forma muito notável e inteiramente confiável de confirmação a partir do inconsciente, que eu ainda não conhecia àquela época, é a exclamação do paciente: "Não foi isso que eu pensei" ou "Nisso eu não pensei". Essa declaração pode ser traduzida diretamente: Sim, isso me era inconsciente.

a moça teria desencavado e reforçado a antiga inclinação pelo pai, para não ter de perceber nada, em sua consciência, sobre o amor de seus primeiros anos de mocidade, o qual se tornara penoso para ela. Em seguida, também consegui discernir um conflito que bem se prestava a destroçar a vida anímica da moça. Por um lado, ela sem dúvida estava lamentando muito ter recusado a proposta desse homem, de cuja pessoa ela sentia falta, e dos pequenos sinais de sua afeição; por outro lado, poderosos motivos, entre os quais era fácil adivinhar o seu orgulho, opunham-se a essas moções de ternura e de nostalgia. Desse modo, logrou convencer-se de que nada mais tinha a tratar com a pessoa do Sr. K. – esse foi o seu ganho nesse processo típico de recalcamento –, e, todavia, para se proteger do enamoramento que constantemente acossava a consciência, teve de evocar e exagerar a inclinação infantil pelo pai. O fato de ela, então, estar quase incessantemente dominada por uma exacerbação ciumenta parecia ser suscetível a mais uma determinação.[i]

O fato de eu, com essa exposição, haver provocado, em Dora, a contradição mais decisiva não contradizia em nada a minha expectativa. O "não" que se ouve do paciente, depois de primeiramente ter apresentado à sua percepção consciente o pensamento recalcado, não faz senão constatar o recalcamento e seu caráter decidido, medindo, por assim dizer, a sua intensidade. Se não se entender esse "não" como a expressão de um juízo imparcial, do qual o paciente nem sequer é capaz, mas se se passar por cima dele e se continuar o trabalho, logo surgirão as primeiras provas de que "não", nesse caso, significa o desejado "sim". Ela admitiu que não poderia estar zangada com o

---

[i] Que ainda veremos.

Sr. K., tanto quanto ele tivesse merecido. Ela contou que, um dia, encontrara o Sr. K. na rua, quando ela estava em companhia de uma prima que não o conhecia. De súbito, a prima exclamou: "Dora, o que há com você? Você ficou pálida como um cadáver!". Ela própria não sentira nada dessa alteração, mas precisou me ouvir dizer que o jogo fisionômico e a expressão de afeto obedecem muito mais ao inconsciente do que ao consciente e que são traiçoeiros para o primeiro destes.[i] Em outra ocasião, veio ter comigo, após vários dias de constante boa disposição, ostentando um péssimo humor, para o qual ela não tinha explicação. Deixou claro que naquele dia estava muito contrariada; era o aniversário do tio, e não se resolvia a parabenizá-lo; não sabia por quê. Naquele dia, minha arte interpretativa ficou embotada; deixei-a continuar a falar e, de repente, ela lembrou que naquele dia também era o aniversário do Sr. K., o que eu não perdi a chance de utilizar contra ela. Então também não era difícil explicar por qual motivo os ricos presentes, por ocasião de seu

---

[i] Comparar: "Posso, tranquila, ver-vos surgir, tranquila, ver-vos partir" (tradução literal). [A citação contém dois versos da balada *Ritter Toggenburg* (Cavaleiro Toggenburg), escrita por Johann Christoph Friedrich von Schiller em 1797. O poeta conta o amor irrealizável de um homem cuja amada vai para um convento. Tomando-se a estrofe integral, Schiller escreveu: "*Ritter, treue Schwesterliebe/Widmet euch dieß Herz,/Fordert keine andre Liebe,/Denn es macht mir Schmerz./Ruhig mag ich euch erscheinen,/Ruhig gehen sehn./Eurer Augen stilles Weinen/Kann ich nicht verstehn*". Em nossa tradução literal: "Cavaleiro, amor fiel de irmã/Oferece-vos este coração,/Não exijais nenhum outro amor,/ Pois isso dor me causa./Que eu possa, tranquila, ver-vos surgir,/ Tranquila, ver-vos partir./Só não entendo de seus olhos o pranto fluir". Em sua citação, Freud usou o verbo "*können*"/"*ich kann*" (eu posso, eu consigo), e não o verbo "*mögen*"/"*ich mag*", usado pelo poeta, que pode ser traduzido por "poder", mas encerra um conteúdo mais hipotético (posso vir a..., que eu possa...). (N.T.)]

próprio aniversário, ocorrido alguns dias antes, não lhe tinham causado nenhuma alegria. Faltava um presente, o do Sr. K., um presente que, evidentemente, em outros tempos fora o mais valioso para ela.

Nesse ínterim, ela ainda continuou insistindo, durante um longo período, em contradizer minha afirmação, até que foi fornecida a prova decisiva da sua exatidão, quando já se avizinhava o término da análise.

Agora, preciso fazer menção a mais uma complicação, à qual eu certamente não concederia nenhum espaço, se, na qualidade de poeta, eu inventasse um semelhante estado anímico para uma novela, em vez de analisá-lo na qualidade de médico. O elemento a que agora apontarei só vai turvar e borrar o conflito, belo e digno de poesia, que nos é lícito supor em Dora; esse elemento seria, justificadamente, vítima da censura do poeta, que, na verdade, acaba por simplificar e abstrair quando se apresenta como psicólogo. Mas, na realidade que me esforço em descrever aqui, a regra é a complicação dos motivos, a acumulação e combinação de moções anímicas, em suma, a sobredeterminação. Por detrás do curso hipervalente de pensamento que se ocupava com a relação do pai com a Sra. K., também se escondia, de fato, uma moção de ciúme cujo objeto era essa mulher – uma moção, portanto, que só podia basear-se na inclinação pelo mesmo sexo. É conhecido de longa data e foi muitas vezes destacado que, em meninos e meninas nos anos da puberdade, mesmo em casos normais se podem observar claros indícios da existência de inclinação pelo mesmo sexo. A amizade entusiástica por uma colega de escola com juras, beijos, a promessa de eterna correspondência e com toda a suscetibilidade do ciúme é a precursora comum do primeiro enamoramento mais intenso por um homem. Sob condições favoráveis, a corrente homossexual, com frequência, então desaparece por completo; nos casos em que não se configura a felicidade do amor por um homem, ela volta com frequência a ser despertada pela libido em anos posteriores e é ampliada até esta ou àquela intensidade. Se isso tudo pode ser facilmente constatado em pessoas saudáveis, e em conexão com as observações anteriores sobre a melhor formação dos germes normais da perversão nos neuróticos, devemos também esperar encontrar uma disposição homossexual mais forte em sua constituição. E deve com certeza ser assim mesmo, pois nunca passei por nenhuma psicanálise de um homem ou de uma mulher sem ter de levar em conta uma corrente homossexual bastante significativa como essa. Quando, em mulheres e garotas histéricas, a libido sexual dirigida ao homem sofreu uma enérgica repressão, a libido dirigida à mulher encontra-se regularmente reforçada por um sucedâneo e, até mesmo, parcialmente consciente.

Não continuarei abordando aqui esse importante tema, imprescindível especialmente para o entendimento da histeria masculina, porque a análise de Dora chegou ao final, sem que ela pudesse lançar luz sobre essas circunstâncias do seu caso. Mas convém lembrar aquela preceptora, com quem ela, no início, vivia em íntima troca de ideias, até perceber que não era por causa de sua própria pessoa, mas de seu pai, que aquela mulher a estimava e a tratava bem. Forçou-a, então, a deixar a casa. Também se detinha com acentuada frequência e especial ênfase no relato de outro afastamento que até mesmo a ela parecia enigmático. Com sua segunda prima, a mesma que mais tarde se casaria, sempre se entendera especialmente bem e com ela compartilhara todos os segredos. Agora, quando o pai, pela primeira vez após a interrupção da visita no lago, estava retornando a B., e Dora naturalmente recusava-se a acompanhá-lo, essa prima foi convidada a viajar com o pai e aceitou o convite. A partir daí, Dora sentiu esfriar seu entusiasmo pela prima, admirando-se, ela própria, de como ela passara a lhe ser indiferente, embora, na verdade, admitisse que não poderia fazer a ela nenhuma grande reprimenda. Essas suscetibilidades me levaram a perguntar qual tinha sido a sua relação com a Sra. K. até o rompimento. Fiquei sabendo, então, que a jovem senhora e a menina que ainda não era adulta haviam vivido, ao longo de anos, na maior intimidade. Quando estava hospedada na casa dos K., Dora compartilhava do dormitório da esposa; o marido era desalojado. Ela era a confidente e conselheira da esposa em todas as dificuldades de sua vida conjugal; não havia nada sobre o que não conversassem. Medeia ficava muito satisfeita por Creusa atrair, para si, ambos os filhos;[23] por certo, nada fez para perturbar o contato entre o pai dessas crianças e a moça. De que maneira Dora logrou amar o homem sobre quem sua querida amiga era capaz de dizer tantas coisas más, eis um interessante problema psicológico que sem dúvida se resolve quando se compreende que, no inconsciente, os pensamentos habitam de modo especialmente confortável uns ao lado dos outros, e que até mesmo opostos se toleram sem conflito, o que, na verdade, com bastante frequência permanece assim até mesmo no consciente.

Quando Dora falava sobre a Sra. K., elogiava seu "corpo encantadoramente branco", em um tom que era mais apropriado a uma enamorada do que a uma rival derrotada. Mais melancólica que amarga, contou-me, de outra feita, estar convicta de que os presentes que o pai lhe trouxera haviam sido providenciados pela Sra. K.; pois ela reconhecia seu o gosto. Em outra ocasião, ressaltou que, pelo visto por intermédio da Sra. K., ganhara de presente joias muito parecidas com aquelas que vira com a Sra. K., as quais, naquele momento, desejou em voz alta possuir. Na verdade, preciso dizer absolutamente que não escutei dela nem sequer uma palavra dura ou aborrecida contra aquela mulher, embora, do ponto de vista de seus pensamentos hipervalentes, ela devesse ver nela a autora de sua infelicidade. Ela comportava-se de modo inconsequente, mas a aparente inconsequência nada mais era que a expressão de uma complicadora corrente de sentimentos. Pois como a amiga amada com tanta exaltação comportara-se contra ela? Após Dora haver apresentado sua acusação contra o Sr. K., e este ter sido convocado pelo pai, por escrito, para lhe dar satisfações, ele primeiramente respondeu com reafirmações de seu apreço, prontificando-se a ir à cidade da fábrica, para esclarecer todos os mal-entendidos. Algumas semanas mais tarde, quando o pai conversou com ele em B., já não se falou mais de apreço. Ele depreciou a garota, apresentando um trunfo: uma garota que lê livros dessa espécie e interessa-se por coisas dessa natureza não pode exigir nenhum respeito de um homem. Portanto, a Sra. K. a havia traído e denegrido;[24] só com ela falava sobre Mantegazza e sobre temas embaraçosos. Tratava-se novamente do mesmo caso que o da preceptora; também a Sra. K. não a amara pela sua pessoa, mas por causa do pai. A Sra. K. a havia sacrificado inescrupulosamente, para não ser incomodada em sua relação com o pai. Talvez o fato de essa afronta a afetar fosse, do ponto de vista patogênico, mais eficaz do que a outra que ela usava para esconder a afronta de o pai havê-la sacrificado. Acaso aquela amnésia tão obstinadamente perseverante a respeito das fontes de seu conhecimento embaraçoso não estaria apontando diretamente para o valor emocional da acusação e, consequentemente, para a traição da amiga?

Portanto, creio não estar equivocado com a suposição de que o curso hipervalente de pensamentos de Dora, que se ocupava com a relação do pai com a Sra. K., estava destinado não apenas a reprimir o amor outrora consciente pelo Sr. K., mas também a ocultar seu amor pela Sra. K., inconsciente em um sentido mais profundo. Em relação a esta última corrente, o curso hipervalente de pensamentos se encontrava em conformidade com a oposição direta. Sem cessar, ela se dizia que o pai a tinha sacrificado por essa mulher, demonstrava em alto e bom som que não lhe concederia a posse do pai, e assim ocultava de si mesma o oposto, ou seja, que ela não podia conceder ao pai o amor dessa mulher e que não tinha perdoado a mulher amada pela decepção com a sua traição. A moção de ciúme da mulher estava acoplada no inconsciente a um ciúme semelhante àquele sentido por um homem. Essas correntes de sentimento masculinas, ou, melhor dito, *ginecofílicas*, devem ser consideradas típicas da vida amorosa inconsciente das moças histéricas.

II
O PRIMEIRO SONHO

Justamente quando tínhamos a perspectiva de esclarecer um ponto obscuro na vida infantil de Dora, através do material que surgira para análise, Dora relatou que, em uma das últimas noites, voltara a ter um sonho que teria sonhado repetidas vezes exatamente da mesma maneira. Um sonho que retornava periodicamente, já por causa dessa característica, era particularmente apropriado para despertar minha curiosidade; no interesse do tratamento, era lícito examinar o entrançamento desse sonho no contexto da análise. Decidi, pois, investigar esse sonho com especial cuidado.

1º sonho: "*Em uma casa, está havendo um incêndio,*[i] contou Dora, *o papai está de pé*[25] *diante da minha cama e acorda-me. Rapidamente me visto. A mamãe ainda quer salvar sua caixinha de joias, mas o papai diz: Não quero que eu e meus dois filhos nos queimemos por causa da tua caixinha de joias. Nós nos apressamos em descer e, assim que chego lá fora, acordo*".

Como se trata de um sonho recorrente, naturalmente lhe pergunto quando o sonhou pela primeira vez. – Isso ela não sabe. Mas se lembra de que teve o sonho em L. (o lugar no lago, onde ocorreu a cena com o Sr. K.) durante três noites consecutivas, depois voltou a tê-lo aqui.[ii] – A ligação que desse modo se estabelecia entre o sonho e os acontecimentos em L. naturalmente aumentou minhas expectativas em relação à solução do sonho. Porém, primeiramente eu queria descobrir a ocasião para o seu último retorno, e, por isso, peço a Dora, que já estava instruída na interpretação de sonhos através de alguns pequenos exemplos anteriormente analisados, que decompusesse o sonho e me comunicasse o que lhe ocorresse sobre ele.

Ela diz: "Uma coisa, mas que não pode ter relação com isso, pois é muito recente, ao passo que eu com certeza já tive o sonho antes".

Não tem importância, prossiga; será mesmo a última coisa a se encaixar nisso.

"Pois bem, o papai teve, nesses dias, uma briga com a mamãe, porque durante a noite ela tranca a sala de jantar. É que o quarto de meu irmão não tem uma saída própria e só pode ser acessado pela da sala de jantar. O papai não

---

[i] Nunca houve um incêndio de verdade em nossa casa, respondeu ela a minha indagação.
[ii] Pelo conteúdo pode ser demonstrado que ela teve o sonho *pela primeira vez* em L.

quer que meu irmão fique tão trancafiado durante a noite. Ele disse que assim não dava; afinal de contas, poderia acontecer alguma coisa durante a madrugada, que obrigasse a sair."[26]

Então eles relacionaram isso a perigo de incêndio? "Sim."

Peço-lhe que observe bem as suas próprias expressões. Talvez precisemos delas. A Srta. disse: que *podería acontecer alguma coisa durante a madrugada, que obrigasse a sair.*[i]

Mas agora Dora tinha encontrado a ligação entre a ocasião recente e a antiga para o sonho, pois prossegue:

"Quando chegamos, naquela ocasião, o papai e eu, a L., ele expressou diretamente o medo de um incêndio. Chegamos em meio a um forte temporal, vimos a casinha de madeira que não tinha para-raios. Então esse medo era totalmente natural."

Cabia-me agora explorar a conexão entre os acontecimentos em L. e os sonhos com o mesmo teor daquela época. Então pergunto: a Srta. teve o sonho em L. nas primeiras noites ou nas últimas antes de sua partida, ou seja, antes ou depois da conhecida cena no bosque? (Na verdade, sei que a cena não aconteceu logo no primeiro dia, e que, após a ocorrência, ela ainda permaneceu alguns dias em L., sem deixar transparecer nada sobre o acontecido.)

---

[i] Eu destaco estas palavras porque elas me deixam perplexo. Soam-me ambíguas. Acaso não se usam as mesmas palavras para aludir a certas necessidades corporais? Palavras ambíguas, porém, são como "*trilhas*" para o percurso das associações. Se se posiciona a trilha de um modo diferente de como ela aparece configurada no conteúdo do sonho, então chega-se certamente ao trilho sobre o qual se movem os pensamentos buscados e ainda ocultos por trás do sonho. [Como metáfora, Freud recorre à ideia da "trilha" em trilhos ferroviários, porque "*Wechsel*", além de troca, mudança, também é "trilha de animais". (N.T.)]

Primeiramente ela responde: não sei. Após algum tempo: acho que eu sei, foi depois.

Agora, portanto, eu sabia que o sonho fora uma reação àquela experiência. Mas por que ele retornou ali por três vezes? Continuei a perguntar: quanto tempo a Srta. ainda ficou em L. depois da cena?

"Mais quatro dias, no quinto parti com o papai."

Agora estou certo de que o sonho foi o efeito imediato da experiência com o Sr. K. Foi lá que a Srta. teve o sonho pela primeira vez, e não antes. A Srta. acrescentou a insegurança em se lembrar apenas para apagar o contexto.[i] Porém, para mim, os números ainda não batem por completo. Se a Srta. ainda ficou quatro noites em L., a Srta. pode ter repetido o sonho quatro vezes. Será que foi assim?

Ela não mais contradiz minha afirmação, mas, em vez de responder a minha pergunta, continua[ii]: "Na tarde após nosso passeio de barco, do qual voltamos, o Sr. K. e eu, ao meio-dia, como de costume me deitei no sofá do dormitório para dormir um pouco. De repente, despertei e vi o Sr. K. ereto[27] na minha frente...".

Portanto, da mesma maneira como a Srta. viu o papai de pé diante de sua cama?

"Sim. Mandei que ele explicasse o que estava procurando ali. Como resposta, disse que ia deixar de entrar em seu dormitório quando bem quisesse; além disso, queria buscar algo. Atenta após esse fato, perguntei à Sra. K. se não havia nenhuma chave para o quarto, e, na manhã seguinte (no segundo dia), tranquei-me para fazer a toalete.

---

[i] Comparar o que foi dito no início da p. 41 sobre a dúvida no se lembrar.

[ii] É que primeiramente é preciso um novo material de lembranças, antes de a pergunta feita por mim poder ser respondida.

À tarde, quando eu então quis trancar-me para voltar a me deitar no sofá, a chave não estava. Estou convicta de que o Sr. K. a tirara dali."

Esse é, portanto, o tema do fechar ou não fechar do quarto, que surgiu na primeira ocorrência sobre o sonho e que, por acaso, também teve um papel na ocasião recente do sonho.[i] A frase "rapidamente me visto" deveria também fazer parte desse contexto?

"Naquela ocasião, propus-me a não ficar mais na casa da família K. sem o papai. Nas manhãs seguintes, vi-me obrigada a temer que o Sr. K. me surpreendesse fazendo a toalete, por isso sempre *me vestia* muito *rapidamente*. O papai estava hospedado no hotel, e, pela manhã, a Sra. K. sempre saía muito cedo, para fazer um passeio com o papai. Mas o Sr. K. não voltou a me importunar."

Eu entendo que, na tarde do segundo dia, a Srta. formou o propósito de escapar desses assédios e, somente na segunda, terceira e quarta noite após a cena no bosque, teve tempo de repetir esse propósito durante o sono. O fato

---

[i] Presumo, sem ainda dizê-lo a Dora, que esse elemento foi escolhido por ela por causa de seu significado simbólico. "Quartos", no sonho, costumam substituir com bastante frequência "aposento de mulher", e, se um "aposento de mulher" está "aberto" ou "fechado", isso não pode ser indiferente. Também se sabe muito bem qual "chave" serve, nesse caso, para abrir. [Nesse trecho, Freud faz um jogo de palavras com as palavras "*Zimmer*" [quarto] e "*Frauenzimmer*". Esta palavra pode assumir pelo menos dois significados: a) (sentido pejorativo) mulher considerada frívola, leviana, mulher-dama; b) (termo arcaico): mulher, donzela. Em sua origem, como relatam os irmãos Grimm em seu *Deutsches Wörterbuch*, *Frauenzimmer* era, no alemão antigo, um coletivo de mulheres ("mulherio", "o sexo feminino", na tradução de Henriette Michaelis em seu *Neues Wörterbuch der Deutschen und portugiesischen Sprache*). O jogo de palavras feito por Freud insere-se, portanto, numa lógica que somente faz sentido completo na língua alemã. A tentativa de usar o termo "dama de quarto" como tradução de "*Frauenzimmer*" na presente nota é, portanto, apenas aproximativa. (N.T.)].

de que a Srta. não estaria de posse da chave na próxima – terceira – manhã, para se trancar enquanto se vestia, a Srta. já o sabia na tarde do segundo dia, portanto, antes do sonho, e podia empenhar-se em apressar o máximo a toalete. Mas o seu sonho retornou todas as noites, porque justamente ele cumpria um *propósito*. Um propósito persiste até que seja executado. A Srta. de certo modo disse a si mesma: não vou ter descanso, não vou conseguir dormir um sono tranquilo, enquanto eu não estiver fora desta casa. A Srta. disse o inverso no sonho: *assim que chego lá fora, acordo*.

Interrompo aqui a comunicação da análise, para comparar esse pequeno fragmento de uma análise de sonhos com minhas proposições gerais sobre o mecanismo de formação de sonhos. Em meu livro,[i] expus que todo sonho seria um desejo que se figura como realizado, que a figuração seria encoberta se o desejo fosse recalcado, pertencente ao inconsciente, e que, à exceção dos sonhos infantis, apenas o desejo inconsciente ou o que chega até o inconsciente teria a força para formar um sonho. Creio que a aceitação geral me teria sido mais garantida, se eu me tivesse contentado em afirmar que todo sonho tem um sentido que poderia ser desvelado por meio de certo trabalho de interpretação. Uma vez completada a interpretação, poder-se-ia substituir o sonho por pensamentos que em um lugar facilmente identificável se incorporam à vida anímica do estado de vigília. Eu teria então podido prosseguir afirmando que esse sentido do sonho provou-se ser tão variado quanto justamente os movimentos de pensamentos do estado de vigília. Uma das vezes, seria um desejo realizado, outra, um temor concretizado, em seguida, talvez, uma reflexão continuada no sono, um

---

[i] *Die Traumdeutung*, 1900 (*Ges. Werke*, v. II-III).

propósito (como no sonho de Dora), um fragmento de produção intelectual etc. Graças à sua compreensibilidade, essa exposição decerto teria sido atraente e teria podido apoiar-se em um grande número de exemplos bem interpretados, tais como o sonho aqui analisado.

Em vez disso, apresentei uma proposição que restringe o sentido dos sonhos a uma única forma de pensamento, à figuração de desejos, e despertei a mais geral disposição à objeção. Mas tenho de afirmar que eu não acreditava ter nem o direito nem o dever de simplificar um processo da psicologia para uma maior aceitação dos leitores, quando ele oferecia à minha análise uma complicação, cuja solução, visando à uniformização, somente podia ser encontrada em outro lugar. Por essa razão, para mim, será especialmente relevante mostrar que as aparentes exceções, como esse sonho de Dora, que primeiramente se revela um propósito diurno continuado no sonho, na verdade voltam a reforçar a regra contestada.

Certamente ainda precisamos interpretar uma grande parte do sonho. Continuei com esta pergunta: E sobre a caixinha de joias que a mamãe queria salvar?

"A mamãe adora joias e ganhou muitas do papai."

E a Srta.?

"Antigamente eu também adorava joias; desde a doença não usei mais nenhuma. – Houve, há quatro anos (um ano antes do sonho), uma grande briga entre o papai e a mamãe por causa de uma joia. A mamãe desejava para ela algo especial, gotas de pérolas para usar como pingentes nas orelhas. Mas o papai não gosta desses brincos e, em vez deles, trouxe uma pulseira para ela. Ela ficou furiosa e disse-lhe que, se já tinha gastado tanto dinheiro com um presente de que ela não gostava, pois que ele fosse dá-lo a outra."

E aí a Srta. deve ter pensado que aceitaria os brincos com prazer?

"Não sei,[i] não sei, de jeito nenhum, como a mamãe entra no sonho; naquela ocasião, ela sequer estava em L."[ii]

Posteriormente, eu explicarei isso à Srta. Não lhe ocorre nada mais em relação à caixinha de joias? Até agora, a Srta. só falou de joias e nada disse sobre uma caixinha.

"Sim, tempos antes, o Sr. K. me presenteara com uma valiosa caixinha de joias."

Portanto, seria com certeza apropriado retribuir o presente. A Srta. talvez não saiba que "caixinha de joias" é uma designação popular para a mesma coisa a que a Srta. aludiu, não faz muito tempo, com a bolsinha a tiracolo,[iii] ou seja, os genitais femininos.

"Eu sabia que o *Sr.* ia dizer isso."[iv]

Ou seja, a *Srta.* sabia disso. – Agora o sentido do sonho vai ficando ainda mais claro. A Srta. disse a si mesma: o homem está me perseguindo, quer forçar entrada no meu quarto, minha "caixinha de joias" corre perigo, e se acontecer alguma desgraça, será culpa do papai. Por isso, no sonho, a Srta. pegou uma situação que expressa o oposto, um perigo do qual o papai a salva. Nessa região do sonho, absolutamente tudo é transformado no oposto; em breve a Srta. saberá por quê. O mistério, na verdade, encontra-se

---

[i] A expressão que ela usava habitualmente para reconhecer algo recalcado.

[ii] Essa observação, que atesta uma total incompreensão das regras de explicação dos sonhos, por ela normalmente bem conhecidas, bem como a maneira hesitante e a exploração escassa de suas ocorrências de pensamento sobre a caixinha de joias, provaram-me que aqui se tratava de material que teria sido recalcado com grande ênfase.

[iii] Sobre essa bolsinha, ver mais adiante.

[iv] Uma maneira muito frequente de afastar de si um conhecimento que emerge do recalcado.

na mamãe. Como a mamãe entra nisso? Ela é, como a Srta. sabe, sua antiga concorrente nas boas graças do papai. No episódio da pulseira, a Srta. bem que gostaria de aceitar o que a mamãe recusou. Agora vamos substituir "aceitar" por "dar", "recusar" por "negar". Significa, então, dizer que a Srta. estava pronta a dar ao papai aquilo que a mamãe negava a ele, e a coisa de que se trata teria a ver com joias.[i] Agora lembre-se da caixinha de joias que o Sr. K. lhe deu de presente. Aqui a Srta. tem o início de uma série paralela de pensamentos, na qual o Sr. K., como na situação de estar de pé diante da cama da Srta., deverá ser inserido em vez do papai. Ele lhe presenteou com uma caixinha de joias, portanto a Srta. deveria dar-lhe de presente a sua caixinha de joias; por isso eu falei há pouco em "retribuir o presente". Nessa série de pensamentos, sua mãe deve ser substituída pela Sra. K., que certamente estava presente naquela situação. A Srta. então está disposta a presentear o Sr. K. com aquilo que a mulher dele lhe nega. Aqui a Srta. tem o pensamento que precisa ser recalcado com tanto esforço, e que torna necessária a transformação de todos os elementos em seu oposto. Como eu já lhe disse antes sobre esse sonho, o sonho volta a confirmar que a Srta. desperta o antigo amor pelo papai para se proteger do amor por K., mas o que provam todos esses esforços? Não apenas que a Srta. teme o Sr. K., mas também que teme mais ainda a si mesma, por sua tentação em ceder a ele. Dessa maneira, eles confirmam, portanto, quão intenso era o amor por ele.[ii]

---

[i] Também em relação às gotas, posteriormente poderemos apresentar uma interpretação requerida pelo contexto.

[ii] Ainda acrescento: inclusive, com base na reemergência do sonho nos últimos dias, tenho de concluir que a Srta. considera que a mesma situação voltou a acontecer e que a Srta. decidiu não comparecer à terapia, à qual, na verdade, só o papai a traz. Os fatos que se seguiram

Naturalmente, ela não quis participar dessa parte da interpretação.

Mas também me ocorreu uma continuação da interpretação do sonho que parecia imprescindível tanto para a anamnese do caso quanto para a teoria do sonho. Prometi comunicar isso a Dora na sessão seguinte.

A verdade é que eu não conseguia esquecer a evidência que parecia surgir das já referidas palavras ambíguas (*que é preciso sair, que durante a noite pode acontecer uma desgraça*). Acrescenta-se a ela o fato de que o esclarecimento do sonho me parecia incompleto enquanto não se satisfizesse um determinado requisito, que certamente não pretendo estabelecer como geral, mas cujo cumprimento busco com preferência. Um sonho regular se apoia, por assim dizer, sobre duas pernas, das quais uma diz respeito ao evento recente essencial, e a outra, a um acontecimento de graves consequências da infância. O sonho estabelece uma ligação entre essas duas experiências, a da infância e a atual, busca reconfigurar o presente de acordo com o exemplo do passado mais remoto. É que o desejo que cria o sonho vem sempre da infância, ele sempre quer despertar novamente a infância para a realidade e corrigir o presente segundo a infância. Eu já acreditava reconhecer claramente, no conteúdo do sonho, as partes que podem compor uma alusão a um acontecimento da infância.

Iniciei o seu exame com um pequeno experimento que, como de costume, foi bem-sucedido. Sobre a mesa, por acaso, estava um recipiente com palitos de fósforo. Pedi a Dora que olhasse em volta e dissesse se conseguia ver

---

mostraram como eu havia adivinhado corretamente. Minha interpretação alude aqui ao tema da "transferência", altamente significativo do ponto de vista prático e teórico, com o qual terei pouca oportunidade de me ocupar neste ensaio.

algo de especial sobre a mesa que normalmente não estaria ali. Ela nada viu. Então, perguntei se ela sabia por que se proíbem as crianças de brincar com palitos de fósforo.

"Sim, por causa do perigo de incêndio. Os filhos do meu tio adoram brincar com palitos de fósforo."

Não apenas por esse motivo. Eles são advertidos: "Não é para acender", e isso se vincula a certa crença.

Ela não sabia nada sobre isso. – Pois bem, teme-se que eles molhem a cama. Essa é, sem dúvida, a base da oposição entre *água* e *fogo*. Talvez eles sonhem com fogo e depois fiquem tentados a apagá-lo com água. Não sou capaz de dizer com exatidão. Mas vejo que a oposição entre água e fogo, no sonho, presta excelentes serviços à Srta. A mamãe quer salvar a caixinha de joias para que esta não *se queime*; nos pensamentos do sonho, importa que a "caixinha de joias" não *se molhe*. Mas o fogo não é usado apenas em oposição à água, ele também serve como representação direta de amor, de estar enamorado e estar ardente. Portanto, do fogo parte um dos trilhos que, passando por esse significado simbólico, chega até os pensamentos amorosos, enquanto o outro leva a outro lugar, passando pelo oposto água, depois de ter se ramificado a ligação com o amor, que também *molha*. Mas até onde mesmo? Pense em suas palavras: que durante a noite poderia *acontecer uma desgraça*, que *obrigue a sair*. Isso não significaria uma necessidade corporal, e se a Srta. transpuser a desgraça para a infância, ela poderia ser outra coisa além de molhar a cama? Mas o que se faz para evitar que as crianças molhem a cama? Não é verdade que elas são despertadas do sono no meio da noite, *exatamente* como *o papai faz com a Srta. no sonho*? Esse seria, portanto, o verdadeiro episódio, de que a Srta. se valeu para substituir o Sr. K., que a desperta do sono, pelo papai. Em vista disso, preciso concluir que a Srta. sofreu de incontinência urinária[28] por mais tempo do que normalmente ocorre nas crianças. O mesmo deve ter sido o caso com seu irmão. Pois o papai disse: *Não quero que meus dois filhos ... pereçam*. O irmão costuma não ter nada a ver com a situação atual na casa dos K., ele nem sequer viajou junto para L. O que dizem agora suas lembranças a respeito disso?

"De mim, não sei nada", respondeu ela, "mas meu irmão molhou a cama até os 6 ou 7 anos, às vezes acontecia com ele também durante o dia."

Eu estava prestes a lhe chamar a atenção para o fato de como é mais fácil se lembrar de algo assim do seu irmão do que de si mesma, quando ela continuou com a lembrança recobrada: "Sim, isso também aconteceu comigo, mas só no sétimo ou oitavo ano durante algum tempo. Deve ter sido algo grave, pois agora me lembro de que o doutor foi consultado. Isso durou até um pouco antes da asma."

A respeito disso, o doutor disse o quê?

"Declarou tratar-se de uma fraqueza nervosa: na opinião dele, isso desapareceria, e prescreveu fortificantes."[i]

A interpretação do sonho agora me parecia concluída.[ii] Alguns dias mais tarde, ela ainda trouxe um adendo ao sonho. Teria se esquecido de contar que, sempre após despertar, sentia cheiro de fumaça. A fumaça combinava muito bem com o fogo, além de indicar que

---

[i] Esse médico era o único em quem ela demonstrava confiança, porque ela observou, nessa experiência, que ele não estava atrás do seu segredo. Diante de qualquer outro que ela ainda não soubesse avaliar, ela sentia medo, do qual agora sabemos o motivo, de que ele pudesse adivinhar seu segredo.

[ii] Se traduzido, o núcleo do sonho teria este teor: a tentação é muito grande. Querido papai, volta a me proteger como na minha infância, para que eu não molhe a minha cama!

o sonho tinha uma relação especial com minha pessoa, pois, com frequência, quando ela afirmava que nada se escondia por trás disto ou daquilo, eu costumava retrucar: "Onde há fumaça há fogo". Mas, contra essa interpretação meramente pessoal, ela objetou que o Sr. K. e seu papai eram fumantes apaixonados, aliás, assim como eu. Ela própria fumara durante a estadia no lago, e o Sr. K., antes de dar início a seu infeliz galanteio, tinha-lhe enrolado um cigarro. Ela também acreditava lembrar-se com certeza de que o cheiro de fumaça não surgira apenas no último sonho, mas já nas três vezes que sonhara em L. Como se negava a dar mais informações, ficou a meu critério decidir como inserir esse adendo na estrutura dos pensamentos oníricos. Como ponto de referência, pude recorrer ao fato de que a sensação da fumaça veio como adendo, tendo tido de superar, portanto, um esforço especial do recalcamento. Por conseguinte, essa sensação provavelmente fazia parte do pensamento representado mais obscuramente e recalcado da melhor forma, ou seja, do pensamento da tentação de se mostrar complacente com o homem. Ela dificilmente podia significar outra coisa senão a ânsia por um beijo, que, no fumante, necessariamente tem gosto de fumaça; mas um beijo já acontecera entre ambos dois anos antes e certamente teria sido repetido mais de uma vez, se a garota tivesse cedido aos galanteios. Desse modo, os pensamentos de tentação parecem haver remontado à antiga cena e despertado a lembrança do beijo, contra cuja atração a chupadora daquela época protegeu-se através do nojo. Se eu, por fim, reunir os indícios que provavelmente constituem uma transferência voltada a mim, pois também sou fumante, chego à conclusão de que um dia lhe ocorreu, provavelmente durante a sessão, desejar um beijo meu. Essa foi, para ela, a ocasião para repetir o sonho de advertência e formar o propósito de deixar o tratamento. Desse modo, isso está muito bem afinado, mas, em virtude das peculiaridades da "transferência", escapa à prova.

Agora eu poderia vacilar entre primeiramente considerar a exploração desse sonho para a história clínica do caso ou preferir abordar a objeção que esse sonho gerou contra a teoria do sonho. Opto pela primeira alternativa.

Vale a pena discutir em detalhe o significado de molhar a cama na pré-história dos neuróticos. Por questão de clareza, restrinjo-me a enfatizar que o caso de Dora, no aspecto de molhar a cama, não era o habitual. A perturbação não se prolongara simplesmente para além de período considerado normal; ao contrário, de acordo com suas precisas indicações, primeiramente desaparecera, e depois, relativamente tarde, ressurgira após ela completar 6 anos. Que eu saiba, um molhar a cama dessa natureza não tem nenhuma causa mais provável do que a masturbação, que desempenha um papel ainda muito pouco apreciado na etiologia do molhar a cama em geral. Pela minha experiência, para as próprias crianças essa ligação era muito bem conhecida, e daí resultam todas as consequências psíquicas, como se elas jamais a tivessem esquecido. Na época em que o sonho foi relatado, encontrávamo-nos em uma linha de pesquisa que levava diretamente para uma tal confissão de masturbação infantil. Uns momentos antes, ela levantava a questão de por que justamente ela teria ficado doente e, antes que eu respondesse, empurrou a culpa sobre o pai. Não foram pensamentos inconscientes, mas discernimento consciente que assumiu a justificação. Para surpresa minha, a moça sabia qual tinha sido a natureza da doença do pai. Após o pai retornar do meu consultório, ela entreouvira uma conversa em que o nome da doença foi mencionado. Em anos ainda anteriores, na época do descolamento de retina, um oftalmologista que fora consultado deve ter se referido à etiologia luética, pois a garota curiosa e preocupada ouviu uma tia idosa dizer para a mãe: "Ele já era doente antes do casamento", e acrescentar algo que lhe era incompreensível, o que ela mais tarde interpretaria como coisas indecorosas.

Portanto, o pai adoecera por levar uma vida irresponsável, e ela supunha que ele lhe tivesse transmitido a doença por hereditariedade. Resguardei-me de dizer a ela que eu, como já mencionado (p. 45, n. i), também defendo a opinião de que a descendência de luéticos está particularmente predisposta a graves neuropsicoses. A continuação desse curso acusatório de pensamentos contra o pai passou através de material inconsciente. Durante alguns dias, ela se identificou com a mãe em pequenos sintomas e peculiaridades, o que lhe deu oportunidade para transformar coisas excelentes em detestáveis, e deu-me a entender que ela estava pensando em uma temporada em Franzensbad,[29] que ela visitara – não sei mais em que ano – na companhia da mãe. A mãe estava sofrendo de dores no abdômen e de uma secreção – catarro –, que tornaram necessário um tratamento em Franzensbad. Era opinião sua – provavelmente mais uma vez justificada – que essa doença provinha do papai, que, portanto, transmitira sua afecção sexual à mãe. Era inteiramente compreensível que ela, nessa sua conclusão, confundisse, como uma grande parte dos leigos em geral, gonorreia e sífilis, e também o que era hereditário com o transmissível pelo contato. Sua insistência nessa identificação quase me obrigou a lhe perguntar se ela também tinha uma doença venérea, e foi então que fiquei sabendo que ela estava padecendo de um catarro[30] [*fluor albus*], que não conseguia lembrar como teve início.

Agora eu entendia que, por trás do curso de pensamento que acusava expressamente o pai, escondia-se, como de hábito, uma autoacusação, e, como veio a calhar, assegurei-lhe que o *fluor* das moças jovens, a meu ver, apontava preferencialmente para a masturbação, e que eu relegava para o segundo plano, além da masturbação, todas as outras causas comumente atribuídas a esse sofrimento.[i] Ao confessar que se masturbava, provavelmente na infância, ela estava em vias de dar uma resposta à sua própria pergunta sobre o porquê de justamente ela estar doente. Com extrema veemência, negou ser capaz de se lembrar de semelhante coisa. Porém, alguns dias mais tarde, apresentou algo que tive de considerar como mais uma maneira de se aproximar da confissão. É que, nesse dia, coisa que nunca acontecera nem antes nem depois, ela usava uma bolsinha de dinheiro a tiracolo, naquele formato que acabara de virar moda, e ficava brincando com ela enquanto falava deitada, abrindo-a e enfiando um dedo dentro da bolsinha, voltando a fechá-la etc. Fitei-a um instante e, em seguida, expliquei-lhe o que seria uma *ação sintomática*.[ii] Chamo de ações sintomáticas àquelas práticas que o ser humano executa, digamos, de maneira automática, inconsciente, sem prestar atenção, como que brincando, e às quais ele quer negar qualquer

---

[i] [*Nota acrescida em 1923*:] Uma versão extrema que eu hoje não mais defenderia.

[ii] Comparar meu ensaio sobre a "Psicopatologia da vida cotidiana" na *Monatsschrift für Psychiatrie und Neurologie* [Revista mensal de psiquiatria e neurologia], 1901. (Publicado como livro em 1904, 10. ed. 1924. Disponível no vol. IV destas *Ges. Werke*.)

significado, declarando-as indiferentes e fortuitas, ao ser perguntado sobre elas. Uma observação mais cuidadosa mostra, então, que essas ações, das quais a consciência nada sabe ou nada quer saber, dão expressão a pensamentos e impulsos inconscientes, sendo, por conseguinte, valiosas e instrutivas como manifestações permitidas do inconsciente. Há dois tipos de conduta consciente em relação às ações sintomáticas. Mesmo se puderem ser discretamente motivados, ainda assim se toma conhecimento deles; se faltar um pretexto como esse perante o consciente, então geralmente não se percebe, absolutamente, que eles estão sendo executados. No caso de Dora, a motivação foi fácil: "Por que não devo usar uma bolsinha assim que agora está na moda?". Mas uma justificativa como essa não elimina a possibilidade da origem inconsciente da respectiva ação. Por outro lado, nem essa origem e nem o sentido conferido à ação podem ser obrigatoriamente comprovados. É preciso satisfazer-se em constatar que um sentido desse tipo se adequa perfeitamente ao contexto da presente situação, à ordem do dia do inconsciente.

Em outra oportunidade, apresentarei uma coletânea dessas ações sintomáticas da maneira como podem ser observadas em pessoas saudáveis e em pessoas nervosas. Às vezes, as interpretações são fáceis. A bolsinha de duas partes de Dora nada mais é que uma figuração dos genitais, e sua brincadeira com ela, abrindo-a e o enfiando o dedo dentro dela, uma comunicação pantomímica certamente despreocupada, mas inconfundível, do que ela gostaria de fazer com isso, a masturbação. Recentemente me aconteceu um caso semelhante, que teve um efeito muito divertido. Uma senhora mais idosa, no meio da sessão, saca uma caixinha de marfim, supostamente para umedecer a garganta com uma bala, esforça-se em abri-la e passa-a então para mim, para eu me convencer de como é difícil abri-la. Mostro minha desconfiança de que essa caixa deveria significar algo especial, pois eu a estava vendo hoje pela primeira vez, embora a proprietária já me visite há mais de um ano. Ao que a senhora responde entusiasmada: "sempre trago essa caixa comigo, levo-a para onde quer que eu vá!". Só se acalma após eu tê-la feito notar como suas palavras eram bem adequadas a outro significado. A caixa – box, πύξις –, assim como a bolsinha, como a caixinha de joias, é mais uma vez apenas uma representante da concha de Vênus,[31] dos genitais femininos!

Na vida, há muito desse simbolismo, pelo qual costumamos passar sem nos atentar. Quando me propus a tarefa de trazer à luz o que os seres humanos escondem, não através da coerção hipnótica, mas do que eles dizem e mostram, considerei a tarefa mais difícil do que ela realmente é. Quem tem olhos para ver e ouvidos para ouvir convence-se de que os mortais não podem esconder nenhum segredo. Aquele cujos lábios se calam fala com as pontas dos dedos; a traição lhe sai por todos os poros. E por isso a tarefa de tornar consciente o que há de mais oculto no anímico pode efetivamente ser resolvida.

A ação sintomática de Dora com a bolsinha não foi o precursor imediato do sonho. Ela iniciou a sessão que nos trouxe o relato do sonho com outra ação sintomática. Quando entrei na sala em que me esperava, rapidamente ela escondeu uma carta que estava lendo. Naturalmente perguntei de quem era a carta, e a princípio ela se recusou a mencioná-lo. Em seguida, veio à tona algo que era extremamente indiferente e sem relação com o nosso tratamento. Era uma carta da avó, intimando-a a lhe escrever com mais frequência. Acho que ela apenas queria simular um "segredo" para mim e insinuar que agora deixaria o médico arrebatar seu segredo. Sua relutância contra qualquer novo médico se explicou agora através do medo de que, durante a consulta (através do catarro) ou durante o exame (através da comunicação de que molhava a cama), ele chegasse ao motivo do seu sofrimento, ou seja, que ele adivinhasse a masturbação, no seu caso. Por isso, ela sempre desdenhava dos médicos, que evidentemente ela antes sobrestimava.

Com as acusações ao pai, por tê-la feito adoecer, e mais a autoacusação por trás disso – *fluor albus* – brincar com a bolsinha – molhar a cama após os 6 anos – e o segredo que ela não quer que lhe seja arrebatado pelos médicos: considero formada, sem lacunas, a prova indiciária da masturbação infantil. Comecei a pressentir a masturbação nesse caso quando ela me contou sobre as cólicas estomacais da prima (p. 66) e passou a se identificar com ela, queixando-se dias a fio das mesmas sensações dolorosas. É conhecida a frequência com que cólicas estomacais ocorrem justamente nos masturbadores. De acordo com uma comunicação pessoal de W. Fließ, são justamente essas as gastralgias que podem ser interrompidas mediante cocainização do "ponto gástrico", por ele descoberto no nariz, e podem ser curadas mediante sua cauterização. Conscientemente, Dora me confirmou duas coisas: que ela própria sofrera muitas vezes de dores estomacais, e que ela tinha boas razões para considerar a prima uma masturbadora. É muito comum os doentes reconhecerem em outros uma situação, cujo reconhecimento em sua própria pessoa lhes é impossibilitado por resistências emocionais. Ela também não mais negava, embora ainda não se lembrasse de nada. Também considero suscetível de uso clínico a determinação do período do molhar a cama "até um pouco antes de surgir a asma nervosa". Enquanto as crianças se masturbam, os sintomas histéricos quase nunca se apresentam, mas só na abstinência[i] exibem um substituto para a satisfação masturbatória, que continua a ser reivindicada no inconsciente, enquanto não surgir uma satisfação mais normal de outro tipo, caso esta ainda tenha permanecido possível. Essa última condição é o ponto de viragem para a eventual cura da histeria através do casamento e da relação sexual normal. Se a satisfação no casamento voltar a ser suspensa, talvez por causa de *coitus interruptus*, alheamento psíquico etc., a libido então volta a buscar seu velho leito de rio, manifestando-se, por seu turno, em sintomas histéricos.

Ainda gostaria de acrescentar a informação segura de quando e através de que influência especial a masturbação foi reprimida em Dora, mas a incompletude da análise obriga-me a apresentar, aqui, um material cheio de lacunas. Sabemos que molhou a cama até pouco antes do primeiro adoecimento por dispneia. Ora, a única coisa que ela sabia indicar para esclarecer esse primeiro estado era que o pai, naquela ocasião, teria viajado pela primeira vez depois de sua melhora. Nesse pequeno fragmento de lembrança preservado, tinha de estar indicada uma relação com a etiologia da dispneia. Agora, através de ações sintomáticas e outros indícios, eu obtinha um bom motivo para supor que a criança cujo quarto se encontrava ao lado do dos pais teria entreouvido uma visita noturna do pai a sua esposa e ouvido a respiração ofegante do homem, que de qualquer modo

---

[i] No caso de adultos, em princípio isso também é válido, mas aqui basta uma relativa abstinência ou restrição de masturbação, de modo que, no caso de uma libido forte, histeria e masturbação possam ocorrer juntas.

já tinha fôlego curto,[32] durante o coito. Nesses casos, as crianças pressentem o sexual no ruído infamiliar.[33] De fato, os movimentos expressivos da excitação sexual estão prontos dentro delas como mecanismos inatos. Já indiquei há anos que a dispneia e as palpitações da histeria e da neurose de angústia são apenas partes soltas desprendidas do ato do coito, e, em muitos casos, como no de Dora, pude reconduzir o sintoma da dispneia, da asma nervosa, à mesma causa, ao entreouvir da relação sexual de adultos. Sob a influência da coexcitação estabelecida na ocasião, pôde certamente se produzir uma reviravolta na sexualidade da pequena, substituindo a inclinação para a masturbação pela inclinação à angústia. Algum tempo mais tarde, quando o pai estava ausente, e a criança enamorada pensando nele com saudade, ela então repetiu essa impressão como um acesso de asma. A partir da causa desse adoecimento preservada na lembrança, ainda se pode adivinhar o movimento angustiado de pensamentos que acompanhou o acesso. Teve-o a primeira vez após ter se extenuado em uma excursão pela montanha, provavelmente após ter realmente sentido falta de ar. A isso somou-se a ideia de que o pai estava proibido de escalar montanhas, de que ele não podia fatigar-se por ter fôlego curto, em seguida somou-se aquela lembrança do quanto ele havia se esforçado naquela noite com a mamãe, se acaso isso não lhe teria causado algum dano e, em seguida, a preocupação de saber se ela própria não teria feito esforços excessivos durante a masturbação, que levava igualmente ao orgasmo sexual com um pouco de dispneia, e em seguida o retorno reforçado dessa dispneia como sintoma. Uma parte desse material ainda consegui depreender da análise, a outra parte tive de complementar. A partir da constatação da masturbação, vimos que só se recolhe o material para uma exposição científica pedaço por pedaço, em diferentes períodos e em diferentes contextos.[i]

Surge, agora, uma série das mais relevantes questões à etiologia da histeria sobre se o caso de Dora pode ser considerado típico para a etiologia, se ele representa o único tipo de causação etc. Não obstante, certamente tenho razão em aguardar a resposta a essas perguntas para quando houver a comunicação de uma maior série de casos analisados de maneira semelhante. Ademais, eu teria de começar por retificar a formulação das perguntas. Em vez de me pronunciar com um "sim" ou um "não" a respeito da questão de saber se a etiologia desse caso de doença

---

[i] De modo bem semelhante, a prova da masturbação infantil também é produzida em outros casos. Na maioria das vezes, o material para isso é de natureza semelhante: indícios de *fluor albus*, enurese, cerimonial das mãos (compulsão por lavagem) etc. Se o hábito foi descoberto por uma criada ou não, se uma luta para a perda do hábito ou uma reviravolta levou a termo essa prática sexual, com certeza, sempre se pode adivinhar através da sintomatologia do caso. No caso de Dora, a masturbação permaneceu não detectada e de um golpe encontrou um fim (segredo, medo de médicos – substituição pela dispneia). É verdade que os doentes contestam regularmente a força comprobatória desses indícios, e o fazem até mesmo quando a lembrança do catarro ou da advertência da mãe ("isso emburrece; é nocivo") ficou na lembrança consciente. Mas, algum tempo depois, também se instala com segurança a lembrança dessa parte da vida sexual infantil tanto tempo recalcada e, na verdade, em todos os casos. – Em uma paciente com ideias obsessivas que eram derivados diretos da masturbação infantil, comprovou-se que os traços do proibir-se, do punir-se, e, tendo feito isso, não ter o direito de fazer aquilo o ter-o-direito-de-não-ser-incomodada, a intercalação de pausas entre a execução (com as mãos) e uma próxima, a lavagem de mãos etc., eram partes preservadas inalteradas do trabalho de desabituação por parte de sua cuidadora. A advertência: "Eca, isso faz mal!" foi a única que sempre ficou guardada na memória. A respeito desse tema, comparar também meu trabalho *Drei Abhandlungen zur Sexualtheorie*, 1905; 5. ed. 1922 (disponível no v. V destas *Ges. Werke*).

deve ser buscada na masturbação, eu teria de discutir primeiramente o conceito de etiologia nas psiconeuroses. O ponto de vista a partir do qual eu poderia responder mostrar-se-ia substancialmente deslocado em relação ao ponto de vista a partir do qual a questão me é colocada. Já será suficiente se, nesse caso, chegarmos à convicção de que a masturbação infantil é comprovável, de que ela não poderá ser nada fortuita nem nada indiferente[i] para a configuração do quadro da doença. Acena-nos mais um entendimento dos sintomas de Dora, se examinarmos de perto o significado do *fluor albus* por ela confessado. A palavra "catarro", com a qual ela aprendeu a designar sua afecção quando um mal semelhante forçou a mãe a ir a Franzensbad, é, por sua vez, uma "trilha" através da qual foi aberto o acesso para que toda a série de pensamentos sobre a culpa do papai pela doença se manifestasse no sintoma da tosse. Essa tosse, que sem dúvida provinha originalmente de um ligeiro catarro real, era, de qualquer modo, imitação do pai, que também sofria de um mal pulmonar, e pôde expressar sua compaixão e sua preocupação

---

[i] O irmão tem de estar ligado de alguma maneira ao hábito da masturbação, pois, nesse contexto, ela contou com uma ênfase que denunciava uma "lembrança encobridora" na qual o irmão sempre lhe passava todas as doenças contagiosas, que nele mesmo eram leves, mas nela assumiam forma grave. No sonho, o irmão também foi preservado de "perecer"; ele próprio molhava a cama, mas deixou de fazê-lo antes da irmã. De certo modo, também era uma "lembrança encobridora" quando ela declarou ter se mantido à altura do irmão até a primeira doença e, a partir de então, ela sempre teria ficado para trás nos estudos. Era como se, até aquele momento, ela tivesse sido um menino e, só então, tivesse passado a ganhar ares de menina. Ela realmente era uma coisa selvagem e, a partir da "asma", tornou-se calada e bem-comportada. Essa doença constituiu nela a fronteira entre duas fases da vida sexual, das quais a primeira teve um caráter masculino, e a posterior, um feminino.

por ele. Mas também proclamava ao mundo, por assim dizer, aquilo que talvez, àquela época, ainda não houvesse ficado consciente para ela: "Sou a filha do papai. Estou com catarro como ele. Ele me fez adoecer, assim como ele também adoeceu a mamãe. É dele que tenho as más paixões que se punem com doença".[i]

Podemos agora fazer a tentativa de reunir os diversos determinismos que encontramos para os acessos de tosse e rouquidão. Podemos supor, na camada mais inferior da estratificação, um estímulo real de tosse, organicamente condicionado, vale dizer, como o grão de areia, em torno do qual a ostra[34] forma a pérola. Esse estímulo é passível de fixação, porque envolve uma região do corpo que conservou em alto grau a importância de uma zona erógena, no caso da menina. Portanto ele é adequado para dar expressão à libido excitada. Ele é fixado através do que provavelmente foi o primeiro encobrimento psíquico, a imitação comiserada do pai doente, e, em seguida, através das autoacusações por causa do "catarro". Além disso, o mesmo grupo de sintomas mostra-se capaz de representar as relações com o Sr. K., de lamentar sua ausência e de expressar o desejo de ser uma mulher melhor para ele.

---

[i] O mesmo papel foi desempenhado por essa palavra no caso da menina de 14 anos, cuja história clínica eu condensei em algumas linhas na página 50, nota i. Eu instalara a criança em uma pensão, na companhia de uma senhora inteligente que me prestava serviços como enfermeira. Essa senhora relatou-me que a pequena paciente não tolerava sua presença na hora de ir para a cama e que, uma vez na cama, tossia chamativamente, embora, durante o dia, nada se ouvisse de tal tosse. Ao ser indagada sobre esses sintomas, apenas lhe ocorreu que sua avó, que diziam sofrer com um catarro, tossia da mesma maneira. Então ficou claro que ela também tinha um catarro e que não queria ser observada durante o asseio feito à noitinha. O catarro, que, por meio dessa palavra, foi deslocado de *baixo para cima*, mostrava inclusive uma intensidade incomum.

Após uma parte da libido ter se voltado novamente para o pai, o sintoma ganha seu talvez último significado, o de figurar a relação sexual com o pai na identificação com a Sra. K. Gostaria de afiançar que essa série está longe de ser completa. Infelizmente, a análise incompleta não é capaz de seguir temporalmente a trilha do significado nem de esclarecer a sequência e a coexistência de diferentes significados. Só é lícito apresentar essas exigências a uma análise completa.

Não posso agora deixar de abordar outras relações do catarro genital[35] com os sintomas histéricos de Dora. Em tempos em que um esclarecimento psíquico da histeria ainda estava muito distante, ouvi colegas mais velhos, experientes, afirmarem que, em pacientes que apresentavam *fluor*, uma piora do catarro era regularmente seguida de uma intensificação dos sofrimentos histéricos, em especial do desprazer de comer e dos vômitos. Essa situação não estava clara para ninguém, mas acho que se tendia para a perspectiva dos ginecologistas, que, como se sabe, supõem, em ampla medida, uma influência direta e organicamente perturbadora das afecções genitais sobre as funções nervosas, embora a comprovação terapêutica que corre por nossa conta nos desaponte sobremaneira. No atual estágio de nosso conhecimento, também não se pode declarar excluída uma influência direta e orgânica como essa, mas, em todo caso, seu ocultamento psíquico é mais fácil de ser comprovado. Para nossas mulheres, o orgulho pela configuração dos genitais é uma parte muito importante de sua vaidade; suas afecções, que são tidas como apropriadas para inspirar aversão ou até mesmo asco, acabam tendo, de maneira bastante inacreditável, um efeito ofensivo, rebaixando a autoestima, deixando-as irritadas, sensíveis e desconfiadas. A secreção anormal da mucosa da vagina é considerada repugnante.

Lembremo-nos de que, após o beijo do Sr. K., surgiu em Dora uma viva sensação de asco, e de que encontramos motivo para complementar o relato que ela nos fez dessa cena de beijo até o ponto em que ela teria sentido a pressão do membro ereto contra seu próprio corpo, ao ser abraçada. Ficamos sabendo, além disso, que aquela mesma preceptora que ela afastara de si por sua infidelidade contou-lhe por experiência própria que todos os homens são levianos e não confiáveis. Para Dora, isso devia significar que todos os homens eram como o papai. Mas ela considerava que seu pai sofria de doença venérea, e que ele a teria transmitido a ela e à mãe. Portanto, ela podia imaginar que todos os homens teriam doença venérea, e o seu conceito de doença venérea teria sido formado naturalmente de acordo com sua experiência única e pessoal. Para Dora, ter uma doença venérea significava, portanto, padecer de uma secreção nojenta – não seria essa outra motivação do nojo que sentiu no momento do abraço? Esse nojo transferido para o contato com o homem seria então um nojo referido em última instância a seu próprio *fluor* e projetado segundo o já mencionado mecanismo primitivo (p. 63).

Presumo tratar-se aqui de movimentos inconscientes de pensamento moldados sobre tramas orgânicas prefiguradas, tal como guirlandas florais sobre coroas de arame, de tal sorte que em outro caso seja possível encontrar outras vias de pensamento intercaladas nos mesmos pontos de partida e de chegada. Não obstante, o discernimento das diferentes conexões de pensamento que foram eficazes em cada caso particular é de valor insubstituível para a solução dos sintomas. O fato de termos precisado recorrer a suposições e complementações no caso de Dora só pode ser justificado pela interrupção prematura da análise. O que eu apresento para preencher as lacunas apoia-se inteiramente em outros casos analisados a fundo.

*

O sonho, através de cuja análise obtivemos os esclarecimentos anteriores, corresponde, como descobrimos, a um propósito que Dora leva consigo para o sono. Por esse motivo, ele repete-se todas as noites até o propósito ser cumprido, e ele volta a surgir anos mais tarde, tão logo se apresenta uma ocasião de adotar um propósito análogo. O propósito pode ser enunciado conscientemente desta maneira: sair desta casa na qual, como vi, minha virgindade corre perigo; parto com o papai e, de manhã, durante a toalete, pretendo tomar minhas precauções para não ser surpreendida. Esses pensamentos encontram sua expressão clara no sonho; fazem parte de uma corrente que, no estado de vigília, alcançou a consciência e se tornou dominante. Por detrás deles, pode-se discernir um curso obscuro de pensamentos substitutos que corresponde à corrente oposta e, por isso, sucumbiu à repressão. Ele culmina na tentação de se render ao homem, em agradecimento pelo amor e pela ternura demonstrados nos últimos anos, e talvez evoque a lembrança do único beijo que ela, até então, dele recebeu. Porém, de acordo com a teoria desenvolvida na minha Interpretação do sonho, esses elementos não bastam para formar um sonho. Um sonho não é um propósito que se figura como executado, mas um desejo que se figura como realizado e, na verdade, possivelmente um desejo proveniente da vida infantil. Temos a obrigação de examinar se essa proposição não é refutada por nosso sonho.

De fato, o sonho contém material infantil que não se encontra, à primeira vista, em nenhuma relação compreensível com o propósito de se evadir da casa do Sr. K. e da tentação que dele provém. Por que será que surge a lembrança de molhar a cama quando criança e do trabalho a que o pai se deu para habituar a criança a se manter limpa? Essa pergunta pode ser respondida afirmando-se: porque só com a ajuda desse curso de pensamento é possível reprimir os intensos pensamentos de tentação e deixar dominar o propósito formado contra ele. A criança decide fugir *com* seu pai; na verdade, foge *para* seu pai, tomada pelo medo do homem que a perseguia; ela evoca uma inclinação infantil ao pai, a qual deverá protegê-la da inclinação recente por um estranho. Do atual perigo é cúmplice o próprio pai, que, movido por seus próprios interesses amorosos, entregou-a ao homem desconhecido. Como era realmente muito melhor quando o mesmo pai não preferia mais ninguém, a não ser ela, e se empenhava em salvá-la dos perigos que então a ameaçavam! O desejo infantil e hoje inconsciente de colocar o pai no lugar do homem desconhecido é uma potência formadora de sonhos. Se tiver havido uma situação passada semelhante a uma atual, mas que desta se distinga por tal substituição de pessoas, ela passa a ser a situação principal do conteúdo do sonho. E há uma situação dessa natureza; justamente como fizera o Sr. K. na véspera, o pai esteve antes de pé diante de sua cama, possivelmente despertando-a com um beijo, como talvez pretendesse o Sr. K. Portanto, o propósito de se evadir da casa não é, por si só, capaz de formar um sonho; mas o será, na medida em que a ele se juntar outro propósito apoiado em desejos infantis. O desejo de substituir o Sr. K. pelo pai fornece a força pulsional para o sonho. Lembro aqui a interpretação a que me obrigou o curso reforçado de pensamentos referido à relação do pai com a Sra. K., interpretação segundo a qual aqui teria sido evocada uma inclinação infantil pelo pai, para poder manter sob recalcamento o amor recalcado em relação ao Sr. K.; o sonho reflete essa reviravolta na vida anímica da paciente.

Sobre a relação entre os pensamentos do estado de vigília que prosseguem durante o sono – os restos diurnos – e o desejo inconsciente formador do sonho, fiz algumas observações em *A Interpretação do sonho* (p. 329, 8. ed., p. 383), que citarei aqui inalteradas, pois nada tenho a lhes acrescentar, e porque a análise do sonho de Dora volta a provar que a situação não é diferente.

"Quero admitir que exista uma classe de sonhos cuja *incitação* provém, de maneira predominante ou até mesmo exclusiva, dos restos da vida diurna e acho que até mesmo meu desejo de finalmente tornar-me professor associado[i] teria me deixado dormir tranquilo naquela noite, se não tivesse permanecido ativa a preocupação do dia anterior com a saúde de meu amigo. Mas só essa preocupação não teria produzido nenhum sonho; a *força pulsional* de que o sonho precisava teve de ser fornecida por um desejo; cabia à preocupação arranjar um desejo como esse que servisse como força pulsional do sonho. Para dizê-lo como uma analogia: é muito possível que um pensamento diurno desempenhe o papel de *empresário* para o sonho; mas o empresário, que, como se diz, tem a ideia e o ímpeto para implementá-la de fato, afinal nada pode fazer sem capital; ele precisa de um capitalista para custear o gasto, e esse capitalista que disponibiliza o gasto psíquico para o sonho é, em todos os casos e

---

[i] Isso se refere à análise do sonho ali utilizado como exemplo.

inevitavelmente, qualquer que seja o pensamento diurno, *um desejo que vem do inconsciente.*"

Quem conheceu a sutileza na estrutura dessas formações que são os sonhos não ficará surpreso em descobrir que o desejo de que o pai tome o lugar do homem tentador não traz à lembrança apenas um material qualquer da infância, mas justamente aquele que mantém as mais íntimas relações com a repressão dessa tentação. Pois, se Dora se sente incapaz de ceder ao amor por esse homem, se ocorre o recalcamento desse amor em vez da entrega, então essa decisão não está mais intimamente relacionada a nenhum outro fator senão ao seu prematuro gozo sexual e suas consequências, o molhar a cama, o catarro e o nojo. Uma pré-história como essa pode constituir, de acordo com a somação das condições constitucionais, o fundamento de dois tipos de conduta em relação à exigência de amor na idade madura: ou a entrega plena e sem resistência à sexualidade, que beira a perversão, ou, por reação, a sua recusa, adoecendo neuroticamente. Em favor do segundo comportamento, foram decisivos para a nossa paciente a sua constituição e seu nível de educação intelectual e moral.

Quero ainda chamar especial atenção para o fato de que, a partir da análise desse sonho, tivemos acesso a detalhes das experiências caracterizadas por efeitos patogênicos, aos quais, de outra forma, não haviam tido acesso à memória ou, pelo menos, à reprodução. Como ficou evidente, a lembrança do molhar a cama na infância já estava recalcada. Os detalhes do assédio por parte do Sr. K. nunca foram mencionados por Dora, eles não lhe ocorreram.

*

Mais algumas observações a respeito da síntese desse sonho: o trabalho do sonho principia na tarde do segundo dia após a cena do bosque, depois de ela haver percebido que não mais podia fechar seu quarto a chave. Diz, então, para si mesma: aqui corro um sério perigo, e concebe o propósito de não ficar sozinha na casa, mas sim de partir com o pai. Esse propósito torna-se passível de formar sonhos, pois encontra prosseguimento penetrando no inconsciente. Lá, corresponde a ele o fato de ela evocar o amor infantil pelo pai como proteção contra a tentação atual. A viragem que então nela se consuma fixa-se e a conduz à posição representada por seu movimento *hipervalente* de pensamentos (ciúmes da Sra. K. por causa do pai, como se estivesse apaixonada por ele). Nela lutavam a tentação de ceder ao homem que a cortejava e a relutância que se juntou contra isso. Esta última é composta por motivos de decoro e prudência, por moções hostis decorrentes da revelação da preceptora (ciúmes, orgulho ferido, ver a seguir) e por um elemento neurótico, aquela parte de aversão sexual à que estava predisposta, que se enraíza em sua história infantil. O amor ao pai evocado como proteção contra a tentação provém dessa história infantil.

O sonho transforma o propósito, embrenhado no inconsciente, de fugir para o pai em uma situação que exibe como realizado o desejo de que o pai a salve do perigo. Para isso, é preciso retirar do caminho um pensamento que constitui um obstáculo, de que o pai seja justamente aquele que a expôs a esse perigo. Quanto à moção hostil contra o pai aqui reprimida (inclinação à vingança), vamos conhecê-la como um dos motores do segundo sonho.

De acordo com as condições da formação de sonhos, a situação fantasiada é escolhida de modo a repetir uma situação infantil. É um triunfo especial conseguir-se transformar uma situação recente, talvez justamente a que ocasionou o sonho, em uma situação infantil. Nesse caso deu certo por mera casualidade do material. Assim como o Sr. K. postou-se diante de sua cama e a acordou, assim também o fez o pai, com frequência, durante a infância. Toda a sua mudança pode ser simbolizada adequadamente, na medida em que ela, nessa situação, substitui o Sr. K. pelo pai.

Mas naquela época o pai a acordava para ela não molhar a cama.

Esse "molhar" será decisivo para o conteúdo ulterior do sonho, no qual, todavia, ele está representado apenas por uma alusão distante e pelo seu oposto.

O oposto de "molhar", "água" pode facilmente ser "fogo", "queimar". A casualidade de o pai, ao chegar ao lugar, ter expressado medo do perigo de fogo também me ajuda a decidir que o perigo de que o pai a salva é um perigo de incêndio. A situação escolhida da imagem do sonho apoia-se nesse acaso e no oposto de "molhar": está acontecendo um incêndio, o pai está de pé diante da sua cama para acordá-la. A menção casual do pai certamente não teria chegado a essa importância no conteúdo do sonho, se não estivesse tão bem afinada com a triunfante corrente de sentimentos que necessariamente quer encontrar no pai seu protetor e salvador. Ele pressentiu o perigo logo na chegada, ele estava certo! (Na realidade, ele expôs a moça àquele perigo.)

Nos pensamentos do sonho, cabe ao "molhar", em consequência de ligações relativamente fáceis de se estabelecer, o papel de ponto nodal para diversos círculos de representações. "Molhar" não faz parte apenas do molhar a cama, mas também do círculo dos pensamentos de tentações sexuais reprimidas por detrás desse conteúdo onírico. Ela sabe que também há um "molhar-se" na relação sexual, que, durante a cópula, o homem dá à mulher algo líquido *em forma de gotas*. Ela sabe que o perigo reside justamente nisso, de lhe ser dada a tarefa de proteger o genital de ser molhado.

Com "molhar" e "gotas", abre-se, ao mesmo tempo, o outro círculo de associações, o do catarro repugnante, que, em seus anos mais maduros, tem, sem dúvida, o mesmo significado vergonhoso que o molhar a cama durante a infância. Nesse caso, "molhar" tem o mesmo significado de "sujo". O genital que deve ser mantido limpo já foi sujado pelo catarro, por sinal, tanto no caso da mãe quanto no dela (p. 111). Dora parece entender que a mania de limpeza da mãe é a reação contra essa sujeira.

Ambos os círculos se conjugam em um: a mãe obteve ambas as coisas por intermédio do papai: o molhar sexual e o *fluor* que suja. Não é possível separar o ciúme em relação à mãe do círculo de pensamentos do amor infantil pelo pai aqui evocado como proteção. Mas esse material ainda não é passível de figuração. Não obstante, se for possível encontrar uma lembrança que esteja semelhantemente bem conectada aos dois círculos do "molhar", mas que evite o que é chocante, esta poderá, então, assumir a representação no conteúdo do sonho.

Uma representação como essa encontra-se no episódio das "gotas" como joia desejada pela mãe. Aparentemente, a conexão dessa reminiscência com os dois círculos do molhar sexual e da sujeira é externa, superficial, mediada pelas palavras, pois "gotas" é utilizada como "trilha", como uma palavra de duplo sentido, e "joia", tanto quanto "limpo", é um oposto um tanto forçado para "sujo". Na realidade, podem-se verificar as mais sólidas conexões de conteúdo. A lembrança provém do material do ciúme de raiz infantil em relação à mãe, mas que prosseguiu de maneira ampla. Através dessas duas pontes verbais, pode ser transposto àquela única reminiscência da "joia em forma de gotas" todo o significado colado às representações da relação sexual entre os pais, ao adoecimento por *fluor* e à martirizante mania de limpeza da mamãe.

No entanto, mais um deslocamento precisa ganhar terreno para o conteúdo do sonho. "Gotas", embora mais próximo do "molhar" original, não ingressa no sonho, mas "joia" o faz. Se esse elemento for inserido na situação onírica já fixada antes, poder-se-ia dizer, portanto: a mamãe ainda quer salvar as suas joias. Ora, na nova alteração, "caixinha de joias", faz-se valer, *a posteriori*, a influência de elementos do círculo subjacente relativo à tentação vindo do Sr. K. Joias, o Sr. K. não as presenteou a ela, mas certamente deu uma "caixinha" para elas, o substituto para todas as honras e demonstrações de afeto pelas quais ela agora deveria ser grata. E o composto[36] que agora emergiu, "caixinha de joias" [*Schmuckkästchen*], ainda tem um valor especial de substituição. Acaso "caixinha de joias"[37] não é uma imagem comum para o genital feminino imaculado e intacto? E, não é, por outro lado, uma palavra inocente e, portanto, perfeitamente apropriada tanto para insinuar quanto para esconder os pensamentos sexuais por trás do sonho?

Portanto, assim se diz no conteúdo do sonho em dois trechos: "caixinha de joias da mamãe", e esse elemento substitui a menção do ciúme infantil, das gotas, portanto, do molhar sexual, da sujeira pelo *Fluor*, e, por outro lado, dos pensamentos de tentação agora atuais, que pressionam pela retribuição do amor e retratam a situação sexual – almejada e ameaçadora – iminente. Como nenhum outro, o elemento "caixinha de joias" é um resultado de condensação e deslocamento, e um compromisso [*Kompromiß*] entre correntes opostas. Seu duplo aparecimento no conteúdo do sonho certamente indica sua origem múltipla – a partir da fonte infantil bem como da atual.

O sonho é a reação a uma experiência recente, com efeito excitador, que necessariamente tem de despertar a lembrança da única experiência análoga de anos anteriores. Trata-se da cena do beijo na loja, quando surge o nojo. Porém, de modo associativo, a mesma cena é acessível por outro lugar, pelo círculo de pensamentos do catarro (comparar com p. 119) e pelo da tentação atual. Ela fornece, pois, uma contribuição própria ao conteúdo do sonho, que precisa adequar-se à situação pré-formada. Há fogo... o beijo sem dúvida tinha gosto de fumaça, portanto, no conteúdo do sonho ela sente cheiro de fumaça, que no caso se estende ao longo do despertar.

Por falta de atenção, infelizmente deixei uma lacuna na análise desse sonho. Atribui-se ao pai esta fala: eu não quero que meus dois filhos etc. pereçam (partindo dos pensamentos do sonho, certamente cabe acrescentar aqui: em decorrência da masturbação). Esse tipo de fala no sonho geralmente se compõe de partes de fala real, pronunciada ou ouvida. Eu deveria ter-me informado sobre a verdadeira origem dessa fala. O resultado dessa averiguação teria por certo tornado mais complicada a estrutura do sonho, mas certamente também teria permitido reconhecê-la de modo mais transparente.

Deve-se supor que esse sonho, aquela vez em L., teve exatamente o mesmo conteúdo que durante sua repetição durante a terapia? Não parece necessário. A experiência mostra que com frequência os seres humanos afirmam ter tido o mesmo sonho, ao passo que as manifestações isoladas do sonho recorrente se diferenciam por inúmeros detalhes e por outras amplas modificações. Desse modo, uma de minhas pacientes relata ter tido hoje, mais uma vez, seu sonho favorito sempre recorrente da mesma maneira, no qual ela estaria nadando no mar azul, usufruindo o prazer de furar as ondas etc. Uma investigação mais acurada revela que, sobre a base comum, sobrepunha-se ora este, ora aquele detalhe; inclusive uma vez ela estava nadando no mar quando ele estava congelado, entre *icebergs*. Outros sonhos, que ela mesma não tenta fazer passar como sendo os mesmos, mostram-se intimamente ligados a esse recorrente. Por exemplo, a partir de uma fotografia, ela vê simultaneamente o planalto e a planície da ilha de Helgoland em dimensões reais, um navio no mar, no qual se encontram dois conhecidos seus da época da juventude etc.

Certo é que o sonho de Dora ocorrido durante a terapia – talvez sem modificar seu conteúdo manifesto – ganhara um novo significado atual. Ele incluía, entre seus pensamentos oníricos, uma relação com meu tratamento e correspondia a uma renovação do antigo propósito de fugir de um perigo. Se não estava em jogo nenhuma confusão de lembrança da parte dela quando afirmou ter sentido a fumaça após despertar já em L., então se deve reconhecer que ela foi muito hábil em colocar meu ditado "Onde há fumaça há fogo" na forma acabada do sonho, onde ele aparece empregado para sobredeterminar o último elemento. Foi um acaso incontestável que a última ocasião recente, o trancamento da sala de jantar por parte da mãe, através do qual o irmão ficava trancafiado em seu quarto, lhe trazia uma conexão com o assédio do Sr. K. em L., quando ela amadureceu a sua decisão ao não poder trancar seu quarto. Talvez o irmão não tenha aparecido nos sonhos daquela época, de modo que a fala "meus dois filhos" só chegou ao conteúdo do sonho depois da última ocasião.

III
O SEGUNDO SONHO

Poucas semanas após o primeiro sonho, ocorreu o segundo, com cuja solução interrompeu-se a análise. Não se pode torná-lo tão transparente quanto o primeiro, mas ele trouxe uma confirmação desejada de uma suposição que se tornava necessária sobre o estado anímico da paciente, preencheu uma lacuna de memória e permitiu obter uma visão profunda quanto ao surgimento de outro dos seus sintomas.

Dora contou: *Estou passeando em uma cidade que não conheço, vejo ruas e praças que me são estranhas.*[i] *Então eu entro em uma casa onde estou morando, vou ao meu quarto e lá encontro uma carta da mamãe. Ela escreve: como eu saí de casa sem o conhecimento dos pais, ela não quis escrever-me que o papai adoeceu. Agora ele morreu, e, se você quiser,*[ii] *pode vir. Vou então à estação de trem e pergunto umas 100 vezes: Onde é a estação? Sempre recebo a resposta: cinco minutos. Aí eu vejo um bosque muito denso diante de mim, no qual eu entro, e pergunto a um homem que lá encontro. Ele me diz: ainda duas horas e meia.*[iii] *Ele se oferece para me acompanhar. Recuso e vou sozinha. Vejo a estação diante de*

---

[i] A esse respeito o importante adendo: *Em uma das praças vejo um monumento.*

[ii] Sobre isso, o adendo: *Ao lado dessa palavra havia um ponto de interrogação: quiser?.*

[iii] Em uma segunda vez ela repete: *duas horas.*

mim e não consigo alcançá-la. Nesse momento, há aquela sensação de angústia, de quando no sonho não se consegue ir adiante. Em seguida, estou em casa, nesse ínterim devo ter viajado, mas, sobre isso, nada sei. – Vou à guarita do porteiro e pergunto-lhe sobre nosso apartamento. A criada abre-me a porta e responde: a mamãe e os outros já estão no cemitério.[i]

A interpretação desse sonho não ocorreu sem dificuldades. Em consequência das circunstâncias peculiares vinculadas ao seu conteúdo, sob as quais interrompemos a análise, nem tudo foi esclarecido, e isso também se deve ao fato de a minha lembrança não ter, de modo geral conservado a sequência dos desenvolvimentos com a mesma segurança. Antecipo ainda o tema submetido à análise em curso quando interveio esse sonho. Havia algum tempo, a própria Dora colocava perguntas sobre a ligação de suas ações com os motivos que se podiam presumir. Uma dessas perguntas era: por que, nos primeiros dias após a cena do lago, ainda fiquei calada sobre isso? A segunda: por que, de repente, contei isso a meus pais? Eu achava que era absolutamente necessária a explicação para o fato de ela ter se sentido tão gravemente ofendida com os galanteios do Sr. K., ainda mais porque começava a se abrir para mim a visão de que, inclusive para o Sr. K., os galanteios a Dora não significaram nenhuma tentativa leviana de sedução. Explico o fato de ela ter informado os pais sobre o acontecido como uma ação que já estava sob a influência de uma sede doentia por vingança. Uma moça normal, pensava eu, resolve sozinha essas questões.

---

[i] A esse respeito, dois adendos feitos na sessão seguinte: *Vejo-me, com especial nitidez, subindo a escada*, e: *Após a resposta dela, vou para meu quarto, mas não estou nada triste, e leio um livro grande que está sobre minha escrivaninha.*

Portanto, apresentarei o material que se ajusta para a análise desse sonho na ordem bastante variada que se oferece à minha reprodução.

Ela perambula sozinha em uma cidade desconhecida, vê ruas e praças. Assegura que certamente não era B., que fora minha primeira suposição, mas sim uma cidade na qual ela nunca estivera. Como era natural, prossegui: na verdade, a Srta. pode ter visto quadros ou fotografias das quais infere as imagens do sonho. Após essa observação, veio o adendo do monumento em uma praça e, logo em seguida, o reconhecimento da fonte. Nos feriados de Natal, ela ganhara um álbum com cartões postais de uma estação termal alemã, e justamente ontem o procurava para mostrá-lo aos parentes que estavam hospedados em sua casa. Ele estava dentro de uma caixa de fotografias que não pôde ser logo encontrada, e ela perguntou à mamãe: *onde está a caixa?*[i] Em uma das imagens, via-se uma praça com um monumento. Mas o autor que a presenteara com isso foi um jovem engenheiro com quem ela um dia travou um rápido conhecimento na cidade da fábrica. O rapaz aceitara um emprego na Alemanha, para chegar mais rapidamente a sua autonomia, e aproveitava toda oportunidade para se fazer lembrado, e era fácil adivinhar que ele pretendia, no momento certo, quando melhorasse de posição, apresentar-se como pretendente de Dora. Mas ainda não era tempo, era preciso esperar.

O vagar pela cidade desconhecida estava sobredeterminado. Ele levou a uma das ocorrências diurnas. Nos feriados, um primo jovem estava de visita, a quem ela agora precisava mostrar a cidade de Viena. Essa ocorrência

---

[i] No sonho, ela pergunta: onde fica a estação de trem? Dessa proximidade tirei uma conclusão que mais tarde desenvolverei.

diurna não tinha, sem dúvida, a menor importância. Mas o primo lembrou-lhe de uma primeira breve passagem por Dresden. Naquela ocasião, ela perambulou como uma estrangeira e naturalmente não deixou de visitar a famosa galeria. Outro primo que estava com eles e conhecia Dresden quis servir de guia pela galeria. *Mas ela o recusou e foi sozinha*, detendo-se diante dos quadros que lhe agradavam. Diante da *Sistina*,[38] passou *duas horas* calada admirando o quadro com ar sonhador. À pergunta sobre o que tanto lhe agradava no quadro, não soube dar uma resposta clara. Por fim, disse: a Madona.

Não há dúvida de que essas ocorrências pertencem realmente ao material formador do sonho. Elas incluem componentes que reencontramos inalterados no conteúdo do sonho (ela recusou e foi sozinha — duas horas). Faço notar desde já que "imagens" correspondem a um ponto nodal na trama dos pensamentos do sonho (as imagens na caixa — as imagens em Dresden). Também gostaria de destacar o tema da *Madona*, da mãe virgem, para posterior análise. Mas vejo, sobretudo, que ela, nessa primeira parte do sonho, identifica-se com um rapaz. Ele está vagando em um lugar desconhecido, ele se esforça em atingir uma meta, mas ele foi retido, ele precisa de paciência, ele tem de esperar. Se, naquele momento, ela estivesse pensando no engenheiro, então seria certo afirmar que essa meta deveria ser a posse de uma mulher, de sua própria pessoa. Em vez disso, era — uma estação de trem, para a qual, aliás, é-nos lícito recorrer a uma *caixa*, de acordo com a relação entre a pergunta no sonho e a pergunta realmente formulada. Uma caixa e uma mulher, isso já começa a combinar melhor.

Ela pergunta certamente umas 100 vezes... Isso conduz a outra origem do sonho, menos indiferente. Ontem à noite, após a reunião doméstica, o pai pediu a ela que fosse buscar conhaque; ele não dormiria, se antes não tomasse conhaque. Pediu a chave da despensa à mãe, mas esta estava entretida em uma conversa e não lhe deu nenhuma resposta, até que, com o exagero impaciente, exclamou: agora já lhe perguntei umas *100 vezes* onde está a chave. Na verdade, ela só *repetira* a pergunta naturalmente umas *cinco vezes*.[i]

"*Onde está a chave?*" parece-me a contrapartida masculina para a pergunta: onde está a caixa? (ver o primeiro sonho, p. 99ss.) Trata-se, portanto, de perguntas – sobre os genitais.

Na mesma reunião familiar, alguém fez um brinde ao pai e expressou os votos de que ele ainda tivesse vida longa com a melhor saúde etc. Nesse momento, algo colocou as feições cansadas do pai em um sobressalto tão singular que ela entendeu que pensamentos ele precisava reprimir. O pobre homem doente! Quem podia saber quanto tempo de vida ainda lhe estava reservado?

Com isso, chegamos ao *conteúdo da carta* no sonho. O pai estava morto, e ela se afastou de casa por vontade própria. No caso da carta do sonho, lembrei-lhe imediatamente da carta de despedida que ela escrevera aos pais, ou, pelo menos, esboçara para os pais. Essa carta estava destinada a assustar o pai, para que ele desistisse da Sra. K., ou, pelo menos, para se vingar dele, caso não fosse possível movê-lo a que o fizesse. Estamos tratando do tema de sua morte e da morte de seu pai (*cemitério*, mais

---

[i] No conteúdo do sonho, o número 5 aparece na indicação temporal: cinco minutos. Em meu livro sobre a Interpretação do sonho, mostrei através de vários exemplos como números que ocorrem em pensamentos de sonhos são tratados pelo sonho; amiúde são encontrados arrancados de suas conexões e inseridos em novos contextos.

adiante no sonho). Estaremos errados se supusermos que a situação que constitui a fachada do sonho equivale a uma fantasia de vingança contra o pai? Os pensamentos compassivos do dia anterior confirmariam isso muito bem. No entanto, a fantasia era esta: ela sairia de casa rumo a um lugar desconhecido e, devido à preocupação com isso e à saudade dela, o pai ficaria de coração partido. Ela então estaria vingada. Pois entendia muito bem o que faltava ao que agora não podia dormir sem conhaque.[i]

Queremos chamar a atenção para a *sede de vingança* como um novo elemento para uma síntese posterior dos pensamentos do sonho.

Não obstante, o conteúdo da carta tinha de admitir outra determinação. De onde provinha o complemento: *se você quiser?*

Ocorreu-lhe acrescentar, então, que, após a palavra "quiser", havia um ponto de interrogação, e com isso ela também reconhecia essas palavras como citação extraída da carta da Sra. K., que continha o convite para L. (à beira do lago). De forma bem chamativa, havia nessa carta, após a interposição da frase "se você quiser?" no meio da estrutura da frase, um ponto de interrogação.

Aqui estaríamos, portanto, mais uma vez na cena do lago e com os enigmas que estão a ela ligados. Pedi-lhe que me descrevesse essa cena em detalhes. A princípio, ela não apresentou muita coisa nova. O Sr. K. fizera um preâmbulo um tanto sério; mas ela não o deixou terminar de falar. Assim que ela entendeu do que se tratava,

---

[i] A satisfação sexual é, indubitavelmente, o melhor sonífero, assim como a insônia, na maioria dos casos, é a consequência da insatisfação. O pai não dormia porque sentia falta da relação com a mulher amada. Comparar, nesse contexto, com o trecho que será citado na sequência: Não tenho nenhum interesse em minha mulher.

deu-lhe uma bofetada no rosto e saiu correndo. Eu quis saber que palavras ele usou; mas ela só se lembrava da sua justificativa: "A Srta. sabe, não tenho nenhum interesse em minha mulher".[i] Em seguida, para não mais o encontrar no caminho, ela quis ir a pé até L. contornando o lago e *perguntou a um homem, que encontrou, a que distância ficava*. Ao ouvir a resposta: "duas horas e meia", resolveu desistir dessa intenção e tornou a procurar a embarcação, que logo em seguida partiu. O Sr. K. também estava novamente lá, aproximou-se dela e pediu-lhe que o desculpasse e que nada contasse sobre o ocorrido. Mas ela não deu nenhuma resposta. – De fato, o *bosque* do sonho era bem semelhante ao bosque às margens do lago, onde se desenrolara a cena que ela acabava de descrever mais uma vez. Mas exatamente o mesmo bosque denso ela vira no dia anterior, em uma pintura na exposição da Secessão.[39] Ao fundo do quadro, viam-se *ninfas*.[ii]

Agora, uma suspeita se tornava certeza em mim. *Estação de trem*[iii] [*Bahnhof*] e *cemitério* [*Friedhof*] em lugar de genitais femininos era suficientemente notável, mas guiou minha atenção aguçada para a palavra "*vestíbulo*" [*Vorhof*],[40] formada de modo semelhante, um termo anatômico para uma determinada região dos genitais femininos. Mas podia tratar-se de um equívoco engenhoso. Agora,

---

[i] Essas palavras vão nos conduzir à solução de um de nossos enigmas.

[ii] Aqui pela terceira vez: imagem [*Bild*] (imagens de cidades, galeria em Dresden), mas em uma conexão muito mais significativa. Através do que se vê na imagem, chega-se à imagem de mulher [*Weibsbilde*] (bosque, ninfas).

[iii] Além disso, "estação de trem" serve para o "trânsito". É o invólucro psíquico de alguns medos de trem. [Para designar "trânsito", Freud usa a palavra "*Verkehr*", que também significa "relação", "contato", inclusive "relação sexual" (como forma reduzida de "*Geschlechtsverkehr*"). (N.T.)]

como se acrescentaram as "ninfas", que se viam ao fundo do "bosque denso", não cabia mais nenhuma dúvida. Isso era uma geografia simbólica do sexo! Como é conhecido pelos médicos, mas não pelos leigos, embora não seja, aliás, muito comum para os primeiros, dá-se o nome de "ninfas" aos pequenos lábios situados ao fundo do "bosque denso" de pelos pubianos. Porém, quem utilizava nomes técnicos como "vestíbulo" e "ninfas" devia ter extraído seu conhecimento de livros, e, na verdade, não de livros populares, mas de manuais de anatomia ou de alguma enciclopédia, o refúgio habitual dos jovens consumidos pela curiosidade sexual. Por detrás da primeira situação do sonho se escondia, portanto, se a interpretação estava correta, uma fantasia de defloração, na qual um homem se esforça por penetrar o genital feminino.[i]

Comuniquei a Dora minhas conclusões. A impressão deve ter sido convincente, pois imediatamente emergiu um pequeno fragmento esquecido do sonho: *que ela vai tranquila*[ii] *para seu quarto e entrega-se à leitura de um livro grande,*

---

[i] A fantasia da defloração é a segunda componente dessa situação. O destaque da dificuldade de ir adiante e o medo sentido no sonho apontam para a virgindade enfatizada com prazer, que vemos indicada em outro lugar na alusão à *Sistina*. Esses pensamentos sexuais produzem um fundo inconsciente talvez apenas para os desejos mantidos em segredo, que se ocupam com o pretendente à espera na Alemanha. Como primeira componente da mesma situação onírica, viemos a conhecer a fantasia de vingança; as duas componentes não coincidem totalmente, mas apenas em parte; mais adiante encontraremos os vestígios de um terceiro curso de pensamentos, ainda mais importante.

[ii] Em outra ocasião, ela dissera "nada triste" em vez de "tranquila" (p. 132, n. i). Posso fazer uso desse sonho como nova prova da precisão de uma afirmação contida na *Traumdeutung* (p. 299 e segs., 8. ed., p. 354), segundo a qual as primeiras partes do sonho esquecidas e lembradas *a posteriori* são sempre as mais importantes para o entendimento

que está sobre sua escrivaninha. Aqui, a ênfase recai sobre os dois detalhes: "tranquila" e "grande" junto a "livro". Era em formato de enciclopédia? Afirmou que sim. Ora, crianças nunca fazem, *tranquilamente,* pesquisas na enciclopédia sobre matérias proibidas. Ao fazê-lo, tremem, sentem medo e olham em volta, temendo que alguém venha a aparecer. Os pais são uma grande pedra no caminho desse tipo de leitura. Mas a força realizadora de desejos do sonho melhorara radicalmente aquela desagradável situação. O pai estava morto, e os outros já se haviam dirigido ao cemitério. Ela podia ler tranquilamente o que bem quisesse. Isso não queria dizer que uma de suas razões para a vingança era também a revolta contra a coação dos pais? Se o pai estava morto, então ela podia ler ou amar, como bem quisesse. De início, ela bem que não quis lembrar-se de algum dia ter lido uma enciclopédia, em seguida admitiu que lhe ocorria uma lembrança dessa natureza, certamente de conteúdo inofensivo. Na época em que sua querida tia estava gravemente doente, e sua viagem a Viena já estava decidida, veio uma carta de outro tio informando que não poderiam viajar a Viena, pois um filho, portanto, um primo de Dora, estava gravemente enfermo de apendicite. Naquela ocasião, ela leu na enciclopédia quais seriam os sintomas de uma apendicite. Daquilo que leu, ainda se lembra da dor característica localizada no ventre.

Lembrei então que logo após a morte da tia, ela sofreu uma suposta apendicite. Até então, eu não me atrevera a incluir essa doença em suas produções histéricas. Ela contou que nos primeiros dias tivera febre alta e sentira no ventre a mesma dor sobre a qual lera na enciclopédia. Aplicaram-lhe

---

do sonho. Ali, concluo que o esquecimento dos sonhos também exige a explicação através da resistência intrapsíquica.

compressas frias, mas não as suportara. No segundo dia, sentindo dores lancinantes, teve início sua menstruação, que estava muito irregular desde que adoecera. Naquela época, ela sofria constantemente de prisão de ventre.

Não parecia correto abordar esse estado como puramente histérico. Mesmo que indubitavelmente ocorra febre histérica, parecia arbitrário, no entanto, remeter a febre desse adoecimento duvidoso à histeria e não a uma causa orgânica em ação naquele momento. Eu queria desistir novamente dessa pista, quando ela mesma ajudou na continuação, trazendo o último adendo ao sonho: *ela se via, com especial nitidez, subindo a escada.*

Em relação a isso, exigi naturalmente uma determinação específica. Sua objeção, talvez não tão seriamente, de que ela tinha de subir a escada, se quisesse chegar a seu apartamento, que não ficava no térreo, eu pude facilmente refutar com a observação de que, se no sonho ela pode viajar da cidade desconhecida até Viena, ignorando a viagem de trem, então era lícito ela também desconsiderar os degraus da escada no sonho. Em seguida ela continuou seu relato: depois da apendicite, ela teve dificuldades para andar, porque tinha de arrastar o pé[41] direito. Essa situação teria permanecido assim durante muito tempo, e, por isso, de bom grado ela evitava as escadas. Ainda hoje muitas vezes o pé ficava atrasado. Os médicos que ela consultou a pedido do pai muito se admiraram com essa sequela bastante incomum depois de uma apendicite, particularmente pelo fato de que a dor no ventre não voltou a aparecer, e de forma alguma acompanhava o arrastar do pé.[i]

---

[i] Entre as sensações de dor no abdômen chamadas de "ovarianas" e as perturbações na marcha na perna do mesmo lado, pode-se supor

Tratava-se, portanto, de um verdadeiro sintoma histérico. Ainda que a febre, na ocasião, tivesse sido condicionada organicamente – talvez devido a um daqueles frequentes adoecimentos por gripe sem localização particular –, agora estava garantido que a neurose se apropriava do acaso para utilizá-lo em uma de suas manifestações. Portanto, ela tinha se arranjado uma doença sobre a qual tinha lido na enciclopédia, punira-se por essa leitura e teve de dizer a si mesma que era impossível que a punição se aplicasse à leitura do artigo inofensivo, mas que se deu mediante um deslocamento, depois que a essa leitura seguiu-se outra mais carregada de culpa, que hoje se ocultava na lembrança por detrás da leitura inocente feita simultaneamente.[i] Talvez ainda fosse possível investigar sobre que temas ela lera naquela época.

Mas o que significava então esse estado que queria imitar uma peritiflite? A sequela da afecção, o arrastar de uma perna, que não era absolutamente compatível com uma peritiflite, devia combinar melhor com o significado secreto, talvez sexual, do quadro da doença e, uma vez esclarecida, podia lançar luz sobre o significado buscado. Tentei encontrar um acesso a esse enigma. No sonho, havia ocorrências temporais; e verdadeiramente, o tempo não é nada indiferente em todos os acontecimentos biológicos. Por conseguinte, perguntei quando essa apendicite acontecera, se antes ou depois da cena do

---

uma conexão somática, que aqui, no caso de Dora, recebe uma interpretação particularmente especializada, ou seja, sobreposição e aproveitamento psíquicos. Comparem-se a observação análoga a respeito da análise dos sintomas de tosse e a ligação entre o catarro e o desprazer de comer. (N.T.)

[i] Um exemplo bem típico do surgimento de sintomas a partir de situações que aparentemente nada têm a ver com o sexual.

lago. A resposta imediata, que resolveu todas as dificuldades de um só golpe, foi: nove meses depois. Esse prazo é bastante característico. Desse modo, a suposta apendicite realizara a fantasia de um *parto* com os modestos recursos que estavam à disposição da paciente: as dores e o fluxo menstrual.[i] Ela naturalmente conhecia o significado desse prazo e não podia contestar a probabilidade de na época ter lido na enciclopédia a respeito de gravidez e parto. E quanto ao arrastar da perna? Agora me era dado tentar conjecturar. É assim que se anda quando se torce o pé. Portanto, ela dera um "passo em falso" [*Fehltritt*], e era perfeitamente correto que pudesse dar à luz nove meses depois da cena do lago. Eu só não podia deixar de fazer mais uma exigência. Só é possível – segundo minha convicção – adquirir esses sintomas quando se tem algum modelo infantil para eles. As lembranças que se tem de impressões de épocas posteriores, como tenho de sustentar rigorosamente de acordo com as minhas experiências até o momento, não possuem a força necessária para se impor como sintomas. Eu quase não ousava ter a esperança de que ela me fornecesse o desejado material da infância, pois, na realidade, ainda não posso afirmar a validade geral da tese acima, na qual eu gostaria de acreditar. Mas nesse caso a confirmação veio *imediatamente*. Pois, quando criança, certa vez ela torceu o mesmo pé, escorregou de um degrau ao descer a *escada* em B.; o pé – justamente o mesmo que mais tarde ela arrastaria – inchou e teve de ser enfaixado, deixando-a algumas semanas em repouso. Isso foi pouco tempo antes da asma nervosa, aos 8 anos de idade.

---

[i] Já indiquei que a maioria dos sintomas histéricos, uma vez que tenham alcançado a sua plena formação, figuram uma situação fantasiada da vida sexual, ou seja, uma cena de relação sexual, uma gravidez, um parto, um resguardo etc.

Agora, tratava-se de utilizar a prova dessa fantasia: se a Srta., nove meses após a cena do lago, passa por um parto e carrega as consequências do passo em falso até hoje, isso prova, então, que a Srta., no inconsciente, lamentou o desfecho da cena. Portanto, em seus pensamentos inconscientes, a Srta. o corrigiu. Na verdade, o pré-requisito de sua fantasia de parto é que, àquela época, algo de fato aconteceu,[i] que a Srta., naquela ocasião, vivenciou e apreendeu tudo o que mais tarde precisou extrair da enciclopédia. A Srta. vê que seu amor pelo Sr. K. não terminou com aquela cena, que ela, como afirmei, estende-se – embora inconscientemente para a Srta. – até a presente data. – Isso ela também não contestou mais.[ii]

---

[i] Portanto, a fantasia da defloração encontra a sua aplicação no Sr. K., e fica claro o motivo pelo qual a mesma região do conteúdo onírico contém material da cena do lago. (Recusa, duas horas e meia, o bosque, convite para ir a L.)

[ii] Alguns adendos às interpretações anteriores: a *"Madona"* é claramente ela mesma, em primeiro lugar por causa do "admirador" que lhe mandara as imagens, depois porque conquistara o amor do Sr. K. sobretudo pela maternalidade em relação aos seus filhos e, por fim, porque ela, como moça, já tinha tido um filho, em uma alusão direta com a fantasia do parto. Além disso, a "madona" é uma contrarrepresentação [*Gegenvorstellung*] predileta para quando uma moça está sob a pressão de incriminações sexuais, o que, na verdade, também se aplica ao caso de Dora. Como médico da clínica psiquiátrica, tive o primeiro vislumbre dessa conexão em um caso de confusão alucinatória de rápida evolução, que revelou ser uma reação a uma reprimenda feita pelo noivo.

Se a análise tivesse continuado, a ânsia maternal de ter um filho talvez tivesse se revelado um motivo obscuro, mas poderoso de suas ações. – As muitas perguntas que ela tinha colocado ultimamente pareciam derivados tardios das questões referentes à curiosidade sexual que ela procurou satisfazer na consulta à enciclopédia. Pode-se supor que ela fizera leituras sobre gravidez, parto, virgindade e temas similares. – Uma das questões a serem incluídas no contexto da segunda situação do sonho ela esqueceu ao reproduzir o sonho. Só podia ser esta

Esses trabalhos de esclarecimento do segundo sonho demandaram duas sessões. Depois de expressar minha satisfação com o resultado alcançado após o término da segunda sessão, ela respondeu com menosprezo: por acaso saiu muito disso?, e assim já me preparou para outras revelações que se avizinhavam.

Ela deu início à terceira sessão com as seguintes palavras: "Doutor, o Sr. sabe que estou aqui hoje pela última vez?". – Não posso sabê-lo, uma vez que a Srta. nada me disse sobre isso. – "É que me propus a aguentar ainda até o Ano Novo;[i] mas não quero esperar mais tempo pela cura." – A Srta. sabe que sempre tem a liberdade de deixar a terapia. Mas hoje ainda vamos continuar trabalhando. Quando a Srta. tomou a decisão? – "Há 14 dias, acho." – Isso na verdade soa como uma criada, uma funcionária,

---

pergunta: O Sr. *** mora aqui? ou: Onde mora o Sr. ***? Tem de haver uma razão pela qual ela esqueceu essa pergunta aparentemente inofensiva, depois de tê-la absolutamente acolhido no sonho. Encontro essa razão no próprio sobrenome da família, que ao mesmo tempo também tem o significado de um objeto ou, mais precisamente, um significado múltiplo, que pode ser equiparado a uma palavra com "*duplo* sentido". Infelizmente não posso comunicar esse sobrenome para mostrar com que habilidade ele foi utilizado para designar algo de "duplo sentido" e "indecoroso". Apoia essa interpretação o fato de que, em outra região do sonho, de onde provém o material das lembranças da morte da tia, também encontramos um jogo de palavras com o nome da tia na seguinte frase: "eles já foram para o cemitério". Nessas palavras indecorosas se encontraria certamente a indicação de uma segunda fonte *oral*, uma vez que, para ela, a enciclopédia não basta. Eu não teria ficado surpreso em ouvir que a própria Sra. K., a caluniadora, fora essa fonte. Justamente a ela Dora teria então poupado com generosidade, ao passo que perseguia as outras pessoas com uma vingança quase que ardilosa; por detrás da série quase infindável de deslocamentos que assim se produzem, seria possível suspeitar de um fator simples, o amor homossexual, profundamente arraigado, pela Sra. K.

[i] Era o dia 31 de dezembro.

aviso prévio de 14 dias. – "Havia também uma preceptora que deu aviso prévio, naquela época, na casa dos K., quando os visitei em L., às margens do lago." – Verdade? Dela a Srta. nunca me havia falado. Por favor, fale.

"Pois bem, na casa, havia uma moça jovem como preceptora das crianças, que exibia um comportamento muito peculiar em relação ao dono da casa. Não o cumprimentava, não lhe dava nenhuma resposta, e, à mesa, não lhe entregava nada se ele lhe pedisse, em suma, tratava-o como se ele não existisse. Aliás, ele também não era muito mais cortês com ela. Um ou dois dias antes da cena do lago, a moça me chamou à parte; tinha algo a me comunicar. Contou-me, então, que o Sr. K. aproximara-se dela em uma ocasião em que a esposa estava passando várias semanas fora, assediou-a com insistência e pediu-lhe que fosse complacente com ela; que ele não tinha nenhum interesse por sua esposa etc."... Ora, essas são as mesmas palavras que ele utilizou para galantear a Srta., diante das quais a Srta. deu-lhe a bofetada no rosto. – "Sim. Ela cedeu a ele, mas, pouco depois, ele já não queria mais saber dela, e ela, desde então, passou a odiá-lo." – E essa preceptora tinha dado aviso prévio? – "Não, ela queria dar o aviso prévio. Contou que, após sentir-se abandonada, logo contou o ocorrido a seus pais, pessoas decentes que moram em algum lugar na Alemanha. Os pais exigiram que ela deixasse imediatamente aquela casa e, como isso não foi feito, escreveram a ela dizendo que não queriam mais saber dela, que estava proibida de voltar para casa." – E por que ela não foi embora? – "Ela disse que ainda queria esperar um pouco, para ver se nada mudaria no Sr. K., e que ela não aguentaria viver assim. Se não visse nenhuma mudança, daria o aviso prévio e iria embora." – E o que aconteceu com a moça? – "Só sei que foi embora." – Dessa aventura ela não carregou um filho? – "Não."

Portanto, no meio da análise vinha à luz – aliás, exatamente de acordo com as regras – um fragmento de material de fato que ajudava a solucionar problemas anteriormente levantados. Pude dizer a Dora: agora conheço o motivo daquela bofetada no rosto com a qual a Srta. respondeu aos galanteios. Não era uma ofensa pelo atrevimento em relação à Srta., mas uma vingança por ciúme. Quando a moça contou à Srta. sua história, a Srta. ainda fez uso de sua própria arte de colocar de lado tudo aquilo que não convinha a seus sentimentos. No momento em que o Sr. K. fez uso das palavras: Não tenho nenhum interesse em minha esposa, que ele também dissera à preceptora, novas moções foram despertadas na Srta., e a balança virou. A Srta. afirmou para si: Ele ousa tratar-me como uma preceptora, um serviçal? Esse orgulho ferido, aliado ao ciúme e, além disso, aos motivos de sensatez conscientes: definitivamente era demais.[i] Para provar à Srta. o quanto está sob a impressão da história da preceptora, relembro as repetidas identificações com ela no sonho e na conduta da Srta. A Srta. conta a seus pais, coisa que até agora não entendemos, da mesma maneira como a preceptora escreveu aos pais dela. A Srta. se despede de mim como uma preceptora com aviso prévio de 14 dias. A carta no sonho, que permite à Srta. voltar para casa, é uma contrapartida da carta dos pais da preceptora que a proibiram de fazê-lo.

"Por que foi então que eu não contei logo aquilo a meus pais?"

---

[i] Talvez não fosse indiferente o fato de ela poder ter ouvido também de seu pai, da mesma maneira como eu ouvi de sua boca, a mesma queixa sobre a mulher, cuja significado ela compreendia perfeitamente.

Quanto tempo a Srta. deixou passar?

"A cena ocorreu no último dia de junho; no dia 14 de julho, contei-a à minha mãe."

Portanto, novamente 14 dias, prazo característico para uma serviçal! Agora posso responder à sua pergunta. A Srta. deve ter entendido muito bem a pobre moça. Ela não queria ir logo embora, pois ainda tinha a esperança, pois estava na expectativa de que o Sr. K. voltasse a demonstrar afetuosidade por ela. A Srta. também deve ter tido esse motivo. Com o intuito de ver se ele renovaria seus galanteios, a Srta. esperou passar aquele prazo, donde teria concluído que ele considerava isso uma coisa séria e não estava querendo brincar com a Srta. como fizera com a preceptora.

"Nos primeiros dias após minha partida, ele ainda enviou um postal."[i]

Sim, mas, depois, como não veio mais nada, a Srta. deu vazão à sua vingança. Posso até imaginar que, naquele momento, ainda havia espaço para a intenção secundária, ou seja, movê-lo, através da acusação, a viajar até o lugar onde a Srta. morava.

"...Como, aliás, ele primeiramente propôs para nós", observou ela. – Assim a Srta. teria matado a saudade dele – aqui ela assentiu afirmativamente com a cabeça, coisa que eu não esperara – e ele poderia ter-lhe dado a satisfação que a Srta. exigia para si.

"Que satisfação?"

É que estou começando a suspeitar que a Srta. considerava esse assunto com o Sr. K. muito mais sério do que quis revelar até agora. Não havia entre os K. conversas frequentes sobre separação?

---

[i] Esse é o apoio [*Anlehnung*] para o engenheiro que se esconde por trás do Eu na primeira situação onírica.

"Decerto. Em princípio, ela não queria, por causa dos filhos, e agora quer, mas ele não quer mais."

A Srta. não terá pensado que ele queria se separar da sua esposa para se casar com a Srta.? E que ele agora não o quer mais por não ter nenhuma substituta? Há dois anos, a Srta. certamente era muito jovem, mas a Srta. mesma me contou sobre sua mãe que ela ficou noiva aos 17 anos e em seguida esperou dois anos pelo marido. A história de amor da mãe normalmente se torna um modelo para a filha. Portanto, a Srta. também queria esperar por ele e supunha que ele esperaria apenas até a Srta. ficar suficientemente madura para se tornar esposa dele.[i] Imagino que, para a Srta., tratava-se de um plano de vida bastante sério. A Srta. nem sequer tem o direito de afirmar que uma semelhante intenção estivesse excluída para o Sr. K., pois me contou sobre ele o bastante para apontar diretamente para uma intenção dessa natureza.[ii] O comportamento dele em L. também não contradiz isso. A Srta. não o deixou terminar de falar e não sabe o que ele queria dizer-lhe. Além disso, não teria sido tão impossível realizar o plano. As relações do papai com a Sra. K., que talvez apenas por isso a Srta. tenha apoiado durante tanto tempo, ofereciam, à Srta., a segurança de que seria possível conseguir o consentimento da mulher para a separação, e a seu papai a Srta. impõe o que quiser. Pois é, se a tentação em L. tivesse tido outro desfecho, este teria sido, para todas as partes envolvidas, a única solução possível. Também acho que por isso a Srta. lamentou tanto o outro desfecho, corrigindo-o na fantasia

---

[i] A espera até que se tenha alcançado a meta encontra-se no conteúdo da primeira situação onírica; nessa fantasia da espera pela noiva vejo um fragmento da terceira componente, já anunciada, desse sonho.

[ii] Sobretudo uma fala com que ele, no último ano de convivência em B., fez acompanhar o presente de Natal, uma caixa porta-cartas.

que se apresentou como uma apendicite. Portanto, deve ter sido uma grande decepção para a Srta. quando, em vez de renovados galanteios, suas acusações tenham tido como resultado a contestação e as calúnias por parte do Sr. K. A Srta. admite que nada pode enfurecê-la mais do que quando alguém crê que a cena do lago foi fruto de sua própria imaginação. Agora sei do que a Srta. não queria ser lembrada, é de ter imaginado que o galanteio era sério e que o Sr. K. não desistiria até a Srta. casar-se com ele.

Ela ouviu atentamente sem suas costumeiras contestações. Parecia comovida; da maneira mais amável, despediu-se com votos calorosos de Ano Novo e – não retornou. O pai, que ainda me visitou algumas vezes, assegurava que ela retornaria; percebia-se nela o anseio pela continuação do tratamento. Mas certamente ele nunca foi totalmente sincero. Apoiou a terapia, enquanto pôde alimentar a esperança de que eu iria "convencer" Dora de que haveria algo mais, além de amizade, entre ele e a Sra. K. Seu interesse extinguiu-se quando se deu conta de que esse resultado não estava em meu propósito. Eu sabia que ela não retornaria. Foi um indubitável ato de vingança o fato de ela, no instante em que minhas expectativas de um encerramento feliz para o tratamento alcançavam o ponto mais alto, romper, de maneira tão inesperada, e aniquilar essas esperanças. Sua tendência a prejudicar a si mesma também conseguiu o que queria nesse procedimento. Aquele que, como eu, desperta os mais malignos demônios que habitam, ainda indomados, o peito humano, para combatê-los, tem de estar preparado para que ele próprio possa ficar ileso nessa luta. Será que eu teria mantido a moça em tratamento, se eu mesmo tivesse representado um papel, exagerando o valor que tinha a sua permanência para mim e demonstrando-lhe um interesse caloroso, que, mesmo com todas as atenuantes de minha posição como médico, teria funcionado como um substituto para a ternura pela qual ela ansiava? Não sei. Tendo em vista que, em todos os casos, permanece desconhecida uma parte dos fatores que opõem resistência, sempre evitei desempenhar papéis e me contentei com uma arte psicológica mais despretensiosa. Em que pesem todo o interesse teórico e todo o empenho médico em ajudar, tenho muito claro para mim que limites são necessariamente colocados para a influência psíquica, e também respeito, como tais, a vontade e o ponto de vista do paciente.

Também não sei se o Sr. K. teria conseguido mais, se lhe tivesse sido revelado que aquela bofetada no rosto não significava, de maneira nenhuma, um "não" definitivo de Dora, mas que correspondia, isso sim, ao ciúme despertado por último, ao passo que as mais intensas moções de sua vida anímica ainda tomavam partido por ele. Se ele não tivesse dado ouvidos a esse primeiro "não" e tivesse continuado seus galanteios com uma paixão mais convincente, então o resultado poderia facilmente ter sido o de que a inclinação da moça teria suplantado todas as dificuldades internas. Mas penso que talvez tivesse sido igualmente fácil ela apenas ser estimulada a satisfazer sua sede de vingança contra ele de modo mais intenso. Nunca se pode calcular de que lado a decisão se inclina no conflito entre os motivos, se para o cancelamento ou o fortalecimento do recalcamento. A incapacidade para o cumprimento da exigência *real* de amor constitui um dos traços de caráter mais essenciais da neurose; os doentes são dominados pela oposição entre realidade e fantasia. Acabam fugindo daquilo pelo qual anseiam mais intensamente em suas fantasias, quando isso lhes é mostrado realmente, preferindo abandonar-se às fantasias quando já não mais precisam temer uma realização. No entanto, a barreira levantada pelo recalcamento pode cair sob o assalto de excitações violentas, ocasionadas de forma real, a neurose ainda pode ser superada pela realidade. Todavia, não podemos, de maneira geral, calcular em quem e através de qual meio essa cura seria possível.[i]

---

[i] Mais algumas observações sobre a construção desse sonho, que não se deixa entender tão a fundo que se possa tentar sua síntese. Como um fragmento deslocado para a frente como uma fachada, destaca-se a fantasia de vingança contra o pai: ela saiu de casa arbitrariamente; o pai adoeceu, em seguida morreu... Agora ela vai para casa, todos os outros já estão no cemitério. Sem nenhuma tristeza, vai ao quarto e tranquilamente lê a enciclopédia. Entre as observações, duas alusões ao outro ato de vingança que ela realmente praticou, ao fazer com que os pais encontrassem uma carta de despedida: a carta (da mamãe, no sonho) e a menção à cerimônia fúnebre da tia que lhe servia de modelo. – Por detrás dessa fantasia, escondem-se os pensamentos de vingança contra o Sr. K., para os quais ela criara uma saída em sua conduta contra mim. A criada – o convite – o bosque – as duas horas e meia provêm do material dos acontecimentos em L. A lembrança da preceptora e a troca de correspondência desta com os pais se conjugam com o elemento da carta de despedida de Dora na carta que aparece no conteúdo onírico, pela qual ela é autorizada a volta para casa. A recusa em se deixar acompanhar, a decisão de ir sozinha, talvez possa ser traduzida desta maneira: Como você me tratou como uma criada, vou deixá-lo na mão, sigo, sozinha, meus caminhos e não me caso. – Encoberto por esses pensamentos de vingança, cintila em outras passagens um material proveniente de ternas fantasias oriundas do amor pelo Sr. K., que prosseguiu inconscientemente: Eu teria esperado por você até ter me tornado sua esposa – a defloração – o parto. – Por fim, pertence ao quarto círculo de pensamentos, que está escondido de modo mais profundo, o do amor pela Sra. K., o fato de que a fantasia de defloração é figurada desde o ponto de vista do homem (identificação com o admirador, que agora reside no estrangeiro) e de que, em duas passagens, encontram-se as alusões mais claras a falas de duplo sentido (aqui mora o Sr. X. X.) e à fonte não oral de seus conhecimentos sexuais (enciclopédia). Nesse sonho, moções cruéis e sádicas encontram sua realização. [Na tradução desta nota de Freud, em que se traduziu "vou deixá-lo na mão", Freud usa o verbo *"stehen"* (v.

POSFÁCIO

É verdade que anunciei esta comunicação como fragmento de uma análise; mas devem tê-la achado incompleta em uma extensão muito mais ampla do que se poderia esperar a partir desse seu título. Talvez seja apropriado que eu tente indicar os motivos dessas omissões nada acidentais.

Uma série de resultados da análise ficou de fora, em parte porque, com a interrupção do trabalho, eles não estavam reconhecidos com certeza suficiente, e em parte porque necessitavam de um prosseguimento para chegar a um resultado geral. Outras vezes, onde me pareceu admissível, indiquei a continuidade provável para cada uma das soluções. Além disso, ignorei aqui por completo a técnica de forma alguma evidente e unicamente por meio da qual se pode extrair do material bruto de ocorrências do paciente seu conteúdo puro de valiosos pensamentos inconscientes; a isso permanece vinculada a desvantagem de o leitor não poder confirmar a justeza de meu procedimento neste processo expositivo. No entanto, considerei inteiramente inexequível lidar ao mesmo tempo com a técnica de uma análise e com a estrutura interna de um caso de histeria; teria se tornado, para mim, uma operação quase impossível, e, para o leitor, uma leitura por certo intragável. A técnica exige absolutamente uma exposição separada, que seja esclarecida mediante numerosos exemplos extraídos dos mais diversos casos, e que possa prescindir do resultado obtido em cada um deles. Também

---

notas do tradutor anteriores sobre esse verbo) combinado com "*lassen*", no sentido de "abandonar"; preferiu-se, aqui, recorrer a uma expressão que também permita uma leitura ambígua. Sobre a última palavra da tradução da mesma nota (realização), ela também pode ser entendida na acepção de "satisfação" [*Befriedigung, Genugtuung*]. (N.T.)]

não tentei fundamentar aqui as premissas psicológicas que se revelam em minhas descrições de fenômenos psíquicos. Uma fundamentação superficial em nada contribuiria; uma pormenorizada constituiria um trabalho por si só. Posso apenas assegurar que, sem estar comprometido com um determinado sistema psicológico, abordei o estudo dos fenômenos desvelados através da observação dos psiconeuróticos, e que depois ajustei minhas opiniões de maneira que elas me parecessem apropriadas a dar conta da trama do que foi observado. Não sinto orgulho nenhum por ter evitado a especulação; porém, o material dessas hipóteses foi obtido por meio da mais ampla e laboriosa observação. Poderia chocar, em especial, o caráter decisivo de meu ponto de vista na questão do inconsciente, uma vez que opero com representações, cursos de pensamento e moções inconscientes como se fossem objetos tão bons e indiscutíveis da psicologia quanto tudo o que é consciente; mas estou seguro de que quem empreender a investigação do mesmo campo de fenômenos com o mesmo método não pode deixar de se situar no mesmo ponto de vista, malgrado todas as advertências dos filósofos.

Aqueles colegas da área que consideraram minha teoria da histeria puramente psicológica e, por esse motivo, de antemão a declaram incapaz de solucionar um problema patológico certamente perceberão por este ensaio que sua reprimenda transfere, de forma injusta, uma característica da técnica à teoria. Apenas a técnica terapêutica é puramente psicológica; a teoria, de modo algum, deixa de apontar para a base orgânica da neurose, muito embora não a busque em uma alteração anatomopatológica e substitua provisoriamente pela função orgânica a alteração química esperada, mas ainda inapreensível. Certamente ninguém quererá negar o caráter de um fator orgânico à função sexual, na qual eu vejo a fundamentação da histeria, bem como das psiconeuroses em geral. Uma teoria da vida sexual, como eu suspeito, não poderá prescindir da suposição de determinadas substâncias sexuais com efeito excitante. As intoxicações e abstinências no caso da utilização crônica de determinadas toxinas são as que mais se aproximam, de fato, em todos os quadros patológicos que a clínica médica nos apresenta, das psiconeuroses genuínas.

Quanto ao que hoje se pode dizer sobre a "complacência somática", sobre os germes infantis da perversão, sobre as zonas erógenas e a disposição à bissexualidade, eu igualmente não desenvolvi neste ensaio, mas apenas destaquei os lugares em que a análise se confronta com esses fundamentos orgânicos dos sintomas. Mais não era possível fazer partindo de um caso isolado; ademais, eu tinha os mesmos motivos que os anteriormente descritos para evitar uma discussão casual desses fatores. Aqui foi dada abundante oportunidade para trabalhos ulteriores, apoiados em um número grande de análises.

De qualquer modo, com esta publicação tão incompleta, eu quis atingir duas coisas. Em primeiro lugar, mostrar, como complemento a meu livro sobre a Interpretação do sonho, de que modo se pode utilizar essa arte – de resto inútil – para desvelar o que está escondido e recalcado na vida anímica; na análise dos dois sonhos aqui comunicados, também se considerou a técnica de Interpretação do sonho, que é semelhante à técnica psicanalítica. Em segundo lugar, eu quis despertar interesse por uma série de relações que hoje ainda são totalmente desconhecidas da ciência, porque só podem ser descobertas mediante a utilização desse determinado procedimento. De fato, ninguém conseguia ter uma intuição acertada sobre a complicação dos processos psíquicos na histeria, nem da coexistência das mais variadas moções, nem do vínculo mútuo entre os opostos, nem dos recalcamentos e deslocamentos etc. O destaque dado por Janet[42] à *idée fixe* que se transpõe no sintoma nada significa, senão uma esquematização deveras precária. Também não se poderá deixar de supor que excitações, cujas respectivas representações carecem da capacidade de consciência, interagem de modo diferente, transcorrem de modo diferente e conduzem a outras manifestações que aquelas por nós designadas como "normais", cujo conteúdo de representação se nos torna consciente. Se, nessa medida, o esclarecimento já for suficiente, então não mais haverá nenhum obstáculo à compreensão de uma terapia que elimine sintomas neuróticos, transformando representações do primeiro tipo em representações normais.

Também me interessava mostrar que a sexualidade simplesmente não intervém na engrenagem dos processos característicos da histeria, como se fora um *deus ex machina* que de repente surge algures; mas que ela fornece a força pulsional para cada sintoma e para cada manifestação de um sintoma individualmente. Os fenômenos patológicos são, para ser franco, *a atividade sexual dos doentes*. Um único caso jamais será capaz de comprovar uma tese tão geral, mas só posso continuar a repetir de novo, por eu nunca o pensar de forma diferente, que a sexualidade é a chave para o problema das psiconeuroses, bem como das neuroses em geral. Quem desprezar essa chave jamais terá condições de usá-la para abrir a porta. Ainda estou à espera das investigações capazes de anular ou restringir essa tese. O que ouvi até agora contra ela foram manifestações de desagrados pessoais ou de descrenças, às quais basta contrapor as palavras de Charcot: "*Ça n'empêche pas d'exister*".[43]

O caso, de cuja história clínica e terapêutica publiquei, aqui, um fragmento, também não é apropriado para colocar em justa luz o valor da terapia psicanalítica. Não apenas a breve duração do tratamento, que mal chegou a três meses, mas também outro fator inerente ao próprio caso impediram que a terapia fosse concluída com a melhoria que se alcança em outros casos e que é admitida pelo doente e seus familiares, além de mais ou menos se aproximar da cura completa. Esses resultados satisfatórios são alcançados quando as manifestações da doença são sustentadas unicamente pelo conflito interno entre as moções relativas à sexualidade. Nesses casos, vê-se o estado dos doentes melhorar bastante, na medida em que, através da tradução do material patogênico em material normal, contribuiu-se para a solução das suas tarefas psíquicas. Diferente é o transcurso em que os sintomas se colocaram a serviço de motivos vitais externos, como também acontecera com Dora a partir dos últimos dois anos. Fica-se surpreso e pode-se facilmente ficar desnorteado, quando se toma conhecimento de que o estado dos doentes não dá sinal de se modificar nem mesmo depois de o trabalho ter progredido largamente. Na realidade, a situação não é tão ruim; na verdade, os sintomas não desaparecem durante o trabalho, mas certamente algum tempo depois, quando se dissolverem os vínculos com o médico. O adiamento da cura ou melhora só é realmente causado pela pessoa do médico.

Preciso estender-me um pouco mais para que se compreenda esse estado de coisas. Durante um tratamento psicanalítico, estamos autorizados a dizer com segurança que a nova formação de sintomas fica regularmente suspensa. A produtividade da neurose, porém, não se extingue em absoluto, mas opera na criação de um tipo particular de formações de pensamentos, em sua maioria inconscientes, às quais se pode emprestar o nome de *"transferências"*.

O que são as transferências? São reedições, reproduções das moções e fantasias que devem ser despertadas e tornadas conscientes durante o avanço da análise, com uma substituição – própria do gênero – de uma pessoa anterior pela pessoa do médico. Para dizê-lo de outra maneira: toda uma série de vivências psíquicas é reavivada não como algo passado, mas como um vínculo atual com a pessoa do médico. Há algumas dessas transferências que em nada se distinguem de seu modelo quanto ao conteúdo, a não ser pela substituição. São, portanto, para mantermos a metáfora, simples reimpressões, reedições inalteradas. Outras são feitas com mais engenhosidade, experimentaram uma atenuação de seu conteúdo, uma *sublimação*, como costumo dizer, podendo até se tornar conscientes, tendo como apoio qualquer particularidade real habilmente utilizada na pessoa do médico ou nas circunstâncias que o rodeiam. São, portanto, novas adaptações, não mais reimpressões.

Quando se adentra a teoria da técnica analítica, chega-se à compreensão de que a transferência é algo necessariamente exigido. Ao menos se fica convencido na prática de que não há nenhum meio de evitá-la e que é preciso combater essa última criação da doença como todas as anteriores. Não obstante, essa parte do trabalho é, de longe, a mais difícil. É fácil aprender a Interpretação do sonho, a extração dos pensamentos e das lembranças inconscientes a partir das ocorrências do doente, e as artes de tradução similares; nesse caso, o próprio doente sempre fornece o texto. Já a transferência, esta tem de ser descoberta, adivinhada quase sem ajuda, a partir de pontos de referência mínimos, evitando incorrer em arbitrariedades. Mas não se pode contorná-la, já que ela é utilizada na produção de todos os obstáculos que tornam inacessível o material para o tratamento, e porque a sensação de convicção sobre a justeza das ligações construídas só é provocada no doente após a resolução da transferência.

Tender-se-á a considerar uma séria desvantagem nesse procedimento, já mesmo desconfortável, que ele ainda multiplique o trabalho do médico mediante a criação de um novo gênero de produtos psíquicos patológicos e que talvez até se queira inferir, a partir da existência das transferências, um dano ao paciente através do tratamento analítico. Os dois pontos de vista seriam equivocados. A transferência não multiplica o trabalho do médico; de fato, pode ser-lhe indiferente se deverá vencer uma determinada moção do doente em conexão com a sua pessoa ou com alguma outra. Não obstante, com a transferência, o tratamento também não obriga o doente a nenhuma nova tarefa que ele ainda não tivesse executado antes. Se curas de neuroses também se produzem em instituições em que se exclui o tratamento psicanalítico, se é possível dizer que a histeria não é curada pelo método, mas pelo médico, e se costuma resultar uma espécie de dependência cega e de acorrentamento permanente do paciente ao médico que o libertou dos sintomas por meio de sugestão hipnótica, então, há que ser vista a explicação científica de tudo isso em "transferências" que o doente regularmente faz para a pessoa do médico. O tratamento psicanalítico não cria a transferência, apenas a revela, como a outras coisas ocultas na vida anímica. A diferença manifesta-se apenas no fato de o doente evocar espontaneamente para sua cura apenas transferências ternas e amigáveis; quando esse não é o caso, ele se afasta, o mais rapidamente possível e sem ser influenciado pelo médico que não lhe é "simpático". Na psicanálise, por outro lado, de acordo com a disposição alterada dos fatores, todas as moções, até mesmo as hostis, são despertadas e aproveitadas para a análise através do tornar consciente, e, desse modo, a transferência é sempre aniquilada. A transferência, que está determinada a se tornar o maior obstáculo para a psicanálise, converte-se em sua ferramenta mais poderosa quando se consegue percebê-la a cada vez e traduzi-la[i] para o doente.

Tive de falar sobre a transferência porque só consegui esclarecer as peculiaridades da análise de Dora através desse fator. O que constitui seu mérito e a faz parecer apropriada para uma primeira publicação introdutória, ou seja, sua especial transparência, está intimamente ligada à sua grande falta, que levou à sua interrupção prematura. Não fui capaz de dominar a tempo a transferência; pela solicitude com que ela colocou à minha disposição no tratamento uma parte do material patogênico, esqueci-me da precaução de ficar atento aos primeiros sinais da transferência, que ela preparava como outra parte do mesmo material, que tinha me ficado desconhecido. No princípio, estava claro que eu substituía o seu pai na fantasia, como era de se supor pela nossa diferença de idade. Ela também sempre me comparava conscientemente com ele; temerosa, procurava certificar-se se eu também era realmente sincero com ela, pois o pai "preferia sempre o que era secreto e um desvio tortuoso". Quando então veio o primeiro sonho, no qual ela se alertou a abandonar o tratamento, assim como, na época, a casa dos K., eu mesmo deveria ter

---

[i] [*Nota acrescida em 1923:*] Aquilo que aqui é dito sobre a transferência encontra prosseguimento no ensaio técnico sobre o "amor transferencial" (disponível no v. X desta Coleção).

sido advertido e ter lhe mostrado: "Agora a Srta. fez uma transferência do Sr. K. para mim. A Srta. percebeu algo que a levou a deduzir más intenções semelhantes às do Sr. K. (diretamente ou por meio de alguma sublimação), ou algo em mim chamou sua atenção, ou a Srta. ficou sabendo de algo sobre mim que forçasse a sua inclinação, como naquela vez com o Sr. K.?". Então a sua atenção teria se voltado a algum detalhe de nosso contato, em minha pessoa ou em minhas relações, por detrás do qual se mantivesse escondido algo análogo, mas incomparavelmente mais importante, referente ao Sr. K.; e através da resolução dessa transferência, a análise teria obtido acesso a um novo material de lembrança, que provavelmente se referisse a fatos. Porém, deixei de ouvir essa primeira advertência pensando que haveria bastante tempo, já que não se apresentavam outros estágios da transferência, e o material para a análise ainda não se havia esgotado. Pois foi assim que fui surpreendido pela transferência e, por causa do X, através do qual eu lhe lembrava o Sr. K., ela vingou-se de mim, como queria vingar-se do Sr. K., e abandonou-me,[44] acreditando ter sido enganada e abandonada por ele. Desse modo, ela *atuou* [*agierte*] parte essencial de suas lembranças e fantasias, em vez de reproduzi-las no tratamento. Que X era esse, naturalmente não posso saber: suponho que se referia a dinheiro, ou então era ciúme de alguma outra paciente que, depois de sua cura, manteve o contato com minha família. Quando as transferências se deixam incluir na análise precocemente, seu curso torna-se opaco e desacelerado, mas sua existência fica mais bem assegurada contra repentinas resistências e insuperáveis.

No segundo sonho de Dora, a transferência é substituída por várias alusões nítidas. Quando ela o contou, eu ainda não sabia, só vim a sabê-lo dois dias mais tarde, que teríamos apenas mais *duas horas* (sessões)⁴⁵ pela frente, o mesmo tempo que ela passara diante do quadro da *Madona Sistina* e que ela também, mediante uma correção (duas horas em vez de duas horas e meia), transformou em medida do caminho por ela não percorrido contornando o lago. As aspirações e a espera no sonho, que estavam relacionadas ao rapaz na Alemanha e que eram provenientes de sua espera até que o Sr. K. pudesse desposá-la, já se haviam manifestado alguns dias antes na transferência: para ela, a terapia estaria demorando muito, não teria paciência de esperar tanto, ao passo que, nas primeiras semanas, sem fazer essas objeções, ela mostrara bastante discernimento ao me ouvir anunciar que sua recuperação completa demandaria cerca de um ano. Quanto à recusa de ser acompanhada no sonho, pois ela preferia ir sozinha, que também tinha sua origem na visita à galeria de Dresden, eu iria ficar sabendo, na verdade, no dia determinado para tal. Ela tinha, sem dúvida, este entendimento: como todos os homens são abomináveis, prefiro não me casar. Essa é a minha vingança.ⁱ

ⁱ Quanto mais me afasto temporalmente do término dessa análise, mais provável me parece que meu erro técnico tenha consistido na seguinte omissão: deixei de descobrir [*erraten*] a tempo e de comunicar à doente que a moção amorosa homossexual (ginefílica) pela Sra. K. era a mais forte das correntes inconscientes de sua vida psíquica. Eu deveria ter descoberto [*erraten*] que nenhuma outra pessoa, além da Sra. K., podia ser a fonte principal de seu conhecimento sobre coisas sexuais, a mesma pessoa por quem então fora acusada por causa de seu interesse nesses assuntos. Era realmente muito notável que ela soubesse de todas as coisas chocantes e nunca quisesse saber de onde as sabia. Eu deveria ter relacionado [a isso] esse enigma, eu deveria ter buscado o motivo desse estranho recalcamento. O segundo sonho ter-me-ia então feito essa revelação. A vingança irrefletida a que esse sonho deu expressão adequava-se, mais do que qualquer outra coisa, para ocultar a corrente oposta, ou seja, a nobreza com que ela perdoou

Quando moções de crueldade e motivos de vingança já utilizados na vida para a manutenção dos sintomas são transferidos ao médico durante a terapia, antes de este ter tempo de afastá-los de sua pessoa e reconduzi-los de volta a suas fontes, não surpreende que o estado dos doentes não exiba a influência de seu empenho terapêutico. Pois através de que forma a doente poderia vingar-se mais efetivamente do que demonstrando, em sua própria pessoa, quão impotente e incapaz o médico é? Ainda assim, estou inclinado a não subestimar o valor terapêutico nem mesmo de tratamentos tão fragmentários como foi o de Dora.

Somente cinco trimestres após o término do tratamento e da redação deste ensaio recebi a notícia sobre o estado de minha paciente e, desse modo, sobre o desfecho do tratamento. Em uma data nada indiferente, 1º de abril – sabemos que indicações temporais para ela nunca eram sem importância –, ela apresentou-se a mim para terminar sua história e novamente pedir ajuda: mas uma olhadela para a sua fisionomia pode me revelar que ela não levava esse pedido a sério. Após haver abandonado o tratamento, ainda ficou de quatro a cinco semanas, como ela mesma disse, "atrapalhada". Em seguida, veio uma grande melhora, os acessos passaram a rarear, seu ânimo levantou-se. Em maio do ano agora passado, morreu um dos filhos do casal K., que sempre estava doente. Ela tomou esse caso de morte como pretexto para fazer uma visita de condolências aos K., tendo sido recebida por eles como se nada houvesse

---

a traição da amiga amada, escondendo de todos que esta mesma lhe fizera as revelações, cujo conhecimento fora usado depois para torná-la suspeita. Antes de eu chegar a reconhecer a importância da corrente homossexual nos psiconeuróticos, fiquei muitas vezes paralisado no tratamento de casos ou caí em total confusão.

ocorrido nesses três últimos anos. Nessa oportunidade, reconciliou-se com eles, vingou-se deles e pôs termo à sua questão de modo que lhe foi satisfatório. À mulher ela disse: sei que você tem uma relação com o papai, e a outra não contestou. Quanto ao marido, moveu-o a confessar a cena do lago por ele contestada e transmitiu ao pai essa notícia que a justificava. Não retomou o contato com aquela família.

Ela estava indo bem até meados de outubro, época em que voltou a aparecer um acesso de afonia que durou seis semanas. Surpreso com essa comunicação, pergunto se houve uma ocasião para isso, e soube que o acesso ocorreu após um violento susto. Ela acabou presenciando alguém ser atropelado por um coche. Por fim, saiu-se com a informação de que o acidente não atingira ninguém mais que o Sr. K. Um dia, encontrou-o na rua; ele estava vindo em sua direção em um lugar de intenso trânsito, ficou de pé diante dela como se estivesse desnorteado e, nesse "esquecimento de si mesmo", acabou deixando-se atropelar.[i] Inclusive, convenceu-se de que ele escapou sem maiores danos. Contou que ainda lhe causava uma ligeira comoção ouvir falar da relação do papai com a Sra. K., coisa em que ela, aliás, não mais se imiscui. Estava dedicada aos seus estudos, que não estava pensando em se casar.

Procurou minha ajuda por causa de uma nevralgia no lado direito do rosto, que agora estaria persistindo dia e noite. Desde quando? "Há exatamente 14 dias."[ii] – Não

---

[i] Uma interessante contribuição sobre as tentativas indiretas de suicídio abordadas em minha "Psychopathologie des Alltagslebens" [Psicopatologia da Vida Cotidiana].

[ii] V. o significado desse período [*Termins*] e sua relação com o tema da vingança na análise do segundo sonho.

pude deixar de sorrir, porque eu podia lhe provar que, há exatamente 14 dias, ela lera uma notícia no jornal referente a mim, o que ela também confirmou (1902).

A suposta nevralgia facial correspondia, portanto, a uma autopunição, ao remorso por causa da bofetada que na época ela dera no Sr. K. e pela transferência de vingança que depois fez sobre mim. Que tipo de ajuda ela pretendia me pedir eu não sei, mas prometi perdoá-la por ter me privado da satisfação de libertá-la mais radicalmente de seu sofrimento.

Agora já se passaram anos desde a visita que me fez. Desde então, a moça casou-se, na verdade com aquele rapaz, se todos os indícios não me enganam, a quem se referem as ocorrências no início da análise do segundo sonho. Assim como o primeiro sonho caracterizava afastamento [*Abwendung*] do homem amado em direção ao pai, portanto, a fuga da vida para a doença, esse segundo sonho anunciava, de fato, que ela se desprenderia do pai e se recuperaria para a vida.

Bruchstück einer Hysterie-Analyse

1905 Primeira publicação: *Monatsschrift für Psychiatrie und Neurologie*, C. Wernike, Yh. Ziehen, t. XXVIII (4)
1924 *Gesammelte Schriften*, t. VIII
1941 *Gesammelte Werke*, t. V, p. 161-286

Dora faz história. Publicado em 1905, *Fragmento de uma análise de um caso de histeria,* que ficou conhecido como caso Dora, inaugurou um novo modo de escrita clínica, um novo gênero literário. A história de Dora até hoje suscita paixões e debates, sendo um dos casos mais discutidos dentro e fora da clínica psicanalítica.

Trata-se, rigorosamente falando, de um "fragmento", não apenas porque o caso foi prematuramente interrompido pela própria paciente, mas também pela própria forma da escrita. Dora tratou-se com Freud pelo menos entre 14 de outubro de 1900 e 31 de dezembro do mesmo ano, embora algumas vezes o próprio autor afirme, aqui e ali, que o tratamento teria ocorrido um ano antes. Trata-se, portanto, de um caso perfeitamente contemporâneo a *A Interpretação do sonho* (1900) e à correspondência com Fließ. Não por acaso, o título inicial do relato de caso seria *Sonho e histeria*. Entre a redação, terminada ainda em janeiro de 1901, e a publicação passaram-se cerca de cinco anos. A primeira tentativa de publicar a história clínica teria sido interrompida sob a alegação da necessidade de discrição médica. Nesse intervalo entre a primeira redação e a versão final, Dora ainda visitou Freud uma vez, em abril de 1902, o que dá ensejo à escrita do Posfácio. Posteriormente à publicação, o caso é referido ao longo da obra de Freud em diversas ocasiões.

O pseudônimo Dora ocorreu a Freud quando soube de outra mulher chamada Dora, mas que não podia usar o nome próprio por imposição de sua patroa. A paciente em questão chamava-se, na verdade, Ida Bauer. Ela viveu entre 1882 e 1945, tendo sido criada numa família burguesa, do ramo da indústria têxtil. Seu pai, Philipp, havia se tratado de sífilis com Freud em 1894. Quando, por insistência do pai, procura Freud pela primeira vez, em 1898, Ida tinha 16 anos. Mas foi depois de uma presumida tentativa de suicídio aos 18 que a jovem aceita tratar-se com ele. Posteriormente ao tratamento, Ida casa-se com um compositor não muito conhecido, que era empregado na empresa de seu pai. Mais tarde, na casa de seus 40 anos, é tratada pelo psicanalista Félix Deutsch, que reconhece o caso freudiano. Morreu em Nova York, aos 63 anos, vítima de câncer. A famosa cena do lago, em que o Sr. K teria assediado Dora, ocorreu quando ela tinha 13 ou, no máximo, 14 anos.

O caso Dora é um verdadeiro documento clínico da histeria, fornecendo seu paradigma. O sintoma histérico é nele definido como a elaboração de um conflito em torno da feminilidade. O caso interessa em muitos sentidos, especialmente pela forma como sua construção faz uso dos sonhos, a maneira como se constitui um sintoma neurótico, os mecanismos de identificação histérica e, especialmente, o manejo da transferência. A reformulação do conceito de transferência, bem como sua passagem para o primeiro plano da técnica psicanalítica, pode ser vista como resultado da exigência imposta pelo relativo fracasso do caso.

O caso Dora é até hoje disputado, inclusive suscitando importantes debates em campos como crítica literária, pensamento feminista, estudos de gênero e estudos *queer*. Esquematicamente, podemos mencionar que, nas décadas de 1970-80, o debate sobre o caso gravitou em torno do papel de Dora como vítima ou heroína. Luce Irigaray argumenta que o corpo histérico mimetiza e deforma o discurso masculinista sobre a feminilidade; no feminismo norte-americano, prevaleceu a descrição de Dora como vítima da violência patriarcal; na França, Hélène Cixous a caracteriza como uma heroína que se recusa ao papel de objeto de trocas sexuais reservado às mulheres nesse modelo social; Jane Gallop enfatiza o caráter ambíguo da histeria, oscilando entre vítima e heroína; Juliet Mitchell mostra que a dificuldade da psicanálise em lidar com a feminilidade retorna no corpo histérico sob a forma de sintomas. De modo geral, pode-se dizer que, apesar da variedade das perspectivas disputadas, tais estudos tendem a convergir na leitura da histeria como uma crítica do lugar de objeto reservado às mulheres, ao mesmo tempo que desmascara o gênero como semblante.

Nos anos 1990 em diante, assistimos a uma nova onda de interesse. Ao mesmo tempo, o campo psicanalítico propunha releituras, baseadas principalmente nas contribuições decisivas de Jacques Lacan, enquanto surgiam também pesquisas historiográficas, reconstruindo o contexto social e biográfico do entorno de Dora. Muitos autores também buscaram desinflacionar o papel do Édipo na interpretação psicanalítica do caso. Paralelamente, foi possível denunciar o caráter violento da "cena do lago". Patrick Mahony chega a afirmar que a jovem teria sido abusada não apenas pelo pedófilo senhor K., como essa violência teria sido repetida por seu próprio pai, que a teria forçado a se tratar a fim de silenciá-la, e pelo próprio Freud, com suas interpretações acerca do gozo de Dora e sua recusa em analisar sua contratransferência. Numa veia similar, Serge Cottet argumenta que o caso Dora é, também, o caso Freud, devido à contratransferência do analista que se expressa em sua presunção da heterossexualidade de Dora, o que teria feito obstáculo ao prosseguimento da análise.

Jacques Lacan dedicou um importante estudo a esta história clínica, nos primeiros anos de seu ensino, observando nele uma série de inversões dialéticas. Depois disso, tentando extrair consequências das dificuldades de Freud, retornou a ele inúmeras vezes. Nos anos 1970, chegou a formular um além do Édipo na psicanálise a partir de sua releitura de Dora. Mais tarde, caracteriza a histeria como uma configuração disjunta da feminilidade e constituindo obstáculo a ela. Tornar-se "Outro para ela mesma" seria uma saída possível para a histérica acessar o feminino.

NOTAS

[1] Os vocábulos *"krank"* (adj.), *"Kranke"* (subst. fem.) e *"Kranker"* (subst. masc.) significam em alemão "doente". Embora em português também haja os vocábulos "enfermo"/"enferma", aqui em geral se recorrerá ao vocábulo "paciente". Esse termo permitirá que se siga mais facilmente a cadeia semântica proposta por Freud mediante o frequente uso de palavras compostas por derivação e/ou por justaposição a partir de *"krank"*, tais como: *"Krankheit"* [doença], *"Erkrankung"* [doença, adoecimento, afecção] etc. Em alguns compostos por justaposição, haverá variações na tradução do termo *krank*", como ocorre, por exemplo, em *"Krankheitsgeschichte"* [história clínica, caso clínico] e em *"Krankheitszustand"* [estado patológico]. Em trechos de seu texto, Freud também utiliza os termos *"Patient"*/*"Patientin"* [o paciente, a paciente], que correspondem ao sentido, em português, do vocábulo "paciente": "indivíduo doente; indivíduo que está sob cuidados médicos". (N.T.)

[2] Acima, Freud emprega o termo *"Sitzung"* [reunião, sessão], que, em outros trechos do mesmo trabalho, alternará com *"Stunde"* [hora]. No posfácio, deixará claro que cada sessão corresponde a uma "hora" [*Stunde*]. (N.T.)

[3] No trecho acima, Freud utiliza, em alemão, o termo *"Amnesie"*. Optou-se, aqui, por traduzi-lo por "lacunas mnêmicas", por essa expressão ser mais facilmente vinculável ao substantivo "preenchimento". Ao longo do seu texto, Freud não se restringirá, todavia, apenas ao uso do termo *"Amnesie"*, mas recorrerá também às seguintes expressões sinônimas: *"Gedächtnislücken"* ou *"Lücken der Erinnerung"*, que, nesta versão, serão traduzidas como "lacunas de memória". (N.T.)

[4] Freud cita dois versos de *Faust. Eine Tragödie* (*Fausto: uma tragédia*), publicado por Johann Wolfgang von Goethe em 1808, aqui apresentados em tradução livre. *"Nicht Kunst und Wissenschaft allein,/Geduld will auch im Werke sein."* (N.T.)

[5] O termo usado por Freud, *"Verstimmung"*, aqui traduzido como "alterações de humor", tem como radical *"Stimm-"* [voz]. O substantivo

derivado, "*Stimmung*", pode ser compreendido como humor propagado no ambiente, a "atmosfera" sensível em determinado local e ou com determinada companhia. É interessante observar que, mais à frente, Freud relatará que um dos problemas da jovem paciente é "afonia". Para designar os problemas de voz da paciente, utiliza termos praticamente sinônimos em alemão, que, nesta versão, serão traduzidos de maneira análoga, também se buscando sinônimos: "*Stimmlosigkeit*" [falta de voz], "*Versagen der Stimme*" [falha da voz] e "*Aphonie*" [afonia]. (N.T.)

6 O termo alemão usado por Freud para "difamação" é "*Ehrenkränkung*", que literalmente significa "ofensa contra a honra". Note-se que etimologicamente a palavra "*Kränkung*" [ofensa, humilhação, agravo] está ligada ao termo "*krank*" [doente, enfermo]. (N.T.)

7 Freud usa a palavra "*unberührt*", uma forma eufemística de dizer "*jungfräulich*" [virgem]. (N.T.)

8 "Nascemos entre fezes e urina." Freud faz referência às palavras proferidas por Santo Agostinho. (N.T.)

9 No original, a palavra utilizada – "*Freundin*" – é ambígua, pois tanto pode significar "amiga" quanto "namorada". (N.T.)

10 Localizada a aproximadamente 80 quilômetros de Viena e a cerca de 900 metros acima do nível do mar, Semmering já era uma estação termal muito apreciada no final do século XIX pela sociedade abastada da capital austríaca. (N.T.)

11 Clínica Salpêtrière, em Paris, onde o célebre neurologista Jean-Martin Charcot, nos anos 1860, já ministrava suas aulas-espetáculo sobre casos de histeria. (N.T.)

12 No trecho anterior, Freud fala em "*Spiel des Witzes*". "*Witz*" é o termo em alemão que tanto significa "piada" quanto, sobretudo em contextos psicanalíticos, "chiste". No trecho em questão, tomando por base os significados propostos pelo *Deutsches Wörterbuch von Jacob Grimm und Wilhelm Grimm* [Dicionário alemão dos Irmãos Grimm], "*Witz*" significa "*Verstand*" [discernimento, razão], "*Klugheit*" [inteligência], "*kluger Einfall*" [associação livre inteligente], "*Scherz*" [pilhéria]. (N.T.)

13 Freud usa o adjetivo "*vermögend*", que, em termos atuais, significa "bem situado", "com recursos", "rico". Logo em seguida, faz um jogo de palavras com o adjetivo "*unvermögend*", no sentido de "impotente". O *Dicionário Alemão dos Irmãos Grimm* [*Deutsches Wörterbuch von Jacob Grimm und Wilhelm Grimm* registra, entre outros sinônimos de "*unvermögend*", a ideia de "*unfähig*" [incapaz]. No *Neues Wörterbuch der Deutschen und portugiesischen Sprache* [Novo dicionário das línguas alemã e portuguesa], de Henriette Michaelis, publicado na segunda metade do século XIX, "*vermögend*" significa "que tem a força, a faculdade", além de "rico", "endinheirado" etc. No mesmo dicionário,

"*unvermögend*" é traduzido como "sem dinheiro", "sem fortuna", "pobre", "impotente". (N.T.)

[14] Aqui Freud utiliza o adjetivo "*impotent*" (impotente). (N.T.)

[15] Em alemão, o termo utilizado por Freud é "*Kitzel*", que pode significar, por exemplo: "cócegas", "coceira", "comichão", "entusiasmo", "euforia". Esse vocábulo dá origem ao termo "*Kitzler*", que significa "clitóris", em português. (N.T.)

[16] Freud utilizou a expressão latina "*per os*", que significa "via oral", em português. (N.T.)

[17] Nesta história clínica, Freud usa diferentes palavras que designam a pessoa do sexo feminino, que nem sempre podem, nesta versão, ser traduzidas literalmente. No período anterior, Freud recorre ao termo "*Weib*", que tem as seguintes acepções, conforme o dicionário alemão Duden (https://www.duden.de/woerterbuch): a) mulher como ser sexual em oposição ao homem (fêmea); b) mulher (jovem) como objeto de cobiça sexual, como parceira sexual (em potencial); c) (pejorativo) pessoa desagradável do sexo feminino; d) (antiquado ou jocoso) esposa. No caso anterior, optou-se por traduzir "*Weib*" como "mulher feita". Em outras situações, Freud também usa o termo "*Frau*", que pode significar: a) pessoa adulta do sexo feminino (mulher, senhora); b) cônjuge do sexo feminino (esposa); c) a senhoria, a dona da casa; d) "senhora" (tratamento junto ao sobrenome de uma mulher). Um outro termo empregado pelo autor é "*Dame*": a) termo usado para designar uma mulher no contexto social (mulher, senhora); b) mulher com formação, bem cuidada (mulher culta, mulher fina]); d) mulher de família nobre. Encontra-se ainda o termo "*Fräulein*", que tem as seguintes acepções: a) (jovem) mulher solteira e sem filhos (moça); b) tratamento usado junto ao nome de uma solteira, atualmente em desuso (senhorita), c) forma de designar uma mulher em determinadas funções (p. ex.: garçonete). Na presente história clínica, Freud alterna o termo "*Gouvernante*" (preceptora) com "*Fräulein*"; nesta versão, ambos foram traduzidos como "preceptora". Por fim, surge o termo "*Mädchen*", que designa: a) criança do sexo feminino (menina, garota etc.); b) jovem mulher (moça); d) namorada; e) empregada doméstica. No trecho anterior, Freud faz uma oposição entre " *junges Mädchen*" (jovem moça) e "*Weib*" (mulher feita). (N.T.)

[18] A expressão francesa "*J'appelle un chat un chat*" corresponde à ideia de falar com franqueza, sem rodeios. Há em português, por exemplo, as seguintes expressões correspondentes: "Dar nome aos bois" e "Chamar a coisa pelo nome". Segundo o *Dictionnaire des expressions et locutions: les usuels du Robert* (1991), a forma dessa expressão foi estabelecida por Nicolas Boileau (1666) em um verso de uma de suas sátiras e teria, pelo uso da palavra "*chat*", um sentido obsceno (antigamente mais

no sentido de "pelos pubianos"), que hoje em dia está mais presente no uso do termo feminino "*chatte*" ("gata", mas também, na língua popular/vulgar, "órgão sexual feminino"). O mesmo dicionário também aponta ser quase certo que, na origem, essa expressão idiomática francesa, primeiramente adaptada pelo escritor Rabelais, tivesse conteúdo obsceno. Na adaptação, o termo francês "*chat*" corresponderia a expressões gregas e latinas similares com o vocábulo "figo", que, por seu turno, também costumava ser metaforizado como "órgão sexual feminino" nas duas línguas. (N.T.)

[19] Freud escreveu em francês a expressão "*Pour faire une omelette il faut casser des œufs*" [literalmente: "Para fazer uma omelete, é preciso quebrar ovos"], cuja forma original seria: "*On ne fait pas d'omelette sans casser des œufs*" [literalmente: "Não se faz omelete sem quebrar ovos"]. Segundo o *Dictionnaire des expressions et locutions: les usuels du Robert*, trata-se de um adágio culinário de meados do século XIX, que foi utilizado, por exemplo, por Honoré de Balzac, e aponta "em sua estrutura semântica do léxico uma razão para justificar os abusos e os crimes". (N.T.)

[20] A palavra escrita por Freud em alemão, "*Selbstbefriedigung*", admite duas leituras: "autossatisfação" e "masturbação". (N.T.)

[21] Carl Wernicke (1849-1905), neurologista e psiquiatra alemão, responsável por pesquisas decisivas no campo das afasias sensoriais. (N.T.)

[22] Na frase acima, o verbo utilizado por Freud, "*verdrängen*", é o mesmo utilizado, em outros contextos, com o significado de "recalcar". (N.T.)

[23] Vê-se, acima, uma clara referência ao mito de Medeia, que também foi representado por Eurípides (480-406 a.C.), parte integrante do cânone das tragédias gregas. Em sua trajetória de vida prenhe de vinganças, Medeia, que já matara o pai e o irmão, e fora cúmplice do roubo do Velo de Ouro perpetrado por Jasão e pelos argonautas, envolveu-se amorosamente com Jasão. Todavia, o herói da Tessália, por interesse em obter asilo político, acaba casando-se com Creusa, filha do rei Creonte. Para se vingar do amado, Medeia mata a rival, o rei Creonte e seus dois próprios filhos que tivera com Jasão. (N.T.)

[24] Nesta versão, visando-se manter forma e tom semelhantes aos do vocábulo escrito por Freud, ou seja, "*anschwärzen*" (denegrir), optou-se pelo termo equivalente em português no tocante não só ao sentido, mas também à origem da palavra. Em alemão, esse verbo tem como radical o adjetivo "*schwarz*" (preto, negro). (N.T.)

[25] O verbo "stehen" tem o sentido geral de "estar em uma posição vertical", "estar de pé", mas, na linguagem popular vulgar, também pode significar "estar com uma ereção". (N.T.)

[26] A expressão alemã empregada por Dora é "*hinausmüssen*", que pode ser usada tanto no sentido concreto de "ter de sair" quanto na acepção eufemística de "urinar". Nesta versão, usou-se a expressão "ir

à casinha", que pode ser lida em sentido denotativo ou conotativo, considerando-se, sobretudo, que, na sequência da história do sonho, Dora contará um episódio em que surge uma "casinha de madeira", em sentido denotativo, que a família avistara em L. (N.T.)

27 Reiteramos, aqui, o que já foi dito em uma nota sobre o verbo "*stehen*", que tem o sentido geral de "estar em uma posição vertical", "estar de pé", mas, na linguagem popular/vulgar, também pode significar "estar com uma ereção". (N.T.)

28 Freud utiliza o termo "*Bettnässen*", que em português pode ser traduzido pelo termo clínico "enurese" (emissão involuntária de urina, normalmente à noite) ou, literalmente, pela expressão "molhar a cama". (N.T.)

29 Durante o Império Austro-Húngaro, Franzensbad, localizado na Boêmia, região da atual República Tcheca, já era um famoso balneário. (N.T.)

30 Freud utiliza o termo "*Katarrh*", aqui traduzido por "catarro", que pode ser entendido como "muco", mas que na verdade denota a leucorreia, corrimento vaginal [*fluor albus*] de que Dora é acometida. (N.T.)

31 O vocábulo alemão utilizado por Freud no original [*Venusmuschel*] tem uso corrente na língua alemã para designar diversos moluscos da família dos venerídeos, tais como berbigões, vôngoles, amêijoas, sarnambis etc. Se, no trecho acima, não surge em português nenhuma referência à deusa romana do amor, note-se que Vênus está representada nesta versão brasileira do texto original de Freud na tradução do vocábulo "*Geschlechtskrankheit*", termo que corresponde a "doença venérea". Ademais, o vocábulo "*Muschel*" (ou seu diminutivo "*Muschi*"), presente na palavra composta "*Venusmuschel*", também significa, na linguagem vulgar germanófona, os genitais femininos. (N.T.)

32 O termo usado por Freud, "*kurzatmig*", tanto significa "de fôlego curto" quanto, em uma acepção mais antiga, "asmático". (N.T.)

33 Para a tradução do termo "*unheimlich*", adota-se, nesta versão, a mesma tradução empregada na versão brasileira de *Das Unheimliche* (*O infamiliar*), lançada em 2019 pela Autêntica Editora, na tradução de Ernani Chaves e Pedro Heliodoro Tavares. (N.T.)

34 Freud não recorre ao termo específico "*Auster*" [ostra], mas ao genérico "*Muscheltier*" [molusco], uma justaposição de dois substantivos: "*Muschel*" [concha] e "*Tier*" [animal, bicho]. Em uma nota anterior, mostrou-se que o vocábulo "*Muschel*" em alemão é associado aos genitais femininos. (N.T.)

35 Em alemão, Freud usa o termo "*Genitalkatarrh*", que significa literalmente "catarro genital" (N.T.)

[36] Em alemão, Freud fala da "palavra composta" [*Kompositum*] surgida, pois o termo alemão é um composto por justaposição: "*Schmuckkästchen*". (N.T.)

[37] Embora mais raramente, essa metáfora ainda é encontrada no alemão de hoje. No português do Brasil, também em desuso, expressões como "tesouro" ou "preciosa" podem remeter ao genital feminino. (N.T/N.E.)

[38] Trata-se da *Madona Sistina* ou *Madona de São Sisto*, pintura feita pelo artista italiano Rafael Sânzio em 1512-1513 para o altar principal da igreja renascentista de Piacenza (Itália). Em 1754, Augusto III da Saxônia adquiriu o quadro e levou-o para Dresden, onde está abrigada na Gemäldegalerie Alte Meister (Pinacoteca dos Mestres Antigos). Nas últimas décadas, sobretudo os anjos que se veem na parte inferior do quadro acabaram adquirindo notoriedade, tornando-se elemento da cultura pop. (N.T.)

[39] A Secessão de Viena [*Wiener Secession*, em alemão] foi o movimento do *art nouveau* austríaco entre o final do século XIX e o início do século XX; atualmente, Secessão [*Secession*] também é o nome dado ao prédio construído em 1898 pelos arquitetos Otto Wagner e Joseph Maria Olbrich, que tanto funciona como documento vivo daquele movimento artístico quanto abriga exposições de arte contemporânea. (N.T.)

[40] Freud faz referência à estrutura das duas palavras que, em alemão, têm sua origem, respectivamente, na justaposição de dois vocábulos para a formação de um novo. "Estação de trem" é a junção de "*Bahn*" [trem] e "*Hof*" [pátio], e "vestíbulo", de "*Vor*" [antes, anterior] e *Hof* [pátio]. Quanto ao termo anatômico a que se refere Freud, há em português o termo "vestíbulo vaginal". Também a palavra alemão correspondente a cemitério, "*Friedhof*", é um composto por justaposição, em que "*Fried*" significa "paz" e "*Hof*" tem a acepção de "campo", "jardim". (N.T.)

[41] Acima, Freud utiliza o termo "Fuß", que, no alemão austríaco, pode significar "pé" ou "perna", enquanto, no alemão padrão, Fuß corresponde a "pé". Em um trecho mais adiante, em que Freud usa os termos "Bein" e "Fuß", fica claro que o ato de puxar a "perna" era em decorrência de um "pé" torcido. Nesse caso, Freud utiliza "Bein", que significa "perna" em alemão padrão, e "Fuß", na acepção de "pé". (N. T.)

[42] Trata-se de Pierre Janet, autor de *Histoire d'une idée fixe* (História de uma ideia fixa), estudo publicado na *Revue Philosophique de la France et de l'Étranger*, v. 37, p. 121-168, jan.-jun. 1894. (N.T.)

[43] "Isso não impede de existir." (Jean-Martin Charcot) (N.T.)

[44] Acima, o verbo usado por Freud na acepção de "abandonar" é "verlassen". (N.T.)

[45] Duas sessões equivalem a duas horas. (N.T.)

ANÁLISE DA FOBIA DE UM GAROTO DE 5 ANOS (CASO PEQUENO HANS) (1909)

I
INTRODUÇÃO

A história da doença e cura de um paciente muito jovem que será apresentada nas páginas a seguir não provém, em rigor, de minha observação. É verdade que em linhas gerais coordenei o plano do tratamento e uma única vez também intervim pessoalmente em uma conversa com o garoto; mas o tratamento propriamente dito foi conduzido pelo pai do menino, a quem sou profundamente grato por me ter disponibilizado suas anotações visando à publicação. Não obstante, o mérito do pai tem uma dimensão mais ampla; com isso quero dizer que nenhuma outra pessoa teria conseguido levar a criança a fazer semelhantes confissões; o conhecimento especializado, graças ao qual o pai soube interpretar as manifestações de seu filho de 5 anos, não poderia ter sido substituído, e as dificuldades técnicas de uma psicanálise em idade tão tenra teriam permanecido insuperáveis. Foi a união das autoridades paterna e médica em uma só pessoa, a coincidência entre o interesse carinhoso e o científico na mesma pessoa, que nesse caso possibilitaram fazer do método uma utilização para a qual ele normalmente não teria sido apropriado.

Todavia, o valor particular dessa observação consiste no seguinte: o médico que trata psicanaliticamente um neurótico adulto acaba finalmente chegando, mediante seu trabalho de sucessivas descobertas de formações psíquicas, a determinadas hipóteses sobre a sexualidade infantil, em cujas componentes crê ter encontrado as forças pulsionais de todos os sintomas neuróticos da sua vida posterior. Em meu trabalho *Três ensaios sobre a teoria sexual*, publicado em 1905, apresentei estas hipóteses; sei que parecem tanto espantosas para o observador externo quanto irrefutáveis para o psicanalista. Entretanto, o psicanalista também tem o direito de admitir o desejo de uma prova mais direta, obtida por uma via mais curta, daquelas proposições fundamentais. Seria então impossível apreender, diretamente com a criança no pleno frescor de sua vida, aquelas moções e formações de desejo que, no adulto, desenterramos com tanto esforço de seus soterramentos, e das quais também afirmamos serem um bem comum a todos os seres humanos, mostrando-se, no neurótico, apenas de forma mais intensificada ou distorcida?

Com esse propósito, há anos venho incentivando meus alunos e amigos a coletarem observações sobre a vida sexual das crianças, que costuma ser habilmente ignorada ou propositadamente denegada [*verleugnete*]. Em meio ao material que chegou às minhas mãos em consequência dessa solicitação, as notícias contínuas sobre o pequeno Hans logo assumiram uma posição de grande destaque. Seus pais, ambos pertencentes ao grupo de meus seguidores mais próximos, haviam acordado em não educar seu primeiro filho com mais coerção [*Zwang*] do que a estritamente necessária à manutenção dos bons costumes, e como o desenvolvimento da criança trouxe à tona um garoto alegre, bem-comportado e esperto, essa tentativa de deixá-lo crescer e expressar-se sem intimidações teve um bom prosseguimento. Agora, reproduzirei as anotações do pai sobre o pequeno Hans como me foram informadas, abstendo-me, obviamente, de qualquer tentativa de perturbar, através de distorções convencionais, a ingenuidade e a sinceridade da criação.[1]

As primeiras informações sobre Hans datam da época em que ainda nem sequer completara 3 anos. Por meio de diferentes falas e perguntas, já demonstrava um interesse particularmente vivo por aquela parte do corpo que estava acostumado a chamar de "xixizador".[2] Uma vez, dirigiu a seguinte pergunta à sua mãe:

Hans: "Mamãe, você também tem?" [xixizador – ver adiante].

Mamãe: "É claro que tenho. Por quê?".

Hans: "Apenas 'tava' pensando".

Naquela mesma idade, ele entra uma vez em um estábulo e vê uma vaca sendo ordenhada. "Olha, tá saindo leite do xixizador."

Essas primeiras observações já despertam a expectativa de que muitas – senão a maioria – das coisas que o pequeno Hans nos diz se mostrarão típicas do desenvolvimento sexual da criança. Certa vez destaquei[i] que não se precisa ficar demasiadamente horrorizado, caso se encontre, em um ser feminino, a ideia de mamar no membro viril. Esse impulso inconveniente teria uma origem muito inofensiva, por ser derivado do ato de mamar no peito materno, e nisso a teta da vaca – que é uma mama por sua natureza e um pênis por sua forma e localização – assume

---

[i] *Bruchstück einer Hysterie-Analyse* [*Fragmento da análise de um caso de histeria*], 1905. (*Ges. Werke* v. V.)

uma intermediação adequada. A descoberta do pequeno Hans confirma a última parte de minha formulação.

Contudo, o interesse do menino pelo xixizador não é meramente teórico; como era de se supor, também o estimula a apalpações do membro. Quando contava 3 anos e meio, sua mãe o encontrou com a mão no pênis. Ela ameaça: "Se você fizer isso, vou chamar o Dr. A., e ele vai cortar fora seu xixizador. E aí, como é que você vai fazer xixi?".

Hans: "Com o popô".

Ele responde ainda sem consciência de culpa, mas nessa ocasião adquire o "complexo de castração" que tão amiúde somos obrigados a inferir nas análises de pacientes neuróticos, enquanto eles todos resistem fortemente a ele. Sobre o significado desse elemento da história infantil, haveria muitos dados importantes. O "complexo de castração" deixou atrás de si vestígios notáveis na mitologia (e, na verdade, não apenas na grega); fiz breve referência a seu papel em um trecho da *Interpretação do sonho* (p. 385 da segunda edição, p. 456 da sétima edição), bem como em outros trabalhos.[i]

---

[i] [*Nota acrescida em 1923:*] Desde então, a doutrina do complexo de castração passou por mais uma ampliação, graças às contribuições de Lou Andreas, A. Stärcke, F. Alexander, entre outros. Eles fizeram valer que cada vez que o lactente era retirado do peito da mãe, isso já era sentido por ele, necessariamente, como castração, isto é, como perda de uma parte importante do corpo que ele entendia como sua; que ele também não consegue avaliar de outra maneira a entrega regular da evacuação; por fim, que o ato de nascer, enquanto separação da mãe com a qual era até então uma unidade, é a imagem primordial [*Urbild*] de qualquer castração. Reconhecendo todas essas raízes do complexo, fiz questão de reivindicar que se restrinja o nome de complexo de castração às excitações e aos efeitos vinculados à perda do pênis. Aquele que, nas análises realizadas com adultos, houver se

Mais ou menos na mesma idade (3 anos e meio), o garoto exclama, com alegre excitação, diante da jaula do leão no jardim zoológico de Schönbrunn[3]: "Eu vi o xixizador do leão".

Os animais devem uma boa parte da importância que têm no mito e nos contos de fadas à maneira aberta como mostram seus órgãos genitais e suas funções sexuais à criança pequena e sedenta de saber. Ao que parece, a curiosidade sexual de nosso Hans não admite nenhuma dúvida, mas também o torna um investigador, permitindo-lhe verdadeiras descobertas conceituais.

Na estação ferroviária, com 3 anos e 9 meses de idade, Hans observa uma locomotiva expelindo água. "Olha, a locomotiva 'tá fazendo xixi. Mas onde fica o xixizador dela?"

Passado um instante, acrescenta, pensativo: "Um cachorro e um cavalo têm um xixizador; uma mesa e uma cadeira, não". Desse modo, adquiriu uma característica essencial para distinguir entre os viventes e os sem vida.

Ânsia de saber [*Wißbegierde*] e curiosidade sexual parecem ser inseparáveis uma da outra. A curiosidade de Hans estende-se especialmente aos pais.

Hans, com 3 anos e 9 meses: "Papai, você também tem xixizador?".

---

convencido da inevitabilidade do complexo de castração, naturalmente achará difícil atribuí-lo a uma ameaça fortuita, mas também não passível de ocorrer de forma tão genérica, e terá de supor que a criança constrói para si esse perigo com base nas alusões mais sutis que nunca faltam. Esse também é o motivo que deu o impulso para procurar pelas raízes mais profundas que costumam ser encontradas de maneira geral no complexo. Mas há um fator que ainda se mostra mais valioso: o fato de os próprios pais, no caso do pequeno Hans, terem relatado a ameaça de castração, sobretudo em uma época em que sua fobia ainda não estava em questão.

Pai: "Claro que tenho".

Hans: "Mas eu nunca vi o seu quando você tirou a roupa".

Outra vez, observa muito atentamente sua mãe despindo-se antes de ir dormir. A mãe pergunta: "O que você está olhando desse jeito?".

Hans: "Só 'tô olhando se você também tem xixizador".

Mamãe: "Claro. Mas você não sabia disso?".

Hans: "Não, eu achava que, como você é tão grande, você tinha um xixizador como o de um cavalo".

Tomemos nota dessa expectativa levantada pelo pequeno Hans, pois posteriormente será importante.

No entanto, o grande evento na vida de Hans é o nascimento de sua irmãzinha, Hanna, quando ele contava exatos 3 anos e meio (abril de 1903 a outubro de 1906). Naquela ocasião, o pai logo tomou nota da sua conduta: "Bem cedo, às 5 horas da manhã, quando começou o trabalho de parto, a cama de Hans foi levada para o quarto contíguo; ali desperta às 7 horas e começa a ouvir os gemidos da parturiente, ao que reage perguntando: 'Por que é que a mamãe está tossindo?' – Após um intervalo: 'Hoje com certeza a cegonha vem'.

"Claro que nos últimos dias lhe disseram diversas vezes que a cegonha viria trazer uma menininha ou um garotinho, e ele acaba associando muito bem os gemidos incomuns à chegada da cegonha.

"Mais tarde ele é levado à cozinha; no vestíbulo, vê a valise do médico e pergunta: 'O que é isso?', e recebe como resposta: 'Uma bolsa'. Retruca, convicto: 'Hoje a cegonha vem'. Após o parto, a parteira entra na cozinha, e Hans ouve quando ela ordena que preparem um chá, ao que ele reage dizendo: 'Arrá, como a mamãe está com tosse, vão dar um chá pra ela'. Em seguida é chamado ao quarto, mas não olha para a mamãe, e sim para os recipientes com água manchada de sangue que ainda estão no cômodo, e comenta, apontando na direção da bacia com sangue, cheio de espanto: 'Mas do meu xixizador não sai sangue nenhum'.

"Todas as suas frases mostram que ele associa o inusitado da situação à chegada da cegonha. Em relação a tudo o que vê, faz uma cara desconfiada e tensa, e, *sem dúvida, a primeira suspeita relativa à cegonha instalou-se nele*.

"Hans está cheio de ciúmes da recém-chegada e diz, quando alguém a elogia ou a acha bonita etc., imediatamente cheio de escárnio: 'Mas ela ainda não tem nem dentes'.[i] Na verdade, quando a viu pela primeira vez, ficou muito surpreso por ela não saber falar e pensou que ela não sabia falar porque não tinha dentes. Obviamente, nos primeiros dias ele deixa de ser o centro das atenções e de repente adoece de amidalite [*Angina*]. Em meio à febre, ouvem-no dizer: 'Mas eu não quero irmãzinha nenhuma!'.

"Passado mais ou menos meio ano, o ciúme já fora superado, e o menino torna-se um irmão tão carinhoso quanto ciente de sua superioridade.[ii] Um pouco mais tarde, Hans observa sua irmã, que estava com uma semana, ser banhada. Comenta: 'Mas o xixizador dela ainda é

---

[i] Mais uma conduta característica. Há o caso de outro menino, em circunstâncias semelhantes, que, apenas dois anos mais velho que sua irmã, costumava defender-se gritando com raiva: "Ela nem é g[r]ande, nem é g[r]ande" ["*zu k(l)ein, zu k(l)ein*" – pequena demais, pequena demais].

[ii] "Manda a cegonha levar ele de volta" foram as palavras de boas-vindas ditas ao irmãozinho recém-nascido por outra criança um pouco mais velha. Compare-se, aqui, o que afirmei no livro *Interpretação do sonho* sobre os sonhos que envolvem a morte de parentes queridos (p. 175 e segs., 8. ed. das *Ges. Werke*, v. II/III).

pequeno', e acrescenta, como se quisesse confortá-la: 'Mas quando ela crescer, ele vai ficar maior'.[i]

"Na mesma idade, com 3 anos e 9 meses, Hans faz o primeiro relato de um sonho. 'Hoje, quando eu 'tava dormindo, pensei que eu 'tava em Gmunden[4] com a Mariedl.'

---

[i] Relataram-me que esse mesmo julgamento, expresso com as mesmas palavras e acompanhado da mesma expectativa, foi feito por outros dois meninos, quando pela primeira puderam olhar, cheios de curiosidade, o corpo de sua irmãzinha. Poder-se-ia ficar chocado diante dessa perversidade do intelecto infantil. Por que esses jovens investigadores não constatam o que eles realmente veem, ou seja, que não existe xixizador nenhum? Para nosso pequeno Hans, todavia, podemos dar uma explicação completa sobre sua falha de percepção. Sabemos que, através de esmerada indução, ele chegou à proposição geral de que todo ser vivo, ao contrário do sem vida, possui um xixizador; a mãe o fortaleceu nessa convicção, ao lhe dar informações afirmativas sobre aquelas pessoas inacessíveis à sua própria observação. Ele agora é totalmente incapaz de renunciar novamente à sua convicção devido àquela única observação feita sobre a irmãzinha. Julga, portanto, que nesse caso o xixizador também existe, só que ainda é muito pequeno, mas vai crescer até ficar do tamanho do xixizador de um cavalo.
Para salvar a honra de nosso pequeno Hans, queremos fazer algo mais. Na verdade, ele não se comporta pior do que um filósofo da escola de Wundt. Para este, a consciência é a característica nunca ausente do psíquico, da mesma maneira como, para o pequeno Hans, o xixizador é a característica indispensável de todos os seres vivos. Se o filósofo agora se deparar com processos psíquicos que precisem ser inferidos, mas nos quais não há nada de consciência a ser percebido – na verdade, não se sabe nada sobre esses processos, mas também não se pode deixar de inferi-los –, então ele simplesmente não dirá que seriam processos psíquicos inconscientes, mas os chamaria de *obscuramente conscientes*. O xixizador ainda está muito pequeno! E nessa comparação a vantagem ainda está do lado de nosso pequeno Hans. Pois, como ocorre tão amiúde nas investigações sexuais das crianças, também aqui, por trás do erro, uma parte de conhecimento correto está escondida. A menininha também possui de fato um pequeno xixizador que nós chamamos de clitóris, ainda que este não cresça e permaneça atrofiado. (Cf. meu pequeno trabalho "Über infantile Sexualtheorien" [Sobre as teorias sexuais infantis], "Sexualprobleme" [Problemas sexuais], 1908; encontra-se no volume VII destas *Ges. Werke*.)

"Mariedl, que costumava brincar com ele, é a filha de 13 anos de nosso senhorio."

Agora que o pai conta o sonho à mãe em sua presença, Hans faz a seguinte retificação: "Não com a Mariedl, era eu sozinho com a Mariedl".

Sobre esse trecho, observe-se o seguinte: "No verão de 1906, Hans esteve em Gmunden, onde perambulava o dia todo com os filhos do senhorio. Quando partimos de Gmunden, acreditávamos que a despedida e o retorno à cidade grande iriam lhe pesar muito. Mas, para nossa surpresa, esse não foi o caso. Decerto gostou da distração, mas durante algumas semanas falou muito pouco de Gmunden. Somente após o transcurso de semanas é que lhe afloraram frequentes lembranças, com vivos matizes, da temporada que passou em Gmunden. Após cerca de quatro semanas, passa a elaborar essas lembranças em fantasias. Ele fantasia que está brincando com as crianças Berta, Olga e Fritzl, conversa com elas como se estivessem presentes e é capaz de ficar horas a fio assim, conversando. Agora que ganhou uma irmã e, ao que parece, o problema da origem dos bebês o ocupa, passa a chamar Berta e Olga de 'minhas filhas', e certa vez acrescenta: 'A cegonha também trouxe minhas filhas Berta e Olga'. O sonho, ocorrido agora após seis meses ausente de Gmunden, com certeza pode ser entendido como expressão de seu anseio de viajar para Gmunden".

Isso foi até onde o pai chegou; antecipadamente, observo que Hans, através da última declaração sobre suas filhas que deviam ter sido trazidas pela cegonha, contradiz, gritantemente, uma dúvida cravada em seu íntimo.

Por sorte o pai fez algumas anotações que mais tarde viriam a ter um valor insuspeito. "Desenho uma girafa para o Hans, que ultimamente tem ido com frequência ao Schönbrunn. Ele me diz: 'Mas desenhe o xixizador também'. Respondo: 'Desenhe-o você mesmo'. Em seguida ele acrescenta ao desenho da girafa o seguinte risco (o desenho está em anexo), que ele primeiramente faz curto, mas ao qual depois acrescenta mais um pedaço, fazendo este comentário: 'O xixizador é mais comprido'."

Fig. 1.

"Com Hans, passo por um cavalo que está urinando. Ele diz: 'O cavalo tem o xixizador embaixo, como eu'."

"Observa quando estão banhando sua irmã de 3 meses e diz lamentando: 'Ela tem um xixizador bem, mas bem pequenininho'."

"Ele ganha uma boneca para brincar, e ele a despe. Examina-a com cuidado e diz: 'Mas ela tem um xixizador muito pequeno'."

Já sabemos que essa fórmula lhe possibilitou manter sua descoberta (p. 177 e p. 180, n. i) – diferença entre seres vivos e sem vida.

Todo investigador corre o perigo de ocasionalmente incorrer em erro. Resta um consolo quando ele, como acontece com nosso Hans no próximo exemplo, não apenas erra, mas também consegue desculpar-se recorrendo ao modo de usar as palavras. Pois ele vê um macaco em seu livro ilustrado e aponta para o rabo do macaco enrolado para cima: "Olhe, papai, o xixizador".

Em seu interesse pelo xixizador, inventou uma brincadeira bem peculiar. "No corredor ficam o banheiro e um quarto escuro onde guardamos lenha. Há algum tempo o Hans entra nesse quarto dizendo: 'Vou ao meu banheiro'. Certa vez, dou uma espiada lá dentro para ver o que ele fica fazendo no quarto escuro. Exibindo-se, diz:

'tô fazendo xixi'. Portanto, isso quer dizer: está 'brincando' de banheiro. O caráter lúdico não apenas deixa claro que ele simplesmente finge o ato de fazer xixi, isto é, realmente não o executa, como também que não entra no banheiro, o que seria bem mais simples, mas prefere o quarto de guardar lenha, que chama de 'seu banheiro'."

Seríamos injustos com Hans se acompanhássemos tão somente os traços autoeróticos de sua vida sexual. Seu pai pode nos informar sobre observações pormenorizadas acerca das relações de amor do menino com outras crianças, das quais resulta uma "escolha de objeto" como entre adultos. E evidentemente também uma variabilidade bastante notável e uma tendência poligâmica.

"No inverno (3 anos e 9 meses), levo Hans à pista de patinação no gelo e apresento-lhe as duas filhinhas de meu colega N., ambas na faixa dos 10 anos. Hans se senta ao lado delas – que, por se sentirem mais maduras, olham o menino, do alto, com bastante desprezo –, ele observa-as com veneração, sem causar nenhuma grande impressão às meninas. Apesar disso, Hans só fala delas como 'as minhas meninas'. 'Onde é que estão as minhas meninas? Quando é mesmo que vêm as minhas meninas?', e fica me torturando em casa durante algumas semanas com a pergunta: 'Quando é que eu vou novamente à pista de patinação encontrar as minhas meninas?'."

Um primo seu, de 5 anos, vem visitá-lo quando Hans já está com 4 anos. Hans não para de abraçá-lo, e durante um dos abraços carinhosos diz ao primo: "Eu gosto é muito de você!".

Esse é o primeiro traço, mas não o último, de homossexualidade que encontraremos em Hans. Nosso pequeno Hans parece realmente ser um prodígio de todas as perversidades!

"Mudamo-nos para um novo apartamento. (Hans está com 4 anos.) A partir da cozinha, a porta dá para uma sacada de onde se avista um apartamento do outro lado do pátio interno. Aqui Hans descobriu uma menina com idade entre 7 e 8 anos. Para admirá-la, agora se senta no degrau que conduz à sacada e ali fica sentado durante horas. Sobretudo às 4 horas da tarde, quando a menina volta da escola, não é possível mantê-lo no quarto nem o demover de ocupar seu posto de observação. Certa vez, quando a menina não se mostra à janela na hora de costume, Hans fica muito inquieto e incomoda as pessoas em casa com perguntas: 'Quando é que a menina vai chegar? Onde está a menina?' etc. Quando ela então surge, ele fica todo feliz e não afasta mais seus olhos do apartamento situado do outro lado. A intensidade com que esse 'amor à distância'[i] surgiu pode ser explicado pelo fato de Hans não ter nenhum colega e nenhuma companheira de brincadeiras. É óbvio que o amplo contato com outras crianças faz parte do desenvolvimento normal da criança.

"Hans vai ter acesso a esse tipo de contato quando, pouco tempo depois (4 anos e meio de idade), fomos passar as férias de verão em Gmunden. Em nossa casa, seus companheiros de brincadeiras são os filhos de nosso senhorio: Franzl (cerca de 12 anos), Fritzl (8 anos), Olga (7 anos), Berta (5 anos), além das filhas do vizinho: Anna (10 anos) e outras duas meninas com idade entre 9 e 7 anos, de cujos nomes não me lembro mais. Seu companheiro preferido é Fritzl, que ele sempre abraça e a quem assegura seu amor. Uma vez lhe fazem esta pergunta: 'De qual das meninas você gosta mais?'. Sua resposta: 'Do Fritzl'. Ao

---

[i] W. Busch: *Und die Liebe per Distanz, Kurzgesagt, mißfällt mir ganz* [E o amor à distância, em suma, desagrada-me inteiramente].

mesmo tempo, é muito agressivo, viril, conquistador com as meninas, abraça-as e beija-as, o que agradava a Berta em especial. Uma noite, quando Berta está saindo do quarto, Hans coloca um braço em volta de seu pescoço e diz no tom mais terno: 'Berta, você é mesmo um amor', o que, afinal, não o impede de também beijar as outras crianças e assegurar-lhes seu amor. Também gosta de Mariedl,[5] uma menina com cerca de 14 anos e igualmente filha do senhorio, com quem ele brinca; uma noite, quando o estão levando para dormir, diz: 'É para a Mariedl dormir comigo'. Como reação à resposta: 'Mas não pode', afirma ele: 'Então é para ela dormir com a mamãe ou com o papai'. Retrucam-lhe: 'Mas também não pode, a Mariedl precisa dormir com os pais dela', e então se desenvolve este diálogo:

"Hans: 'Se é assim, então vou lá pra baixo dormir com a Mariedl'.

"Mamãe: 'Você realmente quer deixar sua mãezinha pra ir dormir lá embaixo?'.

"Hans: 'Não, de manhã cedo eu volto aqui pra cima pra tomar café e ir ao banheiro'.

"Mamãe: 'Pois se você realmente está querendo deixar o papai e a mamãe, então leve seu casaco e sua calça, e então – adeus!'.

"Hans realmente pega suas roupas e vai até a escada para ir dormir com a Mariedl, mas claro que alguém o apanha de volta.

"(Por trás do desejo: 'É para a Mariedl dormir conosco', esconde-se o outro: A Mariedl, com quem ele tanto gosta de estar, é para ser acolhida no seio de nossa família. Como o pai e a mãe levavam Hans, embora não com tanta frequência, para dormir na cama deles, esse ato de dormirem juntos sem dúvida despertou nele sensações eróticas, da mesma maneira como o desejo de dormir junto de Mariedl também tem seu sentido erótico. Dormir junto do pai ou da mãe na mesma cama é, para Hans, bem como para todas as crianças, uma fonte de moções eróticas.)"

Perante o desafio da mãe, nosso pequeno Hans comportou-se como um verdadeiro homem, apesar de suas inclinações homossexuais.

"Em outra situação, Hans disse à mãe: 'Olha, eu queria tanto um dia dormir com a menininha'. Esse caso nos dá farta ocasião para nos divertirmos, pois Hans aqui se comporta como um adulto que está apaixonado. No restaurante onde almoçamos, há alguns dias tem vindo uma bela menina de mais ou menos 8 anos, por quem Hans, claro, imediatamente se apaixonou. Fica o tempo todo se virando em sua cadeira para olhar na direção da menina, depois de comer, põe-se de pé próximo a ela, para cortejá-la, mas fica todo enrubescido, ao se sentir observado. Se a garota olhar de volta para ele, Hans imediatamente olha para o outro lado, envergonhado. Claro que esse seu comportamento é motivo de grande diversão para todos os clientes do restaurante. Todos os dias, quando está sendo levado ao restaurante, pergunta: 'Você acha que a menina vai estar lá hoje?'. Quando ela finalmente aparece, fica todo enrubescido, como ocorre com um adulto na mesma situação. Um dia, chega para mim todo feliz e cochicha em meu ouvido: 'Papai, já sei onde a menina mora. Vi quando ela estava subindo a escada em tal e tal lugar'. Enquanto comporta-se de modo agressivo com as meninas em casa, aqui ele é um lânguido admirador platônico. Talvez isso se deva ao fato de as meninas da casa serem crianças da aldeia, ao passo que essa outra é uma dama muito fina. Também já foi mencionado que certa vez ele disse que gostaria de dormir com ela.

"Como eu não quero deixar o Hans nessa tensão psíquica atual causada por esse seu amor pela menina, mediei seu contato com ela, convidando-a para ir encontrá-lo uma tarde no jardim, depois de ele ter feito sua sesta. Devido à expectativa com a vinda da garota, Hans fica tão agitado que pela primeira vez não consegue dormir depois do almoço, virando-se, inquieto, de um lado para o outro na cama. A mamãe pergunta a ele: 'Por que você não está dormindo? Será que está pensando na menina?', ao que ele retruca todo contente: 'Sim'. Além disso, ao voltar do restaurante para casa, contou a todos os presentes: 'Olhem, hoje a minha garota vem me visitar'; e Mariedl, de 14 anos, conta que ele não para de perguntar: 'Escute, você acha que ela vai ser boazinha comigo? Acha que ela vai me dar um beijo se eu der um beijo nela?' e coisas do gênero.

"No entanto, à tarde choveu, e a visita acabou sendo cancelada; Hans encontrou consolo junto da Berta e da Olga."

Outras observações ainda da temporada de verão fazem supor que toda uma gama de novidades está em curso no garoto.

"Hans, 4 anos e 3 meses. Hoje cedo, como acontece todos os dias, sua mãe banha-o e, após o banho, enxuga-o e passa-lhe talco no corpo. Quando a mamãe está passando talco perto de seu pênis, fazendo isso com cuidado para não o tocar, Hans diz: 'Por que é que você não põe o dedo lá?'.

"Mamãe: 'Porque isso é uma safadeza'.

"Hans: 'O que é isso? Uma safadeza? Mas por quê?'.

"Mamãe: 'Porque é impróprio'.

"Hans (rindo): 'Mas é divertido!'."[i]

---

[i] Uma tentativa de sedução semelhante foi-me relatada por uma mãe, ela própria neurótica, que não queria crer na masturbação infantil de

Um sonho de nosso Hans, ocorrido mais ou menos nessa mesma época, contrasta a olhos vistos com o atrevimento que demonstrou perante a mãe. Dos sonhos do menino, é o primeiro a ficar irreconhecível devido a uma desfiguração. Todavia, a perspicácia do pai logrou captar o sentido desse sonho.

"Hans, 4 anos e 3 meses. Sonho. Hoje cedo o Hans levanta-se e diz: 'Papai, hoje à noite eu pensei: *Alguém diz: Quem quer vir pra perto de mim? Aí uma pessoa diz: Eu. Então essa pessoa precisa fazer ele fazer xixi*'.

"Outras perguntas evidenciaram que faltam todos os elementos visuais a esse sonho e que ele faz parte do grupo de sonhos do *type auditif* puro. Há alguns dias, Hans está brincando com os filhos do senhorio, dentre os quais estão suas amigas Olga (7 anos) e Berta (5 anos); são jogos de salão e brincadeiras de pagar prendas. (A.: De quem é a prenda que estou segurando? B.: É minha. Decide-se então o que B. terá de fazer.) O sonho imita essa brincadeira de pagar prendas, só que Hans deseja que aquele que tirou a prenda não seja condenado aos habituais beijos e bofetadas, mas sim a fazer xixi ou, de maneira mais precisa: alguém precisa fazê-lo fazer xixi.

"Peço que ele me conte mais uma vez o sonho; conta-o com as mesmas palavras, mas, em vez de 'Aí uma pessoa diz', deixa escapar 'Aí ela diz'. Esse 'ela' deve ser Berta ou Olga, com quem estava brincando. Traduzido, o sonho significa, portanto: Estou brincando de pagar

---

sua filhinha de 3 anos e meio. A mãe mandara fazer umas calcinhas para a menina e agora estava testando se tinham ficado muito justas e estavam incomodando a menina ao andar, enquanto a mãe passava a mão, em um movimento ascendente, pela parte interna da coxa da criança. De repente, a menina fechou as pernas, apertando a mão da mãe e pedindo: "Mamãe, não tire a mão daí, não. É muito gostoso".

prendas com as meninas. Pergunto: Quem quer vir para junto de mim? Ela (Berta ou Olga) responde: Eu. Então ela precisa fazer-me fazer xixi. (Ajudar durante o ato de urinar, o que Hans certamente acha agradável.)

"Está claro que fazer alguém fazer xixi, quando alguém abre a calça da criança e põe seu pênis para fora, tem para Hans um apelo de prazer. Durante os passeios, normalmente é o pai quem presta essa ajuda à criança, o que enseja a fixação da tendência homossexual no pai.

"Dois dias antes, como já foi relatado, ele perguntou à mamãe, enquanto ela o banhava e lhe passava talco na região genital: 'Por que você não põe o dedo lá?'. Ontem, quando levei Hans ao banheiro, pela primeira vez ele me disse para levá-lo para detrás da casa, para que ninguém pudesse olhá-lo, e acrescentou: 'Ano passado, quando eu estava fazendo xixi, a Berta e a Olga ficaram me olhando'. Eu acho que isso quer dizer que ano passado foi agradável para ele quando as meninas lhe ficaram assistindo, mas agora não mais. Agora o prazer da exibição sucumbe ao recalcamento. O fato de o desejo de que Berta e Olga o observassem ao fazer xixi (ou de que elas o fizessem fazer xixi) agora ser recalcado na vida é a explicação para o seu surgimento no sonho, durante o qual recorreu ao belo disfarce através do jogo de prendas. – Desde então, observei repetidas vezes que ele não queria ser visto enquanto fazia xixi."

Aqui eu gostaria de observar que esse sonho também se ajusta à regra que formulei em *A Interpretação do sonho* (p. 283 e s., 7. ed.): falas que surgem em sonhos originam-se de falas ouvidas ou mesmo enunciadas em dias precedentes.

Daquela época que se seguiu logo após o retorno a Viena, o pai ainda tomou nota da seguinte observação: "Hans (4 anos e meio) volta a observar sua irmãzinha sendo banhada e desata a rir. Alguém lhe pergunta: 'Por que você está rindo?'.

"Hans: 'Estou rindo do xixizador da Hanna'. –

"'Por quê?' – 'Porque o xixizador é tão bonito.'

"Claro que essa resposta é falsa. Na verdade, o xixizador lhe pareceu justamente esquisito. Inclusive, é a primeira vez que ele reconhece, dessa maneira, a diferença entre genitais masculinos e femininos, em vez de negá-la [*verleugnen*]."

II
HISTÓRIA CLÍNICA E ANÁLISE

"Prezado Sr. Professor![6] Volto a lhe enviar um pequeno fragmento sobre Hans, mas desta vez, infelizmente, trata-se de contribuições para uma história clínica. Como o senhor verá pela leitura, nos últimos dias desenvolveu-se nele uma perturbação nervosa que está inquietando muito a mim e a minha mulher, pois não conseguimos encontrar nenhum meio de pôr fim a esse problema. Peço-lhe permissão para amanhã... fazer-lhe uma visita, mas... tomei nota, para o senhor, do material disponível.

"Uma superexcitação sexual possivelmente originada através de carinho materno serviu como fundamento, mas não sou capaz de apontar a causa da perturbação. O medo *de que um cavalo venha a mordê-lo na rua* parece de alguma maneira estar associado ao fato de ele estar assustado com um pênis grande – como o senhor sabe com base noutro relato, bem cedo ele notou o grande pênis do cavalo e, àquela época, chegou à conclusão de que a mamãe, por ser tão grande, teria de ter um xixizador como o de um cavalo.

"A partir disso, não sei o que posso fazer de útil. Será que ele viu um exibicionista em algum lugar? Ou tudo está associado apenas à mãe? Não achamos agradável que ele já comece agora a nos apresentar enigmas. À exceção do temor de sair à rua e do mau humor noturno, continua sendo o velho Hans de sempre, engraçado, alegre."

Não queremos tornar nossas as preocupações compreensíveis ou as primeiras tentativas de explicação do pai; em vez disso, primeiramente queremos examinar o material que nos foi comunicado. Não é, em absoluto, tarefa nossa "entender", de imediato, um caso clínico; isso só pode dar certo mais tarde, quando tivermos recolhido suficientes impressões dele. Por enquanto, vamos deixar nosso julgamento em suspenso e acolher, com a mesma atenção, tudo o que se oferece à observação.

As primeiras informações, datadas dos primeiros dias de janeiro deste ano, 1908, têm, no entanto, o seguinte teor:

"Hans (4 anos e 9 meses) levanta-se chorando e, ao ser indagado sobre o motivo do choro, responde à mãe: 'Quando eu 'tava dormindo, fiquei pensando que você tinha ido embora e que eu não tinha mais uma mamãe pra fazer dengo (= acariciar)'.

"Portanto, um sonho de angústia [*Angsttraum*].[i]

"Já notara algo parecido durante o verão em Gmunden. À noite, na cama, geralmente ele ficava muito enternecido e certa feita fez o comentário (algo como): 'Mas, quando eu não tiver mais a mamãe, quando você for embora'... Ou algo semelhante; já não tenho a lembrança das palavras exatas. Toda vez que ele se encontrava em um

---

[i] Na língua alemã, a palavra "*Angst*" serve tanto para designar "medo" quanto "angústia". Sendo o termo "angústia" algo essencial à teoria psicanalítica, preferimos aqui eleger qual termo parece mais adequado ao contexto, mas sempre mantendo a menção à palavra alemã entre colchetes para melhor situar o leitor. (N.R.)

semelhante estado elegíaco, infelizmente a mãe sempre o levava para a cama.

"Por volta do dia 5 de janeiro, bem cedo foi para junto da mãe na cama e disse naquela ocasião: 'Você sabe o que a tia M. disse? Mas olha como ele tem um pintinho[i] lindo!' (A tia M. hospedara-se em nossa casa quatro semanas antes; certa vez viu minha esposa banhando o menino e realmente disse isso em voz baixa à minha mulher. Hans ouviu suas palavras e procurou utilizá-las.)

"No dia 7 de janeiro, como de costume, está indo com a babá ao Stadtpark,[7] quando começa a chorar na rua e exige que ela vá para casa com ele, pois queria 'fazer dengo' com a mamãe. Em casa, ao ser indagado por que motivo não quis continuar o passeio e chorou, ele não quer dizer. Até à noitinha, está alegre como sempre; quando cai a noite, fica visivelmente com medo [*Angst*],[8] chora e não é possível separá-lo da mãe; mais uma vez quer fazer dengo. Depois volta a ficar alegre e dorme bem.

"No dia 8 de janeiro, a própria mãe quer passear com Hans para ver o que há com ele, e ir ao Schönbrunn, aonde ele gosta muito de ir. Mais uma vez começa a chorar, não quer sair de casa, está assustado. Por fim acaba indo, mas na rua fica claro que está com medo [*Angst*]. Na volta do Schönbrunn, depois de muita relutância, diz à mãe: *Eu 'tava temeroso de que um cavalo fosse me morder.* (Realmente ficou inquieto no Schönbrunn, ao ver um cavalo.) À noitinha

---

[i] Pintinho = genital. Demonstrações de carinho em relação aos genitais infantis, com palavras ou também com atos, por parte de parentes carinhosos, às vezes pelos próprios pais, fazem parte de ocorrências mais comuns que são abundantes nas psicanálises. [O termo usado por Freud, "*Pischl*", provém do verbo "*pischen*", regionalismo austríaco que significa "urinar". Trata-se, no texto, de uma forma carinhosa correspondente a "*Wiwimacher*", ou seja, "xixizador". (N.T.)]

pareceu voltar a ter um ataque semelhante ao que tivera dias antes, exigindo os dengos. Acalmam-no. Ele diz chorando: 'Sei que amanhã vão de novo me obrigar a passear'; e mais tarde: 'O cavalo vai entrar no quarto'.

"No mesmo dia, a mamãe pergunta-lhe: 'Você por acaso anda pegando no xixizador?'. Ele responde: 'Sim, toda noite quando estou na cama'. No dia seguinte, 9 de janeiro, antes da sesta, foi advertido para não pegar no xixizador. Indagado após despertar, diz que só pegou lá um pouquinho."

Esse seria, portanto, o início do medo [*Angst*], assim como da fobia. Observamos que temos bons motivos para separar os dois. Inclusive o material nos parece perfeitamente adequado para servir de orientação, e, segundo nosso entendimento, não há momento mais apropriado como o estágio inicial, que, infelizmente, na maioria das vezes é negligenciado ou silenciado. A perturbação tem início com pensamentos que vão do medo ao carinho, seguidos de um sonho de medo [*Angsttraum*]. O conteúdo deste último: perder a mãe, de modo a não poder mais fazer dengo com ela. Portanto, o carinho pela mãe deve ter se intensificado enormemente. Esse é o fenômeno fundamental desse estado. Lembremos ainda, para confirmá-lo, as duas tentativas de sedução empreendidas em relação à mãe, das quais a primeira ainda ocorre no verão, e a segunda, um pouco antes da irrupção do medo das ruas,[9] contém simplesmente um elogio de seu órgão genital. É essa intensificação do carinho pela mãe que se transforma em medo, o qual, como dizemos, está sujeito ao recalcamento. Ainda não sabemos de onde provém o impulso para o recalcamento; talvez resulte simplesmente da intensidade da moção que a criança não consegue dominar, talvez também estejam agindo outras forças que ainda não reconhecemos. Mais adiante saberemos sobre isso. Esse medo, correspondente a um anseio erótico recalcado, primeiramente é, como todo medo infantil, sem objeto; ainda é medo [*Angst*], e não temor [*Furcht*]. A criança não consegue saber o que teme; e quando Hans, durante o primeiro passeio com a babá, não quer dizer o que teme, é porque justamente ele ainda não o sabe. Diz o que sabe: que na rua sente falta da mamãe, com quem pode fazer dengo, e que não quer ficar longe da mamãe. Ali revela, com toda sinceridade, o primeiro sentido de sua aversão pela rua.

Além disso, seus estados de temor ainda claramente matizados por demonstrações de carinho, que se repetiram em duas noites consecutivas antes de ir dormir, provam que, no início do adoecimento, ainda não havia uma fobia da rua, ou do passeio, ou sequer dos cavalos. Então, a situação noturna ficaria sem explicação; pois quem é que vai pensar em rua e em passeio antes de ir para a cama? Por outro lado, é perfeitamente óbvio que ele fique tão medroso à noite, se antes de ir para a cama recebe uma intensa carga de libido cujo objeto é a mãe, e cuja meta poderia ser, por exemplo, dormir junto da mãe. Por experiência própria, ele já sabe que, em Gmunden, a mãe, movida por semelhantes estados de ânimo, deixou-se convencer a pô-lo em sua cama, e ele gostaria de obter o mesmo aqui em Viena. Ao mesmo tempo, não esqueçamos que ele ficava algum tempo sozinho com a mãe em Gmunden, já que o pai não podia passar as férias inteiras lá; além disso, que naquela cidade seu carinho se dividira entre uma série de companheiros de folguedo, amigos, amigas que aqui lhe faltavam, de modo que a libido podia retornar sem ser dividida à mãe.

O medo [*Angst*] corresponde, pois, a um anseio [*Sehnsucht*] recalcado, mas não é a mesma coisa que o anseio; o recalcamento também representa algo. O anseio deixa-se transformar inteiramente em satisfação quando lhe for arranjado o objeto ansiado; no caso do medo, essa terapia [*Therapie*] não tem mais nenhuma serventia, o medo permanece – ainda que o anseio possa ser satisfeito – e não pode mais ser inteiramente retransformado em libido; a libido é retida por alguma coisa no recalcamento.[i] Pode-se ver isso em Hans no próximo passeio que a mãe faz com ele. O menino agora está com a mãe, mas acaba sentindo medo, isto é, sente um inquietante anseio por ela. Mas o medo, obviamente, é menor, e ele acaba deixando-se levar ao passeio, enquanto da outra vez obrigara a criada a voltar; ademais, a rua não é o local certo para "fazer dengos" ou qualquer outra coisa de que o pequeno apaixonado gostaria. Mas o medo passou no teste e agora precisa encontrar um objeto. Nesse passeio, primeiramente ele manifesta o temor de que um cavalo venha a mordê-lo. De onde provém o material dessa fobia? Provavelmente daqueles complexos ainda desconhecidos que contribuíram para o recalcamento e mantiveram a libido relacionada à mãe em estado de recalcamento. Ainda se trata de um enigma desse caso, cujo desenvolvimento posterior teremos agora de acompanhar para encontrarmos a explicação. O pai já nos forneceu determinados pontos de referência que provavelmente são confiáveis: que ele sempre observa os cavalos com interesse por causa de seus grandes fazedores de xixi, que ele supunha que a mamãe devia ter um xixizador como o de um cavalo etc. Desse modo, poder-se-ia pensar que o cavalo seria apenas um

---

[i] Honestamente falando, chamamos um sentimento de angústia e anseio de angústia patológica a partir do momento em que ele não puder mais ser eliminado através do suprimento do objeto ansiado.

substituto da mamãe. Mas o que significa o fato de Hans, à noite, manifestar seu temor de que um cavalo entraria no quarto? Uma ideia boba de uma criança pequena medrosa, dirão alguns. Porém, a neurose não diz nada que seja tolo, tampouco o sonho o faria menos. Daí sempre xingarmos quando não entendemos nada. É uma maneira de tornar a tarefa mais fácil.

Diante dessa tentação, precisamos ainda nos guardar em outro ponto. Hans confessou que toda noite, antes de adormecer, ocupa-se com seu pênis buscando prazer. Ora, o médico praticante dirá com prazer que agora está tudo esclarecido. O menino está se masturbando, daí a angústia [*Angst*]. Calma! O fato de a criança produzir sensações de prazer através da masturbação absolutamente não nos explica sua angústia. Talvez até a torne bem mais enigmática. Situações de angústia [*Angstzustände*] não são provocadas por masturbação, muito menos por satisfação. Ao mesmo tempo, temos o direito de supor que nosso Hans, que está agora com 4 anos e 9 meses, certamente há um ano já se permite esse deleite todas as noites (p. 176), e veremos que justamente agora ele está lutando para perder esse hábito, o que combina melhor com o recalcamento e a formação de angústia.

Também precisamos tomar partido pela boa mãe, que decerto também é muito cuidadosa. O pai a acusa, aparentemente não sem alguma razão, de ter causado a irrupção da neurose devido ao excesso de carinho e à boa-vontade — demasiadamente frequente — de pôr o menino na cama; poderíamos igualmente censurá-la por ter acelerado o ingresso do recalcamento, ao rebater energicamente os galanteios do menino ("isso é impróprio"). Todavia, a mãe desempenha um papel determinado pelo destino e está em uma situação difícil.

Combino com o pai que ele diria ao menino que aquilo com os cavalos é uma tolice, não mais que isso. A verdade é que ele gosta muito da mamãe e quer que ela o leve para a cama. Que por ter se interessado tanto pelo xixizador do cavalo, ele agora estaria com medo dos cavalos. Que ele teria notado que não é certo dedicar-se com tanta intensidade ao xixizador, mesmo sendo o seu próprio, e que essa seria uma visão bem correta. Também sugeri ao pai que fosse pela via do esclarecimento sexual. Como nós tínhamos o direito de supor, com base na história prévia do menino, que sua libido estaria aderida ao desejo de ver o xixizador da mamãe, o pai então deveria subtrair-lhe essa meta, comunicando-lhe que a mamãe e todos os outros seres femininos, como ele bem devia saber pela Hanna, – não possuem um xixizador. Este último esclarecimento deveria ser dado na ocasião oportuna e estar em ligação com alguma pergunta ou manifestação de Hans.

As próximas notícias sobre nosso Hans abrangem o período do dia 1º ao 17 de março. Logo será explicado o motivo desse intervalo de mais de um mês.

"O período de esclarecimento[i] foi seguido por uma fase mais tranquila, na qual Hans, sem maiores dificuldades, é levado ao Stadtpark todos os dias para passear. Cada vez mais, seu temor de cavalos se transforma na obsessão por observar cavalos. Afirma: 'Preciso olhar os cavalos e aí me assustar'.

---

[i] No tocante ao significado de seu medo; até aqui ainda nada acerca do xixizador das mulheres.

"Após uma gripe que o deixa preso à cama durante duas semanas, a fobia volta a se intensificar tanto que não conseguem fazê-lo sair para passear; no máximo vai até a sacada. Toda semana aos domingos, vai comigo a Lainz,[i] porque nesse dia se veem poucos coches na rua, e ele só tem de percorrer um curto trecho até à estação ferroviária. Certa vez, em Lainz, recusa-se a sair do jardim para passear, porque há um coche parado em frente ao jardim. Após mais uma semana que precisou ficar em casa, pois suas amígdalas foram operadas, a fobia se intensifica novamente. Chega a ir à sacada, mas não sai para passear, ou seja, mal alcança o portão do prédio, já retorna rapidinho.

"Domingo, 1º de março, no caminho para a estação ferroviária, desenvolve-se a seguinte conversa: mais uma vez tento explicar-lhe que cavalos não mordem. Ele: 'Mas cavalos brancos mordem; em Gmunden há um cavalo branco que morde. Quando a gente estica os dedos, ele morde'. (Ocorre-me que ele diz 'os dedos', e não 'a mão'.) Em seguida, conta a seguinte história, que aqui reproduzo de maneira coerente: 'Quando Lizzi precisou ir embora, tinha um carro com um cavalo branco em frente da casa dela, que ia levar a bagagem pra estação. (Segundo ele me conta, Lizzi é uma menina que morava em uma casa da vizinhança.) O pai dela estava parado bem próximo ao cavalo, e o cavalo virou a cabeça (para tocá-lo), e então o pai disse à Lizzi: *Não ponha os dedos no cavalo branco, senão ele te morde*'. Retruco: 'Olha, me parece que você não está falando de nenhum cavalo, mas de um xixizador no qual a gente não deve pôr a mão'.

"Ele: 'Mas um xixizador nem morde'.

---

[i] Subúrbio de Viena onde moram os avós de Hans.

"Eu: 'Talvez até morda', ao que ele vivamente quer provar-me, que realmente era um cavalo branco.[i]

"No dia 2 de março, como mais uma vez está com medo, digo-lhe: 'Sabe de uma coisa? Aquela bobagem' – é assim que ele chama sua fobia – 'vai ficar mais fraca se você sair mais vezes para passear. Ela agora está forte assim porque você não saiu de casa, pois estava doente'.

Ele: 'Nada disso, ela 'tá forte assim porque toda noite eu continuo pondo a mão lá no xixizador'."

Médico e paciente, pai e filho coincidem, portanto, ao atribuírem ao hábito da masturbação a função principal na patogênese do atual estado clínico. Não obstante, indícios não faltam da importância de outros fatores.

"No dia 3 de março, chegou uma nova empregada à nossa casa que logo desperta seu deleite. Como ela o deixa ficar sentado em suas costas enquanto limpa o cômodo, ele só a chama de 'meu cavalo' e sempre a agarra pela saia, gritando: 'eia!'. Por volta do dia 10, ele diz à empregada: 'Se você fizer isso assim ou assado, vai ter de tirar a roupa, e a camisola também'. (Está se referindo ao castigo, mas é fácil reconhecer, por trás disso, o desejo.)

"Ela: 'Mas o que é que é isso? Assim vou pensar que meu dinheiro não dá pra comprar roupa'.

"Ele: 'Pois imagine a vergonha, vai dar pra gente ver o xixizador'.

"A velha curiosidade lançada sobre um novo objeto e, como convém aos tempos de recalcamento, encoberta por uma tendência moralizante!

---

[i] O pai não tem motivo para duvidar de que Hans tenha contado um acontecimento real. – Inclusive, as sensações de coceira na glande que normalmente levam as crianças a tocarem essa região em geral são descritas com estas palavras: "*Está me mordendo*".

"No dia 13 de março, já de manhã cedo, digo ao Hans: 'Sabe de uma coisa, se você não puser mais a mão lá no xixizador, a bobagem vai ficar cada vez mais fraca'.

"Hans: 'Mas eu nem estou pondo mais a mão lá no xixizador'.

"Eu: 'Mas bem que você continua querendo pôr a mão lá'.

"Hans: 'Sim, mas 'querer' não é 'fazer', e 'fazer' não é 'querer'" (!!)

"Eu: 'Mas para que você não vá querer, hoje vou lhe dar um saco de dormir'.

"Em seguida vamos para a frente do prédio. Embora temeroso, diz, visivelmente fortalecido pela perspectiva de ter a luta facilitada: 'Amanhã, quando eu tiver o saco, a bobagem já terá passado'. Realmente está sentindo *muito* menos medo de cavalos e, bastante tranquilo, deixa os coches passarem.

"No domingo seguinte, 15 de março, Hans prometera ir comigo a Lainz. Primeiro se revolta, mas por fim acaba indo comigo. Como há poucos coches circulando, sente-se bem a olhos vistos e comenta: 'Foi inteligente Deus já ter soltado o cavalo'. No caminho, explico-lhe que sua irmã não tem xixizador como ele. Meninas e mulheres adultas não têm xixizador. A mamãe não tem um, a Anna também não etc.

"Hans: 'Você tem um xixizador?'.

"Eu: 'Mas é claro. Mas o que você pensou?.'

"Hans: (após uma pausa) 'Mas como é que as meninas fazem xixi se elas não têm nenhum xixizador?'.

"Eu: 'Elas não têm um xixizador como o seu. Você ainda não viu quando a Hanna estava sendo banhada?'.

"Passa o dia inteiro muito alegre, anda de trenó etc. Somente à noitinha volta a ficar mal-humorado e parece temer os cavalos.

"À noite, o acesso nervoso e a necessidade de fazer dengo estão mais fracos que em dias anteriores. No dia seguinte, a mamãe o leva consigo à cidade, onde é tomado por um grande temor na rua. No próximo dia, fica em casa, mostrando-se muito alegre. Na manhã seguinte, acorda medroso [*ängstlich*] por volta das 6 horas. Ao ser indagado sobre o que está havendo, conta: 'Pus o dedo bem pouquinho lá no xixizador. Aí eu vi a mamãe toda nua de camisola, e o xixizador 'tava aparecendo. Mostrei à Grete,[i] à minha Grete, o que a mamãe está fazendo, e mostrei a ela meu xixizador. Aí eu tirei rápido a mão do xixizador'. Quando objetei que só podia ser: *ou* de camisola *ou* toda nua, Hans diz: 'Ela estava de camisola, mas era tão curta que eu vi o xixizador'."

Isso tudo não é um sonho, mas uma fantasia masturbatória, aliás, equivalente a um sonho. Aquilo que Hans faz a mamãe fazer serve, evidentemente, como sua própria justificativa: "Se a mamãe mostra o xixizador, eu também posso fazê-lo".

Dessa fantasia podemos reconhecer dois pontos: em primeiro lugar, que a repreensão da mãe àquela época produzira um forte efeito sobre ele; em segundo lugar, que ele inicialmente não aceita o esclarecimento de que mulheres não têm xixizador. Ele lamenta que deva ser assim e o mantém firme na fantasia. Talvez também tenha seus motivos para, por enquanto, negar-se a acreditar no pai.

---

[i] Grete é uma das meninas de Gmunden, com quem Hans está fantasiando justamente agora; ele fala e brinca com ela.

Relatório semanal do pai: "Prezado Sr. Professor! Segue anexa a continuação da história de nosso Hans, um trecho bastante interessante. Permita-me procurá-lo segunda-feira no consultório, e possivelmente leve o Hans – supondo-se que ele vá. Hoje lhe perguntei: 'Você quer ir comigo, segunda-feira, até o professor que pode lhe tirar essa bobagem?'.

"Ele: 'Não'.

"Eu: 'Mas ele tem uma menina muito bonita'. – Em seguida ele concordou de bom grado e alegremente.

"Domingo, 22 de março. Para ampliar o programa de domingo, proponho a Hans primeiramente irmos ao Schönbrunn e somente ao meio-dia partirmos de lá para Lainz. Portanto, ele precisava percorrer a pé não apenas o caminho de casa até a estação de trem urbano Hauptzollamt, mas também da estação de Hietzing até o Schönbrunn, e de lá de volta até a estação de bondes a vapor de Hietzing, o que acabou conseguindo fazer desta maneira: quando vinham cavalos, imediatamente olhava para o lado, pois, ao que parece, estava se sentindo amedrontado. Ao desviar os olhos, estava seguindo um conselho da mamãe.

"No Schönbrunn, mostra temor diante de animais para os quais antes olhava destemidamente. Assim, absolutamente não quer entrar na área onde se encontra a *girafa*, também não quer ir ver o elefante, que antes o divertia tanto. Sente temor de todos os animais grandes, ao passo que se diverte muito com os pequenos. Entre os pássaros, dessa vez teme o pelicano, coisa que antes nunca fizera, provavelmente também por causa do seu tamanho.

"Então digo a Hans: 'Você sabe por que você teme os grandes animais? Grandes animais têm um xixizador grande, e você na verdade teme é o xixizador grande'.

"Hans: 'Mas eu nunca vi o xixizador dos grandes animais'.[i]

"Eu: 'Mas do cavalo sim, e o cavalo também é um grande animal'.

"Hans: 'Ah, do cavalo várias vezes. Uma vez em Gmunden, quando o coche estava em frente à casa, outra vez em frente à alfândega'.

"Eu: 'Quando você era pequeno, talvez você tenha entrado em um estábulo lá em Gmunden...'.

"Hans (interrompendo): 'Sim, todos os dias, quando os cavalos estavam chegando em casa, eu entrava no estábulo'.

"Eu: '– e talvez tenha ficado assustado quando alguma vez você viu o grande xixizador do cavalo, mas isso você não precisa temer. Animais grandes têm xixizadores grandes, e animais pequenos, xixizadores pequenos'.

"Hans: 'E todos os humanos têm xixizador, e o xixizador vai crescer comigo, quando eu ficar maior; é que ele cresce grudado'.

"Assim terminou a conversa. Nos dias seguintes, o temor parece novamente um pouco maior; ele mal se arrisca a ir até a porta da frente, aonde o levam após o almoço."

A última fala de consolo de Hans lança luz sobre a situação e permite-nos corrigir um pouco as afirmações do pai. É verdade que ele tem medo na presença de grandes animais, porque é levado a pensar no xixizador grande dos bichos, mas realmente não se pode afirmar que ele tema o xixizador grande propriamente dito. Sua representação

---

[i] Essa afirmação é falsa. Compare-se a sua exclamação junto à jaula do leão, p. 177. Provavelmente um esquecimento inicial em consequência do recalcamento.

deste tinha antes um apelo decididamente sensual, e ele esforçava-se, com todo fervor, para conseguir ter a visão de um. Desde então, esse deleite foi-lhe travestido pela reversão geral de prazer em desprazer, a qual – de modo ainda não explicado – atingiu toda a sua investigação sexual e, o que ainda nos é mais evidente, por determinadas experiências e ponderações que levaram a resultados desagradáveis. De seu consolo: o xixizador vai crescer junto comigo quando eu for maior, pode-se concluir que ele, em suas observações, nunca deixou de fazer comparações e ficou muito insatisfeito com o tamanho de seu próprio xixizador. Os grandes animais recordam-lhe esse "defeito", por isso lhe são desagradáveis. Mas porque todo esse movimento de pensamento provavelmente não pode se tornar claramente consciente, também esse sentimento desagradável se transforma em medo [*Angst*], de forma que seu atual medo se constrói sobre o antigo prazer, bem como sobre o atual desprazer. Uma vez estabelecido o estado de medo, o medo então exaure todas as outras sensações; com o avanço do recalcamento, à medida que as representações carregadas de afetos que já tinham sido conscientes são empurradas para o inconsciente, todos os afetos podem vir a se transformar em medo.

O comentário peculiar de Hans: "é que ele tá grudado" leva-nos, no contexto do consolo, a supor muitas coisas que ele não consegue exprimir e tampouco exprimiu nesta análise. Com base em minhas experiências nas análises de adultos, vou completar aqui um trecho, mas espero que essa inserção não seja julgada como violenta e arbitrária. "É que ele tá grudado": se isso é pensado como desafio e consolo, então leva a pensar na antiga ameaça da mãe de que cortaria fora o xixizador do menino, se ele continuasse a brincar com ele. Àquela época, quando ele estava com 3 anos e meio, essa ameaça permaneceu sem efeito. Sem se alterar, respondeu que então faria xixi com o bumbum. Seria, sem dúvida, a conduta típica, se a ameaça com a castração viesse a fazer efeito agora, *a posteriori*,[10] e se ele agora, um ano e três meses mais tarde, estivesse dominado pelo medo de perder a valiosa porção de seu Eu. Podem-se observar tais efeitos *a posteriori* de ordens e ameaças na infância em outros casos de adoecimento, nos quais o intervalo também chega a abranger decênios ou até mais. Até conheço casos em que a *"obediência a posteriori"* do recalcamento constitui a parte essencial na determinação dos sintomas da doença.

O esclarecimento que Hans recebeu recentemente de que mulheres realmente não têm xixizador só pode ter tido um efeito devastador sobre sua autoconfiança e um efeito inspirador sobre o complexo de castração. Por esse motivo, também resistiu ao esclarecimento, e por essa razão essa comunicação não produziu nenhum êxito terapêutico: Será que então deve realmente haver seres vivos que não têm xixizador? Então já não seria algo tão inacreditável que lhe pudessem arrancar o xixizador, transformando-o, por assim dizer, em uma mulher![i]

---

[i] Não posso interromper a análise o bastante para demonstrar o quanto há de característico nesses cursos de pensamento que aqui atribuo ao pequeno Hans. O complexo de castração é a raiz mais profunda do antissemitismo, pois já no berçário o menino ouve falar que algo será cortado do pênis do judeu – ele acha que é um pedaço do pênis –, e isso lhe dá o direito de desprezar o judeu. A superioridade em relação à mulher também não tem uma raiz inconsciente mais forte. Weininger, aquele filósofo altamente talentoso e sexualmente perturbado, que após ter escrito seu notável livro *Geschlecht und Charakter* [Sexo e caráter] pôs fim à própria vida, abordou, em um capítulo muito comentado, o judeu e a mulher com o mesmo grau de hostilidade, reservando-lhes os mesmos insultos. Enquanto neurótico, Weininger se encontrava sob o total domínio de complexos infantis; a relação com o complexo de castração é o que há de comum ao judeu e à mulher.

"Na madrugada do dia 27 para o dia 28, Hans surpreende-nos ao se levantar de sua cama no meio da escuridão e vir juntar-se a nós na cama. Um gabinete separa seu dormitório do nosso. Perguntamos-lhe o motivo, se ele por acaso teria se assustado. Responde: 'Não, amanhã eu digo', adormece em nossa cama e em seguida é carregado de volta a seu quarto.

"No dia seguinte o interrogo, para saber o motivo de ele ter ido no meio da madrugada até nossa cama, e, após certa relutância, desenvolve-se o seguinte diálogo de que logo tomo registro estenográfico:

"Ele: *De madrugada, tinha uma girafa grande e uma girafa amassada no quarto, e a grande ficou gritando porque eu tirei dela a amassada. Aí ela parou de gritar, e aí eu me sentei em cima da girafa amassada*'. [11]

"Eu, espantado: 'O quê? Uma girafa amassada? Como era isso?'.

"Ele: 'Sim'. (Pega rapidamente um pedaço de papel, amassa-o e me diz:) 'Ela 'tava amassada assim'.

"Eu: 'E você se sentou em cima da girafa amassada? Como?'.

"Volta a fazer a demonstração, sentando-se no chão.

"Eu: 'Por que você entrou no quarto?'.

"Ele: 'Eu mesmo não sei'.

"Eu: 'Você estava assustado?.'

"Ele: 'Não, claro que não'.

"Eu: 'Você sonhou com as girafas?'.

"Ele: 'Não, não sonhei; eu pensei isso – tudo fui eu que pensei – eu já tinha me levantado mais cedo'.

"Eu: 'Mas o que é mesmo uma girafa amassada? Você sabe muito bem que a gente não pode amassar uma girafa como um pedaço de papel'. Ele: 'Sei sim. Foi só uma coisa que eu imaginei. Isso é coisa que nem existe no mundo.[i] A girafa amassada deitou-se todinha no chão, e eu a tirei de lá, peguei ela com as minhas mãos'.

"Eu: 'O quê? E dá para pegar uma girafa grande como essa com as mãos?'.

"Ele: 'A amassada eu peguei com a mão'.

"Eu: 'E nessa hora onde é que andava a grande?'.

"Ele: 'A grande só ficou em pé mais pra longe'.

"Eu: 'O que foi que você fez com a amassada?'.

"Ele: 'Segurei um pouquinho a mão dela até a grande parar de gritar, e aí, depois de a grande parar de gritar, eu me sentei em cima'.

"Eu: 'Por que a grande gritou?'.

"Ele: 'Porque eu tomei a girafa pequena dela'. (Percebe que estou tomando nota de tudo e pergunta: 'Por que é que você 'tá anotando?'.)

"Eu: 'Porque vou enviar isso a um professor que vai poder tirar essa "bobagem" de você'.

"Ele: 'Arrá, então você só pode ter escrito aí que a mamãe tirou a camisola, e você também vai dar isso pro professor'.

"Eu: 'Sim, mas ele não vai entender, ao contrário do que você acredita, que é possível amassar uma girafa'.

"Ele: 'É só dizer pra ele que eu mesmo não sei, aí ele não vai perguntar; mas se ele perguntar o que é a girafa amassada, ele pode escrever pra gente, e aí escrevemos de volta ou escrevemos agora mesmo, eu mesmo não sei'.

"Eu: 'Mas por que você veio na madrugada?'.

"Ele: 'Não sei'.

---

[i] Hans diz isso certamente em sua própria linguagem, era fantasia sua.

"Eu: 'Diga aí bem rápido em que você está pensando agora'.

"Ele (brincando):
'Num suco de framboesa'.   }
"Eu: 'Em que mais?'.   } Seus desejos
"Ele: 'Uma arma de fogo
pra matar'.[i]   }
"Eu: 'Tem certeza de que não sonhou isso?'.

"Ele: 'Claro que eu não sonhei; não, eu sei muito bem'.

"Ele continua a falar: 'A mamãe me pediu várias vezes pra eu contar pra ela por que eu fui pra lá de madrugada. Mas eu não quis dizer, porque primeiro eu fiquei com vergonha da mamãe'.

"Eu: 'Por quê?'

"Ele: 'Isso eu não sei'.

"Realmente minha mulher ficou a manhã toda investigando até ele contar a história da girafa."

No mesmo dia, o pai encontra a explicação para a fantasia com as girafas.

"A girafa grande sou eu, ou seja, o grande pênis (o pescoço comprido), a girafa amassada é minha mulher, ou seja, seu membro, o que é, portanto, o resultado do esclarecimento.

"Girafa: *vide* excursão ao Schönbrunn. Inclusive, ele tem um desenho de uma girafa e um elefante pendurado acima de sua cama.

"Esse relato todo é a reprodução de uma cena que tem se repetido quase toda manhã nos últimos dias.

---

[i] Em meio à sua perplexidade, o pai tenta praticar aqui a técnica clássica da psicanálise. Esta não leva muito longe, mas pode fazer sentido à luz de revelações ulteriores.

Cedinho, o Hans sempre vai ao nosso quarto, e minha esposa não consegue deixar de colocá-lo na cama junto de si por alguns minutos. Por isso sempre busco adverti-la de que não deveria colocá-lo do seu lado na cama ('a grande estava gritando porque eu tirei dela a amassada'), e ela revida de vez em quando, visivelmente irritada, que isso é um absurdo, um minuto de nada é irrelevante etc. Hans fica então uns breves instantes com ela. ('Aí a girafa grande parou de gritar, e eu então sentei em cima da girafa amassada'.)

"Portanto, a solução dessa cena conjugal transposta para a vida das girafas é: em plena madrugada ele ficou com saudades da mamãe, de seus afagos, de seu membro, e por isso entrou em nosso dormitório. Toda essa história é a continuação do temor de cavalo."

À interpretação perspicaz do pai eu só teria o seguinte a acrescentar: "*sentar* em cima de" [Drauf*setzen*] é provavelmente a representação que Hans faz do ato de tomar *posse* [*Besitzergreifen*]. Trata-se, como um todo, de uma fantasia de desafio, associada à satisfação pela vitória sobre a resistência paterna. "Grite o quanto quiser, a mamãe de qualquer maneira me recebe na cama, e a mamãe me pertence". Por trás dessa fantasia, pode-se corretamente imaginar, portanto, o que supõe o pai: o medo de que a mamãe não goste dele porque seu xixizador não pode se comparar ao do pai.

Na manhã seguinte, o pai recebe a confirmação de sua interpretação.

"Domingo, 29 de março, vou com Hans a Lainz. À porta, despeço-me de minha esposa com uma brincadeira: 'Adeus, girafa grande'. Hans pergunta: 'Por que girafa?'. Ao que eu respondo: 'A mamãe é a girafa grande', ao que Hans reage: 'Né mesmo? E a Hanna é a girafa amassada?'.

"No trem explico-lhe a fantasia da girafa, ao que ele diz: 'Sim, isso 'tá certo'; e quando eu lhe digo que sou a girafa grande, que o pescoço comprido lhe havia lembrado um xixizador, ele retruca: 'A mamãe também tem um pescoço como o da girafa, eu vi quando ela estava lavando o pescoço branco'.[i]

"Na segunda-feira, 30 de março, de manhã cedo, Hans vem até mim e diz: 'Papai, hoje pensei duas coisas. A primeira? Eu 'tava com você no Schönbrunn perto das ovelhas, e aí nós nos arrastamos por baixo das cordas e depois contamos isso pro vigia na entrada do zoológico, e aí ele nos prendeu'. A segunda coisa ele esqueceu.

"Meu comentário a esse respeito: Quando estávamos indo ver as ovelhas no domingo, essa área estava interditada com uma corda, de modo que não conseguimos ir até lá. Hans ficou muito surpreso ao ver que se interdita uma área apenas com uma corda, por baixo da qual as pessoas facilmente podem se esgueirar. Disse-lhe que pessoas decentes não passam por baixo da corda. Ele achou que isso era uma coisa muito fácil, e retruquei que poderia então aparecer um vigia e nos levar. Na entrada do Schönbrunn, há um soldado da guarda, e certa vez eu disse a Hans que esse homem prende crianças malcomportadas.

"Após retornar da visita que fiz ao senhor, ocorrida naquele mesmo dia, Hans ainda confessou certa vontade de fazer coisas proibidas. 'Papai, hoje cedo pensei de novo uma coisa'. 'O quê?' 'Eu 'tava andando de trem com você, e nós quebramos uma janela, e aí o vigia nos levou'."

---

[i] Hans confirma apenas a interpretação de que as duas girafas seriam o pai e a mãe, mas não o simbolismo sexual, que pretende ver na própria girafa uma representação do pênis. É provável que esse simbolismo esteja correto, mas realmente não se pode exigir mais do Hans.

A continuação correta da fantasia com as girafas. Ele intui que é proibido tomar posse de sua mãe; esbarrou na barreira do incesto. Porém, ele considera isso proibido em si. Nas travessuras proibidas que executa em suas fantasias, o pai sempre está presente e é preso juntamente a ele. Em sua opinião, o pai também faz com a mãe aquela coisa enigmática proibida que ele substitui para si mesmo por algo violento, como quebrar o vidro de uma janela ou penetrar um recinto fechado.

Nessa mesma tarde, pai e filho estiveram em meu consultório médico. Eu já conhecia aquele pimpolho brincalhão e sempre ficava feliz em revê-lo, um menino que, em meio a toda sua autoconfiança, esbanjava amabilidade. Se ainda se lembrava de mim, não sei, mas se comportou impecavelmente, como um membro muito sensato da sociedade humana. A consulta foi breve. O pai começou dizendo que o medo de cavalos,[12] apesar de todos os esclarecimentos, ainda não diminuíra. Tivemos de admitir que eram pouco abundantes as relações entre os cavalos que o amedrontavam e as reveladas moções carinhosas pela mãe. Detalhes, como os que acabei de saber agora, de que ele fica particularmente incomodado com aquilo que os cavalos têm diante dos olhos e com a coisa preta em volta da boca, certamente não poderiam ser explicados com base no que sabíamos. Mas quando vi os dois sentados diante de mim enquanto escutava a descrição de seu medo de cavalos, atingiu-me a consciência outra parte da elucidação, que eu compreendi que podia ter passado despercebida justamente ao pai. Perguntei a Hans em um tom brincalhão se seus cavalos usam óculos, e ele respondeu que não; em seguida, se seu pai usa óculos, o que ele, contrariando as evidências, também negou; se aquilo que ele chamava de coisa preta em volta da "boca" seria o bigode; e em seguida lhe revelei que ele temia o pai, justamente por gostar tanto da mãe. E eu ainda lhe disse que na verdade ele devia estar acreditando que o pai estava com raiva por causa disso, mas que isso não era verdade, pois o pai gosta mesmo dele, e que ele podia confessar tudo ao pai sem temor. Que muito tempo antes de ele nascer eu já havia ficado sabendo que chegaria um pequeno Hans que amaria tanto sua mãe, a ponto de precisar temer o pai, e que isso eu havia contado a seu pai. "Por que é que você acha que estou bravo com você?", interrompeu-me o pai, "alguma vez eu ralhei com você ou bati em você?" "Ah, sim, você me bateu, sim", corrigiu Hans. "Não é verdade. Pois então quando?" "Hoje pela manhã", advertiu o menino, e o pai lembrou-se de que Hans, de forma totalmente inesperada, bateu a cabeça contra sua barriga, ao que o pai, como um reflexo, deu-lhe uma palmada. É digno de nota ele não ter registrado esse detalhe no contexto na neurose; mas agora ele entendia isso como expressão da disposição hostil do menino para com ele, talvez também como manifestação da necessidade em troca um castigo.[i]

No caminho de casa, Hans perguntou ao pai: "O professor fala com o querido Deus pra poder ficar sabendo de tudo antes?". Eu ficaria extremamente envaidecido por esse reconhecimento vindo da boca de uma criança, se eu mesmo não tivesse provocado o elogio com minhas jocosas gabolices. A partir dessa consulta, passei a receber relatórios quase diários sobre as mudanças no estado do pequeno paciente. Não era de se esperar que ele, através de minha comunicação, de um só golpe pudesse deixar de

---

[i] Posteriormente, o garoto repetiu esse ato contra o pai de modo mais claro e completo, dando primeiramente um tapa na mão do pai, e depois beijando carinhosamente a mesma mão.

sentir medo, mas se podia notar que agora lhe fora dada a possibilidade de manifestar suas produções inconscientes e resolver sua fobia. A partir desse momento, ele passou a seguir um programa que eu podia comunicar a seu pai com antecedência.

"No dia 2 de abril, foi constatada a *primeira melhoria considerável*. Enquanto até essa data não era possível fazê-lo ficar certo tempo em frente ao portão do prédio, e sempre que apareciam cavalos ele corria de volta para dentro do prédio com todos os sinais de terror, dessa vez ele permanece uma hora na frente do portão, até mesmo quando estão passando coches, coisa que acontece com bastante frequência por aqui. De vez em quando corre para dentro do prédio, ao ver um coche vindo ainda longe, mas logo volta atrás, como se tivesse mudado de ideia. Em todo caso, ainda resta apenas um resquício de medo, não se podendo negar o progresso desde o esclarecimento.

"À noitinha, ele diz: Como já vamos lá pra frente do portão do prédio, vamos também ao Stadtpark.

"No dia 3 de abril, vem cedinho para junto de mim na cama, coisa que não havia mais feito nos últimos dias, e até parecia orgulhoso dessa renúncia. Pergunto: 'Por que foi mesmo que hoje você veio para cá?'.

"Hans: 'Quando eu não ficar assustado, não virei mais'.

"Eu: 'Então você vem aqui para junto de mim porque está assustado?'.

"Hans: 'Quando eu não 'tô do seu lado, fico assustado; quando não 'tô junto de você na cama, aí eu fico assustado. Só quando eu não ficar mais assustado não virei mais'.

"Eu: 'Então você gosta de mim e fica aflito quando está em sua cama cedinho, por isso vem para minha cama?'.

"Hans: 'Sim. Por que foi que você me disse que eu gosto da *mamãe* e que por isso eu fico assustado, se eu gosto de *você*?'."

Aqui o garoto demonstra uma lucidez realmente superior. Dá a entender que nele, o amor pelo pai luta contra a hostilidade pelo pai em consequência de seu papel de rival em relação à mãe; e repreende o pai por, até então, não ter chamado sua atenção para esse jogo de poder que acabou desembocando em angústia. O pai ainda não o entende por completo, pois só durante essa conversa é que adquire a convicção da hostilidade do menino contra ele, fato que eu já afirmara em nossa consulta. O que se segue, que comunico sem nenhuma alteração, é na verdade mais importante para o esclarecimento do pai do que para o pequeno paciente.

"Infelizmente, não foi de imediato que entendi o significado dessa objeção. Como Hans gosta da mãe, certamente quer me ver longe, pois então estará no lugar do pai. Esse desejo hostil reprimido [*unterdrückte*] torna-se medo [*Angst*] do pai, e de manhã cedo vem até mim para ver se fui embora. Nesse momento, infelizmente eu ainda não havia compreendido isso e digo-lhe:

"'Quando você está sozinho, acaba ficando aflito por mim e então vem me procurar'.

"Hans: 'Quando você está fora, temo é que você não volte pra casa'.

"Eu: 'Alguma vez eu ameacei você dizendo que não voltava pra casa?'.

"Hans: 'Você não, mas a mamãe, sim. A mamãe me disse que ela não volta mais'. (É provável que ele tenha se comportado mal, e ela o ameaçou dizendo que iria embora.)

"Eu: 'Ela disse isso porque você se comportou mal'.

"Hans: 'Foi'.

"Eu: 'Você teme então é que eu vá embora porque você se comportou mal e por isso você me procura'.

"Durante o café da manhã, levanto-me da mesa, e Hans diz: Papai, não *corra* daqui! Fico surpreso por ele usar 'correr' [*renn*] em vez de 'andar' [*lauf*] e retruco: Nossa! Seu medo é que o cavalo saia correndo de perto de você. Ele acaba rindo."

Sabemos que essa parte do medo de Hans é duplamente constituída: o medo do pai e o medo pelo pai. O primeiro tem sua origem na hostilidade contra o pai, o outro, no conflito entre o carinho, que aqui é reativamente exagerado, e a hostilidade.

O pai continua: "Sem dúvida, isso é o início de uma importante fase. O fato de ele ousar ir, no máximo, até a parte da frente do prédio, mas sem sair do prédio, o fato de ele, na primeira ocorrência de medo [*Angst*], voltar da metade do caminho, tudo isso é motivado pelo temor de não encontrar os pais em casa, por terem ido embora. Aferra-se ao prédio por amor à mãe, teme que eu vá embora devido a desejos hostis contra mim, e então ele seria o pai.

"Durante o verão, fiz várias vezes o trajeto de Gmunden a Viena por motivos profissionais, e ele então era o pai. Gostaria de lembrar aqui que o medo de cavalos está ligado ao evento ocorrido em Gmunden, quando um cavalo deveria carregar a bagagem de Lizzi até a estação ferroviária. O desejo recalcado de que eu devesse ir até a estação, pois assim ele ficaria sozinho com a mãe ('o cavalo devia ir embora'), acaba tornando-se o medo da partida dos cavalos, e realmente nada lhe causa mais medo do que o momento em que sai um coche do pátio da alfândega, localizado defronte a nosso apartamento, e cavalos começam a se locomover.

"Essa nova fase (inclinações hostis contra o pai) só pôde aparecer depois de ele ficar sabendo que eu não fico bravo por ele gostar tanto da mãe.

"À tarde, mais uma vez vou com ele até em frente ao portão do prédio; mais uma vez ele vai para a frente do prédio e permanece lá inclusive quando passavam coches; só tem medo de determinados coches, quando então sai correndo e entra no corredor do prédio. Também me explica: 'Nem todos os cavalos brancos mordem'; ou seja: através da análise, alguns cavalos brancos já foram reconhecidos como 'papai', eles não mordem mais, só que ainda restam outros que mordem.

"Em frente ao portão do nosso prédio, o mapa da área é o seguinte: defronte fica o depósito da coletoria de impostos sobre gêneros alimentícios, que tem uma rampa usada para carga e descarga, onde o dia todo passam coches que vêm buscar caixotes e coisas do gênero. Um gradil serve de cerca entre a rua e esse pátio. Confrontando com nosso apartamento, fica o portão de entrada para o pátio (Fig. 2). Há alguns dias venho observando que Hans fica particularmente assustado quando coches entram ou saem do pátio e precisam fazer uma conversão.

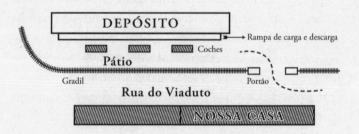

Fig. 2

"Então lhe perguntei por que fica tão assustado e obtive esta resposta: 'Temo é que os cavalos levem um tombo quando o coche virar' (A). Assusta-se da mesma forma quando coches que estão junto à rampa de carregamento de repente entram em movimento para seguir viagem (B). Além disso, assusta-se com (C) grandes cavalos de carga, mais do que com pequenos cavalos, mais com cavalos rústicos do que com cavalos elegantes (p. ex. os dos fiacres[13]). Também fica mais assustado quando um coche passa bem rapidamente (D) do que quando os cavalos passam trotando. É óbvio que essas diferenciações surgiram nitidamente apenas nos últimos dias."

Gostaria de declarar que, em consequência da análise, não apenas o paciente ganhou mais coragem e ousa mostrar-se, mas também sua fobia.

"No dia 5 de abril Hans volta a entrar em nosso dormitório e é mandado de volta a seu quarto. Digo-lhe: 'Enquanto você ficar entrando de manhã cedo em nosso quarto, seu medo de cavalos não vai melhorar'. Mas ele desafia e responde: 'Pois eu vou continuar vindo, mesmo estando assustado'. Não quer, portanto, deixar-se proibir de visitar a mamãe.

"Combinamos de descer após o café da manhã. Hans já fica todo alegre e planeja que, em vez de ficar diante do portão do prédio, como de costume, vai cruzar a rua para ir ao pátio onde já viu várias vezes meninos de rua brincando. Digo-lhe que ficarei contente se ele atravessar a rua para ir até lá e aproveito a oportunidade para perguntar por que ele se assusta tanto quando os coches carregados começam a se locomover na rampa de carregamento (B).

"Hans: 'Tenho medo, se eu 'tiver perto do coche, dele sair bem rápido, e também de eu estar lá em cima e, se eu quiser passar pra tábua (a rampa de carregamento), o coche acabar me levando embora'.

"Eu: 'E se o coche estiver parado? Aí você não se assusta? E por que não?'.

"Hans: 'Se o coche estiver parado, subo bem rápido nele e aí passo pra cima da tábua'.

"(Portanto, Hans planeja subir até a rampa de carregamento passando pelo coche, e teme que o coche parta quando ele estiver na parte de cima.)

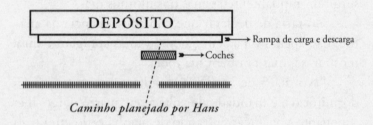

Fig. 3

"Eu: 'Será que você tem medo de não voltar mais para casa se o coche partir e você for junto?'.

"Hans: 'Nada disso; eu sempre vou poder ir lá pra mamãe, de coche ou de fiacre. Pois eu também sei dizer a ele o número do prédio'.

"Eu: 'Então por que é mesmo que fica assustado?'.

"Hans: 'Eu não sei, mas o professor deve saber. Você acha que ele vai saber isso?'.

"Eu: 'Por que é mesmo que você quer subir na tábua?'.

"Hans: 'Porque ainda nunca fui lá em cima e sempre tive tanta vontade de ficar lá, e você sabe mesmo por que é que eu queria ir até lá? Porque eu queria carregar e descarregar bagagens e queria também ficar subindo nas bagagens. Gosto tanto de subir nas coisas. Você sabe com quem aprendi a subir nas coisas? Uns meninos estavam subindo nas bagagens, e aí eu vi isso e agora também quero fazer a mesma coisa'.

"Seu desejo não se realizou, pois, quando ousou novamente ir até em frente ao portão do prédio, os poucos passos dados para atravessar a rua e entrar no pátio já despertam nele resistências demasiadamente intensas, porque no pátio os coches ficam circulando continuamente."

O professor também só sabe que essa pretendida brincadeira de Hans com os coches carregados deve ter entrado em uma conexão simbólica, substitutiva, com outro desejo sobre o qual o menino ainda nada manifestara. Mas se isso não parecesse demasiadamente ousado, esse desejo poderia ser construído agora mesmo.

"À tarde, mais uma vez vamos para a frente do portão do prédio e, ao retornamos, pergunto a Hans:

"'De quais cavalos é que você tem mesmo mais medo?'

"Hans: 'De todos'.

"Eu: 'Isso não é verdade'.

"Hans: 'Eu tenho mais medo é dos cavalos que têm essa coisa na boca'.

"Eu: 'O que você quer dizer? O ferro que eles têm dentro da boca?'.

"Hans: 'Não, eles têm uma coisa preta na boca (cobre a boca com a mão)'.

"Eu: 'Que coisa? Talvez um bigode?'.

"Hans (rindo): 'Nada disso'.

"Eu: 'Todos têm isso?'.

"Hans: 'Não, só alguns'.

"Eu: 'O que é essa coisa que eles têm na boca?'.

"Hans: 'Uma coisa assim preta'.

– 'Acho que na verdade é aquela correia de couro que os cavalos de tração usam sobre o focinho.'

'Um coche de móveis[14] também me dá o maior medo.'

"Eu: 'Por quê?'.

Fig. 4

"Hans: 'Acho que, quando os cavalos de coches de móveis estão puxando uma carruagem pesada, eles acabam levando um tombo'.

"Eu: 'Então você não tem medo de um coche pequeno?'.

"Hans: 'Não, não tenho medo nem de um coche pequeno nem de uma carruagem postal. Também quando vem um ônibus,[15] aí eu tenho o maior medo'.

"Eu: 'Por quê? Por que ele é bem grande?'.

"Hans: 'Não, porque uma vez um cavalo de um coche desses acabou levando um tombo'.

"Eu: 'Quando?'.

"Hans: 'Uma vez que eu saí com a mamãe apesar da 'bobagem', foi quando eu comprei o colete'.

"(Posteriormente esse dado foi confirmado pela mãe.)

"Eu: 'O que você pensou quando o cavalo levou um tombo?'.

"Hans: 'Isso agora sempre vai acontecer. Todos os cavalos que puxam ônibus levam tombos'.

"Eu: 'Com todo ônibus?'.

"Hans: 'Sim! E também com coches de móveis. Com esses coches de móveis não acontece sempre'.

"Eu: 'Quando isso aconteceu, você já tinha a bobagem?'.

"Hans: 'Não, foi ali mesmo que eu a peguei. Quando o cavalo levou um tombo, tomei um susto tão grande, foi mesmo! Quando eu ia embora, aí eu a peguei'.

"Eu: 'Mas a bobagem foi você ter pensado que um cavalo ia morder você, e agora diz que ficou com medo de um cavalo levar um tombo'.

"Hans: 'Levar um tombo e morder'.[i]

"Eu: 'Por que é que você estava tão assustado?'.

"Hans: 'Porque o cavalo fez assim com as pernas[16] (deita-se no chão e imita o cavalo sacudindo as pernas). Fiquei assustado *porque ele fez um "barulho" com os pés*'.

"Eu: 'E onde é que você estava naquele dia com a mamãe?'.

"Hans: 'Primeiro na pista de patinação, depois num café, depois fomos comprar um colete, depois na confeitaria com a mamãe e depois, à noite, em casa; nós fomos pelo Stadtpark'.

"(Tudo isso é confirmado por minha mulher, inclusive o fato de que logo em seguida irrompeu a angústia [*Angst*].)

"Eu: 'Quando o cavalo levou um tombo, ele morreu?'.

"Hans: 'Morreu!'.

---

[i] Hans tem razão, por mais improvável que essa associação possa parecer. Como se revelará posteriormente, o contexto consiste em que o cavalo (o pai) o morderá, por causa de seu desejo de que o cavalo (o pai) leve um tombo.

"Eu: 'Como é que você sabe?'.

"Hans: 'Porque eu vi (rindo). Não, ele não 'tava nada morto'.

"Eu: 'Talvez você tenha pensado que ele estava morto'.

"Hans: 'Não, com certeza não. Só disse isso brincando'. (Mas sua a expressão facial naquele momento era séria.)

"Como ele está cansado, eu o deixo. Ele só me conta ainda que primeiramente teve medo de cavalos usados na tração de ônibus, depois de todos os outros e por último é que veio o medo de cavalos de coches que transportam móveis."

No caminho de volta a Lainz, mais algumas perguntas:

"Eu: 'Quando o cavalo do ônibus levou um tombo, qual era a cor desse cavalo? Branco, ruivo, castanho, cinza?'.

"Hans: 'Preto, os dois cavalos eram pretos'.

"Eu: 'Ele era grande ou pequeno?'.

"Hans: 'Grande'.

"Eu: 'Gordo ou magro?'.

"Hans: 'Gordo, muito grande e gordo'.

"Eu: 'Quando o cavalo levou um tombo, você pensou no papai?'.

"Hans: 'Talvez. Sim. É possível'."

Em alguns trechos, é possível que o pai tenha investigado sem sucesso; mas não há nenhum mal em querer conhecer mais de perto uma fobia como essa que se gostaria de denominar conforme seu novo objeto. Dessa maneira ficamos sabendo quão difusa ela realmente é. Refere-se a cavalos e a coches, ao fato de cavalos levarem tombos e morderem, a cavalos de uma constituição particular, a coches que transportam cargas pesadas. Esclareçamos logo que todas essas singularidades provêm do fato de o medo originalmente não dizer respeito aos cavalos; mas de ter sido transportado secundariamente a eles e agora ter se fixado nos lugares do complexo dos cavalos que se mostraram apropriados a certas transferências. Precisamos reconhecer particularmente um resultado essencial da investigação do pai. Ficamos sabendo do real motivo a partir do qual a fobia irrompeu. Isso ocorreu quando o menino viu um cavalo de grande porte cair, e pelo menos uma das interpretações dessa impressão parece ter sido aquela enfatizada pelo pai, a de que Hans sentia àquela época o desejo de que o pai também caísse daquele modo – e morresse. A expressão facial séria durante o relato presumivelmente tinha a ver com esse sentido inconsciente. Ou será que não haveria outro sentido oculto por trás disso? E o que pode significar o barulho com as pernas?

"Há algum tempo, Hans tem brincado de cavalo no quarto, fica correndo de um lado para o outro, cai, esperneia, relincha. Certa vez amarrou em si mesmo um saco, como um saco de forragem. Várias vezes vem correndo na minha direção e me morde."

Assim ele aceita as últimas interpretações de forma mais decidida do que poderia fazê-lo com palavras, mas claro que com uma troca de papéis, já que a brincadeira está a serviço de uma fantasia de desejo. Portanto, ele é o cavalo, ele morde o pai, além de, com isso, identificar-se com o pai.

"Há dois dias noto que Hans se rebela contra mim de modo extremamente decidido, não com atrevimento, mas de uma maneira bem engraçada. Será que é porque agora já não sente medo de mim, o cavalo?

"6 de abril. À tarde, com Hans em frente ao prédio. A cada cavalo que passa, pergunto-lhe se ele vê neles 'a coisa preta na boca'; ele nega em todos os casos. Pergunto-lhe como é mesmo essa coisa preta; responde que é um ferro preto. Portanto, minha primeira suposição, de que ele estivesse se referindo às correias grossas de couro dos arreios usados nos cavalos de carga, não se confirma. Pergunto-lhe se a 'coisa preta' lembra um bigode; retruca: apenas pela cor. Assim, até o presente momento não sei o que realmente ela é.

"O temor diminuiu; agora ele já ousa ir até o prédio vizinho, mas logo retorna bem rapidamente quando ao longe ouve o trote de cavalos. Quando um coche passa em frente ao nosso prédio e para, ele é tomado pelo medo e corre para dentro do prédio, pois o cavalo fica batendo a pata no chão. Pergunto-lhe por que está sentindo medo, se, por acaso, fica atemorizado porque o cavalo fez assim (bato forte com o pé no chão). Responde: 'Não faça esse "barulho" com o pé!'. Comparar, nesse contexto, seu comentário sobre o cavalo que puxa o ônibus e que tinha levado um tombo.

"O que mais o aterroriza é quando passa um coche de móveis. Sai então correndo para o interior do prédio. Demonstrando desinteresse, pergunto-lhe: Será que um coche desses de transportar móveis não parece um ônibus?

"Nada responde. Repito a pergunta. Ele então diz: 'Mas é claro, senão eu não ia ter tanto medo dum coche de móveis'.

"7 de abril. Hoje volto a perguntar como é aquela 'coisa preta na boca'. Hans responde: como uma focinheira. O curioso é que há três dias não passa nenhum cavalo no qual ele possa constatar uma 'focinheira' desse tipo; eu mesmo nunca cheguei a ver um cavalo como esse durante um passeio, embora Hans reitere que eles existem. Suponho que aquele tipo de bridão usado em cavalos — aquela correia grossa ao redor da boca — tenha lembrado um bigode, e que esse medo acabou desaparecendo com a minha alusão.

"A melhoria de Hans é constante, e o raio de seu círculo de ação, tendo como centro o portão do prédio, fica maior; chega inclusive a empreender uma façanha até então impossível para ele, que é passar para a calçada do outro lado da rua. Todo o temor restante está relacionado à cena do ônibus, cujo sentido ainda não me está claro.

"9 de abril. Hoje cedo, Hans aparece no instante em que estou de torso nu fazendo meu asseio.

"Hans: 'Papai, você é tão bonito, tão branco!'.

"Eu: 'Não é mesmo? Como um cavalo branco'.

"Hans: 'Só o bigode é preto (continua). Ou será que não é a focinheira preta?'.

"Conto-lhe, então, que na noite anterior eu estivera no consultório do professor e digo: 'Ele quer saber umas coisas', e ele responde: 'Mas agora 'tô curioso'.

"Digo-lhe que sei em que ocasiões ele faz barulho com os pés. Ele me interrompe: 'Né mesmo? Quando fico uma 'fera' ou então quando tenho de fazer *Lumpf* bem na hora que eu 'tô querendo mesmo é brincar. (Aliás, quando se enfurece, tem o costume de fazer barulho com as pernas, ou seja, bater com os pés no chão com força. – 'Fazer *Lumpf*'[17] significa evacuar. Quando Hans era pequeno, um dia, levantando-se do sanitário, disse: 'Olha o *Lumpf*'. [Ele queria dizer '*Strumpf*'[18] por causa da forma e da cor semelhantes.] Essa designação permaneceu até hoje. – Em épocas anteriores, quando era necessário sentá-lo no sanitário e ele se recusava a deixar de lado a brincadeira, batia com os pés no chão enfurecidamente, esperneava e às vezes também se jogava no chão.)

"'Você também esperneia quando está na hora de fazer xixi, e você não quer ir, pois prefere ficar brincando'.

"Ele: 'Papai, preciso fazer xixi – e então sai, ao que parece, para confirmar o que disse'."

Em sua visita, o pai me perguntara o que o espernear do cavalo caído poderia ter lembrado a Hans, e eu explicara que provavelmente poderia ter sido a própria reação de Hans à retenção da urgência de urinar. Hans agora confirma isso no instante em que volta a urgência em urinar durante a conversa, além de acrescentar outros significados para o barulho com os pés.

"Em seguida vamos até a frente do portão do prédio. Ao passar uma carroça de carvão,[19] ele me diz: 'Papai, uma carroça que leva carvão também me dá um medo muito forte'. Eu: 'Talvez por ela também ser tão grande quanto um ônibus'. Hans: 'Sim, e porque também leva uma carga muito pesada, e os cavalos precisam puxar muita coisa, e aí é fácil eles caírem. Quando um coche 'tá vazio, aí não tenho medo'." Realmente, como já foi constatado anteriormente, apenas os veículos pesados o amedrontam.

Com tudo isso, a situação é bastante obscura. A análise registra poucos progressos; temo que sua apresentação logo se tornará enfadonha para o leitor. No entanto, em toda e qualquer psicanálise há esses períodos sombrios. Em breve, Hans adentrará um território que não fora cogitado em nossas expectativas.

"Eu chego em casa e converso com minha mulher, que me mostra as diversas compras que fez. Dentre elas, uma calçola amarela. Hans diz algumas vezes: 'Eca!', joga-se no chão e cospe. Minha mulher diz que ele já fez isso algumas vezes, assim que viu a calçola.

"Eu pergunto: 'Por que você diz eca?'.

"Hans: 'Por causa da calçola'.

"Eu: 'Por quê? Por causa da cor, por ela ser amarela e lembrar xixi ou *Lumpf*?'.

"Hans: '*Lumpf* nem é amarelo; ele é branco ou preto'. – Logo em seguida: 'Papai, é fácil fazer *Lumpf* quando a gente come queijo? (Eu lhe dissera isso uma vez quando me perguntou por que eu como queijo)'.

"Eu: 'É sim'.

"Hans: 'É por isso que você sempre vai fazer *Lumpf* logo de manhãzinha? Queria tanto comer queijo com pão e manteiga'.

"Ontem mesmo ele estava me perguntando, enquanto pulava na rua de um lado para o outro: 'Papai, não é verdade que quando a gente pula muito de um lado pro outro é fácil fazer *Lumpf*?' – Desde sempre, tem problemas para evacuar; com frequência apelamos para infusões laxantes e clisteres. Certa vez sua habitual prisão de ventre estava tão forte que minha mulher pediu conselho para o Dr. L. O médico disse que Hans era sobrenutrido, o que realmente era verdade, e recomendou uma alimentação mais comedida, o que imediatamente sanou o problema. Nos últimos tempos, a prisão de ventre voltou a aparecer com mais frequência.

"Após a refeição, digo-lhe: 'Vamos escrever novamente ao professor', e ele ditou estas palavras para mim: 'Ao ver a calçola amarela, eu disse: eca! Aí eu cuspi, me joguei no chão, fechei os olhos e não olhei'.

"Eu: 'Por quê?'.

"Hans: 'Porque eu vi a calçola amarela e também fiz uma coisa assim quando vi a calça preta.[i] Essa preta

---

[i] "Há alguns dias, minha mulher está de posse de uma calça reformista de cor preta para andar de bicicleta." [A partir da década de 1850

também é uma calça parecida, só que ela era preta'. (Interrompe-se.) 'Papai, estou alegre; quando é para eu escrever pro professor, sempre fico tão alegre'.

"Eu: 'Por que você disse eca? Sentiu nojo?'.

"Hans: 'Senti, porque eu vi aquilo. Pensei que 'tava na hora de fazer *Lumpf*'.

"Eu: 'Por quê?'.

"Hans: 'Não sei'.

"Eu: 'Quando você viu a calça preta?'.

"Hans: 'Uma vez, quando a Anna (nossa criada) já estava aqui havia um tempão – com a mamãe – ela tinha acabado de trazer a calça pra casa'. (Essa informação é confirmada por minha mulher.)

"Eu: 'Também sentiu nojo?'.

"Hans: 'Senti'.

"Eu: 'Você viu a mamãe usando uma calça dessas?'.

"Hans: 'Não'.

"Eu: 'E quando ela estava se vestindo?'.

"Hans: 'Quando a mamãe a comprou, eu já tinha visto a amarela uma vez. (Contradição! Foi quando a mamãe comprou a amarela que ele a viu pela primeira vez.) Hoje ela também 'tá usando a preta (correto!), pois eu vi quando ela 'tava tirando essa calça de manhãzinha'.

"Eu: 'O quê? De manhãzinha ela tirou a calça preta?'.

"Hans: 'De manhãzinha, quando ela 'tava saindo, ela tirou a calça preta, e aí, quando ela voltou, vestiu de novo a preta'.

---

houve, nos Estados Unidos e em outros países do Ocidente, uma tendência de reforma do vestuário feminino, o que levou à designação *"Reformkleidung"* [roupa reformista] a partir do termo em inglês *"reforming clothes"*. Cf. CUNNINGHAM, P. A. *Reforming Women's Fashion, 1850-1920: Politics, Health and Art*. London: Kent State University Press, 2003. (N.T.)]

"Pergunto a minha mulher, porque para mim isso não faz nenhum sentido. Ela também confirma que não tem nada de verdade nisso; na hora em que estava saindo, é óbvio que ela não trocou a calça.

"Imediatamente pergunto a Hans: 'Mas você me disse que a mamãe vestiu uma calça preta e, quando estava saindo, tirou essa calça e, depois, quando voltou para casa, ela voltou a vestir a mesma calça. Mas a mamãe diz que isso não é verdade'.

"Hans: 'Eu acho que eu talvez esqueci que ela não tirou a calça. (Mal-humorado.) E agora vê se me deixa em paz'."

A fim de explicar essa história da calça, gostaria de comentar o seguinte: É evidente que Hans está fingindo quando diz que se alegra em poder falar sobre esse assunto. No final deixa cair a máscara e é grosseiro com seu pai. Trata-se de coisas que no início lhe causavam *muito prazer*, mas das quais, após acontecer o recalcamento, agora muito se envergonha, com o pretexto de sentir nojo. Simplesmente está mentindo para colocar a observada troca de calçolas da mamãe por baixo de outras circunstâncias; na realidade, vestir e tirar a calça pertencem ao contexto do *"Lumpf"*. O pai sabe exatamente o que está em jogo aqui, e o que Hans está querendo ocultar.

"Pergunto a minha mulher se Hans estava presente com frequência quando ela ia ao banheiro. Ela responde: Sim, com frequência, ele 'atazana' tanto até que ela o deixa entrar; todas as crianças fazem o mesmo."

De nossa parte, queremos deixar bem marcado o prazer – hoje já recalcado – em ver a mamãe fazendo *Lumpf*.

"Vamos até a frente do prédio. Ele está bem entusiasmado, e, vendo-o saltitar de um lado para o outro como um cavalo, pergunto-lhe: 'Hans, quem é que é mesmo um cavalo de ônibus? Eu, você ou a mamãe?'.

"Hans (imediatamente): 'Eu, eu sou um cavalo jovem'.

"Quando ele, no período do medo mais intenso, viu cavalos pulando, ficou com medo e perguntou-me por que eles faziam aquilo, e, para acalmá-lo, respondi-lhe: 'Sabe, são cavalos jovens, ficam pulando como os meninos jovens. Você também pula e é um menino'. Desde então, quando vê cavalos pulando, diz: 'É verdade, são cavalos jovens'.

"Na escada, enquanto subia, pergunto quase sem pensar: 'Em Gmunden você brincava de cavalinho com as crianças?'.

"Ele: 'Sim! (Pensativo.) Acho que foi lá que eu peguei aquela bobagem'.

"Eu: 'Quem era o cavalinho?'.

"Ele: 'Eu, e a Berta era o cocheiro'.

"Eu: 'Será que você caiu quando era o cavalinho?'.

"Hans: 'Não! Quando a Berta dizia "eia!", eu andava rápido, até mesmo corria!'.[i]

"Eu: 'Vocês nunca brincavam de ônibus?'.

"Hans: 'Não, de coche comum e de cavalo sem coche. Quando o cavalo tem um coche, ele também pode andar sem coche, e o coche pode ficar em casa'.

"Eu: 'Vocês brincavam sempre de cavalinho?'.

"Hans: 'Muito mesmo. O Fritzl (outro filho do senhorio, como sabemos) uma vez também foi o cavalinho, e o Franzl, o cocheiro, e aí o Fritzl andou com toda força e de repente acabou pisando numa pedra, e aí saiu sangue'.

"Eu: 'Será que ele caiu?'.

---

[i] "Ele também tinha arreios de brinquedo com guizos."

"Hans: 'Não, enfiou o pé dentro duma água e depois botou um pano em cima da ferida'.[i]

"Eu: 'Você costumava ser o cavalo?'.

"Hans: 'Mas é claro!'.

"Eu: 'E foi aí que você pegou aquela bobagem'.

"Hans: 'Porque eles sempre diziam: 'por causa do cavalo' e 'por causa do cavalo' (ele deu ênfase às palavras 'por causa', e talvez por isso, porque eles sempre diziam 'por causa do cavalo', é que eu peguei aquela bobagem'."[ii]

Durante algum tempo, o pai faz investigações, sem sucesso, por outras vias.

"Eu: 'Eles contaram alguma coisa do cavalo?'.

"Hans: 'Sim!'.

"Eu: 'O quê?'.

"Hans: 'Eu me esqueci'.

"Eu: 'Será que contarem do xixizador?'.

"Hans: 'Nada disso!'.

"Eu: 'Lá você já tinha sentido medo de cavalo?'.

---

[i] Ver detalhes sobre isso mais adiante. O pai está correto ao supor que naquele dia o Fritzl levou um tombo.

[ii] Explico que Hans não está querendo afirmar que pegou a bobagem *àquela época*, mas em *conexão* com ela. Presume-se que as coisas precisem dar-se de forma tal – a teoria o exige – que aquilo que um dia foi objeto de um grande prazer hoje é o objeto da fobia. E então acrescento, em lugar dele, aquilo que a criança não sabe dizer: a palavrinha *"wegen"* [por causa] abriu o caminho para que a fobia se estendesse do cavalo para os *"Wagen"* [coches] (ou, como Hans está acostumado a ouvir e falar essa palavra: *"Wägen"*). Nunca se deve esquecer a forma muito mais concreta de uma criança tratar as palavras em comparação a um adulto, nem a grande importância, por esse mesmo motivo, que os casos de homofonia têm para ela. [A palavra *"Wagen"* [coche], que normalmente tem a mesma forma no plural (*Wagen*), pode ter como plural, na Áustria e no sul da Alemanha, a forma *"Wägen"*. Em sua fala coloquial, Hans usa o plural *"Wägen"*, pronunciando esse vocábulo da mesma forma que a preposição *"wegen"* [por causa de], gerando, assim, um caso de homofonia. (N.T.)]

"Hans: 'Nada disso, não sentia medo nenhum'.

"Eu: 'Será que a Berta falou que um cavalo...'.

"Hans: (interrompendo) 'Faz xixi? Não!'.

"No dia 10 de abril, retomo a conversa do dia anterior e quero saber o que significa 'por causa do cavalo'. Hans não consegue se lembrar, só sabe que cedo várias crianças estavam em frente ao portão do prédio dizendo 'por causa do cavalo, por causa do cavalo'. Ele mesmo estava lá. Quando começo a insistir, explica que não teriam dito, de jeito nenhum, 'por causa do cavalo', ele é que teria se enganado ao se lembrar.

"Eu: 'Mas vocês também estiveram várias vezes no estábulo, então com certeza falaram do cavalo'. – 'Não falamos.' – 'Falaram sobre o quê?' – 'Sobre nada.' – 'Vocês eram tantas crianças e não falaram sobre nada?' – 'Alguma coisa a gente falou, mas não do cavalo.' – 'Sobre o quê então?' – 'Agora eu não sei mais.'

"Deixo isso de lado, porque as resistências parecem ser demasiadamente grandes,[i] e pergunto: 'Com a Berta você gostava de brincar?'.

"Ele: 'Gostava muito, mas com a Olga, não; sabe o que a Olga fez? A Grete lá de cima uma vez me deu de presente uma bola de papel, e a Olga a rasgou todinha. A Berta nunca teria rasgado a minha bola. Eu gostava muito de brincar com a Berta'.

"Eu: 'Você viu como é o xixizador da Berta?'.

"Ele: 'Não, mas vi o do cavalo, pois eu sempre estava no estábulo, e aí eu via o xixizador do cavalo'.

"Eu: 'E aí você ficou curioso para saber como é o xixizador da Berta e da mamãe?'.

---

[i] Afinal de contas, a única coisa que se pode aproveitar ali é a associação de palavras que passa despercebida ao pai. Um bom exemplo das condições sob as quais fracassa o empenho psicanalítico.

"Ele: 'Fiquei!'.

"Recordo-lhe que uma vez veio se queixar a mim de que as meninas sempre querem olhá-lo quando está fazendo xixi.

"Ele: 'A Berta sempre ficava me olhando (nada ofendido, mas muito satisfeito), várias vezes. Ali onde fica o pequeno jardim, onde ficam os rábanos, eu fazia xixi, e ela ficava em pé em frente ao portão olhando pra mim'.

"Eu: 'E quando ela fazia xixi, você também ficava olhando?'.

"Ele: 'Mas é que ela ia no banheiro'.

"Eu: 'E você ficava curioso?'.

"Ele: 'Na verdade, eu ficava dentro do banheiro quando ela 'tava lá dentro'.

"(Isso é verdade; os senhorios uma vez nos contaram isso, e eu me lembro de termos proibido Hans de fazê-lo.)

"Eu: 'Você dizia a ela que queria entrar?'.

"Ele: 'Eu entrava lá sozinho, e era porque a Berta deixava. Pois isso não é vergonha nenhuma'.

"Eu: 'E você queria ter visto o xixizador'.

"Ele: 'Queria, mas não vi ele'.

"Recordo-lhe o sonho em Gmunden: Qual era o sentido da prenda na minha mão etc., e indago: 'Em Gmunden, você desejava que a Berta ajudasse você a fazer xixi?'.

"Ele: 'Nunca disse isso a ela'.

"Eu: 'Por que foi que você nunca disse isso a ela?'.

"Ele: 'Porque eu não pensei nisso. (Interrompe-se.) Se eu escrever tudo pro professor, logo, logo a bobagem vai passar, não é?'.

"Eu: 'Por que você desejava que a Berta ajudasse você a fazer xixi?'.

"Eu: 'Não sei. Porque ela ficava olhando'.

"Eu: 'Você ficava pensando que ela devia pôr a mão no seu xixizador?'.

"Ele: 'Ficava. (Mudando de assunto.) Em Gmunden era muito divertido. No jardinzinho onde ficam os rábanos tem um montinho de areia, e ali eu brinco com a pá'.

"(Trata-se do jardim onde ele sempre fazia xixi.)

"Eu: 'Em Gmunden, quando estava deitado, você punha a mão no xixizador?'.

"Ele: 'Não, ainda não. Em Gmunden eu dormia tão bem que nem pensava nisso. Só lá na Rua ___[i] e agora é que eu fiz isso'.

"Eu: 'Mas a Berta nunca pôs a mão no seu xixizador?'.

"Ele: 'Ela nunca fez isso, não fez porque eu nunca disse isso pra ela'.

"Eu: 'Quando foi mesmo que você desejou isso?'.

"Ele: 'Num dia lá em Gmunden'.

"Eu: 'Só uma vez?'.

"Ele: 'Sim, várias vezes'.

"Eu: 'Sempre que você fazia xixi, ela ficava olhando; talvez ela estivesse curiosa para ver como você faz xixi'.

"Ele: 'Talvez ela 'tivesse curiosa pra ver como é o meu xixizador'.

"Eu: 'Mas você também estava curioso. E só pela Berta?'.

"Ele: 'Pela Berta, pela Olga'.

"Eu: 'E quem mais?'.

"Ele: 'Mais ninguém'.

"Eu: 'Mas isso não é verdade. Também pela mamãe'.

"Ele: 'Pela mamãe, sim'.

"Eu: 'Mas agora você não está mais curioso. Você bem sabe como é o xixizador da Hanna, não é?'.

---

[i] No antigo apartamento antes da mudança.

"Ele: 'Mas ele vai crescer, né?'.[i]

"Eu: 'Com certeza vai, mas quando ele crescer não vai ficar parecido com o seu'.

"Ele: 'Eu sei. Ele vai ser assim (ou seja: como é agora), só que maior'.

"Eu: 'Você ficava curioso lá em Gmunden, quando a mamãe tirava a roupa?'.

"Ele: 'Ficava e também vi o xixizador da Hanna tomando banho'.

"Eu: 'E da mamãe também?'.

"Ele: 'Não!'.

"Eu: 'Você ficava com nojo quando via a calçola da mamãe'?

"Ele: 'Só quando eu vi a preta, quando a mamãe a comprou, aí eu cuspi; mas quando ela veste ou tira a calça, aí eu não cuspo. *Aí eu cuspo porque a calça preta é bem preta como um* Lumpf, *e a amarela é como um xixi, aí eu penso que tenho de fazer xixi*. Quando a mamãe 'tá usando a calça, aí eu não vejo ela, pois a roupa fica por cima'.

"Eu: 'E quando ela tira a roupa?'.

"Ele: 'Aí eu não cuspo. Mas quando ela é nova, parece um *Lumpf*. Quando ela 'tá velha, a cor vai desbotando, e ela vai ficando suja. Quando ela foi comprada, era bem limpinha, em casa já sujaram ela. Quando ela é comprada, é novinha, e quando não é comprada, é velha'.

"Eu: 'Então você não tem nojo da velha?'.

"Ele: 'Quando ela é velha, ela é bem mais preta que um *Lumpf*, não é? É um pouquinho mais preta'.[ii]

---

[i] Quer ter a certeza de que seu próprio xixizador vá crescer.

[ii] Nosso Hans está se debatendo com um tema que não consegue expor, e temos dificuldade em entendê-lo. Talvez ele ache que as calças só despertam a lembrança de nojo quando as vê à parte; assim que elas

"Eu: 'Você esteve muitas vezes com a mamãe no banheiro?'.

"Ele: 'Muitas vezes'.

"Eu: 'Foi lá que você sentiu nojo?'.

"Ele: 'Sim ... Não!'.

"Eu: 'Você gosta de ficar junto da mamãe quando ela está fazendo *Lumpf* ou xixi?'.

"Ele: 'Gosto muito'.

"Eu: 'Por que gosta tanto?'.

"Ele: 'Isso eu não sei'.

"Eu: 'Porque você acha que vai ver o xixizador dela'.

"Ele: 'Sim, também acho'.

"Eu: 'Mas por que em Lainz você nunca quer ir ao banheiro?'.

"(Em Lainz sempre pede que eu não o leve ao banheiro; uma vez ficou com medo do barulho que a água da descarga faz ao ser despejada.)

"Ele: 'Talvez porque faz um barulho quando a gente puxa a descarga'.

"Eu: 'E aí você fica com medo'.

"Ele: 'Fico'.

"Eu: 'E aqui no nosso banheiro?'.

"Ele: 'Aqui não. Em Lainz me assusto quando você puxa a descarga. Quando 'tô lá dentro, e a água desce, também me assusto'.

"Para me mostrar que não tem medo em nosso apartamento, chama-me para ir ao banheiro e acionar a descarga. Em seguida, explica-me:

"'Primeiro é um barulho forte, depois vem um leve (quando a água cai). Quando faz um barulho forte, prefiro ficar lá dentro, e quando faz um fraquinho, prefiro sair'.

---

estão no corpo da mãe, ele não mais as associa com *Lumpf* ou xixi, e elas então passam a interessá-lo de outra maneira.

"Eu: 'Quer sair porque você fica com medo?'.

"Ele: 'Porque sempre gosto de ver (corrige-se), de ouvir um barulho forte, e aí prefiro ficar lá dentro pra ouvir bem'.

"Eu: 'Um barulho forte faz você pensar em quê?'.

"Ele: 'Que eu 'tô precisando fazer *Lumpf* no banheiro'. (Portanto, o mesmo que a calça preta.)

"Eu: 'Por quê?'.

"Ele: 'Não sei. Já sei, um barulho forte parece quando a gente 'tá fazendo *Lumpf*. Um barulho grande lembra o *Lumpf*, já um pequeno lembra xixi' (comparar a calça preta com a amarela).

"Eu: 'O cavalo do coche de transporte não tinha a mesma cor de um *Lumpf*?'. (Segundo suas informações, era preto.)

"Ele (muito tocado): 'Sim!'.

Nesta altura, preciso inserir algumas palavras. O pai faz pergunta demais e investiga segundo suas próprias intenções, em vez de deixar o menino expressar-se. Consequentemente, a análise torna-se obscura e incerta. Hans percorre seu próprio caminho e não fornece nenhum dado, quando querem atraí-lo para fora dele. Tudo indica que agora seu interesse reside no *Lumpf* e no xixi, e não sabemos por quê. A explicação dada para a história do barulho é tão insatisfatória quanto a das calças amarela e preta. Suponho que seu ouvido aguçado certamente tenha percebido muito bem a distinção entre os ruídos produzidos quando um homem ou uma mulher urinam. No entanto, a análise forçou um tanto artificialmente o material na oposição entre essas duas necessidades. Ao leitor que ainda não fez sua própria análise, posso apenas aconselhar que não queira entender tudo imediatamente, mas que dê, a tudo o que vier, certa atenção imparcial e aguardar o que se seguir.

"11 de abril. Hoje cedo Hans volta a entrar em nosso dormitório e, como em todos os últimos dias, nós o mandamos sair.

"Mais tarde, ele conta: 'Papai, eu pensei uma coisa:

"'*Eu 'tô na banheira,*[i] *aí vem o encanador e a desparafusa.*[ii] *Aí ele pega uma furadeira grande e me dá um golpe na barriga.*'"

O pai traduz essa fantasia para si. "Estou na cama com a mamãe. Aí o papai chega e me tira de lá. Com seu grande pênis, ele me desaloja [*verdrängt*][20] de perto da mamãe."

Queremos ainda manter o nosso julgamento em suspenso.

"Além disso, ele conta uma segunda coisa que havia pensado: 'Estamos no trem indo pra Gmunden. Na estação, estamos vestindo a roupa, mas não conseguimos terminar, e o trem parte sem nós'.

"Mais tarde eu pergunto: 'Alguma vez você viu um cavalo fazendo *Lumpf*?'.

"Hans: 'Sim, muitas vezes'.

"Eu: 'Faz um forte barulho quando ele está fazendo *Lumpf*?'.

"Hans: 'Faz!'.

"Eu: 'Esse barulho lhe lembra o quê?'.

"Hans: 'É como quando o *Lumpf* cai dentro do sanitário'.

"O cavalo do ônibus que leva um tombo e faz barulho com os pés é, sem dúvida – um *Lumpf* caindo e fazendo barulho. O temor de defecar, o temor de coches

---

[i] "É a mamãe de Hans que o banha."
[ii] "Para consertá-la."

com carga pesada é absolutamente igual ao medo de uma barriga cheia e pesada."

Por esses desvios, o pai começa a vislumbrar a verdadeira situação.

"11 de abril. Durante o almoço, Hans diz: 'Ah, se a gente tivesse uma banheira lá em Gmunden, pra eu não ser obrigado a ir ao banho público'.[21] Na realidade, para lhe proporcionar um banho quente em Gmunden, Hans era sempre levado ao estabelecimento de banho público localizado próximo de casa, contra o que costumava protestar aos prantos. Em Viena, também sempre chora quando é colocado sentado ou deitado na grande banheira para tomar banho. Ele tem de ser banhado ajoelhado ou de pé."

Essa fala de Hans, que agora começa a alimentar a análise com manifestações próprias, estabelece a ligação entre suas duas últimas fantasias (a do encanador que desparafusa a banheira e a da malograda viagem a Gmunden). Em relação a esta última, o pai estava certo ao concluir uma aversão a Gmunden. Trata-se, aliás, de mais uma boa advertência de que não temos de entender o que emerge do inconsciente com ajuda do que veio antes, mas do que vem depois.

"Pergunto-lhe se – e também de que – ele tem medo.

"Hans: 'É porque eu caio lá dentro'.

"Eu: 'Mas por que você nunca sentiu medo quando era banhado naquela banheira pequena?'.

"Hans: 'Nela eu ficava sentado, não dava pra me deitar nela, pois ela era muito pequena'.

"Eu: 'Em Gmunden, quando você andava no barquinho a remo, não tinha medo de cair na água?'.

"Hans: 'Não, porque eu me segurava, e aí não dá pra cair n'água. Só tenho medo de cair dentro da banheira grande'.

"Eu: 'Mas é sua mãe que banha você. Sente medo de que sua mãezinha o jogue n'água?'.

"Hans: 'Medo de ela tirar as mãos, e aí eu cair de cabeça n'água'.

"Eu: 'Você sabe muito bem que a mãezinha gosta de você e que ela não vai tirar as mãos'.

"Hans: 'Foi só uma coisa que eu pensei'.

"Eu: 'Por quê?'.

"Hans: 'Com certeza eu não sei'.

"Eu: 'Talvez porque você foi malcriado e assim achou que ela não gostava mais de você?'.

"Hans: 'Foi!'.

"Eu: 'Quando você estava vendo a mamãe banhar a Hanna, você talvez desejasse que a mãezinha soltasse a mão para a Hanna cair n'água?'.

"Hans: 'Queria sim!'.

Cremos que isso o pai desvendou muito corretamente.

----

12 de abril. "Na viagem de retorno de Lainz, na segunda classe, ao ver os estofados pretos dos assentos, Hans diz: 'Eca, vou cuspir, sempre cuspo quando vejo calças pretas e cavalos pretos, porque vou ter de fazer *Lumpf*'.

"Eu: 'Será que você viu alguma coisa preta na mamãe que tenha assustado você?'.

"Hans: 'Vi!'.

"Eu: 'E o que foi?'.

"Hans: 'Não sei. Uma blusa preta ou umas meias pretas'.

"Eu: 'Talvez tenha visto cabelos pretos no xixizador dela, se você tiver sido curioso e olhado para lá'.

"Hans (desculpando-se): 'Mas eu nem vi o xixizador dela'.

"Quando ele mais uma vez demonstrou medo, no instante em que um coche estava saindo do portão do pátio em frente, perguntei: 'Esse portão não parece um bumbum?'.

"Ele: 'E os cavalos são os *Lumpfe*!'. Desde então, sempre que ele vê um coche sair por lá, diz: 'Olha, um *Lumpfi* saindo'. Em outras situações, a forma *Lumpfi* é bem estranha para ele, ela soa como um termo afetivo. Minha cunhada sempre chama seu filho de '*Wumpfi*'.[22]

"No dia 13 de abril, ao ver um pedaço de fígado dentro da sopa, ele diz: 'Eca, um *Lumpf*!'. Também está claro que não gosta muito de comer carne moída por causa da forma e da cor, que o fazem lembrar um *Lumpf*.

"À noitinha, minha esposa conta que Hans esteve na varanda, onde disse: 'Eu pensei que a Hanna estava na varanda, e aí ela caiu lá pra baixo'. Eu lhe havia dito várias vezes que prestasse atenção quando Hanna estivesse na varanda, para que ela não se aproximasse muito do parapeito que foi construído de modo pouco prático – com muitas aberturas que eu primeiramente tive de reduzir usando uma tela de arame – por um serralheiro adepto da Secessão.[23] O desejo recalcado de Hans é muito transparente. A mamãe pergunta-lhe se ele preferiria que a Hanna não existisse, e ele responde afirmativamente.

"14 de abril." O tema Hanna está em primeiro plano. Como se pode lembrar com base em registros anteriores, ele tinha uma grande aversão à recém-nascida, que lhe roubava uma parte do amor dos pais, um sentimento que, mesmo agora, ainda não desapareceu por completo e que é supercompensado apenas parcialmente por um carinho excessivo.[i] Ele já havia se manifestado várias vezes que a cegonha não deveria mais trazer criança nenhuma, que deveríamos dar dinheiro a ela para que ela não tirasse mais nenhuma do cesto[24] grande em que ficam os bebês. (Comparar com seu medo de coches de móveis. Um ônibus não parece um cesto grande?) Hanna faz muita gritaria, e isso lhe dá nos nervos.

"Certa vez, de repente, ele afirma: 'Você consegue lembrar quando a Hanna nasceu? Ela ficou deitada na cama da mamãe, tão fofa e boazinha'. (Esse elogio soou suspeitosamente falso!)

"Em seguida, lá embaixo em frente ao prédio. Mais uma vez se pode observar um grande progresso. Até mesmo coches de carga inspiram-lhe menor temor. Uma vez ele exclama quase alegremente: 'Lá vem um cavalo com uma coisa preta na boca', e finalmente consigo constatar que é um cavalo com uma focinheira de couro. Porém, Hans não tem medo desse cavalo.

"Uma vez, bate com seu bastão no calçamento e pergunta: 'Papai, aqui embaixo tem um homem... um que 'tá enterrado... ou só tem isso no cemitério?'. Importa-se, portanto, não apenas com o enigma da vida, mas também com o da morte.

"Ao retornarmos, vejo um cesto no vestíbulo, e Hans diz: 'A Hanna viajou conosco a Gmunden num cesto assim. Sempre que a gente viajava pra Gmunden, ela ia junto no cesto. Você de novo não 'tá acreditando em mim? Realmente, papai. Acredite em mim. Ganhamos um cesto grande, e tem várias crianças dentro dele, elas

---

[i] Quando o tema "Hanna" substitui diretamente o tema "*Lumpf*", finalmente o motivo fica evidente para nós. A própria Hanna é um "*Lumpf*", crianças são "*Lumpfe*".

'tão sentadas na banheira. (Dentro do cesto, haviam colocado uma pequena banheira embrulhada.) Eu que coloquei elas aí dentro, é verdade. Consigo me lembrar disso muito bem'.[i]

"Eu: 'Você consegue se lembrar do quê?'.

"Hans: 'Que a Hanna viajou no cesto, porque isso não esqueci. Palavra de honra!'.

"Eu: 'Mas não esqueça que ano passado a Hanna viajou conosco de cupê'.

"Hans: '*Mas antes ela sempre viajava no cesto*'.

"Eu: 'A mamãe não estava com o cesto?'.

"Hans: 'Sim, a mamãe 'tava com o cesto'.

"Eu: 'E onde mesmo?'.

"Hans: 'Em casa, no sótão'.

"Eu: 'Será que ela não levava o cesto consigo por onde andava?'.[ii]

"Hans: 'Não! Quando a gente agora for a Gmunden, a Hanna também vai viajar dentro do cesto'.

"Eu: 'Como foi mesmo que ela saiu do cesto?'.

"Hans: 'Alguém tirou ela de lá'.

"Eu: 'A mamãe?'.

"Hans: 'Eu e a mamãe, depois a gente entrou no coche, a Hanna montou no cavalo, e o cocheiro disse "eia!"'. O cocheiro estava na boleia. Você 'tava junto? A mãezinha

---

[i] Agora ele começa a fantasiar. Ficamos sabendo que, para ele, cesto e banheira significam a mesma coisa: representações do espaço em que se encontram as crianças. Prestemos atenção a suas repetidas assertivas!

[ii] É claro que o cesto é o ventre materno. O pai quer insinuar a Hans que está entendendo isso. Também não se dá de modo diferente no caso da cestinha em que os heróis do mito são colocados, a começar pelo rei Sargão da Acádia. [*Nota acrescida em 1923:*] Cf. O estudo de Rank: *Der Mythus von der Geburt des Helden* [O mito do nascimento do herói], 1909 (2. ed. 1922).

até sabe disso. A mãezinha nem sabe, ela já esqueceu isso de novo, mas não é pra dizer nada a ela!'.

"Faço com que ele me repita toda essa história.

"Hans: 'Aí a Hanna desceu'.

"Eu: 'Ela ainda nem sabia andar'.

"Hans: 'Nós então a descemos'.

"Eu: 'Mas como é que ela conseguia ficar sentada no cavalo, se ano passado ainda não conseguia sequer ficar sentada?'.

"Hans: 'Conseguia sim, ela já ficava sentada e gritava 'eia' e usava o chicote "eia, eia", aquele chicote que antes era meu. O cavalo não tinha estribos, e a Hanna cavalgava; mas, papai, talvez não fosse pra brincar'."

Mas o que significa esse disparate defendido com tanta obstinação? Oh, não se trata de disparate nenhum, é paródia e vingança de Hans contra o pai. Era o mesmo que dizer: *Se você espera que eu acredite que a cegonha tenha trazido a Hanna em outubro, quando vi claramente a barriga grande da mamãe já no verão, quando estávamos indo a Gmunden, então também posso exigir que você acredite nas minhas mentiras.* Que outro significado pode ter a afirmação de que no verão passado Hanna já tinha viajado a Gmunden "dentro do cesto", além de Hans saber da gravidez de sua mãe? O fato de ele ter em vista a repetição dessa viagem dentro do cesto a cada novo ano corresponde a uma forma frequente do surgimento de um pensamento inconsciente do passado, ou, por outro lado, isso tem motivos especiais e expressa seu medo de voltar a ver uma gravidez desse tipo na próxima viagem de verão. Agora também ficamos sabendo através de que contexto sua viagem a Gmunden fora estragada, o que indicava a sua segunda fantasia.

"Mais tarde lhe pergunto como que Hanna, após seu nascimento, realmente foi parar na cama da mamãe."

Nesse caso ele pode soltar-se e zombar do pai.

"Hans: 'Simplesmente a Hanna chegou. A senhora Kraus (a parteira) colocou ela na cama. É que ela ainda não sabia andar. Mas a cegonha a carregou dentro do bico. Pois a Hanna ainda não sabia andar. (Prosseguindo de um só fôlego.) A cegonha foi andando pela escada até o corredor, aí bateu na porta, e todos 'tavam dormindo, e ela tinha a chave certa e aí abriu a porta e deitou a Hanna na *tua* cama,[i] e a mamãe 'tava dormindo – não, a cegonha deitou a Hanna na cama *dela*. Já era bem de madrugada, e aí a cegonha a deitou tranquilamente na cama, não esperneou, e aí ela pegou o chapéu e depois foi embora. Não, ela não estava de chapéu'.

"Eu: 'Quem foi que pegou o chapéu? Será que foi o doutor?'.[25]

"Hans: 'Aí a cegonha foi embora, foi pra casa, e depois ela tocou a campainha, aí em casa ninguém mais conseguiu dormir. Mas não vá contar isso pra mãezinha nem pra Tinni (a cozinheira). Isso é segredo!'.

"Eu: 'Você gosta da Hanna?'.

"Hans: 'Ah, gosto, sim, muito'.

"Eu: 'Você preferiria que a Hanna não tivesse vindo ao mundo ou você gosta mais que ela esteja no mundo?'.

"Hans: 'Pra mim seria bem melhor que ela não tivesse vindo ao mundo'.

"Eu: 'Por quê?'.

"Hans: 'Pelo menos ela não ia chorar tanto, e eu não consigo aguentar o choro'.

"Eu: 'Mas você mesmo chora'.

"Hans: 'Mas é que a Hanna também chora'.

---

[i] Escárnio, é claro! O mesmo vale para o pedido posterior, para não revelar o segredo à mamãe.

"Eu: 'Por que você não consegue aguentar o choro?'.

"Hans: 'Porque ela chora muito alto'.

"Eu: 'Mas, na verdade, ela não chora de jeito nenhum'.

"Hans: 'Quando dão uma palmada no bumbum pelado dela, aí ela chora'.

"Eu: 'Você alguma vez já deu uma palmada nela?'.

"Hans: 'Quando a mãezinha dá uma palmada no bumbum dela, aí ela chora'.

"Eu: 'E você não gosta disso?'.

"Hans: 'Não... Por quê? Porque ela faz um barulho danado chorando'.

"Eu: 'Se você prefere que ela não estivesse aqui conosco, então você não gosta nem um pouco dela'.

"Hans: 'Hum hum' (concordando).

"Eu: 'Por isso você pensou: quando a mãezinha está banhando a Hanna, se ela tirar as mãos, aí ela pode cair n'água...'.

"Hans (completando): '...e morrer'.

"Eu: 'E aí você ficaria sozinho com a mãezinha. E é claro que um bom menino não deseja uma coisa dessas'.

"Hans: *'Mas ele pode pensar isso'*.

"Eu: 'Mas isso não é bom'.

"Hans: *'Se ele pensar isso, acaba sendo bom pra gente escrever isso pro professor'*.[i]

"Mais tarde, digo-lhe: 'Sabe de uma coisa, quando a Hanna estiver maiorzinha e souber falar, você vai gostar mais dela'.

"Hans: 'Não, nada disso. Eu gosto dela sim. No outono, quando ela já for grande, vou passear sozinho com ela no Stadtpark e vou explicar tudo pra ela'.

---

[i] Corajoso pequeno Hans! Não poderia desejar, em nenhum adulto, uma melhor compreensão da psicanálise.

"Quando eu queria começar mais um esclarecimento, ele me interrompe, provavelmente para me explicar que não é tão ruim assim o fato de ele desejar a morte de Hanna.

"Hans: 'Papai, ela já 'tava aqui no mundo há muito tempo mesmo quando ela ainda não estava aqui. Com a cegonha ela também estava no mundo'.

"Eu: 'Não, com a cegonha talvez ela ainda não estivesse no mundo'.

"Hans: 'Quem foi mesmo que trouxe ela? A cegonha estava com ela'.

"Eu: 'De onde foi mesmo que a cegonha a trouxe?'.

"Hans: 'Pois então, da cegonha mesmo'.

"Eu: 'Onde que ela guardava a Hanna?'.

"Hans: 'Dentro do cesto, no *cesto da cegonha*'.

"Eu: 'Como é esse cesto?'.

"Hans: 'Vermelho. Pintado de vermelho'. (Sangue?)

"Eu: 'Quem lhe disse isso?'.

"Hans: 'A mãezinha – eu mesmo que pensei isso – 'tá lá no livro'.

"Eu: 'Em que livro?'.

"Hans: 'No livro ilustrado'. (Peço-lhe para me trazer seu primeiro livro ilustrado. Nele se vê a figura de um ninho de cegonhas, com cegonhas, sobre uma chaminé vermelha. Esse é o cesto; curiosamente, na mesma página se pode ver um cavalo sendo ferrado. Hans transfere as crianças para o cesto porque não as encontra no ninho.)

"Eu: 'O que foi mesmo que a cegonha fez com ela?'.

"Hans: 'Então ela trouxe a Hanna pra cá. No bico. Sabe, aquela cegonha que está no Schönbrunn e que dá umas mordidas no guarda-chuva'. (Reminiscência de um pequeno acontecimento no Schönbrunn.)

"Eu: 'Você viu quando a cegonha trouxe a Hanna?'.

"Hans: 'Papai, mas eu ainda 'tava dormindo. De manhã cedo nenhuma cegonha pode trazer uma menininha ou um menininho'.

"Eu: 'Por quê?'.

"Hans: 'Ela não pode. Uma cegonha não pode fazer isso. Sabe por quê? Para as pessoas não verem, e aí, de repente, de manhãzinha, chega uma menininha'.[i]

"Eu: 'Mas na época você não estava todo curioso para saber como a cegonha fez?'.

"Hans: 'Ah, 'tava sim!'.

"Eu: 'Como era a Hanna quando chegou?'.

"Hans (com falsidade): 'Toda branca e boazinha. Tão engraçadinha'.

"Eu: 'Mas quando você a viu pela primeira vez, você não gostou dela'.

"Hans: 'Ah, gostei muito!'.

"Eu: 'Você não ficou surpreso em ver como ela era pequena?'.

"Hans: 'Fiquei!'.

"Eu: 'Ela era pequena como o quê?'.

"Hans: 'Como uma cegonha jovem'.

"Eu: 'Como é que era mesmo? Talvez como um *Lumpf*?'.

"Hans: 'Ah, nada disso! Um *Lumpf* é muito maior... na verdade, um pouquinho menor do que a Hanna, realmente'."

---

i Não vamos nos reter na inconsequência de Hans. Na conversa anterior, a descrença na cegonha emergiu de seu inconsciente, descrença essa que estava associada à sua irritação contra o pai, que guardava segredos. Agora Hans ficou mais calmo e responde com pensamentos oficiais, nos quais ele arranjou explicações para as muitas dificuldades ligadas à hipótese da cegonha.

Eu havia dito antes ao pai que a fobia do garoto poderia ser reconduzida aos pensamentos e desejos ocasionados pelo nascimento da irmãzinha, embora eu tenha deixado de lhe chamar a atenção para o fato de que uma criança é um *Lumpf* para a teoria sexual infantil, de modo que Hans passaria pelo complexo excrementício. Dessa minha negligência derivou o obscurecimento temporário do tratamento. Agora, após um esclarecimento bem-sucedido, o pai tenta ouvir Hans uma segunda vez sobre esse ponto importante.

"No dia seguinte, peço-lhe que me repita mais uma vez a história contada ontem. Eis o relato de Hans: 'A Hanna viajou para Gmunden dentro do cesto grande, e a mamãe viajou de cupê, aí a Hanna foi no trem de carga, e depois, quando a gente 'tava em Gmunden, eu e a mamãe levantamos a Hanna e a sentamos no cavalo. O cocheiro 'tava na boleia, e a Hanna 'tava com o chicote antigo (do ano passado) e ia chicoteando o cavalo, sempre dizendo: 'eia', e isso era sempre engraçado, e o cocheiro também chicoteava. – O cocheiro não dava chicotada nenhuma, porque Hanna estava com o chicote. – O cocheiro 'tava segurando as rédeas – e a Hanna também 'tava segurando as rédeas (sempre pegávamos um coche para irmos da estação até a casa; aqui Hans tenta combinar realidade e fantasia). Em Gmunden, descemos a Hanna do cavalo, e ela subiu a escada sozinha'. (Quando Hanna esteve em Gmunden, ano passado, estava com 8 meses. Um ano antes, fato a que a fantasia de Hans aparentemente se refere, haviam transcorrido cinco meses da gravidez, quando chegamos a Gmunden.)

"Eu: 'Ano passado a Hanna já estava lá'.

"Hans: 'Ano passado ela foi de coche, mas um ano antes, quando ela já 'tava no mundo...'.

"Eu: 'Ela já estava aqui conosco?'.

"Hans: 'Sim, você sabe muito bem que sempre ia andar de barquinho a remo comigo, e a Anna servia você'.

"Eu: 'Mas isso não foi ano passado, e a Hanna ainda nem estava no mundo'.

"Hans: '*Sim, ela já estava no mundo.* Quando ela viajou a primeira vez no cesto, já sabia andar e dizer 'Anna''. (Isso ela só sabe fazer há quatro meses.)

"Eu: 'Mas ela ainda nem estava aqui conosco'.

"Hans: 'Ela 'tava sim, é que ela 'tava com a cegonha'.

"Hans: 'Quantos anos tem a Hanna?'.

"Hans: 'No outono ela vai fazer 2 anos. Claro que a Hanna já 'tava aqui, você sabe muito bem'.

"Eu: 'E quando foi que ela esteve com a cegonha dentro do cesto da cegonha?'.

"Hans: 'Faz tempo, foi antes de ela viajar no cesto. Já há muito tempo'.

"Eu: 'Há quanto tempo a Hanna sabe andar? Quando esteve em Gmunden, ela ainda não sabia andar'.

"Hans: 'Ano passado não sabia, mas fora isso, ela sabia'.

"Eu: 'Mas a Hanna só esteve uma vez em Gmunden'.

"Hans: 'Não! Ela 'teve duas vezes lá; sim, exatamente. Consigo me lembrar muito bem. É só perguntar a mamãe que ela vai lhe dizer'.

"Eu: 'Mas isso não é verdade'.

"Hans: 'É sim, é verdade. *Quando ela 'teve em Gmunden a primeira vez, ela sabia andar e montar a cavalo, e mais tarde a gente teve de carregar ela.* – Não, mais tarde ela primeiro andou a cavalo, e no ano passado a gente teve de carregar ela'.

"Eu: 'Mas faz bem pouco tempo que ela sabe andar. Em Gmunden ela ainda não sabia andar'.

"Hans: 'Sim, é só anotar aí. Consigo me lembrar muito bem. – Por que é que você 'tá rindo?'.

"Eu: 'Porque você é um enganador, porque você sabe muito bem que a Hanna só esteve uma vez em Gmunden'.

"Hans: 'Não, não é verdade. Da primeira vez, ela foi a cavalo... e da segunda (fica claramente inseguro)'.

"Eu: 'Será que o cavalo era a mãezinha?'.

"Hans: 'Não, um cavalo de verdade, num cabriolé'.

"Eu: 'Mas sempre pegávamos um coche de dois cavalos'.

"Hans: 'Pois então era um fiacre'.

"Eu: 'O que era que a Hanna comia dentro do cesto?'.

"Hans: 'Deram pra ela, colocavam pão com manteiga e arenque e rábano (um jantar em Gmunden), e durante a viagem a Hanna ia passando manteiga no pão, e ela comeu 50 vezes'.

"Eu: 'A Hanna não chorou?'.

"Hans: 'Não!'.

"Eu: 'Então o que era que ela ficava fazendo?'.

"Hans: 'Ficava bem calminha sentada lá dentro'.

"Eu: 'Não ficava agitada?'.

"Hans: 'Não, ela passava o tempo todo comendo e não se mexeu nenhuma vez. Tomou duas canecas grandes de café até o fim – de manhãzinha já tinha acabado tudo, e ela deixou o lixo dentro do cesto, as folhas dos dois rábanos e uma faca pra cortar os rábanos; limpou tudo bem rapidinho, como um coelho, num minuto e já tinha acabado. Foi uma correria. Eu até viajei junto com a Hanna dentro do cesto, dormi a noite toda dentro do cesto (há dois anos realmente viajamos a Gmunden durante a noite), e a mamãe foi no cupê. A gente 'tava sempre comendo, também no coche, foi muito divertido.

– Ela não montou o cavalo de jeito nenhum (agora ele ficou inseguro por saber que fomos no coche com tração de dois cavalos), ela foi sentada no coche. Isso é que está certo, mas eu e a Hanna viajamos sozinhos... A mamãe foi a cavalo, a Karolin (nossa criada do ano passado) foi no outro... Papai, essas coisas que eu 'tô lhe contando aqui nem verdade são'.

"Eu: 'O que não é verdade?'.

"Hans: 'Nadinha. Papai, a gente se senta, ela e eu, dentro do cesto,[i] e aí eu vou fazer xixi dentro do cesto. Vou mesmo é fazer xixi na calça, não 'tô nem aí, isso não é vergonha nenhuma. Papai, isso não é brincadeira, não, mas que é divertido, ah, isso é!'.

"Em seguida, conta a história de ontem, de quando a cegonha fez a visita, mas só não conta que, ao sair, ela teria levado o chapéu.

"Eu: 'Onde era que a cegonha guardava a chave a porta?'.

"Hans: 'Na bolsa'.

"Eu: 'Onde é mesmo que a cegonha carrega uma bolsa?'.

"Hans: 'Dentro do bico'.

"Eu: 'Era dentro do bico que ela carregava a chave! Nunca vi uma cegonha carregando uma chave dentro do bico'.

"Hans: 'E como foi então que ela conseguiu entrar? Como é que a cegonha consegue entrar pela porta? Pois isso não é verdade, acabei me enganando, a cegonha toca, e alguém abre a porta'.

"Eu: 'Como que ela toca?'.

---

[i] A arca que fica no vestíbulo usada para acondicionar a bagagem de Gmunden.

"Hans: 'Lá na campainha'.

"Eu: 'Como que ela faz?'.

"Hans: 'Ela pega o bico e aperta a campainha com o bico'.

"Eu: 'E ela fechou a porta ao entrar?'.

"Hans: 'Não, uma criada fechou. Ela já 'tava acordada, foi ela que abriu e fechou a porta pra cegonha'.

"Eu: 'Onde é que fica a casa da cegonha?'.

"Hans: 'Onde? Dentro do cesto, onde ela guarda as menininhas. Talvez no Schönbrunn'.

"Eu: 'No Schönbrunn eu não vi cesto nenhum'.

"Hans: 'Vai ver que ela fica num lugar mais longe. – Você sabe como a cegonha abre o cesto? Ela pega o bico – o cesto também tem uma chave – ela pega o bico e aí ela deixa aberta uma metade (do bico), abrindo assim (faz a demonstração com a fechadura da escrivaninha). Na verdade, isso também é uma alça'.

"Eu: 'Uma menininha assim não é pesada para a cegonha?'.

"Hans: 'Que nada!'.

"Eu: 'Filho, um ônibus não parece um cesto de cegonha?'.

"Hans: 'Parece!'.

"Eu: 'E um coche de móveis?'.

"Hans: 'Um coche de crianças travessas também'.

"17 de abril. Ontem Hans cumpriu o propósito que planejara havia muito tempo, indo até o pátio localizado defronte a nosso prédio. Hoje não queria fazê-lo, pois justamente em frente ao portão de entrada estava parado um coche ao lado da rampa de carga e descarga. Disse-me:

'Quando um coche fica ali parado, tenho medo de provocar os cavalos, e de eles caírem e de fazerem barulho com os pés'.

"Eu: 'Como é que a gente provoca os cavalos?'.

"Hans: 'Quando a gente ralha com eles, aí a gente os provoca, também quando a gente grita "eia"'.[i]

"Eu: 'Você já provocou cavalos?'.

"Hans: 'Sim, várias vezes. Eu tenho medo de fazer isso, só que não é verdade'.

"Eu: 'Você já provocou cavalos em Gmunden?'.

"Hans: 'Não!'.

"Eu: 'Mas você gosta de provocar cavalos?'.

"Hans: 'Ah sim, gosto muito!'.

"Eu: 'Você gostaria de açoitá-los com chicote?'.

"Hans: 'Gostaria!'.

"Eu: 'Gostaria de bater nos cavalos como a mãezinha faz com a Hanna? Afinal de contas, você também gosta disso'.

"Hans: 'Na verdade, não faz mal aos cavalos quando a gente bate neles. (Certa vez eu lhe disse isso, para aliviar seu temor do açoite de cavalos.) Realmente já fiz isso uma vez. Um dia, peguei o chicote e açoitei o cavalo, e ele caiu e fez um barulho com os pés'.

"Eu: 'Quando?'.

"Hans: 'Em Gmunden'.

"Eu: 'Um cavalo de verdade? Que estava atrelado a um coche?'.

"Hans: 'Estava fora do coche'.

"Eu: 'Onde foi isso?'.

"Hans: 'Eu só segurei ele, pra ele não sair correndo'. (Claro que tudo isso soava improvável.)

---

[i] "Amiúde ele ficava com muito medo quando os cocheiros açoitavam os cavalos e gritavam 'eia'."

"Eu: 'Onde foi isso?'.

"Hans: 'Perto do poço'.

"Eu: 'Quem deixou você fazer isso? O cocheiro havia deixado o cavalo lá parado?'.

"Hans: 'Era só um cavalo do estábulo'.

"Eu: 'Como que ele foi parar junto ao poço?'.

"Hans: 'Fui eu que levei ele pra lá'.

"Eu: 'De onde? Do estábulo?'.

"Hans: 'Eu levei ele pra fora porque eu queria dar umas chicotadas nele'.

"Eu: 'Não havia ninguém no estábulo?'.

"Hans: 'Havia sim, o Loisl' (o cocheiro de Gmunden).

"Eu: 'Ele deixou você fazer isso?'.

"Hans: 'Falei todo bonzinho com ele, e ele disse que eu podia fazer'.

"Eu: 'O que você disse a ele?'.

"Hans: 'Se eu podia pegar o cavalo e dar umas chicotadas e gritar. Ele disse que sim'.

"Eu: 'Você deu muitas chicotadas nele?'.

"Hans: '*Isso aqui que 'tô contando pra você não é verdade, de jeito nenhum*'.

"Eu: 'E o que é verdade nessa história?'.

"Hans: 'Nada disso é verdade, só lhe contei isso de brincadeira'.

"Eu: 'Você nunca levou um cavalo para fora do estábulo?'.

"Hans: 'Nunquinha!'.

"Eu: 'Mas vontade você já teve'.

"Hans: 'Ah, vontade eu tive, também pensei nisso'.

"Eu: 'Em Gmunden?'.

"Hans: 'Não, só aqui. De manhãzinha já pensei nisso quando eu já 'tava vestido; não, foi de manhã ainda na cama'.

"Eu: 'Por que é que você nunca me contou isso?'.

"Hans: 'Nem pensei nisso'.
"Eu: 'Você pensou nisso porque você viu nas ruas'.
"Hans: 'Sim!'.
"Eu: 'Você quer bater mesmo em quem? É na mãezinha, na Hanna ou em mim?'.
"Hans: 'Na mãezinha'.
"Eu: 'Por quê?'.
"Hans: 'Só porque eu quero bater nela'.
"Eu: 'Quando foi que você viu alguém batendo em uma mãezinha?'.
"Hans: 'Nunca vi, nunquinha na minha vida'.
"Eu: 'Mas, mesmo assim, você quer fazer isso. Como é que você quer fazer?'.
"Hans: 'Com o batedor de tapetes'. (É com o batedor de tapetes que a mamãe costuma ameaçar bater nele.)
"Por hoje tive de encerrar a conversa.
"Na rua, Hans me explicou: ônibus, coches de móveis, carroças de carvão são coches de cestos de cegonha."

Isso significa, portanto: mulheres grávidas. O acesso sádico imediatamente anterior não pode estar sem relação com o nosso tema.

"21 de abril. Hoje cedo Hans conta que havia pensado o seguinte: 'Um trem 'tava em Lainz, e eu fui com a vovó de Lainz até a alfândega. Você ainda não tinha descido da passarela, e o segundo trem já 'tava em Sankt Veit.[26] Quando você desceu, o trem já 'tava lá, e aí nós embarcamos'.

"(Ontem Hans esteve em Lainz. Para chegar à plataforma de embarque, é preciso atravessar uma ponte. Da plataforma, pode-se ver ao longo dos trilhos até a estação de Sankt Veit. Esta história é um tanto obscura. Em princípio, Hans provavelmente pensou: ele partiu de lá no primeiro trem que eu havia perdido, depois chegou outro trem proveniente de Unter-Sankt Veit, no qual segui viagem. Ele desfigurou uma parte dessa fantasia de fugitivo, ao afirmar por fim: nós dois só saímos de lá no segundo trem.

"Essa fantasia está relacionada à última não interpretada, segundo a qual teríamos perdido muito tempo em Gmunden para vestir as roupas na estação, e o trem teria partido.)

"À tarde, em frente ao nosso prédio. De repente, Hans corre para dentro do prédio quando vem se aproximando um coche de dois cavalos, no qual não consigo notar nada de excepcional. Pergunto-lhe o que está acontecendo com ele. Responde: 'Como os cavalos são tão orgulhosos, tenho medo de que eles caiam'. (O cocheiro mantinha os cavalos firmemente nas rédeas, de modo que se deslocavam em um passo curto, mantendo a cabeça erguida – realmente exibiam uma maneira de andar altiva.)

"Pergunto-lhe quem na verdade seria tão orgulhoso.

"Ele: 'Você, quando eu vou pra cama da mãezinha'.

"Eu: 'Você então deseja que eu leve um tombo?'.

"Ele: 'Sim, você devia estar nu (ele quer dizer: descalço, como estava o Fritzl naquele incidente), tropeçar numa pedra e devia sair sangue, pra pelo menos eu poder ficar um pouco sozinho com a mãezinha. Quando você 'tiver subindo pro apartamento, aí eu posso fugir bem rápido sem você ver'.

"Eu: 'Você consegue se lembrar de quem tropeçou na pedra?'.

"Ele: 'Sim, o Fritzl'.

"Eu: 'Na hora em que o Fritzl caiu, você pensou o quê?'.[i]

"Ele: 'Que você devia voar pra cima da pedra'.

"Eu: 'Então você gostaria muito de ir pra junto da mãezinha?'.

"Ele: 'Gostaria!'.

"Eu: 'Mas por que é mesmo que eu ralho?'.

"Ele: 'Não sei'. (!!)

"Eu: 'Por quê?'.

"Ele: 'Porque você fica com ciúme'.

"Eu: 'Só que isso não é verdade!'.

"Ele: 'É sim, é verdade, você fica com ciúme, eu sei. Deve ser verdade'.

"Minha explicação de que apenas meninos pequenos vão para junto da mamãe na cama, enquanto os grandes dormem em suas próprias camas, não o impressionou muito.

"Suponho que diga respeito a mim, e não à mamãe, como ele dissera, o desejo de 'provocar', isto é, de açoitar os cavalos e de gritar com eles. Hans provavelmente pôs a mamãe à frente porque não queria me confessar o outro. Nos últimos dias, tem demonstrado um carinho especial por mim."

Com a superioridade que se adquire tão facilmente "*a posteriori*", queremos corrigir o pai afirmando que o desejo de Hans em "provocar" o cavalo é duplamente constituído: por um anseio obscuro e sádico em relação à mãe e uma clara urgência de vingança contra o pai. Esta última componente não podia ser reproduzida antes que, no contexto do complexo da gravidez, chegasse a vez do primeiro. Na formação da fobia oriunda dos pensamentos inconscientes, ocorre uma condensação; por esse motivo,

---

[i] Portanto, Fritzl realmente caiu, o que ele negara naquele momento.

o caminho da análise jamais conseguirá repetir o curso de desenvolvimento da neurose.

"22 de abril. Hoje cedo, Hans voltou a pensar algo: 'Um garoto de rua estava viajando em cima do vagãozinho, aí o condutor chegou e tirou toda a roupa do garoto e deixou ele ali, nuzinho, até de manhã, e bem cedo, pra poder viajar no vagãozinho, o menino deu 50 mil florins pro condutor'.

"(Defronte a nosso prédio, passa a Nordbahn.[27] Em uma via de manobras, encontra-se uma dresina na qual certa vez Hans viu um menino de rua pegando carona, algo que ele também queria fazer. Disse-lhe que isso não era permitido, senão o condutor apareceria. Um segundo elemento da fantasia é o desejo recalcado de nudez.)"

Há algum tempo, vimos observando que a fantasia de Hans cria "sob o signo do tráfego", e consequentemente avança do cavalo que puxa o coche até o trem. Desse modo, com o tempo, a toda fobia de rua vem associar-se o medo de trens.[28]

"*Ao meio-dia, fiquei sabendo que Hans passou a manhã toda brincando com uma boneca de borracha que ele chamava de Grete. Pela abertura onde antes estava afixado o pequeno apitinho de latão, ele enfiou um pequeno canivete e afastou as pernas da boneca, para deixar cair o canivete. Mostrando a região entre as pernas da boneca, ele disse à babá: 'Olha, isso aqui é o xixizador!'*.

"Eu: 'Que brincadeira foi mesmo que você fez hoje com a boneca?'.

"Ele: 'Eu afastei as pernas dela, sabe por quê? Porque havia um canivetinho lá dentro que era da mãezinha. Eu o enfiei lá no lugar onde a cabeça da boneca faz um chiado, e aí eu afastei as pernas, e foi por lá que ele saiu'.

"Eu: 'Por que você afastou as pernas? Para poder ver o xixizador?'.

"Ele: 'Antes ele já 'tava lá, dava pra ver ele lá'.

"Eu: 'Por que você enfiou o canivete lá dentro?'.

"Ele: 'Não sei'.

"Eu: 'Como é esse canivetinho?'.

"Ele me traz o canivete.

"Eu: 'Será que você pensou que talvez fosse um bebê?'.

"Ele: 'Não, não pensei nadinha, mas parece que uma vez a cegonha – ou não sei quem – ganhou um bebê'.

"Eu: 'Quando?'.

"Ele: 'Uma vez. Ouvi falar nisso, ou então não ouvi falar nadinha, ou então me enganei na hora de falar?'.

"Eu: 'O que quer dizer com "me enganei na hora de falar"?'.

"Ele: 'Não é verdade'.

"Eu: 'Tudo o que a gente diz é um pouquinho verdade'.

"Ele: 'Pois é, um pouquinho'.

"Eu (mudando de assunto): 'Como foi que você imaginou que as galinhas nascem?'.

"Ele: 'A cegonha deixa elas crescer, a cegonha deixa as galinhas crescer, – não, o amado Deus'.

"Explico-lhe que as galinhas põem ovos, e que, dos ovos, saem novamente galinhas.

"Hans ri.

"Eu: 'Por que você está rindo?'.

"Ele: 'Porque eu gosto disso aí que você 'tá me contando'.

"Ele diz já ter visto isso.

"Eu: 'Mas onde?'.
"Hans: 'Com você'.
"Eu: 'Onde foi que eu pus um ovo?'.
"Hans: 'Em Gmunden você pôs um ovo na grama, e de repente saiu uma galinha lá de dentro. Uma vez você pôs um ovo, eu sei, eu sei muito bem. Porque a mãezinha me contou'.
"Eu: 'Vou perguntar à mãezinha se isso é verdade'.
"Hans: 'Isso não é nada verdade, mas uma vez eu já pus um ovo, e aí saiu uma galinha lá de dentro'.
"Eu: 'Onde?'.
"Hans: 'Em Gmunden, me deitei na grama, não, me ajoelhei, aí as crianças nem olharam pra mim e, de repente, de manhãzinha, eu disse: procurem, crianças, ontem eu pus um ovo! E de repente saíram olhando, e de repente viram um ovo, e do ovo saiu um pequeno Hans. Por que é que você 'tá rindo? A mãezinha não sabe disso, e a Karolin também não sabe, porque nenhuma 'tava olhando, e de repente eu pus um ovo, e de repente ele 'tava ali. É verdade. Papai, quando é que uma galinha cresce e sai do ovo? É quando a gente deixa ele em pé? A gente tem de comê-lo?'.
"Explico-lhe isso.
"Hans: 'Pois é, vamos deixar o ovo com a galinha, e aí aparece um pintinho. Vamos colocar ele dentro do cesto e deixar ele ir pra Gmunden'."

Com uma ação ousada, Hans tomou para si a condução da análise, já que os pais hesitavam em relação aos esclarecimentos que há muito se justificavam, e, em uma brilhante ação sintomática, comunica: "*Vejam, é assim que eu imagino um nascimento*". O que ele disse à babá sobre o sentido de sua brincadeira com a boneca não foi sincero; perante o pai, nega diretamente que tenha querido apenas ver o xixizador. Depois que o pai lhe contou, como um pagamento parcelado, por assim dizer, sobre a origem dos pintinhos a partir do ovo, sua insatisfação, sua desconfiança e seu conhecimento subestimado uniram-se em uma deliciosa zombaria que vai aumentando até alcançar, em suas últimas palavras, o teor de uma clara alusão ao nascimento da irmã.

"Eu: 'Que brincadeira você fez com a boneca?'.

"Hans: 'Eu chamei ela de Grete'.

"Eu: 'Por quê?'.

"Hans: 'Porque eu chamei ela de Grete'.

"Eu: 'Como foi que você brincou?'.

"Hans: 'Eu só cuidei dela como uma criança de verdade'.

"Eu: 'Você gostaria de ter uma menininha?'.

"Hans: 'Gostaria sim. Por que não? Quero ter uma, mas a mãezinha 'tá proibida de ter uma, eu não gosto disso'.

"(Várias vezes já se expressou assim. Ele teme ser ainda mais subtraído devido a uma terceira criança.)

"Eu: 'Mas só uma mulher pode ter filhos'.

"Hans: 'Vou ter uma menininha'.

"Eu: 'Como é que você vai tê-la?'.

"Hans: 'Ora, da cegonha. Ela *tira a menininha*, e aí de repente a menininha põe um ovo, e do ovo sai mais uma Hanna, mais uma Hanna. Da Hanna sai mais outra Hanna. Não, lá de dentro sai *uma* Hanna'.

"Eu: 'Você gostaria de ter uma menininha'.

"Hans: '*Quero. Ano que vem vou ter uma*, ela também vai se chamar Hanna'.

"Eu: 'Por que é que a mãezinha não vai poder ter uma menininha?'.

"Hans: 'Porque sou eu que quero uma menininha'.

"Eu: 'Você não pode ter uma menininha'.

"Hans: 'Posso sim, um menino ganha uma menininha, e uma menininha ganha um menino'.[i]

"Eu: 'Um menino não pode ter filhos. Só as mulheres, as mamães, podem ter filhos'.

"Hans: 'E por que eu não?'.

"Eu: 'Porque o amado Deus fez as coisas assim'.

"Hans: 'Por que é que você não tem um filho? Vai sim, você ainda vai ter um, é só esperar'.

"Eu: 'Vou ter de esperar muito'.

"Hans: 'Mas eu sou seu'.

"Eu: 'Mas foi a mamãe quem trouxe você ao mundo. Então você é da mãezinha e meu também'.

"Hans: 'A Hanna é minha ou da mãezinha?'.

"Eu: 'Da mãezinha'.

"Hans: 'Não, ela é minha. *Por que não minha e da mamãe?*'.

"Eu: 'A Hanna é minha, da mãezinha e sua'.

"Hans: 'Pois então!'."

Naturalmente falta à criança uma parte essencial na compreensão das relações sexuais, enquanto não conhecer o genital feminino.

"No dia 24 de abril, minha mulher e eu demos alguns esclarecimentos a Hans, explicando que os bebês crescem na mãezinha e depois, com uma pressão, como um *Lumpf*, são trazidos ao mundo, o que causa grandes dores.

"À tarde, estamos em frente ao nosso prédio. Foi possível constatar nele um alívio visível, ele sai correndo atrás dos coches, e somente a circunstância de não ousar

---

[i] Eis mais um fragmento de teoria sexual infantil dotado de um sentido inimaginado.

distanciar-se do portão principal ou não se deixar motivar a fazer um passeio mais longo revela o resto de medo.

"No dia 25 de abril, Hans vem correndo e bate com a cabeça na minha barriga, coisa que já fizera uma vez. Pergunto-lhe se ele é uma cabra.

"Sua resposta: 'Sim, um bode'.[29] Onde ele terá visto um carneiro?

"Ele: 'Em Gmunden, o Fritzl tinha um'. (O Fritzl tinha um carneirinho vivo para brincar.)

"Eu: 'Você precisa me contar sobre o carneirinho. O que era que ele fazia?'.

"Hans: 'Você sabe que a senhorita Mizzi (uma professora que morava na casa) sempre sentava a Hanna no carneirinho, mas ele não conseguia se levantar nem conseguia dar marrada. Quando a gente se aproxima dele, ele até dá cabeçadas, porque tem chifres. O Fritzl sempre o leva com uma correia e amarra ele numa árvore. Sempre amarra ele numa árvore'.

"Eu: 'O carneirinho lhe deu uma cabeçada?'.

"Hans: 'Ele pulou pra cima de mim, o Fritzl uma vez me jogou pro lado dele... uma vez eu fui indo pra ele e não sabia dessa coisa, e de repente ele pulou pra cima de mim. Foi tão engraçado – e eu nem fiquei assustado'.

"Isso certamente não é verdade.

"Eu: 'Você gosta do papai?'.

"Hans: 'Gosto sim'.

"Eu: 'Ou será que também não?'.

"Hans (brincando com um cavalinho. Neste momento, o cavalo cai. Ele grita:) 'O cavalinho levou um tombo! Você 'tá vendo como ele faz barulho?!'.

"Eu: 'Uma coisa no papai causa raiva em você: é que a mãezinha gosta do papai'.

"Hans: 'Não'.

"Eu: 'Então por que é que você sempre chora quando a mãezinha me dá um beijo? É porque você fica com ciúmes'.

"Hans: 'Isso eu fico'.

"Eu: 'O que você gostaria de fazer se fosse o papai?'.

"Hans: 'E você fosse o Hans? – Aí eu queria levar você todo domingo pra Lainz, não, também todo dia de semana. Se eu fosse o papai, eu seria bem-comportado'.

"Eu: 'O que você gostaria de fazer com a mãezinha?'.

"Hans: 'Também levava ela pra Lainz'.

"Eu: 'E o que mais?'.

"Hans: 'Nadinha'.

"Eu: 'Por que é que você fica com ciúmes?'.

"Hans: 'Não sei'.

"Eu: 'Em Gmunden você também estava com ciúmes?'.

"Hans: 'Em Gmunden não (não é verdade). Em Gmunden eu tinha minhas coisas, eu tinha um jardim lá em Gmunden e também filhos'.

"Eu: 'Você consegue se lembrar de como a vaca teve o bezerrinho?'.

"Hans: 'Lembro sim. Ele veio com um coche (– naquele dia provavelmente alguém lhe contou isso em Gmunden; mais um golpe contra a teoria da cegonha –) e outra vaca espremeu ele do traseiro'. (Isso já é o fruto do esclarecimento que ele está querendo harmonizar com a 'teoria do coche pequeno'.)

"Eu: 'Não é verdade essa história de que ele chegou em um coche pequeno; ele saiu de dentro da vaca que estava no estábulo'.

"Hans contesta essas palavras dizendo que tinha visto o carrinho de manhã cedo. Advirto-o de que alguém provavelmente lhe tivesse contado que o bezerrinho tinha chegado no coche. Por fim admite: 'Vai ver que a Berta me contou isso ou não – ou talvez o senhorio. Ele 'tava junto, e também já era de noite, por isso só pode ser verdade como eu 'tô lhe dizendo, ou 'tô achando, que ninguém me disse isso, fui eu que pensei isso naquela noite'.

"Salvo engano, o bezerrinho foi levado dali no coche; daí a origem da confusão.

"Eu: 'Por que você não imaginou que a cegonha o trouxe?'.

"Hans: 'Eu não quis pensar isso'.

"Eu: 'Mas que a cegonha trouxe a Hanna, isso você pensou?'.

"Hans: 'De manhã cedo (dia do parto) eu imaginei isso. – Ó papai, o senhor Reisenbichler (o senhorio) 'tava junto quando o bezerrinho saiu da vaca?'.[i]

"Eu: 'Não sei. Você acha?'.

"Hans: 'Acho que sim… Papai, você já viu muitas vezes quando um cavalo tem uma coisa preta na boca?'.

"Eu: 'Vi várias vezes na rua lá em Gmunden'.[ii]

"Eu: 'Em Gmunden você ficou muitas vezes na cama com a mamãe?'.

"Hans: 'Sim'.

"Eu: 'E aí você pensava que você era o papai?'.

"Hans: 'Sim'.

"Eu: 'E aí você sentiu medo do papai?'.

"Hans: *'Mas é que você sabe de tudo, e eu não sabia de nada'*.

"Eu: 'Quando o Fritzl levou um tombo, você imaginou como seria bom se o papai levasse um tombo assim, e quando o carneirinho lhe deu uma cabeçada, você

---

[i] Hans, que tem motivo para desconfiar das comunicações dos adultos, está conjecturando, aqui, se o senhorio seria mais confiável que seu pai.

[ii] O contexto é este: durante muito tempo, o pai não lhe quis dar crédito em relação à coisa preta na boca dos cavalos, até finalmente ter sido possível verificá-la.

imaginou como seria bom se ele desse uma cabeçada assim no papai. Você consegue se lembrar do enterro lá em Gmunden?'. (O primeiro enterro que Hans viu. Com frequência ele se lembra disso, trata-se indubitavelmente de uma lembrança encobridora.)

"Hans: 'Lembro. O que foi mesmo?'.

"Eu: 'Ali você imaginou que, se o papai morresse, aí você ficaria sendo o papai'.

"Hans: 'Foi'.

"Eu: 'Quais são mesmo os coches que ainda lhe metem medo?'.

"Hans: 'Todos'.

"Eu: 'Mas é claro que isso não é verdade'.

"Hans: 'Não tenho medo de fiacres nem de cabriolés. Tenho medo é de ônibus, de coches de bagagens, mas só quando 'tão carregados, mas quando 'tão vazios não tenho medo. Quando é um cavalo, e ele 'tá totalmente carregado, aí eu tenho medo, e quando são dois cavalos e eles 'tão totalmente carregados, aí eu não tenho medo'.

"Eu: 'Você tem medo dos ônibus porque ficam muitas pessoas lá dentro?'.

"Hans: 'Porque em cima da capota fica muita bagagem'.

"Eu: 'A mãezinha, quando teve a Hanna, também não ficou totalmente carregada?'.

"Hans: 'A mãezinha vai ficar de novo totalmente carregada, quando ela tiver de novo um, até crescer outro, até ter de novo um outro lá dentro'.

"Eu: 'Mas você bem que gostaria disso'.

"Hans: 'Sim'.

"Eu: 'Você disse que não quer que a mãezinha tenha mais um bebê'.

"Hans: 'É que assim ela não vai mais ficar carregada. A mãezinha disse que se a mãezinha não quiser um, então o querido Deus também não vai querer. Se a mãezinha não quiser mais um bebê, ela também não vai ter nenhum'. (Ontem Hans perguntou naturalmente se ainda há crianças dentro da mamãe. Disse-lhe que não, que, se o amado Deus não quiser, também não crescerá nenhum dentro dela.)

"Hans: 'Mas a mãezinha me disse que, se ela não quiser, não vai mais crescer nenhum, e você diz se o amado Deus não quiser'.

"Digo-lhe, portanto, que é assim como eu lhe disse, e ele retruca: 'Então você estava junto? Você deve saber isso bem melhor'. – Por conseguinte, Hans foi questionar a mamãe, e ela apresentou sua concordância, ao afirmar que, se ela não quisesse, então o amado Deus também não quereria.[i]

"Eu: 'Parece-me que você, então, bem que desejaria que a mamãe tivesse outro bebê?'.

"Hans: 'Mas ter um eu não quero'.

"Eu: 'Mas você deseja isso?'.

"Hans: 'Desejar, sim'.

"Eu: 'Sabe por que você deseja isso? Porque você gostaria de ser o papai'.

"Hans: 'Sim... Como é a história?'.

"Eu: 'Que história?'.

"Hans: 'É claro que um papai não pode ter filhos, mas como é mesmo a história se eu quiser ser o papai?'.

---

[i] *Ce que femme veut Dieu veut* [O que a mulher quer Deus quer]. Com sua perspicácia, Hans descobriu aqui mais um problema sério. [O provérbio francês, na íntegra, é: "*Ce que femme veut Dieu le veut*". O *Dictionnaire de proverbes et dictons: les usuels du Robert* (Paris: Le Robert, 1989) registra que esse provérbio aparece no livro *Histoire générale des proverbes, adages, sentences, apophthegmes* [História geral dos provérbios, adágios, sentenças e apotegmas] (3 v.), da autoria de M. C. de Méry, publicado em Paris, no ano 1828. (N.T.)]

"Eu: 'Você gostaria de ser o papai e ser casado com a mamãe, gostaria de ser tão grande quanto eu e ter um bigode, e gostaria que a mamãe ganhasse um bebê'.

"Hans: 'Papai, e até eu me casar só vou ter um, se eu quiser, quando eu for casado com a mamãe, e se eu não quiser nenhum filho, o amado Deus também não vai querer, quando eu 'tiver casado'.

"Eu: 'Você gostaria de ser casado com a mãezinha?'.

"Hans: 'Ah, sim'."

Nota-se claramente como a incerteza sobre o papel do pai e as dúvidas sobre o domínio da natalidade ainda interferem na felicidade contida na fantasia.

"No mesmo dia à noitinha, Hans me diz, no instante em que está sendo colocado na cama para dormir: 'Papai, sabe o que eu ando fazendo agora? Agora fico conversando até as 10 horas com a Grete, ela fica comigo na cama. Meus filhos sempre 'tão comigo na cama. Você pode me dizer como é isso?' – Como ele já está muito sonolento, prometo-lhe que amanhã tomaríamos nota disso, e em seguida ele adormece.

"De registros anteriores, conclui-se que, desde o retorno de Gmunden, Hans está fantasiando a respeito de seus 'filhos' e mantendo conversas com eles etc.[i]

"No dia 26 de abril, pergunto-lhe, portanto, por que sempre está falando sobre seus filhos.

---

[i] Aqui, quanto à ânsia por ter filhos, não há nenhuma necessidade de supor em Hans um traço feminino. Como ele pôde ter, junto da mãe, experiências felizes como criança, agora as reproduz em um papel ativo, em que ele próprio precisa assumir o papel da mãe.

"Hans: 'Por quê? *Porque eu quero muito ter filhos, mas nunca fico desejando isso pra mim, não quero ter eles*'.[i]

"Eu: 'Você sempre ficou imaginando que a Berta, a Olga etc. são suas filhas?'.

"Hans: 'Sim, o Franzl, o Fritzl e o Paul (seus companheiros de folguedos em Lainz) também e a Lodi'. Um nome inventado. Sua filha preferida, de quem fala na maioria das vezes. – Enfatizo aqui que a personagem Lodi não existe só há alguns dias, desde a data do último esclarecimento (24 de abril).

"Eu: 'Quem é a Lodi? Ela está em Gmunden?'.

"Hans: 'Não'.

"Eu: 'Existe uma Lodi?'.

"Hans: 'Existe, conheço ela, sim'.

"Eu: 'Quem é ela então?'.

"Hans: 'Essa que eu tenho'.

"Eu: 'Como é o jeito dela?'.

"Hans: 'O jeito? Olhos pretos, cabelos pretos... encontrei ela uma vez com a Mariedl (em Gmunden), quando eu 'tava indo pra cidade'.

"Quando eu tento obter mais informações, resulta que é coisa inventada.[ii]

"Eu: 'Você então pensava que você era a mamãe?'.

"Hans: 'Eu também era a mamãe de verdade'.

"Eu: 'O que era mesmo que você fazia com as crianças?'.

---

[i] A contradição conspícua é aquela situada entre a fantasia e a realidade – desejar e ter. Ele sabe que na realidade é uma criança, e outras crianças apenas seriam um estorvo para ele; na fantasia, ele é mãe e precisa de filhos com quem possa repetir os mesmos carinhos que ele próprio vivenciou.

[ii] Poderia muito bem ser que Hans tenha alçado à condição de ideal um encontro casual que teve em Gmunden, ideal que está reproduzido na cor dos olhos e dos cabelos da mãe.

"Hans: 'Deixava-os dormir comigo, as meninas e os meninos'.

"Eu: 'Todos os dias?'.

"Hans: 'Mas é claro!'.

"Eu: 'Você conversava com eles?'.

"Hans: 'Se nem todas as crianças coubessem na cama, eu deitava umas no sofá e sentava outras no carro de bebê, se ainda sobrassem algumas, eu carregava elas pro sótão pra colocar elas dentro do cesto, e ainda tinha outras crianças que eu colocava no outro cesto'.

"Eu: 'Portanto os cestos de crianças da cegonha ficavam no sótão?'.

"Hans: 'Ficavam'.

"Eu: 'Quando foi que você teve os filhos? A Hanna já estava no mundo?'.

"Hans: 'Sim, há muito tempo'.

"Eu: 'Mas de quem você pensou que teve esses filhos?'.

"Hans: 'Ora, de mim mesmo'.[i]

"Eu: 'Mas naquela época você não tinha nem ideia de que os filhos vêm de alguém'.

"Hans: 'Eu pensava que a cegonha tinha trazido eles'.

"(Mentira e subterfúgio, ao que parece.)[ii]

"Eu: 'Ontem a Grete estava com você, mas você já sabe muito bem que um menino não pode ter filhos'.

"Hans: 'Pois é, mas eu acho que pode'.

"Eu: 'Como foi que você chegou a esse nome Lodi? Nenhuma menina tem esse nome. Talvez Lotti?'.

"Hans: 'Nada disso, é Lodi mesmo. Não sei, mas é um nome bem bonito'.

---

[i] Hans não consegue responder a partir de outra perspectiva que não seja o autoerotismo.

[ii] São filhos da fantasia, ou seja, do onanismo.

"Eu (fazendo troça): 'Será que você está querendo dizer uma *Chocolodi*?'.³⁰

"Hans (imediatamente): 'Não, uma *Saffalodi*ⁱ... porque eu adoro comer linguiça, e salame também'.

"Eu: 'Diga uma coisa, uma *Saffalodi* não parece um *Lumpf*?'.

"Hans: 'Parece!'.

"Eu: 'Como é mesmo o jeito de um *Lumpf*?'.

"Hans: 'Preto. Sabe (aponta para minhas sobrancelhas e meu bigode), assim como isso aqui e mais isso'.

"Eu: 'E o que mais? Roliço como uma *Saffaladi*?'.

"Hans: 'Sim'.

"Eu: 'Quando você ficava sentado no sanitário e vinha um *Lumpf*, você pensava que ia ter um bebê?'.

"Hans (rindo): 'Sim, lá na rua ** e aqui também'.

"Eu: 'Pois é, como quando os cavalos do ônibus levaram aquele tombo? O coche bem que parece um cesto de crianças, e quando o cavalo preto levou um tombo, foi como...'.

"Hans (completando): 'Como quando alguém 'tá tendo um bebê'.

"Eu: 'E o que você pensou quando ele fez barulho com os pés?'.

ⁱ "*Saffaladi* = linguiça tipo *Zervelat*. Minha esposa gosta de contar que sua tia sempre diz '*Soffolodi*', e ele deve ter ouvido isso." [Hans tenta imitar a pronúncia da tia, extraindo dali o termo "*Lodi*", fruto da pronúncia regional/local do vocábulo "*Zervelat*" (oriundo do italiano "*cervelatta*", atualmente escrito em alemão como "*Cervelat*"). Se, por um lado, a grafia correta do nome em alemão não apresenta uma vogal "o", saliente-se que, em pronúncias do alemão regional, local, dialetal etc., também na Áustria, a vogal "a" pode assumir o som de "o" fechado. Na verdade, a palavra como um todo apresenta-se como corruptela de "*Zervelat*", ao ser pronunciada como "*Saffalodi*". (N.T.)]

"Hans: 'Ora, quando eu não quero me sentar no sanitário e prefiro ir brincar, aí eu faço barulho assim com os pés'. (Bate forte os pés.)

"Era por isso que tinha tanto interesse em saber se as pessoas *gostam* ou *não gostam* de ter filhos.

"Hoje o Hans não para de brincar de carregar e descarregar caixas de bagagem, inclusive deseja ganhar um cochezinho de brinquedo com essas caixas. No pátio da alfândega do outro lado da rua, o que mais prende sua atenção são a carga e a descarga dos coches. Também teve seu maior susto quando um coche já tinha carregado e estava prestes a partir. 'Os cavalos vão cair.'[i] 'Buraco' era o nome que ele dava às portas do galpão da alfândega (o primeiro, o segundo, o terceiro... buraco). Agora diz 'buraco do traseiro'.

"O medo passou quase que por completo, ele quer apenas ficar nas cercanias do prédio para poder bater em retirada, se vier a ter medo. No entanto, nunca mais se refugia no prédio, sempre fica na rua. É sabido que a doença começou quando voltou, aos prantos, de um passeio, e quando, em uma segunda ocasião, obrigaram-no a ir passear, apenas foi até a estação ferroviária 'Alfândega' [*Hauptzollamt*], de onde ainda se consegue ver nosso prédio. Quando minha mulher foi dar à luz, ele obviamente foi separado dela, e o medo atual que o impede de deixar as proximidades do prédio ainda é a saudade sentida naquela época.

"30 de abril. Como Hans está novamente brincando com seus filhos imaginários, falo para ele: 'Por que é que

---

[i] E o termo "parir, dar à luz", quando uma mulher tem um filho, não contém a ideia de "vir abaixo, deixar cair"? [O verbo alemão para a ideia de "parir", "dar à luz" (*niederkommen*) realmente apresenta, no tocante à sua morfologia, estes dois componentes: "*nieder*" = "abaixo" e "*kommen*" = "vir". (N.T.)]

os seus filhos ainda estão vivos? Você sabe muito bem que um menino não pode ter filhos'.

"Hans: 'Eu sei. Antes eu era a mãezinha, *agora sou o papaizinho*'.

"Eu: 'E quem é a mãezinha das crianças?'.

"Hans: 'Ora, a mamãe, e você é o *vovô*'.

"Eu: 'Portanto, você quer ser tão grande quanto eu, ser casado com a mãezinha, e depois ela vai ter filhos'.

"Hans: 'Sim, é isso que eu gostaria, e aquela lá de Lainz (minha mãe) é então a vovó'."

Tudo termina bem. O pequeno Édipo encontrou uma solução mais feliz do que a que fora prescrita pelo destino. Em vez de eliminar seu pai, ele concede-lhe a mesma felicidade que exige para si: nomeia-o avô e casa-o com a própria mãe.

"No dia 1º de maio, ao meio-dia, Hans vem para junto de mim e diz-me: 'Sabe de uma coisa? Vamos anotar umas coisas pro professor'.

"Eu: 'E o quê?'.

"Hans: 'Pela manhã eu 'tava com todos os meus filhos no banheiro. Primeiro fiz *Lumpf* e xixi, e eles ficaram olhando. Depois sentei eles no sanitário, e eles fizeram xixi e *Lumpf*, e aí eu limpei o traseiro deles com papel. Sabe por quê? Porque eu gostaria tanto de ter filhos, aí eu gostaria de fazer tudo por eles, levar eles ao banheiro, limpar o traseiro deles, quero fazer mesmo tudo o que a gente faz com filhos'."

Após a confissão dessa fantasia, provavelmente não será tarefa fácil contestar em Hans o prazer que está ligado às funções excrementícias.

"À tarde, pela primeira vez, aventura-se em ir ao Stadtpark. Como é 1º de maio, transitam menos coches do que de costume, ainda assim o suficiente, como os que até então o têm assustado. Ele está muito orgulhoso de seu feito, e depois do lanche tenho de ir com ele mais uma vez ao Stadtpark. No caminho, encontramos um ônibus que ele me mostra: 'Olha, um coche de cestos de cegonha!'. Quando ele, como já planejamos, for amanhã novamente ao Stadtpark comigo, provavelmente poderemos considerar curada a doença.

"No dia 2 de maio, cedo, Hans vem até mim: 'Papai, hoje eu pensei uma coisa'. Primeiramente esqueceu o que era, depois me conta com consideráveis resistências: '*O encanador 'teve aqui hoje e primeiro tirou meu bumbum com um alicate e depois me deu outro bumbum, e depois foi a vez do xixizador*. Ele disse assim: Deixa-me ver o bumbum, e eu precisei me virar, aí ele tirou meu bumbum e depois disse: Deixa-me ver o xixizador'."

O pai compreende o caráter da fantasia de desejo e não duvida um só momento da única interpretação autorizada.

"Eu: 'Ele lhe deu um xixizador *maior* e um bumbum maior'.

"Hans: 'Foi'.

"Eu: 'Do mesmo jeito que o papai tem, já que você quer ser o papai?'.

"Hans: 'Sim, e também quero ter um bigode como o seu e esses cabelos aí'. (Aponta para os pelos no meu peito.)

"A interpretação da fantasia relatada há algum tempo: 'O encanador chegou e desaparafusou a banheira e depois pegou um furador e colocou na minha barriga' é retificada desta forma: A grande banheira significa o 'bumbum', o furador ou chave de fenda, como já fora interpretado naquela ocasião, o xixizador.[i] São fantasias idênticas. Abre-se também um novo acesso ao temor de Hans diante da grande banheira, que nesse ínterim também já diminuiu. Ele demonstra sua insatisfação em ter um 'bumbum' pequeno demais para a grande banheira."

Adendo do pai uma semana mais tarde:
"Prezado Sr. Professor! Ainda gostaria de complementar a história clínica de Hans com os seguintes dados:

---

[i] Talvez seja lícito acrescentar que a palavra "furador" [*Bohrer*] não foi escolhida sem uma associação às palavras "*geboren*" [nascido], "*Geburt*" [nascimento]. Assim, a criança não faria uma distinção entre "*gebohrt*" [brocado, perfurado] e "*geboren*" [nascido, parido]. Aceito essa suposição que me foi comunicada por um colega versado, embora eu não saiba dizer se aqui estamos diante de um contexto geral mais profundo ou se estamos explorando um acaso linguístico particular. Prometeu (Pramantha), o criador dos homens, etimologicamente também é "o furador". Cf. Abraham. *Traum und Mythus* [Sonho e mito], 4º caderno dos *Schriften zur angewandten Seelenkunde* [Escritos sobre psicologia aplicada], 1908. ["*Geboren*" (nascido) é o particípio do verbo "*gebären*" (parir, dar à luz), e "*gebohrt*" é o particípio passado do verbo "*bohren*" (brocar, perfurar com broca). Para uma criança germanófona em fase de aquisição da linguagem, os dois particípios são facilmente confundíveis. É comum, como atesta o *Dictionnaire Grec/Français Le Grand Bailly* (Paris: Hachette, 2008), que o termo grego "Προμηθεύς" (Prometeu) seja entendido como "previdente, prudente". No próprio texto de Karl Abraham, citado por Freud, o autor explica que o nome "Prometeu" foi interpretado, em tempos históricos, como "previdente, prudente". O mesmo autor ainda observa que a forma sânscrita "*Pramantha*", mais antiga, tem dois sentidos. Em primeiro lugar, significa "aquele que produz algo através da fricção". Em outras palavras, produz fogo, por exemplo, friccionando dois bastões de madeira, gerando, desse modo, o gênero humano. O segundo sentido de "*Pramantha*" apontado por Abraham é o de "ladrão do fogo". Também explica que o étimo "*mantha*" signifique o órgão genital masculino. (N.T.)]

"1) A melhora após o primeiro esclarecimento não foi tão completa como eu talvez lhe tenha exposto. Certamente Hans ia passear, mas só obrigado e com muito medo [*Angst*]. Uma vez, foi comigo até a estação Alfândega [*Hauptzollamt*], de onde ainda é possível ver nosso prédio, mas não consegui fazê-lo continuar.

"2) Adendo: Suco de framboesa, arma de fogo. Dão suco de framboesa a Hans quando ele está com prisão de ventre. Ele frequentemente troca as palavras '*schießen*'[31] [atirar] e '*scheißen*' [cagar].

"3) Hans estava com cerca de 4 anos quando ganhou um quarto próprio separado de nosso dormitório.

"4) Ainda há um resto que não mais se manifesta como temor [*Furcht*], mas como uma pulsão normal de perguntar. As perguntas dizem respeito, na maioria das vezes, aos materiais com que as coisas são fabricadas (bondes, máquinas etc.), quem faz as coisas etc. Um aspecto característico em todas as perguntas é que Hans as faz, embora ele próprio já tenha fornecido as respostas. Apenas quer assegurar-se das coisas. Quando certa vez Hans me deixou exausto com suas perguntas, e eu lhe disse: 'Você então acredita mesmo que sou capaz de lhe responder tudo o que você pergunta?', retrucou: 'Ora, eu pensei que, como você sabia daquela história do cavalo, você também sabia disso'.

"5) Hans só fala da doença como uma referência histórica: 'Naquela época, quando eu estava com aquela bobagem'.

"6) O resto ainda não solucionado é que Hans fica quebrando a cabeça querendo entender o que o pai tem a ver com o filho, se na verdade é a mãe quem põe o filho no mundo. Pode-se concluir isso a partir de perguntas como: 'Não é verdade? Eu também sou *seu*' (querendo dizer: não apenas da mãe). O como ele é meu não lhe fica claro. Por outro lado, não disponho de nenhuma prova direta de que ele, como o senhor pensa, teria espionado o coito dos pais.

"7) Ao expor os dados, talvez fosse necessário chamar a atenção para a intensidade do medo, pois, de outra maneira, dir-se-ia: 'Bastava terem-lhe aplicado umas boas palmadas, e ele então teria ido passear'."

Para concluir, acrescento estas palavras: Com a última fantasia de Hans, também foi superado o medo oriundo do complexo de castração, a penosa expectativa tornou-se algo mais feliz. Sim, o médico, o encanador etc. chega, tira o pênis, mas só para dar em troca um maior. De resto, que nosso pequeno investigador possa ter a experiência prematura de que todo saber é obra fragmentária, e de que em cada estágio permanece um resto não solucionado.

III
EPÍCRISE

Em três direções terei agora de verificar essa observação do desenvolvimento e da solução de uma fobia em um garoto que ainda não completou 5 anos, para saber: em primeiro lugar, em que medida ela apoia as afirmações que formulei nos *Três ensaios sobre a teoria sexual*, de 1905; em segundo, como ela consegue contribuir para a compreensão dessa forma de adoecimento tão frequente; e em terceiro, o que dela se pode acaso retirar para o esclarecimento da vida anímica infantil e para a crítica de nossos propósitos educacionais.

1

Minha impressão é a de que o quadro da vida sexual infantil, no modo como ele surge da observação do pequeno Hans, está em perfeita consonância com a descrição que esbocei em minha *Teoria Sexual*, a partir de investigações psicanalíticas em adultos. Mas, antes que eu passe a acompanhar os pormenores dessa consonância, terei de resolver duas objeções que se levantam contra a utilização dessa análise. Eis a primeira: o pequeno Hans não seria uma criança normal, mas, como mostra a sequência, ou seja, a própria doença, uma criança com disposição à neurose, um pequeno "portador de doença hereditária", e que por isso mesmo seria inadmissível transferir para outras crianças, normais, conclusões que talvez sejam válidas para ele. Posteriormente, examinarei essa objeção, já que ela apenas restringe o valor da observação, sem eliminá-la por completo. A segunda objeção, mais rigorosa, afirma que a análise de uma criança por seu próprio pai, que realiza o trabalho como refém de *meus* pontos de vista, impregnado com *meus* preconceitos, seria absolutamente desprovida de um valor objetivo. É natural que uma criança seja altamente sugestionável, e talvez em relação a nenhuma outra pessoa mais do que a seu pai; por amor a seu pai, ela aceitaria quaisquer imposições como gratidão por sua grande dedicação a ela, e suas afirmações não teriam nenhuma força probatória, e suas produções, no que diz respeito a ocorrências, fantasias e sonhos, naturalmente ocorreriam na direção para a qual a tivessem forçado, por todos os meios. Em resumo, mais uma vez tudo não passaria de "sugestão", ressalvando-se que seria mais fácil desmascará-la em uma criança do que em um adulto.

Esquisito: consigo lembrar, quando, há 22 anos, eu estava começando a intervir nas disputas das argumentações científicas, com que escárnio a formulação da sugestão e de seus efeitos estava sendo então recebida pela geração mais velha de neurologistas e psiquiatras. Desde então, a situação passou por uma mudança radical; a relutância transformou-se em uma solicitude extremamente complacente, e isso não apenas graças ao efeito que os trabalhos de Liébeault, Bernheim e seus discípulos produziram ao longo desses decênios,[32] mas também porque entrementes se descobriu quanta economia de pensamento pode estar vinculada à utilização da palavra de ordem "sugestão". Pois ninguém sabe nem está preocupado em saber de onde ela provém e quando ocorre; basta então que seja lícito rotular de "sugestão" tudo aquilo que é incômodo no psíquico.

Não compartilho aquela opinião atualmente em evidência de que afirmações feitas por crianças sejam necessariamente arbitrárias e não confiáveis. Arbitrariedade não existe absolutamente no psíquico; o caráter não confiável nas afirmações das crianças provém do superpoder de sua imaginação, da mesma maneira como o caráter não confiável das afirmações dos adultos provém do superpoder de seus preconceitos. Normalmente, a criança também não mente sem motivo e em geral tem mais inclinação para o amor à verdade do que os adultos. Com uma rejeição pura e simples dos dados de nosso pequeno Hans, estaríamos certamente lhe fazendo uma grave injustiça; em vez disso, pode-se distinguir bem claramente onde ele falseia ou retém dados sob a coerção de uma resistência; quando, ele próprio indeciso, concorda com o pai, o que não se precisa considerar como comprobatório; e quando ele, liberado da pressão, comunica aquilo que é sua verdade interior e aquilo que até então só ele sabia. Os dados dos adultos também não fornecem maiores garantias. Continua sendo lamentável que nenhuma exposição de uma psicanálise logre reproduzir as impressões que recebemos durante sua realização, e que a convicção definitiva jamais possa ser transmitida pela leitura, mas somente pela vivência. Mas essa falta, na mesma medida, está intimamente ligada às análises com adultos.

Os pais do pequeno Hans descrevem-no como uma criança vivaz, sincera, e assim ele deve ter se tornado realmente através da educação que seus pais lhe proporcionaram, que consistia essencialmente no abandono de nossos pecados educacionais comuns. Enquanto conseguia cultivar suas investigações com alegre ingenuidade, sem fazer ideia dos conflitos que brevemente delas resultariam, também se comunicava sem reservas, e as observações do período anterior à sua fobia não estão sujeitas a qualquer dúvida e qualquer objeção. No período da doença e durante a análise têm início para ele as incongruências entre o que ele diz e o que ele pensa, em parte porque a ele se impõe um material inconsciente, que ele não consegue dominar de uma só vez, em parte em decorrência dos bloqueios de conteúdo que provêm de sua relação com os pais. Afirmo que permaneço imparcial ao pronunciar meu julgamento de que também essas dificuldades não pareceram maiores do que em tantas outras análises com adultos.

É claro que durante a análise muitas coisas lhe precisam ser ditas que ele próprio não sabe dizer; precisam ser-lhe sugeridos muitos pensamentos dos quais nada ainda lhe foi revelado; sua atenção teve de aprender a se posicionar de acordo com as direções de onde seu pai espera que venha algo. Isso enfraquece a força comprobatória da análise; mas em toda análise se procede assim. Uma psicanálise justamente não é uma investigação científica imparcial, mas uma intervenção terapêutica; em princípio, ela nada quer provar, mas apenas mudar algo. Na psicanálise, a cada vez o médico dá ao paciente, uma vez em dose mais generosa, na outra, uma mais modesta, as representações antecipatórias conscientes com a ajuda das quais ele terá condições de reconhecer e de apreender o inconsciente. Pois há casos que carecem de mais assistência, e outros, menos. Sem essa ajuda ninguém se arranja. O que se pode levar a bom termo sozinho são perturbações leves, mas jamais uma neurose que se contrapôs ao Eu como algo estranho; para dominar uma neurose como essa, ele precisa do outro, e, até onde o outro puder ajudar, é até onde a neurose será curável. Se é próprio da natureza de uma neurose afastar-se do "outro", como parece fazer parte da característica dos estados patológicos reunidos como demência precoce, é justamente por essa razão que esses estados são incuráveis para os nossos esforços. Acontece que a criança, por causa do reduzido desenvolvimento de seus sistemas intelectuais, carece de uma assistência particularmente intensa. Mas aquilo que o médico comunica ao paciente provém, por seu turno, das mesmas experiências analíticas, e é realmente bastante comprobatório, se o contexto e a solução do material patogênico são alcançados com o ônus dessa interferência médica.

E, mesmo assim, o nosso pequeno paciente, inclusive durante a análise, deu provas suficientes de autonomia, para que possamos absolvê-lo do veredito da "sugestão". Como todas as crianças, ele aplica suas teorias sexuais infantis ao seu material, sem receber um estímulo para fazê-lo. Para o adulto, essas teorias se encontram extremamente afastadas; e justamente nesse caso, até deixei de preparar o pai no sentido de que o caminho que leva ao tema do nascimento teria de passar, em se tratando de Hans, pelo complexo de excreção. Aquilo que, devido à minha desatenção, tornou-se uma parte obscura da análise proporcionou pelo menos um bom testemunho da autenticidade e da autonomia no trabalho de pensamento em Hans. De repente, ele estava ocupado com o *"Lumpf"*, sem que o pai que supostamente o sugestionava pudesse entender como ele chegara àquele ponto, e em que aquilo deveria resultar. Ainda uma menor participação pode-se atribuir ao pai no desenvolvimento de ambas as fantasias do encanador, que provêm do "complexo de castração" adquirido em estágio prematuro. Cumpre-me aqui confessar que eu, movido por interesse teórico, ocultei do pai, por completo, a expectativa desse vínculo, apenas para não debilitar a força comprobatória de um dado que dificilmente se obtém de outra forma.

Um maior aprofundamento nos pormenores dessa análise produziria um farto número de novas provas da independência de nosso Hans da "sugestão", mas interrompo aqui a abordagem da primeira objeção. Sei que com essa análise também não convencerei ninguém que não queira deixar-se convencer, e prossigo com a elaboração dessa observação para aqueles leitores que já adquiriram uma convicção da objetividade do material patógeno inconsciente, não sem enfatizar a agradável certeza de que o número desses leitores se encontra em constante crescimento.

O primeiro traço a ser atribuído à vida sexual do pequeno Hans é um interesse particularmente vivo por seu "xixizador", modo como é chamado esse órgão, de acordo com uma – de modo algum a menos importante – de suas duas funções, e de acordo com aquela outra função que não pode ser ignorada na educação infantil. Esse interesse o torna um investigador; desse modo, descobre que se pode fazer uma distinção entre seres vivos e seres inanimados com base na presença ou falta do xixizador. Em todos os seres vivos que julga semelhantes a si, Hans pressupõe essa parte importante do corpo, estuda-a nos grandes animais, supõe-na em ambos os pais, e também não deixa que aquilo que vê com seus olhos o impeça de verificá-lo em sua irmã recém-nascida. Seria um abalo violento para a sua "visão de mundo", poderíamos dizer, se ele tivesse de se decidir por renunciar a ele em um ser semelhante a si; seria como se ele fosse arrancado de si mesmo. Por essa razão, pode-se supor que uma ameaça da mãe, cujo conteúdo consiste em nada menos do que na perda do xixizador, seja precipitadamente recalcada, só podendo manifestar seu efeito em fases posteriores. A interferência da mãe ocorrera porque ele gostava de obter sensações de prazer tocando esse membro; o pequeno começou a mais comum e – a mais normal forma de atividade sexual autoerótica.

De uma maneira que Alfred Adler designou muito acertadamente como "imbricação pulsional",[i] o prazer com o próprio órgão sexual vincula-se com o prazer de

---

[i] "Der Aggressionstrieb im Leben und in der Neurose" [A pulsão agressiva na vida e na neurose]. *Fortschritte der Medizin* [Progressos da Medicina], 1908, n. 9.

olhar [*Schaulust*] em sua configuração ativa e passiva. O pequeno procura ver o xixizador de outras pessoas, desenvolve curiosidade sexual e gosta de mostrar o seu próprio. Um de seus sonhos da primeira fase do recalcamento tem como conteúdo o desejo de que uma de suas amiguinhas o ajude enquanto ele faz xixi, isto é, que participe dessa visão. Dessa maneira, o sonho testemunha que o desejo até então subsistiu não recalcado, da mesma forma como comunicações posteriores confirmam que ele costumava buscar sua satisfação. A direção ativa do prazer de olhar logo se vincula, nele, a um motivo determinado. Se ele, repetidas vezes, revela tanto ao pai quanto à mãe seu lamento por nunca ter visto seus fazedores de xixi, é provável que ele seja pressionado a isso pela necessidade de *comparar*. O Eu permanece sendo o parâmetro com o qual se mede o mundo; aprendemos a entendê-lo através de comparação contínua com a própria pessoa. Hans observou que os grandes animais têm fazedores de xixi muito maiores que ele; por isso, também, supõe a mesma proporção em seus pais e quer convencer-se disso. A mamãe, pensa ele, certamente tem um xixizador "como o de um cavalo". Ele já conta com o consolo de que o xixizador crescerá com ele; é como se o desejo da criança de ser grande se houvesse lançado no genital.

Portanto, na constituição sexual do pequeno Hans, a zona genital é, de antemão, dentre as zonas erógenas, a mais intensamente marcada por prazer. Além dela, só testemunhamos nele o prazer excrementício ligado aos orifícios de micção e evacuação. Se, em sua última fantasia de felicidade, com a qual é superada a sua condição de doente, ele tem filhos que conduz ao banheiro, fá-los fazer xixi e limpa-lhes o bumbum, em suma, "faz com eles tudo o que se pode fazer com filhos", então parece irrefutável supor que essas mesmas atividades fossem para ele uma fonte de sensação de prazer quando recebia seus cuidados infantis. Esse prazer das zonas erógenas foi obtido por ele com a ajuda da pessoa que dele cuidava, sua mãe, já conduz, portanto, à escolha objetal; mas segue sendo possível que ele, em épocas ainda anteriores, estivesse acostumado a obter esse mesmo prazer de maneira autoerótica, e que ele fizesse parte daquelas crianças que gostam de reter os excrementos até que isso possa lhes causar um estímulo voluptuoso no momento de evacuar. Estou apenas dizendo que isso é possível, pois na análise isso não ficou claro; o "fazer barulho com as pernas" (espernear), que mais tarde ele tanto teme, aponta nessa direção. Aliás, no seu caso, essas fontes de prazer não receberam nenhuma ênfase significativa, como é frequente em outras crianças. Em pouco tempo, ele se tornou uma criança limpa; molhar a cama e incontinência diurna não tiveram nenhum papel em seus primeiros anos de vida; nele não se observou a tendência – muito feia em adultos – de brincar com os excrementos, a qual costuma ressurgir no estágio final dos processos psíquicos de involução.

Nesta altura, destaquemos de pronto que, durante sua fobia, é inequívoco o recalcamento dessas duas componentes da atividade sexual, nele bem desenvolvidas. Tem vergonha de urinar diante de outras pessoas; acusa-se de pôr a mão no xixizador; esforça-se também em abandonar a masturbação e sente nojo de "*Lumpf*", "xixi" e tudo o que lembrar essas coisas. Na fantasia de cuidar de crianças, ele volta a desfazer esse último recalcamento.

Uma constituição sexual tal qual a de nosso pequeno Hans não parece conter a disposição para o desenvolvimento de perversões ou de seu negativo (restrinjamo-nos aqui à histeria). Pelo que pude averiguar (aqui a moderação realmente ainda é um imperativo), a constituição inata dos histéricos – no caso dos perversos isso se entende quase que por si mesmo – caracteriza-se pelo recuo das zonas genitais em relação a outras zonas erógenas. Há apenas uma "aberração" da vida sexual que precisa ser expressamente excluída dessa regra. Naqueles que mais tarde serão homossexuais, que, segundo minha expectativa e de acordo com as observações de I. Sadger,[33] passaram todos por uma fase anfígena na infância, encontramos a mesma preponderância infantil da zona genital, em particular do pênis. De fato, essa valorização do membro masculino torna-se o destino dos homossexuais. Em sua infância, escolhem a mulher como objeto sexual, enquanto puderem presumir também nela a existência dessa parte do corpo que lhes parece imprescindível; uma vez convictos de que a mulher os enganou nesse quesito, a mulher passa a lhes ser inaceitável como objeto sexual. Não podem dispensar o pênis na pessoa que deve estimulá-los ao ato sexual e fixam sua libido, em caso favorável, na "mulher com o pênis", o jovenzinho com aparência feminina. Portanto, os homossexuais são pessoas que através da importância erógena de seu próprio genital foram impedidas de renunciar, em seu objeto sexual, a essa concordância com sua própria pessoa. No desenvolvimento desde o autoerotismo até o amor objetal, ficaram fixadas em um ponto mais próximo do autoerotismo.

É totalmente inadmissível distinguir uma pulsão homossexual particular; não é uma particularidade da vida pulsional, mas da escolha objetal que constitui o homossexual. Remeto ao que expus na *Teoria da sexualidade*, ou seja, que imaginamos equivocadamente a união entre pulsão e objeto na vida sexual como uma união muito íntima. Com suas pulsões – talvez normais –, o homossexual não mais se solta de um objeto caracterizado por uma determinada condição; durante sua infância, por essa condição ser considerada em geral como naturalmente satisfeita, o homossexual pode comportar-se como nosso pequeno Hans, que é indistintamente carinhoso tanto com meninos quanto com meninas e ocasionalmente anuncia seu amigo Fritzl como "sua menina mais querida". Hans é homossexual, como todas as crianças podem sê-lo, totalmente em consonância com o fato, que não se pode ignorar, de que ele conhece *apenas uma espécie de genital*, um genital como o seu.[i]

O desenvolvimento ulterior de nosso pequeno libertino não vai na direção da homossexualidade, mas de uma masculinidade enérgica com ares poligâmicos, que sabe se comportar distintamente conforme a alternância de seus objetos femininos, ora investindo com audácia, ora sofrendo, cheio de saudade e pudor. Em um período de escassez de outros objetos para devotar seu amor, essa inclinação retorna para a mãe, a partir da qual se voltou para outros, para então junto da mãe fracassar na neurose. Somente então é que ficamos sabendo com que intensidade se desenvolve o amor pela mãe, e por quais destinos ele teve de passar. A meta sexual que ele perseguia em suas colegas de brincadeiras, ou seja, de *dormir* com elas, já procedia da mãe; essa meta é formulada nas palavras que ela também poderá manter na vida madura, embora o conteúdo dessas palavras vá passar por um enriquecimento. O garoto havia encontrado o caminho para o amor objetal pela via habitual, a partir dos cuidados recebidos,

---

[i] [*Nota acrescida em 1923:*] Posteriormente (1923), destaquei que o período do desenvolvimento sexual em que também se encontra nosso pequeno paciente caracteriza-se de modo bem geral por ele apenas conhecer *um* genital, o masculino; à diferença do período posterior da maturidade, no primeiro período não existe um primado genital, mas sim o primado do falo.

e uma nova vivência de prazer tornara-se determinante para ele: dormir do lado da mãe; na composição dessa vivência destacaríamos o prazer de tocar a pele, próprio de nossa constituição, enquanto essa mesma vivência, de acordo com a nomenclatura de Moll, que consideramos artificial, deveria ser denominada de satisfação da pulsão de contrectação.³⁴

Em sua relação com o pai e a mãe, Hans confirma, da maneira mais gritante e palpável, tudo aquilo que afirmei na *Interpretação do sonho* e na *Teoria sexual* sobre os vínculos sexuais das crianças com os pais. Ele realmente é um pequeno Édipo que quer ver o pai "longe" [*weg*], eliminado, para ficar sozinho com a bela mãe, para dormir com ela. Esse desejo surgiu nas férias de verão, quando as alternâncias entre a presença e a ausência do pai indicaram-lhe a condição à qual a ansiada intimidade com a mãe estava vinculada. Àquela época, conformou-se com a versão de que o pai devia "partir de viagem" [*wegfahren*], à qual, graças a uma impressão acidental obtida durante outra partida, posteriormente o medo de ser mordido por um cavalo branco logo pôde atrelar-se. Mais tarde, provavelmente só em Viena, onde não era mais possível contar com viagens do pai, o desejo elevou-se a um conteúdo de que o pai deveria ficar permanentemente "longe", deveria ficar "morto". O medo que se originou desse desejo de morte contra o pai e, portanto, medo do pai por um motivo normal, constituíram o maior obstáculo da análise, até ser eliminado durante a conversa em meu consultório.ⁱ

ⁱ As duas ocorrências de Hans: suco de framboesa e arma de fogo para matar certamente não devem ter sido determinadas apenas de modo unilateral. Provavelmente, têm a ver tanto com o ódio pelo pai

Na realidade, nosso pequeno Hans não é nenhum vilão, nem sequer uma criança na qual as tendências cruéis e violentas da natureza humana, nessa fase da vida, ainda estejam se desenvolvendo desenfreadamente. Ao contrário, é dotado de uma natureza marcada por bondade e carinho incomuns; o pai registrou que muito cedo a tendência agressiva, no garoto, transformou-se em compaixão. Muito tempo antes da fobia, ficava inquieto quando via açoitarem os cavalos no carrossel e nunca ficava indiferente quando alguém chorava em sua presença. Em um momento da análise, surge nele, em determinado contexto, uma ponta de sadismo reprimido;[i] mas estava reprimido, e caberá a nós, posteriormente, supor pelo contexto o que esse sadismo representa e o que deve estar substituindo. Hans também ama sinceramente seu pai, contra quem nutre aqueles desejos de morte, e, ao mesmo tempo que sua inteligência questiona a contradição,[ii] vê-se instado a demonstrar sua verdadeira existência, ao bater no pai e imediatamente beijar o lugar onde bateu. Nós também queremos nos poupar de considerar essa contradição chocante; afinal de contas, a vida afetiva do ser humano em geral é composta desses pares opostos;[iii] de fato, talvez não se chegasse ao

---

quanto com o complexo de prisão de ventre. O pai, que adivinhou ele próprio essa última correlação, também pensa em "sangue" ao ouvir as palavras "suco de framboesa".

[i] Querer açoitar e atiçar os cavalos.
[ii] Cf. as perguntas críticas feitas ao pai (p. 214).
[iii] "Ou seja: eu não sou nenhuma obra criativa / Mas um homem com sua contradição viva." Conrad Ferdinand Meyer. *Huttens letzte Tage* [Os últimos dias de Hutten]. [Freud cita o trecho do poema "Homo sum", o de número XXVI do ciclo de poemas denominado *Huttens letzte Tage*, da autoria do escritor, poeta e tradutor suíço Conrad Ferdinand Meyer (1825-1898), com uma leve alteração nas palavras iniciais. Nessa citação, o primeiro verso é "*Das macht, ich bin kein*

recalcamento nem à neurose se a situação fosse outra. Esses opostos afetivos que habitualmente só se tornam conscientes aos adultos, de forma simultânea, no máximo da paixão amorosa – pois em outras situações costumam reprimir-se reciprocamente até que um logre manter o outro encoberto – encontram, na vida anímica da criança, espaço para uma convivência pacífica por algum tempo.

Para o desenvolvimento psicossexual de nosso garoto, o fato de maior importância foi o nascimento de uma irmãzinha quando ele contava 3 anos e meio. Esse acontecimento exacerbou suas relações com os pais e apresentou tarefas insolúveis ao seu pensamento; além disso, ao assistir aos cuidados dispensados à irmã, foram reativados os vestígios mnêmicos de suas próprias experiências de prazer mais antigas. Essa influência também é característica; em um número inesperadamente grande de histórias de vida e de casos clínicos, é preciso tomar como ponto de partida essa exaltação do prazer sexual e da curiosidade sexual que está ligada ao nascimento da próxima criança. O comportamento de Hans em relação à recém-nascida é aquele descrito na *Interpretação do sonho*.[i] Com febre, alguns dias mais tarde deixa transparecer quão pouco ele concorda com esse crescimento da família. Aqui, o que precede no tempo é a hostilidade, o carinho virá depois.[ii] O medo de que ainda possa nascer mais uma criança assume, doravante, um espaço em seus pensamentos conscientes. Na neurose, a hostilidade já reprimida é representada por um

---

ausgeklügeltes Buch". No texto original, lê-se: "*Das heißt, ich bin kein ausgeklügelter Mensch*". No entanto, isso não compromete o sentido do poema original. (N.T.)]

[i] *Ges. Werke*, II/III, p. 172, 8. ed.

[ii] Comparar com suas intenções para quando a pequena aprender a falar (p. 247).

medo particular: o medo da banheira; na análise, Hans expressa abertamente seu desejo de morte em relação à irmã, fazendo-o não apenas por meio de alusões que o pai precise complementar. Sua autocrítica não lhe permite que esse desejo pareça tão forte quanto o desejo análogo endereçado ao pai; mas, no inconsciente, claramente reservou o mesmo tratamento a essas duas pessoas, porque ambas querem roubar-lhe a mãezinha e perturbá-lo ao ficar sozinho com ela.

Além disso, esse acontecimento e os efeitos que despertou deram uma nova direção a seus desejos. Na fantasia final que se sagra vencedora, ele faz a soma de todas as suas moções de desejos eróticos, as oriundas da fase autoerótica e as relacionadas ao amor objetal. Está casado com a bela mãe e tem inúmeros filhos de quem pode cuidar à sua maneira.

2

Certo dia, Hans adoece de medo [*Angst*] em plena rua. Ainda não consegue dizer o que ele teme, mas no início de seu estado de medo [*Angstzustand*] também revela ao pai o motivo de seu adoecimento, o ganho da doença. Quer ficar junto da mãe, ficar fazendo dengo com ela; a lembrança de que fora separado dela no momento em que a criança chegou pode ter contribuído, segundo o pai, para esse anseio. Logo vem à tona que não se pode mais retrotraduzir esse medo como anseio, pois igualmente sente medo quando a mãe sai com ele. Nesse meio-tempo, colhemos indícios que apontam para aquilo em que se fixou o medo que se tornou libido. Ele exprime o medo bastante específico de que um cavalo branco vá mordê-lo.

Damos o nome de "fobia" a um estado de doença dessa natureza e poderíamos atribuir o caso de nosso pequeno à agorafobia, se essa afecção não se caracterizasse pelo fato de que a atividade que normalmente seria impossível em um dado espaço sempre é facilmente viabilizada pela companhia de uma determinada pessoa escolhida para fazê-lo, no caso mais extremo, o próprio médico. A fobia de Hans não cumpre essa condição, não tarda em desconsiderar o espaço e vai tomar, cada vez mais claramente, o cavalo como objeto; nos primeiros dias, no auge de seu estado de medo, expressa o seguinte temor: "O cavalo vai entrar no quarto", facilitando-me sobremaneira a compreensão de seu medo.

Até o momento, não foi determinada a posição das "fobias" no sistema das neuroses. Parece seguro reconhecer nas fobias apenas síndromes às quais podem pertencer diversas neuroses, sem necessitar conferir-lhes a importância de processos de adoecimento particulares. Para as fobias do tipo daquela que acometeu nosso pequeno paciente, que na verdade são as mais frequentes, a designação "histeria de medo" [*Angsthysterie*][35] não me parece inadequada; sugeri-a ao Dr. W. Stekel,[36] quando ele empreendeu a exposição dos estados nervosos de medo [*Angst*], e eu espero que essa denominação venha a se consagrar.[i] Ela se justifica através da perfeita concordância no mecanismo psíquico dessas fobias com a histeria, à exceção de um ponto decisivo e apropriado para a distinção. Pois a libido liberada do material patogênico pelo recalcamento não é *convertida*, não sai do psíquico e é utilizada em uma inervação corporal, mas se torna livre enquanto medo. Nos casos clínicos

---

[i] W. Stekel. *Nervöse Angstzustände und ihre Behandlung* [Estados nervosos de medo e seu tratamento]. 1908.

encontrados, essa "histeria de medo" pode misturar-se em qualquer medida com a *"histeria de conversão"*. Também existe histeria de conversão pura, sem nenhum medo, bem como simples histeria de medo, que se manifesta em sensações de medo e fobias, sem acréscimo de conversão; um caso deste último tipo é o de nosso pequeno Hans.

As histerias de medo são as mais frequentes dentre todos os adoecimentos psiconeuróticos, mas sobretudo são as que surgem primeiramente na vida, são, por assim dizer, as neuroses da infância. Se acaso uma mãe conta que seu filho é muito "nervoso", em nove de cada dez casos, podemos esperar que a criança tenha algum tipo de medo ou muitos estados de medo [*Ängstlichkeiten*] ao mesmo tempo. Infelizmente, o refinado mecanismo dessas doenças tão relevantes ainda não foi suficientemente estudado; ainda não se constatou se a histeria de medo, à diferença da histeria de conversão e de outras neuroses, encontra sua única condição em fatores constitucionais ou na vivência acidental, ou em que aliança entre ambas a histeria de medo encontra essa condição.[i] A mim parece ser aquele adoecimento neurótico que apresenta o mínimo de exigências quanto a uma constituição particular e que, em conexão com esse aspecto, pode ser adquirida da maneira mais fácil em qualquer etapa da vida.

Pode-se facilmente destacar uma característica essencial das histerias de medo. A histeria de medo desenvolve-se

---

[i] [*Nota acrescida em 1923:*] Na verdade, a questão aqui lançada não foi realmente apurada. Todavia, não há motivo para se supor, para a histeria de medo, uma exceção à regra em que a constituição e a vivência tenham de agir em conjunto na etiologia de uma neurose. A concepção de Rank sobre o efeito do trauma do nascimento parece lançar luz de forma particular na forte disposição para a histeria de medo existente na infância.

cada vez mais em "fobia"; no final, o doente pode ter se livrado do medo, mas apenas à custa de inibições e restrições às quais teve de se submeter. No caso da histeria de medo, desde o início há um trabalho psíquico continuado, visando religar psiquicamente o medo liberado, mas esse trabalho não consegue nem provocar a retransformação do medo em libido nem estabelecer os vínculos com os mesmos complexos dos quais provém a libido. Nada mais lhe resta senão bloquear cada uma das ocasiões possíveis que levem ao desenvolvimento do medo, mediante um anteparo da natureza de uma prevenção, uma inibição, uma proibição; e são essas estruturas de proteção que nos aparecem como fobias, e que constituem, para a nossa percepção, a essência da doença.

Pode-se afirmar que o tratamento da histeria de medo até o presente momento foi puramente negativo. A experiência tem mostrado que é impossível – e em determinadas circunstâncias até mesmo perigoso – alcançar a cura da fobia de maneira violenta, em que o doente seja colocado em uma situação em que tenha, necessariamente, de passar pela liberação do medo, após ter sido privado de sua cobertura. Assim, deixamos o paciente, impelido pela necessidade, buscar proteção onde crê que poderá encontrá-la, e lhe demonstramos um inútil desdém em virtude de sua "inconcebível covardia".

Para os pais de nosso pequeno paciente, desde o início da doença ficou estabelecido que não se tinha o direito nem de zombar dele nem de maltratá-lo, mas que era imperativo que se buscasse pelo caminho psicanalítico o acesso a seus desejos recalcados. O êxito foi a recompensa do extraordinário esforço de seu pai, cujas comunicações nos darão ensejo para penetrarmos na estrutura dessa fobia e seguirmos o caminho da análise realizada a partir dela.

———————

Não considero improvável que a análise, devido a sua extensão e a seu detalhamento, tenha ficado um tanto obscura para o leitor. Por essa razão, em primeiro lugar gostaria de repetir seu percurso de forma resumida, omitindo todos os pormenores incômodos e realçando paulatinamente os resultados que se deixam reconhecer.

Em primeiro lugar, apreendemos que a irrupção do estado de medo não foi tão repentina como pareceu à primeira vista. Alguns dias antes, o menino despertara de um sonho de medo cujo conteúdo consistia em que a mãe estava fora, e ele agora não tinha a mamãe para fazer dengo. Esse sonho já é indicador de um processo de recalcamento de intensidade preocupante. Ao contrário do que ocorre em muitos sonhos de medo, sua elucidação não pode significar que a criança tenha sentido um medo oriundo de fontes somáticas quaisquer e que agora tenha utilizado esse medo para realizar um desejo do inconsciente, desejo que em outras situações é objeto de intenso recalcamento (cf. *Interpretação do sonho*, 8. ed., p. 399); trata-se, em vez disso, de um verdadeiro sonho de punição e recalcamento no qual a função do sonho também falha, já que a criança desperta do sonho com medo. O que houve com o processo no inconsciente pode ser facilmente reconstruído. A criança sonhou com carinhos trocados com a mãe, que dormiu com ela, todo o prazer foi transformado em medo, e todo conteúdo de representação em seu oposto. O recalcamento levou a vitória sobre os mecanismos do sonho.

Todavia, os primórdios dessa situação psicológica remontam a um período ainda bem anterior. Já no verão, houvera semelhantes humores de anseio e medo, durante os quais ele disse coisas semelhantes, e que naquela época lhe trouxeram a vantagem de a mãe colocá-lo junto de si na cama. Poderíamos supor, a partir dessa época, a existência de um aumento da excitação sexual em Hans, cujo objeto é a mãe e cuja intensidade se manifesta em duas tentativas de sedução da mãe – a última, pouco antes da irrupção do medo –, e que ao mesmo tempo se descarrega todas as noites, em uma satisfação masturbatória. Se então a transformação dessa excitação se consuma de maneira espontânea ou em decorrência da rejeição da mãe ou pelo despertar casual de impressões mais antigas no momento da "causação" da doença a ser averiguado mais tarde, isso não se pode decidir, mas também é indiferente, já que esses três casos distintos não podem ser concebidos como opostos. O fato é a transformação da excitação sexual em medo.

Já sabemos sobre o comportamento da criança no primeiro período do medo e também que o primeiro conteúdo fornecido por seu medo é este: um *cavalo* vai mordê-lo. Aqui acontece a primeira interferência da terapia. Os pais assinalam que o medo seria consequência da masturbação e orientam-no a abandonar esse hábito. Eu cuido para que o carinho pela mãe, que ele quer trocar pelo medo de cavalos, seja energicamente enfatizado diante dele. Uma ínfima melhoria após essa primeira interferência logo desaparece durante um período de doença física. O estado permanece invariável. Não tardou muito, Hans encontra a origem de seu medo de que um cavalo fosse mordê-lo na reminiscência de uma impressão tida em Gmunden. Na ocasião, um pai advertira seu filho na hora da partida: não ponha a mão no cavalo, senão ele vai morder você. O texto com que Hans veste a advertência do pai lembra a formulação da advertência sobre a masturbação (pôr a mão lá). Assim, os pais no começo parecem estar com a razão ao pensarem que ele se assusta com sua satisfação masturbatória. Porém, o contexto ainda é fluido, e o cavalo parece ter entrado em seu papel aterrorizador por mero acaso.

Eu havia manifestado a suposição de que seu desejo recalcado agora poderia significar que ele queria ver a qualquer custo o xixizador da mãe. Como sua atitude em relação a uma criada recém-contratada coincide com essa hipótese, seu pai presta-lhe o primeiro esclarecimento: mulheres não têm xixizador. A essa primeira ajuda ele reage relatando uma fantasia segundo a qual teria visto a mamãe mostrando o xixizador.[i] Essa fantasia e um comentário feito durante uma conversa, de que seu xixizador estava grudado nele, permitem uma primeira visão dos cursos de pensamentos inconscientes do paciente. Ele realmente se encontrava sob a impressão *a posteriori* da ameaça de castração da mãe há um ano e três meses, pois a fantasia de que a mãe faria a mesma coisa, ou seja, o mecanismo "de pagar na mesma moeda", comumente utilizado por crianças acusadas de algo, deveria servir para o seu alívio; trata-se de uma fantasia de proteção e defesa. Contudo, precisamos dizer que foram os pais que suscitaram, com base no material patogênico atuante em Hans, o tema do envolvimento com o xixizador. Nisso ele os acompanhou, embora ainda não tenha interferido autonomamente na análise. Não se observa um êxito terapêutico. A análise está muito distante dos cavalos, e a comunicação de que mulheres não têm xixizador, devido a seu conteúdo, é muito mais apropriada para aumentar sua preocupação com a conservação de seu próprio xixizador.

---

[i] A partir do contexto, pode-se complementar: e tocando-o. Na verdade, ele não pode mostrar seu xixizador sem tocá-lo.

Entretanto, não é o êxito terapêutico que temos como meta em primeiro lugar; queremos, mas queremos colocar o paciente em condição de apreender conscientemente suas moções de desejo inconsciente. E o conseguimos, fundados nas indicações que ele nos traz e com ajuda de nossa arte de interpretar, trazendo o complexo inconsciente *com nossas palavras* à sua consciência. A parte de semelhança entre aquilo que ele ouviu e aquilo que está buscando, que, apesar de todas as resistências, quer abrir caminho por si mesmo até chegar à consciência, coloca-o em condição de encontrar o inconsciente. No tocante à compreensão, o médico está alguns passos à sua frente; ele vem atrás por suas próprias vias, até ambos se encontrarem no alvo designado. É comum psicanalistas iniciantes fundirem esses dois momentos e considerarem o instante em que eles identificaram um complexo inconsciente do doente como o instante em que o doente o apreendeu. Suas expectativas são demasiadamente grandes, se pretenderem curar o doente com a comunicação desse conhecimento, enquanto ele só é capaz de utilizar o que foi comunicado para, com a ajuda deste, encontrar o complexo inconsciente *ali onde este se encontra ancorado*, ou seja, em seu inconsciente. Agora estamos obtendo, em Hans, um primeiro êxito dessa natureza. Nesse momento, após uma superação parcial do complexo de castração, ele tem condições de comunicar seus desejos relativos à mãe, e ainda o faz de maneira desfigurada através da *fantasia das duas girafas*, das quais uma grita em vão porque ele se apossa da outra. Ele representa a tomada de posse através da imagem de sentar em cima. Nessa fantasia, o pai reconhece uma reprodução de uma cena ocorrida pela manhã, no dormitório, entre os pais e a criança, e não deixa de arrancar, daquele desejo, a desfiguração a que o menino ainda se apega. Ele e a mãe são as duas grandes girafas. O travestimento na fantasia das girafas é suficientemente determinado pela visita feita a esses grandes animais no Schönbrunn alguns dias antes, bem como pelo desenho da girafa que o pai guardara de uma época passada, e quiçá também pela comparação inconsciente ligada ao pescoço longo e duro da girafa.[i] Percebemos que a girafa, como animal de grande porte e interessante devido a seu grande xixizador, poderia ter se tornado uma concorrente dos cavalos em seu papel amedrontador; ademais, o fato de o pai e a mãe serem ambos apresentados como girafas representa um indicador – por enquanto ainda não explorado – para a interpretação do medo de cavalos.

Infelizmente, duas fantasias menores apresentadas por Hans imediatamente após a criação da girafa escapam à interpretação do pai; na primeira, ele força a entrada em uma área proibida do Schönbrunn e, na segunda, destroça a janela do trem urbano, ressaltando-se que em ambos os casos o caráter punitivo da ação praticada é enfatizado, e o pai surge como cúmplice. Por esse motivo, comunicar sobre elas não traz proveito nenhum para Hans. Todavia, aquilo que permaneceu sem ser compreendido acaba retornando; tal qual um espírito aprisionado não sossegará enquanto não obtiver solução e redenção.

A compreensão dessas duas fantasias de delito não nos apresenta nenhuma dificuldade. Elas fazem parte do complexo da tomada de posse sobre a mãe. Na criança, algo hesita como se fosse uma noção de algo que pudesse fazer com a mãe, algo com que estaria consumada a tomada de posse; e, para o inconcebível, ele encontra

---

[i] Isso coincide com a posterior admiração de Hans pelo pescoço de seu pai.

certas representações imagéticas que têm em comum os aspectos de violência e de proibição, cujo conteúdo nos parece concordar tão estranhamente bem com a realidade oculta. Podemos apenas afirmar que são fantasias simbólicas de coito, e que não é absolutamente secundário que o pai venha a ser partícipe disso: "Quero fazer algo com a mamãe, algo proibido, não sei o quê, mas sei que você também faz".

A fantasia das girafas intensificara em mim uma convicção que já surgira no instante em que Hans afirmou: "O cavalo vai entrar no quarto", e achei aquele momento oportuno para lhe comunicar um trecho de suas moções inconscientes a ser essencialmente postulado: seu medo do pai devido a seus desejos movidos por ciúme e hostilidade contra ele. Desse modo, em parte eu já lhe interpretara o medo de cavalos: o pai tinha de ser o cavalo do qual Hans sentia medo com uma boa fundamentação interior. Certos detalhes, tais como a coisa preta na boca e aquilo diante dos olhos (bigode e óculos como prerrogativas do homem adulto), sobre os quais Hans manifestou medo, pareceram-me transferidos diretamente do pai para o cavalo.

Com esse esclarecimento, eu eliminara a resistência mais efetiva contra a conscientização dos pensamentos inconscientes em Hans, já que o próprio pai desempenhava o papel de médico junto a ele. A partir daí, o pico do estado patológico estava ultrapassado, o material fluía abundantemente, o pequeno paciente demonstrava coragem para comunicar os pormenores de sua fobia, e não tardou para que ele mesmo já interviesse autonomamente no curso da análise.[i]

---

[i] Nas análises que, como médicos, empreendemos com estranhos, o medo do pai ainda desempenha um dos papéis mais importantes como

Só agora ficamos sabendo de quais objetos e impressões Hans tinha medo. Não apenas de cavalos nem de que cavalos o mordessem, pois logo esse tema não é mais comentado, mas também de coches, coches de móveis e ônibus, tão logo o ponto em comum desses veículos se revela como o grande peso: medo de cavalos que se põem em movimento, cavalos que parecem grandes e pesados, cavalos que se deslocam com rapidez. É o próprio Hans quem mostra o sentido dessas determinações; tem medo de que os cavalos *caiam* e assim transforma em conteúdo de sua fobia tudo o que parece facilitar as quedas dos cavalos.

Não é nada raro que só após uma dose de esforço psicanalítico é que se logre tomar conhecimento do conteúdo propriamente dito de uma fobia, da formulação correta de um impulso obsessivo etc. O recalcamento não apenas atingiu os complexos inconscientes como também ainda se dirige continuamente contra seus derivados, impedindo o doente de perceber os produtos de sua doença. Isso nos coloca, como médicos, na estranha situação de vir em socorro da doença, para ganhar atenção para ela; mas só aqueles que desconhecem completamente a essência da psicanálise vão enfatizar essa etapa de esforços e, por conta disso, esperar que a análise traga algum prejuízo. A verdade é que os moradores de Nuremberg não podem enforcar ninguém em quem antes não tenham posto a mão,[37] e que é necessário algum trabalho para nos apoderarmos das formações doentias que queremos destruir.

---

resistência contra a reprodução do material patogênico inconsciente. Em parte, as resistências são da natureza dos "motivos", mas às vezes, como nesse exemplo, uma parte do material inconsciente está habilitada, enquanto *conteúdo*, a servir como inibição contra a reprodução de outra parte.

Nos comentários que acompanham esta história clínica, já mencionei que é muito instrutivo aprofundar-se nos detalhes de uma fobia e obter a impressão segura de uma relação estabelecida secundariamente entre o medo e seus objetos. Daí a natureza singularmente difusa e também rigorosamente condicionada de uma fobia. Nosso pequeno paciente certamente extraiu o material para essas soluções especiais das impressões que, durante o dia, consegue ter bem à vista graças à localização de seu apartamento defronte à Hauptzollamt. Nesse contexto, ele também revela uma moção, agora inibida pelo medo, de brincar com as cargas dos coches, a bagagem, os barris e os caixotes, como o fazem os meninos de rua.

Nesse estágio da análise, Hans redescobre aquela vivência, em princípio não tão importante, que antecedeu imediatamente a irrupção de sua doença e que talvez seja lícito considerar a causa dessa irrupção. Saiu para passear com a mamãe e viu um cavalo de ônibus cair e sacudir as pernas. Isso lhe causou uma forte impressão. Ficou fortemente aterrorizado pensando que o cavalo estivesse morto; a partir desse momento, todos os cavalos cairiam. O pai chama a sua atenção para o fato de que, ao ver o cavalo caído, ele deve ter pensado no pai e desejado que este caísse assim e morresse. Hans não contesta essa interpretação; algum tempo depois, por meio de uma brincadeira que encena mordendo o pai, aceita a identificação do pai com o cavalo temido e, a partir de então, comporta-se livre e destemidamente, e até mesmo um pouco arrogante em relação a seu pai. No entanto, o medo de cavalos ainda persiste, e ainda não nos fica claro o encadeamento em consequência do qual o cavalo caído agitou seus desejos inconscientes.

Façamos um resumo dos resultados de que dispomos até o momento: por trás do medo que se manifestou primeiramente, o de que o cavalo iria mordê-lo, foi desvendado o medo mais profundo, o de que os cavalos iriam cair, e ambos, o cavalo que morde e o que cai, são o pai que vai castigá-lo, por nutrir desejos malignos em relação a ele. Enquanto isso, afastamo-nos da mãe na análise.

De modo totalmente inesperado e seguramente sem nenhuma participação do pai, Hans agora começa a se ocupar com o "complexo de *Lumpf*" e a demonstrar nojo pelas coisas que o fazem lembrar da evacuação. Nesse meio-tempo, o pai, que somente a contragosto acompanha o filho nessa situação, impõe a continuação da análise do modo como ele quer conduzi-la, fazendo Hans lembrar-se de uma experiência em Gmunden, por trás de cuja impressão ocultava-se aquela do cavalo do ônibus que caíra. Fritzl, seu companheiro de folguedos preferido, talvez também seu concorrente em relação às coleguinhas, enquanto brincava de cavalo, esbarrara o pé em uma pedra, caíra, e o pé sangrara. A experiência de ver o cavalo do ônibus caindo lembrou esse acidente. É digno de nota que Hans, nesse momento ocupado com outras coisas, primeiramente nega a queda de Fritzl, a qual estabelece a conexão, somente admitindo-a em um estágio mais avançado da análise. Mas para nós pode parecer interessante destacar como se projeta a transformação de libido em medo sobre o objeto principal da fobia, o cavalo. Para ele, cavalos eram os mais interessantes animais de grande porte, e brincar de cavalo, seu folguedo preferido com os companheiros de infância. A suposição de que seu pai foi o primeiro a servir de cavalo para ele é confirmada pelo pai ao ser indagado sobre o tema, de modo que a pessoa de Fritzl pôde substituir a do pai no caso do acidente ocorrido em Gmunden. Depois de se produzir a reviravolta do recalcamento, ele agora precisou, necessariamente, sentir temor de cavalos, aos quais ele antes associava tanto prazer.

Mas já dissemos que devemos essa última e importante elucidação sobre a eficácia da causa da doença à interferência do pai. Hans está concentrado em seus interesses pelos *Lumpf*, e por fim nos vemos obrigados a segui-lo nessa direção. Ficamos sabendo que antigamente ele costumava pressionar a mãe para acompanhá-la ao banheiro, e que ele o repetiu com a substituta da mãe àquela época, sua amiga Berta, até que isso ficou conhecido e proibido. O prazer de observar uma pessoa querida fazendo suas necessidades corresponde a uma "imbricação pulsional" [*Triebverschränkung*] da qual já tínhamos percebido um exemplo em Hans. Finalmente o pai também assume o simbolismo do *Lumpf* e reconhece uma analogia entre um coche com uma carga pesada e um corpo com uma carga de massa fecal, e entre o modo como o coche sai pelo portão e como as fezes deixam o corpo etc.

Contudo, em relação a estágios anteriores, a posição de Hans na análise sofreu uma mudança essencial. Antes, o pai conseguia lhe dizer com antecedência o que viria, ao que Hans, seguindo a indicação, trotava atrás, agora ele se apressa com passos bem firmes, enquanto o pai tem dificuldade em acompanhá-lo. Hans apresenta, sem nenhuma mediação com uma nova fantasia: o serralheiro ou o encanador desparafusou a banheira em que Hans se encontrava, e depois bateu-lhe na barriga com seu grande furador. A partir desse momento, nossa compreensão fica para trás em relação ao material. Só mais tarde é que pudemos descobrir que se trata da elaboração, desfigurada pelo medo, de uma *fantasia da procriação*. A grande banheira em que Hans está sentado na água é o útero materno; o "furador", que o pai logo identifica como um grande pênis, deve sua menção ao ser parido. Naturalmente soa muito estranho se tivermos de fazer uma interpretação da fantasia: com seu grande pênis você me "furou" [*gebohrt*] (gerou-me) [*zur Geburt gebracht*] e me colocou dentro do útero da mamãe. Mas, por enquanto, a fantasia se esquiva da interpretação, servindo a Hans apenas como conexão para a continuação de suas comunicações.

Antes do banho na grande banheira, Hans demonstra seu medo, que, por seu turno, também é composto. Uma parte desse medo ainda nos escapa, a outra logo fica esclarecida por uma ligação com o banho da irmã pequena. Hans admite o desejo de que a mãe pudesse deixar a menina cair durante o banho, de modo a que ela morresse; seu próprio medo no banho era o de uma retaliação devido a esse desejo malvado, medo do castigo, de que o mesmo lhe aconteceria. Agora ele abandona o tema do *Lumpf*, passando imediatamente ao da irmãzinha. Mas podemos ter uma ideia do que esse sequenciamento significa. Nada além disto: a pequena Hanna é, ela própria, um *Lumpf*, todas as crianças são *Lumpf* e nascem como *Lumpf*. Agora compreendemos que todos os coches de móveis, de carga e os ônibus são apenas coches de cestos de cegonha, e que eles só interessam a ele como representações simbólicas da gravidez, e que no tombo dos cavalos pesados ou muito carregados ele não pode ter visto nada além de um – parto, um nascimento. O cavalo caindo era, portanto, não apenas o pai moribundo, mas também a mãe no parto.

E agora Hans traz a surpresa para a qual de fato não estávamos preparados. Percebera a gravidez da mãe, que na verdade culminou no nascimento da irmãzinha quando ele estava com 3 anos e meio, e construiu o estado de coisas correto, pelo menos após o parto, quiçá sem conseguir expressá-los; àquela época, apenas se pôde observar que imediatamente após o parto ele adotou uma postura muito cética em relação a todos os indícios que pudessem indicar a presença da cegonha. *Mas que ele sabia, no inconsciente e em total oposição às suas falas oficiais, de onde a criança tinha vindo e onde ela tinha ficado antes,* isso com certeza será demonstrado por esta análise, contra qualquer tipo de dúvida; talvez essa seja a sua parte mais inabalável.

Para tanto, a prova imprescindível é fornecida pela fantasia, mantida com obstinação e ornada de tantos pormenores, de que Hanna, já no verão anterior ao seu nascimento, estivera com eles em Gmunden, de como ela viajara para lá e de como naquela época ela já era capaz de fazer muito mais coisas do que um ano mais tarde, após seu nascimento. O descaramento com que Hans relata essa fantasia e as inúmeras mentiras mirabolantes que ele nela enreda não são, de modo algum, sem sentido; tudo isso deve estar a serviço de sua vingança contra o pai, contra quem ele guarda rancor por enganá-lo com a fábula da cegonha. É exatamente como se ele quisesse dizer: se você achava que eu era tão tolo a ponto de acreditar que a cegonha trouxe a Hanna, então posso agora exigir de você que tome as minhas invenções como verdade. No contexto transparente desse ato de vingança do pequeno investigador contra seu pai, alinha-se agora a fantasia da provocação e dos açoites contra os cavalos. Novamente ela se compõe de dois elementos: por um lado, apoia-se na provocação que ele acabara de submeter ao pai, e por outro, traz novamente aqueles apetites sádicos e obscuros em relação à mãe, os quais, de início ainda não compreendidos por nós, tinham se manifestado nas fantasias dos atos proibidos. Conscientemente, ele também confessa a vontade de bater na mãezinha.

Agora não temos mais muitos enigmas a esperar. Uma fantasia obscura sobre perder o trem parece ser uma precursora do posterior alojamento do pai na casa da avó em Lainz, já que ela se refere a uma viagem a Lainz, e a avó aparece nela. Outra fantasia, na qual um menino dá 50 mil florins a um condutor, para este permitir que o garoto siga viagem no vagão, soa quase como um plano para comprar a mãe ao pai, cuja força em parte reside em sua riqueza. Em seguida, Hans confessa o desejo de se livrar do pai, bem como sua justificativa, de que ele perturba a sua intimidade com a mãe, e o faz com uma franqueza que até agora ele ainda não tinha alcançado. Não devemos nos admirar se essas moções de desejo surgirem repetidas vezes ao longo da análise; com efeito, a monotonia só surge com as interpretações vinculadas; para Hans, não são meras repetições, mas desenvolvimentos progressivos que vão desde a tímida alusão até a clareza plenamente consciente e livre de qualquer desfiguração.

O que vem a seguir são algumas confirmações vindas de Hans relativas aos resultados analíticos já assegurados por nossa interpretação. Em um ato sintomático inequívoco que ele disfarça levemente apenas para a criada, mas não para o pai, ele mostra como imagina ser um nascimento; mas, se observarmos com mais rigor, ele mostra ainda mais, alude a alguma coisa que não volta mais a ser falada na análise. No orifício arredondado no corpo da boneca de borracha, ele enfia um pequeno canivete pertencente à mamãe e deixa-o cair novamente, afastando as pernas da boneca. O esclarecimento dado em seguida pelos pais de que as crianças realmente crescem no ventre da mãe e depois são forçadas para fora como um *Lumpf* chega demasiadamente tarde; ele não lhe diz nada de novo. Através de outro ato sintomático, ocorrido como que por acaso, ele admite ter desejado a morte do pai, ao deixar cair um cavalo com o qual estava brincando, ou seja, derruba-o no momento em que o pai falava desse desejo de morte. Com palavras, ele reitera que os coches com carga pesada representavam a gravidez da mãe para ele, e que o tombo do cavalo era como quando se tem um filho. Nesse contexto, a mais preciosa confirmação, a prova de que crianças são *"Lumpf"*, com a invenção do nome "Lodi" para sua criança preferida, só chega a nosso conhecimento tardiamente, pois ficamos sabendo que já havia muito tempo que ele brincava com essa criança-linguiça.[i]

Já abordamos as duas fantasias finais de Hans, com as quais seu restabelecimento é alcançado. Uma delas, a do encanador que lhe dota de um novo xixizador e, como adivinha o pai, é maior, não é uma mera repetição da anterior que dizia respeito ao encanador e à banheira. Ela é uma vitoriosa fantasia de desejo e contém a superação do medo de castração. A segunda fantasia, que confessa o desejo de ser casado com a mãe e de ter muitos filhos com ela, não apenas esgota o conteúdo daqueles complexos inconscientes que tinham sido agitados com a visão do cavalo caindo e tinham desenvolvido medo – mas também corrige o que naqueles pensamentos era absolutamente inaceitável, na medida em que, em vez de matar o pai, torna-o inofensivo, elevando-o à condição de marido da avó. Com essa fantasia, a doença e a análise são legitimamente concluídas.

---

[i] Em uma página da *Simplicissimus* (revista satírica), o genial desenhista Thomas Theodor Heine teve uma ideia súbita [*Einfall*], à primeira vista perturbadora, de figurar como o filho de um mestre charcuteiro cai dentro da máquina de fazer linguiças e depois é carpido como salsichinha pelos pais, abençoado, para então subir ao céu, e o episódio Lodi em nossa análise pode ser remetido a uma raiz infantil.

Durante a análise de um caso clínico, não conseguimos obter uma impressão clara da estrutura e do desenvolvimento da neurose. Isso é a questão de um trabalho de síntese a que é preciso submeter-se ulteriormente. Se empreendermos essa síntese na fobia de nosso pequeno Hans, estaremos assim vinculando o quadro de sua constituição, de seus desejos sexuais dominantes e de suas vivências até o nascimento da irmã, que já apresentamos em páginas anteriores deste ensaio.

A chegada dessa irmã trouxe-lhe uma diversidade de componentes que doravante não o deixaram mais tranquilo. Primeiramente um pouco de sacrifício, no início uma separação temporária da mãe e, mais tarde, uma diminuição duradoura de sua assistência e atenção, que ele teve de se habituar a compartilhar com a irmã. A dois, ocorre uma reavivação das vivências prazerosas de quando recebia os cuidados infantis, provocada por tudo o que ele via a mãe fazer com a irmãzinha. De ambas as influências resultou uma intensificação de sua necessidade erótica, à qual começou a faltar a satisfação. Para a perda que a irmã lhe acarretou, indenizou-se com a fantasia de que ele próprio teria filhos, e enquanto realmente pôde brincar (em sua segunda temporada) em Gmunden com esses filhos, sua ternura encontrou suficiente escoamento. Porém, novamente em Viena, voltou a ficar solitário, fixou todas suas exigências na mãe e passou por outros sacrifícios, porque a partir da idade de 4 anos e meio foi banido do dormitório dos pais. Sua excitabilidade erótica intensificada passou a se manifestar em fantasias que, em sua solidão, clamavam pelas brincadeiras de verão e por satisfações autoeróticas regulares através de estímulo masturbatório do genital.

Em terceiro lugar, entretanto, o nascimento da irmã o levou a um trabalho de pensamento que, por um lado, não levava a uma solução e, por outro, enredava-o em conflitos afetivos. Configurou-se para ele o grande enigma de saber de onde vinham os bebês, possivelmente o primeiro problema cuja solução faz exigências às forças intelectuais da criança, e do qual o enigma da Esfinge de Tebas[38] é provavelmente apenas uma desfiguração. O esclarecimento que lhe foi oferecido, de que Hanna fora trazida pela cegonha, foi recusado por ele. Certamente percebera que meses antes do nascimento da menina a mãe ficara com uma barriga grande, que em seguida ela ficara de cama, que ela gemera durante o parto e que depois se levantara esbelta. Portanto, ele concluiu que Hanna teria estado no ventre da mãe e depois teria saído como um *"Lumpf"*. Hans conseguiu imaginar esse parto como algo prazeroso, conectando-o às suas antigas sensações de prazer durante a evacuação, e, portanto, conseguia ter dupla motivação para desejar ter seus próprios filhos, a fim de pari-los com prazer e depois (por assim dizer, pelo prazer da represália) cuidar deles. Nisso tudo nada havia que o teria levado à dúvida ou ao conflito.

Não obstante, ainda havia algo que forçosamente o incomodava. O pai tinha de ter algo a ver com o *nascimento* da pequena Hanna, pois afirmava que Hanna e o próprio Hans eram seus filhos. Mas certamente não fora ele, mas sim a mamãe, quem os pusera no mundo. Esse pai era uma pedra no caminho entre ele e a mãe. Quando o pai estava presente, Hans não podia dormir junto da mãe, e quando a mãe queria levar o menino para dormir junto de si na cama, o pai gritava. Hans tinha aprendido como podia ser agradável quando o pai estava ausente, e o desejo de eliminar o pai estava mais do que justificado. Agora essa hostilidade ganhava um reforço. O pai havia lhe contado a mentira da cegonha, impossibilitando-o, assim, de lhe pedir esclarecimentos sobre tais coisas. O pai não só o impedia de dormir junto da mãe na cama, como também retinha o saber pelo qual ansiava. O pai o prejudicava em duas direções, e tudo levava a crer que em favor de si mesmo.

O fato de que se vira forçado a odiar como concorrente esse mesmo pai a quem desde sempre havia amado e continuava amando, de que esse pai era um exemplo para ele, seu primeiro companheiro de folguedos e ao mesmo tempo seu cuidador nos primeiros anos, resultou no primeiro conflito afetivo, inicialmente sem solução. Da maneira como a natureza de Hans se desenvolvera, o amor tinha de prevalecer temporariamente e reprimir o ódio sem conseguir eliminá-lo, pois ele sempre voltava a ser realimentado pelo amor à mãe.

Mas o pai não apenas sabia de onde vinham os bebês, ele também realmente executava aquilo que Hans somente conseguia vislumbrar de modo obscuro. O xixizador tinha de estar envolvido naquilo, pois sua excitação acompanhava todos esses pensamentos, e na verdade tinha de ser um xixizador grande, maior do que Hans achava de seu próprio. Seguindo-se as pistas das sensações que então surgiram, era imperativo tratar-se de uma violência cometida contra sua mãe, um ato de destroçar, de fazer uma abertura, de penetrar em um espaço fechado, e a criança podia sentir o impulso dessa violência em si mesmo; mas, embora as sensações de seu pênis o colocassem no caminho de postular a vagina, ele não tinha condições de decifrar o enigma, pois em seu conhecimento existia algo de que o xixizador precisasse; a convicção de que a mamãe, como ele, possuía um xixizador era, muito mais, um obstáculo no caminho da solução. A tentativa de solução sobre o que seria preciso fazer com a mamãe para que ela tivesse filhos afundou no inconsciente, e ambos os impulsos ativos, o hostil contra o pai e o sádico-carinhoso para com a mãe, permaneceram sem nenhuma aplicação, um devido ao amor existente junto ao ódio, e o outro em virtude da perplexidade resultante das teorias sexuais infantis.

    Somente assim, apoiado nos resultados da análise, pude construir os complexos e moções-desejo inconscientes, cujos recalcamento e reativação fizeram vir à tona a fobia do pequeno Hans. Sei que com isso muito é exigido da capacidade de pensamento de uma criança com idade entre 4 e 5 anos, mas me deixo guiar pela novidade que encontramos e não me considero atado aos preconceitos de nossa ignorância. Talvez o medo do "barulho feito com as pernas" pudesse ter sido usado para ainda preencher lacunas na nossa produção de evidências. É verdade que Hans declarou lembrar-se do barulho feito com as pernas sempre que o obrigavam a interromper sua brincadeira para ir fazer *Lumpf*, de modo que esse elemento da neurose vem se associar ao problema de saber se a mamãe gostava de ter filhos ou se o fazia de maneira forçada, mas não fiquei com a impressão de que, com isso, esteja posto todo o esclarecimento acerca do "barulho feito com as pernas". O pai não foi capaz de confirmar minha suposição de que tivesse se ativado na criança alguma reminiscência de uma relação sexual dos pais no dormitório. Contentemo-nos, pois, com aquilo que conseguimos colher.

    Não é fácil dizer em virtude de qual influência, no caso de Hans na situação descrita, chegou-se à viragem, à transformação do anseio libidinal em medo, nem em que lado se instaurou o recalcamento; e, isso talvez só pudesse ser decidido através da comparação com diversas análises semelhantes; eis ainda algumas questões que considero discutíveis até que novos conhecimentos venham em nosso socorro: se o fator determinante foi a incapacidade intelectual da criança em resolver o difícil problema da procriação e em lidar com impulsos agressivos liberados pela proximidade da solução; ou se, em vez disso, o fator determinante foi uma incapacidade somática, uma intolerância de sua constituição perante a satisfação obtida com a masturbação praticada regularmente; e, por fim, se a mera continuidade da excitação sexual com tanta intensidade forçosamente conduziu à transformação constatada.

Questões temporais não permitem que se atribua demasiada influência ao motivo que ocasionou a irrupção da doença, pois muito tempo antes já se podiam observar em Hans indícios de ansiedade, antes mesmo de ele ter visto o cavalo do ônibus levar um tombo na rua.

Seja como for, de maneira direta a neurose vinculou-se a essa vivência acidental e conservou seu vestígio, no instante em que o cavalo foi elevado à condição de objeto do medo. Em princípio, não se atribui uma "força traumática" a essa impressão; apenas o antigo significado do cavalo como objeto da predileção e do interesse, e a conexão com aquela experiência mais traumatizante ocorrida em Gmunden, quando Fritzl levou um tombo do cavalo de brinquedo, bem como a fácil via de associação entre Fritzl e o pai, dotaram o acidente fortuitamente presenciado de uma eficácia tão grande. Sim, é provável que essas relações também não tivessem bastado, se a mesma impressão, graças à maleabilidade e à ambiguidade das relações associativas, também não se houvesse revelado adequada para mobilizar o segundo complexo dentre aqueles à espreita no inconsciente de Hans, isto é, o complexo do parto da mãe grávida. Daí para a frente, estava aberto o caminho para o retorno do recalcado, e agora esse caminho passava a ser percorrido de um modo tal que o *material patogênico foi retrabalhado (transposto), e os afetos concomitantes surgiram transformados uniformemente em medo.*

Convém notar que o conteúdo da representação da fobia, agora constituído, teve de ser submetido a mais uma desfiguração e substituição, antes que a consciência tomasse conhecimento dele. A primeira formulação de medo expressa por Hans foi: o cavalo vai me morder; ela tem sua origem em outra cena vivida em Gmunden, que, por um lado, tem relação com o desejo hostil contra o pai e, por outro, lembra a advertência contra a masturbação. Ali vinha à tona uma influência diversiva que talvez tenha emanado dos pais; não estou certo se, àquela época, os relatórios sobre Hans eram redigidos com tanto cuidado, a ponto de nos permitir decidir se ele dera essa expressão a seu medo *antes ou apenas depois* de sua mãe tê-lo repreendido por causa da masturbação. Contrariando o exposto na história clínica, tendo a supor a segunda possibilidade. Ademais, é inequívoco como, em Hans, o complexo hostil contra o pai esconde o complexo concupiscente em relação à mãe, da mesma maneira como foi este o primeiro a ser descoberto e solucionado na análise.

Em outros casos clínicos, haveria muito mais a dizer sobre a estrutura de uma neurose, seu desenvolvimento e sua expansão, mas a história clínica de nosso pequeno Hans é muito curta; mal foi iniciada, já acaba sendo substituída pela história do tratamento. Se, durante o tratamento, a fobia parecia continuar a se desenvolver, atraindo novos objetos e novas condições para seu âmbito, naturalmente o pai, o próprio responsável pelo tratamento, foi suficientemente sensato em ver, ali, apenas uma emersão de material já pronto, e não uma nova produção que se pudesse imputar ao tratamento. Em outros casos de tratamento, não podemos sempre contar com uma visão como essa.

Antes de declarar concluída esta síntese, cumpre-me, ainda, abordar outro ponto de vista que nos lançará no próprio centro das dificuldades relativas à concepção dos estados neuróticos. Somos testemunhas de como nosso pequeno paciente é vítima de uma considerável onda de recalcamento que atinge justamente as suas componentes sexuais dominantes.[i] Ele passa a se abster da masturbação, rejeita, enojado, tudo o que lembre excrementos e o ato de presenciar outras pessoas fazendo suas necessidades. Mas essas não são as componentes que são estimuladas no ocasionamento da doença (ao olhar para o cavalo levando um tombo) e que fornecem o material para os sintomas, ou seja, o conteúdo da fobia.

Portanto, aqui temos a oportunidade de estabelecer uma distinção de princípio. Provavelmente alcançaremos uma compreensão mais profunda do caso clínico, se nos voltarmos para aquelas outras componentes que satisfazem as duas últimas condições mencionadas. Em Hans, estas são moções que antes já estavam reprimidas e, na medida em que nos é dado saber, nunca puderam exprimir-se sem entraves: sentimentos de hostilidade e ciúmes pelo pai, e ímpetos de sadismo em relação à mãe, semelhantes a pressentimentos relativos ao coito. Nessas repressões prematuras talvez resida a disposição ao futuro adoecimento. Essas tendências agressivas não encontram nenhuma saída no caso de Hans, e, ao quererem irromper, de modo intensificado, durante um período de privação e de excitação sexual aumentada, incendeia-se

---

[i] O pai chegou inclusive a observar que paralelamente a esse recalcamento surge em Hans uma ponta de sublimação. Desde o início do seu estado de medo [*Ängstlichkeit*], ele demonstra um interesse cada vez mais intenso por música e desenvolve seu talento musical hereditário.

aquela luta que chamamos de "fobia". Durante essa luta, uma parte das representações recalcadas, de forma desfigurada e transcrita em outro complexo, abre caminho até a consciência como conteúdo da fobia; não há dúvida, porém, de que se trata de um êxito escasso. A vitória permanece com o recalcamento, *que nessa ocasião se estende a outras componentes que não aquela que se adiantara*. Isso em nada muda o fato de a essência do estado patológico permanecer inteiramente vinculada à natureza das componentes pulsionais a serem rejeitadas. A intenção e o conteúdo da fobia são uma restrição abrangente da liberdade de movimento; ela é, portanto, uma poderosa reação aos obscuros impulsos de movimento que queriam voltar-se principalmente contra a mãe. Para o menino, o cavalo era sempre o modelo do prazer no movimento ("Sou um cavalo jovem", diz Hans aos saltos), mas, como esse prazer no movimento inclui o impulso ao coito, o prazer no movimento é restringido pela neurose, e o cavalo se torna imagem sensorial do terror. Na neurose, parece que nada mais resta às pulsões recalcadas senão a honra de fornecer os pretextos para o medo na consciência. Mas, por mais evidente que seja a vitória da aversão à sexualidade na fobia, a natureza de compromisso da doença não permite que o recalcado não alcance outros âmbitos. A fobia diante do cavalo certamente é mais um obstáculo para sair às ruas, e pode servir de meio para ficar em casa junto da mãe querida. Nisso, portanto, o carinho pela mãe prevaleceu vitoriosamente; devido à fobia, o amante agarra-se a seu objeto amado, mas é natural que agora também se assegure de que ele permaneça inofensivo. É nesses dois efeitos que se revela a verdadeira natureza de um adoecimento neurótico.

Recentemente, Alfred Adler,[i] a quem antes já tomei emprestado o termo "imbricação pulsional", declarou em um trabalho bastante profícuo que o medo surge através da repressão do que ele chama de "pulsão agressiva", e em uma síntese bastante abrangente atribuiu a essa pulsão o papel principal nos acontecimentos, "na vida e na neurose". Ao chegarmos à conclusão de que, nesse nosso caso de fobia, o medo deve ser explicado através do recalcamento daquelas tendências agressivas, as hostis contra o pai e as sádicas contra a mãe, parecemos ter apresentado uma confirmação flagrante da concepção de Adler. E, apesar de tudo, não posso concordar com ela, pois a considero uma generalização confusa. Não sou capaz de me decidir a aceitar uma pulsão agressiva particular junto e no mesmo plano das pulsões de autopreservação e das pulsões sexuais, com as quais estamos familiarizados.[ii] Parece-me que Adler hipostasiou sem razão, em uma pulsão particular, o que é uma característica geral e imprescindível de todas as pulsões, a saber, o "pulsional", o que impele nelas, o que podemos descrever como a capacidade de dar ímpeto na motilidade. Das outras pulsões, nada mais resta então, a não ser a relação com uma meta, depois que lhes é retirada, pela "pulsão

---

[i] Vide citação anterior.

[ii] [*Nota acrescida em 1923:*] O que consta no texto foi escrito em um período em que Adler ainda parecia estar situado no terreno da psicanálise, antes de sua formulação do protesto masculino e de negar o recalcamento. Desde então, também tive de estabelecer uma "pulsão agressiva" que não coincide com a de Adler. Prefiro chamá-la de "pulsão destrutiva ou pulsão de morte" (*Jenseits des Lustprinzips* [*Além do princípio de prazer*], *Das Ich und das Es* [*O Eu e o Isso*]). Sua oposição às pulsões libidinais manifesta-se na conhecida polaridade entre amar e odiar. Também se mantém inalterada a minha objeção à concepção de Adler, a qual prejudica uma característica geral das pulsões ao favorecer uma única.

de agressão", a relação com os meios de atingir essa meta; apesar de toda a insegurança e da pouca clareza de nossa doutrina das pulsões, por enquanto eu gostaria de me ater à nossa concepção habitual que mantém para cada pulsão sua própria capacidade de se tornar agressiva; e, nas duas pulsões que chegaram ao recalcamento em nosso Hans, eu identificaria componentes bem conhecidas da libido sexual.

3

Antes de dar início às explanações, previsivelmente breves, sobre os dados que podem ser depreendidos da fobia do pequeno Hans, genericamente valiosos para a vida infantil e à educação das crianças, cumpre-me enfrentar a objeção que deixei tanto tempo esperando e que nos adverte de que Hans é um neurótico, um portador de doença hereditária, um degenerado, uma criança anormal, características que podem ser transferidas para outras crianças. Já de longa data que lamento imaginar como todos os partidários da ideia de "pessoas normais" maltratarão nosso pequeno Hans, tão logo fiquem sabendo que realmente se pode provar que ele é portador de uma carga patológica hereditária. Em determinada época, eu já prestara ajuda à sua bela mãe, que durante um conflito na juventude adoecera de neurose, fato que inclusive marcou o início de minhas relações com os pais. É com muita timidez que ouso apresentar alguns argumentos em favor do garoto.

Em primeiro lugar: que Hans não é aquilo que, sob a mais rigorosa observância, imaginar-se-ia ser uma criança degenerada e fadada a um nervosismo hereditário; em vez disso, trata-se de um garoto com boa compleição física, um companheiro alegre, amável e intelectualmente ativo por quem não apenas o próprio pai tem motivos para demonstrar sua alegria. Naturalmente não se pode duvidar de sua precocidade sexual, mas para tanto carecemos de bastante material comparativo a fim fazermos um juízo justo. Uma pesquisa coletiva conduzida por norte-americanos permitiu-me ver, por exemplo, que a escolha objetal precoce e o sentimento amoroso não são um fenômeno raro entre garotos, e, com base nos relatos de infância de homens que mais tarde são reconhecidos como "grandes", também se chega a esse mesmo conhecimento, de modo que eu gostaria de opinar que a precocidade sexual é um correlato que raramente falta à precocidade intelectual e, por isso mesmo, pode-se encontrar, com uma frequência maior do que se deveria esperar, em crianças talentosas.

Além disso, na minha parcialidade confessa em favor do pequeno Hans, defendo que ele não é a primeira criança a ser atacada por fobias em algum período da infância. Sabidamente, esses adoecimentos ocorrem com uma frequência extraordinária, inclusive em crianças, cuja educação não deixa nada a desejar em matéria de rigor. Posteriormente, as crianças afetadas ficarão neuróticas ou permanecerão sadias. No ambiente do lar, suas fobias são caladas a gritos, por serem inacessíveis ao tratamento e certamente muito incômodas. Ao longo de meses ou anos, as fobias vão se atenuando, aparentemente são curadas; contudo, ninguém teria condições de afirmar quais alterações psíquicas são condicionadas por uma semelhante cura nem quais mudanças de caráter estão vinculadas a elas. Quando então se acolhe um adulto neurótico em um tratamento psicanalítico, o qual, suponhamos, somente adoeceu, de forma manifesta, em idade mais avançada, então normalmente se percebe que sua neurose está associada àquele medo infantil, que essa doença representa a continuação desse medo e que, portanto, a partir daqueles conflitos da infância, um trabalho psíquico ininterrupto, mas também imperturbado, foi se tecendo ao longo da vida, sem se levar em conta se seu primeiro sintoma teve uma continuidade ou se recuou sob a pressão das circunstâncias. Portanto, acho que nosso Hans talvez não tenha estado mais doente do que muitas outras crianças que não são estigmatizadas como "degeneradas"; mas por ter sido educado sem intimidações, com muita indulgência e com a pouca coerção, seu medo ousou mostrar-se de forma mais arrojada. A esse medo faltaram os motivos da consciência pesada e do temor de ser punido que com certeza normalmente contribuem para sua redução. Quer-me parecer que damos muita importância a sintomas e pouco nos preocupamos com o que lhes serve de fonte. Na educação das crianças, queremos apenas ser deixados em paz, não queremos passar por dificuldades e, em suma, queremos criar uma criança bem-comportada, pouco nos importando se esse desenvolvimento também é proveitoso para ela. Por conseguinte, eu poderia imaginar que foi salutar para nosso pequeno Hans ter produzido essa fobia, pois ela guiou os pais para as inevitáveis dificuldades que a superação das componentes pulsionais precisa proporcionar à criança durante a educação para a cultura, e, também, porque esse seu distúrbio lhe valeu a assistência do pai. Talvez ele agora tenha um trunfo perante outras crianças, que é não trazer mais consigo aquele germe de complexos recalcados que sempre significa algo na vida ulterior, que certamente traz alguma deformação de caráter em alguma medida, se não a disposição a uma futura neurose. Sou inclinado a pensar assim, mas não sei se muitos outros compartilharão meu julgamento, assim como também não sei ao certo se a experiência me dará razão.

Porém, preciso indagar: qual foi o dano causado em Hans pela revelação dos complexos não apenas recalcados pelas crianças, mas também temidos pelos pais? Será que o pequeno levou a sério suas exigências em relação à mãe, ou no lugar das más intenções contra o pai entraram atos de agressão? Esse certamente terá sido o temor de muitos que desconhecem a natureza da psicanálise e acham que as más pulsões são fortalecidas quando são tornadas conscientes. Esses sábios só agem com coerência quando nos desaconselham, pelo amor de Deus, a lidar com as coisas más que se escondem por trás das neuroses. Ao fazerem-no, esquecem por certo que são médicos e acabam caindo em uma fatal semelhança com Dogberry,[39] na peça de Shakespeare *Muito barulho por nada*, que igualmente aconselha o guarda que lhe foi enviado a evitar todo e qualquer contato com os ladrões e assaltantes que surpreenderam. Uma gentalha dessa natureza não seria companhia para pessoas honestas.[i]

As únicas consequências da análise são, muito mais, o fato de que Hans volta a ter saúde, não tem mais medo de cavalos e passa a ter uma relação muito mais descontraída com seu pai, como este comunica divertidamente. Mas o que o pai perde em respeito ele recupera em confiança: "Eu achava que você sabia tudo, porque você sabia daquela coisa do cavalo". Afinal de contas, a análise não faz retroceder o resultado do recalcamento;

---

[i] Aqui, não consigo reprimir esta pergunta perplexa: De onde esses opositores de minhas concepções obtêm seus conhecimentos apresentados com tanta segurança, sobre se as pulsões sexuais reprimidas têm um papel na etiologia das neuroses, e qual seria esse papel, se eles fecham a boca dos pacientes, assim que eles começam a falar de seus complexos e de seus derivados? As minhas comunicações e as de meus adeptos são, na verdade, a única ciência que lhes permanece acessível.

as pulsões que então foram reprimidas continuam sendo as reprimidas, mas ela alcança esse resultado por outra via, substitui o processo de recalcamento, que é um processo automático e excessivo, pelo domínio moderado e dirigido a uma meta, com a ajuda das instâncias psíquicas mais elevadas, em uma palavra: *ela substitui o recalcamento pela condenação*. A análise parece nos trazer a prova há muito tempo acalentada de que a consciência é uma função biológica, e de que sua entrada em cena está vinculada a uma significativa vantagem.[i]

Se eu tivesse podido decidir sozinho nessa situação, ainda teria ousado dar à criança aquele esclarecimento que os pais lhe negaram. Eu teria confirmado seus vislumbres pulsionais, contando-lhe sobre a existência da vagina e do coito, e assim teria reduzido um pouco mais o resto não solucionado, pondo fim à sua ânsia questionadora. Estou convicto de que ele não teria perdido nem o amor pela mãe nem sua essência infantil em consequência desses esclarecimentos, e de que ele teria entendido que já era hora de deixar de se ocupar com essas coisas importantes, na verdade, imponentes, até ter sido satisfeito seu desejo de virar gente grande. Mas o experimento pedagógico não chegou a ir tão longe.

O fato de não se poder fazer nenhuma distinção nítida entre crianças e adultos "nervosos" e "normais"; o fato de "doença" ser um conceito somatório puramente

---

[i] [*Nota acrescida em 1923:*] Aqui utilizo a palavra "consciência" em um sentido que mais tarde evitei, para o nosso pensamento normal, capaz de consciência. Sabemos que esses processos de pensamento também podem ocorrer de modo *pré*-consciente, e será melhor apreciar sua "consciência" de forma puramente fenomenológica. Com isso, não se está naturalmente contrariando a expectativa de que também o tornar-se consciente preencheria uma função biológica.

prático; o fato de que a disposição e a vivência precisam se encontrar para ser possível superar o limiar para alcançar essa soma; e de que, em consequência disso, muitos indivíduos passam continuamente da classe dos saudáveis para a dos doentes nervosos, e um número bem menor também faz o caminho no sentido inverso; tudo isso são coisas que foram ditas com tanta frequência e que encontraram tanta ressonância que certamente não sou o único a afirmá-las. O fato de a educação da criança poder exercer uma poderosa influência, em favor ou em detrimento da disposição à doença a ser considerada nessa soma, é, no mínimo, muito provável, mas aquilo a que a educação deve aspirar e onde ela deve intervir, isso ainda parece inteiramente discutível. Até o momento ela apenas estabeleceu como tarefa a dominação, mais corretamente com frequência a repressão das pulsões; o sucesso não foi satisfatório, e, onde se viu êxito, isso ocorreu em favor de um pequeno número de seres humanos privilegiados de quem não se exige nenhuma repressão pulsional. Também não se indagou por que caminho e com que vítimas se alcançou a repressão das pulsões incômodas. Se essa tarefa vier a ser substituída por outra, visando tornar o indivíduo culturalmente capaz e socialmente útil, com perda mínima em sua atividade, então os esclarecimentos adquiridos pela psicanálise sobre a origem dos complexos patogênicos e sobre o núcleo de toda e qualquer neurose têm, na verdade, o direito de ser reconhecidos pelo educador como inestimáveis indicadores para a sua conduta em relação à criança. Quais conclusões práticas resultarão daí e em que medida a experiência pode justificar a sua utilização dentro de nossas relações sociais, isso eu deixo para que outros examinem e decidam.

    Não posso dizer adeus à fobia de nosso pequeno paciente sem declarar a convicção do que torna, para mim, particularmente valiosa essa análise que conduziu à sua cura. Em rigor, com essa análise não aprendi nada de novo, nada que, em muitos casos, de um modo menos claro e mais indireto, eu já não houvesse podido supor em outros pacientes tratados em idade adulta. E como as neuroses desses outros doentes sempre podiam ser remetidas aos mesmos complexos infantis que se revelaram por trás da fobia de Hans, sou tentado a reivindicar para essa neurose infantil um significado característico e exemplar, como se a grande diversidade dos fenômenos neuróticos de recalcamento e a abundância de material patogênico não impedissem uma derivação de muito poucos processos ligados aos mesmos complexos de representações.

Analyse der Phobie eines fünfjährigen Knaben

1909 *Jahrbuch der psychoanalytischen und psychopathologische Forschung* 1(1), p. 1-109
1924 *Gesammelte Schriften*, t. VIII
1943 *Gesammelte Werke*, t. VII, p. 241-378

Pequeno Hans é o caso paradigmático de uma fobia infantil. Antes de reunir o caso na forma do presente relato, Freud refere-se a ele em outras ocasiões. Em *Sobre o esclarecimento sexual das crianças*, de 1907, o autor apresenta um "um menino encantador", de 4 anos, que não foi "reprimido" pelos pais e que se interessa especialmente por seu "xixizador" [*Wiwimacher*], criando uma palavra nova para designar seu órgão sexual-urinário. Curioso, o menino pergunta à mãe se ela possui um. A cena também está descrita no presente relato. Um ano depois, em *Sobre teorias sexuais infantis*, Hans desempenha um papel decisivo na formação dos parâmetros fundamentais da concepção freudiana acerca das teorias sexuais infantis. Talvez não seja exagerado dizer que ele, com seus 4 anos de idade, é coautor, com Freud, destas. Aliás, ele comparece em um sem-número de textos freudianos, com destaque para sua reelaboração em *Inibição, sintoma e angústia*, de 1926. Podemos ainda indicar que o caso Hans foi a primeira tentativa de tratamento psicanalítico de uma criança.

O presente caso clínico foi escrito em 1908 e publicado no ano seguinte. Mostra o mecanismo psíquico constitutivo da fobia, relacionado a uma projeção da angústia ligada à figura do pai em direção a um animal. O complexo de castração é demonstrado em ato neste caso.

Hans é o pseudônimo de Herbert Graf, que viveu entre 1903 e 1973. Era filho de Max Graf e Olga König. A mãe era paciente de Freud, ao passo que o pai era escritor e crítico teatral. Max tornou-se ainda psicanalista, tendo frequentado assiduamente as famosas reuniões das quartas-feiras. A família Graf era ligada ao mundo da música, razão pela qual o padrinho de Herbert era o compositor Gustav Mahler. O caso Hans é um rico relato, que foi escrito, não por acaso, quase como uma peça de teatro, contendo uma detalhada reconstrução dos diálogos, que mostra como o sujeito se constitui a partir da inadequação entre sexo e linguagem.

Em 1922, Herbert, então com 19 anos, procura Freud. Em entrevista a Francis Rizzo em 1972, declara: "quando eu era pequeno, desenvolvi um medo neurótico de cavalos. Freud fez um exame preliminar e dirigiu o tratamento, com meu pai como intermediário. Não me lembrava de nada até anos mais tarde quando me deparei com um artigo no escritório do meu pai e reconheci alguns nomes e lugares. Em um estado altamente emotivo, visitei o grande doutor no seu consultório na Bergasse 19 e apresentei-me como 'o pequeno Hans'. Ele levantou-se e abraçou-me afetuosamente, dizendo que não podia desejar maior comprovação das suas teorias ao ver o alegre e saudável jovem de 19 anos em que eu havia me tornado".

Hans não foi propriamente atendido por Freud, com quem teve poucos encontros. O caso foi construído a partir das anotações minuciosas de seu pai. Foi principalmente a partir do material processado por um escritor, teatrólogo, psicanalista e pai que Freud construiu o caso, ocupando, assim, muito mais a posição de supervisor do que de analista. Herbert casou-se duas vezes e foi um renomado produtor de ópera, trabalhando em cidades como Frankfurt, Nova York e Genebra. Publicou três livros sobre o futuro e a popularização da ópera.

Nenhum caso clínico freudiano recebeu tratamento tão detalhado por Jacques Lacan quanto o Pequeno Hans, especialmente ao longo do Seminário *A relação de objeto*. Essa discussão tem sido fonte de uma série de disputas quanto ao tema do "declínio do viril" e seus desdobramentos no mundo contemporâneo. Cogita-se, por exemplo, que a fobia de Hans pode ser lida como uma saída totêmica diante da fragilidade paterna. Nesse sentido, por contraste, o caso serviria de paradigma para variados sintomas de nosso tempo, como a toxicomania e os transtornos de pânico, nos quais a solução totêmica falha.

NOTAS

[1] Na presente história clínica, podem-se constatar pelo menos três registros de fala distintos: i) as palavras do pai de Hans dirigidas a Freud; ii) os diálogos entre Hans e seu pai; e iii) o debate feito pelo próprio Freud sobre o material coletado. Observe-se que a criança, ao falar alemão, faz uso de uma linguagem infantil em que se constatam alguns desvios da norma gramatical e/ou do uso habitual de certas palavras, fenômenos próprios da fala de uma criança em vias de aquisição da língua materna. Nesta tradução brasileira, procurou-se fazer uma adaptação dessa linguagem infantil, visando-se retratar a fala de criança com que Hans se expressa. Para tanto, na tradução das falas de Hans, foi necessário adaptar certas construções frasais, recorrer a determinados vocábulos e a desvios da norma do discurso adulto em português do Brasil. Ademais, em diferentes diálogos, o texto original tem como uma de suas marcas o uso do "alemão padrão austríaco-vienense", surgindo, aqui e ali, palavras de uso tipicamente austríaco. Por vezes, há vocábulos com escrita idêntica àquela encontrada no "alemão padrão da Alemanha", mas que, no alemão austríaco, assumem outro significado. Sempre que necessário, será feita alguma menção a esse fato. (N.T.)

² Na versão original em alemão, Freud reproduz o termo "Wiwimacher", presumivelmente uma criação do próprio Hans expressando-se em sua linguagem infantil. Tal palavra não é corrente na língua padrão alemã, mas se pode inferir que tenha origem no étimo dialetal austríaco "wischerln" [urinar]. Nesse caso, a criança, em seu processo criativo de aquisição da linguagem, simplesmente teria construído o novo vocábulo recorrendo à primeira sílaba desse verbo, repetindo-a e abrigando-a em um substantivo composto que tem como base a palavra "Macher" [fazedor]. Nos anos 1980, ficou conhecida, no Brasil, a canção infantil intitulada "Ratinho tomando banho", da autoria de Hélio Ziskind e divulgada no programa Castelo Rá-Tim-Bum (TV Cultura), com este texto: "[...] Lava a testa, a bochecha/Lava o queixo/Lava a coxa/E lava até meu pé/Meu querido pé/Que me aguenta o dia inteiro/Oh, oh/E o meu nariz/Meu pescoço/Meu tórax/O meu bumbum/E também o fazedor de xixi [...]". Todavia, resolveu-se, nesta tradução, pelo neologismo "xixizador", para se tentar seguir a lógica da palavra criada por Hans, mantendo-se tanto o sentido dos dois termos justapostos ("fazedor" e "xixi") numa só palavra quanto o mesmo número de sílabas. Além disso, por vir na primeira parte do neologismo aqui proposto, o termo "xixi" ressalta a importância da ideia por ele expressa e especialmente relevante no presente caso clínico. (N.T.)

³ No texto desta história clínica, o nome "Schönbrunn" em geral faz referência ao zoológico instalado na área em que se encontra o palácio homônimo, que era usado pela corte austríaca como residência de verão. (N.T.)

⁴ Pequena cidade austríaca, localizada no estado da Alta Áustria, antigamente considerada como lugar ideal, devido ao clima, para se passar o verão. (N.T.)

⁵ Os nomes das crianças terminados em "-(d)l" estão na forma diminutiva em alemão regional austríaco: Franzl, Fritzl, Mariedl. (N.T.)

⁶ Em alemão, o título *"Professor"*, que é bastante solene e respeitoso, normalmente se refere a professor catedrático. (N.T.)

⁷ "Parque Municipal", em uma tradução literal. Trata-se de um parque instalado, segundo o modelo dos grandes parques ingleses, em uma zona central de Viena, na década de 1860. (N.T.)

⁸ A tradução de *Angst* para o português é particularmente difícil, pois seu campo semântico recobre afetos que vão desde a *angústia* até o *medo*, sendo ambas as traduções corretas, a depender de cada ocorrência. Neste caso, por exemplo, poderíamos pensar até mesmo numa espécie de *continuum*: ao anoitecer, o menino começa a ficar difusamente *angustiado* até desembocar o sentimento de *medo*. A palavra *Angst* recobre

toda essa gama. De maneira geral, é plausível afirmar que Hans sentia medo diante do cavalo, medo do escuro, medo da rua, ainda mais se considerarmos que a primeira acepção de *Angst* para uma criança costuma ter essa significação. Sempre que necessário, colocamos o termo original entre colchetes, para que o próprio leitor possa fazer sua própria interpretação. (N.E.)

[9] Como o termo técnico "agorafobia" ["*Agoraphobie*", em alemão] somente é usado a partir da 2ª parte do 3º capítulo deste caso clínico, na qual Freud resume e discute os dados coletados pelo pai de Hans e emite seus próprios juízos a respeito da história clínica, nesta tradução se optará por traduzir o termo "*Straßenangst*" [utilizado anteriormente] por "medo das ruas". É importante lembrar que o termo alemão "*Agoraphobie*" refere-se ao medo de estar em espaços abertos, tendo como sinônimo "*Platzangst*" [literalmente: "medo de (estar em) praças"]. Frise-se, ainda, que em alemão muitos termos médicos existem na forma derivada de uma língua estrangeira – normalmente de origem greco-latina – e na forma vernacular (de origem germânica). Em geral, o termo de origem estrangeira é utilizado por especialistas das respectivas áreas, enquanto os termos patrimoniais da língua alemã são usados na linguagem cotidiana. (N.T.)

[10] O termo utilizado por Freud no original é "*nachträglich*", aqui traduzido como "de maneira ressignificada". Embora denote em sua composição morfológica, através da preposição "*nach*" [após, depois], a ideia de "*a posteriori*", esse vocábulo também encerra um sentido de "processo de reelaboração", contido no substantivo alemão "*Nachträglichkeit*". A tal processo o próprio Freud se refere na primeira nota de rodapé contida no original de seu ensaio intitulado "Bemerkungen über einen Fall von Zwangsneurose", também conhecido como "O homem dos ratos". Ali Freud ressalta as seguintes ideias: "Se não se quiser errar no juízo sobre a realidade, é preciso sobretudo lembrar-se de que as 'lembranças da infância' das pessoas somente são constatadas em uma idade posterior (na maioria das vezes durante a puberdade) e, nesse contexto, submetidas a um complicado processo de reelaboração, que é análogo à formação dos mitos de um povo acerca de sua história primitiva". Para fundamentar a presente proposta de tradução, ressalte-se o que assevera Friedrich-Wilhelm Eickhoff em seu ensaio "Über Nachträglickeit: die Modernität eines alten Konzepts" [Sobre *Nachträglichkeit*: a modernidade de um conceito antigo], publicado no *Jahrbuch der Psychoanalyse* [Anuário da Psicanálise], v. 51, 2006, p. 143. Segundo o autor, embora não seja mencionada na nota de rodapé supracitada, há, nas palavras de Freud em "O homem dos ratos", uma alusão implícita ao conceito-chave de *Nachträglichkeit*. Sobre a escolha do termo "ressignificador" como tradução de "*nachträglich*" em português e, por conseguinte, de "ressignificação" para verter o termo "*Nachträglichkeit*", faça-se também

referência, aqui, à tese de doutorado de Daniele John (2006), intitulada *A ressignificação da história de vida: temporalidade e narrativa no percurso da análise*, defendida na Pontifícia Universidade Católica de São Paulo. Destaque-se a seguinte afirmação feita por John (2006, p. 300): "O fenômeno de *Nachträglichkeit* é associado à obtenção de novos níveis de entendimento, de compreensão, de revisão de sentido, de elaboração, enquanto sua formulação inicial estava ligada simplesmente a uma maturidade orgânica que dava acesso a sensações corporais antes impossíveis de serem sentidas". (N.T.)

[11] No texto original, o termo usado por Hans para descrever a girafa é "zerwutzelt", um particípio formado a partir do radical do verbo "wutzeln" (grafia atual: wuzeln), um termo regional bávaro-austríaco que significa "enrolar", "girar [papel] para obter uma forma arredondada" etc. (p. ex.: *eine Zigarette drehen* = enrolar um cigarro), e do prefixo "zer-", que denota, entre outras coisas, "uma ação de destruir, desfazer, danificar". Entende-se que a segunda girafa tem uma forma semelhante a uma bola de papel amassado. Aqui, para conservar o estranhamento contido no texto original, opta-se por criar o termo "amassada". (N.T.)

[12] No texto original, Freud não emprega a palavra de origem estrangeira "*Equinophobie*" [equinofobia], mas o termo vernacular alemão "*Pferdeangst*" [medo de cavalos]. (N.T.)

[13] Atualmente os fiacres, que são coches com tração animal (cavalos), ainda fazem parte da paisagem turística no centro de Viena. (N.T.)

[14] Trata-se aqui de um veículo de tração animal para o transporte de móveis. (N.T.)

[15] Entenda-se aqui que se trata obviamente de "ônibus com tração animal". O termo alemão usado por Freud é "*Stellwagen*", que, segundo o *Deutsches Wörterbuch von Jacob Grimm und Wilhelm Grimm*, significa "*Omnibus*". (N.T.)

[16] A palavra alemã "*Fuß*", utilizada por Freud no texto original, pode significar, no uso austríaco coloquial, tanto "pé" quanto "perna", ao passo que no alemão padrão normalmente significa apenas "pé". No contexto dos trechos anteriores, "*Fuß*" significa "perna". É relevante observar que. nos contextos de diálogos coloquiais entre Hans e seu pai. normalmente surge o uso da palavra "*Fuß*" com o significado de "perna". Na parte III, em que Freud faz suas considerações técnicas, lança mão da palavra "*Bein*" no seu sentido comum de "perna" no alemão padrão. (N.T.)

[17] Assim como Freud incluiu, na versão alemã, a palavra "Lumpf", que inexiste em alemão, também aqui é mantido esse termo do próprio Hans. (N.T.)

[18] *"Strumpf"* significa "meia de calçar". (N.T.)
[19] Trata-se de um veículo com tração animal para o transporte de carvão. (N.T.)
[20] O verbo usado por Freud com a ideia de "afastar" foi *"verdrängen"*, que também significa "recalcar", "desalojar". (N.T.)
[21] Estabelecimento para banhos de imersão e demais cuidados higiênicos, que posteriormente deram origem aos modernos estabelecimentos com a oferta de piscinas e saunas. (N.T.)
[22] A palavra *"Wumpf"* existe como uma onomatopeia que indica algum tipo de ruído. (N.T.)
[23] A Secessão de Viena [*Wiener Secession*, em alemão] foi o movimento do *art nouveau* austríaco entre o final do século XIX e o início do século XX. (N.T.)
[24] Nesse contexto, a palavra usada por Freud é *"Kiste"*, que tanto pode significar "caixa", "caixote", "baú", "arca" etc., quanto remeter a um sentido mais antigo de "cesto" ou "cesta", conforme indica o dicionário *Duden* da língua alemã, ao apontar a origem dessa palavra: < latim cista < grego kístē. Preferiu-se, na maioria dos trechos em que ela surge, recorrer ao vocábulo "cesto" como sua tradução, sobretudo devido às implicações do contexto da cegonha. (N.T.)
[25] O pai faz essa pergunta visando obter clareza em relação ao que o menino acabara de dizer, pois, em suas últimas frases, Hans refere-se a alguém que "pegou o chapéu". No original, o pronome pessoal usado é *masculino singular* (*er* = ele), pois se refere à "cegonha" [*Storch*], que em alemão é do *gênero masculino*. O pai quer um esclarecimento para ver se Hans, na verdade, está se referindo ao médico. Como em português o substantivo "cegonha" é do gênero feminino, surge, no texto desta tradução, o pronome pessoal feminino "ela" ("e aí *ela* pegou o chapéu e depois foi embora. Não, *ela* não estava de chapéu"). Se em alemão, o pronome *"er"* cria ambiguidade com *"der Doktor"* [o doutor], em português essa possibilidade inexiste. (N.T.)
[26] Sankt Veit era uma localidade nos arredores de Viena, que hoje em dia faz parte de Hietzing, o 13º distrito (ou bairro) de Viena, fazendo fronteira com Lainz, que também é parte de Hietzing. Unter-Sankt Veit também é parte do 13º distrito de Viena. (N.T.)
[27] A linha ferroviária norte. (N.T.)
[28] Nesse trecho, Freud não utiliza o termo técnico *"Siderodromophobie"* [siderodromofobia], optando pelo termo mais comum em alemão *"Eisenbahnangst"* [medo de trens], estratégia que também é seguida nesta tradução. (N.T.)
[29] Na resposta em alemão, Hans confunde a pronúncia de duas palavras: *"wieder"* [de novo], cuja primeira sílaba é pronunciada com um "i"

longo, e "*Widder*" [bode], cuja primeira sílaba é pronunciada com um "i" breve. Pronuncia, portanto, "*wieder*" em vez de "*Widder*". (N.T.)

30 O pai remete o nome "*Lodi*" a uma redução de uma possível forma diminutiva de "*Schokolade*" => "*Schokoladi*" [chocolate => chocolatinho]. (N.T.)

31 A letra alemã "ß", chamada *Eszet*, lê-se como "ss". (N.T.)

32 Ambroise-Auguste Liébeault (1823-1904) e Hippolyte Bernheim (1840-1919). (N.T.)

33 Isidor Sadger (1867-1942). (N.T.)

34 Contrectação teria aqui o sentido de "colocar a pele em contato com algo ou alguém". (N.R.)

35 Ver nota sobre a tradução de *Angst*, acima, nota n.8. (N.E.)

36 Dr. Wilhelm Stekel (1868-1940), médico e psicanalista austríaco; perfila, ao lado de Alfred Adler, entre os primeiros seguidores de Freud.

37 No texto original, Freud utiliza, nesse trecho, uma frase proveniente de uma lenda que se conta a respeito de Apollonius von Gailingen, mais conhecido como Eppelein von Gailingen, que viveu na região da Francônia (norte da atual Baviera, Alemanha) entre 1320 e 1381. Era um fidalgo da Ordem da Cavalaria que, à semelhança do que ocorreu com muitos cavaleiros da Idade Média, ao ver sua função perder terreno com o fim das Cruzadas, dedicou-se à prática de roubos e outros delitos. Acabou tornando-se um dos mais procurados salteadores de sua época. Conta-se que Eppelein von Gailingen, devido aos muitos roubos praticados, foi condenado à forca em Nuremberg; todavia, quando estava para ser enforcado, conseguiu fugir montado em seu cavalo, saltando por sobre o fosso do castelo-forte de Nuremberg. Tal episódio teria dado origem a um dito popular que mostra a perplexidade das autoridades da época diante daquela situação: "*Die Nürnberger hängen keinen, sie hätten den nicht zuvor*", que, numa tradução literal para o português, significa: "Os nuremberguenses não enforcam ninguém que eles antes não tenham [detido]". Observe-se, ainda, que Freud não utilizou, na história clínica, o verbo "*hängen*", mas sim "*henken*", que é uma variante do primeiro [ambos significam "enforcar"], além de haver completado o sentido da segunda parte do adágio com as palavras "*in die Hand bekommen*" [pôr as mãos, prender]. (N.T.)

38 Acima, Freud faz, mais uma vez, alusão ao mito de Édipo, no qual se insere a Esfinge de Tebas. Sobre a Esfinge, explica Junito de Souza Brandão: "Monstro feminino, com o rosto e, por vezes, seios de mulher, peito, patas e cauda de leão e dotado de asas. A Esfinge figura sobretudo no mito de Édipo e no ciclo tebano. Este monstro fora enviado por Hera, a protetora dos amores legítimos, contra Tebas, para punir a cidade do crime de Laio, que raptara Crisipo, filho de

Pélops, introduzindo na Hélade a pederastia. Postada no monte Fíquion, próximo da cidade, devastava o país, devorando a quantos lhe passassem ao alcance. Normalmente propunha um só e mesmo enigma aos transeuntes, e já havia exterminado a muitos, porque ninguém ainda o decifrara. Foi então que surgiu Édipo e a 'cruel cantora' (a Esfinge propunha o enigma cantando) lhe fez a clássica pergunta: 'Qual o ser que anda de manhã com quatro patas, ao meio-dia com duas e, à tarde, com três e que, contrariamente à lei geral, é mais fraco quando tem maior número de membros?' Édipo respondeu de pronto: 'É o homem, porque, quando pequeno, engatinha sobre os quatro membros; quando adulto, usa as duas pernas; e, na velhice, caminha apoiado a um bastão'". (cf. BRANDÃO, J. S. *Mitologia grega*. 21. ed. Petrópolis: Vozes, 2009. v. I. p. 258.) (N.T.)

[39] Freud refere-se a Dogberry, um personagem da comédia de Shakespeare *Much Ado About Nothing* [*Muito barulho por nada*]. Na peça, Dogberry surge na Cena III e destaca-se, sobretudo, por sua maneira desavisada, inocente e crédula de apreender a realidade em seu redor. (N.T.)

OBSERVAÇÕES SOBRE UM CASO DE NEUROSE OBSSESIVA[1]
(CASO HOMEM DOS RATOS) (1909)

Nos textos que se seguem, serão encontrados dois tipos de conteúdo: em primeiro lugar, informações fragmentárias extraídas da histórica clínica de um caso de neurose obsessiva, o qual, conforme sua duração e suas consequências danosas, e a partir de uma apreciação subjetiva, pôde ser incluído entre os [casos clínicos] bastante graves [dessa doença], e cujo tratamento por cerca de um ano alcançou inicialmente o completo restabelecimento da personalidade e a eliminação de suas inibições. Em segundo lugar, mas em conexão com este [caso] e com o apoio de outros casos analisados anteriormente, algumas indicações aforísticas sobre a gênese e o mecanismo mais requintado dos processos anímicos de obsessão, mediante as quais se deverá dar continuidade às minhas primeiras considerações sobre esse tema publicadas em 1896.[i]

Eu mesmo tenho a impressão de que um índice de conteúdo dessa natureza requer uma justificativa, para que porventura não se venha a acreditar que considero esse tipo de comunicação impecável e digno de imitação, quando na realidade apenas estou me adequando a inibições de natureza externa e de conteúdo, e que, se pelo menos

---

[i] Outros comentários sobre as neuropsicoses de defesa. (II. Essência e mecanismo da neurose obsessiva.) Disponível no v. I destas *Ges. Werke*.

me fosse lícito e possível, com satisfação eu teria oferecido mais. Na realidade, não posso comunicar a história completa do tratamento, porque ela exigiria penetrar nos detalhes das circunstâncias de vida de meu paciente. A incômoda atenção que uma cidade grande dirige de modo muito particular à minha atividade médica proíbe-me uma exposição fidedigna; em contrapartida, considero cada vez mais inadequadas e represensíveis as desfigurações a que normalmente se recorre nessas situações. Se elas são insignificantes, não cumprem a finalidade de proteger o paciente da curiosidade indiscreta; e se elas vão mais longe, exigem enormes sacrifícios, pois aniquilam o entendimento justamente daqueles nexos ligados às pequenas realidades da vida. Essa última circunstância coloca-nos diante da situação paradoxal em que mais vale revelar ao público os segredos mais íntimos de um paciente, preservando-se sua identidade, do que os dados mais inofensivos e banais de sua pessoa através dos quais qualquer pessoa o conhece e que o tornariam identificável por todos.

Se, por um lado, estou justificando a extrema sintetização da história clínica e do tratamento, por outro, também se coloca à minha disposição uma explicação ainda mais convincente para essa restrição a determinados resultados da investigação psicanalítica da neurose obsessiva. Confesso que, até o presente momento, ainda não consegui apreender por completo o complexo tecido de um caso *grave* de neurose obsessiva, e que, ao reproduzir a análise, eu também não lograria tornar visível a outras pessoas essa estrutura que se reconhece ou se presume através das justaposições ao longo do tratamento. São as resistências dos pacientes e as formas de sua expressão que tanto dificultam esta última tarefa; todavia, cumpre afirmar que a compreensão de uma neurose obsessiva, em princípio, não é fácil, e sim bem mais difícil do que um caso de histeria. Na realidade, deveríamos esperar o contrário. A linguagem da neurose obsessiva, ou seja, os meios através dos quais essa doença expressa seus pensamentos secretos, é, por assim dizer, apenas um dialeto da língua histérica, mas um dialeto no qual nossa empatia deveria ser alcançada com mais facilidade, já que ele é mais aparentado com a expressão de nossos pensamentos conscientes do que o [dialeto] histérico. Tal dialeto não encerra, sobretudo, aquele salto de um processo psíquico para a inervação somática – a conversão histérica – um salto que, com a nossa compreensão, jamais conseguimos acompanhar.

Talvez apenas a nossa menor familiaridade com a neurose obsessiva seja responsável pelo fato de a realidade não cumprir aquela expectativa. Os neuróticos obsessivos considerados muito graves submetem-se muito mais raramente a um tratamento psicanalítico do que os histéricos. Na vida cotidiana, eles também dissimulam a sua condição enquanto podem e, amiúde, somente buscam auxílio médico em estágios tão avançados da doença que, como costuma ocorrer com pacientes de tuberculose, sua admissão em um sanatório estaria excluída. Recorro a essa comparação porque podemos apontar uma série de tratamentos coroados de pleno êxito, referentes tanto a casos leves quanto a casos graves de neurose obsessiva, mas que foram combatidos em um estágio precoce da doença, de modo bem semelhante ao que ocorre com aquela infecção crônica.

Nessas circunstâncias, só nos resta comunicar os fatos da maneira imperfeita e incompleta como os sabemos e como nos é lícito informá-los. Os fragmentos de conhecimento aqui disponíveis, trazidos a lume com bastantes esforços, em princípio podem até não causar um efeito muito satisfatório, mas o trabalho de outros investigadores poderá somar-se a eles, e assim os esforços conjuntos poderão atingir o resultado quiçá demasiadamente difícil de ser alcançado por um único indivíduo.

I
DA HISTÓRIA DA DOENÇA

Ao fazer sua apresentação, um homem de aparência jovial, com formação acadêmica, relata sofrer, já desde sua infância, de ideias obsessivas,[2] mas particularmente fortes nos últimos quatro anos. O conteúdo principal desse seu mal consistiria em *temores* de que algo venha a acontecer a duas pessoas que ele muito ama: seu pai e uma dama que afirma venerar. Além disso, conta que sente *impulsos obsessivos*, tais como o de cortar o próprio pescoço com a navalha de barbear, e que cria *proibições* também relacionadas a coisas insignificantes. Conforme afirmou, perdeu alguns anos lutando contra suas ideias e, por esse motivo, não avançou muito na vida. Dos tratamentos que tentou, o único proveitoso foi uma hidroterapia realizada em um sanatório próximo a **; mas isso, segundo ele, provavelmente apenas porque ali teria conhecido alguém que lhe proporcionava relações sexuais regulares. Relata, ainda, que aqui não tem esse tipo de oportunidade, suas relações sexuais são raras e com intervalos irregulares. E que prostitutas lhe causam asco. Em geral, sua atividade sexual seria escassa, e a masturbação somente teria desempenhado um papel secundário, ali por volta dos 16 ou 17 anos. Afirma que sua potência é normal e que seu primeiro coito foi com 26 anos de idade.

Ele passa a impressão de ser uma pessoa sensata e perspicaz. Quando o indago por que punha em primeiro plano as informações sobre sua vida sexual, responde que essa era a única coisa que sabia sobre minhas teorias. E que, à exceção desse aspecto, nada lera dos meus escritos, mas que, não fazia muito tempo, folheando um livro, encontrara o esclarecimento para curiosas associações de palavras[i] que tanto o fizeram lembrar de seus próprios "trabalhos de pensamento" relacionados a suas ideias a ponto de decidir confiar sua pessoa a mim.

a) O início do tratamento

No dia seguinte, após eu fazê-lo comprometer-se com a única condição do tratamento, ou seja, dizer tudo o que passasse por sua cabeça, ainda que lhe fosse *desagradável* e que lhe parecesse *sem importância*, *irrelevante* ou *sem sentido*, e após eu tê-lo deixado à vontade para escolher o assunto inicial de suas comunicações, eis como ele inicia:[ii]

Ele tem um amigo a quem estima imensamente. E costuma dirigir-se a esse amigo sempre que se sente atormentado por um impulso criminoso, para lhe perguntar se ele o despreza como a um marginal. O amigo então elevaria seu ânimo, assegurando-lhe considerá-lo um homem irrepreensível que provavelmente se teria habituado, desde bem jovem, a ver a vida sob esses pontos de vista. Conta ainda que houve uma época em que outro amigo

---

[i] *Sobre a psicopatologia da vida cotidiana* (1905, 10. ed. 1924); disponível no v. IV destas *Ges. Werke*.

[ii] Redigido conforme a anotação efetuada ao anoitecer do dia do tratamento, apoiada, dentro do possível, nas falas lembradas do paciente. – Só posso advertir que não se deve utilizar o tempo do próprio tratamento para anotar o que foi escutado. Os danos que esse desvio de atenção do médico acarreta ao doente são tantos que não justificam um maior ganho de fidelidade que se obteria na reprodução da história clínica.

também exercera uma influência semelhante sobre sua pessoa, um estudante universitário de 19 anos, enquanto ele próprio estava com 14 ou 15 anos, e que esse rapaz se engraçara por ele e elevava tanto sua autoestima, a ponto de fazê-lo sentir-se no direito de se considerar um gênio. Em uma fase posterior, esse universitário tornou-se seu professor particular e, então, de modo repentino, mudou de comportamento, passando a tratá-lo como um imbecil. Finalmente, acabou percebendo que aquele rapaz somente estava interessado em uma de suas irmãs e que seu envolvimento com ele somente fora com o intuito de obter acesso à casa. Esse foi o primeiro grande abalo de sua vida.

Ele prossegue sem nenhuma interrupção:

b) A sexualidade infantil

"Minha vida sexual começou muito cedo. Lembro-me de uma cena ocorrida entre meus 4 e 5 anos (a partir dos 6 anos minha lembrança é absolutamente completa), que me aflorou, de forma clara, anos mais tarde. Tínhamos uma governanta muito bonita e jovem, a senhorita Peter.[i] Certa noite, trajando pouca roupa, ela estava lendo deitada

---

[i] Certa feita, durante uma palestra num círculo privado, o outrora psicanalista Dr. Alfred Adler discorreu sobre a especial importância conferida às *primeiríssimas* comunicações do paciente. Temos, aqui, uma prova disso. As palavras iniciais de nosso paciente enfatizam a influência que homens exercem sobre ele, o papel da escolha homossexual de objeto em sua vida, e elas também logo fazem ressoar um segundo motivo que mais tarde se destacará como relevante: o conflito e a oposição de interesses entre homem e mulher. Nesse contexto, também se deve considerar o fato de ele lembrar-se da primeira bela governanta pelo nome de família, que, por acaso, coincide com um prenome masculino. Nos círculos burgueses vienenses, costuma-se tratar uma governanta pelo prenome, que é o nome que normalmente se retém na memória. ["Peter", que em português corresponde

no sofá; deitado a seu lado, pedi-lhe permissão para me enfiar por baixo de suas saias. Ela deu permissão, contanto que eu não contasse nada a ninguém. A moça estava com pouca roupa, e eu apalpei seu órgão genital e seu baixo-ventre, o qual achei curioso. A partir de então, permaneceu em mim uma curiosidade ardente e excruciante de ver o corpo feminino. Ainda me lembro da tensão com que eu aguardava no banheiro, onde eu ainda tinha o direito de entrar com a governanta e minhas irmãs, o momento em que aquela moça, despida, entrava na água. A partir de meus 6 anos, lembro-me de mais detalhes. Àquela época, tínhamos outra governanta, igualmente jovem e bela, que tinha uns abscessos no traseiro, os quais ela costumava espremer à noite. Eu ficava à espreita desse momento para saciar minha curiosidade. Igualmente no banheiro, embora a senhorita Lina fosse mais reservada do que a primeira. (Resposta dele a um aparte: 'Nem sempre eu dormia no quarto dela, quase sempre eu dormia com meus pais'.) Lembro-me de uma cena, quando eu devia estar com 7 anos.[i] À noite, estávamos sentados juntos, a governanta, a cozinheira, outra moça, eu e meu irmão, que é cerca de um ano e meio mais novo que eu. De repente, em meio à conversa das moças, ouvi quando a senhorita Lina disse: "Com o menorzinho daria para a gente fazer isso, mas o Paul (eu) é muito desajeitado, com certeza não conseguiria acertar". Não entendi bem o que ela queria dizer, mas compreendi a discriminação e comecei a chorar. Lina veio me consolar, contando-me que uma moça que fizera algo

---

a "Pedro", em alemão tanto ocorre como prenome quanto como sobrenome. (N.T.)]

[i] Mais tarde, admite a probabilidade de essa cena ter ocorrido um ou até dois anos mais tarde.

parecido com um garoto sob seus cuidados teria ficado detida vários meses. Eu mesmo não acredito que ela fizesse coisas erradas comigo, mas eu me permitia muitas liberdades com ela. Quando me deitava junto dela na cama, eu a cobria e a apalpava, o que ela consentia tranquilamente. Ela não era muito inteligente e evidentemente sentia muita necessidade sexual. Ela estava com 23 anos, já havia tido um filho cujo pai mais tarde viria a se casar com ela, de modo que atualmente é a 'esposa do comendador'.[3] Com frequência, ainda a vejo na rua.

"Com 6 anos de idade, eu já sofria de ereções e lembro que uma vez fui falar com minha mãe para me queixar disso. Também sei que naquela hora tive de superar certos escrúpulos, pois pressentia a relação com minhas ideias e minha curiosidade, e, àquela época, durante algum tempo alimentava a ideia doentia de que *meus pais sabiam de meus pensamentos, e a explicação que eu encontrava para isso era que eu teria pensado em voz alta, embora eu mesmo não tivesse escutado.* Vejo aqui o início de minha doença. Havia pessoas, moças, de quem eu gostava muito e que eu urgentemente precisava *ver nuas*. Mas com esses desejos eu tinha uma *sensação infamiliar* [unheimliches Gefühl], *como se algo tivesse de acontecer se pensasse naquilo, e eu então tinha de fazer tudo para evitá-lo*."

(Ao ser indagado sobre esses temores, ele responde: "Por exemplo, *que meu pai morreria*".) "Pensamentos sobre a morte do meu pai me ocuparam muito cedo e durante muito tempo, deixando-me muito triste".

Nessa ocasião, fico surpreso ao saber que seu pai, por quem seus atuais temores obsessivos dedicavam tanto desvelo, já morrera havia vários anos.

Aquilo que nosso paciente, na primeira sessão do tratamento, descreve da época de seus 6 ou 7 anos não apenas é, como ele julga ser, o indício da doença, mas também já a doença propriamente dita. Trata-se de uma neurose obsessiva completa à qual não falta nenhum de seus elementos essenciais; é, ao mesmo tempo, o núcleo e o modelo do sofrimento ulterior, por assim dizer, o organismo elementar cujo estudo por si só nos proporcionará o entendimento das circunstâncias da complexa organização da enfermidade de hoje. Vemos a criança sob a dominação de uma componente pulsional sexual, o prazer de olhar [*Schaulust*], cujo resultado é o desejo – que sempre ressurge com uma intensidade maior – de ver, despidas, pessoas do sexo feminino que lhe agradam. Esse desejo corresponde à ideia obsessiva que advirá mais tarde; se ele ainda não apresenta um caráter obsessivo, é porque o Eu ainda não se colocou em total oposição a ele, ainda não o sente como algo estranho, embora já se mova uma oposição, vinda de algum lugar, contra esse desejo, pois seu surgimento costuma vir acompanhado de um afeto doloroso.[i] É evidente que existe um conflito na vida anímica de nosso pequeno libertino; além do desejo obsessivo, existe um temor obsessivo intimamente vinculado àquele desejo: sempre que ele pensa em algo dessa natureza, tem necessariamente de temer que algo terrível venha a acontecer. Essa coisa terrível já vem travestida de uma indefinição característica que doravante jamais faltará nas manifestações da neurose. Mas, na criança, não é difícil encontrar aquilo que fica ocultado por uma indefinição desse tipo. Se pudermos conhecer um exemplo de qualquer uma das generalidades vagas da neurose obsessiva, podemos estar certos de que esse exemplo é a própria componente

---

[i] Lembre-se aqui que se tentou explicar as ideias obsessivas sem se considerar a afetividade!

primordial e genuína, que estaria fadada a ficar encoberta pela generalização. Por conseguinte, de acordo com o seu sentido, o temor obsessivo pode ser reconstituído desta maneira: "Se tenho o desejo de ver uma mulher nua, meu pai deve morrer". O afeto doloroso assume nitidamente o matiz da inquietação, da superstição, já dando origem aos impulsos para que se empreenda algo visando prevenir a desgraça, na forma como eles vão se impor nas medidas protetivas ulteriores.

Portanto: uma pulsão erótica e uma revolta contra ela, um desejo (ainda não obsessivo) e um temor (já obsessivo) contrário àquela revolta, um afeto doloroso e uma pressão voltada a ações defensivas; o inventário da neurose está completo. E ainda há outro elemento, uma espécie de *delírio* ou *formação* delirante de conteúdo singular: os pais estariam sabendo de seus pensamentos, porque ele os havia pronunciado sem ouvi-los ele mesmo. Dificilmente nos equivocaremos se ouvirmos nessa tentativa infantil de explicação um pressentimento daqueles processos psíquicos peculiares que denominamos de processos inconscientes, e dos quais não podemos prescindir para a iluminação científica desse assunto obscuro. "Eu pronuncio meus pensamentos sem ouvi-los" soa como uma projeção para o exterior de nossa própria suposição de que ele tem pensamentos, sem saber nada sobre eles, tal qual uma percepção endopsíquica daquilo que foi recalcado.

Afinal, nós o compreendemos claramente: essa neurose elementar da infância já tem seu problema e sua aparente absurdez como qualquer neurose complicada de um adulto. O que significa dizer que o pai deve morrer se se mover na criança aquele desejo lascivo? É um completo absurdo ou há caminhos para entender essa proposição, e percebê-la como o resultado necessário de processos e premissas anteriores?

Se aplicarmos, a esse caso de neurose infantil, conhecimentos adquiridos em outros casos, então teremos de supor que também aqui, portanto, antes do sexto ano de vida, ocorreram experiências traumáticas, conflitos e recalcamentos que sucumbiram inclusive à amnésia, mas que deixaram como resíduo esse conteúdo do temor obsessivo. Posteriormente, averiguaremos em que medida é possível voltarmos a encontrar essas experiências esquecidas ou construí-las com alguma segurança. Nesse meio-tempo, ainda gostaríamos de enfatizar, como uma coincidência quiçá não indiferente, que a amnésia ocorrida na infância de nosso paciente termina justamente no seu sexto ano.

É de meu conhecimento que vários outros casos de neurose obsessiva crônica tiveram início na tenra idade, apresentando esses desejos lascivos aos quais se ligam expectativas infamiliares [*unheimliche*] e uma inclinação a ações de defesa. É um tipo absolutamente característico, embora talvez não seja o único possível. Antes de passarmos ao conteúdo da segunda sessão, ainda gostaria de fazer um breve comentário sobre as experiências sexuais precoces do paciente. Dificilmente se poderá resistir a caracterizá-las como particularmente ricas e eficazes. Mas isso também se constata nos outros casos de neurose obsessiva que pude analisar. Aqui, ao contrário do que ocorre na histeria, sempre há o caráter da atividade sexual precoce. Comparada à histeria, a neurose obsessiva mostra muito mais claramente que os fatores formadores da psiconeurose não devem ser buscados na vida sexual atual, mas na infantil. Aos olhos do investigador menos rigoroso, a atual vida sexual do neurótico obsessivo pode parecer totalmente normal; com frequência, ela oferece muito menos fatores patogênicos e anormalidades do que justamente no caso de nosso paciente.

c) O grande temor obsessivo

"Acho que hoje quero começar pela experiência que foi a razão imediata para eu procurar o senhor. Foi em agosto, durante as manobras militares realizadas em **. Antes disso, estava me sentindo péssimo e tinha andado atormentado com todo tipo de ideias obsessivas, mas que, durante as manobras, logo se retiraram. Meu interesse era mostrar aos oficiais de carreira que nós não apenas estávamos aprendendo algo, mas que também éramos capazes de aturar coisas. Certo dia, estávamos fazendo uma pequena marcha, tendo como ponto de partida **. Durante a parada para repouso, perdi meu pincenê e, embora até tivesse podido facilmente encontrá-lo, não quis atrasar a partida e desisti dele, mas telegrafei a meu oculista de Viena, solicitando que imediatamente me enviasse um novo. No mesmo local do repouso, sentei-me entre dois oficiais, dos quais um – que era capitão e tinha um sobrenome tcheco – viria a ter certa importância para mim. Eu tinha um certo medo desse homem, *pois evidentemente ele amava a crueldade*. Não quero afirmar que fosse uma má pessoa, mas, durante a refeição dos oficiais, repetidas vezes o ouvi defender a introdução de castigos corporais, de modo que tive de contradizê-lo com veemência. Durante a parada, entabulamos uma conversa, e o capitão contou que lera sobre um castigo particularmente terrível implantado no Oriente..."

Aqui ele se interrompe, levanta-se e pede-me para poupá-lo da descrição dos detalhes. Asseguro-lhe, então, que eu mesmo não tenho nenhuma inclinação à crueldade, que certamente não gostaria de atormentá-lo e que naturalmente não lhe poderia dar de presente algo que eu mesmo não possuísse. Da mesma forma, ele poderia pedir-me que lhe desse dois cometas de presente. Disse-lhe ainda que a superação de resistências era um mandamento do tratamento que não podemos absolutamente ignorar. (No início da mesma sessão, eu lhe apresentara o termo "resistência", ao ouvi-lo dizer que, se tivesse de comunicar a sua experiência, teria muitas coisas a superar dentro de si.) Prossegui dizendo-lhe que o que devia acontecer é que eu faria o que pudesse para adivinhar totalmente alguma coisa do que fosse insinuado por ele. "Será que estaria se referindo a empalamento?" "– Não, isso não, mas o condenado era amarrado" – (expressava-se de modo tão confuso que eu não consegui adivinhar de imediato em qual posição) – "e punham uma vasilha emborcada sobre seu traseiro, depois introduziam nela *ratos* [*Ratten*] que iam" – ele voltara a se pôr de pé, deixando transparecer todos os sinais de pavor e resistência[4] – "penetravam lá dentro". "Dentro do ânus", permiti-me completar.

Em todos os momentos mais importantes do relato, percebe-se nele uma expressão facial composta de elementos muito peculiares, que somente posso interpretar como *horror diante do seu prazer, ignorado por ele mesmo*. Com todas as dificuldades, ele continua seu relato: "Naquele momento, fulminou-me a ideia [*Vorstellung*] de que isso aconteça com uma pessoa que me é muito cara".[i] Diante da pergunta direta, ele alega que de fato não era ele mesmo quem executava o castigo, mas que ele era executado impessoalmente nessa pessoa. Após uma curta fração [*Raten*] de tempo, logo fico sabendo que era a adorada dama a quem aquela "ideia" [*Vorstellung*] se referia.

---

[i] Ele diz: ideia [*Vorstellung*]; é evidente que a designação mais forte e mais importante, *desejo* ou *temor*, fica encoberta pela censura [*Zensur*]. Infelizmente não sou capaz de reproduzir a imprecisão peculiar de todas as suas falas.

Ele interrompe o relato para me assegurar de como esses pensamentos são-lhe estranhos e hostis, e como tudo o que vem em seguida passa dentro dele com uma extraordinária rapidez. Simultânea à ideia, está sempre presente a "sanção", isto é, a medida de defesa que ele precisa seguir para que uma fantasia desse tipo não se realize. Quando o capitão falou daquele abominável castigo, e aquelas ideias afloraram nele, ele ainda conseguiu defender-se das *duas* com suas fórmulas habituais, ou seja, com um "mas"[5] [*aber*] acompanhado de um gesto de repúdio com as mãos, e com a fala: "O que é que está passando na sua cabeça?".

O plural deixou-me perplexo, assim como também deve ter ficado incompreensível para o leitor. Na verdade, até o presente momento somente ouvíramos falar de uma única ideia, a de que o castigo dos ratos seria aplicado à dama. Agora ele se vê precisado a admitir que ao mesmo tempo lhe ocorreu a outra ideia, a de que o castigo também atingiria seu pai. Como o pai já morrera muitos anos antes, e esse temor obsessivo seria, portanto, ainda mais absurdo do que o primeiro, ele ainda tentou manter-se escondido algum tempo antes de ser confessado.

Na noite seguinte, o mesmo capitão, entregando-lhe um pacote que chegara pelo correio, disse-lhe: "O primeiro-tenente A.[i] adiantou, por você, o pagamento da retirada da encomenda. Você precisa reembolsá-lo". No pacote, estava o pincenê encomendado via telégrafo. Mas naquele momento tomou forma nele uma "sanção": "*Não ressarcir o dinheiro*, pois do contrário ocorrerá aquilo" (ou seja: a fantasia dos ratos se realizaria no pai e na dama). E imediatamente, conforme um esquema que ele conhecia bem, eleva-se um mandamento como um juramento, para

---

[i] Aqui, os nomes são quase indiferentes.

combater essa sanção: "*Você precisa devolver as 3,80 coroas ao primeiro-tenente A.*", repetia ele, quase recitando essas palavras à meia-voz.

Dois dias mais tarde, terminaram as manobras militares. O tempo transcorrido até ali, preencheu-o envidando esforços para devolver aquela pequena quantia ao primeiro-tenente, mas sempre acabavam surgindo cada vez mais dificuldades de natureza aparentemente *objetiva*. Primeiramente, ele tentou fazer o pagamento por intermédio de outro oficial que estava indo ao correio, mas se alegrou quando o colega lhe trouxe o dinheiro de volta, explicando que não conseguira encontrar o primeiro-tenente no correio, isso porque esse modo de cumprir o juramento não lhe satisfazia, pois não condizia com as palavras: "*Você* precisa devolver o dinheiro ao primeiro-tenente A.". Finalmente encontrou a procurada pessoa A., mas que recusou receber o dinheiro com a observação de que não havia desembolsado nada por ele, que ele mesmo não tinha nada a ver com o correio, pois isso era tarefa do primeiro-tenente B. Agora ele estava muito abalado por não poder manter seu juramento, que tinha por base uma premissa falsa, e fabulou saídas muito esquisitas: iria ao correio junto aos dois senhores A. e B., lá o A. daria 3,80 coroas à moça do correio, a moça então daria essa quantia ao B., e então ele próprio, conforme os termos do juramento, devolveria a A. as 3,80 coroas.

Não me surpreenderei se neste trecho a compreensão do leitor falhar, pois também a exposição detalhada que o paciente me fez dos acontecimentos externos desses dias e de suas reações a eles era eivada de contradições internas e parecia irremediavelmente confusa. Somente após um terceiro relato foi possível fazê-lo perceber essas imprecisões e pôr a nu as confusões da lembrança e os deslocamentos nos quais ele estava envolvido. Vou me poupar de repetir esses detalhes dos quais logo poderemos recuperar o teor essencial e ainda gostaria de registrar que ele, ao final dessa segunda sessão, comportava-se como se estivesse entorpecido e confuso. Repetidas vezes, chamou-me de "senhor Capitão", provavelmente porque no início da sessão eu comentara que não era cruel como o capitão M. e que não tinha a intenção de atormentá-lo desnecessariamente.

Nessa sessão, ainda colhi dele o esclarecimento de que desde o início, incluindo todos os temores mais antigos de que ocorresse algo a suas pessoas queridas, ele teria situado aqueles castigos não apenas na temporalidade, mas também na eternidade, no além-túmulo. Até os 14 ou 15 anos, fora escrupulosamente religioso e, a partir de então, havia se desenvolvido até sua condição atual de livre-pensador. Em suas palavras, compensaria essa contradição dizendo para si mesmo: "O que você sabe sobre a vida no além-túmulo? O que os outros sabem sobre isso? Claro que não se pode saber de nada, mas, na verdade, você não está arriscando nada, portanto, faça-o". Normalmente tão perspicaz, esse homem agora considera impecável essa maneira de concluir e, nessa questão, tira partido da insegurança da razão em favor de uma devota visão de mundo superada.

Na terceira sessão, ele conclui o relato muito característico dos esforços para cumprir o juramento obsessivo: à noite, foi realizada a última reunião dos oficiais antes da conclusão das manobras militares. Coube-lhe proferir palavras de agradecimento pelo brinde feito aos "senhores da reserva". Falou bem, mas como se estivesse em estado de sonambulismo, pois, nos bastidores, seu juramento continuava a torturá-lo. A noite foi terrível; argumentos e contra-argumentos enfrentavam-se em um combate recíproco; naturalmente, o argumento principal era de que a premissa de seu juramento, ou seja, que o primeiro-tenente A. teria pagado a quantia por ele, não condizia com a verdade. Mas se consolava com o fato de que, na verdade, aquele caso ainda não estivesse concluído, já que no dia seguinte A. participaria, até um determinado lugar, da cavalgada com destino à estação ferroviária, e assim teria tempo de falar com ele sobre aquele obséquio. Porém, não fez assim, deixando que A. tomasse outro rumo, mas encarregou sua ordenança de anunciar a A. que ele lhe faria uma visita à tarde. Conseguiu chegar às 9h30 da manhã à estação ferroviária, guardou sua bagagem, fez todas as compras necessárias na cidadezinha e assumiu o compromisso de, em seguida, fazer a visita a A. O lugarejo onde A. estava estacionado ficava a aproximadamente uma hora de viagem da cidade P. A ida de trem até o lugar onde ficava o correio teria demorado três horas; desse modo, ele pensou que ainda teria o tempo justo para, conforme a execução de seu complexo plano, conseguir tomar o trem noturno que sairia de P. para Viena. Eis as ideias conflitantes que se debatiam: claro que seria uma covardia de sua parte, pois só estaria querendo se poupar de um incômodo ao exigir um sacrifício daqueles a A. e fazer papel de bobo diante dele, e que era por esse motivo que estaria negligenciando seu juramento; por outro lado: ao contrário, seria uma covardia se pusesse o juramento em prática, já que, assim agindo, apenas estaria querendo ficar em paz em relação às ideias obsessivas. Segundo relatou, quando estava fazendo uma reflexão e os argumentos ficavam muito equilibrados, normalmente preferia deixar-se levar por eventos fortuitos, como decisões divinas. Por essa razão, respondeu "sim", quando um carregador de bagagem lhe perguntou na estação ferroviária: "Para o trem das 10 horas, senhor tenente?"; partiu às 10 horas, tendo conseguido, assim, um *fait accompli*,[6] que agora era motivo de grande alívio. Dirigiu-se ao responsável pelo vagão-restaurante e comprou uma ficha para uma refeição [*table d'hôte*]. Na primeira estação, de repente lhe ocorreu que agora ainda poderia descer, esperar o trem que vinha na direção contrária, tomá-lo para ir até P. e ao lugar onde estava o primeiro-tenente A., em seguida fazer com ele o percurso de três horas de trem até o correio etc. Só a consideração pela palavra que havia dado ao garçom o demoveu desse propósito; mas não desistiu dele, apenas postergou a descida para outra estação. Desse modo, foi-se aguentando de estação a estação até chegar a uma onde lhe pareceu impossível descer, porque parentes seus viviam naquele lugar, e então decidiu seguir até Viena, visitar ali um amigo, relatar-lhe aquela situação e, conforme a decisão do amigo, ainda tomar o trem noturno para voltar a P. Em relação à minha dúvida se esse arranjo teria dado certo, ele retrucou assegurando que, entre a chegada de um trem e a partida do outro, teria tido meia hora de tempo livre. Chegando a Viena, encontrou o amigo, mas não no restaurante onde esperava encontrá-lo; somente às 23 horas, chegou à casa de seu amigo e ainda naquela noite relatou-lhe sua situação. O amigo ficou pasmo ao ver que nosso paciente ainda conseguia duvidar se teria sido uma ideia obsessiva, mas o tranquilizou por aquela noite, de modo que ele dormiu muito bem, e, na manhã seguinte, o amigo foi com ele até o correio, a fim de remeter as 3,80 coroas – para aquele mesmo endereço do correio a que chegara o pacote com o pincenê.

Essa última comunicação serviu-me como ponto de apoio para desenredar as desfigurações de seu relato. Se, levado pelo amigo à reflexão, não enviara aquela pequena quantia ao primeiro-tenente A. e tampouco ao primeiro-tenente B., mas sim diretamente ao correio, então ele tinha de saber, e mesmo já ter sabido na hora de sua partida, que não ficara devendo a taxa cobrada a *nenhuma outra pessoa senão ao funcionário do correio*. Realmente veio à tona que ele já soubera disso antes do lembrete do capitão e antes de seu juramento, pois agora estava se lembrando de que, algumas horas antes do encontro com o cruel capitão, tivera a oportunidade de se apresentar a outro capitão que lhe comunicou como as coisas realmente aconteceram. Ao ouvir seu nome, esse oficial contou-lhe que, havia pouco tempo, estivera no correio e fora indagado pela atendente se por acaso conhecia um tenente H. (justamente nosso paciente), para quem chegara um pacote a ser pago por reembolso. Respondeu negativamente, mas a moça achava que podia confiar no tenente desconhecido e entrementes adiantaria, ela própria, o pagamento da taxa. Foi dessa maneira que nosso paciente tomou posse do pincenê que encomendara. O cruel capitão cometeu um erro, ao advertir, no momento da entrega do pacote, que as 3,80 coroas fossem reembolsadas ao primeiro-tenente A. Nosso paciente tinha de saber que se tratava de um equívoco. Não obstante, prestou o juramento com base nesse erro, juramento que acabou se transformando em um tormento para ele. Ele omitira de si mesmo e, durante o relato, também de mim o episódio do outro capitão e a existência da confiável senhorita do correio. Admito que, após essa retificação, seu comportamento ficou ainda mais absurdo e incompreensível do que antes.

Após se despedir de seu amigo e retornar para a casa de sua família, ele voltou a ser assaltado pelas mesmas dúvidas. Os argumentos de seu amigo não eram outros senão seus próprios argumentos, e ele não estava enganado ao achar que aquele apaziguamento temporário só se devera à influência pessoal de seu amigo. A decisão de procurar um médico foi tecida no delírio com a seguinte artimanha. Solicitaria a um médico um atestado em que constasse que ele precisava efetuar um ato como aquele que imaginara envolvendo o primeiro-tenente A., visando a seu restabelecimento, e o atestado certamente serviria para convencer o oficial a aceitar dele as 3,80 coroas. O acaso de, justamente naquela época, um livro meu cair em suas mãos orientou sua escolha para mim. Todavia, em sua conversa comigo não fez menção àquele atestado; de modo muito sensato, apenas reivindicava sua libertação daquelas ideias obsessivas. Muitos meses mais tarde, no auge da resistência, voltou a surgir a tentação, apesar de tudo, de viajar até P., de procurar o primeiro-tenente A. e encenar com este a comédia da devolução do dinheiro.

d) Introdução à concepção da terapia

Não se espere saber tão rapidamente o que tenho para alegar visando elucidar essas ideias obsessivas peculiarmente absurdas (sobre os ratos); a técnica psicanalítica correta exige que o médico reprima sua curiosidade, deixando ao paciente a livre disposição sobre a sequência dos temas no trabalho. Portanto, recebi o paciente na quarta sessão com a seguinte pergunta: "Como o senhor prosseguirá agora?".

"Decidi comunicar ao senhor o que considero importante e o que, desde o início, vem me atormentando." De maneira abrangente, passa agora a me contar a história da doença de seu pai, que há nove anos morreu de enfisema. Certa noite, pensando que o pai estava passando por uma crise, perguntou ao médico quando seria possível considerar superado o perigo. Eis a resposta:

depois de amanhã à noite. Não lhe passou pela cabeça que seu pai não seria capaz de sobreviver àquele prazo. Às 23h30, deitou-se na cama para descansar uma hora e, quando acordou, à 1 hora da madrugada, soube pelo amigo médico que o pai morrera. Recriminou-se por não ter estado presente na hora da morte, e essa recriminação intensificou-se quando a enfermeira lhe comunicou que, nos últimos dias, o pai uma vez mencionou seu nome, tendo até dirigido a ela esta pergunta: "Quem está aí é o Paul?". Ele acreditou ter percebido que a mãe e as irmãs estavam também se recriminando; mas elas não falavam sobre isso. De início, a recriminação não era de cunho atormentador; durante muito tempo não se deu conta do fato de sua morte; sempre acontecia de ele ouvir uma boa piada e logo dizer: "Tenho de contar essa piada ao pai". Além disso, sua fantasia brincava com a figura do pai, de tal forma que, com frequência, quando alguém batia à porta, ele pensava: "Agora o pai vai entrar"; quando entrava em um cômodo, esperava ali encontrar o pai, e, embora nunca esquecesse o fato da morte do pai, a expectativa dessa aparição fantasmagórica nada tinha de assustadora, parecendo-lhe, muito mais, algo ardentemente desejado. Só um ano e meio mais tarde despertou a lembrança de sua omissão e começou a torturá-lo terrivelmente, a ponto de se considerar um criminoso. O motivo disso foi a morte de uma tia por afinidade e a sua ida ao velório. A partir de então, expandiu seu edifício de pensamentos, incluindo o além-túmulo. A consequência imediata desse acesso[i] foi

---

[i] Posteriormente, uma descrição mais exata do ocasionamento permite uma compreensão desse efeito. O tio viúvo exclamara, lamentando-se: "Outros homens têm o prazer de desfrutar tudo o que é possível, e eu só vivia para essa mulher!". Nosso paciente supôs que o tio estava aludindo a seu pai e desconfiou dessa fidelidade conjugal, e, embora

uma grave incapacidade para o trabalho. Como ele relata que somente teria conseguido manter-se de pé porque fora consolado por seu amigo que sempre rejeitava essas recriminações, por considerá-las muito exageradas, sirvo-me da ocasião para lhe proporcionar uma primeira visão sobre os pressupostos da terapia psicanalítica. Quando há uma aliança infeliz [*Mésalliance*] entre o conteúdo da representação e o afeto, ou seja, entre a magnitude da recriminação e o seu ocasionamento, o leigo então diria que o afeto é demasiadamente grande para o ocasionamento, ou seja, exagerado; e, por conseguinte, a conclusão extraída da recriminação, a de ser um criminoso, é errada. De modo contrário, afirma o médico: "Não, o afeto é justificado; o sentimento de culpa não deve continuar como alvo de críticas; no entanto, ele pertence a outro conteúdo que não é conhecido (é *inconsciente*) e que é preciso buscar primeiramente. O conteúdo da representação conhecido só chegou a esse lugar através de uma falsa conexão. Mas não estamos habituados a sentir, em nós, intensos afetos sem conteúdo de representação, e, por esse motivo, quando falta o conteúdo, adotamos qualquer outro conteúdo substitutivo que de algum modo seja adequado, como acontece, por exemplo, com nossa polícia quando não consegue pegar o verdadeiro assassino e acaba prendendo um inocente em lugar do criminoso. O fato da falsa conexão também explica, por si só, a impotência do trabalho lógico perante a ideia dolorosa. Concluo, então, admitindo que dessa nova concepção derivam, de início, grandes enigmas, pois como ele poderia concordar com a sua recriminação de ser um criminoso contra o pai,

---

o tio contestasse com a maior veemência essa interpretação de suas palavras, não mais era possível eliminar seu efeito.

se ele obviamente tinha de saber que afinal nunca havia incorrido em algo criminal contra ele?

Na sessão seguinte, demonstra grande interesse pelas minhas explicitações, mas se permite apresentar algumas dúvidas: estaria realmente certa aquela comunicação de que a recriminação, a consciência de culpa, poderia ter um efeito curativo? – Não é essa comunicação que tem o efeito, mas a descoberta do conteúdo desconhecido, do qual faz parte a recriminação. – Sim, sua pergunta se referia justamente a isso. – Esclareço minhas breves indicações sobre as *distinções psicológicas entre consciente e inconsciente*, sobre o processo de desgaste a que fica submetido tudo o que é consciente, ao passo que o inconsciente permanece relativamente inalterado através de uma referência às antiguidades expostas em meu gabinete. Explico-lhe que, na realidade, eram apenas exumações, para as quais o soterramento significara sua preservação. E que Pompeia só é destruída agora, depois que é descoberta. – Prosseguindo, ele pergunta se havia alguma garantia de como se deve se comportar diante do que foi encontrado. Algumas pessoas, opina ele, talvez de tal forma que então superariam a recriminação, ao passo que outras, não. – Não, é da natureza das circunstâncias que o afeto seja sempre superado, em geral, ao longo do trabalho. É que esforços são feitos para preservar Pompeia, mas queremos a todo custo nos livrar dessas ideias dolorosas. – Ele havia dito para si mesmo que uma recriminação só pode surgir quando são violadas as leis éticas pessoais mais íntimas, e não as externas. (Confirmo, quem viola simplesmente essas leis costuma sentir-se um herói.) Portanto, prossegue ele, um processo desse tipo só seria possível mediante uma desintegração da personalidade, que já existisse desde o início. Será que ele resgataria a unidade da personalidade?

Nesse caso, ousaria realizar muitas coisas, talvez mais do que outras pessoas. – Eu, sobre o que foi dito: afirmo estar plenamente de acordo com essa cisão da personalidade, e que ele apenas precisaria soldar essa nova oposição entre a pessoa ética e a pessoa má com a anterior, a oposição entre consciente e inconsciente. A pessoa ética seria o consciente, a pessoa má, o inconsciente.[i] – Ele disse ser capaz de se lembrar de que, embora se considerasse uma pessoa ética, certamente também teria feito coisas, em sua *infância*, que partiam daquela outra pessoa. – E eu opino que, ali, ele estaria descobrindo, de maneira incidental, uma característica principal do inconsciente: a ligação com o *infantil*. O inconsciente seria o infantil ou, mais precisamente, é aquela parte da pessoa que naquela época se separou dela, não acompanhou o desenvolvimento ulterior e, por esse motivo, foi recalcada. Os derivados desse inconsciente recalcado seriam os elementos que sustentam o pensar involuntário que constituem o seu sofrimento. Adianto-lhe que ele agora ainda poderia descobrir outra característica do inconsciente, mas que eu gostaria de deixar isso a seu encargo. – Ele não encontra nada mais a dizer diretamente sobre esse meu comentário, porém afirma estar em dúvida se alterações existentes há tanto tempo ainda poderiam ser revertidas. E o que se pretendia fazer especificamente contra a ideia do além-túmulo, que logicamente não poderia ser refutada? – Não contesto a gravidade de seu caso nem o significado de suas construções, mas lhe digo que sua idade era muito favorável, da mesma maneira como a integridade de sua personalidade, e ali também expresso meu julgamento de reconhecimento sobre ele, o que o agradou visivelmente.

---

[i] Embora tudo isso seja correto apenas da maneira mais vaga, já basta para uma primeira introdução.

Na sessão seguinte, ele começa dizendo que precisa contar algo que ocorreu de fato em sua infância. Como já relatado, depois dos 7 anos, ele tinha medo que os pais adivinhassem seus pensamentos, medo que teria permanecido pelo resto de sua vida. Aos 12 anos, amava uma menininha, a irmã de um amigo seu (em resposta à minha pergunta: "não sensualmente, não queria vê-la nua, era muito pequena"), a qual, no entanto, não era tão carinhosa com ele como ele o desejava. E então lhe veio a ideia de que ela ficaria amável com ele, se ele fosse vítima de algum infortúnio; como tal, insinuou-se nele a morte de seu pai. Ele rechaçou essa ideia de imediato energicamente e mesmo agora ainda se defende da possibilidade de, com isso, ter se manifestado um "desejo". Isso não passara de uma "conexão de pensamento".[i] Meu argumento: se não era um desejo, por que a relutância? – Sim, era somente por causa do conteúdo da ideia de que o pai pudesse morrer. – Digo que ele estava tratando esse enunciado como se fosse um crime de lesa-majestade, quando, na verdade, como se sabe, também há punição quando alguém diz: O imperador é um jumento, ou quando alguém disfarça essas palavras depreciativas dizendo: Se alguém disser..., aí ele vai se ver comigo. Expliquei-lhe que eu poderia, sem mais delongas, levar esse conteúdo de representação, contra o qual ele tanto relutava, a um contexto que excluiria essa relutância; por exemplo: Se meu pai morrer, vou me matar em cima de sua sepultura. – Ele fica chocado, sem desistir de sua contradição, de modo que interrompo o debate comentando que não era a primeira vez que essa ideia da morte de seu pai surgira, que ela certamente devia provir

---

[i] Não apenas o neurótico obsessivo dá-se por satisfeito com esses eufemismos.

de um período anterior e que teríamos de investigar sua origem. – Ele prossegue contando que uma segunda vez, seis meses antes da morte de seu pai, veio-lhe, como um relâmpago, um pensamento muito parecido. Ele já estava apaixonado por aquela dama,[i] mas, por causa de obstáculos materiais, não podia pensar em um vínculo. Àquela época, a ideia era esta: *Com a morte do pai, talvez ele ficasse tão rico que poderia casar-se com ela.* Depois, ele foi muito longe em sua defesa, a ponto de desejar que o pai não lhe deixasse nada de herança, para que nenhum ganho viesse a compensar essa perda tão terrível para ele. Uma terceira vez, ocorreu-lhe a mesma ideia, mas de forma muito atenuada, na véspera da morte de seu pai. Ele pensou: Agora posso perder quem mais amo; e em seguida veio a contradição: "Não, ainda há outra pessoa cuja perda seria muito mais dolorosa para você".[ii] Ele disse que se espantava muito com esses pensamentos, já que estava inteiramente seguro de que a morte de seu pai nunca poderia ter sido objeto de um desejo seu, mas sempre apenas um temor. – Após essa fala proferida com veemência, julgo conveniente apresentar-lhe mais uma pequena parte da teoria. Esta sustenta que um medo desse tipo corresponderia a um *desejo* anterior que agora estaria recalcado, de modo que seria preciso admitir justamente o contrário a partir de sua afirmação. Isso está de acordo com a exigência de que o inconsciente deva ser exatamente o oposto contraditório do consciente. Ele mostra-se muito irrequieto, muito incrédulo, e admira-se de como esse desejo poderia ter sido possível nele, se seu pai era para ele o mais amado dos seres humanos. Ele não

---

[i] Há 10 anos.
[ii] Aqui se mostra uma inconfundível oposição entre as duas pessoas amadas, o pai e a "dama".

admitia dúvidas de que teria renunciado a qualquer felicidade pessoal, se, em troca, tivesse podido salvar a vida de seu pai. Respondo-lhe que justamente esse amor intenso seria a condição do ódio recalcado. E que, ao lidar com pessoas indiferentes, ele certamente não teria dificuldades em manter lado a lado os motivos para uma simpatia moderada e para uma antipatia análoga, supondo-se que ele fosse funcionário público e fizesse um juízo sobre seu chefe de seção, admitindo que ele até seria um superior agradável, mas, por outro lado, não passava de um jurista mesquinho e um juiz desumano. Ressalto que Brutus profere palavras semelhantes sobre César na peça de Shakespeare (III, 2): "Porque César me amava, choro por ele; porque era feliz, alegro-me com isso; porque era corajoso, respeito-o; mas porque era dominador, matei-o". E essa fala já soaria estranha, porque imaginamos mais intensa a afeição de Brutus por César. No caso de uma pessoa que lhe fosse mais próxima, talvez sua mulher, ele iria ansiar por ter sentimentos mais unitários e, por isso, como fazem os humanos em geral, ignoraria as falhas dela que nele pudessem despertar alguma rejeição, deixando de vê-las como se estivesse cego. Portanto, justamente o grande amor não permitiria que o ódio (assim designado de maneira caricata), que certamente deve ter uma origem, permanecesse consciente. Entretanto, um problema seria averiguar de onde viria esse ódio; seus próprios enunciados estariam apontando para aquele período em que ele temia que os pais adivinhassem seus pensamentos. Por outro lado, também seria possível indagar por que o grande amor não conseguira extinguir o ódio, como costuma acontecer com moções opostas. Só poderíamos supor que o ódio estava conectado a uma fonte, a uma ocasião, que o tornava indestrutível. Portanto, por um lado, essa conexão seria uma proteção contra a destruição do ódio pelo pai, e, por outro, o grande amor impediria que esse ódio se tornasse consciente; por conseguinte, ao ódio só restaria justamente a existência no inconsciente, a partir do qual, em determinados momentos, ele poderia emergir subitamente como um relâmpago.

Ele admite que tudo soa bastante plausível, mas naturalmente não há nenhum indício de convencimento.[i] Ele gostaria de poder perguntar como se explica que uma ideia dessa natureza possa fazer pausas, aparecer por um momento aos 12 anos, depois aos 20 anos e dois anos mais tarde novamente, para persistir a partir de então. Ele disse não conseguir acreditar que, nesse ínterim, a hostilidade tivesse se extinguido, e que efetivamente nenhuma recriminação tenha se mostrado nas pausas. Eu, a esse respeito: "Quando alguém faz uma pergunta desse tipo, já tem uma resposta pronta. Basta deixá-lo continuar falando". Ele prossegue, então, sem aparente conexão: ele foi o melhor amigo do pai, como este, o dele; à exceção de poucas áreas em que pai e filho costumam esquivar-se um do outro (o que será que ele está querendo dizer?), a intimidade entre os dois teria sido maior do que a existente agora entre ele e seu melhor amigo. Embora tivesse amado muito aquela dama, por causa de quem teria preterido seu pai com aquela ideia, ela nunca teria suscitado desejos realmente sensuais como os que haviam povoado

---

[i] Essas discussões jamais têm por propósito produzir convencimento. Sua função é apenas introduzir na consciência os complexos recalcados, alimentar a luta em torno destes sobre o terreno da atividade psíquica consciente e facilitar o surgimento de novos materiais oriundos do inconsciente. O convencimento só se produz após a reelaboração do material readquirido pelo paciente, e, enquanto ele estiver oscilante, não se pode julgar o material esgotado.

sua infância; suas moções sensuais teriam sido muito mais fortes na infância do que durante a puberdade. – Digo então que ele agora dera a resposta que nós esperávamos e ao mesmo tempo descobrira a terceira característica do inconsciente. A fonte de onde a hostilidade contra o pai extraía sua indestrutibilidade era, evidentemente, da natureza de *apetites* sensuais, e, nesse contexto, de alguma maneira ele teria sentido seu pai como perturbador. E que seria inteiramente típico um semelhante conflito entre sensualidade e amor infantil. As pausas aconteceram nele porque, em consequência da explosão precoce de sua sensualidade, sobreveio de imediato um enfraquecimento bastante considerável dessa sensualidade. Só quando voltaram a se instalar nele intensos desejos apaixonados é que essa hostilidade teria ressurgido da situação análoga. Faço-o confirmar além disso que não o conduzi ao tema infantil nem ao sexual, mas que ele chegou a ambos de maneira autônoma. – Agora ele pergunta por que, quando estava apaixonado pela dama, ele não teria simplesmente chegado por si mesmo à decisão de que a perturbação desse amor por obra do pai não poderia pesar contra seu amor pelo pai. – Respondi: dificilmente é possível matar alguém *in absentia*.[7] Para possibilitar aquela decisão, teria sido necessário que o desejo que ele reclamava lhe surgisse pela primeira vez naquela época; mas se tratava de um *desejo há muito tempo recalcado*, contra o qual ele não podia comportar-se de maneira diferente da de antes, e por isso ele permaneceu subtraído ao aniquilamento. O desejo (de eliminar o pai como perturbador) devia ter surgido em um momento em que as circunstâncias eram bem diferentes, quando talvez ele não amasse o pai com mais intensidade do que a pessoa cobiçada sensualmente, ou quando ele não era capaz de tomar uma decisão clara, portanto, ainda na tenra idade, antes dos 6 anos, antes de se instalar a sua lembrança continuada, e isso acabou permanecendo então para todas as épocas. – Com essa construção, encerra-se provisoriamente a discussão.

Na sessão seguinte, a sétima, ele volta a abordar o mesmo tema. Diz que não conseguia crer que havia tido alguma vez aquele desejo contra o pai. Que se lembrava de uma novela de Sudermann,[8] da qual guardava uma forte impressão, e em que uma irmã junto à cama da outra irmã doente sentia um desejo de sua morte para poder casar-se com seu marido. Ela então comete suicídio, porque não merecia viver depois de semelhante maldade. Ele entendia isso muito bem, e para ele seria bem justo se ele sucumbisse por causa de seus pensamentos, pois não mereceria outra coisa.[i] Assinalo que nos é muito conhecido que os sofrimentos trazem certa satisfação aos pacientes, de modo que na verdade todos se mostram parcialmente relutantes a se tornar sadios. Digo-lhe para não perder de vista que um tratamento como o nosso se realiza sob *contínuas resistências*; e que sempre o lembrarei disso.

Agora ele quer falar de uma ação criminosa na qual não se reconhece, mas da qual se lembra com muita precisão. Ele cita um trecho de Nietzsche: "*'Eu o fiz', diz minha memória, 'não posso tê-lo feito' – diz meu orgulho e mantém-se implacável. Por fim – a memória cede*".[ii] "Nisso, portanto, minha memória não cedeu." – Justamente porque o senhor, para a autopunição, extrai prazer de suas

---

[i] Essa consciência de culpa contém a contradição mais evidente ao seu não inicial, de que jamais tivera aquele desejo mau contra o pai. Esse é um tipo frequente de reação diante do recalcado que se tornou conhecido, isto é, quando ao primeiro não de recusa se segue uma confirmação de início indireta.

[ii] *Para além do bem e do mal*, IV, 68.

recriminações. – "Com meu irmão mais novo – agora estou sendo muito bom para ele, e ele está me causando grandes preocupações, pois quer fazer um casamento que considero uma tolice; já até tive a ideia de viajar até lá e matar a pessoa, para que ele não possa se casar com ela – pois bem, eu brigava muito com ele quando era pequeno. Ao mesmo tempo, gostávamos muito um do outro e éramos inseparáveis, mas às vezes eu era visivelmente dominado pelo ciúme, pois ele era o mais forte, o mais bonito e, por isso, o preferido." – Na verdade, o senhor já me comunicou uma dessas cenas de ciúme com a senhorita Lina. – "Pois bem, após uma dessas ocasiões, com certeza antes dos 8 anos, pois eu ainda não frequentava a escola na qual eu havia ingressado aos 8 anos, fiz o seguinte: nós tínhamos fuzis de brinquedo daquele modelo comum; carreguei meu fuzil com a vareta de recarga e disse-lhe que olhasse para dentro do cano que então veria algo, e, no instante em que ele estava mirando lá dentro, apertei o gatilho. Ele foi atingido na testa e não ficou machucado, mas minha intenção era causar-lhe muita dor. Fiquei, então, totalmente fora de mim e joguei-me no chão, perguntando-me: como é que pude fazer uma coisa assim? – Mas eu fiz." Aproveito a oportunidade para advogar em causa própria. Se ele tinha guardado na memória uma ação que lhe era tão estranha como aquela, então também não poderia negar a possibilidade de que, em anos ainda anteriores, tivesse acontecido com seu pai algo parecido, de que ele hoje não se lembra mais. – Ele afirma que sabia ainda de outras moções de vingança contra aquela dama que tanto venerava e de cujo caráter até faz uma descrição entusiasmada. Talvez ela não tivesse facilidade em amar, talvez se guardasse para aquele a quem um dia ela iria pertencer; mas ele ela não amava. Quando ele teve essa certeza, nele tomou forma uma fantasia consciente de que ficaria muito rico e se casaria com outra, com quem faria uma visita à dama para ofendê-la. Mas sua fantasia acabou fracassando, pois ele tinha de admitir que a outra, a esposa, era-lhe totalmente indiferente; seus pensamentos ficaram confusos, e, no final, ficou-lhe claro que essa outra deveria morrer. Também nessa fantasia, ele encontra, como no ataque ao irmão, o caráter da *covardia* que lhe era tão terrível.[i] Na continuação da conversa com ele, ressalto que logicamente ele não devia se declarar, de maneira nenhuma, responsável por esses traços de caráter, pois todas essas moções reprováveis tinham sua origem na vida infantil, correspondiam aos derivados do caráter infantil ainda subsistentes no inconsciente, e que ele sabia muito bem que para a criança não podia valer a responsabilidade ética. Só ao longo do desenvolvimento é que a soma de disposições da criança daria origem ao homem eticamente responsável.[ii] Mas ele tem dúvidas se todas as suas moções más teriam essa origem. Prometo provar-lhe isso ao longo do tratamento.

Ele ainda acrescenta que, após a morte do pai, a doença intensificou-se enormemente, e concordo com ele, reconhecendo o luto pelo pai como fonte principal da intensidade da enfermidade. O luto encontrou, na doença, expressão patológica, por assim dizer. Enquanto um luto normal alcança seu curso em um ou dois anos, um luto patológico como o seu tem uma duração ilimitada.

---

[i] O que posteriormente encontrará uma explicação.

[ii] Só apresento esses argumentos para me deixar convencer mais uma vez de como eles são impotentes. Não consigo entender quando outros psicoterapeutas relatam que têm êxito combatendo neuroses com essas armas.

Até aqui chega o que posso relatar em detalhe e na sequência sobre esta história clínica. Coincide aproximadamente com a parte expositiva do tratamento, que durou mais de 11 meses.

e) Algumas ideias obsessivas e sua tradução

Como se sabe, ideias obsessivas parecem imotivadas ou sem sentido, exatamente como o teor de nossos sonhos noturnos, e a primeira tarefa que elas impõem consiste em que lhes sejam dados sentido e sustentação na vida psíquica do indivíduo, para poderem tornar-se compreensíveis e, até mesmo, evidentes. Nessa tarefa de tradução, nunca nos deixemos enganar por sua aparente insolubilidade; mesmo as ideias obsessivas mais loucas ou as mais bizarras podem ser solucionadas por meio do devido aprofundamento. Chegamos a essa solução se estabelecermos um nexo temporal entre as ideias obsessivas e as experiências vividas pelo paciente, portanto, investigando quando cada ideia obsessiva surgiu e sob que circunstâncias externas ela costuma repetir-se. No caso de ideias obsessivas que, como é tão frequente, não alcançam uma existência duradoura, o trabalho de solução também é simplificado correspondentemente. Uma vez descoberta a conexão entre a ideia obsessiva e as experiências vividas pelo paciente, é fácil convencermo-nos de que nossa compreensão obterá fácil acesso a tudo quanto possa restar de enigmático e digno de ser conhecido nessa estrutura patológica, tal como seu significado, o mecanismo de sua gênese e sua proveniência das forças psíquicas pulsionais decisivas.

Começo recorrendo a um exemplo particularmente transparente, o *impulso suicida*, que se revela tão frequente em nosso paciente e que, na exposição, quase que já se analisa por si só: ele perdeu algumas semanas de aulas na faculdade em consequência da ausência de sua dama, que viajara para cuidar da avó gravemente enferma. Em meio ao mais ávido estudo, de repente lhe vem esta ideia: Bem que daria para acatar a ordem de fazer as provas deste semestre na primeira data possível. Mas como seria se fosse dada a ordem para você cortar o próprio pescoço com a navalha de barbear? Ele percebeu imediatamente que essa ordem já fora dada, correu até o armário para pegar a navalha de barbear, quando então lhe ocorreu: Não, não é tão fácil assim. Você tem[i] de viajar até lá e matar a velha senhora. Apavorado, ele caiu no chão.

A conexão dessa ideia obsessiva com a vida está contida aqui no início do relato. Sua dama estava ausente, enquanto ele estava muito atarefado estudando para uma prova para viabilizar, com maior celeridade, sua relação com ela. Eis que, durante o estudo, foi tomado pela saudade da mulher ausente e pelo pensamento sobre a razão de sua ausência. E em seguida lhe sucedeu algo que em um homem normal teria sido talvez uma moção de aborrecimento contra a avó: a velha tinha de ficar doente justamente agora que estou sentindo uma falta terrível dela! Agora temos de supor algo semelhante, mas bem mais intenso em nosso paciente, um ataque de fúria inconsciente que, simultaneamente à saudade, pode vestir-se nesta exclamação: "Oh, eu queria muito ir até lá e matar a velha senhora que está me roubando minha amada!". Segue-se então esta ordem: "Mate-se como autopunição por essas concupiscências de fúria e homicídio", e todo o processo entra na consciência do neurótico obsessivo, sob o mais violento afeto, em *sequência invertida*, à frente,

---

[i] Complemento aqui: "antes".

a ordem de punição, e, no final, a menção à concupiscência passível de punição. Não creio que essa tentativa de explicação possa parecer forçada ou que tenha envolvido muitos elementos hipotéticos.

Não foi tão fácil elucidar outro impulso, que teve maior duração e poderia ser chamado de suicídio indireto, porque ele conseguiu ocultar sua relação com a vivência por trás de uma das associações externas que parecem tão chocantes a nosso consciente. Certo dia, durante umas férias de verão, subitamente lhe ocorreu a ideia de que estaria muito gordo [*dick*] e teria de *emagrecer*. Passou então a se levantar da mesa antes da sobremesa, a correr para a rua sem chapéu, em pleno sol escaldante de agosto, e a subir a montanha em um ritmo acelerado, até ser obrigado a parar, banhado de suor. Por trás dessa mania de emagrecer, também veio à luz sem disfarce sua intenção suicida, quando de repente, postado em uma encosta íngreme, ouviu uma ordem para que se jogasse morro abaixo, o que teria significado morte certa. A solução dessa ação obsessiva sem sentido só ficou clara para nosso paciente quando de súbito lhe ocorreu que àquela época a amada dama estava no local das férias de verão, só que acompanhada de um primo inglês que se empenhava muito por ela e de quem ele sentia muito ciúme. O primo se chamava Richard, mas era tratado por Dick,[9] segundo o costume na Inglaterra. Agora ele queria matar esse Dick, estava muito mais enciumado e enfurecido do que era capaz de admitir para si mesmo e por isso estabeleceu como autopunição a pena daquele regime de emagrecimento. Por mais que esse impulso obsessivo possa parecer diferente da anterior ordem suicida direta, ambos possuem um traço em comum importante: seu surgimento como reação a uma imensa fúria, que não pode ser apreendida pelo consciente, contra uma pessoa que aparece como perturbadora do amor.[i]

Outras ideias obsessivas, mais uma vez voltadas para a amada, já permitem discernir outro mecanismo e outra origem pulsional. Quando sua dama estava presente nas férias de verão, ele produziu, além daquela mania de emagrecimento, toda uma série de atividades obsessivas que, pelo menos em parte, referiam-se diretamente à pessoa dela. Certa vez, quando estava fazendo um passeio de navio com ela, ao soprar um forte vento, viu-se obrigado a fazê-la usar a boina dele, pois formou-se nele a ordem de que *nada poderia acontecer com ela*.[ii] Era uma espécie de obsessão protetora que também deu outros frutos. Outra vez, quando estavam juntos em meio a uma tempestade, foi tomado pela obsessão de *ter contado até 40 ou 50* entre o relâmpago e o trovão, sem encontrar uma explicação para isso. No dia em que ela partiu, ele deu com o pé em uma pedra no meio da rua e se viu então *obrigado* a removê-la para o lado, pois lhe veio a ideia de que dentro de algumas horas o seu coche passaria por aquela mesma rua e talvez fosse danificado pela pedra, mas alguns minutos mais tarde lhe ocorreu que aquilo era uma tolice, e se viu então *obrigado* a fazer o caminho de volta, para recolocar a pedra no lugar anterior em plena rua. Após a

---

[i] Na neurose obsessiva, o uso de nomes e palavras para estabelecer a ligação entre os pensamentos inconscientes (moções, fantasias) e os sintomas está longe de ocorrer com tanta frequência ou de forma tão desconsiderada como na histeria. Entretanto, justamente com relação ao nome Richard, tenho na lembrança outro exemplo que encontrei há muito tempo na análise de outro doente. Após uma rixa com seu irmão, o homem começou a elucubrar como poderia desfazer-se de suas riquezas, pois não queria mais lidar com dinheiro etc. Seu irmão se chamava Richard (*"richard"* em francês é: um ricaço).

[ii] Acrescentar: que pudesse ser culpa dele.

partida da dama, foi dominado por uma *obsessão de compreender* que o tornou insuportável para seus familiares. Obrigava-se a querer compreender exatamente cada sílaba que alguém falasse para ele, como se, de outra forma, fosse perder um grande tesouro. Então, ele sempre perguntava: O que foi que você disse agora? E quando lhe repetiam, ele achava que da primeira vez soara de outra maneira e ficava insatisfeito.

Todos esses produtos da doença dependem de um incidente que àquela época dominou sua relação com a amada. Quando se despediu da dama antes do verão em Viena, ele interpretou uma de suas falas como se ela quisesse desmenti-lo diante das pessoas presentes, o que o deixou muito infeliz. Durante as férias de verão, houve ocasião para conversarem sobre esse assunto, e a dama então pôde provar-lhe que, com aquelas palavras que ele entendeu mal, ela queria muito mais poupá-lo de ser ridicularizado. Agora ele voltava a ser muito feliz. A referência mais nítida a esse incidente está contida na obsessão de compreender, que é constituída como se ele tivesse dito para si mesmo: Agora, após esta experiência, se quiser poupar-se de uma pena desnecessária, você nunca mais deverá voltar a entender alguém mal. Mas esse propósito não apenas é generalizado a partir daquela única ocasião, mas é também deslocado – talvez devido à ausência da amada – a partir daquela pessoa tão estimada para todas as outras pessoas de menor valor. A obsessão não pode ter procedido apenas da satisfação pelo esclarecimento que ele recebeu dela, ela ainda deve expressar outra coisa, pois acaba desembocando na dúvida insatisfatória sobre a reprodução do que foi escutado.

As outras ordens obsessivas conduzem aos vestígios desse outro elemento. A obsessão protetora não pode significar outra coisa a não ser a reação – arrependimento ou penitência – a uma moção oposta e, portanto, hostil, que antes do esclarecimento havia se dirigido contra a amada. A partir do material apresentado, a obsessão de contar durante o temporal pode ser interpretada como uma medida de defesa contra temores que significavam perigo de morte. Pelas análises das primeiras ideias obsessivas mencionadas, já temos condições de avaliar as moções hostis de nosso paciente como particularmente violentas e comparáveis a uma fúria sem sentido, e então descobrimos que essa fúria contra a dama, mesmo depois da reconciliação, presta sua contribuição para a formação obsessiva. Na mania de duvidar se ouvira corretamente, figura-se a dúvida de efeito continuado, sobre se dessa vez ele entendeu corretamente a amada e se tem o direito de tomar suas palavras como prova correta de sua terna inclinação. A dúvida da obsessão de compreender é uma dúvida quanto ao amor da dama. Em nosso apaixonado é travada uma luta entre amor e ódio, que valem para a mesma pessoa, e essa luta é figurada plasticamente na ação obsessiva, também de significado simbólico, de retirar a pedra do caminho por onde a amada deveria passar e em seguida tornar a desfazer esse ato de amor, repondo a pedra no local onde ela antes se encontrava, para que o coche da amada esbarre na pedra, e a dama sofra algum dano. Não entenderemos corretamente essa segunda parte da ação obsessiva, se a considerarmos apenas um afastamento crítico em relação ao agir patológico, em lugar do qual essa segunda parte gostaria de se apresentar. O fato de ter sido, ela também, consumada sob a sensação da obsessão revela que ela própria é uma parte do agir patológico, que, no entanto, está condicionado pela oposição ao motivo da primeira parte.

Essas ações obsessivas de dois tempos, cujo primeiro tempo é anulado pelo segundo, são uma ocorrência típica da neurose obsessiva. Elas são naturalmente mal compreendidas pelo pensar consciente do paciente, que as dota de uma motivação secundária, racionalizando-as.[i] Porém, seu verdadeiro significado reside na figuração do conflito existente entre duas moções opostas de magnitude aproximadamente igual, e, até onde pude verificar, trata-se sempre da oposição entre amor e ódio. Elas exigem um interesse teórico especial, porque permitem discernir um novo tipo de formação de sintoma. Em vez de chegarem a um compromisso, como normalmente ocorre na histeria, que satisfaça os dois opostos em uma figuração, matando dois coelhos com uma só cajadada,[ii] aqui os dois opostos são satisfeitos separadamente, primeiro um e depois o outro, naturalmente não sem que seja feita a tentativa de estabelecer entre os opostos mutuamente hostis uma espécie de conexão lógica – frequentemente violando toda lógica.[iii]

---

[i] Comparar: Ernest Jones. *Rationalisation in every-day life* [Racionalização na vida cotidiana]. *Journal of abnormal Psychology* [Jornal de psicologia anormal], 1908.

[ii] Comparar: "Fantasias histéricas e sua relação com a bissexualidade" (disponível no v. VII destas *Ges. Werke*).

[iii] Outro paciente obsessivo me contou certa vez que no parque de Schönbrunn deu com o pé em um galho que estava no caminho e o arremessou na direção da cerca viva que margeava a trilha. Voltando para casa, de repente, foi assaltado pela preocupação de que, naquele novo lugar, o galho, que agora talvez estivesse em uma posição proeminente, pudesse causar algum acidente a alguém que por ali passasse depois dele. Ele teve de saltar do bonde e voltar às pressas ao parque, procurar o mesmo local e recolocar o galho na posição inicial, embora para qualquer pessoa, exceto para aquele paciente, estivesse claro que a posição inicial certamente era muito mais perigosa do que a nova, localizada entre os arbustos. A segunda ação hostil que se impôs como

Em nosso paciente, o conflito entre amor e ódio também se anunciava por meio de outros indícios. Na época em que voltou a despertar sua devoção religiosa, passou a criar orações que pouco a pouco chegavam a tomar até uma hora e meia, porque nas fórmulas piedosas – um Balaão[10] às avessas – sempre se imiscuía algo que as invertia em seu contrário. Se, por exemplo, dissesse *Deus o proteja*, o espírito do Mal rapidamente já inseria um "não".[i] Certa vez, passou-lhe pela cabeça a ideia de blasfemar; pois então certamente uma contradição iria se insinuar; nessa ocorrência abriu caminho a intenção original recalcada pela oração. Em meio a essa aflição, a saída que ele encontrou foi cortar as orações e substituí-las por uma fórmula breve engendrada com as letras ou as sílabas iniciais de diversas orações. Proferia-as com tanta rapidez que nada conseguia esgueirar-se entre elas.

Certo dia, contou-me um sonho cujo conteúdo continha a figuração desse mesmo conflito na transferência ao médico: minha mãe morreu. Ele quer apresentar as condolências, mas teme produzir o riso *impertinente* que já exibira repetidas vezes em casos de morte.[ii] Por essa razão, prefere enviar um cartão com a indicação *p. c.*, mas, ao redigi-lo, essas letras acabam se transformando em *p. f.*.[11]

Seus sentimentos conflitantes em relação à dama eram demasiadamente evidentes para conseguirem escapar por completo à sua percepção consciente, embora seja legítimo concluirmos, a partir de suas manifestações

---

compulsão havia se adornado, diante do pensar consciente, com a motivação da primeira ação, humanitária.

[i] Comparar com o mecanismo semelhante que pode ser encontrado nas conhecidas ocorrências sacrílegas de pessoas devotas.

[ii] Esse sonho traz o esclarecimento do riso compulsivo tão frequente e considerado enigmático em ocasiões fúnebres.

obsessivas, que ele não tinha condições de avaliar corretamente quão profundas eram suas moções negativas. Dez anos antes, a dama respondera com um não ao seu primeiro cortejo. Desde então, também em seu saber alternavam-se períodos em que acreditava amá-la intensamente e outros em que se sentia indiferente a ela. Quando, ao longo do tratamento, precisava dar algum passo que o deixasse mais próximo de alcançar a meta do cortejo, sua resistência normalmente se manifestava na convicção de que realmente não a amava tanto assim, uma convicção que logo era superada. Certa vez, quando ela estava acamada com uma grave enfermidade, fato que provocou extrema comiseração da parte dele, ao vê-la, foi tomado pelo desejo: que ela fique sempre assim acamada. Ele interpretava essa ideia através do mal-entendido capcioso de que somente estaria desejando uma doença permanente à amada a fim de ficar livre do medo de que outras doenças viessem a surgir, algo que ele não conseguiria suportar![i] De vez em quando, ocupava sua fantasia com sonhos diurnos que ele mesmo reconhecia como "fantasias de vingança", das quais se envergonhava. Por ele achar que a posição social de um pretendente teria um grande valor para ela, ele fantasiava que ela teria se casado com um homem como esse que ocupava um cargo público. Ele então assume um cargo semelhante, consegue ir bem mais longe que aquele, que passa a ser seu subordinado. Um dia esse homem comete uma ação desonesta. A dama então se joga a seus pés, implorando-lhe que salve seu marido. Ele promete fazê-lo, confiando-lhe que só teria assumido aquele cargo por

---

[i] Não se pode refutar a contribuição de outro motivo para essa ocorrência obsessiva: o desejo de sabê-la indefesa diante das intenções dele.

amor a ela, porque ele teria previsto um momento como aquele. Agora, com a salvação do marido dela, sua missão estaria cumprida, ele renuncia ao cargo.

Em outras fantasias, cujo conteúdo era prestar grandes serviços a ela etc., sem que ela soubesse que se tratava dele, ele só reconhecia o carinho, sem apreciar que a proveniência e a tendência de sua generosidade era recalcar sua sede de vingança, de acordo com o modelo do conde de Monte Cristo,[12] de Dumas. Inclusive ele admitiu que, em certas ocasiões, sente claros impulsos de fazer algum mal à venerada dama. Esses impulsos emudeceriam na maioria das vezes na presença dela, voltando a surgir em sua ausência.

f) A causa precipitadora da doença

Certo dia, de forma incidental, nosso paciente mencionou um episódio no qual imediatamente tive de reconhecer a causa precipitadora da doença, ou pelo menos a ocasião recente da irrupção da doença há seis anos e que ainda hoje persiste. Ele mesmo não fazia ideia de que dissera algo relevante; não conseguia lembrar-se de ter dado alguma importância àquele episódio que inclusive nunca esquecera. Esse comportamento exige uma abordagem teórica.

Na histeria é regra que as ocasiões recentes da doença sucumbam à amnésia, tal como as experiências infantis, com cujo auxílio as ocasiões recentes transpõem sua energia de afeto em sintomas. Sempre que um esquecimento completo é impossível, o ocasionamento traumático recente vai sendo corroído pela amnésia, e no mínimo despojado de suas componentes mais importantes. Em uma amnésia desse tipo, vemos a evidência do recalcamento ocorrido. No caso da neurose obsessiva, a situação geralmente é outra. As premissas infantis da neurose podem ter sucumbido – normalmente só de maneira incompleta – a uma amnésia; em compensação, as ocasiões recentes da doença encontram-se guardadas na memória. Aqui o recalcamento serviu-se de outro mecanismo, na verdade mais simples; em vez de esquecer o trauma, despojou-o do investimento de afeto, de modo que na consciência restou um conteúdo de representação indiferente, considerado não essencial. A diferença reside no acontecer psíquico que nos é lícito construir por trás dos fenômenos; o resultado do processo é quase o mesmo, pois o conteúdo mnêmico indiferente só é raras vezes produzido e não desempenha nenhum papel na atividade consciente de pensamento da pessoa. Para distinguirmos os dois tipos de recalcamento, só podemos utilizar inicialmente a certeza do paciente de ter a sensação de que algumas coisas ele sempre soube, ao passo que as outras ele esqueceu há muito tempo.[i]

Por isso, não constitui nenhum acontecimento raro que pacientes obsessivos que sofrem de autorrecriminações e vincularam seus afetos a falsos ocasionamentos façam ao seu médico a comunicação correta, sem pressentirem que suas recriminações estão simplesmente separadas desta última. Eles se expressam, nesses casos, ocasionalmente com

---

[i] Portanto, é preciso admitir que para a neurose obsessiva há dois tipos de saber e conhecer, e com igual direito se pode afirmar tanto que o neurótico obsessivo "conhece" seus traumas quanto que não os "conhece". Ele os conhece, com efeito, na medida em que não os esqueceu, e não os conhece por não reconhecer seu significado. Na vida normal também não é diferente. No restaurante frequentado habitualmente por Schopenhauer, os garçons que costumavam atendê-lo de certo modo o "conheciam" em uma determinada época, já que, à exceção dali, ele era desconhecido dentro e fora de Frankfurt, mas não no sentido que hoje ligamos ao "conhecimento" de Schopenhauer.

assombro ou até mesmo se vangloriando: Não esquento minha cabeça com isso. Assim também aconteceu no primeiro caso de neurose obsessiva que me abriu o entendimento para essa doença, há muitos anos. O paciente, um funcionário público federal que sofria de inúmeros escrúpulos, o mesmo de quem relatei sobre a ação obsessiva com o galho no parque de Schönbrunn, acabou me chamando a atenção porque, na hora de me pagar a consulta, sempre me entregava cédulas de florim bem limpas e lisas. (Àquela época, na Áustria ainda não tínhamos moedas de prata.) Quando certa vez comentei que seria fácil reconhecer o funcionário público pelas cédulas de florim estalando de novas que ele provavelmente recebia do Tesouro Nacional, informou-me que os florins não tinham nada de novos, mas que, em vez disso, tinham sido passados a ferro (alisados) em casa. Disse-me que ficava com a consciência pesada se entregasse cédulas de florim sujas a alguém; nelas ficavam grudadas as mais perigosas bactérias que poderiam causar danos a quem recebesse o dinheiro. Naquele tempo, embora em um vislumbre inseguro, já começava a ficar clara para mim a ligação das neuroses com a vida sexual, e, dessa maneira, ousei perguntar mais uma vez ao paciente o que teria a dizer sobre isso. "Ah, está tudo em ordem", respondeu sem refletir, "não estou sentindo falta de nada. Nas casas de muitas famílias burguesas, desempenho o papel de um velho e amado tio e aproveito-me disso para, de tempos em tempos, solicitar que uma jovem me acompanhe em um passeio ao campo. Arranjo as coisas de tal forma que sempre acabamos perdendo o trem, o que nos obriga a pernoitar no campo. Sempre peço dois quartos, sou muito generoso; mas quando a moça já está deitada, vou até lá e masturbo-a com meus dedos." — Mas o senhor não teme causar algum dano a ela ao manipular seus genitais com a mão suja? – Nesse momento ele se enervou: "Dano? Que dano isso pode lhe causar? A nenhuma foi causado dano, e todas sempre aceitaram. Algumas delas já estão agora casadas e isso não lhes causou danos". – Tendo recebido muito mal minha crítica, nunca mais ele retornou. Mas, para mim, a única maneira que encontrei para explicar o contraste entre seus escrúpulos com as cédulas de florim e sua falta de consideração ao abusar das moças que lhe eram confiadas foi através de um *deslocamento* do afeto da recriminação. A tendência desse deslocamento era bastante clara; se ele tivesse de deixar a recriminação em seu devido lugar, teria necessariamente de renunciar a uma satisfação sexual, para a qual provavelmente era impelido por fortes determinantes infantis. Portanto, através desse deslocamento ele conseguia obter um considerável *ganho da doença*.

Mas agora também preciso entrar em mais detalhes sobre o ocasionamento da doença de nosso paciente. Uma família rica que administrava uma grande empresa industrial havia criado sua mãe na condição de uma parente distante. Simultaneamente ao casamento, seu pai começou a trabalhar nessa empresa, de modo que, em consequência dessa escolha matrimonial, ele alcançou uma prosperidade considerável. Através de provocações recíprocas entre os pais, que inclusive mantinham uma excelente vida conjugal, o filho ficara sabendo que o pai, algum tempo antes de conhecer a mãe, cortejara uma moça bonita e pobre, nascida no seio de uma família modesta. Esse é o preâmbulo da história. Após a morte do pai, a mãe um dia comunicou ao filho que houvera, entre ela e seus parentes ricos, uma conversa sobre o futuro dele, e um dos primos teria expressado sua disposição em oferecer a ele uma de suas filhas, quando ele tivesse terminado os estudos; desse modo, o vínculo com os negócios da empresa também lhe abriria perspectivas brilhantes em sua profissão. Esse plano da família acendeu nele o conflito, pois não sabia se devia permanecer fiel à sua amada pobre ou seguir os mesmos passos do pai e tomar como esposa a moça bonita, rica e distinta que lhe fora destinada. E esse conflito, que na verdade era entre seu amor e o continuado efeito da vontade do pai, foi resolvido por ele através de adoecimento, ou, mais exatamente: adoecendo, ele escapou da tarefa de resolver o conflito na realidade.[i]

A prova dessa concepção reside no fato de que o principal resultado do adoecimento foi uma incapacidade renitente para o trabalho, que o fez postergar por alguns anos a conclusão de seus estudos. Mas aquilo que é o resultado de uma doença estava no propósito dela; a aparente consequência da doença é, na realidade, a causa, o motivo do adoecimento.

É compreensível que meu esclarecimento não tenha encontrado inicialmente nenhuma aceitação do paciente. Alegou que não poderia imaginar que o plano de casamento tivesse um semelhante efeito, pois, àquela época, isso não lhe causara a mínima impressão. Mas, no decorrer do tratamento, viu-se forçado, por um curioso caminho, a se convencer de que minha conjectura estava certa. Com a ajuda de uma fantasia de transferência, vivenciou, como algo novo e presente, o que ele tinha esquecido do passado ou o que só inconscientemente lhe tinha acontecido. Finalmente, após um período obscuro e difícil do trabalho de tratamento, eis que ele toma por minha filha uma jovem que vira certa vez na escada da minha casa. Ela excitou o seu deleite, e ele ficou imaginando que eu apenas

---

[i] Destaque-se que a fuga na doença lhe foi possibilitada pela identificação com o pai. Esta lhe permitiu a regressão dos afetos aos restos da infância.

estaria sendo tão amável e extremamente paciente com ele porque queria torná-lo meu genro, ao mesmo tempo que elevava a riqueza e a distinção de minha família até o nível que ele tinha por modelo. Entretanto, em oposição a essa tentação, lutava dentro dele o amor inextinguível por sua dama. Após termos superado uma série das mais severas resistências e dos mais amargos insultos, ele não pode subtrair-se ao efeito persuasivo da plena analogia entre a transferência fantasiada e a realidade do passado. Reproduzo, aqui, um de seus sonhos daquela época, para mostrar um exemplo do estilo de sua figuração. *Ele vê minha filha diante de si, mas ela tem dois emplastos de excremento em vez de olhos.* Para todo aquele que entenda a linguagem dos sonhos, a tradução será fácil: *ele se casa com minha filha não por seus belos olhos, mas por causa do seu dinheiro.*

g) O complexo paterno e a solução da ideia dos ratos

Havia um fio que reconduzia o ocasionamento da doença nos anos de maturidade até a infância de nosso paciente. De acordo com o que sabia ou supunha, ele se encontrava em uma situação igual à do pai antes de contrair seu próprio matrimônio, e pôde se identificar com o pai. Ainda de outra maneira o falecido pai estava envolvido no recente adoecimento. Em sua essência, o conflito da doença era um confronto entre a vontade do pai, de efeito continuado, e sua própria inclinação ao enamoramento. Se considerarmos as comunicações que o paciente havia feito nas primeiras sessões do tratamento, não podemos refutar a conjectura de que esse confronto era muito antigo e que já havia se produzido nos anos de infância do paciente.

Segundo todas as informações, o pai de nosso paciente era um homem de excelentes qualidades. Antes do casamento, fora suboficial e, como sedimento dessa parte de sua vida, havia conservado aquela maneira franca de soldado e uma predileção por expressões chulas. Além das virtudes que a lápide costuma exaltar para qualquer pessoa, ele se destacava por seu senso de humor cordial e sua bondosa indulgência em relação aos seus próximos; e certamente não contradiz esse caráter, mas figura-se muito mais como um complemento o fato de que ele podia ser brusco e violento, o que por vezes acabava gerando severos castigos aos filhos, quando estes ainda eram pequenos e travessos. À medida que os filhos foram crescendo, ele passou a se distinguir de outros pais por não querer alçar--se à posição de autoridade inatacável; em vez disso, com bondosa sinceridade confessava aos filhos, para conhecimento destes, as pequenas falhas e desventuras de sua vida. Com certeza o filho não exagerava ao declarar que eles conviviam como dois ótimos amigos, à exceção de um único ponto (p. 363). Certamente terá sido por causa desse determinado ponto que o pequeno se ocupava com o pensamento da morte do pai com uma intensidade tão incomum e desmedida (p. 342); talvez por isso aqueles pensamentos afloravam no texto de suas ideias obsessivas infantis, quando ele podia desejar que o pai morresse, para que certa moça, enternecida pela compaixão, devotasse-lhe mais carinho (p. 359).

  Não se pode duvidar de que, no campo da sexualidade, havia algo entre pai e filho, e que o pai havia entrado em uma decidida oposição com o erotismo precocemente despertado do filho. Vários anos após a morte do pai, impôs-se ao filho, ao sentir pela primeira vez o prazer do coito, a seguinte ideia: mas isto é uma maravilha; por uma coisa assim dava até para matar o próprio pai! Isso era, ao mesmo tempo, um eco e uma ilustração de suas ideias obsessivas infantis. Além disso, um pouco antes de sua morte, o pai tomou partido direto contra a inclinação que, mais tarde, viria a se tornar dominante em nosso paciente. Percebendo que ele buscava a companhia daquela dama, o pai aconselhou-o a se afastar dela, asseverando que isso não seria prudente e que ele só iria se envergonhar.

A esses pontos de apoio plenamente assegurados agregam-se outros, se nos voltarmos à história da atividade sexual masturbatória de nosso paciente. Nesse terreno há uma oposição ainda não avaliada, entre as perspectivas dos médicos e dos pacientes. Estes estão todos de acordo em situar o onanismo, que eles entendem como a masturbação na puberdade, como a raiz e a fonte primordial de todos os seus males; os médicos em geral não sabem o que pensar sobre isso, mas, sob a impressão da experiência de que também boa parte das pessoas que mais tarde serão normais praticou masturbação nos anos da puberdade, inclinam-se, em sua maioria, a julgar as indicações dos pacientes como exageros grosseiros. Acho que, também nesse caso, os pacientes tenham mais razão do que os médicos. Aqui, os pacientes têm lampejos de uma visão correta, ao passo que os médicos correm o risco de ignorar algo essencial. Certamente não acontece assim como os próprios pacientes querem entender sua tese de que a masturbação na puberdade, que quase pode ser chamada de típica, deve se tornar responsável por todas as perturbações neuróticas. Essa tese requer interpretação. Mas a masturbação dos anos de puberdade não é, na realidade, nada além de uma atualização da masturbação dos anos da infância que até então sempre fora negligenciada e que quase sempre atinge uma espécie de apogeu entre os 3 até 4 ou 5 anos de idade, e essa, na verdade, é a expressão mais clara da constituição sexual infantil, na qual também nós buscamos a etiologia das neuroses ulteriores. Portanto, sob esse disfarce, os pacientes inculpam, na verdade, a sua sexualidade infantil, e nisso ele têm inteira razão. Por outro lado, o problema da masturbação torna-se insolúvel, se quisermos entendê-la como uma unidade clínica e esquecermos que ela figura a descarga das mais diversas componentes sexuais e das fantasias alimentadas por elas. A nocividade da masturbação só é autônoma em uma mínima parte, condicionada por sua própria natureza. No essencial, ela coincide absolutamente com o significado patogênico da vida sexual. O fato de tantos indivíduos conseguirem tolerar, sem prejuízos, a masturbação, ou seja, certa medida dessa prática, ensina-nos que sua constituição sexual e o curso dos processos de desenvolvimento em sua vida sexual permitiram o exercício dessa função, sob as condições culturais,[i] enquanto outros adoecem em consequência de uma constituição sexual desfavorável ou de um desenvolvimento perturbado de sua sexualidade, ou seja, são incapazes de cumprir os requisitos necessários à repressão e à sublimação das componentes sexuais, sem inibições e formações substitutivas.

    O comportamento masturbatório de nosso paciente era muito peculiar; ele não desenvolveu nenhuma masturbação na puberdade e teria tido, portanto, de acordo com algumas expectativas, um direito de permanecer livre de neurose. Em contrapartida, a pressão para a prática masturbatória surgiu quando estava com 21 anos de idade, *pouco tempo depois* da *morte do pai*. Após cada satisfação, ficava envergonhado, e logo voltou a renunciar a ela. A partir de então, a masturbação só voltou a acontecer em

---

[i] Comparar: *Três ensaios sobre a teoria sexual*, 1905. (v. V. destas *Ges. Werke.*)

ocasiões raras e muito singulares. Ela era evocada em momentos de grande beleza que vivenciava ou por passagens especialmente belas que lia. Por exemplo, quando, numa bela tarde de verão, ouviu um soldado soprar[13] uma corneta maravilhosamente no centro da cidade, até que um guarda o proibiu, pois é proibido tocar no centro! Ou em outra ocasião, quando leu em *Poesia e verdade* como o jovem Goethe, em um arrebatamento de ternura, livrou-se do efeito de uma maldição que uma mulher enciumada lançara sobre aquela que beijasse os lábios dele depois dela.[14] Durante muito tempo, como que supersticiosamente, deixou-se deter por essa maldição, mas agora rompeu os grilhões e calorosamente beijou seu amor. Ele não se admirava pouco de que justamente essas ocasiões cheias de beleza e enaltecedoras o forçassem à masturbação. No entanto, a partir desses dois exemplos, tive necessariamente de destacar o que havia em comum: a proibição e o desacato a uma ordem.

Nesse mesmo contexto, também se inseria um comportamento peculiar de uma época em que ele estava estudando para uma prova e ficava brincando com uma fantasia a que se afeiçoara, segundo a qual seu pai ainda estaria vivo e poderia voltar a qualquer momento. Na época, ele organizava as coisas de tal forma para estudar nas horas mais tardias da noite. Entre meia-noite e 1 hora da manhã, ele se interrompia, abria a porta que dava para o saguão da casa, como se o pai estivesse na frente dela; em seguida, depois que ele voltava, contemplava no espelho do vestíbulo seu pênis desnudo. Essa prática maluca pode ser entendida sob a premissa de que ele assim se comportava como se estivesse esperando a visita de seu pai na hora dos fantasmas. Quando seu pai ainda era vivo, ele havia sido um estudante muito mais preguiçoso, o que aborrecia o pai com frequência.

Agora, o pai devia alegrar-se com ele se voltasse como um espectro e o encontrasse estudando. Mas, quanto à outra parte de seu agir, seria impossível seu pai alegrar-se; com isso, afrontava-o, portanto, e assim dava expressão, com essa incompreendida ação obsessiva, aos dois lados de sua relação com o pai, um ao lado do outro, de um modo semelhante ao que aconteceria mais tarde com sua ação obsessiva da pedra no meio da rua em relação à amada dama.

Apoiado nesses indícios e em outros semelhantes, ousei formular a construção de que aos 6 anos de idade ele teria cometido alguma transgressão sexual ligada à masturbação, e por isso foi severamente castigado pelo pai. Esse castigo teria realmente posto fim à masturbação, mas, por outro lado, também teria deixado atrás de si um inextinguível ressentimento contra o pai, e fixado para todo o sempre o seu papel de perturbador do gozo sexual. (Cf. minhas conjecturas semelhantes em uma das primeiras sessões, p. 415.) Para meu grande espanto, o paciente relatou então que, por diversas vezes, sua mãe lhe contara um episódio semelhante de seus primeiros anos da infância, que evidentemente não caíra no esquecimento, porque estava vinculado a coisas bastante curiosas. Mas sua própria memória não sabia nada disso. Mesmo assim, a história é a seguinte: quando ele ainda era muito pequeno – ainda seria possível determinar a datação mais exata através da coincidência com a doença fatal que vitimou uma irmã mais velha –, ele deve ter feito alguma coisa séria que levou seu pai a surrá-lo. Nessa ocasião, o pirralho foi tomado por uma fúria terrível e ainda insultava o pai enquanto este o espancava. Mas, como ainda não sabia dizer palavrões, deu ao pai todos os nomes de objetos que lhe ocorriam, dizendo coisas como: Seu lâmpada! Seu toalha! Seu prato! etc. Abalado com essa reação explosiva, o pai interrompeu o castigo e disse: "Este menino será um grande homem ou um grande bandido!".[i] Segundo ele, a impressão deixada por essa cena teve um efeito duradouro tanto para ele quanto para o pai. O pai nunca mais bateu nele; mas ele mesmo infere dessa experiência uma parte da alteração de seu caráter. Com medo da grandeza de sua fúria, ele tornou-se covarde, a partir de então. Além disso, durante toda a sua vida teve um medo terrível de golpes e sempre se escondia, apavorado e indignado, quando um de seus irmãos estava apanhando.

Uma nova consulta à mãe trouxe, além da confirmação desse relato, a informação de que, àquela época, ele tinha entre 3 e 4 anos e que merecera a punição porque ele tinha *mordido* alguém. A mãe não se lembrava de nada mais preciso e, com certa insegurança, ela acreditava que a pessoa prejudicada pelo pequeno poderia ter sido a babá; na comunicação da mãe, não houve nenhuma menção a um caráter sexual na transgressão.[ii]

---

[i] A alternativa ficou incompleta. O pai não pensara no desenlace mais frequente de uma passionalidade tão precoce: a neurose.

[ii] Nas análises, frequentemente se lida com esses episódios dos primeiros anos da infância, nos quais parece culminar a atividade sexual infantil, e encontra, não raro, um final catastrófico através de um acidente ou uma punição. Esses episódios se mostram em sonhos, envoltos em sombras, mas muitas vezes se tornam tão nítidos que se pode inclusive pensar que são algo palpável à nossa frente, mas acabam escapando a uma clarificação definitiva, e caso não se proceda com especial cuidado e habilidade, será preciso se deixar irresolvido se aquela determinada cena realmente aconteceu. Para se chegar à trilha correta da interpretação, somos guiados pelo entendimento de que dessas cenas é possível se rastrear mais de uma versão – com frequência muito diversificadas – na fantasia inconsciente do paciente. Se não quisermos nos equivocar na apreciação da realidade, precisamos sobretudo nos lembrar de que as "lembranças da infância" dos seres humanos só se estabelecem em uma idade posterior (na maioria das vezes, na época da puberdade), e que então são submetidas a um complicado processo de reelaboração, inteiramente análogo à

Remetendo a discussão dessa cena da infância à nota de rodapé, aduzo que, em virtude da emergência dessa cena, foi abalada de início a sua recusa em crer em uma fúria contra o amado pai adquirida na pré-história de sua vida e que mais tarde se tornaria latente. Só que eu havia esperado um efeito mais intenso, pois esse episódio lhe havia sido contado com tanta frequência também pelo próprio pai que sua realidade não estava exposta a nenhuma dúvida.

---

formação dos mitos de um povo acerca de sua história primordial. É possível reconhecer nitidamente que o ser humano em crescimento *busca apagar*, nessas formações de fantasia sobre sua primeira infância, *a memória de sua atividade autoerótica*, elevando seus vestígios mnêmicos ao estágio do amor de objeto, portanto, como um genuíno historiador que quer contemplar o passado à luz do presente. Por isso a profusão de seduções e atentados sexuais nessas fantasias, quando a realidade se restringe à atividade autoerótica e à incitação para ela por meio de carícias e punições. Além disso, descobrimos que aquele que fantasia sobre sua infância *sexualiza suas lembranças*, isto é, vincula experiências triviais com sua atividade sexual, estende sobre elas seu interesse sexual, provavelmente perseguindo os vestígios do nexo realmente existente. Como não é o propósito destas considerações rebaixar *a posteriori* a importância por mim afirmada da sexualidade infantil através da redução ao interesse sexual da puberdade, qualquer pessoa que tenha na memória minha comunicação sobre a "Analyse der Phobie eines fünfjährigen Knaben" [Análise da fobia de um garoto de 5 anos] [neste volume] acreditará em mim. Pretendo apenas dar indicações técnicas para a resolução daquelas formações de fantasia que se destinam a falsear a imagem da atividade sexual infantil.

Só raramente nos encontramos, como no caso de nosso paciente, na posição privilegiada de poder estabelecer, mediante o testemunho inobjetável de um adulto, a base efetiva dessas composições poéticas sobre a pré-história. Seja como for, o depoimento da mãe deixa o caminho aberto para diversas possibilidades. A própria censura, que, em todos os pais, se empenha em apagar do passado de seus filhos o elemento sexual, pode ser a razão de a mãe não proclamar a natureza sexual da transgressão pela qual a criança foi castigada. Mas também é possível que, na época, a criança tenha sido repreendida pela babá ou pela própria mãe por causa de uma travessura banal, de natureza não sexual e, então, por causa de sua reação violenta, tenha sido castigada

Com uma capacidade para torcer a lógica, que no caso dos pacientes obsessivos muito inteligentes sempre tem um efeito altamente peculiar, ele, entretanto, sempre tornava a alegar, contra a força probatória do relato, que nem sequer ele mesmo se lembrava daquela história. Portanto, só pelo doloroso caminho da transferência ele precisou convencer-se de que sua relação com o pai realmente exigia aquele complemento inconsciente. Não tardou muito até que, em seus

---

pelo pai. Nessas fantasias, a babá ou alguma outra pessoa em serviço são regularmente substituídas pela pessoa mais distinta da mãe. Quando nos envolvemos mais profundamente com a Interpretação do sonho do paciente relacionados a essa questão, encontramos os vestígios mais evidentes de uma composição poética que poderia ser chamada de épica, na qual concupiscências sexuais em relação à mãe e à irmã, bem como a morte prematura dessa irmã, foram conjugadas com aquele castigo aplicado pelo pai ao pequeno herói. Não foi possível desurdir, fio a fio, essa trama de invólucros de fantasias; pois justamente aqui, o êxito terapêutico foi o obstáculo. O paciente estava restabelecido, e a vida exigia dele que assumisse várias tarefas – de qualquer forma adiadas por muito tempo –, incompatíveis com a continuidade do tratamento. Portanto, não me recriminem por essa lacuna na análise. Na verdade, atualmente a investigação científica através da psicanálise é apenas um resultado secundário do esforço terapêutico e, por esse motivo, o rendimento é com frequência maior justamente em casos cujo tratamento não foi exitoso.
O conteúdo da vida sexual infantil consiste na atividade autoerótica das componentes sexuais predominantes, em vestígios do amor de objeto e na formação daquele complexo que poderia ser designado como *complexo nuclear das neuroses*, que abrange as primeiras moções ternas e hostis relacionadas aos pais e aos irmãos, depois de ter sido despertada a sede de saber do pequeno, na maioria das vezes pela chegada de um novo irmãozinho. A partir da uniformidade desse conteúdo e da constância dos efeitos modificadores ulteriores, fica fácil explicar que geralmente são sempre formadas as mesmas fantasias sobre a infância, não importando se a vivência real contribuiu muito ou pouco para esse fim. Corresponde inteiramente ao complexo nuclear infantil que o pai obtenha o papel de oponente sexual e de perturbador da atividade sexual autoerótica, e a realidade tem, na maioria das vezes, uma boa participação nisso.

sonhos, suas fantasias diurnas e em repentinas ocorrências, ele insultasse a mim e aos meus da forma mais grosseira e indecente, embora, intencionalmente, nunca deixasse de me tratar com a máxima reverência. Ao comunicar esses insultos, seu comportamento era o de um desesperado. "Como é possível, Senhor Professor, que o senhor se deixe insultar-se por um sujeito sórdido e desprezível como eu? O senhor precisa me expulsar, não mereço mais que isso." Nessas falas, costumava levantar-se do divã e andar pela sala, o que ele explicou como sendo sensibilidade; ele não suportava dizer coisas tão cruéis estando deitado ali tão comodamente. Mas logo ele mesmo encontrou a explicação mais apropriada, de que se afastava de mim por medo de que eu o surrasse. Se ele ficasse sentado, iria comportar-se como alguém que, tomado por um medo desesperador, quer proteger-se de castigos desmedidos; iria proteger a cabeça com as mãos, cobrir seu rosto com o braço, e iria sair correndo dali com o semblante distorcido de dor etc. Lembrou-se de que seu pai tinha sido um homem colérico e em sua violência muitas vezes não sabia mais até onde era lícito chegar. Nessa escola do sofrimento, ele foi adquirindo aos poucos a convicção que lhe faltava, que seria evidente para qualquer outro não pessoalmente envolvido; mas assim também estava livre o caminho para resolver a ideia dos ratos. Agora, no auge da terapia, encontrava-se à disposição uma vasta gama de comunicações efetivas até então retidas e que serviriam para estabelecer o contexto.

Como já afirmei antes, reduzirei e resumirei ao máximo a exposição desses dados. Evidentemente, o primeiro enigma era entender por que as duas falas do capitão tcheco, o relato sobre os ratos e a solicitação para reembolsar o dinheiro ao primeiro-tenente A., tiveram um efeito tão agitador sobre ele e provocaram reações patológicas tão violentas. Era de se supor que ali havia uma "sensibilidade de complexo" e que aquelas falas haviam tocado abruptamente partes hiperestésicas de seu inconsciente. E foi assim mesmo; como era costume acontecer com assuntos militares, ali, ele estava em uma identificação inconsciente com seu pai, que também prestara serviço militar durante vários anos e costumava contar muitas histórias de seu tempo de soldado. Ora, quis o destino, ao qual é lícito auxiliar na formação de sintoma assim como o texto ajuda no chiste, que uma das pequenas aventuras do pai tivesse um importante elemento em comum com a solicitação do capitão. Certa vez, o pai perdera no carteado uma pequena soma de dinheiro de que dispunha em sua qualidade de suboficial (*"rato de jogo"*[15]) e quase teria passado por uma grande aflição, se um colega não lhe tivesse adiantado aquela quantia. Depois de deixar o serviço militar e tornar-se abastado, procurou o prestativo amigo para lhe devolver o dinheiro, porém não mais conseguiu encontrá-lo. Nosso paciente não tinha certeza se, de alguma maneira, a devolução havia dado certo; a lembrança desse pecado juvenil do pai lhe era penosa, já que seu inconsciente estava repleto de críticas hostis ao caráter do pai. As palavras do capitão "Você precisa devolver as 3,80 coroas ao primeiro-tenente A." soaram-lhe como uma alusão àquela dívida não liquidada do pai.

Não obstante, a informação de que a própria moça do correio tinha pagado a taxa de retirada do pacote,[i] com

---

i Não nos esqueçamos de que ele já sabia disso antes que capitão lhe dirigisse a (injustificada) solicitação de devolver o dinheiro ao primeiro-tenente A. Esse é o ponto indispensável para compreender sob qual repressão ele causou a si mesmo uma tremenda confusão, impedindo-me durante algum tempo, de discernir o sentido do conjunto.

algumas palavras lisonjeiras sobre ele, reforçou a identificação com o pai em outro campo. Ele acrescentou, então, que naquele lugarejo onde ficava o correio a filha do estalajadeiro tinha demonstrado muita receptividade ao garboso e jovem oficial, de sorte que ele podia se programar para retornar ali depois do encerramento das manobras, para tentar sua sorte com a moça. Em relação a esta, surgira agora uma concorrente na pessoa da moça do correio; como o pai em seu romance conjugal, ele podia hesitar quanto a saber a qual das duas mulheres ele concederia seus favores após deixar o serviço militar. Percebemos, de uma só vez, que sua singular indecisão, se deveria viajar para Viena ou retornar ao lugarejo do correio, e suas contínuas tentações de inverter o rumo da viagem (p. 352) não eram tão sem sentido como elas puderam nos parecer à primeira vista. Para seu pensar consciente, a atração do lugar Z., onde se encontrava o correio, estava motivada pela necessidade de ali cumprir seu juramento com o auxílio do primeiro-tenente A. Na realidade, a moça do correio, que se encontrava naquele mesmo lugar, era o objeto de seus anseios, e o primeiro-tenente, nada mais que um bom substituto para ela, já que havia morado no mesmo lugar, além de ter sido responsável pelo serviço postal militar. Ao se inteirar de que não fora o primeiro-tenente A., mas outro oficial quem naquele dia estivera no exercício da função no correio, incluiu este também em sua combinação, e pode agora repetir, no delírio com os dois oficiais, sua hesitação entre as duas moças que lhe eram graciosamente simpáticas.[i,16]

---

[i] [*Nota acrescida em 1923:*] Depois de o paciente ter feito tudo para confundir o pequeno episódio do reembolso da taxa de retirada do pincenê, talvez minha exposição também não tenha conseguido torná-lo transparente sem resíduos. Por essa razão, reproduzo aqui um pequeno mapa com o qual o Sr. e a Sra. Strachey quiseram esclarecer

Para esclarecer os efeitos provindos do relato do capitão sobre os ratos, precisamos ater-nos mais estritamente ao curso da análise. No início obteve-se uma abundância extraordinária de material associativo, sem que provisoriamente a situação da formação obsessiva se tornasse mais transparente. A ideia do castigo consumado com os ratos havia estimulado certo número de pulsões, despertado um conjunto de lembranças, e, por esse motivo, os ratos, no breve intervalo entre o relato do capitão e sua solicitação sobre o reembolso do dinheiro, haviam adquirido uma série de significados simbólicos, aos quais, no período subsequente, foram se agregando outros novos no tempo que se seguiu. Meu relato sobre tudo isso só pode naturalmente parecer muito incompleto. O castigo dos ratos agitou sobretudo o erotismo anal, que desempenhara um importante papel em sua infância e havia se mantido durante muitos anos por um estímulo constante devido a vermes intestinais. Assim, os ratos [*Ratten*] passaram a ter o significado de dinheiro[i] [*Geld*], cuja conexão foi indicada através da ocorrência repentina de "prestações" [*Raten*] para "ratos"[17] [*Ratten*]. Em seus delírios obsessivos, ele instituíra, para si, uma unidade monetária oficial em ratos; p. ex.,

---

a situação ao final das manobras militares. [O "pequeno mapa" referido por Freud será reproduzido na nota 16, à p. 433, junto com sua reformulação de 1955 pelos editores ingleses (N.E.)]

Meus tradutores observaram com razão que o comportamento do paciente permanecerá incompreensível, enquanto não se indicar expressamente que o primeiro-tenente A. antes morara no lugar do correio Z. e exercera a função de responsável pelo serviço postal militar, mas que, nos últimos dias das manobras militares, ele transferira essa função ao primeiro-tenente B. e fora destacado para o lugar A. O "cruel" capitão ainda nada sabia dessa alteração, por isso se equivocou afirmando que a taxa de retirada do pacote deveria ser reembolsada ao primeiro-tenente A.

[i] Cf. "Caráter e erotismo anal" (disponível no v. VII destas *Ges. Werke*).

quando, perguntado por ele se eu lhe comuniquei o preço da hora do tratamento, isso significava para ele, como fiquei sabendo seis meses mais tarde: tantos florins, tantos ratos. A essa língua foi sendo transposto pouco a pouco todo o complexo de interesses monetários que se ligavam à herança do pai, ou seja, todas as ideias pertinentes a isso foram inseridas no que era obsessivo através dessa ponte de palavras "prestações-ratos" [*Raten-Ratten*] e submetidas ao inconsciente. Esse significado de dinheiro dos ratos apoiava-se, além disso, na advertência do capitão para que fosse devolvido o montante do reembolso, e do auxílio da ponte de palavras "*rato de jogo*" [*Spielratte*], a partir da qual se descobriu o acesso à prevaricação do pai na jogatina.

O rato também lhe era conhecido como um transmissor de perigosas infecções, e por isso podia ser usado como símbolo do justificado medo que os militares tinham de adquirir uma *infecção sifilítica*, símbolo por trás do qual se escondiam todas as dúvidas sobre o estilo de vida do pai durante o seu serviço militar. Em outro sentido: o portador da infecção sifilítica era o próprio pênis, e assim o rato passava a ser o membro sexual, para cuja utilização o rato podia fazer valer outro direito. O pênis, sobretudo de um menino pequeno, pode sem problemas ser descrito como uma *lombriga*; e, no relato do capitão, os ratos escavavam no ânus, da mesma maneira como faziam as grandes lombrigas na sua infância. Desse modo, o significado de pênis dos ratos residia, por sua vez, no erotismo anal. De qualquer forma, o rato é um animal sujo que se alimenta de excrementos e vive nos esgotos, que escoam dejetos.[i] É deveras desnecessário mencionar a

---

[i] Aquele que, meneando a cabeça, quiser recusar esses saltos da fantasia neurótica, que se lembre dos "*capricci*" semelhantes, nos quais por

que extensão o delírio dos ratos tornou-se capaz por meio desse novo significado. "Tantos ratos – tantos florins" poderia p. ex. servir muito bem para caracterizar um ofício feminino muito odiado por ele. Em contrapartida, certamente não é por acaso que a substituição do pênis pelo rato na história contada pelo capitão resultava na situação de uma relação sexual *per anum*,[18] que, em sua referência ao pai e à amada, parecia-lhe particularmente repugnante. Ao ressurgir essa situação na ameaça obsessiva que se formou nele a partir da advertência feita pelo capitão, tal situação lembrava, inequivocamente, certas maldições muito comuns entre os eslavos meridionais, cujo teor pode ser conferido no livro *Anthropophyteia*, publicado por F. S. Krauss.[19] Além disso, todo esse material, e outros mais, alinhavam-se com a ocorrência encobridora *"casar"* [*heiraten*] na estrutura da discussão sobre os ratos.

O fato de que o relato do castigo dos ratos tenha alvoroçado em nosso paciente toda espécie de moções, reprimidas precocemente, de uma crueldade egoísta e sexual é testemunhado pela sua própria descrição e por sua mímica ao repetir o relato. Mas, apesar de todo esse rico material, durante esse tempo não se lançou nenhuma luz sobre o significado de sua ideia obsessiva, até o dia em que apareceu a Mulher dos Ratos, da obra *O pequeno Eyolf*, de

---

vezes se alonga a fantasia dos artistas, como ocorre p. ex. nas *Diableries érotiques*, de Le Poitevin. [Freud refere-se ao artista francês Eugène Le Poitevin (1806-1870), que se destacou como pintor de marinas, mas também como litogravurista especializado em nas chamadas *"diableries"* (cenas em que diabos aparecem como personagens principais) de inspiração romântica, particularmente baseadas no Mefistófeles do *Fausto*. Entre suas muitas *"diableries"*, produziu litogravuras com diabruras eróticas. (N.T.)]

Ibsen, e tornou irrefutável a conclusão de que, em muitas configurações de seus delírios obsessivos, os ratos também significavam crianças.[i] Investigando o surgimento desse novo significado, deparamo-nos imediatamente com as mais antigas e mais relevantes raízes. Em uma visita ao túmulo do pai, certa vez ele viu um grande animal, que acreditou ser um rato, passar correndo pelo túmulo.[ii] Ele supôs que o animal estivesse vindo do túmulo do pai e tivesse acabado de fazer sua refeição com seu cadáver. É inseparável da representação do rato que ele rói e morde com dentes afiados;[iii] mas o rato não é mordedor, voraz e sujo impunemente, e sim, como ele frequentemente tinha visto com horror, é cruelmente perseguido pelos seres humanos e abatido sem piedade. Diversas vezes, ele sentira compaixão por esses pobres ratos. Ora, ele mesmo

---

[i] A "Mulher dos Ratos" de Ibsen com certeza é uma derivação do lendário "Caçador de ratos de Hamelin", que primeiramente atrai os ratos para dentro d'água e depois, usando os mesmos artifícios, seduz as crianças da cidade para que nunca mais retornassem. O Pequeno Eyolf, enfeitiçado pela Mulher dos Ratos, também se lança dentro d'água. Na lenda, o rato não surge, absolutamente, como um animal tão nojento, mas sim como um animal infamiliar [*unheimliches*] ou, poderíamos dizer, ctônico, sendo utilizado para figurar as almas dos mortos. [A lenda do caçador de ratos de Hamelin ficou consagrada no Brasil sob o título "O flautista de Hamelin". (N.T.)]

[ii] Era uma das doninhas tão frequentes no cemitério Central de Viena.

[iii] Mefistófeles afirma:
"Mas, de um dente de rato é que ainda não disponho [mas preciso de um dente de rato]
Por dar do encanto desta umbreira cabo. [para vencer a magia desse umbral]
[...]
Outra dentada, eis livre a pista". [mais uma dentada e está feito]
[Versos 1512, 1513 e 1524, extraídos da obra primeira parte do *Fausto*, de Goethe, aqui citados na tradução de Jenny Klabin Segall (São Paulo: Editora 34, 2011). (N.T.)]

fora um sujeito asqueroso, sujo, mesquinho, que, uma vez enfurecido, podia sair mordendo os outros ao seu redor, tendo inclusive sido terrivelmente castigado por esse motivo (p. 386). No rato, ele realmente podia encontrar sua inteira "imagem natural".[i] No relato do capitão, o destino lhe evocara uma espécie de palavra-estímulo de complexo, e ele não perdeu a oportunidade de reagir a isso com sua ideia obsessiva.

Portanto, ratos eram crianças, de acordo com suas experiências mais antigas e das mais sérias consequências. E agora ele trazia uma comunicação que havia mantido afastada do contexto durante bastante tempo, mas que agora esclarecia por completo o interesse que ele devia ter por crianças. A dama, que venerara durante tantos anos e com quem não conseguira decidir casar-se, fora condenada a não poder ter filhos em decorrência de uma cirurgia ginecológica para a extração de ambos os ovários; como ele tinha um amor extremo por crianças, esse realmente foi o motivo principal de sua hesitação.

Só agora se tornava possível entender o incompreensível processo ocorrido na formação de sua ideia obsessiva; com o auxílio das teorias da sexualidade infantil e do simbolismo que conhecemos a partir da interpretação de sonhos, pudemos traduzir tudo apropriadamente. Quando, durante o repouso naquela tarde em que ele deu pela falta do pincenê, o capitão contou a história do castigo dos

---

[i] Taberna de Auerbach. [A alusão feita por Freud concerne ao verso 2157 da Primeira Parte do *Fausto*, de Goethe. Na tradução de Jenny Klabin Segall (São Paulo: Editora 34, 2011), essas mesmas palavras, que se encontram no trecho intitulado "Na taberna de Auerbach em Leipzig", são traduzidas como "sua efígie natural". Na presente tradução, preferiu-se recuperar a dimensão bíblica que também está contida no termo original alemão *"Ebenbild"* [imagem e semelhança]. (N.T.)]

ratos, primeiramente ele foi tomado apenas pelo caráter de cruel concupiscência da situação representada. Mas de imediato se estabeleceu a conexão com aquela cena infantil em que ele próprio havia mordido; o capitão, que era capaz de defender aquele tipo de punição, assumiu para ele a posição do pai, atraindo para si uma parte da exasperação recorrente que naquela época se indignara contra o pai cruel. Surgindo furtivamente, a ideia de que algo semelhante pudesse acontecer a uma pessoa querida poderia ser traduzida através da moção de desejo: Era com você que deveriam fazer algo assim, dirigida contra o contador da história, mas que, nos bastidores, já era dirigida contra o pai. Quando, um dia e meio mais tarde,[i] o capitão lhe entrega o pacote, recebido com reembolso a pagar, e o adverte para devolver as 3,80 coroas ao primeiro-tenente A., ele já sabe que o "cruel superior" está equivocado e que não está devendo nada a ninguém além da moça do correio. Ele está prestes a formular uma resposta sarcástica, tal como: "Sim, mas claro! Você tem cada uma!" ou "Está bem, uma ova!", ou ainda "Está certo, vai pensando[ii] que eu vou devolver o dinheiro a ele!", respostas que não teria precisado pronunciar. No entanto, a partir do complexo paterno que entrementes fora despertado e da lembrança

---

[i] E não na noite seguinte, como ele primeiramente relatou. Não existe a mínima possibilidade de o pincenê encomendado ainda ter chegado no mesmo dia. Ele encurta esse intervalo de tempo em sua lembrança, porque foi naquele espaço de tempo que as conexões decisivas de pensamento se estabeleceram, e porque ele recalca o encontro ocorrido, naquele mesmo intervalo, com o oficial que lhe contara sobre o comportamento amável da moça do correio.

[ii] Dialeto vienense. [No texto original, Freud usa duas expressões do dialeto vienense ("*Schnecken*" e "*einen Schmarren*"), que não têm função necessariamente sintática nas frases construídas, mas que ali expressam o desprezo em relação ao reembolso da quantia. (N.T.)]

daquela cena infantil, forma-se nele esta resposta: "Está bem, reembolsarei a quantia a A., quando meu pai e minha amada puderem ter filhos", ou: "Tão certo quanto meu pai e minha amada poderem ter filhos, eu também seguramente lhe devolverei o dinheiro". Portanto, uma afirmação afrontosa ligada a uma condição absurda e inexequível.[i]

Mas agora o crime fora cometido, as duas pessoas que lhe eram caras, pai e amada, haviam sido injuriadas por ele; isso exigia castigo, e a punição consistia na imposição de um juramento impossível de ser realizado, que continha o texto da obediência em relação à solicitação injustificada do superior: Você agora realmente precisa devolver o dinheiro a A. Nessa obediência obstinada, ele recalcou o seu melhor saber, de que o capitão fundava a sua advertência em uma condição equivocada: "Sim, você precisa devolver o dinheiro a A., como o exigiu o substituto do pai. O pai não pode equivocar-se". A majestade também não pode se equivocar, e se ela se dirigir a um súdito atribuindo-lhe um título que não lhe corresponde, o súdito doravante passará a portar esse título.

Desse processo, só chega à sua consciência uma notícia indistinta, mas a relutância contra a ordem do capitão e a virada em seu contrário também estão representadas na consciência. (Primeiramente: *não* devolver o dinheiro, senão acontece aquilo... [o castigo dos ratos], e depois a transformação na ordem oposta do juramento, como castigo pela relutância.)

É preciso ainda ter presente a constelação na qual teve lugar a formação da grande ideia obsessiva. Devido

---

[i] Portanto, também na linguagem do pensar obsessivo, a absurdez significa sarcasmo, da mesma maneira como nos sonhos. Cf. *Interpretação do sonho*, 8. ed., p. 297.

à longa abstinência, mas também devido à receptividade amigável com a qual o jovem oficial podia contar, ele havia se tornado libidinoso, e, além disso, apresentara-se às manobras militares sob certo afastamento em relação à dama. Essa intensificação libidinal deixou-o propenso a retomar a antiquíssima luta contra a autoridade de seu pai, e ele ousou pensar em satisfação sexual com outras mulheres. As dúvidas sobre a recordação do pai e os receios quanto ao valor da amada haviam se intensificado; nesse estado de ânimo, ele deixou-se levar a uma injúria contra os dois, e por isso ele se punia. Dessa forma, ele repetia um velho modelo. Quando então, concluídas as manobras militares, ele hesitou tanto tempo sobre se deveria viajar para Viena ou se ficaria e cumpriria o juramento, com isso ele estava figurando em uma unidade os dois conflitos que desde sempre o moveram: se devia permanecer obediente ao pai ou se devia permanecer fiel à amada.[i]

Gostaria ainda de escrever algumas palavras sobre a interpretação do conteúdo da sanção: "[...] senão o castigo dos ratos se consumará em ambas as pessoas". Ela tem como base a vigência de duas teorias sexuais infantis sobre as quais dei notícia em outro lugar.[ii] A primeira dessas teorias consiste em que as crianças saem pelo ânus; a segunda argumenta de maneira consequente com a possibilidade de que os homens podem ter filhos assim como as mulheres. De acordo com as regras técnicas da

---

[i] Talvez seja interessante destacar que a obediência ao pai mais uma vez coincide com o afastamento em relação à dama. Se ele permanece e devolve o dinheiro a A., ele terá cumprido a penitência em relação ao pai e, atraído por outro a imã, ao mesmo tempo terá abandonado sua dama. A vitória nesse conflito recai sobre a dama, apoiada, na verdade, pela reflexão normal.

[ii] Cf. "Sobre as teorias sexuais infantis" (v. VII destas *Ges. Werke*).

Interpretação do sonho, o sair-do-intestino pode ser figurado por seu oposto: um "embrenhar-se-no-intestino" (como no castigo dos ratos) e vice-versa.

Certamente não é lícito esperar por soluções mais simples ou que recorram a outros meios, para ideias obsessivas tão graves. Com a solução que obtivemos, foi eliminado o delírio dos ratos.

II
SOBRE A TEORIA

a) Algumas características gerais sobre as formações obsessivas[i]

Minha definição, de 1896, de que as representações obsessivas seriam "recriminações transformadas, que retornam do recalcamento, e que sempre estão referidas a uma ação sexual executada com prazer na infância"[ii] me parece hoje formalmente objetável, apesar de estar composta a partir dos melhores elementos. Ela esforçava-se excessivamente por unificação, e adotou como modelo o próprio processo dos pacientes obsessivos, os quais, por sua própria inclinação à imprecisão, confundem, sob a denominação

---

[i] Diversos dos pontos abordados aqui e no próximo capítulo já foram mencionados na literatura da neurose obsessiva, como se pode comprovar no exaustivo estudo sobre a forma dessa doença, o livro publicado em 1904, de L. Löwenfeld, intitulado *Die psychischen Zwangserscheinungen* [Os fenômenos psíquicos obsessivos]. [Leopold Löwenfeld (1847-1924), médico neurologista alemão, especializou-se em doenças nervosas e eletroterapia e é considerado o pioneiro em patologias sexuais. (N.T.)]

[ii] "Novas considerações sobre as neuropsicoses de defesa" (v. 1 destas *Ges. Werke*).

de "representações obsessivas",[i] as mais variadas formações psíquicas. De fato, é mais correto falar de "pensar obsessivo" e destacar que as estruturas obsessivas podem ter o valor dos mais diversos atos psíquicos. Podem ser definidas como desejos, tentações, impulsos, reflexões, dúvidas, ordens e proibições. Em geral, os pacientes esforçam-se para atenuar essa definição e apresentar como representação obsessiva o conteúdo despojado de seu índice de afeto. Em uma das primeiras sessões, nosso paciente nos forneceu um exemplo desse tratamento para um desejo que estava fadado a ser rebaixado a uma mera "conexão de pensamento" (p. 360). Ademais, é mister confessar que, até o momento, nem sequer foi possível dar a devida atenção à fenomenologia do pensamento obsessivo. Na luta defensiva secundária que o paciente trava contra as "ideias obsessivas" que invadiram seu consciente, produzem-se formações dignas de uma denominação especial. Pense-se, por exemplo, nas sequências de pensamentos que ocupam o nosso paciente durante sua viagem de retorno após as manobras militares. Não são argumentos puramente racionais que se opõem aos pensamentos obsessivos, mas, por assim dizer, híbridos entre essas duas maneiras de pensar; eles tornam suas determinadas premissas da compulsão que estão combatendo e se instalam (com os recursos da razão) no terreno do pensar patológico. Penso que essas formações mereçam o nome de "*delírios*". Essa distinção

---

[i] No próprio texto do ensaio, essa falha da definição passa por uma correção. Ali se lê: "As lembranças reavivadas e as recriminações formadas a partir delas, entretanto, nunca penetram na consciência de modo inalterado, mas o que se torna consciente enquanto representação obsessiva e afeto obsessivo, e que substitui a lembrança patogênica para a vida consciente, são formações de compromisso entre as representações recalcadas e as recalcadoras". Nessa definição, é preciso dar uma ênfase especial à palavra "transformadas".

deverá ser esclarecida através de um exemplo, que eu peço para ser inserido em seu devido lugar nesta história clínica. Quando nosso paciente, durante seus estudos, passou algum tempo dedicado a ações amalucadas, como já foi descrito, trabalhando até tarde da noite, para depois abrir a porta para a alma do pai entrar e em seguida ficar contemplando no espelho seus genitais (p. 385), ele estava procurando se orientar com a advertência que certamente o pai faria se ele realmente ainda estivesse vivo. Mas esse argumento não vingava, enquanto fosse apresentado nessa forma racional; o espectro só desapareceu depois de ele expressar a mesma ideia na forma de uma ameaça delirante: se ele mais uma vez praticasse esse desatino, alguma coisa de ruim aconteceria com seu pai no além-túmulo.

O valor da distinção, certamente justificado, entre a luta defensiva primária e a secundária é inesperadamente limitado pelo reconhecimento de que *os pacientes não conhecem o texto de suas próprias representações obsessivas*. Isso soa paradoxal, mas tem seu bom sentido. No decorrer de uma análise, cresce, com efeito, não apenas a coragem do paciente, mas, por assim dizer, também a coragem de sua doença; ela se atreve a manifestações as mais nítidas. Para deixar de lado a figuração por imagens, certamente ocorre que o paciente, que até então havia se esquivado com terror da percepção de suas produções patológicas, passa agora a prestar atenção a elas e a ter delas uma noção mais clara e detalhada.[i]

Além disso, pode-se adquirir um conhecimento mais preciso sobre as formações obsessivas por duas vias especiais.

---

[i] Em alguns doentes o afastamento de sua atenção chega tão longe que não conseguem indicar de maneira nenhuma o conteúdo de uma representação obsessiva nem descrever uma ação obsessiva que eles realizaram incontáveis vezes.

Em primeiro lugar, nota-se que os sonhos podem trazer o texto genuíno de uma ordem obsessiva etc., texto esse que, no estado de vigília, só se torna conhecido de maneira truncada e desfigurada, como num telegrama desfigurado. Esses textos aparecem nos sonhos como falas, contrariando a regra de que as falas nos sonhos provêm de falas diurnas.[i] Em segundo lugar, ao se fazer o acompanhamento analítico de uma história clínica, chega-se à convicção de que, com frequência, várias ideias obsessivas que se sucedem, embora não possuam um texto idêntico, são no fundo uma única e a mesma. A ideia obsessiva que primeiramente foi rejeitada com êxito agora retorna uma segunda vez, embora de forma desfigurada, não é reconhecida e talvez até consiga afirmar-se melhor na luta defensiva justamente em consequência dessa desfiguração. Mas a forma original é a correta, que costuma deixar o seu sentido bem a descoberto. Quando se esclarece com muito esforço uma ideia obsessiva incompreensível, não é raro poder ouvir do paciente que uma súbita ocorrência, um desejo, uma tentação como os construídos realmente haviam aparecido alguma vez antes da ideia obsessiva, mas não se mantiveram. Infelizmente, extrair os exemplos disso da história de nosso paciente teria um resultado muito inconveniente.

Portanto, a oficialmente chamada "representação obsessiva" porta, em sua desfiguração em relação ao texto original, os vestígios da luta defensiva primária. Sua desfiguração agora a torna capaz de viver, pois o pensar consciente é compelido a entendê-la mal, de modo análogo ao que faz com o conteúdo do sonho, que, sendo um produto de compromisso e desfiguração, continuará a ser mal entendido pelo pensamento diurno.

---

[i] Cf. *Interpretação do sonho*, 8. ed., p. 285.

O mal-entendido do pensar consciente não pode ser comprovado apenas nas próprias ideias obsessivas, mas também nos produtos da luta defensiva secundária, tais como as fórmulas protetoras. Para isso eu posso trazer dois bons exemplos. Como fórmula defensiva, nosso paciente utilizava um *aber*[20] [mas] pronunciado rapidamente e acompanhado de um movimento de rechaçar com a mão. Certa vez, ele contou que essa fórmula tinha mudado nos últimos tempos; ele não mais diria "*áber*", e sim "*abér*". Indagado sobre o motivo desse desenvolvimento, ele alegou que o "e" átono da segunda sílaba não lhe daria nenhuma segurança contra a temida intromissão de algo estranho e oposto, e por isso ele decidiu acentuar o "e" como vogal tônica. Esse esclarecimento, mantido bem no estilo da neurose obsessiva, demonstrou ser inapropriado; o máximo que ela conseguia reivindicar era o valor de uma racionalização; na realidade, o "*abér*" era uma aproximação de "*Abwehr*"[21] [defesa], um termo que ele conhecia das discussões teóricas sobre a psicanálise. Portanto, o tratamento tinha sido utilizado de maneira abusiva e delirante, para fortalecer uma fórmula defensiva. Em outra ocasião, ele falou sobre sua principal palavra mágica, que, para se proteger de todas as contestações, ele havia composto a partir das letras iniciais de todas as orações de maior poder curativo, adicionando um "amém" no final. Não posso expor aqui essa palavra por razões que logo serão inferidas. Pois, quando me inteirei dela, fui obrigado a observar que mais parecia um anagrama do nome de sua amada dama; esse nome continha um "s" que ele pusera no final, imediatamente antes da palavra "amém".[22] Assim, poderíamos dizer que ele havia juntado seu sêmen com a amada, ou, em outros termos, havia se masturbado com a pessoa dela na ideia. Mas ele mesmo não havia percebido essa conexão inconveniente; a defesa se deixou enganar pelo recalcamento. Aliás, eis aí um bom exemplo para a tese de que, com o tempo, aquilo que precisa ser defendido consegue normalmente abrir caminho naquilo mesmo mediante o qual a defesa atua.

Quando afirmamos que os pensamentos obsessivos sofreram uma desfiguração de maneira análoga à dos pensamentos oníricos antes de se tornarem o conteúdo do sonho, a técnica dessa deformação pode nos interessar, e nada impediria de expor seus diversos recursos em uma série de ideias obsessivas traduzidas e entendidas. Mas, dadas as condições desta publicação, só posso oferecer sobre isso algumas provas. Nem todas as ideias obsessivas de nosso paciente eram construídas de maneira tão complicada e tão difíceis de esclarecer como a grande representação dos ratos. Em outras, recorreu-se a uma técnica muito simples, a da desfiguração através de omissão – ou elipse –, que encontra tão excelente utilização no chiste, mas aqui também tem sua obrigação enquanto recurso protetor contra o entendimento.

Uma de suas ideias obsessivas mais antigas e prediletas (com o valor de uma advertência ou alerta) tinha este teor: *Se eu me casar com a dama, meu pai será vítima de um infortúnio* (no além-túmulo). Se inserirmos os elos intermediários omitidos, e conhecidos a partir da análise, o movimento do pensamento seria: Se meu pai fosse vivo, ele ficaria tão furioso com o meu propósito de me casar com a dama quanto ficou àquela época na cena infantil, e eu voltaria a ficar furioso com ele e lhe desejaria todo mal possível, que, graças à onipotência[i] de meus desejos, iria necessariamente se cumprir nele.

---

[i] Sobre essa "onipotência", v. o que se segue.

Ou outro caso de resolução elíptica, igualmente um aviso ou uma proibição ascética. Ele tinha uma pequena sobrinha encantadora, a quem muito amava. Certo dia, ocorreu-lhe a seguinte ideia: *Se você se permitir um coito, a Ella será vítima de um infortúnio* (morrerá). Com a inserção do que foi omitido: "Em cada coito, inclusive com uma estranha, você tem, necessariamente, de pensar que a relação sexual no seu casamento nunca resultará em um filho (a esterilidade de sua amada). Você lamentará isso tanto que ficará com inveja de sua irmã pela pequena Ella. Essas moções de inveja terão necessariamente como consequência a morte da criança".[i]

A técnica de deformação elíptica parece ser típica da neurose obsessiva; deparei-me com ela também no pensamento obsessivo de outros pacientes. De particular transparência e interessante em virtude de certa semelhança com a estrutura da representação dos ratos foi um caso de dúvida em uma senhora que sofria essencialmente de atos obsessivos. Ela estava passeando com seu marido em Nuremberg e pediu-lhe que a acompanhasse até uma loja onde comprou alguns objetos para a sua filha, entre os quais um pente. O marido, a quem pareceu muito

---

[i] Quero lembrar a utilização da técnica da omissão no chiste mediante alguns exemplos extraídos de um trabalho meu (*O chiste e sua relação com o inconsciente*, 1905; 4. ed. 1925, p. 63. Disponível no v. VI destas *Ges. Werke*). "Em Viena, vive um escritor espirituoso e beligerante, que através da mordacidade de suas ofensivas, atraiu repetidas vezes, maus-tratos corporais por parte dos atacados. Certa vez, quando se comentava um novo ato de violência cometido por um de seus habituais oponentes, ouviu-se de um terceiro: '*Se X ouvir isso*, vai *levar uma bofetada* ...'. O contrassenso se dissipa, se inserirmos nessa lacuna: Aí ele vai escrever um artigo tão mordaz contra a pessoa em questão, que..." – Esse chiste elíptico também mostra concordância de conteúdo com o primeiro exemplo acima.

demorada a escolha da mulher, avisou que no caminho ele vira num antiquário algumas moedas que gostaria de adquirir e que, após a compra, viria buscá-la na loja. Mas, na estimativa da esposa, a demora dele foi imensa. Ao voltar e ser indagado sobre onde teria estado, ele respondeu: lá mesmo, naquele antiquário, e a esposa no mesmo momento foi atormentada pela dúvida se já não possuía, desde sempre, o pente que comprara para a filha. Naturalmente ela não conseguiu descobrir a simples conexão. Não podemos fazer outra coisa a não ser declarar essa dúvida como deslocada e construir assim o pensamento inconsciente completo: "Se é verdade que você esteve apenas no antiquário, se é para eu acreditar nisso, então posso acreditar, da mesma maneira, que há anos já possuo esse pente que acabei de comprar". Portanto, uma equiparação sarcástica, zombeteira, semelhante àquele pensamento de nosso paciente: "Sim, tão certo quanto que os dois (o pai e a dama) terão filhos, eu também seguramente devolverei o dinheiro a A.". No caso da senhora, a dúvida residia em seu ciúme inconsciente, que a fazia supor que o marido teria usado aquele intervalo de tempo para uma visita galante.

 Desta feita, não tentarei empreender uma apreciação psicológica do pensar obsessivo. Ela traria resultados extraordinariamente valiosos e contribuiria mais para aclarar nossos pontos de vista sobre a essência do consciente e do inconsciente do que o estudo da histeria e dos fenômenos hipnóticos. Seria muito desejável se os filósofos e psicólogos que, de ouvir dizer ou em suas definições convencionais, desenvolvem engenhosas doutrinas sobre o inconsciente, buscassem antes as impressões decisivas a partir dos fenômenos do pensar obsessivo; estaríamos quase a ponto de exigir que o fizessem, se essa tarefa não fosse muito mais penosa do que as modalidades de trabalho com que já estão familiarizados. Acrescentarei aqui que, ainda que ocasionalmente, na neurose obsessiva os processos psíquicos inconscientes irrompem no consciente em sua forma mais pura, não desfigurada, que a irrupção pode produzir-se a partir dos mais diversos estágios do processo de pensar inconsciente, e que as representações obsessivas, no momento da irrupção, podem ser reconhecidas, na maioria das vezes, como formações existentes desde longa data. Daí o fenômeno notável de que o paciente obsessivo, quando se investiga com ele a primeira aparição de uma ideia obsessiva, veja-se precisado a sempre recuá-la para atrás ao longo da análise, e sempre encontrar novas primeiras causações para ela.

b) Algumas particularidades psíquicas dos neuróticos obsessivos – sua relação com a realidade, com a superstição e com a morte

Abordarei aqui algumas características psíquicas dos pacientes obsessivos, as quais em si não parecem importantes, mas se encontram no caminho que leva à compreensão do que é mais importante. No meu paciente, elas eram muito nitidamente expressas – embora eu saiba que não devem ser imputadas à sua individualidade, e sim ao seu sofrimento, e que podem ser reencontradas de uma maneira bastante típica em outros pacientes obsessivos.

Nosso paciente era altamente supersticioso, e isso, na verdade, apesar de ele ser muito bem educado, esclarecido e dotado de notável perspicácia, e de às vezes poder assegurar que não tomava nada dessas bobagens como verdade. Portanto, era supersticioso, mas também não o era, e distinguia-se nitidamente dos supersticiosos incultos que se sentem unos com a sua crença. Ele parecia entender que a sua superstição dependia de seu pensar obsessivo, embora, em certas ocasiões, a aceitasse completamente. Um comportamento tão contraditório e hesitante pode ser melhor apreendido sob o ponto de vista específico de uma determinada tentativa de explicação. Não hesitei em admitir que ele, no tocante a essas coisas, tinha duas convicções diversas e contrapostas, e não talvez uma opinião inacabada. Desse modo, ele oscilava entre essas duas opiniões, na mais visível dependência de sua outra posição em relação ao sofrimento obsessivo. Assim que conseguia dominar uma obsessão, ele ridicularizava sua credulidade com um ar superior, e nada lhe acontecia que o pudesse abalar; e tão logo voltasse a estar sob o domínio de uma obsessão não solucionada – ou algo equivalente, por exemplo, uma resistência –, ele vivenciava os mais singulares acasos vindo em auxílio de crédula convicção.

De qualquer maneira, sua superstição era a de um homem instruído e dispensava vulgaridades, como o medo da sexta-feira, do número 13 etc. Mas ele acreditava em presságios, em sonhos proféticos, sempre encontrava casualmente aquelas pessoas com as quais, de modo inexplicável, ele acabava de se ocupar e recebia cartas de correspondentes que, após muito longos intervalos, tinham vindo-lhe de repente à lembrança. Nisso ele era bastante honesto ou, muito mais, fiel à sua convicção oficial, para não esquecer aqueles casos em que os mais intensos pressentimentos não haviam resultado em nada, como quando se encontrava em férias de verão e tivera o presságio seguro de que não mais retornaria vivo para Viena. Também admitia que a grande maioria dos presságios diziam respeito a coisas que não tinham nenhum significado particular para a sua pessoa e que, ao se deparar com um conhecido em quem há muito tempo não pensava, mas que acabara de fazê-lo poucos minutos antes, nada de especial acontecia entre ele e a pessoa que apareceu daquela forma miraculosa. Naturalmente, ele também não era capaz de negar que todas as coisas importantes de sua vida ocorreram sem presságios, assim como ele p. ex. com a morte de seu pai foi surpreendido sem suspeitá-la. Todavia, todos esses argumentos não alteravam nada na cisão [*Zwiespalt*] de suas convicções e só provavam o caráter obsessivo de sua superstição, o qual já se inferia pelas hesitações da superstição, de sentido igual ao da resistência.

Claro que eu não estava em condições de esclarecer racionalmente todas as suas mais antigas histórias miraculosas, mas, no que diz respeito às coisas semelhantes ocorridas durante o período do tratamento, eu pude demonstrar-lhe que ele mesmo participava continuamente da fabricação dos milagres, e de que meios ele se servia para fazê-lo. Ele trabalhava com a visão e a leitura indiretas, com o esquecimento e sobretudo com confusões de memória. No final, ele mesmo me ajudou a descobrir os pequenos truques ilusionistas com os quais se faziam aqueles milagres. Como uma interessante raiz infantil de sua crença no cumprimento de presságios e vaticínios, ocorreu certa vez a lembrança de que sua mãe, sempre que uma data precisava ser escolhida, costumava dizer: "No dia tal e no dia tal, não posso, pois vou ter de ficar deitada". E toda vez ela realmente ficava na cama no dia anunciado!

Era inequívoco que ele tinha uma necessidade de encontrar na vivência esses pontos de apoio para a sua superstição, e que por isso ficava muito atento às conhecidas coincidências inexplicáveis do dia a dia, e, quando elas não bastavam, ele acudia com o fazer inconsciente. Encontrei essa necessidade em muitos outros pacientes e a suspeito em vários outros. Ela me parece perfeitamente explicável a partir do caráter psicológico da neurose obsessiva.

Como expus anteriormente (p. 376), nessa perturbação o recalcamento não ocorre por amnésia, mas pela ruptura de conexões causais em consequência de uma subtração de afeto. Certa força de advertência – que em outro lugar comparei a uma percepção endopsíquica[i] – parece agora restar nesses vínculos recalcados, de modo que eles são então inseridos no mundo exterior pela via da projeção, e ali dão testemunho do que foi omitido no psíquico.

Outra necessidade psíquica comum aos pacientes obsessivos que tem certo parentesco com a anteriormente mencionada e cujo acompanhamento nos leva fundo na investigação das pulsões é a da *incerteza* na vida ou da *dúvida*. A produção da incerteza é um dos métodos que a neurose utiliza para tirar o paciente da *realidade* e isolá-lo do mundo, o que, na verdade, constitui a tendência de qualquer perturbação psiconeurótica. É, por sua vez, extremamente nítido o quanto os pacientes contribuem para se esquivar de uma certeza e poder aferrar-se em uma dúvida; e até mesmo em alguns, essa tendência encontra uma viva expressão em sua aversão a relógios, que pelo menos asseguram a regulação do tempo, assim como em seus artifícios que executam inconscientemente, para tornar inócuo qualquer instrumento que exclua a dúvida. Nosso paciente tinha desenvolvido uma habilidade particular para evitar informações que propiciassem uma decisão em seu conflito. Desse modo, não estavam claras para ele as circunstâncias mais decisivas sobre sua amada para contrair o matrimônio, supostamente não sabia dizer quem a tinha operado nem se fora em apenas um ou nos dois ovários. Foi levado a lembrar o que foi esquecido e a explorar o que foi desprezado.

---

[i] "Sobre a patologia da vida cotidiana" (nestas *Ges. Werke*, v. IV, p. 287).

A predileção dos pacientes obsessivos pela incerteza e pela dúvida torna-se para eles o motivo para atrelar seus pensamentos preferencialmente àqueles temas em que a incerteza humana é geral, em que o nosso saber ou o nosso julgamento permaneceram, por necessidade, expostos à dúvida. Esses temas são sobretudo: a ascendência do pai, a duração da vida, a vida após a morte e a memória, na qual costumamos depositar fé, sem possuir a mínima garantia de sua confiabilidade.[i]

A neurose obsessiva faz exaustivo uso da incerteza da memória para a formação de sintoma; logo ficaremos sabendo o papel que a duração da vida e o além-túmulo desempenham no conteúdo do pensamento dos pacientes. Mas antes, como a transição muito conveniente, quero ainda discutir aquele traço da superstição em nosso paciente, cuja menção em uma passagem anterior (p. 407) certamente terá causado estranheza em mais de um leitor.

Refiro-me à *onipotência*, afirmada por ele, de seus pensamentos e sentimentos de seus bons e maus desejos.

---

[i] Lichtenberg: "Se a lua é habitada, o astrônomo o sabe aproximadamente com a mesma confiança com que ele sabe quem foi seu pai, mas não com a mesma confiança a partir da qual ele sabe quem foi sua mãe". – Foi um grande avanço cultural quando os seres humanos decidiram situar a dedução ao lado do testemunho [*Zeugnis*] dos sentidos e passar do matriarcado para o patriarcado. – Figuras pré-históricas, nas quais um personagem menor está sentado sobre a cabeça de um maior, representam a ascendência paterna: a Atena sem mãe nasce da cabeça de Zeus. Ainda em nossa língua, aquele que atesta algo perante o tribunal é chamado de *testemunha*, de acordo com a participação masculina no ato da procriação; e, já nos hieróglifos, a testemunha é escrita com a imagem dos genitais masculinos. [Em alemão, "*Zeuge*" [testemunha] é uma palavra masculina. A raiz dessa palavra é "*zeug-*", de onde também se origina o verbo "*zeugen*", que significa "gerar", "procriar", "engendrar", "atestar", "dar testemunho", "depor em juízo" etc.; Georg Christoph Lichtenberg (1742-1799) foi um escritor alemão e autor de aforismos. (N.T.)]

Certamente não é pequena a tentação de declarar que essa ideia seja um delírio que ultrapassa a medida da neurose obsessiva; só que também encontrei essa mesma convicção em outro paciente obsessivo que já se encontra recuperado há muito tempo e no exercício normal de suas atividades, e, na verdade, todos os neuróticos obsessivos se conduzem como se compartilhassem essa convicção. Caberá a nós esclarecer essa superestimação. Suponhamos, sem mais, que uma parte do antigo delírio de grandeza da infância seja confessada francamente nessa crença e perguntemos a nosso paciente em que ele apoia a sua convicção. Ele responde invocando duas vivências. Quando ele chegou pela segunda vez àquela instituição de tratamento hidroterápico, na qual havia experimentado a primeira e única melhoria de seu sofrimento, voltou a solicitar o mesmo quarto que, pelo lugar onde estava situado, havia favorecido suas relações com uma das enfermeiras. Recebeu a resposta de que o quarto já tinha sido reservado, um professor idoso já o teria ocupado, e reagiu a essa notícia, que diminuía muito as suas perspectivas de cura, com as indelicadas palavras: "Então tomara que ele tenha um derrame!". Catorze dias depois, despertou do sono perturbado com a imagem de um cadáver e, naquela manhã, soube que o professor realmente havia tido um derrame e o tinham levado ao quarto mais ou menos no momento em que ele tinha despertado. A outra vivência dizia respeito a uma mulher mais velha e muito carente de amor, que se conduzira de maneira muito receptiva em relação a ele e que certa vez lhe perguntou diretamente se ele não poderia gostar dela. Ele deu uma resposta evasiva; poucos dias mais tarde, ele soube que a moça havia se atirado pela janela. Então, ele se fez recriminações e disse para si mesmo que ele teria tido o poder de lhe preservar a vida se lhe tivesse dado seu amor. Dessa maneira, ele adquiriu a convicção sobre a onipotência de seu amor e de seu ódio. Sem negarmos a onipotência do amor, queremos destacar que, em ambos os casos, trata-se da morte, e adicionaremos à explicação evidente que o nosso paciente, assim como outros pacientes obsessivos, é obrigado a superestimar o efeito de seus sentimentos hostis no mundo exterior porque uma boa parte do efeito psíquico interno desses mesmos sentimentos escapa a seu conhecimento consciente. Seu amor – ou, ainda mais, seu ódio – são realmente hiperpotentes; eles criam justamente aqueles pensamentos obsessivos cuja origem ele não entende e contra os quais se defende em vão.[i]

Nosso paciente tinha uma relação muito peculiar com o tema da morte. Ele tomava parte, calorosamente, de todos os casos de falecimento, envolvia-se, piedosamente, com os funerais, de tal maneira que seus irmãos e irmãs o chamavam ironicamente de o "pássaro de cadáver"; mas também na fantasia ele matava pessoas continuamente para expressar sua cordial simpatia com os que foram abandonados. A morte de uma irmã mais velha, quando ele tinha entre 3 e 4 anos de idade, desempenhou um papel muito grande em suas fantasias e entrou na relação mais íntima com as reinações infantis daqueles anos. Sabemos, além disso, quão prematuramente o pensamento da morte do pai o havia ocupado e estamos legitimados a conceber o seu adoecimento mesmo como reação a esse episódio que ele, na compulsão, havia desejado quinze anos antes. A

---

[i] [*Nota acrescida em 1923:*] A onipotência dos pensamentos, ou, mais precisamente, dos desejos, tem sido desde então reconhecida como uma parte essencial da vida anímica primitiva. (V. *Totem e tabu*, v. IX destas *Ges. Werke*.)

estranha extensão de seus temores obsessivos ao "além-túmulo" não é nada além de uma compensação pelos desejos de morte contra o pai. Ela foi introduzida quando o luto pelo pai falecido experimentou uma renovação um ano e meio depois e estava destinada a voltar a anular sua morte, contrariando a realidade e por amor ao desejo, que antes havia se insinuado em todas as espécies de fantasias. Em várias passagens (p. 403, 406), aprendemos a traduzir o adendo "no além-túmulo" com as palavras: "se o pai ainda fosse vivo".

Entretanto, não muito diferente do comportamento de nosso paciente é o de outros pacientes obsessivos, aos quais o destino não tenha decidido por um primeiro encontro com o fenômeno da morte em tão tenra idade. Seus pensamentos ocupam-se sem cessar com a duração da vida e com a possibilidade da morte de outros, suas inclinações supersticiosas não tiveram no começo nenhum outro conteúdo e talvez nem tenham nenhuma outra origem. Mas, acima de tudo, eles precisam da possibilidade da morte para solucionar os conflitos que deixaram sem resolver. Sua característica essencial consiste na incapacidade de decisão sobretudo em assuntos de amor; eles procuram prorrogar qualquer decisão, e, na dúvida sobre que decisão tomar em relação a uma pessoa ou a uma medida a ser adotada contra uma pessoa, tem de prevalecer o modelo do antigo Tribunal Imperial alemão, cujos processos costumavam terminar com a morte das partes litigantes, antes de ser proferida a sentença. Portanto, em todo conflito da vida, eles espreitam a morte de uma pessoa importante para eles, em geral uma pessoa amada, seja um dos pais, seja um rival ou um dos objetos de amor entre os quais oscila a sua inclinação. Mas, com essa apreciação do complexo de morte na neurose obsessiva, já estamos resvalando na vida pulsional dos pacientes obsessivos, que agora vai nos ocupar.

c) A vida pulsional e a derivação da obsessão e da dúvida

Se quisermos chegar a conhecer as forças psíquicas cuja interação construiu essa neurose, precisamos remontar ao que averiguamos em nosso paciente sobre as causas de seu adoecimento na idade madura e na infância. Ele adoeceu aos 20 anos, ao ser confrontado com a tentação de se casar com uma moça que não era sua amada de longa data e ter evitado a decisão sobre esse conflito, adiando todas as atividades que eram requeridas, para cujo propósito a neurose lhe forneceu os meios. A hesitação entre a amada e a outra moça pode ser reduzida ao conflito entre a influência do pai e o amor pela dama, ou seja, a uma escolha conflituosa entre pai e objeto sexual, como a que já havia existido na infância, de acordo com as lembranças e as ocorrências obsessivas. Além disso, é inequívoco ao longo de toda a sua vida que existia nele um confronto entre amor e ódio em relação tanto a sua amada quanto a seu pai. Fantasias de vingança e fenômenos obsessivos, como a compulsão de compreender ou o manejo com aquela pedra na estrada rural, testemunham nele essa cisão que até certo ponto podia ser entendida como normal, pois a amada com uma primeira recusa e mais tarde com frieza lhe havia dado motivo para sentimentos hostis. Mas a mesma condição cindida dos sentimentos dominava, como verificamos através da tradução de seus pensamentos obsessivos, a sua relação com o pai, e este também devia ter lhe dado motivos para essa hostilidade na infância, como pudemos constatar quase com certeza. Sua relação com a amada, composta de carinho e hostilidade, acontecia em grande parte em sua percepção consciente. Ele se enganava, no máximo, quanto à dimensão e à expressão do sentimento negativo; em contrapartida, a hostilidade contra o pai, que outrora fora intensamente consciente, desde muito tempo se afastara dele e só pôde ser trazida de volta à consciência contra a sua mais violenta resistência. No recalcamento do ódio infantil contra o pai, vislumbramos aquele processo que compeliu para dentro dos limites da neurose todos os acontecimentos ulteriores.

Em nosso paciente, cada um dos conflitos de sentimento enumerados não é independente um do outro, mas estão soldados em pares. O ódio contra a amada precisou somar-se à afeição ao pai, e vice-versa. Mas as duas correntes de conflitos que restam após essa simplificação, a oposição entre o pai e a amada, e a contradição entre amor e ódio em cada uma dessas relações, nada têm a ver entre si, nem por seu conteúdo nem geneticamente. O primeiro desses dois conflitos corresponde à hesitação normal entre homem e mulher como objetos da escolha amorosa, e que é apresentado à criança pela primeira vez com a célebre pergunta: Você gosta mais de quem: do papai ou da mamãe?, e que depois vai acompanhá-la durante toda sua vida, em que pesem todas as diversidades na formação das intensidades das sensações e na fixação das metas sexuais definitivas. Só que o normal é que essa condição de oposição logo perca o caráter de contradição aguda ou de um intransigente "ou isto – ou aquilo": cria-se espaço para as exigências desiguais de ambas as partes, embora, mesmo na pessoa normal, a estimação do valor de um sexo seja sempre ressaltada com a desvalorização do outro.

Mais estranheza nos causa o outro conflito, entre amor e ódio. Sabemos que um enamoramento insipiente é percebido com frequência como ódio, que o amor ao qual a satisfação é impedida se transpõe, em parte, facilmente em ódio, e sabemos pelos poetas que, em estágios turbulentos do enamoramento, os dois sentimentos opostos podem existir um ao lado do outro durante algum tempo como na competição. Mas uma coexistência crônica de amor e ódio em relação à mesma pessoa, ambos os sentimentos em máxima intensidade, causa-nos espanto. Teríamos esperado que o grande amor há muito tempo tivesse superado o ódio ou tivesse sido consumido por ele. Na realidade, semelhante persistência dos opostos só é possível sob condições psicológicas especiais e através da cooperação do estado inconsciente. O amor não pode extinguir o ódio, mas apenas pressioná-lo ao inconsciente e, uma vez no inconsciente, ele pode, protegido da eliminação pela influência da consciência, preservar-se e até mesmo crescer. Sob essas circunstâncias, o amor consciente costuma crescer, de maneira reativa até atingir uma intensidade particularmente elevada, para estar à altura do trabalho que lhe é imposto constantemente: manter seu opositor no recalcamento. Uma separação muito prematura desses dois opostos, ocorrida nos anos pré-históricos da infância, com recalcamento de uma das partes, habitualmente do ódio, parece ser a condição dessa estranha constelação da vida amorosa.[i]

---

[i] Comparar com as discussões a esse respeito em uma das primeiras sessões. – [*Nota acrescida em 1923:*] Posteriormente, Bleuler criou o nome adequado para essa constelação de sentimentos, a saber, "ambivalência". Comparar, além disso, com a continuação ulterior dessas discussões no ensaio "A disposição à neurose obsessiva" (v. VIII destas *Ges. Werke*).

Se tivermos uma visão de conjunto de certo número de análises de pacientes obsessivos, inevitavelmente teremos a impressão de que uma conduta como essa de amor e ódio como em nosso paciente é uma das características mais frequentes, mais declaradas e, por isso, provavelmente mais importantes da neurose obsessiva. Porém, por tentador que fosse referir o problema da "escolha da neurose" à vida pulsional, existem motivos suficientes para abandonar o caminho dessa tentação, e precisamos nos dizer que em todas as neuroses descobrimos, como portadoras do sintoma, as mesmas pulsões reprimidas. O ódio retido pelo amor na repressão do inconsciente também desempenha, sem dúvida, um grande papel na patogênese da histeria e da paranoia. Conhecemos muito pouco a essência do amor, para aqui tomarmos uma determinada decisão; sobretudo a relação entre o fator *negativo*[i] do amor e a componente sádica da libido permanece inteiramente obscura. Por isso, talvez tenha o valor de uma informação provisória se dissermos: nos casos mencionados de ódio inconsciente, a componente sádica do amor teria se desenvolvido constitucionalmente de modo particularmente intenso e por isso teria sofrido uma repressão prematura e

---

[i] "Sim, com frequência tenho o desejo de não o ver mais entre os vivos. Mas se isso viesse a acontecer, sei que eu ainda ficaria muito mais infeliz, tão indefeso, tão totalmente indefeso eu sou em relação a ele", diz Alcibíades sobre Sócrates no *Banquete* (trad. de R. Kassener). [Esses versos, extraídos do *Banquete* (também chamado de *Simpósio*), de Platão, foram apresentados por Freud na versão alemã de Rudolf Kassener e vertidos literalmente do alemão para o português pelo tradutor desta história clínica. Na tradução de Carlos Alberto Nunes (Editora UFPA, 2011, p. 185), os versos originais gregos têm este teor em português: "[...] indo a ponto de desejar que ele já não pertencesse ao número dos vivos. Porém, se isso viesse a acontecer, tenho que minha situação se tornaria intolerável, de modo que já não sei o que faço com este homem". (N.T.)]

extremamente radical, e, assim, os fenômenos observados da neurose derivam, de um lado, da ternura consciente elevada às alturas por reação, e, do outro, do sadismo, que, no inconsciente, segue produzindo efeitos de ódio.

Mas, qualquer que seja a maneira de entender essa notável relação entre amor e ódio, sua ocorrência é obtida, acima de qualquer dúvida, através da observação de nosso paciente, e é motivo de satisfação ver como então se tornam facilmente discerníveis os enigmáticos processos da neurose obsessiva através da referência a esse único fator. Se um amor intenso é necessariamente confrontado e ligado a um ódio de quase igual intensidade, a consequência imediata tem, necessariamente, de ser uma paralisia parcial da vontade, uma incapacidade de tomar decisões em todas as ações nas quais o amor deva ser o motivo impulsionador. A indecisão, todavia, não permanece muito tempo restrita a um grupo de ações. Pois, em primeiro lugar, que ações de um amante não entrariam em relação com o seu motivo principal? Em segundo lugar, à conduta sexual corresponde um modelo de poder, com o qual ela exerce o efeito de amoldar as restantes reações de um ser humano; e, em terceiro lugar, é próprio da natureza psicológica da neurose obsessiva fazer um uso extenso do mecanismo de *deslocamento*. Dessa forma, paulatinamente a paralisia de decisão vai se estendendo a todas as ações do ser humano.[i]

Com isso está dada a supremacia da *obsessão* e da *dúvida*, tal como ela se nos apresenta na vida anímica dos pacientes obsessivos. A dúvida corresponde à percepção interna da indecisão, que, em consequência da inibição do amor pelo ódio, apodera-se do paciente em qualquer

---

[i] Comparar com a figuração através de algo mínimo como técnica do chiste.

ação deliberada. No fundo, é uma dúvida em relação ao amor, que na verdade deveria ser o que há de mais seguro subjetivamente; é uma dúvida que se propagou por todo o resto e deslocou-se preferencialmente para o mínimo mais indiferente. Quem duvida de seu próprio amor também se reserva o direito e o dever de duvidar de todas as outras coisas menores?[i]

É a mesma dúvida que leva à incerteza sobre as medidas protetoras e à repetição continuada, para banir essa incerteza, e que por fim consegue fazer com que essas ações protetoras se tornem tão inexequíveis quanto a decisão para o amor originariamente inibida. No início de minhas experiências, tive de supor uma origem diferente e mais geral para a incerteza de pacientes obsessivos, que parecia se aproximar mais da norma. Se, por exemplo, enquanto estou redigindo uma carta, outra pessoa me perturba com perguntas, sinto em seguida uma incerteza justificada quanto ao que eu possa ter escrito certamente sob a influência da perturbação, e me vejo obrigado, por segurança, a reler a carta mais uma vez, logo que terminada. Assim, eu também poderia pensar que a insegurança dos pacientes obsessivos, por exemplo, durante suas orações, devia-se ao fato de que a elas se misturavam continuamente fantasias inconscientes como perturbadoras da atividade rezar. Essa hipótese estava correta e era facilmente conciliável com nossa afirmação precedente. É certo

---

[i] Os versos de amor de Hamlet dirigidos a Ofélia:
Doubt thou the stars are fire;
Doubt that the sun doth move;
Doubt truth to be a liar;
But never doubt I love. (II, 2)

[Duvide que as estrelas sejam fogo;/Duvide que o Sol se mova;/Duvide que a verdade não seja mentira;/Mas nunca duvide do meu amor.]

que a incerteza de ter cumprido uma medida protetora provém das fantasias inconscientes perturbadoras, mas essas fantasias contêm justamente o impulso contrário que deveria ser defendido exatamente pela oração. Em nosso paciente, isso fica perfeitamente óbvio certa vez, quando a perturbação, em vez de permanecer inconsciente, fez-se ouvir, ao contrário, em alto e bom som. Quando ele quis rezar *"Deus a proteja"*, precipita-se, de repente, de seu inconsciente um *"não"* hostil, e ele adivinhou que se tratava de uma aproximação de uma maldição (p. ???). Se esse "não" ficasse mudo, ele permaneceria então em um estado de incerteza, e prolongaria cada vez mais a sua oração; mas, uma vez articulado em voz alta, finalmente ele parou com a oração. Antes de fazê-lo, tentou, como o fazem outros pacientes obsessivos, todos os métodos para prevenir a intromissão do oposto, abreviar a oração, pronunciá-la mais rapidamente etc.; outros empenham-se zelosamente em *"isolar"* das outras cada ação protetora como essa. Mas, com o tempo, nenhuma dessas técnicas dá frutos; se o impulso amoroso conseguiu levar a cabo algo em seu deslocamento para alguma ação insignificante, não tardará a ser seguido pelo impulso hostil, que anulará novamente a sua obra.

Quando então o paciente obsessivo descobre o ponto fraco na certeza de nossa vida anímica, a saber, a inconfiabilidade da memória, ele pode assim, com a sua ajuda, estender a dúvida a tudo, inclusive a ações já consumadas que ainda não se encontravam ligadas ao complexo amor-ódio, bem como também a todo o passado. Lembro aqui o exemplo daquela senhora que acabara de comprar um pente para sua filha pequena em uma loja e, após suspeitar do marido, começou a duvidar se já não possuía aquele pente desde muito tempo. Será que aquela mulher não estaria dizendo diretamente: Se posso duvidar de seu amor (e isso não passa de uma projeção de sua dúvida quanto a seu próprio amor por ele), então também posso duvidar disso, então posso duvidar de tudo, entregando, desse modo, ao nosso entendimento o sentido oculto da dúvida neurótica?

Todavia, a *obsessão* é uma tentativa de compensar a dúvida e de corrigir os intoleráveis estados de inibição dos quais a dúvida dá testemunho. Se o deslocamento finalmente tiver ajudado a levar à resolução qualquer um dos propósitos inibidos, então esse propósito precisa ser levado a cabo; não será mais, por certo, o propósito originário, mas a energia ali acumulada não mais renunciará à oportunidade de encontrar sua descarga na ação substitutiva. Portanto, essa energia se manifesta em ordens e proibições, nas quais ora o impulso terno, ora o hostil conquistam esse caminho rumo à descarga. Se a ordem obsessiva não precisar ser executada, a tensão é intolerável e será percebida como um medo muito intenso. Mas o próprio caminho até a ação substitutiva deslocada para algo ínfimo é disputado tão calorosamente que esta, na maioria das vezes, só consegue impor-se como medida protetora intimamente vinculada a um impulso que precise ser defendido.

Além disso, através de uma espécie de *regressão*, atos preparatórios passam a ocupar o lugar da resolução definitiva, o pensar substitui a ação, e uma espécie de estágio do pensamento prévio da ação impõe-se com violência obsessiva em vez da ação substitutiva. Dependendo de essa regressão do agir para o pensar estar mais ou menos pronunciada, o caso de neurose obsessiva assume o caráter de pensar obsessivo (representação obsessiva) ou o de agir obsessivo no sentido estrito. Mas essas genuínas ações obsessivas só se tornam possíveis por haver se produzido nelas, em formações de compromisso, uma espécie de conciliação entre os dois impulsos que se combate mutuamente. De fato, as ações obsessivas se assemelham cada vez mais – e quanto mais durar o sofrimento, mais nítidas serão – às ações sexuais infantis do tipo da masturbação. Assim, com essa forma de neurose chegou-se, sem dúvida, a atos de amor, mas só com o auxílio de uma nova regressão, não mais a atos dirigidos a uma pessoa, ao objeto de amor e ódio, mas a ações autoeróticas como na infância.

A primeira dessas duas regressões, a do agir para o pensar, é favorecida por outro fator envolvido no surgimento da neurose. Um acontecimento quase regular nas histórias dos pacientes obsessivos é a emergência precoce e o recalcamento prematuro da pulsão sexual de olhar [*Schautrieb*] e de saber[23] [*Wißtrieb*], que também em nosso paciente dirige uma parte de sua atividade sexual infantil.[i]

Já consideramos a importância da componente sádica para a gênese da neurose obsessiva; quando a pulsão de saber prevalece na constituição do paciente obsessivo, a ruminação se torna o sintoma principal da neurose. O próprio processo de pensar é sexualizado, na medida em que o prazer sexual, que normalmente se refere ao conteúdo do pensar, volta-se para o próprio ato de pensar, e a satisfação ao alcançar um resultado de pensamento é sentida como satisfação sexual. Esse vínculo da pulsão de saber com os processos de pensamento torna-a particularmente apta, nas diferentes formas da neurose obsessiva em que ela toma parte, a atrair para o pensamento, onde se oferece a possibilidade de outro tipo de satisfação do desejo sexual, a energia inutilmente empenhada em irromper em uma

---

[i] Provavelmente isso está relacionado também ao talento intelectual dos doentes obsessivos, que em média é bastante expressivo.

ação. Dessa maneira, com a ajuda da pulsão de saber, a ação substitutiva pode continuar a ser substituída por atos de pensar preparatórios. No entanto, o adiamento no agir logo encontra o seu substituto na persistência do pensar paciente, e o processo inteiro, preservando-se todas as suas particularidades, é traduzido para um novo terreno, assim como os norte-americanos conseguem mudar [*to move*] de lugar uma casa inteira.

Agora eu me atreveria, apoiando-me nas discussões anteriores, a determinar o caráter psicológico há longo tempo procurado que confere aos produtos da neurose obsessiva o que é "compulsivo". Tornam-se compulsivos aqueles processos de pensamento que (em consequência da inibição dos opostos na extremidade motora dos sistemas de pensamento) são empreendidos com um dispêndio de energia normalmente destinado – qualitativa e quantitativamente – apenas ao agir, ou seja, *pensamentos que, de maneira regressiva, precisam substituir ações*. Certamente não sofrerá nenhuma oposição a suposição de que o pensar, por razões econômicas, é normalmente incitado com deslocamentos de energia de menor porte (provavelmente em um nível mais elevado) do que o agir destinado à descarga e à alteração do mundo exterior.

Aquilo que irrompeu de maneira superintensa na consciência como pensamento obsessivo precisa agora ser assegurado contra os esforços desagregadores do pensamento consciente. Já sabemos que se obtém essa proteção através da *desfiguração* sofrida pelo pensamento obsessivo antes de se tornar consciente. Todavia, esse não é o único meio. Além disso, raramente cada ideia obsessiva se deixa afastar da situação em que foi gerada, na qual, apesar da desfiguração, ela seria mais acessível ao entendimento. Com essa intenção, *insere-se*, por um lado, um *intervalo* entre a situação patogênica e a ideia obsessiva subsequente, o qual desorienta as investigações causais do pensar consciente; por outro lado, o conteúdo da ideia obsessiva é descolado, por *generalização*, de suas referências especiais.

Sobre isso, nosso paciente nos fornece um exemplo na "compulsão de compreender " (p. 371); outro, talvez melhor, é-nos dado por outra paciente que se proibia de usar qualquer joia, embora a causa remontasse a uma única joia que ela havia invejado de sua mãe e esperava que a seu tempo lhe fosse dada por herança. Por último, para proteger a ideia obsessiva contra o trabalho de dissolução consciente, serve também escolher palavras indeterminadas ou ambíguas, se se quer separar essas palavras da desfiguração inteira. Essas palavras mal-entendidas podem então entrar nos delírios, e as formações ou substituições ulteriores da obsessão se vincularão ao mal-entendido em vez de fazê--lo ao texto correto. Todavia, é possível observar que esses delírios anseiam por obter sempre novas relações com o teor e o texto da obsessão, não acolhidos no pensar consciente.

Devido a uma única observação, gostaria ainda de retornar à vida pulsional da neurose obsessiva. Nosso paciente também se revelou um *farejador* que, segundo sua afirmação, na infância era capaz de reconhecer, tal como um cão, cada ser humano pelo cheiro, e para quem ainda hoje as percepções olfativas lhe diziam mais do que outras.[i] Em outros pacientes neuróticos, pacientes obsessivos e histéricos, também encontrei algo parecido e aprendi a levar em consideração, na gênese das neuroses, o

---

i Acrescento que durante sua infância reinaram fortes inclinações coprofílicas. Isso está relacionado ao erotismo anal já enfatizado anteriormente (p. 393ss).

papel de um prazer olfativo que pereceu ainda na infância.[i] De forma bem geral, gostaria de colocar a questão sobre se a atrofia do sentido do olfato, que se tornou inevitável quando o ser humano distanciou-se do chão, e o recalcamento orgânico do prazer olfativo assim estabelecido não podem ter uma boa participação em sua aptidão para adoecimentos neuróticos. Isso produziria o entendimento de que, em uma ascensão cultural, tenha de ser justamente a vida sexual a trazer as vítimas para o recalcamento. Há muito tempo sabemos como é estreita a relação estabelecida entre a pulsão sexual e a função do órgão do olfato na organização animal.

Para concluir este trabalho, gostaria de expressar a esperança de que minhas comunicações, que em todos os sentidos são incompletas, pelo menos possam estimular outros a se aprofundarem no estudo da neurose obsessiva e assim trazerem à luz dados suplementares. O que é característico dessa neurose, o que a distingue da histeria, não deve ser buscado, em meu juízo, na vida pulsional, mas nas constelações psicológicas. Não posso despedir-me de meu paciente sem mencionar a impressão de que ele estava fragmentado, por assim dizer, em três personalidades; eu diria: uma inconsciente e duas pré-conscientes, entre as quais sua consciência podia oscilar. Seu inconsciente envolvia as moções reprimidas precocemente, que cabe designar como apaixonadas e más; em seu estado normal, ele era bom, alegre, altivo, inteligente e instruído, mas em uma terceira organização psíquica ele reverenciava a superstição e a ascese, de tal sorte que era capaz de ter duas convicções e defender duas visões de mundo distintas. Essa pessoa pré-consciente

---

[i] Por exemplo, em determinadas formas de fetichismo.

continha sobretudo as formações reativas em relação a seus desejos recalcados, e era fácil prever que, se a doença tivesse continuado, ela teria devorado a pessoa normal. Neste momento estou tendo a oportunidade de estudar uma senhora que está sofrendo de graves ações obsessivas e que, de modo semelhante, dividiu-se em uma personalidade tolerante, animada, e uma personalidade gravemente sombria, ascética; a primeira se apresenta seu Eu oficial, ao passo que é dominada pela segunda. As duas organizações psíquicas têm acesso a sua consciência, e, por trás da pessoa ascética, é possível descobrir o inconsciente do seu ser, por ela totalmente desconhecido, que consiste de moções de desejo antiquíssimas, recalcadas há muito tempo.[i]

---

[i] [*Nota acrescida em 1923*:] O paciente a quem a análise comunicada lhe devolveu sua saúde psíquica faleceu na Grande Guerra, como tantos outros jovens valorosos e promissores.

Bemerkungen über einen Fall von Zwangsneurose

1909 *Jahrbuch der psychoanalytischen und psychopathologische Forschung*, v. 1, n. 2, p. 357-421
1943 *Gesammelte Werke*, t. VII, p. 379-466

A história clínica do Homem dos Ratos foi apresentada oralmente por Freud no dia 27 de abril de 1908, por ocasião do Primeiro Congresso de Psicanálise, ocorrido em Salzburgo. A sessão durou cerca de quatro horas e teve forte repercussão. Antes disso, ela tinha sido apresentada outras vezes em reuniões clínicas, sendo conhecida da comunidade científica de então. Freud manteve um detalhado diário de notas dos primeiros meses desse atendimento e, contrariamente ao seu costume, as conservou até o fim de sua vida em Londres. O caso foi escrito cerca de um ano depois de terminado o tratamento. Se parece haver uma distância ou até mesmo um hiato entre as partes clínica e teórica, é também porque cada uma exige um estilo de escrita diferente. Com efeito, a parte clínica reconhece seu caráter de "fragmentos", ao passo que a teórica recorre ao "aforisma", conforme expõe o autor já na primeira página do estudo.

A verdadeira identidade do paciente foi descoberta tardiamente. O homem dos ratos era, na verdade, Ernst Lanzer. Nascido em 1878, Lanzer tinha 29 anos quando procurou Freud e já tinha lido algumas de suas obras. As sessões transcorreram entre outubro de 1907 e setembro de 1908. Durante os três ou quatro primeiros meses, os encontros eram praticamente diários. Dois anos depois, ele se casa com Gisela. É morto prematuramente durante a Primeira Guerra Mundial, executado em campo de prisioneiros do exército russo, no dia 25 de novembro de 1914. O caso Homem dos Ratos constitui o paradigma por excelência da clínica psicanalítica das neuroses obsessivas.

Jacques Lacan retornou ao caso em 1952, munido da antropologia estrutural de Lévi-Strauss, para formular a ideia da neurose como "mito individual". Mais tarde, formula a hipótese de que o sintoma obsessivo visaria destruir ou mesmo anular o desejo do Outro.

Para além da mera descrição de comportamentos ou mesmo da fenomenologia dos sintomas compulsivos, Freud descobre uma configuração psíquica subjacente, cuja gênese o autor reconstrói passo a passo, fornecendo, ao fim e ao cabo, um retrato da vida psíquica obsessiva. Em tempos de esvaziamento da clínica em nome da descrição comportamental e da medicalização de estilos de vida, o caso mantém toda a sua atualidade.

NOTAS

[1] O termo proposto por Freud traduzido aqui como "neurose obsessiva" é "*Zwangsneurose*". A palavra composta traz o étimo "*Zwang*", que se traduz cotidianamente por "coação", "coerção" etc. É o mesmo que traduzimos nesta coleção como "compulsão" a partir da formação "*Wiederholungszwang*" (compulsão à repetição). Daí ser também apropriada a tradução "neurose obsessivo-compulsiva". (N.R.)

[2] Em seu texto, Freud utiliza indistintamente os termos "*Zwangsvorstellung(en)*" e "*Zwangsidee(n)*", que aqui são traduzidos por "ideia(s) obsessiva(s)". Embora se possa encontrar, para o primeiro termo, a tradução em português brasileiro "representações obsessivas", optou-se, nesta tradução, por se verterem ambos os termos da mesma maneira, justamente por Freud tê-los empregado, neste caso clínico, como sinônimos. Freud também recorre, embora com menos frequência, a um terceiro termo sinônimo – "*Zwangseinfall*", que aqui também será traduzido por "ideia obsessiva". (N.T.)

[3] Em alemão, Freud escreve "*Frau Hofrat*". Destaque-se que "*Hofrat*" é um título honorífico normalmente conferido por mérito a funcionários públicos austríacos. Como não há uma tradução exata em português brasileiro para esse termo característico da cultura austríaca, na presente tradução se parte do princípio de que o título tem valor semelhante ao de uma comenda. (N.T.)

[4] Aqui mantivemos a tradução da palavra "*Widerstand*", já abordada nesta história clínica, como "resistência", mas ressaltamos que nela também ressoa a ideia de "rejeição". (N.T.)

[5] Registre-se, aqui, que a palavra alemã utilizada é "*aber*"; no capítulo II desta história clínica, Freud voltará a tratar desse vocábulo. (N.T.)

[6] Expressão francesa que significa "fato consumado". (N.T.)

[7] Expressão latina que significa em português "na ausência de". (N.T.)

[8] O escritor Hermann Sudermann (1857-1928) notabilizou-se sobretudo como dramaturgo do naturalismo alemão, mas também escreveu romances, contos e novelas. Nesse trecho, Freud faz referência a uma cena da novela *Der Wunsch* (O desejo), parte da obra *Geschwister* (Irmãs), publicada em 1886. Essa novela é considerada uma referência clássica para a psicanálise. Entre os anos 1884 e 1887, Sudermann trocou correspondência com o médico berlinense Wilhelm Fliess, que também manteve fortes laços de amizade com Freud. (N.T.)

[9] O adjetivo alemão "*dick*" significa "gordo". (N.T.)

[10] Balaão foi um adivinho que teria sido contratado por Balaque para amaldiçoar Israel, mas terminou abençoando o povo israelense. No

Livro dos Números (4º dos cinco livros da Torá e parte integrante do Antigo Testamento) encontram-se referências a Balaão (cf. *Números* 22: 4-6; 22: 15-17; 22: 28-30; 23: 19-21). (N.T.)

[11] Na correspondência diplomática, as letras "*p. c.*" significam, em francês, "*pour condoléances*" (para condolências), ao passo que as letras "*p. f.*" correspondem a "*pour féliciter*" (para felicitar). (N.T.)

[12] O conde de Monte Cristo é o personagem central da obra homônima do escritor francês Alexandre Dumas (1802-1870). No romance, Edmond Dantès, que encarna o papel do conde de Monte Cristo, surge como um homem generoso em relação, por exemplo, à sua amada Mercedès. A título de exemplo, em uma das muitas frases em que surge o adjetivo "*généreux*" (generoso) nesse romance, lê-se no original francês: "*Les hommes vraiment généreux sont toujours prêts à devenir compatissants, lors que le malheur de leur ennemi dépasse les limites de leur haine*" [Os homens realmente generosos estão sempre prontos a se tornar compassivos quando o infortúnio de seu inimigo ultrapassa os limites de seu ódio]. (N.T.)

[13] O verbo que Freud usa no original alemão é "*blasen*", que significa "soprar", "assoprar", "tocar" [instrumentos de sopro], mas que também é usado como termo da linguagem vulgar no sentido de "provocar a ejaculação através da felação". (N.T.)

[14] O trecho exato da obra de Goethe *Dichtung und Wahrheit* [*Poesia e verdade*], a que Freud se refere, encontra-se na 2ª Parte, livro 9, aqui apresentado em nossa tradução: "'Mas tu também não deverás tê-lo, irmã!'. Com essas palavras, agarrou-me a cabeça com jeito, passando as duas mãos por meus cachos, apertou meu rosto contra o seu e beijou-me repetidas vezes a boca. 'Agora', exclamou ela, 'tema minha maldição. Infortúnio seguido de infortúnio, para sempre e todo o sempre, àquela mulher que pela primeira vez beijar esses lábios depois de mim! Agora ousa voltar a ter alguma ligação com ele! Eu sei que desta vez o Céu está me ouvindo. E quanto ao senhor, trate de apressar-se, apresse-se o mais que puder!'". (N.T.)

[15] No texto original, Freud escreveu a palavra alemã "*Spielratte*", que pode ter estes dois significados: a) criança que adora brincar; e b) pessoa viciada em jogo. Observe-se que a raiz "*spiel-*" denota tanto a ideia de "brincar" quanto a de "jogar", mais ou menos como ocorre com o inglês "*play*". Em tradução literal, "*Spielratte*" significa "rato de jogo", embora não haja um idiomatismo em português brasileiro que inclua a palavra "rato" e exprima exatamente a mesma ideia pretendida por Freud no texto aqui traduzido, ou seja, a segunda acepção do idiomatismo alemão aqui descrito. Em português, empregamos, por exemplo, a expressão "rato de biblioteca" para designar alguém que passa muito tempo em bibliotecas. (N.T./N.E.)

[16] As duas figuras a seguir ilustram os esforços dos editores ingleses de elucidar a confusão do paciente, assim como a insuficiência da exposição de Freud. A figura n. 1 foi inserida na edição de 1923; a figura n. 2 foi reformulada para a edição de 1955. [N.E.]

Fig. 1

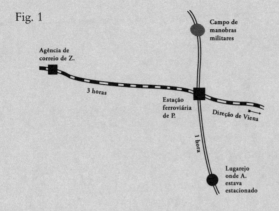

Fig. 2

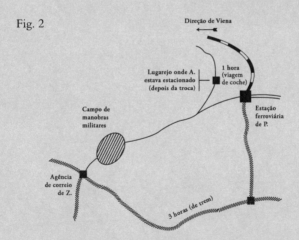

[17] Essa associação só funciona em alemão, pois as duas palavras têm uma pronúncia muito próxima: "*Ratte*" [rato], "*Rate*" [prestação]. A única diferença de pronúncia é que, na primeira, o "a" é breve, e, na segunda, o "a" é longo. (N.T.)

[18] Expressão latina que significa "pelo ânus". (N.T.)

[19] Friedrich Salomon Krauss (Krauß) (1859-1938) era judeu austro-húngaro que, além de etnólogo e eslavista, também realizava pesquisas sobre sexualidade. Foi o editor do anuário intitulado *Anthropophyteia*, publicado entre os anos 1904 e 1913. Nessa obra, eram tratados os mais diversos temas ligados a lendas, mitos, folclore, escatologia, língua, cultura etc. dos mais diversos povos dos diferentes continentes. No volume III, publicado em 1906 (Leipzig: Deutsche Verlagsactiengesellschaft), Krauss, na qualidade de pesquisador, autor, compilador e organizador da obra, aborda temas que se inserem perfeitamente na alusão feita anteriormente por Freud aos povos eslavos meridionais. Um dos capítulos traz o título "Südslawische Volksüberlieferungen, die sich auf den Geschlechtsverkehr beziehen" (Tradições populares eslavo-meridionais relacionadas à relação sexual). Ali constam, a título de exemplo, as seguintes temáticas: a) das aberrações sodomitas; b) sobre aqueles que se tornaram incapazes de praticar o coito; c) sobre o cu; d) sobre o peido. (N.T.)

[20] "Mas", em português. Em alemão, o acento tônico de "*aber*" recai sobre a primeira sílaba, de modo que a vogal "e", em conjunto com a consoante "r", é átona. (N.T.)

[21] "Defesa", em português. (N.T.)

[22] Em alemão, "s" + "*Amen*" produz a palavra "*Samen*", que significa "sêmen", "esperma", "semente", em português. (N.T.)

[23] No texto original em alemão, Freud usa dois termos construídos a partir de palavras alemãs bastante comuns, sem recorrer a raízes greco-latinas. Em português, há os termos paralelos, de construção erudita, a saber: "*Schautrieb*" = pulsão escópica (pulsão de olhar) e "*Wisstrieb*" = pulsão epistemológica (pulsão de curiosidade). (N.T.)

ANOTAÇÕES ORIGINAIS SOBRE UM CASO DE NEUROSE OBSESSIVA (HOMEM DOS RATOS) (1955 [1907-1908])

I
1º DE OUTUBRO 07

Dr. *Lorenz*, 29 a. e meio de idade, afirma sofrer de obsess.[1] particularmente intensas desde 1903, mas a data desde a infância. Conteúdo principal *temores de que ocorra algo a duas pessoas que ele muito ama*: seu pai e uma dama, a qual venera. Além disso impulsos obsessivos p. ex. de cortar o pescoço com a navalha de barbear, proibições que estão relacionadas a coisas insignificantes. Disse que perdeu anos em seu estudo pela luta contra suas ideias, por isso só agora estaria sendo estagiário jurídico. Em sua atividade profissional, os pensamentos só se fazem valer quando se trata de Direito Penal. Também estaria sofrendo sob o *impulso* de *fazer algo* à dama por ele adorada, que em sua presença ele normalmente silencia, mas que vem à tona em sua ausência. Mas a distância até ela, que vive em Viena, sempre lhe teria feito bem. De nada lhe teriam servido os tratamentos tentados, exceto uma estação de águas em Munique, que lhe teria feito muito bem *pelo motivo* de lá ter conhecido alguém que o levou a um intercurso sexual regular. Aqui ele não tem nenhuma chance como essa, tem relações muito raramente e com irregularidade, quando surge alguma ocasião. Quanto às prostitutas, ele diz sentir nojo delas. Sua vida sexual teria sido escassa, masturbação teve papel pequeno entre os 16 e os 17 anos, potência normal. Primeiro coito aos 26 anos.

Ele passa a impressão de ter uma cabeça clara e perspicaz. Após eu ter lhe apresentado as condições diz que teria de falar com sua mãe, volta no dia seguinte e aceita.

Primeira sessão [quarta-feira, 2 de outubro]
Depois de eu lhe comunicar as duas condições principais do tratamento e franquear o início:

Ele conta ter um *amigo*, a quem estima extrem., Dr. Springer, a quem sempre visita ao ser tomado por um impulso criminoso, e lhe pergunta se este o menospreza como criminoso. Afirmou que ele o considerava correto, ao lhe garantir que ele era um ser humano impecável, que provavelmente se habituara desde jovem a contemplar sua vida sob esses pontos de vista. Numa determinada época outro homem também teria exercido uma influência semelhante sobre ele, um tal Sr. Loewy, estudante de Medicina, que estava com uns 19 a., quando ele próprio contava entre 14 e 15 a., esse rapaz caiu no agrado dele e de seu irmão, e elevou sua autoestima de forma tão excepcional, que ele se permitia ver-se como um gênio. Mais tarde L. tornou-se seu preceptor e mudou sua atitude, rebaixando-o a bobalhão. Um dia, quando eles passeavam com um colega de L., este foi incitado por L. a pregar mentiras médicas no meu paciente, e, quando ele acreditou nelas, os dois riram da tolice dele. Mais tarde ele observou que L. se interessava por uma de suas irmãs e que só se teria envolvido com os irmãos para ter acesso à casa. Este foi o primeiro grande abalo de sua vida.

Sem pausas, ele continua. Minha vida sexual começou muito cedo. Lembro-me de uma cena de quando eu tinha 4-5 a. (a partir dos meus 6 a., minha lembr. em geral é completa), que anos mais tarde me apareceu de forma clara. Tínhamos uma jovem governanta muito bonita, a Srta. *Peter* [o sobrenome me chama a atenção].[2] Uma noite ela estava lendo deitada no sofá com roupa leve, eu deitado ao lado dela e pedi permissão para me enfiar por baixo de suas anáguas. Ela permitiu contanto que eu não contasse para ninguém sobre isso. Ela estava com pouca roupa, e eu apalpei sua genitália e seu ventre, que me pareceu "curioso". Desde então, permaneceu em mim uma ardente e martirizante curiosidade em ver o corpo feminino. Sei com que tensão eu ficava esperando no banheiro, onde eu ainda podia entrar com a srta. e minhas irmãs, até a srta. entrar na água sem roupa. Lembro-me de mais coisas da idade de 6 a. Tínhamos uma outra srta., também jovem e bela, que tinha abscessos nas nádegas que ela costumava espremer à noite. Eu ficava à espreita daquele momento para matar minha curiosidade também no banheiro, embora a Srta. Lina (ele também menciona o outro nome) fosse mais reservada que a primeira. Respondendo a perguntas: eu não dormia regularmente no quarto dela, na maioria das vezes com meus pais. Lembro-me de uma cena, quando eu devia estar com 7 a. (mais tarde ele admite a probabilidade de ter mais um ano). Estávamos sentados, à noitinha, a srta., a cozinheira Resi, outra moça, e meu irmão um ano e meio mais novo. De repente ouvi da conversa das moças quando a Srta. Lina disse que com o pequeno dava pra se fazer isso, mas o Paul (ele) seria muito desajeitado, ele certamente erraria o alvo. Não entendi muito bem o que estavam dizendo, mas entendi a discriminaç. e comecei a chorar. Lina consolou-me e depois me contou que uma moça que fizera uma coisa daquelas com um garoto, que estava sob seus cuidados, ficara detida durante vários meses. {Fantasia} Não acredito que ela tenha abusado de mim sexualmente, mas eu tinha muitas liberdades com ela. Quando eu ia me deitar na cama ao lado dela, eu a cobria e a apalpava, algo que ela se permitia sem problemas. Ela não era muito inteligente e, evidentemente, muito necessitada sexualmente. Tinha 23 a., já tinha tido um filho e pouca oportunidade de ver seu amado. Com esse, ela acabou casando-se mais tarde, de modo que agora é a esposa de um funcionário público de alto escalão. Ainda a vejo sempre.

Detenho-me na história da Srta. Peter e procuro saber seu primeiro nome. Ele não sabe. Pergunto se ele não se admira de ter esquecido o prenome que acaba sendo a maneira tão exclusiva de designar uma mulher, e de só ter percebido o sobrenome. Ele não se mostra admirado; mas eu o reconheço como homossexual pela sua introdução e pelo compromisso "Peter".

Com 6 a. eu já tinha sofrido ereções e sei que uma vez fui falar com a mãe para me queixar disso. Também sei que nesse caso eu tinha preocupações a superar, pois eu pressentia a conexão com minhas ideias e minha curiosidade e durante algum tempo tive a ideia doentia de que meus pais saberiam de meus pensamentos, o que *eu explicava para mim dizendo que eu os expressava em voz alta, mas sem eu mesmo conseguir ouvi-los*. Vejo aqui o início de minha doença. Havia pessoas, moças, de quem eu gostava muito, e que eu desejava urgentemente ver nuas. Mas esses desejos me causavam um sentimento infamiliar [*unheimliches*], como se algo tivesse de acontecer se eu pensasse nisso, e eu tinha de fazer de tudo para impedi-lo. Como prova desses primeiros receios aponta "p. ex., que meu pai morreria" (*o exemplo é a própria coisa*). Pensamentos sobre a morte de meu pai me ocuparam muito cedo e por longos anos, deixando-me muito triste.

Seu pai teria (quando?) morrido.

Segunda sessão [quinta-feira, 3 de outubro]
Acho que eu quero começar pela experiência que foi o motivo imediato que me levou a procurar o Sr. Foi em agosto durante as manobras militares na Galícia. Antes estava me sentindo muito mal e me atormentando com todo tipo de pensamentos obsessivos, mas que durante as manobras logo retrocederam. Interessava-me mostrar aos oficiais não apenas que se aprendia algo, mas

que também se aguenta algo. – Um dia, estávamos fazendo uma marcha que partiu de Spas.³ Durante o descanso perdi meu pincenê e, embora tivesse podido encontrá-lo facilmente, eu não quis atrasar a partida e desisti dele. Telegrafei ao oculista, para que me enviasse imediatamente um pincenê sobressalente. No mesmo local do repouso ocupei um lugar entre dois oficiais, dos quais um – capitão com sobrenome tcheco,⁴ mas vienense, torna-se importante para mim. Tive certo medo desse homem, pois *aparentemente ele adorava crueldades.* Não quero afirmar que ele era mau mas, p. ex., durante as refeições dos oficiais, repetidas vezes ele se mostrara a favor da introdução de punição corporal e eu tive a oportunidade de contradizê-lo energicamente. Durante o descanso conversamos e o capitão contou ter lido sobre uma punição particularmente terrível aplicada no Oriente...

Aqui ele se interrompe, põe-se de pé e pede-me permissão para fazer a descrição dos detalhes. Asseguro-lhe que eu mesmo não tenho nenhuma inclinação à crueldade, que certamente não gosto de atormentá-lo, mas que naturalmente também não quero lhe dar de presente coisa nenhuma sobre a qual eu não tenha nenhum poder. *Que ele também poderia pedir-me que lhe desses dois cometas de presente.* Que a superação de resistências seria um imperativo do tratamento que naturalmente não poderíamos desprezar. [No início da sessão eu lhe comunicara o conceito de resistência, quando ele mencionou que teria muitas coisas a superar dentro de si, se ele tivesse de contar sua vivência.] Continuei, mas o que eu poderia fazer para adivinhar *inteiramente* que viesse a acontecer algo aludido por ele. Se ele estava se referindo a empalamento? – Não, isso não. Em vez disso o condenado ficava amarrado – ele se expressava de forma tão obscura que eu não percebi logo qual era a posição – sobre o seu traseiro era emborcada uma vasilha e nela ratos eram introduzidos que – ele já se levantara novamente e fazia gestos de horror e resistência – lá penetravam. No ânus, permiti-me completar. Pelas falas da primeira sessão reconheci a componente homossex.

Em todos os fatores mais importantes do rel., percebe-se nele uma *feição singular,* que eu só posso interpretar como horror diante de seu desejo desconhecido por ele mesmo. Com todas as dificuldades ele prossegue. Nesse momento fulminou-me uma *ideia* de que isso acontecesse com uma pessoa cara a mim. [Ele diz ideia, a palavra "desejo", mais forte e mais correta, certamente fica encoberta pela censura.][5] Infelizmente não consigo reproduzir a imprecisão pecul. da sua maneira de se expressar. Em resposta a uma pergunta direta, ele confirma que não seria ele mesmo que aplicaria o castigo a essa pessoa, mas que ele – impessoalmente – seria consumado nela. Após um breve tempo percebo que é da dama adorada que se trata.

Fizemos uma pausa para trocarmos algumas impressões sobre essas ideias obsessivas. Ele destaca como esses pensamentos se apresentam a ele estranhos e hostis e com que excepcional rapidez transcorre tudo o mais ligado a eles. Com a ideia em si também está presente a "sanção"; é assim que ele nomeia a medida defensiva sobre aquilo que tem de fazer, para que uma fantasia desse tipo realmente não se realize. Ele não menciona quais seriam as sanções que ao mesmo tempo lhe ocorriam; mas ele consegue se defender de ambas, por um bom tempo, com suas fórmulas habituais: um "mas" com um gesto de exclusão com as mãos, um "o que te ocorre?".

Na noite seguinte, o capitão lhe repassa um pacote entregue pelo correio, dizendo: o 1º Ten. David pagou por você a taxa de contraentrega, você precisa devolvê-la a ele. No pacote estava o pincenê encomendado. Nesse momento tomou forma nele uma sanção: não reembolsar o dinheiro, senão vai acontecer; ele achava que sua fant. se realizaria. E seguindo uma tipologia já sua conhecida, formou-se nele uma ordem como um juramento para combater essa sanção: você precisa devolver as 3 coroas[6] e 80 ao 1º Ten. David, dizendo isso quase a meia-voz.

Aqui ele interrompe para se queixar da falta de compreensão dos médicos que ele consulta. Quando apenas tinha feito algumas alusões a Wagner von Jauregg[7] sobre o conteúdo de seus pensamentos obsess., este sorriu compassivamente, e quando apresentou o exemplo de que nele haveria ideias que o impeliam a prestar uma prova num determinado prazo, embora não tivesse concluído a preparaç. e nada o impedisse de fazê-la dez dias mais tarde, W. disse "uma ideia obsess. benéfica". Ora, não havia nenhuma ideia obsess. benéfica: toda obsessão, mesmo que ele fosse impelido para o que era correto, seria odiada por ele como algo doentio.

Houve um tempo em que ele fora atormentado por impulsos obsessivos autoritários muito mais irritantes do que agora; p. ex. agora neste momento você vai enfiar uma faca no coração, e nos quais a luta entre essas defesas e as defesas opostas o exauriam ao máximo. Então um dia lhe veio a ideia de como seria se o imperativo se tornasse obsessão: você nunca cederá a uma ideia obsessiva. Ele omite que isso teria sido, para ele, a salvação [teria podido ser]. Mas imediatamente a rejeitou, pois preferia lutar e sofrer a ser obrigado a algo, até mesmo a uma proteção. Certa vez foi tomado por essa ideia, só que num estado de exaust.. Deixa de lado saber que mudança estaria vinculada a isso.

Essa interpolaç. certamente se refere à sua relutância contra a última ideia obsessiva positiva, em completa harmonia com a razão sadia. Ele ainda precisa continuar seu relato, mas apresenta novas dificuldades, na verdade objeta ser difícil para ele, como se houvesse uma proibição, falar sobre o que agora viria; [seria] como se, ao falar, isso tivesse de acontecer. Essa proibição já existia antes do tratamento; quando falei das condiç. do tratamento, ela se agudizou. Sua ideia foi imediatamente: como é que você vai se sair dessa dificuldade. – Eu digo que seria uma sofisticação particular da doença proteger-se, daquele modo, do ataque através de suas forças intelectuais. "Esperto" é a palavra certa, opina ele, mas às vezes parece como se também as outras circunstâncias externas fossem espertas.

Fui até meu suboficial de contabilidade e encarreguei-o de levar 3 coroas e 80 ao 1º-Ten.

David, nesse caso acabei me colocando fora do imperativo de juramento, pois este era seu teor: você vai devolver ao D. as 3,80, ou seja, eu mesmo, nenhuma outra pessoa. Ele voltou e informou que o D. estava no posto avançado. Portanto foi fácil para mim, eu tinha poupado a violaç. do juramento. Um oficial que estava indo à cidadezinha ofereceu-me para pagar a quantia por mim no correio, mas resisti, porque me atinha ao teor das palavras. (Não fica claro como D. se coloca em relação ao correio.) Finalmente encontrei o D. e entreguei-lhe as 3,80 que ele havia adiantado por mim. Ele recusou: eu não adiantei nada por você. Nesse momento fui tomado pela ideia: virão dificuldades de que "todos" incorrerão naquele castigo (porque ele não teria conseguido manter seu juramento). "Todos" significa principalmente: seu falecido pai e aquela dama.

(Fant.)
Ele sente a necessidade de uma explicaç. Ele tinha de fazer notar que desde o início, mesmo em todos os receios mais antigos, algo aconteceria aos seus amores, ele não teria situado esses castigos nesta existência, mas no além-mundo, na eternidade. Foi escrupulosamente religioso até os 14-15 a., a partir de quando se desenvolveu até chegar à doutrina atual do livre-pensamento. Compensava a contradição dizendo para si mesmo: o que você sabe da vida no além? O que os outros sabem sobre isso! É que não se pode saber; na verdade você não está arriscando nada, pois faça isso. *Portanto, ele se aproveita da incerteza da razão.* Depois de eu ter chamado a sua atenção para a importância do aspecto infantil na sua

religiosidade e ter lhe sugerido que é mesmo na infância que o indivíduo encontraria os nexos do seu pensar involuntário com seu pensar conscientemente normal, ele observa que quando criança teria gostado muito das histórias bíblicas, mas tudo o que nelas surgia como castigo já teria tido, naquele tempo, um caráter obsessivo para ele.

Ele menciona ainda que após a comunicaç. de D. ele teria engendrado a seguinte saída como forma de poder fazer jus ao seu juramento. Iria ao correio com D., lá D. pagaria 3,80 no guichê, e ele imediatamente lhe devolveria a quantia.

Certa vez, quando da minha observ. de que eu mesmo não seria cruel, ele reagiu tratando-me como "Sr. Capitão". Sobre a queixa a respeito da incompreensão dos médicos, ele me elogia discretamente e menciona ter lido um excerto da minha teoria dos sonhos.

3ª sessão [sexta-feira, 4 de outubro]

Respondendo a perguntas, pai † quando ele estava com 21 a. A inclusão do além-mundo só aconteceu algum tempo depois.

Ele desfaz a imprecisão da oferta de pagamento feito por ele no correio com rel. detalhado. Nesse ponto eu mesmo posso corrigir algumas coisas que observei mal.

O oficial que queria fazer o pagamento por ele era um médico assistente. Ele ponderou se deveria dar-lhe o dinheiro, e acabou fazendo-o. O destino voltou a conspirar. Ele voltou, foi retido e não conseguiu pagar. Perguntado se naquele momento ele não teria acreditado que o dinheiro não era para ser pago ao correio, mas ao David, ele responde que teria tido dúvidas, mas, no interesse do seu juramento, teria acreditado na última opção. Aqui fica uma imprecisão e uma incerteza da lembr. como se tivesse organizado alguma coisa a *posteriori*. O início da coisa que ele acrescenta foi sobretd. o fato de que outro capitão, a quem ele se apresentou, lhe contou que tinha sido indagado no correio se ele conhecia um Ten. Lorenz, para quem havia um pacote com contraentrega à espera. Ele disse: não e por isso não retirou o pacote. Só então veio o episódio com o Cap. Novak. Além disso, ele prossegue com o encontr. com David, que lhe disse que não era ele quem estava com a encomenda, mas o 1º Ten. *Engel*. É daí que vem meu esquecimento.

Ele engendrou sua saída durante o sono da tarde, em sonho, por assim dizer, e ela consistia em que ele iria com ambos os senhores, David e Engel, até o correio; lá David entregaria 3,80 à senhorita do correio, que a srta. então passaria para Engel, que, por sua vez, de acordo com o teor do juramento, devolveria a David.

Ele prossegue então com seu relato. À noitinha, após esse sono vespertino, era a última reunião dos oficiais para concluir a manobra. Coube a ele agradecer, durante o brinde, aos senhores da reserva. Ele falou bem, mas como um sonâmbulo, pois, no fundo, ainda o torturava o pensamento sobre seu juramento. A noite foi terrível, argumentos e contra-argumentos lutavam entre si; o argumento principal foi naturalmente, que

3ª sessão (continuação)

o pressuposto do seu juramento de que David teria adiantado o dinheiro por ele não se aplicava. Mas ele se confortava por isso ainda não ter terminado, por ele ainda ter tempo de amanhã, durante a cavalgada até Przml [Przemyśl], na qual ele seria acompanhado por David até certa altura, de pedir que este fosse com ele até o correio. Só que ele não o fez, deixando David tomar outra direção, mas encarregou seu ajudante de dizer a D. que o visitaria à tarde. Ele próprio chegou a Prz., na est. ferroviária, às 9h30 da manhã, guardou sua bagagem lá, ainda teve de resolver uma série de negócios na cidade e foi então visitar David. O lugar em que este se encontrava ficava a cerca de 1 hora de carruagem de Prz, e para chegar até o lugar onde ficava o correio o trem teria demorado 3 horas; segundo ele ainda teria um bom tempo até pegar o trem noturno de volta a Viena.

As ideias que lutavam entre si diziam, por um lado: claro que seria uma covardia da parte dele se evidentemente apenas estivesse querendo poupar-se da inconveniência de exigir esse sacrifício de David e fazer papel de bobo diante dele, por isso não seguiria seu juramento; e por outro lado: seria, ao contrário, uma covardia se ele cumprisse o juramento, uma vez que com isso apenas estaria querendo alcançar tranquilidade diante da ideia obsess. *Quando, numa reflex., os argumentos assim se contrabalançavam, ele costumava deixar-se levar por eventos fortuitos, bem como pelos julgamentos de Deus.* Por isso ele disse sim quando um carregador de bagagens lhe perguntou na estaç.: para o trem das 10h? e foi resolver seus negócios na cidade. Às 10h ele partiu e ficou diante do seu *fait accompli* [fato consumado], o que muito o aliviava. Com o responsável pelo vagão-restaurante ele ainda conseguiu uma ficha para a *table d'hôte* [refeição]. Na primeira estação ocorreu-lhe de repente que ele poderia muito bem desembarcar ali, esperar o trem vindo da direção contrária e retornar para o lugarejo onde se encontrava o 1º Ten. David. Só a consideração à confirmação que ele deu ao garçom o deteve, ele adiou o desembarque para uma próxima estação. [Desembarcar] em uma dessas [estações] pareceu-lhe fora de cogitação, pois ali ele tinha parentes e ele decidiu passar direto, procurar seu amigo em Viena, apresentar a coisa relativa à decis. e então retornar com o trem noturno. Teria tido uma meia hora de tempo entre os dois trens. Mas em Viena ele não encontrou o amigo no restaurante onde esperava encontrá-lo, apenas um conhecido que o convidou para passar a noite em sua casa. Recusou, pois, queria dormir na casa do seu amigo Springer e ainda tocou a campainha de lá às 11h, embora tivesse preocupação em incomodar a mãe idosa, e ainda contou a história ao amigo durante a noite. Este bateu uma mão contra a outra dizendo que ele ainda podia duvidar se essa teria sido uma ideia obsess., tranquilizou-o por essa noite, de modo que ele dormiu maravilhosamente, e na manhã seguinte foi com ele ao correio para pagar as 3,80 Kr ao correio de Saz. Depois de se despedir do amigo e estar em Brühl[8] com seus familiares, a preocupação tornou a vir à tona. É que os argumentos de seu amigo não haviam sido diferentes dos seus próprios, e ele não se enganava com o fato de que apenas a sua influência pessoal havia produzido o apaziguamento. Ele resolveu ir a um médico pedir que lhe desse um atestado afirmando que ele necessitava, para a sua recuperaç., de um ato daquela natureza, tal como ele o havia imaginado com David, e ele não duvidava de que David então, em razão desse atestado, aceitaria o dinheiro dele. Um acaso conduziu-o até mim. Um estudante de Filosofia, que morava no mesmo prédio e lhes havia emprestado livros, estava exigindo sua devolução. Ele ainda folheou um deles, tratava-se da Psicop. da Vida Cotidiana, ali encontrou coisas que o remeteram aos movimentos de seus próprios pensamentos, e decidiu procurar-me.

_____

Não muito bem reproduzido, muitas das belezas peculiares do caso perdidas, desvanecidas.

Quarta sessão [sábado, 5 de outubro]
 Como é que o Sr. agora vai continuar? Decidi contar-lhe isso, que considero muito importante e que desde o início me atormenta. Ele faz então um relato muito extenso, que admite uma redução: a história clínica do seu pai, que morreu de enfisema em ~~1902~~[9] 1899, quando ele estava com 21 a., o desenvolv. gradual de seu estado até o perigo e o essencial, quando uma noite ele perguntou ao médico, no caso de se tratar de

um estado crítico, quando se poderia considerar eliminado o perigo. A resposta foi: depois de amanhã à noite, e não lhe passou pela cabeça que seu pai não poderia vivenciar aquele prazo. Por isso, ele deitou-se às 11h30 para descansar por uma hora e, quando se levantou à 1h, encontrou um amigo médico da família, que lhe disse que o pai havia morrido. Ele recriminou-se por não ter estado presente na morte, recriminação que se intensificou quando uma cuidadora lhe comunicou que o pai nos últimos dias teria dito seu nome uma vez, como se estivesse sentindo falta dele, e que teria dirigido à cuidadora que se aproximou dele esta pergunta: Você é o Paul? Ele acredita ter percebido que a mãe e a irmã também se recriminavam de forma semelhante. Mas elas não falavam sobre isso. Mas no início, a recriminação não atormentava, durante muito tempo ele não se deu conta do fato [da morte]; sempre voltava a acontecer, ao ouvir uma boa piada, de ele se dizer: *Isso* eu tenho de contar ao pai. A sua fantas. também brincava com o pai, de tal modo que, quando alguém batia à porta, ele pensava: Agora o pai vai entrar, quando entrava num cômodo, esperava ali encontrar o pai, e embora ele nunca esquecesse o fato da morte, a expectat. de uma aparição de fantasma como essa nada tinha de assustador, mas era algo muito desejado por ele. Somente 1 ano e meio mais tarde, em [dez de 02] maio de 02,[10] despertou a lembr. de sua omissão e começou a atormentá-lo ao grau mais terrível, a ponto de ele se considerar criminoso. A ocas. foi a morte de uma tia por afinidade e a sua visita ao velório em Baden. A partir de então ele inclui em sua estrutura de ideias a continuaç. no além-mundo. A próxima consequência foi uma forte incapacidade para o trabalho.

Agora intervenho e, no seguimento das tentativas do seu amigo em acalmá-lo, exponho o seguinte: o fato da aliança infeliz entre conteúdo da represent. e afeto, portanto, [entre] causa da recriminação e dimensão da recriminação. Leigos diriam: o afeto é demasiadamente grande para a represent., portanto, exagerado, a consequência da recriminação de ser criminoso é falsa. O médico, ao contrário: não, o afeto é justificado, não se deve continuar a criticar a consc. de culpa,[11] mas ela pertence a outro conteúdo, que não é cs., a um conteúdo que precisa ser primeiro procurado, e só através de falsa conex. a represent. consciente teria chegado ao local. Nós não estaríamos acostumados a afetos intensos sem conteúdo de r[epresentação] e por isso na falta de conteúdo adotamos outro como substituto de algum modo adequado, p. ex., como no caso de a polícia deter por falta de flagrante um assassino errado. Impotência do trabalho lóg. por causa dessa falsa conexão. Termino apontando os grandes enigmas que decorrem dessa nova concepção, principal. porque ele ainda teria de saber que nunca cometeu um ato criminoso.

Quinta sessão [segunda-feira, 7 de outubro]
Com muito interesse, permite-se apresentar dúvidas. Afinal, como pode estar correta a comunicaç. de que a recriminação, a consc. de

culpa, poderia ter um efeito curativo? – Não essa comunicaç. teria esse efeito, mas sim o descobrimento do conteúdo desconhecido da recriminação. – Sim, isso seria o que ele pensava. Diferença entre cs. e ics. Usura [do consciente], inalterabilidade do ics. Referência à Antig. no meu gabinete – achados arqueológicos. Preserv. devido a soterramento. Só agora Pompeia seria destruída, a partir do momento em que foi descoberta – Se haveria uma garantia de como as pessoas deviam se comportar diante do que foi encontrado. Para um, certamente por superar a recriminação, para outro, não. – Não, residiria na natureza das circunstâncias que a cada vez o afeto seja então superado, já durante o trabalho. Na verdade, Pompeia anseia-se por preservar, dessas ideias martirizantes anseia-se por se livrar. – Ele teria dito para si mesmo que na verdade uma recriminação só poderia surgir pela violaç. das leis morais pessoais mais íntimas, não das externas. (Confirmo que quem as viola normalmente acaba se sentido como herói.) Pois um processo como esse só seria possível com uma *desintegração* da personalid., que desde o início estaria posta. Será que ele voltaria a manter a unidade da personalidade? No caso ele confiaria poder conseguir muita coisa, mais que outros que lhe fossem apresentados como modelos. – De acordo com essa cisão da personalidade, ele apenas queria soldar essa nova oposição entre a pessoa ética e o vilão com a oposição anterior entre cs. e ics.; a primeira seria o cs., a outra o ics. – Disse que podia lembrar, embora se considerasse uma pessoa ética, que durante a infância certamente fizera coisas que é como se tivessem saído daquela outra pessoa. – Ele teria, penso eu, descoberto acidentalmente uma característica principal do ics., o *infantil*; o ics. seria o infantil e aquela parte da pessoa que na época teria se separado dela, não teria participado do desenvolvimento ulterior e por isso teria sido recalcada. Os derivados desse ics. recalc. seriam os elementos que sustentariam o pensar involuntário, que constitui a sua doença. Ainda haveria agora um aspecto a descobrir, refiro-me ao sexual, mas ele não o encontra. Em lugar disso ele expressa a dúvida sobre se ainda seria possível reverter uma alteraç. já existente há tanto tempo, em especial a ideia do além-mundo, que não poderia ser logicamente refutada. Eu não contesto a gravidade do caso e a importância dessas construções, mas a sua idade seria uma muito favorável e muita coisa depende da integridade da personalidade, e pronuncio minha sentença muito favorável sobre ele, a qual aparentemente o deixa muito alegre. Ele ainda relata que o caráter dos seus estados mudou muito. No início de 1903 e no período subsequente eram ataques em que de repente a ideia vinha sobre ele, permanecia intensamente durante 8-10 dias, depois era superada e ele ainda tinha uns dias livres até vir o próximo ataque. Agora as coisas estariam diferentes, ele já teria, digamos, adaptado-se, ele supõe, com o fato de ele já ter feito aquilo que está em questão e então se diria na luta defensiva, você já não pode mais fazer nada, pois o cometeu. Essa suposição de culpabilizaç. antiga lhe seria mais irritante do que a tentação que havia no início de fazer algo que seria uma culpabilizaç. – Faço-lhe um elogio pela clareza com que ele dá expressão a esses estados. – Ele não sabe dizer se essa alteraç. está ligada a alguma nova vivência.

Sexta sessão [terça-feira, 8 de outubro]
Ele precisa contar algo efetivo da juventude. Diz lem[brar-se] de que com talvez 8 a. tinha medo de os pais adivinharem seus pensamentos. Com efeito essa ideia lhe permaneceu fiel durante a vida ulterior. Com 12 a. amava uma menininha irmã de um amigo, mas que não lhe era tão carinhosa como ele desejava. (Quando lhe perguntei: nada sensual, não é que ele quisesse vê-la nua, ela era muito pequena.) E então ele se lem[bra] com certeza da ideia de que ela seria amorosa com ele, se acontecesse um infortúnio com ele, e como tal impõe-se a ele a condiç. de que o pai morresse. Ele a repele imediatamente, agora luta contra a possibilidade de que um desejo pudesse ter se manifestado dessa maneira, tratou-se apenas de uma "conex. de ideias". Eu alego que, se não era um desejo, para que a relutância. Sim, apenas por causa do conteúdo da representaç. de que o pai pudesse morrer. Eu: Ele estaria abordando essa formulação como a de um crime de lesa-majestade, ao passo que também se é punido quando alguém diz: O nosso imperador é um asno como quando alguém o floreia assim: Quando alguém diz..., então ele tem a ver comigo. Sem mais delongas

eu poderia lhe colocar em relação condiç. contra uma relutância como a dele que decerto não seria necessária p. ex. Se o meu pai morresse, eu me mataria junto em cima do seu túmulo. Abalado, agora ele lembra exemplo da moça no livr. dos sonh.[12] que sonha a morte do sobrinho (Ele diz: sobrinha), mas esse não era, naturalmente, um desejo dela. Mas certo nesse caso é que o desejo propriamente dito teria sido silenciado, o caráter de desejo não passava para a condiç. em nada adequada ao desejo. No seu caso, o desejo estaria claramente mencionado, causando impressão de que quem desejasse um propósito também estaria desejando meios. Além disso, a ideia da morte do pai não teria surgido aqui pela primeira vez, ela já viria de antes e ali gostaríamos de investigá-la. Ele continua a relatar que uma 2ª vez passou por sua cabeça como um raio um pensamento muito parecido 1 ano e meio antes da morte do pai. Ele estava apaixonado por *aquela* dama, devido a obstáculos de ordem material não fora possível pensar em compromisso, aí a ideia seria: *Com a morte do pai talvez ele ficasse tão rico que pudesse casar-se*. Na sua defesa, chegou ao ponto de agora apenas desejar que o pai nada deixasse de herança, para que, para a sua pessoa, nenhum ganho compensasse essa terrível perda. Uma terceira vez, mas de forma muito atenuada, na véspera da morte do pai, a ideia: posso estar agora perdendo a minha mais amada, e contra isso veio a contradição: Não, há mais uma pessoa cuja perda seria ainda muito mais dolorosa para você. De um modo ainda mais surpreendente[13] do que aparentando estar seguro, ele afirma *nunca* ter pensado que a morte do pai pudesse ser, para ele, um desejo. Após essas palavras pronunciadas com total intensidd., acho necessário apresentar-lhe uma parte da teoria.

Segundo a teoria, todo medo corresponderia a um desejo antigo recalcado, sendo, portanto, necessário aceitar o oposto direto. Também seria verdade que o ics. seria, então, o oposto direto do cs. Ele fica muito comovido, muito descrente e continua a se admirar de como esse desejo deveria ser possível, se justamente o pai era a mais querida entre todas as pessoas. Sem nenhuma dúvida, ele teria prescindido sem hesitar de qualquer felicidade pessoal para preservar a vida dele. Respondo que justamente esse amor intenso seria condiç. para o ódio recalcado. No caso de pessoas indifer. certamente seria mais fácil para ele manter juntos os motivos da inclinação moderada e da rejeiç., p. ex. no caso de seu chefe no escritório, se ele fosse um diretor agradável, mas um jurista mesquinho e um juiz desumano. Coisa semelhante diria Brutus a César[14]... e, claro, isso já surtiria um efeito estranho, porque imaginamos maior a afeição de Brutus por César. No caso de alguém próximo dele, p. ex. sua esposa, ele se esforçaria por um sentim. unif. e, por isso, como nos humanos em geral, ignoraria os erros dela que poderiam causar rejeiç. nele, passaria por cima deles, como que cego. Portanto, justo o grande amor não admitiria que o ódio (dito assim caricatamente), que certamt. deveria ter alguma fonte, ficasse consciente. Um problema seria apenas de onde ele viria, e suas palavras apontariam para a época em que ele teria medo de os pais adivinharem seus pensamentos. Por outro lado, seria possível perguntar por que o grande amor simplesmente não teria apagado o ódio, como já seria costume ver em moções opostas. Este, pois, deveria estar em ligaç. com uma fonte, uma causa, que, de fato, voltasse a torná-lo invulnerável. Portanto, p. um lado, essa conexão protege o ódio pelo pai contra a ruína, por outro, o grande amor o impediria de [se tornar] cs., e assim lhe restaria justamente a existência ics., para fora da qual [ele] em momentos abriria passagem rápido como um raio. Ele admite que isso está certo, mas naturalmente não há vestígio de convicç. Quer permitir-se perguntas. Como explicar que ele pudesse ter tal ideia tais pausas, um momento com 12 a., depois com 20 a. depois 2 a. mais tarde permanentemente? Pois ele não podia acreditar que nesse ínter. a hostilidade estivesse apagada. Mas que também nas pausas nada teria se mexido das recriminações. Respondo com a regra: quando alguém faz uma pergunta como essa, então ela já teria uma resposta e só precisa continuar a falar. Ele continua falando dentro de um contexto mais descontraído. Ele teria sido o melhor amigo do pai, e este o seu, havendo poucas áreas em que pai e filho se afastavam (o que ele quer dizer), a intimidade entre eles teria sido maior do que a de agora com melhor amigo. Aquela dama por quem ele teria abandonado o pai naquela ideia, ele até a teria amado muito, mas não real[mente] de forma sensual. Suas moções sensuais teriam sido muito mais intensas na época da infância que no tempo da puberdade. – Agora ele teria dado a resposta, digo eu, e ao mesmo tempo encontrado o terceiro grande segredo. A fonte de onde a hostilidade extrai sua indestrutibilidade seria claramente da natureza de apetites sensuais, ele sentiria o pai de algum modo como um incômodo, e esse *conflito entre sensualidade e amor infantil seria então o conflito bem típico*. As pausas ocorreram com ele porque, em consequência da explosão precoce, sua sensualidade teria sido tão abafada no período intermediário. Só quando desejos apaixonados muito intensos tivessem voltado a se apresentar, mesmo eles tendo respectiv. se mantido afastados do caráter sensual, teria essa hostilidade, muito apropriada à situação, aparecido de novo. Peço para ele confirmar que eu não o teria levado ao tema infantil nem sexual, e que ele mesmo teria chegado a isso. Então ele continua a perguntar. Prossegue então perguntando por que no tempo dessa dama ele mesmo não teria decidido que não viria ao caso achar que a perturbaç. daquele amor pelo pai prejudicaria seu amor por ele. Ele recebe a resposta de que porque o presente é extremamente necessário para abater alguém. Esse desejo contestado lhe teria necessariamente vindo naquele tempo a primeira vez, mas era um desejo antigo, recalcado, contra o qual ele não conseguiu se portar diferente de antes e que por isso ficou privado dessa destruiç. O desejo deve ter surgido em épocas em que as circunstâncias eram bem outras, quando ele não amava mais o pai do que pessoa amada ou quando ele não era capaz de nenhuma decis. clara, portanto, nos primeiros anos da sua primeira infância, antes dos 6 a., a partir de quando sua lembr. é fresca, e isso teria ficado assim para toda a vida.

Mas agora era hora de deixar a teoria e voltar para a auto-observaç. e a lembr.

Sétima sessão [quarta-feira, 9 de outubro]

Ele aborda o mesmo tema. Ele não conseguia acreditar ter tido aquele desejo contra o pai. Ele se lembrava de uma novela de Sudermann (Irmãos), que lhe causara profunda impressão, na qual irmã junto ao leito da outra moribunda sente esse desejo de morte para se casar com seu marido e então se mata porque depois dessa maldade não merecia viver. Ele diz entender isso, que era certo ir fundo em seus pensamentos, pois ele tinha certeza de que não merecia outra coisa [portanto contradição em relação ao Não antes assumido, quando ele disse não ter tido o desejo]. – Sei muito bem que nos doentes a coisa é assim, sofrimentos lhes causam satisfaç. E que eles na verd. parcialmente relutam em se tornar saudáveis. Peço-lhe que não perca de vista que o tratamento vai ocorrendo sob constante resistência, e voltarei a lembrá-lo. – Diz querer agora falar de ação criminosa, na qual ele não se reconhece, mas se lembra com certeza. Nietzsche diz: [frase que preciso procurar] Finalmente a memória falha.[15] Nisso, portanto, a minha não falhou. – *Isso porque o Sr. é um autoatormentador, extrai gozo das recriminações.* Com meu irmão mais novo, agora estou sendo realmente bom com ele, no momento ele me causa grande preocupação, quer casar-se, coisa que acho a maior tolice, já pensei em viajar e ir matar a pessoa, para ele não poder se casar com ela – quando menino pequeno eu brigava muito. Mas também nos amávamos muito e éramos inseparáveis, mas ciúme escancarado me dominava, pois ele era o mais forte, o mais bonito e por isso o preferido. Sim o Sr. já me comunicou uma dessas cenas de ciúme, com 8 a., Srta. Lina. Pois bem, após uma oportunidade dessas, certamente antes de 8 a., pois eu ainda não estava na escola, na qual entrei com 8 a., fiz o seguinte. Tínhamos armas de crianças; carreguei a minha com a vareta de recarga, disse para ele olhar para dentro do cano, que ele ia ver algo e então apertei o gatilho. Ela atingiu-o na testa e não lhe causou nenhum dano; mas tinha sido minha intenção lhe causar muita dor. Em seguida fiquei totalmente fora de mim e me perguntava: como fui capaz de fazer isso, mas fiz.

Eu aproveito a oportunidade para argumentar que, se ele guarda na memória um ato tão estranho a ele, como realmente teria sido fácil com algo semelhante, que ele contesta, contra o pai, uns anos antes, o que ele não lembra.

Ele diz saber ainda de outras moções de vingança contra aquela dama que ele tanto adora. Detalhes sobre ela, seu nome, ele ainda mantém em sigilo. Uma parenta ele conheceu em 1898; em 1899 morreu seu pai. Descreve-a como uma pessoa forjada numa única peça; podia ser que assim ela não amasse, se guardaria toda para aquele com quem se casasse. Ele diz que ela não o amava; quando ele teve certeza disso passou a ter uma fant. cs.. Ele vai ficar muito rico e casar-se com outra, e com esta fazer uma visita àquela dama para magoá-la. Mas aí a fant. falhou com ele, pois ele teve de admitir que a outra, a esposa, era indiferente para ele, seus pensamentos confundiam-se e só no fim ficou-lhe clara a ideia de que ela deveria morrer. Também nessa fant. ele encontra, como no ato contra o irmão, o caráter da *covardia*, que lhe é tão terrível, o que não me parece tão explicável.

Em conversa com ele, chamo-lhe a atenç. para que ele logicamente deveria achar-se, na verdade, totalmente irresponsável, pois todas essas moções repudiáveis viriam de sua vida infantil, corresponderiam no ics. a derivados perviventes daq[uela] e ele saberia que a responsabil. não poderia valer para a criança. E da soma das disposições da criança surgiria, pois, a pessoa eticamente respons. só no decorrer do desenvolv. Mas ele duvida dessa origem de todos os seus maus pensamentos e lhe prometo que o tratamento lhe comprovaria isso em cada caso isolado.

Ele ainda acrescenta que desde a morte do pai a doença teria se intensificado enormemente e dou-lhe razão ao reconhecer como contribuição principal de sua intensidade o luto pelo pai, que aqui encontrou uma expressão patol. A explicç. da frase anterior: enquanto um luto normal termina em 1 a. e ½, um luto patol. como o seu é temporalmente ilimitado.

Das seguintes sess., quero apenas anotar o que é essencialmente factual, sem reproduzir o andamento da análise.

10/X Ele quer falar sobre o início de sua represent. obsess. Depreende-se que ele se refere ao início de seus mandamentos. Durante o estudo para o ex. Público vinculados à dama, primeiros preceitos mesquinhos e sem sentido, contar entre trovão e relâmpago a partir de um minuto correr no quarto etc., em conexç. com sua intenção de emagrecer, mandamentos o compeliam, durante seus passeios em Gmunden[16] (verão 1902), a correr sob o sol ardendo em brasa. Mandamento de fazer ex. em julho, ao qual resistiu por conselho do amigo; depois o mandamento de aceitar o primeiro prazo em out., ao que ele obedeceu. Ele desdobrava-se nos estudos com a fant. de precisar apressar-se, para se casar com a dama, parece que essa fant. já foi motivo de seu mandamento, parece que ele atribui esses mandamentos ao pai. Ele perdeu várias semanas pela presença[17] [*Anwesenheit*] da dama, que partiu quando sua avó muito idosa adoeceu. Ele se ofereceu para ir até lá, o que ela recusou – ave de agouro. No meio do estudo desenfreado o pensamento do mandamento de aceitar o primeiro prazo em out. era possível admitir – {EXEMPLO – SUICÍDIO} mas e se viesse o mandamento de cortar o pescoço? Ele percebeu imediatamente que esse mandamento já estava dado, correu até o armário para pegar a navalha de barbear. {INTENÇÕES DE ASSASSINATO} Aí lhe ocorreu: não, não é tão fácil assim, você precisa viajar até lá e matar a velha senhora. Então ele caiu no chão de espanto. {INTENÇÃO} Quem é que então lhe ordena isso? A dama ainda muito misteriosa. Juramentos que ele esqueceu. Luta defensiva em voz alta contra eles, também esquecida.

11/X Luta violenta, dia lastim. Resistência, porque ontem exigi que trouxesse foto da dama, p. ex. renunciar à reserv. em relação a ela. {SINAIS DE CONFLITO} Conflito abandonar tratamento ou entregar segredo. Sua cs. não dominou seus pensamentos agitados de forma nenhuma. Relata de que maneira tentou defender-se das repres. obsess. Ao mesmo tempo com religiosidade. Instituiu-se orações que gradualmente lhe custavam até 1 ½ h, porque nas fórmulas simples insinuava-se algo que as transformava no oposto, p. ex. "Deus o proteja – não". (Balaão invertido.[18]) Dou-lhe esclarecim. sobre a incerteza básica de todos os métodos de apaziguam., porque gradualmente o que foi combatido se infiltra neles, o que ele confirma. Uma vez, no meio disso, veio-lhe a ideia de praguejar, o que certamente não seria nenhuma ideia obsess. (o sentido orig[inal] do recalc[ado]). Ele cortou tudo isso subitamente há 1 a. ½, i.e. das iniciais de determinadas orações, ele formou uma palavra, algo como *"Gigellsamen"* (verificar com precisão) que ele pronuncia tão rapidamente que nada pode lhe ocorrer no meio. {SUPERSTIÇÃO} Como reforço ainda certa superstição, como se seus desejos maus tivessem força, uma parte de onipotência, reforçada por experiências reais. P. ex.

na instituição de Munique,[19] ele teve na primeira vez quarto contíguo ao da moça, com quem passou a ter relações sex. Quando ele voltou na 2ª vez, hesitou se devia pedir o mesmo [quarto], porque era muito grande e caro. Quando então ele disse à moça que ele decidira pedi-lo ela lhe informou que o professor já o tinha tomado. Pois que ele seja fulminado, ele disse irritado. 14 dias mais tarde perturbou-o enquanto dormia ideia de um cadáver, superou-a e de manhã ouviu que o professor realmente havia sofrido um derrame, e que por aquela hora o estavam levando para o quarto. Ele teria também o dom de sonhos proféticos, dos quais contou o primeiro.

12/X Ele não conta o segundo, mas descreve o seu dia. Ele ficou animado, foi ao teatro e, ao retornar, o destino enviou ao seu encontro a sua copeira, que não era nem jovem nem bonita e que há a algum tempo lhe dedicava atenção. Ele não consegue explicar a si mesmo que de repente lhe deu um beijo e então a atacou; enquanto ela opunha resistência, sem dúvida apenas aparentemente ele voltou a si e se refugiou em seu quarto. Com ele é sempre assim, alguma coisa sórdida sempre conspurca seus momentos bons e alegres. Chamo sua atenção para a *analogia* com os atentados[s] provocados pelos *agents provocateurs* [agentes provocadores]. {MASTURBAÇÃO} Ele prossegue nesse contexto e acaba chegando à masturbação, que, no seu caso, tem uma história notável. Ele começou-a com 21 a. (como o faço constatar, após a morte do pai), porque ouvira falar disso, por certa curiosidade, repetia-a muito raramente, sempre ficava muito envergonhado depois. Um dia sem nenhum motivo lhe ocorreu: juro pela salvação da minha alma que vou abandoná-la. Embora ele não desse absolutamente nenhum valor a esse juramento, do qual ele ria por causa de sua singular solenidade, acabou abandonando-a na época. Alguns anos mais tarde, quando morreu a avó de sua dama e ele quis viajar até lá, a mãe disse: Pela minha alma, você não vai viajar. A semelhança desses juramentos o fez pensar, recriminou-se por estar pondo em risco a salvação da alma de sua mãe, persuadiu-se a não ser mais covarde para si do que era para os outros e a recomeçar a masturb., se persistisse no propósito de viajar até a dama. Ele desistiu então da viagem, porque lhe escreveram que ele não deveria ir. A partir de então a masturb. voltou a aparecer de tempos em tempos. {MASTURBAÇÃO} Ela era provocada por momentos especialmente belos vivenciados por ele ou por belas passagens que ele lia. Assim foi p. ex. uma vez em que numa bela tarde na rua Teinfaltstrasse [Viena] ele tinha ouvido um soldado soprar[20] uma corneta maravilhosamente, mas que parou quando um guarda da segurança o proibiu, provavelm. invocando algum antigo decreto da corte que proibia soprar a corneta na cidade. Outra vez, ao ler *Verdade e poesia*,[21] em que Goethe, num arrebatamento de ternura, livrava-se do efeito de uma maldição que uma mulher lançara sobre a outra que beijasse os lábios dele. Durante muito tempo, como que supersticiosamente, ele deixou-se deter por essa maldição, mas agora rompeu os grilhões e calorosamente beijou seu amor (Lili Schonemann?). E inacreditavelmente ele masturbou-se com isso. Além disso, em Salzbg havia uma criada de quem ele gostava e com quem também se relacionou mais tarde, pretexto para a sua masturb. Conta isso expondo como certa vez a masturb. estragou uma pequena viagem que fez a Viena, sobre a qual ele havia se alegrado. Ele dá mais notícias sobre sua vida sexual. Intercurso com *puellis* [prostitutas] é abominável para ele, esteve uma vez com uma dessas, estabeleceu a condiç. de que ela se desvestisse e quando ela pediu um incremento de 50% em troca, ele pagou e afastou-se de tanto que isso tudo lhe era odioso. {SEPARAÇÃO E AMOR E SEXUALIDADE} as poucas vezes em que ele teve intercurso com moças, em Salzbg. e depois em Munique com aquela garçonete, ele nunca se recriminou. Ele conta como ficou exaltado quando a garçonete lhe contou a tocante história de seu primeiro amor, como ela fora chamada ao leito de morte do amado; ele lamentou ter marcado com ela a visita noturna e só os escrúpulos dela o compeliram a cometer a injustiça com o morto. Afirma que sempre se esforçava em separar rigorosamente o intercurso, que só existiria por causa do coito, de tudo o que se chama de amor, e a ideia de que ela foi amada tão ardentemente a tornava, aos seus olhos, inadequada à sensualidade dele.

{CENA INFANTIL} Não posso deixar de reunir para ele o material existente sobre um episódio em que ele com 6 a. se consagrou à masturb., tendo sido proibido pelo pai e por isso a ameaça: isso leva à morte, e talvez ele até tenha usado a ameaça de decepar o membro. Por isso a masturb. na liberação da maldição, os mandamentos e as proibições no ics. e a ameaça de morrer agora deslocada de volta sobre o pai. Eu lhe disse que seus cont[ínuos] pensamentos de suicídio corresponderiam à recriminação de ser ele um assassino. Sobre isso, ele disse no final da sessão, ocorrem-lhe muitas coisas.

Adendos: o suicídio seria uma séria intenção nele e apenas duas conjecturas o demoviam disso. Uma era a de que ele não suportaria a ideia de sua mãe encontrar seu cadáver sangrando. Mas contra isso poderia proteger-se com a fant. de cometer o ato em Semmering[22] e deixar carta exigindo que primeiramente seu cunhado fosse informado. (Segunda [conjectura] estranhamente esqueci.)

De antes não mencionei 3 lemb[ranças] interconectadas dos 4 a., que ele caracterizou como as mais antigas e se referem à morte da irmã pequena, mas mais velha, Katherine. Primeira, quando ela foi levada para a cama. Segunda, quando ele entra no quarto perguntando: onde está a Katherine?, indo até o pai, que chorava sentado em sua poltrona reclinável, e terceira quando o pai se inclina sobre a mãe que chorava. [Estranho que eu não tenha certeza se essas são lemb[ranças] dele ou de Ph.[23]]

14/X Essas duas últimas dúvidas e esquecimentos estão intimamente ligados. São realmente suas lembr[anças] e a razão esquecida é que a irmã uma vez lhe disse quando falavam de morte: Por minha alma, se você morrer, eu me mato. Portanto, nas duas vezes se trata da morte da irmã. Esquecido em virtude dos próprios complexos. Além disso essa lembr[ança] mais antiga (irmã tinha 8) também está de acordo com minha construção. A morte fora trazida para perto dele, *ele realmente acreditava que morremos se nos masturbamos.*

O que lhe ocorreu foi o seguinte: [primeiramente] a ideia [de] decepar membro o atormentou extraord. e, na verdade, quando ele estava no meio do estudo; ele não encontra para ela nenhuma outra fonte, apenas que na época sofria de apetites de masturbação. Segundo, o que lhe parece bem mais importante, duas vezes na vida, no primeiro coito (Trieste) e em um segundo em Munique (o primeiro marcado por dúvidas, internamente plausível), passou-lhe depois pela cabeça: *Essa é uma sensaç. maravilhosa, por ela se poderia fazer tudo p. ex. matar seu pai*, o que era sem sentido para ele, pois seu pai já estava morto. {CENA INFANTIL} Em terceiro, ele descreve cenas que lhe são contadas muito [frequentemente], o próprio pai, mas das quais ele não consegue absolutamente se lembrar. A vida toda ele tivera medo terrível de surras e agradece muito a seu pai por, em sua lembr[ança], nunca o ter espancado; quando outras crianças apanhavam, ele se escondia horrorizado. Mas quando ele era muito pequeno, 3 a., deve ter feito algo pelo qual o pai o surrou e o meninote foi tomado por terrível ataque de raiva e insultou o pai. Mas como ele não conhecia palavrões, chamou-o com os nomes de todos os objetos que lhe ocorriam: seu lâmpada, seu lenço, seu prato etc. O pai deve ter dito: esse pequeno ou vai ser um grande homem ou um grande criminoso. Com isso, ele admite, estaria comprovada sua raiva, sua sede de vingança de velhos tempos.

Explico-lhe o princípio do Etsch[24] em Verona, o que o esclarece muito.

Algo a mais sobre sua sede de vingança. Uma vez quando seu irmão estava em Viena acreditava ter razão para supor que a dama o preferia e caiu numa ciumeira tal que temia cometer algo contra ele. Pediu ao irmão que lutasse com ele e só depois de ele próprio estar derrotado, sentiu-se acalmado.

{VINGANÇA CONTRA A DAMA}
Sobre a dama ele ainda conta uma fantasia de vingança, da qual não precisa envergonhar-se. Para ele, ela parece dar valor à posição social elevada. Portanto, ele fantas. que ela se casou com um homem assim, um funcionário, e ele então consegue o mesmo cargo, ainda conseguindo ir mais longe que o outro. Um dia o homem, agora seu subordinado, cometeu uma ação ilícito. A dama cai a seus pés, implorando-lhe que salve seu marido. Promete-lhe isso, revelando-lhe que só assumira aquele cargo por amor a ela porque previra um momento como esse, agora sua missão estava cumprida, o marido dela salvo, e ele deixaria o cargo. Mais tarde teria ido ainda mais longe, preferia fazer algo bom por ela, prestar um grande serviço, sem ela saber que era ele.

> Exemplo
> Suicídio
> recalcam.

Nessa fant., ele só vê as provas de amor, e não a generosidade *à la* Monte Cristo determinada ao da vingança.

> Intenções assassinas
>
> Intenção

18/X Recuperação

Começa com a confissão de uma ação fraudulenta numa idade mais madura. No jogo de cartas 21,[25] depois de ganhar muito, ele declarou que apostaria tudo na próxima carta e depois pararia. Chegou até 19 e refletiu um momento se devia continuar, levantou a face das cartas como que inadvertidamente e descobriu que a próxima carta realmente era um dois, com a qual ele tinha 21 na hora de abrir a jogada. A isto se soma uma lembr[ança] inf[antil] de como o pai o ensinou a pegar a carteira da bolsa da mãe e subtrair uns trocados. – Ele fala sobre a sua escrupulosidade desde então, seu modo de administrar dinheiro, ele não sacou seu patrimônio, mas o deixou com a mãe, de quem ele recebe uma mesada bem pequena. E [conta] como por esse caminho ele começa a se comportar como um avaro, embora ele não tenha nenhuma inclinação para isso. E tb se deparou com dificuldades para apoiar seu amigo. E disse não ser capaz nem sequer de emprestar objetos que pertenceram ao pai ou à dama.

> Sinais de conflito

No dia seguinte, em continuaç. associat., sua conduta em relação a uma tal "Reserl",[26] que está noiva mas aparentemente é muito benevolente com ele. Como ele lhe roubou um beijo; mas com isso a penosa obsess. de que algo ruim aconteça à sua dama, algo do tipo da fant. do Capt. Novak. O que apenas lhe parecia um tanto fugaz acordado é contado pelo sonh. à noite de modo muito mais claro:

I) Reserl está aqui conosco, ergue-se como que hipnotizada, caminha pálida por detrás da minha cadeira e abraça-me. Era como se eu quisesse sacudir o abraço, como se a cada afago seu na minha cabeça se engendrasse um dano para a dama, inclusive um dano de além-túmulo. Era automático, como se a cada afago já tivesse ocorrido o dano.

(O sonh. não foi interpretado, ele nada mais é que a obsess. mais clara que ele não ousou perceber durante o dia.)

Esse sonh. de hoje o afetou muito, pois ele leva sonh. muito a sério, eles tiveram um papel muito importante em sua história, tendo francamente provocado crises.

II Em Out 06, talvez após aquela masturbação ao ler a passagem de Verdade e Poesia.

A dama está em alguma aflição. Ele pega suas duas espadas japonesas e a liberta. Empunhando ambas ele vai até onde supõe que ela esteja. Ele sabe que as duas significam casamento e coito. Ambas as coisas agora se realizaram; ele a encontra recostada à parede, presa por parafusos de apertar os polegares.[27] O sonh. agora lhe parece tornar-se ambíguo, ou significa que por meio das duas espadas: casamento e coito, ele a liberta dessa situação, ou a outra ideia de que só assim ela entra nessa situação. (É evidente que ele próprio não entende essa alternat., embora suas palavras absolutamente não possam significar outra coisa.) – As espadas japon. realmente existem, ficam

superstição

penduradas acima da cabeceira da sua cama e são feitas com muitas pequen. moedas japon. Presente de sua irmã mais velha em Trieste, a qual, em resposta a uma pergunta minha, vive um casamento feliz. Talvez a moça que costuma limpar a poeira enquanto ele dorme tenha tocado nas moedas e assim feito um barulho que penetrou no seu sono.

III Um terceiro sonh. ele prezou como o seu maior bem.

Dez./jan. 07. Estive no bosque, estou muito triste. A dama vem até mim, muito pálida. "Paul, venha comigo, antes que seja tarde demais". Ambos estamos sofrendo, isso eu sei. Ela me pega pelo braço e me puxa com violência. Eu luto com ela, mas ela é forte demais. Chegamos a um rio largo, ali ela fica parada; estou vestido com trapos miseráveis, estes caem na corrente que os leva embora. Quero nadar atrás deles, mas ela me afasta: deixe os trapos. Fico ali de pé com vestes brilhantes.

Ele sabia que os trapos significam a doença, que o sonh. inteiro lhe promete saúde através da dama. Naquela época ele estava muito feliz, até que vieram outros sonh. que o tornaram profundamente triste.

Ele precisa acreditar no signific. premonitório dos sonh., pois vivenciou várias demonstrações muito pecul.. De modo consc[iente] ele realm. não crê nisso. (As duas coisas coexistem uma ao lado da outra, mas a [posição] crítica é estéril.)

{SUPERSTIÇÃO} IV. No verão 01 ele escrevera a um colega para que lhe enviasse 3 Kr de fumo para cachimbo. A carta e o fumo atrasaram umas 3 semanas. Certa manhã ele acorda, conta ter sonhado com fumo, será que o carteiro lhe teria trazido um pacote. Não. 10 min. mais tarde toca a campainha, o correio está trazendo o fumo.

V. No verão 03, quando ele estava estudando para a 3ª prova do Exame Público.

Ele sonh. que lhe perguntam na prova sobre a diferença entre procurador e órgão estatal. Realmente meses mais tarde ele é perguntado sobre isso na parte oral do exame. Este sonh. lhe é inteiramente evidente, mas não uma demonstração de que ele falou sobre isso no intervalo.

Para a primeira [demonstração] ele tenta o esclarec. de que o am[igo] não teria tido dinheiro, ele talvez soubesse em que momento ele teria dinheiro. Impossível obter dados precisos.

{MASTURBAÇÃO – DENTE} VI. Sua irmã mais velha tem dentes muito bonitos. Mas há 3 a. começam a doer até precisar mandar extraí-los. O dentista de lá, amigo, disse: você vai perder todos os dentes. Certo dia ele tem de repente a ideia: quem sabe o que a Hilde está tendo agora com os dentes. Talvez ele próprio estivesse com dores de dente. No dia em que ele tinha novamente se masturbado, ele vê, ao adormecer, um tipo de visão na sonolência, como a irmã sofre com os dentes. 3 dias mais tarde carta relatando sobre iníc. de dores no segundo dente, [que] desde então também foi perdido.

Surpreende-o a explicç. de que sua masturb. seria culpada disso.

masturbação

VII Sonh. na casa de Marie Steiner, que ele já contou, agora mais detalhes a respeito. Para ele, a [Marie] St. é uma espécie de amor da infância, com 14-15 a. ele suspirava por ela, ele salienta a sua ambição obtusa. Set. de 03 visitou-a ali viu o irmão idiota de 7 a., que lhe causou impressão assustadora. Em dez. ele sonh. que estava presente no funeral desse irmão. Por volta da mesma época o menino morreu. Impossível obter precisão nas datas. No sonh. ele estaria ao lado da Marie St., encorajando-a. [Ave de mau agouro, como sua irmã mais velha o chamava. Ele mata pessoas continuamente para então captar simpatias.] Contraste entre o amor-coruja da mãe pelo menino idiota e o comportamento dela antes de seu nascimento. Ela se culpava pela deficiência do menino por ter usado cinta demasiadamente apertada, porque sentia vergonha da chegada do temporão. –

{SUPERSTIÇÃO} Durante [sua] estada em Salzbg. ele era continuamente perseguido pela realização de previsões curiosas. O homem que ele ouvira conversar no restaurante com a garçonete sobre assalto a partir do qual ele tomou isso como um oráculo de que voltaria a vê-lo como bandido. Isso realmente aconteceu alguns meses depois, quando por acaso foi transferido para o depart. penal. – Depois em Salzbg. pessoas, nas quais acabara de pensar, estão na ponte (irmã já dera explicç. a ele falando de visão indireta). – Por acaso pensa em cenas de Trieste, onde estivera na biblioteca públ. com a irmã e ali um senhor que falava muita bobagem começou uma conversa, dizendo-lhe: é que o senhor ainda está justamente na época da puberdade literária de Jean Paul.[28] {SUPERSTIÇÃO} 1 h mais tarde na biblioteca circulante de Salzbg., o livro *Flegeljahre* foi um dos primeiros que lhe caiu nas mãos (não o primeiro, 1 h antes ele já havia tido a intenção de ir à biblioteca e por isso pensou na cena em Trieste).

Ele se achava um visionário em Salzbg., mas nunca foram acasos que tivessem valor, e nunca coisas que ele tivesse esperado, mas sempre coisas sem importância.

(História da Marie St. se intercala entre duas histórias sobre suas irmãs.) Chama atenção a falta de nitidez de seus pensamentos obsess., mais nítidos no sonh.]

{FIGURAÇÃO} 18/X 2 sonhos relacionados diretamente a crises. Uma vez já lhe ocorreu a ideia de não mais se lavar na forma habit[ual] de suas proibições: que tipo de sacrifícios estou disposto a fazer para..., Mas logo a rejeitou. Agora [respondendo a perguntas: até a puberdade, na verd[ade] era um porcalhão, depois se tornou limpíssimo, com doença fanaticamente limpo, isso combinado com seus mandamentos]. Ora, um dia saiu para passear com a dama – crê estar contando algo sem valor. A dama cumprimentou um senhor, médico, seja c[omo for], muito gentil, gentil até demais, ele confessa ter ficado um pouco enciumado, e até falou sobre isso. Na casa da dama jogaram cartas, à noite ficou triste, pela manhã teve sonh..

VIII. Ele está junto da dama, ela está muito amável com ele: conta a ela suas ideias obsess. e a proibição com as irmãs²⁹ japon., cujo sentido é que ele ñ estaria autorizado nem a se casar nem a ter relações sexuais com ela. Mas isso não passa de uma tolice, diz ele, da mesma forma poderia vir a proibição de que eu não me lavasse mais. Ela sorri e faz um gesto afirmativo. No sonh. ele entendera que ela lhe estava confirmando que as duas coisas eram sem sentido; mas ao acordar lhe ocorreu que que ela quis dizer que ele não precisava mais se lavar. Ele foi tomado por uma emoção [*Affekt*] assustadora e bateu com a cabeça contra o respaldo da cama. Para ele, é como se um coágulo de sangue estivesse em sua cabeça, nessas ocasiões já chegou a pensar em fazer um buraco em forma de funil para que saia do cérebro o que está doente, e depois isso seria substituído de alguma maneira. Além disso, ele não entende o estado. Soluciono: *funil de Nuremberg*,³⁰ que *de fato* era uma fala frequente de seu pai. Ele também falava com frequência o *botão vai abrir*³¹ para você. Interpreto para ele: Fúria, vingança contra a dama por ciúme, ref. ao evento tão desprezado por ele durante o passeio. A fúria contra o médico, ele confirma, [o] restante [o] embate sobre se deve casar com ela, ele não entende. Sem dúvida, ele tinha sentimento de libertação no sonh. (libertação dela, quero dizer).

Além disso, ele adiou o mandamento de não se lavar, e depois não o executou. Para ele, essa ideia era substituída por várias outras: cortar o pescoço à frente de todas.

27/X Recuperações. Enquanto ele colocar dificuldades para mencionar nome da dama, [seu] rel. é desconexo.

Detalhes a destacar.

Em junho 07 à noitinha estava na casa do colega Braun, cuja irmã Adela estava tocando música e cortejava-o muito. Estava muito oprimido e pensava muito no sonh. com espadas japon. A ideia de se casar com a dama, se não houvesse a *outra*.

À noite sonh.: Gerda (sua irmã) está muito doente, ele vai até a cama dela, Braun vem a seu encontro. Você só pode salvar a irmã através da renúncia a todo gozo sexual. Ao que ele retrucou (para sua vergonha, surpreso): a todo gozo.

Braun se interessa por sua irmã, havia meses certa vez a levou para casa, quando ela se sentiu mal. A ideia só pode ser: se ele se casasse com Adela, certamente o casamento de Gerda com Braun se tornaria provável. Assim ele se oferece em sacrifício. No sonh. ele se coloca em situação obsess., para ter de se casar. Oposição contra sua dama, tentaç. de infidelidades evidentes. Com Braun ele teve relaç. homoss. quando tinha 14 a., um ficava olhando o pênis do outro.

Em Salzbg. 06 durante o dia ideia: se dama dissesse você tem de renunciar a todo gozo sexual até se casar comigo, será que ele prestaria juramento[?]. Uma voz nele diz sim. [No ics., juramento de abstinência. À noite um sonh. ele ficou noivo da dama e, enquanto ela caminha de braço dado com ele, ele diz felicíssimo: eu não imaginava que isso se realizaria tão rápido. (Com isso se refere à obsess. da abstinência, o que é muito curioso e correto, confirma minha concepção acima.) Nesse momento ele vê que a dama faz uma cara como se noiv. não lhe dissesse respeito. Com isso se dispersou a sua felicidade. Ele diz a si mesmo: você está noivo e nada feliz. Você até finge um pouco de felicidade para se convencer disso.

Depois de eu movê-lo a revelar o nome Gisa Hertz e todos os detalhes, o relat. fica claro e sistemático. A precursora [foi] Lise O., outra Lise, (II). Mas, simultaneamente, ele sempre tinha vários interesses assim como várias séries sexuais[32] (que se originam da multiplicidade das irmãs):

{VERÃO DE 98} 20 a. sonh. Ele está falando com Lise II sobre um tema abstrato, de repente desaparece a imag. do sonh. e diante dele está uma grande máquina com um número gigantesco de rodas, de tal modo que ele fica assombrado com a complexidd. – Isso diz respeito ao fato de essa Lise sempre lhe parecer mais complicada que Julie,[33] que naquela época ele também adorava e que agora acaba de morrer.

{PROIBIÇÃO DO PAI} Em seguida a exten. história da relaç. com sua dama. No dia após a recusa por parte dela o seguinte sonh.: dez. 1900. Estou indo pela rua. No caminho há uma pérola; quero inclinar-me para apanhá-la e sempre que quero inclinar-me, ela desaparece. A cada segundo ou terceiro passo ela volta a aparecer. Digo a mim mesmo: É, você não tem o direito. Ele se explica essa proibição [afirmando] que seu orgulho o proibiria disso, por ela o ter recusado uma vez. Na verdd. bem podia ser uma proibição da parte do seu pai, que se estende desde a infância até o casamento. E de fato ele realmente encontra observaç. do pai que soava parecido: *Não vá tanto pra esse lado. Você vai se expor ao ridículo* – outra manifestaç. De rechaço A propósito do sonh. pouco antes ele viu um colar de pérolas na cidade sobre o qual pensou que se tivesse dinheiro, ele o compraria para ela. Uma pérola de moça, ele diz frequentemente em relação a ela, uma expressão muito usada entre os seus. Para ele pérola também combina com ela no sentido de uma preciosidade escondida que só se deve buscar na concha.

{FALAS NO SONHO} Suspeita de que ele tenha chegado ao sexo a partir das irmãs; talvez não de modo autônomo, seduzido.

Suas falas no sonh. não precisam referir-se a falas reais, *as ideias ics., como vozes int., têm o valor de falas reais que ele só escuta no sonh.*

Avó de sua dama adoeceu naquela época de prolapso retal.

27/X. O surto irrompeu em conexão com uma queixa do tio viúvo: e eu, que só vivia para essa mulher, enquanto outros homens se divertiam lá fora. Ele achava que o tio se referia ao pai. Só que isso não lhe ocorreu imediatamente, mas só alguns dias mais tarde. Ao falar com a "dama" sobre isso, ela riu dele e uma próxima vez ela soube levar a conversa com o tio, estando ele presente, para que se direcionasse para o pai, a quem o tio admirava acima de tudo. Só que, mesmo ela o tendo feito, isso não lhe bastava; tempos depois ele teve de interpelar o tio diretamente se ele se referira a seu pai, coisa que o tio contestou espantado. Ele se surpreende ainda mais com esse episódio, pois de maneira alguma ele levaria a mal se o pai tivesse cometido alguns deslizes. Sobre isso uma observç. meio jocosa da mãe sobre a época em que o pai precisou morar em Pressburg[34] e só vinha uma vez na semana a Viena. [Na primeira vez faltou no rel. essa conex. característ.] – Estranho acaso durante seu estudo para o II Exame Público. Ele deixou de ler apenas duas partes, cada uma de 4 pág. e justamente foi examinado sobre elas. No estudo para o terceiro Exame, um sonh. profét. Durante o estudo para o terceiro, verdad[eiro] início da devoç., e fant. que faziam o pai parecer ainda ligado a ele. À noite abria portas para o corredor na convicç. de que o pai estaria lá fora. Naquela época, suas fant. se tinham lig. diretamente com essa lacuna do cognoscível. Por fim ele se recompôs, lutando com o sensato argumento sobre o que talvez seu pai diria sobre as suas ações se ainda fosse vivo. Só que isso não lhe causou nenhuma impressão, só pôs termo a isso a forma delirante do argumento de que o pai, mesmo no além, podia sofrer algum dano com as suas fant..

As obsess. que afloraram durante o est. para o III [exame], de com certeza fazer a prov. em julho, parecem-me ter relaç. com a esperada chegada de X. de Nova York, um tio da dama do qual ele estava terrivelmente enciumado. Talvez até com a suposta partida, mais tarde realizada, da dama para a América.

29/X. Comunico-lhe a suspeita que a sua curiosidade sex. se acende nas irmãs. Um resultado imediato. *Ele lem[bra] que, ao ver a falec. Katherine (5 a. mais velha) sentada no penico ou algo assim, percebe pela primeira vez a diferença de sexo.*

Ele relata sonh. de quando estava estudando para o III [exame]: Grünhut[35] costumava fazer uma pergunta bem específica sobre letra de câmbio a domicílio [*Tratte*] a cada terceira ou quarta prova, e ao ouvir a resposta ele perguntava: e qual é a razão dessa lei? Era preciso responder: para se proteger das tramoias do oponente da letra de câmbio. Ele sonh. exatamente isso, mas então disse: para se proteger das *"schügsenen"*[36] etc. Uma piada que ele poderia ter feito também na vigília.

Seu pai não se chamava David, mas sim Friedrich.

Adela não era irmã de Braun, cai por terra a ideia do duplo casamento.

8 de nov. Quando criança ele sofria muito de vermes intestinais, provavelm. costumava enfiar o dedo no ânus e era um porcalhão como seu irmão, agora é limpíssimo.

Fant. antes de adormecer, casado com a prima beijaria seus pés, mas não estão limpos, apresentam listras pretas (abomináveis para ele). Nesse dia ele mesmo não pôde lavar-se com tanto cuidado e notou aquilo em si mesmo. Ele o atribui à amada. À noite ele sonh. que está lambendo os pés da amada, mas que estavam limpos, este último é um desejo onír.. A perversão é exatamente a mesma que é conhecida, positiva.

O fato de o bumbum excitá-lo particular. vem de uma resposta que deu à irmã, em tom de brincadeira, que perguntou sobre a parte da prima de que ele gostava: do bumbum. A costureira que ele beijou hoje excitou primeiramente sua lib. quando, ao se inclinar para a frente, os contornos de seu traseiro se delinearam de modo particular. nítido.

Adendo à aventura dos ratos. O Capt. Novak disse que essa tortura devia ser executada em alguns deputados. Aí lhe ocorreu a ideia, se ele[37] agora apenas não mencionar a Gisa e, para horror seu, logo em seguida ele mencionou o Dr. Hertz, o que voltou a lhe parecer obra do destino. De fato, o sobrenome de sua prima é Hertz e ele logo pensou que, ao ouvir o nome Hertz, tinha logo de pensar na prima, e se dá conta disso. *Procura isolar sua prima de toda a sujeira.*

Ele sofre de obsess. sacrílega como as freiras. Um sonh. alude aos palavrões jocosos por parte de seu amigo V., filho da puta e filho de um macaco caolho [1001 noites]. Com 11 an., iniciaç. nos segredos da vida sexual com primo que ele agora odeia terrivelmente, que lhe descrevia todas as mulheres como putas, até a sua mãe e as irmãs, levando-o à contraindagação: você crê nisso também em relaç. a sua mãe?

{RELAÇÃO COM A DAMA} 11 de nov. Durante doença da prima (problemas de garganta e perturbações no sono) num período em que a terna simpatia era a mais intensa, e estando ela deitada no sofá ideia repent.: *"tomara que ela fique sempre assim deitada"*. Ele o interpreta como perm[anente] condição doente para seu alívio, para se livrar do medo dessa condição doente. Mal-entendido sutil! De acordo com a orientação do que foi contado antes isto está relacionado ao desejo de vê-la indefesa, porque ela, por recusa, resistira ao amor dele, e corresponde, da forma mais rudimentar, a uma fant. de necrofilia que ele teve uma vez cs., mas que, no entanto, não ousou ir além de ver o corpo inteiro.

{DISSOCIAÇÃO} Ele é feito de 3 personalidades, uma bem-humorada, normal, uma ascética, religiosa e uma vicioso-perversa.

Os necessários mal-entendidos do ics. pela cs., sobretudo a desfiguração introduzida pela censura no desejo ics..

– Os pensamentos híbridos daí decorrentes – 17 de nov. Até agora período de ímpeto ascendente, ele age com alegria e liberdade, torna-se agressivo com uma moça, costureira. Boa ideia que sua inferioridade realm. mereça ser castigada pela doença. Depois vêm confissões relac. com as irmãs; repetidas agressões contra Julie, a imediatam. mais jovem, ocorridas após a morte do pai, talvez sejam essas que expliquem a alteraç. de sua doença – ele já teria cometido uma vez uma falta.

Certa vez ele teve um sonh. em que copulava com Julie em seguida grande arrependimento, horror de ter quebrado a promessa de se manter longe dela. Ao acordar feliz por ter sido só um sonh. Então vai ao quarto onde ela dorme e dá-lhe umas palmadas no bumbum por debaixo do lençol. Ele não entende isso, apenas pode comparar com a masturbação na passagem de *Poesia e verdade*. Concluímos daí que o antigo castigo do pai estava em relação com uma falta cometida contra as irmãs. Mas com o quê? Com algo puramente sádico ou algo nitid. sexual? Contra as mais velhas ou as mais novas? Julie tem 3 a. menos que ele, as cenas buscadas incidem entre 3 e 4, portanto quase não se pode considerá-la. Então é a irmã falec. Katherine?

{ELÍPTICO} Sua sanção de que algo ocorreria com o pai no além-túmulo pode ser simplesmente entendida como *elipse*. *Significa: se o pai ainda fosse vivo e descobrisse sobre isso ele voltaria a me castigar e eu sentiria de novo fúria contra ele que causaria sua morte, se meus afetos forem onipotentes.* Portanto do tipo: *Se o Kraus*[38] *ler isso, vai levar uma bofetada.*

Contra irmã mais nova ainda há poucos anos, de manhã quando ela ainda dormia no quarto dele, ele [a teria] descoberto, de maneira que se podia ver tudo. Aí chega a mãe, como obstáculo contra sua atividd., como desde a morte do pai ela assumira o papel de protegê-lo contra a benévola seduç. de uma criada Lise. Para essa ele certa vez se exib. de maneira astuta dormindo, quando fatigado, depois de um ataque de doença, adormeceu descoberto. De manhã quando a moça falou com ele, ela perguntou desconfiada, se ele tinha rido durante o sono. Ele disse que tinha rido por causa de um maravilhoso sonh. em que a prima aparecia. Ele admite que foi uma encenação. Em anos anteriores, com 13 a., ele se exibia sem delongas. para a Lina, que retornara à casa por pouco tempo, com a correta justific. de

superstição

superstição

que ela o conhecia perfeitamente desde a tenra infância (de 6 a 10 a. na casa deles).

18 de nov. Penetra na neurose da prima, que se torna nítida para ele, e na qual tem um papel um padrasto que entrou em cena quando ela tinha 12 a.. Este [é] oficial, homem bonito, agora separado da mãe dela. Gisa o trata muito mal quando alguma vez ele vem de visita e ele continua sempre solicitando a sua tolerância. Os detalhes relatados quase não deixam dúvida de que esse homem tenha atacado a menina sexualmente, e de que alguma coisa nela, que ela não conhecia, foi favorável a esse homem, o amor transferido de seu próprio pai falecido havia 6 a. Assim a situação entre ambos ficou travada.

Agora ele mesmo parece ter sabido: acaso já não tinha sido algo irritante para ele que nas manobras militares o Capitão N. mencionou o nome de uma Sra. Gisela Fluss (!!!),[39] como se ele não quisesse nenhum contato entre Gisa e um oficial. Um ano antes ele havia tido um sonh. curio[so] com o tenente bávaro que é rechaçado por Gisa como pretendente. Isso aponta para Munique e para a relaç. dele com a garçonete, mas ao tenente nenhuma outra pista leva, e um adendo da ordenança só leva ao Ten. padrasto.
{SUBSTITUTO DA MASTURBAÇÃO} 21 de nov. Ele admite que pode ter suposto coisas semelhantes sobre a prima. Ele estava muito animado, teve recaída de masturbação, da qual ele absolutamente não está afetado (período de

latência interpolado). No início da masturb. ele teve a ideia de que assim dan. uma pessoa querida, prima, por isso [ele] se recita uma *fórmula protetora* que ele criou *de maneira conhecida com extratos* de diversas orações *breves* e que dotou com o *amen* [amém] isolante. Aqui a examinamos, trata-se de:

{FÓRMULA DE PROTEÇÃO}
Gleijsamen   gl = feliz ou seja: afortunado
l = também: todos
e = esquecido
j = agora e sempre
(i fica incerto ao lado disso)
s = esquecido

Agora fica claro que essa palavra surgiu de:
Gisela
s   amen,[40] que ele une seu sêmen com o corpo da amada, *i.e.* de forma bastante habitual, masturba-se com a sua representç..

Naturalmente ele se convence e acrescenta que a fórmula muitas vezes se configura para ele de forma secundária como
Giselamen

mas que ele só tinha visto nela uma aproximç. ao nome da amada (mal-entendido invertido).

Ele vem no dia seguinte com profundo mau-humor, quer falar sobre coisas indiferentes, mas logo confessa estar numa crise. A coisa mais terrível lhe ocorrera ontem no bonde, algo impossível de ser dito. Diz que sua recuperação não valeria o sacrifício, que eu logo o mandaria embora, por se tratar de transferência. Como chego a permitir algo assim. Enquanto isso fracassam todas os esclarec. sobre transf. que absolutamente não lhe soam estranhos; só após 40 min. de luta, de acordo com a minha impressão, só quando eu descubro seu motivo de vingança contra mim e lhe mostro que calando e desistindo do tratamento ele estaria se vingando mais completamente do que dizendo, ele indica tratar-se de minha filha. Com isso a sessão chega ao fim.

Ainda bastante pesado, após embate, depois de assegurar que a minha afirmaç. de que eu redirecionaria tudo para ele equivaleria a um medo de minha parte, ele acaba por revelar a primeira das ideias.

a) Um traseiro feminino nu, nos pelos: lêndeas, larvas de piolhos.

{NOJO – ASCETISMO} *Fonte*. Uma cena esquecida omitida na confissão, com a irmã Julie, que após a agitação jogou-se de tal forma na cama que ele teve essa imagem de frente, mas naturalmente sem piolhos. Sobre estes ele confirma minha suposiç.: a palavra "lêndeas" indica que algo parecido uma vez ocorreu no quarto das crianças há muito tempo.

Os motivos são claros: castigo pelo prazer sentido com a visão, *ascetismo que recorre à técnica da repulsa*, raiva de mim, por eu o obrigar a isso, daí a transfer.: com os filhos do senhor certamente deve acontecer o mesmo. [Ouviu falar da filha e sabe que tenho filho; talv. fant. de ser infiel à Gisa com essa filha e punição por isso.]

Após se acalmar e breve embate, o segundo início ainda mais difícil de toda uma série [de ideias], mas que lhe dão outra impressão. Admite que aqui não precisara da transf., mas após o efeito da 1ª tudo se teria lançado na transf.

{ÂNSIA POR NUDEZ}
b) Corpo de minha mãe nu, duas espadas enfiadas na lateral do peito (como decoração, diz ele depois, de acordo com o motivo de Lucrécia).[41] O baixo-ventre e principalm. a genitália devorada inteiros por mim [e] pelas crianças.

Fonte fácil: a avó da prima (da própria mal havia lem[brança]). Ele certa vez ele entrou no quarto quando ela se vestia e ela deu um grito. – Eu: certamente ele também teria tido curiosidade pelo corpo dela. Sobre isso ele conta sonh. de uma época em que ele pensava prima seria velha demais para ele: prima levou-o até a cama da avó, descobriu seu corpo e genit., e lhe mostrou como ela ainda era bonita com 90 a. (realização de desejo). As duas espadas são as japon. de seu sonh.: casamento e coito.

O sentido é claro, deixou-se enganar por uma metáfora *Conteúdo é a ideia ascét. de como a beleza de uma mulher seria <u>devorada</u> por relações sexuais e por dar à luz!* Dessa vez ele mesmo ri.

Verão 98   c) Um de seus secretários judiciais, um sujeito sórdido, ele imagina-o nu e a pessoa de uma mulher lhe aplica uma *"minette"*.[42] Mais uma vez minha filha! O sujeito sórdido é ele mesmo. É que ele quer logo se tornar secretário para se casar.

{OPOSIÇÃO – TRANSFORMAÇÃO} Sobre *minette* ele ouvir falar com horror, mas, com a moça de Triestc, ele se moveu de tal maneira para cima dela que acabou lhe dando um sinal para ela fazer aquilo nele, o que não aconteceu. Repito minha preleç. do último sábado sobre as perversões.

{SONHO} 22 de nov. Animado, mas acaba pressionado quando o reconduzo ao tema. Nova transf.: minha mãe morreu. Ele quer apresentar condolências, mas teme que, ao fazê-lo, surja-lhe o *riso* impertinente, que já lhe aconteceu repetidamente *em casos de morte*. Por isso ele *prefere escrever um cartão com p. c.* o que *acaba* se transformando para ele *em p. f.*[43]

O senhor nunca pensou que com a morte de sua mãe o senhor se livraria de todos os conflitos, já que poderia se casar? O senhor está se vingando de mim, diz ele. – O senhor me obriga a isso, ao querer vingar-se em mim.

{TRANSFERÊNCIA} Além disso, ele confirma que *seu modo de ficar dando voltas na sala durante essas confissões equivale ao medo de ser espancado por mim*. Ele foi motivado pela sensibilidade de que não podia me dizer coisas tão abomináveis enquanto ficava deitado confortavelmente. Inclusive ele mesmo se golpeia durante as confissões, cada vez mais trabalhosas.

Agora o senhor vai me *pôr para fora*. Trata-se de uma imagem em que minha esposa e eu estamos deitados na cama, entre nós uma criança morta. Ele sabe a origem. Quando garoto pequeno (idade indeterminada, talvez 5, 6 a.)

ele estava deitado então entre o pai e a mãe e molhou a cama, após o que o pai lhe bateu e o botou para fora. A criança morta só pode ser a irmã Katherine, ele deve ter se aproveitado da morte dela. A cena ocorreu, como ele confirma, depois da morte dela.

{GESTUAL} Seus gestos neste caso são os de um desesperado e os de alguém que quer se proteger de golpes desmedidos, [ele] apoia a cabeça nas mãos, sai correndo, cobre o rosto com o braço etc. Ele confirma que o pai era colérico e então não se dava conta do que estava fazendo.

Outra ocorrência abominável. Ele solicita que eu lhe traga minha filha até a sala para lambê-la, dizendo: manda entrar o *miessnik*.[44]

Sobre isso, rel. sobre seu amigo que quer mandar desfilar canhões contra o café que ele frequenta, mas antes será salvo o garçom competente e muito feio, quando ele lhe ordena: vem pra fora, *miessnik!*

O *miessnik* era ele em relação ao irmão mais novo.

Além de brincadeiras com meu nome: *Freudenhaus-mädchen*.[45]

23/XI. Próxima sessão repleta da mais assustadora transf., diante de cuja comunicaç. ele opõe enormes dificuldades. Minha mãe assiste desesperada enquanto todos os seus filhos são enforcados. Ela me lem[bra] a previsão do pai de que ele se tornaria um grande criminoso. Mas não consigo adivinhar o que ele alega como motivaç.. Ele sabe que na minha família certa vez ocorreu um grande infortúnio, um irmão que era garçom teria cometido um assassinato em Budapeste e foi executado. Eu dou risada e pergunto de onde ele sabia isso e assim se afunda todo o seu afeto. Seu cunhado, que conhece meu irmão, ter-lhe-ia comunicado isso como prova de que educaç. não é nada, a disposição [constitucional] é tudo. O cunhado gosta de inventar coisas e teria encontrado a notícia numa edição antiga da imprensa. Sei que se trata de Leopold Freud, o assassino do trem, quando eu estava com 3 ou 4 a., asseguro-lhe que nunca tivemos parentes em Budapeste. Ele [fica] aliviado [e] confessa que por isso no início ele já chegara com certa desconfiança.

25/XI Ele teria pensado que, se *na família havia impulsos assassinos*, eu *saltaria para cima dele como uma fera* para nele encontrar o pior. Bem leve e animado hoje ele relata que seu cunhado sempre faz essas combinaç., mas logo encontra a explicaç., ele não esqueceu a mancha que pesa sobre sua família porque seu pai tinha fugido para a América devido a dívidas fraudulentas, e acha que por isso ele não se tornou professor de botânica na univ.. Um momento depois ele também encontra a razão de toda a hostilidade contra minha família. Irmã Julie uma vez teria dito que *Alex*[46] *seria o homem certo para a prima Gisa*, daí a raiva! [análoga ao caso dos oficiais.]

Agora um sonh. Está de pé numa colina com um canhão que aponta contra uma cidade que dali, por trás de muitas muralhas circulares horizontais, avista-se bem. A seu lado o pai, e estão falando sobre a época em que aquela cidade devia ter surgido, se era do antigo Oriente ou da Idade Média alemã. (Pois era certo que ela não era inteiramente real.) Aí as muralhas horizontais viram verticais que se elevam como aros de barbante, e ele queria demonstrar algo nesses aros, mas o barbante não é bastante firme e sempre volta a ceder: adendo, análise.

26/XI Ele interrompe análise do sonh. para comunicar transf.

Uma fila de crianças está deitada no chão e ele vai até cada uma e lhes enfia na boca. Um deles, meu filho (irmão dele que com 2 a. comeu seus excrem.), ainda está com uma mancha marrom ao redor da boca e está se lambendo, como se fosse algo muito bom. Depois a mudança: esse sou eu e estou fazendo isso para minha mãe.

[Isso o faz] lembrar-se da fant. de quando ele pensou sobre a prima malcriada, que ela não merecia, que a Gisa fizesse [dentro] da sua boca e que a imagem então se inverteu. Por trás disso se escondem orgulho e alta estima. Sobre isso ele lem[bra] que seu pai gostava de ser grosseiro e adorava palavras como *cu* e *cagar*, o que sempre deixava a mãe indignada. Uma vez ele tentou copiar o pai, o que levou a uma ação vergonhosa não castigada. Ele era um grande porcalhão e por isso a mãe decidira lavá-lo da cabeça aos pés quando ele tinha 11 a. Ele chorava de vergonha dizendo: onde é que você ainda vai me esfregar? Talvez no cu. Isso lhe teria custado o castigo mais severo do pai, se a mãe não o tivesse salvado.

A essa alta estima pertence provavelm. o orgulho familiar, que ele confirma rindo. Na verdade, apenas os Lorenzen são simpáticos, disse uma irmã. Seu cunhado mais velho ficava à vontade com o fato e fazia pilhéria com isso. Ele lamentaria se justamente por causa de suas famílias ele tivesse de desprezar os cunhados (contrst. entre seu pai e os pais dos 2 cunhados). Pai era primo-irmão da mãe, ambos de origem muito modesta, e ele costumava exagerar com humor as circunstâncias da juventude deles. O ódio contra mim era, pois, caso especial de ódio aos cunhados.

Ontem depois de prestar ajuda a epiléptico, ele estava preocupado em ter um surto de fúria, estava furioso com sua prima e a ofendeu com difer[entes] alusões. De onde a fúria? Aí acabou tendo crise de choro diante dela e irmã.

{SONHO ANAL} Mais um sonh.

29 a. A fant[asia] anal mais fantástica em que ele se deita sobre as costas de uma moça (minha filha) e copulava com ela com as fezes que saem do ânus. Isso aponta direto para Julie, a quem ele disse: em você nada me seria asqueroso. À noite ele teve um duro embate, não sabe qual. *Resulta ser: se ele deve casar com minha filha ou a prima* e essa hesitação pode facilmente ser reconduzida à sua hesitação entre duas irmãs.

Fant., se ele tirasse o grande prêmio, [poderia] casar-se com a prima e cuspir na minha cara, revela que eu anseio por tê-lo como genro.

— Provavelm. ele foi um lactante que retinha as fezes.

Hoje recebeu um conv. para um *rendez-vous*, pensou imediatamente: ratos. Disso resulta que quando ele viu pela primeira vez o Ten. D., o padrasto, contou história de que quando era pequeno se lançou [com uma] pistola Flaubert para cima de tudo o que era vivo e acabou atingindo a si mesmo ou ao irmão na perna. Numa visita posterior se lem[bra] quando viu grande rato, mas o Ten. não. Ele sempre tem na ponta da língua: foi matar você com um tiro. Capt. Novak deve tê-lo lembrado de D., especialm. por ele próprio ter servido no regimt. no qual que D. estava na sua época e este dizia: Agora eu deveria ser Capt. – O nome Gisela foi pronunciado por outro oficial, e o nome Hertz pelo Capt. Novak. – mas D. é sifilít. e por isso acabou o casamento, a tia agora ainda [tem] medo de estar infectada. *Ratos* significam *medo de* Σ.[47]

{RATOS – DINHEIRO} 29/XI. Aborreceu-se muito com assuntos de dinheiro com seus amigos (fianças e coisas do tipo). Para ele seria muito desagradável se isso desembocasse em dinheiro. "Ratos" têm uma relaç. especial com *dinheiro*. Ontem quando ele pediu emprestados dois florins à irmã, pensou consigo mesmo: *cada florim – um rato.* – Quando na 1ª sessão lhe comuniquei a condiç. dos honorários, ele disse para si mesmo: por cada coroa um rato para as crianças. Pois bem, ratos [*Ratten*] para ele significam realmente prestações[48] [*Raten*]. Ele não os pronuncia diferentemente, e o justifica que *rătum*, de *reor*,[49] é breve e uma vez foi repreendido por juristas {Σ} que ratos e prestações não são a mesma coisa. Um ano antes ele tinha sido fiador de um amigo que precisava pagar um valor em 20 prestações e fez o credor prometer que o informaria de cada vencimento, para ele não ser intimado, como reza o contrato, a pagar tudo de uma vez. Assim, em ratos se conjugam dinheiro e *sífilis*. Agora ele paga em ratos. Moeda-rato.

{TRANSFERÊNCIA SERVIÇO MILITAR – PAI} Com relação à Σ mais alguma coisa: é evidente que a ideia de que a Σ *rói e devora* lembrou os ratos. Para tanto ele traz várias fontes, em especial da época do serviço militar, quando isso foi dito (analog. com a transf. dos genitais devorados). Sempre ouviu falar que entre militares todos são sifilíticos (por isso o pavor de que oficial mencione o nome Gisela).

Quando se falou de serviço militar, ele lembrou-se não apenas de D. mas também de seu pai que esteve tanto tempo no serviço militar. A ideia de que seu próprio pai era s[ifilítico] não lhe soa tão desconhecida, ele sempre pensava nisso. Sobre isso, relata a vida prazerosa de seu pai na época militar. Ele pensava com frequência, que talvez *as neuros. de todos eles venham do fato de o pai ter tido* Σ.

A ideia dos ratos para a prima significa pois: medo de que ela tenha sido infectada pelo padrasto, por trás disso [medo de] que ela esteja doente por causa do próprio pai e por trás disso o medo racional correto de que ela própria, *filha de um paralítico, estivesse doente* (relação conhecida por ele há anos). Por outro [lado] se entende agora a irrupção da doença após a queixa do tio. Tinha de ser para ele desejo realizado que o pai também [fosse sifilít., para ele não ter nada a recriminar na prima e poder voltar a se casar com ela.

30 [nov.] outras histórias de ratos, mas que ele, como confessa no final, só compila para não falar das fant. de transf. que já surgiram, as quais, como ele vê, significam arrependimento pelo *rendez-vous* que deverá ser hoje.

Adendo. Prima e tio X. de Nova York em viagem de trem encontraram um rabo de rato em salsichas que lhes serviram, os dois ficaram horas vomitando. (Alegria com a desgraça alheia?)

De novo: histórias nojentas de ratos. Ele sabe que os ratos transmitem muitas doenças. infecc.. {SERVIÇO MILITAR} Na rua Fugbach vista do pátio na casa de máquinas do Banho Romano,[50] ele viu como caçavam ratos e ouviu dizer que eram jogados em caldeiras. Ali mesmo moravam dois gatos que faziam uma gritaria lamentável e uma vez observou como operários batiam objeto num saco contra o chão. Perguntou e soube que era um gato e que depois fora jogado na caldeira. {CRUEL} Depois outras crueldades que finalmente tinham por alvo o pai. Com a visão do gato ele teve a ideia de que no saco estava seu pai. Pai ainda estava no serviço [militar] quando vigorava o castigo corporal, contou que só uma vez ele se deixou arrebatar e golpear um recruta com a culatra do fuzil,

Substit. da masturbação

mas daí ele caiu. Pai apostava muito em loteria, encontrou na casa de um camarada, que gastava todo seu dinheiro com isso, um boleto descartado em que se viam 2 números; apostou e ganhou um prêmio duplo, fez a cobrança do prêmio durante a marcha, correu atrás do trem com florins tilintando dentro do guarda-cartucho. Que cruel ironia que o outro nunca tivesse ganhado. Certa vez pai tinha 10 fl. para encomendas militares, foi jogar com camaradas e perdeu parte do dinheiro, deixou-se levar a continuar jogando e perdeu tudo. {TRANSFERÊNCIA COM O PAI} Queixou-se a um camarada que precisava se matar; o outro disse: pois é, mate-se com um tiro, quem fez isso tem mesmo de se matar, mas lhe alcançou o dinheiro. Depois de deixar a atividade militar o pai o procurou, mas ñ o achou (*Será que ele lhe pagou o dinheiro de volta?*). – A mãe foi criada como filha adotiva da família Rubensky, mas era tratada muito mal; contou que um dos filhos era tão sentimental que para ficar uma pessoa mais dura cortava a cabeça das galinhas, evidentemente era só um subterfúgio, ao fazê-lo entrava em grande excitação. – Uma imagem onírica de uma ratazana gorda que tinha nome e vivia como animal doméstico. Ela o fez lembrar-se imediatamente de um dos dois ratos (pela primeira vez eram só 2) que de acordo com a história do Capt. Novak foram colocados no recipiente. Além disso, ratos são culpados por ele ter ido a Salzbg. Mãe contava do mesmo Rubensky, sobre como certa vez ele deu um tratamento "*kosher*" a um gato, enfiando-o no forno

Fórmula de proteção

e depois tirando a pele. Isso o deixou tão mal que seu cunhado amavelmente o encorajou a fazer algo pela saúde. Fixado em ratos, encontra-os por toda parte. Quando ele voltou das manobras militares encontrou um colega na casa do Dr. Springer, que este lhe apresentou como Dr. Ratzenstein.[51] Primeira apresent. teatr. foram[52] *Os mestres cantores*, quando então ele ouviu David, David. Ele utilizava o motivo David[53] como apelação na família. Agora quando ele pronuncia a sua mágica Glejsamen, ele acrescenta, desde aquela época, "*sem ratos*", mas imagina a palavra escrita com um T.[54] Esse material e outros mais afluem copiosamente conectados superficialmente, nexos mais profundos estão escondidos; evidentemente, segundo confissão, ele preparou isso para esconder outra coisa. Parece conter por um lado a conex. entre *dinheiro* e *crueldade* com os ratos e, por outro, com o pai e sem dúvida deve desembocar no casamento do pai. Pois ele conta mais uma história. Quando o pai voltou nos últimos anos de Gleichenberg,[55] após 33 a. de casamento disse à mãe que teria visto um número tão inacreditavelmente elevado de más esposas, que ele precisava lhe pedir que ela lhe garantisse que nunca lhe havia sido infiel. Diante da relutância dela, ele disse que só acreditava se ela jurasse pela vida dos filhos e quando ela o fez ele se acalmou. Ele enaltece seu pai por isso como um traço de naturalidade, assim como a confissão daqueles maus-tratos quando ele era soldado ou aquele mau passo na jogatina.

— Coisas importantes por trás. Cada vez mais a história dos ratos vai se tornando um *ponto nodal*.

{MOTIVO DA DOENÇA} 8 de dez. Muita mudança numa semana. Grande reanimação por *rendez-vous* com costureira, que, no entanto, leva ao coito precipitado, logo em seguida lugubridade que desemboca em transf. para o tratamento. Durante cena com moça apenas leves advertências da sanção dos ratos. Contenç. de usar os dedos que a tocaram para tirar material da lata de fumo que ganhara da prima e enrolar um cigarro, mas resiste a ela. Detalhes sobre o pai, suas grosserias, chamado de "sujeito ordinário" pela mãe porque ele costumava soltar gases descaradamente. Por toda a sorte de rodeios por trás da transf. do t[ratamento] relato de uma tentaç. cujo signif. ele não parece reconhecer. Que um parente d. Rubensky tão logo ele se tornasse doutor — na época era uma questão de meses — queria instalar para ele um escritório perto do mercado de animais de abate, e ali conseguir-lhe clientes. Isso tinha ligação com o antigo plano de sua mãe, ele devia casar-se com uma filha dos R[ubensky], uma moça encantadora agora com 17 a. Ele não percebe que para escapar desse conflito refugiou-se na doença, para o que lhe abrem o caminho a escolha inf. entre irmã mais velha e mais nova, e a regressão para a história do casamento do pai. O pai costumava contar a história de seu cortejo com toques de humor, às vezes a mãe zombava dele dizendo que antes ele cortejara a filha de um açougueiro. Ideia parece-lhe intolerável que o pai abandonara, para garantir vantagens ligando-se a R. Forma-se grande irritação contra mim que se manifesta em insultos, que ele só consegue externar com grande dor. Acusa-me de eu enfiar o dedo no nariz, não quer me dar a mão, acha que um sujeito porco como esse ainda precisa ser amestrado, considera íntimo demais meu cartão a ele assinado com um "cordialmente". É evidente que ele se defende da tentação fant. de se casar com minha filha em lugar da prima, também insulta minha mulher e filha. {TRANSFERÊNCIA COM O CASAMENTO} Uma transf. quer dizer diretamente que a Sra. Prof.ª F. pode lamber seu cu, uma revolta contra a família mais educada. Outra vez ele vê minha filha que *em lugar de olhos tem duas manchas de excremento, i.e. que ele não se apaixonou pelos olhos dela, mas por seu dinheiro,* Emmy[56] tem olhos especialmente bonitos. Nos primeiros dias ele impôs resistência viril à mãe que se queixava de ele ter gastado no último mês 30 fls. da mesada em vez de 16.

Sobre os ratos falta uma contribuição que tem a mãe como meta, através da qual parte nitidamente a mais forte r[esistência] da mãe. Com a equiparação ratos – prestações, ele zomba ao mesmo tempo do pai que uma vez disse a seu amigo: sou apenas um *Laue* [frouxo] em vez de *Laie* [leigo],[57] coisa que o constrangia terrivelmente assim como todos os sinais da falta de cultura do pai. Em certas ocasiões o pai fazia tentativas de economizar combinando isso com abordagem demasiado espartana, mas sempre afrouxava em seguida. Na conduç. da vida, a mãe é a econômica, mas faz ela dar valor ao conforto em casa. A forma de ele apoiar amigos em segredo é identif. com o pai que se comportava da mesma forma em relação ao primeiro inquilino, a quem pagou juros, mas também e em relação a outros, sobretd. na verdade, era um autêntico grande humorista, rústico, bom, coisa que ele normalmente sabia apreciar. Mas é bem nítida, por seu refinamt., uma vergonha por sua maneira soldadesca – simples.

9/XII Animado, apaixona-se pela moça – loquaz – sonh. com neologismo, seguir amanhã mapa do Estado-Maior de WłK (polonês). *vielka* = *alt*,[58] L = Lorenz, Gl. abreviat. de *Glejsamen* = Gisela Lorenz.

10/XII. Sonh. contado inteiro, mas nada sabe sobre ele, mas algo sobre WłK. Minha suposição W.C. closet não se confirma. Mas W [estaria numa] canção da irmã "Em minha oração há uma grande dor",[59] ele sempre observou que isso é curioso, ao ouvir tinha de imaginar um grande W latino.

{FÓRMULAS DE PROTEÇÃO} Sua fórmula de defesa contra obsess. seria um forte *"aber"*[60] [mas], nos últimos tempos (só desde o tratamento?) põe a tônica no "e", *"abér"*. Explicou-se que essa pronúncia errada deveria servir para fortal. o "e" mudo, que não oferecia proteção suficiente contra intromiss.. Mas agora lhe ocorre será que *"abér"* não significaria

"*Abwehr*" [defesa],⁶¹ onde o w que falta se encontraria em WIK.

Sua fórmula Glejsamen, na qual ele numa hora feliz encerrara tudo que agora devia valer sem mudanças, mantinha-se havia bastante tempo, mas estava exposta ao inimigo, *i.e.*, à inversão em seu contrário e por isso ele ansiava por encurtá-la mais e – por motivos desconhecidos – inclui um breve "como" [*wie*] em seu lugar.

O K equivaleria ao *vielka* = *alt*, além de lem[brá-lo] do medo quando a letra K⁶² foi examinada na escola, pois o seu L estava muito próximo. Corresponderia, pois, a um desejo de que o K viesse depois do L; o L já teria passado.

Diminuem muito as transf. no tratamento, muito medo de se deparar com minha filha. De modo bem ingênuo ele conta que um testículo seu ficara retido na cavidade abdominal – embora a potência seja muito boa. No sonh., o cumprimenta um mestre alemão que só usava a insígnia do lado d[ireito], em que também uma das 3 estrelas estava pendendo. Quanto a isso veio a analogia com a operação da prima.

{FAREJADOR} 12 de dez. Transf. sórdidas continuam, outras são anunciadas. Ele revela-se um farejador, na juventude ele era capaz de reconhecer a roupa de pessoas pelo cheiro, para ele havia cheiros de família, ele tinha prazer imediato em sentir o cheiro de cabelos femininos. Revela-se, além disso, que ele criou para si uma transf. de sua luta ics. a partir da qual ele adoeceu, deslocando o amor pela prima sobre a costureira e agora a faz competir com minha filha como partido rico e respeitável. Potência com a costureira é excelente. Hoje ele se arrisca a abordar a mãe, lem[brança] bem antiga dela deitada no sofá, endireitando-se, e tirando uma coisa amarela por baixo da saia e pondo-a na poltrona. Na época ele quis tocar naquilo, grande horror, mais tarde em sua lem[brança] isso virou secreção e daí transf. de que todos os membros femininos de minha família se sufocam em um mar das mais diversas e asquerosas secreções. Ele supôs que todas as mulheres têm secreções asquerosas e ficou muito espantado quando então não [as] encontrou em suas duas ligações [*liaisons*]. A mãe sofria de alguma doença no baixo ventre e tinha agora um odor genital repugnante que o irrita terrivelmente. Ela mesma diz que fede se não se banhar com frequência, mas que ela não pode se permitir esse luxo, e com isso ele fica horrorizado.

{HISTÓRIAS INFANTIS} Ele conta 2 encantadoras histórias infantis, uma sobre uma menina de 5-6 a. que sente terrível curiosid. pelo Nikolo,[63] finge estar dormindo e vê então papai e mamãe enchendo sapatos e meias com maçãs e peras. Pela manhã ela conta à governanta: não existe nenhum Nikolo, quem faz isso é p e m e agora não acredito mais em nada, nem mesmo na cegonha, isso também o fazem p e m.

Outra de seu sobrinho pequeno, 7[64] muito covarde e com medo de cães e repreendido pelo pai – o que você faria se aparecessem 2 cães? De 2 eu não tenho medo, eles ficam cheirando o bumbum um do outro tanto tempo que nesse meio-tempo dá para escapar.

14 de dez. Enquanto as coisas estão bem com a moça, que o agrada pela naturalidade e com quem ele é muito potente, fica claro a partir de ocorrências obsess. que ele produz mais facilmente que existe uma corr. hostil contra a mãe, contra quem ele agora reage com respeito exag. e que tem origem nas recriminações educativas que ela recebeu, sobretudo por causa de sujeira. História de arrotos da mãe e a afirmaç. dele com 12 a. de que não podia comer por causa do nojo.

{FÓRMULA DOS RATOS} 16 de dez. Estando com sua costureira, ele pensa "para cada coito um rato para a prima". Isso mostra que rato é algo contável. A frase surge como compromisso de uma corrente amistosa e uma hostil. Nesse sentido: a) cada um desses coitos lhe abre o caminho para outro [coito] com a prima b) cada coito ocorre apesar dela e deveria irritá-la. –

Seu quadro se compõe de ideias claras cs., de fantasias-delírios e ocorrências obsessivas, de transferências.

{ACIDENTALMENTE} Sobre a história dos ratos uma experiência "terrível". Junto ao túmulo do pai ainda antes de seu adoecim. ele viu passar correndo um animal como um rato. Uma das doninhas tão frequentes por ali. Ele supôs, como se pode fazer com muita probabildd., que o animal veio fazer uma refeição com seu pai. Suas ideias sobre a continuação após a morte são no ics. tão consequentem. material. como [a] dos antigos egípcios. Sobre isso a ilusão após a fala do Capt. N. sobre os ratos, de que a terra se levanta diante dele como se um rato estivesse por baixo, o que ele entendeu como presságio. Ele não vislumbrava a conexão.

19 de dez. Sua avareza fica clara. A convicç. de que o pai se casara por causa da vantagem material da mãe abandonando o próprio amor, que pode se apoiar numa indicaç. da mãe de que sua relação com Rubensky teria sido mais valiosa que o dote, + a lem[brança] do constrangimento do pai na época militar, isso o faz abominar pobreza, através da qual se é obrigado a cometer esses crimes. Sua degradação da mãe encontra satisfaç. nisso. Ele poupa, portanto, para não ter de trair seu amor. Do mesmo modo ele cede todo o dinheiro à mãe porque não quer ter nada dela, ele pertence a ela e não é um dinheiro abençoado.

Ele acha que tudo de ruim em sua natureza ele o tem do lado materno. O avô m. era um homem brutal, que maltratava a esposa. – Todos os seus irmãos e irmãs passaram pela grande transformç. de crianças ruins até seres humanos muito dignos, o irmão quem fez menos. *Parvenütum*.[65]

21 de dez. Ele identific. com a mãe no comportamento e transf. do tratamento. Comportamento: falas bobas durante o dia, esforço em dizer algo desagradável a cada um dos irmãos e irmãs, coment. críticos sobre tia e prima. Transf.: ideia, de que me dirá que não me entende, pensamentos:

20 Kr são bastantes para o *parch*[66] – etc. Ele confirma essa construção demonstrando que utiliza as palavras idênticas às da mãe para falar sobre a família da prima. É prov. que na crítica ao pai ele se identifique também com a mãe e assim prossiga com o conflito dos pais em seu íntimo. Num [sonh. antigo] que ele conta, estabelece diretamente um paralelo entre suas razões e as da mãe para odiar o pai. "O pai voltou; ele não se surpreende nada com isso (intensidade do desejo). Ele tem uma imensa alegria, e a mãe diz cheia de recriminações. Friedrich, por que motivo passou tanto tempo sem dar notícias? Ele tem a ideia de que agora eles terão mesmo de se restringir, pois a família aumentou em uma pessoa." Sua ideia é vingança por ter ouvido que o pai estava tão desesperado no seu nascimento, como no de cada novo filho, por trás disso outra coisa, que o pai gostava que lhe pedissem, como se quisesse abusar de seu poder, enquanto talv. só se deliciasse de que tudo provinha dele. Coment. da mãe se refere à hist. que ela contou de que uma vez quando ela estava no interior, ele escrevia tão pouco que ela veio a Viena para verificar como ele estava, portanto, queixa por de maus-tratos.

23/XII 07 Abalado pelo recente adoecim. do Dr. Pr. que [tem] caráter parecido com o do pai, homem honrado e grosseiro, ele passa por coisas semelhantes como na doença do próprio pai. Além disso, a doença é a mesma: enfisema. Seu lamento além disso não deixa de estar mesclado com vingança, ele extrai isso de fant. de que veem

Pr. já morto. Motivos da vingança poderiam ser recriminações que durante muito tempo lhe fizeram na família por ele não ter aconselhado o pai de forma energicamente suficiente para que se aposentasse. A sanção dos ratos se estende também a ele. Então ocorre-lhe algo. Alguns dias antes da morte Pr. explicou que ele próprio estava mal e que passaria o tratamento para o Dr. Schmidt, evidentemente porque era um caso perdido e isso o afetava demais em consequência da amizade íntima. Naquela época ele pensou: os ratos abandonam o navio que está afundando – Ele tem a ideia de que mataria Pr. com seu desejo e que poderia mantê-lo vivo. Portanto ideia de sua onipotência. De fato, ele pensa ter mantido a prima viva duas vezes através do seu desejo. Uma vez no ano anterior quando ela sofria de insônia, e ele passou a noite acordado e foi realmente a primeira noite que ele melhor... Outra vez durante ataques, quando ela estava a ponto de entrar em estado de torpor, ele sempre conseguia mantê-la desperta, através de comentários que só podiam interessá-la. Ela reagia a conversar mesmo estando naquele estado.

De onde vinha ideia de sua onipotência? Penso que do primeiro caso de morte na família – Katherine, de quem ele guardava 3 lem[branças]. Ele corrige e amplia a primeira [ideia]. Ele a vê sendo levada para a cama, não pelo papai e ainda antes de ser dada como doente, pois o papai protesta, e ela é tirada da cama dos pais. Na verdade, há muito tempo ela se queixava de cansaço, sem que dessem atenção. Quando o Dr.

Pr. a examinou, ele ficou pálido. Ele constatou um carcinoma (?), que então a abateu. Enquanto eu agora expunha as possibilidades, de como ele pode se achar culpado por essa morte, ele faz uma conexão com outra passagem, também importante pelo fato por ele não se lembrar previamente da ideia de onipotência. {ONIPOTÊNCIA} Quando ele tinha 20 a., eles tinham costureira que ele sempre atacava, mas na verd. ele não gostava dela porque ela era exigente e necessitada de amor, ela se queixava de que não gostavam dela. Ela o provocava de modo direto para se garantir de que ele gostava dela, e ficava muito desesperada quando ele a rejeitava de modo direto. Algumas semanas mais tarde, ela se jogou da janela. Ela não o teria feito se ele tivesse entrado em uma relação com ela. Onipotência é exteriorizada, portanto, por concessão ou impedimento de amor, na medida em que se tenha o poder de fazer alguém *feliz*.

Um dia mais tarde ele se admirou de não sentir nenhum arrependimento depois dessa descob., mas ele achava que ele justamente já estava lá (perfeito!).

Agora ele quer desenvolver historicamente as suas ideias obsess.

Primeira em 02 de dez. quando de repente lhe ocorreu que teria de fazer [sua] prova num determinado dia, 03 de jan., o que de fato aconteceu [após morte da tia e ataque de recriminações por causa da má fama do pai]. Ele entende isso muito bem como eficiência *a posteriori*. Pai sempre se irritava porque ele não era dedicado. Ideia, portanto, se ele estivesse vivo, sua ociosidade lhe causaria pena, o mesmo acontece agora. Demonstro-lhe como a premissa de toda a neurose é essa tentativa de rejeitar a realidade da morte do pai. Em 03 de fev. após a morte de um tio que lhe era indiferente novo ataque de recriminação por ter dormido demais naquela noite;[67] grande desespero, ideias suicidas, pavor da própria morte. O que é morrer? Como se o som da palavra tivesse de lhe dizer. Como devia ser terrível não ver, ouvir e não sentir nada. Ele não percebeu absolutamente a falha da sua conclusão e salvou-se desses pensamentos Através da suposição que devia haver um além-túmulo e uma imortalidade. No verão do ano 03 numa viagem de barco pelo Mondsee[68] ideia repentina de se jogar n'água. Vinha com Julie de uma visita ao Dr. E. por quem ela estava apaixonada. No curso das ideias, o que ele faria pelo pai primeiramente lhe ocorreu como pensamento hipotético, se você tivesse de pular n'água para que nada o abata, e em seguida a exortação positiva. Analogia, inclusive nas palavras, com reflexão sobre morte do pai, será que daria tudo para salvá-lo. Daí provav. comparação com prima, que neste verão já o tinha tratado pela segunda vez. Sua raiva fora imensa na época, ele se lem[bra] que deitado no sofá de repente pensou: ela é uma puta, o que o assustou muito. Ele não duvida mais de que tinha de expiar essa raiva também contra o pai. Naquele tempo os temores já oscilavam entre pai e prima (puta = sem dúvida uma comparação com a mãe). A *exortação* para *saltar n'água* só pode, portanto, ter vindo do lado da prima, como amante infeliz.

27 XII. Novo início com correção: em 02 de dez. revelou para o amigo suas autorrecriminações, em jan. faria a prova, àquela época ainda sem data fixa como ele pensou equivocadamente, mas só em 03 de julho. Na primavera [1903?] violentas recriminações (de onde?) dos detalhes resulta esclarecim.. {CRISTIANISMO} De repente ele caiu de joelhos, evocou devoção, decidiu crer em além-túmulo e imortalidade. Isso significava, pois, cristianismo bem como ir à igreja em Unterach,[69] depois de chamar a prima de puta. Pai nunca quisera se batizar, mas lamentava muito que seus antepassados não o tivessem poupado desse negócio desagradável. O pai lhe dizia com frequência que não colocaria nenhum obstáculo, se ele quisesse ser cristão. {DEVOÇÃO} Será que naquela época uma moça cristã entrara na concorrência com a prima? Não. Mas os Rubensky não são judeus? Sim e na verdade bons [judeus], seu batismo teria posto fim a todo plano da parte de R. Então o ajoelhar-se tem de estar voltado contra o plano de R. e ele deve ter sabido disso antes da cena do ajoelhar-se. Ele diz que não, mas admite que não sabe nada com certeza. O que ele lem[bra] nitidamente é o final do plano, sua visita com o fut. cunhado (e primo) Bob St. à casa de R., onde foi ponderado o plano de que ele como estagiário da Justiça, St. como advogado, deveriam instalar-se perto do mercado dos animais de abate. Nisso St. o ofendeu muito. Na conversa vieram estas palavras: agora só trate de estar preparado. Segue sendo bem possível que a mãe tenha lhe comunicado o plano meses antes.

Ele continua contando que nesta primavera 03[70] estudou mal, por mais que ele organizasse o material só trabalhava à noite até 12h-1h, e então lia durante horas, o que ele absolutamente não entende. Aqui ele intercala que mais ou menos em 1900 fez juramento de nunca mais se masturbar, o único de que se lembra. Nesse tempo costumava depois da leitura ainda deixar muita luz acesa no vestíbulo e no closet, despir-se e contemplar-se no espelho. Sempre preocupado com membro pequeno demais; nessas encenações certa medida de ereção que o acalmava. Às vezes também enfiava o espelho entre as pernas. Além disso naquele tempo costumava sofrer com o engano de que batiam lá fora no corredor, que seria o pai querendo entrar no apartamento e se não abrissem para ele, ele o veria como sinal de que não o queriam lá e ele então iria embora de novo. Também ocorria que ele batia várias vezes. Ele estimulou isso durante tanto tempo até se assustar com o caráter doentio dessas ideias e livrou-se delas através de uma conex. de que se fizesse isso, aconteceria um mal ao pai.

{FANTASIA DE OPOSIÇÃO AO PAI} Todas essas coisas são desconexas e não compreendidas. Elas se ordenam se supomos que ele com intenção supersticiosa espera a visita do pai entre 12 e 1h, adia os estudos para a noite para que este o veja estudando, mas então, após um isolamento interpolado e uma espera de um tempo eventualmente incerto, faz o que ele mesmo considera um substituto da masturbação, portanto, apesar do pai. Ele confirma a primeira [coisa] e diz que quanto à última tem a sensaç. de que dela fizesse parte uma lem[brança] sombria da infância, mas que não vem.

À noite antes de partir para o interior, início ou meados de junho, ocorreu aquela cena da despedida da prima que veio para casa com X., na qual ele acreditou ter sido renegado por ela. Nas primeiras semanas da estada em Unterach aquele olhar através das frestas na cabine, quando viu nua uma menina bem jovem e se fez as mais penosas recriminações sobre que efeito poderia ter sobre ela a cs. de ser espiada.

O relato sistemático engole aqui todas as outras atualidades.

28 de dez. Faminto sendo saciado.
{DICK} Continuação. Obsess. Em Unterach. Subitamente lhe ocorre que ele precisa *emagrecer*, começou a se levantar da mesa, naturalmente não comia sobremesa, e a correr no sol, até ficar banhado de suor, depois se detinha e voltava a correr mais uns trechos, também subia colinas correndo assim. Sobre uma ladeira bem acentuada lhe veio a ideia de *saltar morro abaixo*. Naturalmente teria sido morte certa. Sobre isso lem[brança] da vida militar. Quando ele servia como voluntário não lhe era fácil subir montanhas. Em manobras de inverno em Exelberg[71] ele ficou para trás e tentou se animar com fant., no cume da montanha estaria a prima que o esperava. Mas o objetivo falhou e voltou a ficar para trás até se juntar aos fracassados. Ele diz que na época do serviço militar – ano da morte

do pai — as primeiras obsess. foram puramente hipotéticas. Se você agora cometesse alguma coisa insubordinaç. Figuravam-se situações como que para medir seu amor pelo pai. Se ele fosse marchar em formação e em frente seu pai tivesse um colapso, será que ele sairia da fileira e correria para ajudá-lo. (Lem[brança] do pai, embolsando o dinheiro da aposta e depois correndo atrás.) Origem dessa fant., durante uma marcha saindo do quartel F passou em frente a [sua] casa, naquela época ele ficara 3 semanas confinado na caserna e não vira os seus nessas duras primeiras semanas após a morte do pai. Ele não estava bem no serviço militar, estava apático, não atinava com nada, havia o 1º Ten. que os maltratava e se não acertassem certos saltos, batia neles com as costas do sabre. Lem[brança]: Certa vez ele se recompôs e disse-lhe: "Sr. 1º Ten., também dá certo sem sabre". O homem perdeu a compostura, aproximou-se dele e disse, da próxima vez trago o chicote de correias. Naquele tempo ele teve de reprimir muita raiva, fant. muito com duelo, mas desistiu. Em certo sentido preferia que o pai não estivesse mais vivo. Como um velho soldado, ele teria ficado mortificado. O pai também o tinha conseguido contatos. Quando ele comunicou a lista dos oficiais o pai encontrou um nome conhecido por ele, o filho de um oficial sob as ordens de quem ele mesmo tinha servido e escreveu para este. História desse pai; como seu pai por causa de acúmulo de neve em Pressburg o trem não conseguiu entrar [na cidade], armou os judeus com pás, os quais normalmente estavam excluídos do mercado, o oficial que naquele tempo era comissário veio até ele e disse: muito bem, velho camarada, você agiu muito bem, ao que pai retrucou: seu coisa ruim, agora você me chama de velho camarada porque eu o ajudei, naquele tempo você me tratava diferentemente.

[Vê-se ânsia em manter o pai satisfeito através de corridas.]

{COMPUSÃO DE ENTENDER} Outra obsess. em Unterach sob a influência da renegaç. da prima: compulsão de falar, normalmente ele falava pouco com a mãe, mas aí se obrigou, de um ponto a outro do passeio, a falar continuamente com ela inclusive muita tolice, ele conta isso de maneira geral, mas tudo indica que parte de exemplo da mãe. Obsess. corrente de contar p. ex. entre trovão e relâmpago ter contado até 40 ou 50. Espécie de compulsão de proteger, quando viajava no barco com a prima e soprou vento forte, teve de pôr seu gorro nela. Para ele era como um mandamento de que nada pudesse acontecer com ela. *Compulsão de compreender* em que ele se obrigava a entender exatamente cada sílaba que lhe diziam como se de outra forma um grande tesouro se lhe escapasse. Assim ele sempre perguntava: o que você disse e quando lhe repetiam, ele achava que da primeira vez tinha soado diferente, e se tornava muito inconveniente.

Isso precisa ser ordenado com referência à prima. O esclarecim. que ela lhe deu sobre a suposta renegaç., de que ela só queria protegê-lo para ele não fazer papel ridículo diante de X., deve ter mudado radicalmente a situação. A compulsão de proteger é evidentemente arrependimento e expiação patente e também a compulsão de entender remonta a ela, já que foram as palavras dela que tiveram tanto valor para ele. Com efeito, ele não a teve antes da época da chegada da prima. Então é fácil entender a generaliz.. Os outros tipos de obss. ocorreram então antes da conversa com a prima, coisa que a lem[brança] lhe confirma. O *medo de contar* antes de tempestade tem então caráter oracular e indica medo de morrer, *que idade será que ele alcançará*. Aí o correr no sol tem algo de suicida, por amor infeliz. Tudo isso ele confirma. {PALPITE INFELIZ} Antes de partir para Unterach ele disse ao amigo Y. que dessa vez ele *estava com certo sentimento estranho de que ele* não mais retornaria a Viena. Desde a infância claras ideias suicidas lhe eram familiares, p. ex. quando ele tinha de levar para casa as notas ruins da escola, por saber que o pai iria se mortificar. Mas certa vez, quando estava com 18 a., a irmã da mãe estava de visita, cujo filho, 1 a. e meio antes, matara-se com tiro, diziam que por causa de amor infeliz e ele pensou que a Hilde, por quem um dia ele [o primo] fora muito apaixonado, ainda continuava a ser a causa. Essa tia estava com um aspecto tão deplorável e tão aquebrantada que ele jurou que, não importa o que acontecesse, por causa da mãe ele nunca se mataria por causa de amor inf.. A irmã Constanze lhe disse quando ele estava voltando da corrida para casa: você verá, Paul, um dia um golpe vai te atingir.

{COMPULSÃO CONTRADITÓRIA COM A PEDRA} Mas se antes da conversa havia impulsos de suicídio, então só podia ser autopuniç. por ter desejado a morte da prima em sua raiva. Dou-lhe *Joie de vivre*[i] de Zola para ler. Ele ainda relata que no dia da partida da prima de U. ele encontrou uma pedra na rua e fantasiou que o coche dela poderia esbarrar na pedra e ela sofrer danos. Por isso a tirou do caminho, mas 20 min. depois ocorreu-lhe que aquilo era sem sentido e voltou para repor a pedra no seu lugar. Portanto também aqui estava preservada a moção hostil contra a prima ao lado da [moção] protetora.

2 de dez.[72] Interrupção devido à doença e morte do Dr. Pr. que ele tratava como pai, assim também pode, de acordo com os vínc. pess., vir à luz toda a espécie de traços hostis: desejos de ratos que remontam ao fato de ele, como médico da família, ter recebido dinheiro deles. Tantos florins tantos ratos, diz para si mesmo, ao colocar dinheiro na latinha de coleta durante o velório. Em identificç. com a mãe, ele até pode fundamentar pessoalmente ódio contra ele, pois ela o recrimina por não ter movido o pai a se retirar dos negócios. No caminho para o cemitério ele ainda traz aquele sorriso estranho que sempre o incomoda quando ele participa de enterros. Ele ainda faz alusão à fant. de que Dr. Pr. violenta sua irmã Julie (provavelm. inveja dos ex. méd.). Sobre isso lem[brança] de que o papai deve ter

---

[i] [O herói desse romance está sempre assediado por ideias sobre sua própria morte e a de outras pessoas.]

feito uma vez algo indevido com ela quando ela tinha 10^{73} a. Ele ouviu um chiado no quarto e depois saiu o papai e disse: a menina tem mesmo um cu como de pedra. De maneira curiosa sua crença de que ele realm. tenha nutrido raiva pelo pai não fez nenhum progresso, embora ele entenda todos os fundam. lógicos.

Em conexão, mas sem determinar com o que, uma fant. de transf. de que entre duas mulheres, minha mulher e a mãe, está estendido um arenque que do orifício anal de uma chega ao da outra, até uma garota cortá-lo ao meio, e as duas partes acabarem caindo (estão como que sem a pele).

Sobre isso primeiramente apenas a confissão de que ele absolutamente não gosta de arenque, ultimamente lhe serviram arenque na refeição, mas ele não tocou. A moça é uma que ele viu nas escadas e tomou como minha filha de 12 a.

2 de jan. [1908] (Diret.) Ele admira-se por ter ficado tão furioso com o modo como Constanze hoje pela man. o intimou a ir ao teatro com ela. De pronto ele lhe desejou os ratos, depois ficou em dúvida se ele devia ir agora ou não e na verdade qual das duas decisões iria ceder à compulsão. Com isso ela atrapalhou um *rendez-vous* com sua costureira e visita à prima que está doente, aliás dizendo isso diretamente. Seu mau humor de hoje devia ser decorrente da doença da prima. Ao que parece ele só tem ninharias, hoje eu posso lhe dizer muitas coisas. Enquanto ele deseja os ratos a Constanze, ele próprio sente a mordidela do rato

em seu ânus e o vê plasticamente. Estabeleço uma ref. que lança nova luz sobre rato. {VERMES} É que ele tinha vermes, e o que lhe deram para combatê-los. Comprimidos. Acaso não foram clisteres. Sem dúvida, eles também, ele acredita se lembrar. Então ele deve certamente ter se revoltado part. contra elas, porque havia um prazer recalcado por trás disso. Ele também acredita na revolta. Antes disso ele deve ter tido um período de comichões no ânus. A história do arenque me lembra muito esses clisteres (um pouco antes ouvi dele: a coisa lhe transborda até a garganta). Será que ele também não teria tido outros vermes, solitária, contra os quais se receita arenque para combatê-las ou pelo menos não ouviu falar nisso? Isso não, mas ele prossegue com lem[branças] de vermes. [Em Munique ele descobriu certa vez um grande verme redondo em suas fezes depois de ter um sonho de que ele estava em cima de um trampolim que se movia em círculos com ele. Eram os movim. do verme. Ele tem uma necessidade imperiosa de defecar sempre logo depois de acordar.] Com 10 a. ele viu certa vez seu primo defecando, que lhe chamou a atenção para um grande verme nas fezes; grande nojo. A isso ele acrescenta o que ele caracteriza como maior susto de sua vida: mais ou menos antes [da idade de] 6 a. mãe tinha um pássaro empalhado de um chapéu que ele pediu emprestado para brincar. Enquanto ele se movimentava correndo com pássaro na mão, as asas dele se moveram. No susto de que ele estivesse vivo de novo, ele o jogou fora. Penso em conexão com morte da irmã – a cena com certeza veio depois – e lhe faço notar como essa crença facilita a posterior ressurreiç. do pai. Como ele não reage a isso, interpreto de outro modo [:] através de ereção pela ação de sua mão, e encontro conexão com a morte com que ele foi ameaçado, em período pré-hist., de ele morrer caso se toque, caso leve o pênis à ereção, e que foi reconduzida por ele à masturbação. Ele o admite, na medida em que realmente se admira que na puberdade nunca chegara à masturb., embora ele sofresse tanto com ereç., mesmo quando criança uma cena em que mostra diretamente uma ereção à mãe. {MANIA} Ele resume sua sexualid. que se contentou com olhar, a [Srta.] Peter e outras mulheres. Sempre que pensava em mulher nua que o estimulasse, ereção. Lem[bra]-se nitidamente no balneário feminino duas garotas, 12 e 13 a., cujas coxas o atraíram tanto, que desejou claramente ter uma irmã com coxas tão lindas. Depois período homossex. com amigos, mas nunca contato recíproco, só olhar e no máximo ter prazer nisso. Para ele olhar substitui tocar. Lem[bro]-o das cenas do espelho à noite depois do estudo, quando ele, de acordo com interpret., zombando do pai, se masturb., depois de ter estudado por amor a ele, justamente como, ao Deus o proteja – o "não" lhe segue. Deixamos essas coisas como estão e ele agora rel. o sonho com vermes em Munique e a partir daí notícias sobre sua evacuaç. rápida da manhã, que então se conecta à fant. de transf. do arenque. Quanto à criança que soluciona o difícil problema com "genialidade lúdica", ocorre-lhe Mizzi Q., uma menininha encantadora que estava com 8 a., quando ele teve contato com a família, ainda antes do doutorado: viagem a Salzbg. às 6h[74] da manhã. Estava muito mal-humorado pois sabia que logo teria vontade de defecar e quando a pressão veio realmente, ele arranjou um pretexto para descer na estação e ainda conseguiu pegar o trem, mas foi surpreendido pela Sra. Q. quando estava dando uma última olhada no seu toalete. A partir daí, no curso desse dia, continuamente envergonhado diante dessa mulher. Depois lhe ocorre, sobre isso, um touro e em seguida ele interrompe. Ocorrência que supostamente não vem ao caso. Na conferência de Schweninger e Harden[75] encontrou o seu então muito admirado Prof. Jodl, que até trocou umas palavras com ele. Mas Jodl significa touro, como ele certamente sabe. Naquela época Schönthan escreveu um folhetim, no qual ele descrevia um sonh.: ele era Schw. e H. numa só pessoa e respondia às perguntas que lhe faziam até alguém lhe perguntar por que os peixes não têm cabelos. Suando de medo, até lhe ocorrer uma informação e ele dizer, mas sabe-se bem como as escamas prejudicam o crescimento de pelos e por isso os peixes não podem ter cabelos. Com isso fica definido o arenque na fant. de transf. Ele relata[:] Certa vez, anteriormente, quando sua garota estava deitada sobre a barriga com os pelos genitais expostos pela parte traseira, eu lamentei que as mulheres agora não tomavam cuidado com isso, o que ele caracteriza como feio, e por isso ele garante a ausência de pelos nas duas mulheres.

Minha mãe deve significar... avó, que ele mesmo nunca conheceu, mas lhe ocorre a avó da prima. Casa administrada por duas mulheres. Quando eu lhe trouxe o pequeno lanche, ele logo teve a ideia de que 2 mulheres o prepararam.

{RESOLUÇÃO DOS RATOS} 3 de jan. *Se o rato é o verme*, então o pênis também é; decido lhe dizer isso; então sua fórmula está simplesmente expressa de modo arcaico (teo[ria] sexual infantil do intercurso pelo ânus) dotada de desejo e uma parte de raiva, manifest. da libido em direção à relação sex. bilateral como a maldição eslavo-meridional sobre foder pelo cu. Antes ele me conta hoje bem animado a solução da última fant. Minha ciência é a criança que soluciona o problema com alegre superioridade, "genialidade sorridente", despoja suas ideias de seus disfar. e assim liberta as 2 mulheres de seus desejos de arenque.

Depois de eu lhe dizer que rato é o pênis através do verme (ao que ele logo acrescenta "pequeno p[ênis]"), rabo de rato – rabo,[76] vem-lhe uma verdadeira onda de ocorrências, nem todas vinculadas, a maioria do lado do desejo dessa estrutura. Algo sobre a pré-história da ideia dos ratos, coisa que sempre lhe parecia pertinente. Meses antes da formação [dessa ideia] deparou-se com mulher na rua, que ele logo reconheceu como prostit. ou pelo menos uma que se deixava envolver em relaç. sex. com seu acompanhante. Vendo o sorriso peculiar dela [teve] ideia curiosa, de que a prima estava no corpo dela e seu genital colocado por detrás do da mulher, de tal modo que ela recebia um pouco de cada coito. Então a prima estava nela [na mulher] e se inflava[77] tanto que a pessoa explodia. Naturalmente só pode significar que é a mãe dela, tia Laura. Então, desses pensamentos que não a pintam melhor que uma puta, finalmente ligaç. com tio Alfred seu irmão, que a ofende diretamente: Mas você se empoa como uma "chonte".[78] Esse tio morreu com dores terríveis. Depois de sua inibiç. assustou-se com a ameaça de que ele também seria castigado por esses pensamentos. Depois divers. ocorrências de que ele desejava à prima direto intercurso sex. – antes da teoria dos ratos – e sua forma ocasional, e de que ele teria de colocar os ratos nela. Além disso diferentes ligaç. com dinheiro, que teria sido sempre seu ideal permanecer sempre disponível a [praticar] sexo, mesmo diretamente após o coito, será que com isso ele quer dizer transpç. para o além-túmulo? 2 a. depois da morte do pai mãe lhe comunica ter jurado no túmulo do pai recolocar, nos próximos tempos, com economia, o que foi gasto do capital. Ele não crê no juramento, mas aqui motivo princip. para sua parcimônia. Ele jurou então (à sua maneira) em Salzbg. não precisar de mais do que 50 fl. por mês, mais tarde tornou incerto o adendo ["]em Salzbg.["], e assim nunca mais ele teria o direito de precisar de mais, nem de se casar com a prima. (Isso, bem como a fantasia do arenque passando pela tia Laura, provém da corren. host. contra a prima.) {RESOLUÇÃO DOS RATOS} Contra isso ocorrência, não precisaria casar-se se a prima só se punha assim à disposç. dele. Opõe-se a isso a objeção de que ele teria então de pagar cada coito com florins como com a prostit.. Assim ele chega ao germe de seu delírio: tantos florins, tantos ratos (*tantos rabos*[79] *– coitos, tantos florins*).

Naturalmente toda a fant. da puta recai sobre sua mãe, por incitç. de seu primo, que, quando ele tinha 12 a., convenceu-o maldosamente de que sua mãe era uma puta e acenava como uma. Quando a mãe está se penteando, ele costuma puxá-la pela trança agora muito fina e a chamá-la de "*rabo de rato*". – Uma vez, quando criança, quando a mãe estava na cama e por um movim. descuidado, mostrou o traseiro, ele pensou que estar casado consistiria em se mostrar reciprocamente o bumbum. Em brincadeiras homossex. com o irmão certa vez tomou um susto violento, quando nos alvoroços do banho o pênis de seu irmão se dirigiu para seu ânus.

Sobre isso muitas ocorrências que não interpretamos, também algumas transf. hostis contra mim.

4 de jan. Animado. Profusão de outras ocorrências, transfer. etc. que no momento renunciamos a interpretar. Em conexão com a criança que soluciona a ligaç. do arenque – a ciência: fant. de que ele dá um pontapé nessa criança e o pai então quebra a vidraça da janela. Sobre isso história que fundamenta o rancor pelo pai. Depois de perder a primeira aula de religião no liceu e negá-lo desajeitadamente, pai muito infeliz e quando ele se queixa que Hans[80] bateu nele, diz o pai: tá certo,

pois dê um pontapé nele. Outras histórias de pontapés do Dr. Pr.: atual cunhado Bob St. hesitou durante muito tempo entre Julie e a filha do Dr. Pr., cujo sobrenome agora é Z. Quando da urgência da decisão, ele foi convocado ao conselho de família e aconselhou que a moça que o ama deveria perguntar diretamente a ele se quer ou não. Dr. Pr. disse: bom, se você o ama, estou de acordo, mas se hoje à noite (depois do encontro) me puder mostrar a marca da bunda dele na sola de seu sapato, eu lhe darei de presente um beijo. O pai não gostava nada dele. De repente lhe ocorre também que a história do casamento está intimamente tramada com sua tentação Rub. A esposa de Pr. é uma Rubensky e se Bob tivesse se casado com a filha, ele teria sido o único candidato para o susten. da família. Depois mais coisa sobre cunhado Bob, que ele tem muito ciúme dele; ontem cenas com a irmã nas quais ele se manifestou abertamente. As criadas em casa também dizem que ela o ama e o beija como a um amante e não como um irmão. Ele próprio ontem disse ao cunhado, depois de ficar um tempo com a irmã no outro quarto: olha, se dentro de 9 meses a Julie tiver um filho, você não precisa acreditar que é meu; sou inocente. Ele já tinha pensado que precisava comportar-se de maneira bem vulgar para que a irmã na escolha entre marido e irmão não tivesse nenhuma razão para preferi-lo.

Antes, como soluç. de uma transf., eu havia dito que ele em relação a mim brinca de sujeito malvado, ou seja, o cunhado, e isso significa que ele lamenta não ter a Julie como esposa. Isso significa seu último delírio de mau comportamento, que ele põe para fora de forma muito complicada. A transf. era que eu me aproveito daquela comida que lhe ofereci, enquanto ele perdia tempo, a terapia demorava mais. Ao apresentar os honorários, ocorreu-lhe que também precisava pagar aquela comida com respect. 70 Kr. Estas provêm do conto burlesco da Budapester Singspielhalle,[81] onde o frágil noivo oferece 70 Kr. ao garçom, caso este queira assumir antes dele o primeiro coito com a esposa.

Indícios de que ele se preocupa que as manifest. de seu amigo Springer sobre o tratamento possam roubá-lo dele. Quando eu elogio algo em ocorrências, ele sempre se alegra muito, mas uma segunda voz logo diz: não dou a mínima para os elogios ou, de modo ainda mais claro, estou cagando pra isso.

Hoje não se fala do signif. sex. do rato. Hostilidade muito mais nítida, como se ele tivesse consciência pesada em relação a mim. Os pelos de sua amada o fizeram lembrar dos pelos dum camundongo, e esse camundongo lhe parece ter a ver com o rato. Ele não sabe que esse é o significado da palavra carinhosa *mausi*,[82] que ele mesmo usa. Um primo corrompido, que aos 14. a. mostrava o pênis a ele e ao irmão, disse: o meu mora [*hauset*] numa floresta virgem. Mas ele entendeu: caça ratos[83] [*mauset*].

6 e 7 de jan. Sorrindo alegremente, como se estivesse tramando algo.

Um sonh. junto com alguns fragmentos. Ele vai ao dentista para extrair um dente estragado, ele extrai, mas não era o certo, e sim um ao lado que estava apenas com um leve problema. Fora do recinto, fala surpreso sobre o seu tamanho. (Sobre isso dois adendos depois.)

{SONHO DO DENTE} Ele está com um dente cariado, mas que não lhe causa dores, mas às vezes apenas uma leve sensibilidade. Uma vez foi ao dentista para obturá-lo. Mas ele explicou que só podia extrair. Normalmente ele não era nada covarde, mas lhe ocorreu, como obstáculo, que de algum modo as dores causariam dano à prima e acabou recusando. Provavelmente durante a noite ele teve essa leve sensibilid. e daí o sonh.

Mas o sonh. pode passar por cima de uma sensibilid. mais intensa que essa, inclusive dores. Será que ele sabia o signif. de sonh. com dente.

Ele lem[bra] escuramente, morte de parentes.

Sim, em certo sentido. São sonh. de masturb. Transposiç. de baixo para cima. Como assim? A linguagem, que equipara rosto e genital. Isso ele sabe. Mas dentes, não há nenhum embaixo? – Ele entende então que é justamente por isso. Conto-lhe também que arrancar galhos das árvores tem o mesmo significado. "Bater uma ele conhece."[84]

Mas ele não extraiu o próprio dente, mas mandou alguém tirar?

Confessa que com a costureira tem tentaç. que ela lhe agarre o pênis e sabe como arranjar isso. Minha pergunta se ele já está se entediando na presença dela ele responde, com assombro, afirmativamente. Confessa o medo de ela arruiná-lo materialmente, e de dar a ela o que cabe à amada. Vem à tona que em economia monetária ele tem se comportado de modo muito inadequado, não anotou nada, de forma que ele não sabe dizer quanto ela lhe custa por mês, e também que emprestou 100 fl. a um amigo. Ele confessa surpreso que estava em boas vias de desencorajar a relação e retornar à abstinência.

Afirmo que isso também pode ser interpretado de outra forma, que eu não quero dizer. O que significa que o dente não era o correto?

7 de jan. A ele mesmo ocorre que aquela doença esperta estivesse tramando algo. Ele voltou a ser gentil com a costureira, o segundo coito não levou a nenhuma ejacul. Ocorreu-lhe com medo de que iria urinar em vez de ejacular. Quando criança na 5ª série primária um colega lhe disse que a reproduç. humana ocorria com o homem dando uma mijada dentro da mulher. Ele tinha esquecido o preservativo. É evidente que ele busca caminhos para desencorajar a relação, tais como: coit. inter., impotência, mal-estar.

Ontem ele fez ainda adendo: dente não se parecia com um dente, como bulbo de tulipa[85] [*Tulpenzwiebel*], sobre o qual lhe ocorrem de rodelas de cebola [*Zwiebelscheiben*]. – A outra via: orquídeas, seu criptorquidismo,[86] a operação da prima ele não acompanha. Sobre a operação, ele conta que naquela época estava fora de si de ciúmes. {CONDIÇÃO DO ENAMORAMENTO} Ele esteve com ela [no] sanatório, 1889 quando médico jovem veio fazer a visita e enfiou a mão dela sob o lençol. Ele não sabia se aquilo era adequado. Quando ouviu falar da coragem dela durante a operação teve ideia idiota de que isso teria acontecido porque ela gostava de mostrar o belo corpo aos médicos. Ficou surpreso de eu não querer deixar essa ideia passar como tão idiota.

Desse lindo corpo ele ouviu falar pela irmã Hilda em 1989, quando ele se apaixonou por ela. E a impressão ainda é maior porque a própria Hilde tem um corpo tão belo. Talvez a raiz de seu amor. Prima naquele tempo sabia exatamente sobre o que falavam e enrubesceu. Tb a costureira T., que mais tarde se mataria, disse: ela sabia com certeza. Oficialmente a prima é para ele a mais bela das mulheres, embora ele saiba que há mais bonitas.

{CASTRAÇÃO} Sim, o dente é um pênis, isso ele admite, pois o adendo diz o dente pingou. – Mas o que quer dizer agora que o dentista arrancou um "dente" dele? Com dificuldade ele pode ser levado a que é operação para extração de rabo; também o que se segue é simples, que o pênis muito grande só pode ser o do pai, ele finalmente acaba admitindo como "retaliação" e vingança em relação ao pai. É que para o sonh. é difícil trazer lem[branças] tão desagradáveis.

20 de j[aneiro]. Longa interrupç., disposç. animadíssima, muito material, aproxim[ações]. Nenhuma solução. Um esclarecim. acidental de que sua corrida para não engordar[87] tem a ver com nome do primo americ. *Dick*[88] (Richard)

Paßwort. Ódio a ele. Só que isso foi minha descoberta e ele não faz a apreciação.

Hoje 5 sonh., 4 deles milit. Do primeiro se depreende raiva contida contra oficiais e contenç. a para não desafiar um deles por bater no traseiro do sórdido garçom Adolf. [Esse Adolf é ele mesmo.] Isso desemboca em cena dos ratos por mediação do pincenê [*Kneifer*][89] que ele deixou cair e perdeu, e toca em experiência dos primeiros anos da univers., em que foi suspeito por amigo por "beliscar", porque se deixou levar uma bofetada por colega por sugestão brincalhona de Springer e depois não mais acompanhou a coisa. Raiva reprimida contra amigo Springer, cuja autoridade vem, portanto, daí e contra o outro que o denunciou, mas a quem ele mais tarde ajudaria com sacrifícios. Portanto, repressão progressiva da pulsão de raiva com retorno da pulsão erógena de sujeira, recalcada.

Originalnotizen zu einem Fall von Zwangsneurose (Rattenmann)

1999   *Gesammelte Werke*, Nachtragsband, p. 509-569

1974   In: FREUD, Sigmund. *L'Homme aux rats: journal d'une analyse*. Publicação e introdução de Elza Ribeiro Hawelka. Paris: Presses Universitaires de France, p. 30-248.

Tradução inglesa (primeira publicação):

1955   *Addendum: Original Record of the Case*. Standard Edition, v. 10, p. 251-318.

Ernst Lanzer foi atendido por Freud entre outubro de 1907 e setembro de 1908. O paciente, então com 29 anos de idade, ficou conhecido como Homem dos Ratos. Durante os primeiros meses de tratamento, Freud fazia anotações diárias, bastante detalhadas, buscando reconstruir as falas e associações do paciente. Elas eram feitas geralmente na noite em que os atendimentos ocorriam e serviram de base para a história clínica publicada. Em geral, Freud tinha o hábito de destruir suas notas privadas após a publicação dos casos. Contudo, por motivos desconhecidos, conservou estas até o final da vida, tendo levado o caderno de Viena a Londres. Os registros originais foram descobertos em Londres após a morte de Freud.

Parte significativa das notas foi publicada pela primeira vez na tradução de Alix e James Strachey, em 1955, no volume 10 da Standard Edition. Sua edição completa das foi realizada apenas em 1974, graças aos esforços de uma psicanalista brasileira. Anna Freud confiou uma fotocópia do manuscrito de seu pai a Elza Ribeiro Hawelka, que transcreveu o texto em alemão gótico e o traduziu para o francês em 1974. Vale a pena mencionar que Hawelka colaborou ainda com o *Dicionário Aurélio* e com o *Vocabulário de Psicanálise* de Laplanche e Pontalis, sendo injustamente desconhecida da comunidade psicanalítica brasileira.

Posteriormente, na margem esquerda do manuscrito, Freud acrescentou algumas palavras-chave, no sentido vertical, ao que tudo indica a fim de organizar o material para a escrita definitiva da história clínica. O caso, tal como o conhecemos em sua versão publicada, aproveita boa parte das anotações, conservando parcialmente sua forma linguística original, conforme informam os editores alemães. Essas notas constituem o registro mais aproximado do que foi a matéria-prima das elaborações clínicas de Freud.

A presente tradução baseia-se na nova transcrição preparada por Ingeborg Meyer-Palmedo, que difere em alguns pontos da transcrição de Elza Hawelka. Atualmente, a cópia digital dos manuscritos está disponível nos Arquivos Freud da Library of Congress, Washington, para consulta online. Como na edição alemã, mantivemos o texto final com o mínimo possível de adaptações, conservando as abreviações, o estilo telegráfico e algumas peculiaridades ortográficas de Freud.

NOTAS

[1] O gênero textual apresentado por Freud nesses "registros originais" é bastante singular, justamente por ser o estágio preliminar de onde surgirá o texto bem elaborado da história clínica. Dessa forma, Freud utilizou inúmeras abreviaturas, além de recorrer ao encurtamento de palavras, a frases truncadas, a elementos sintáticos numa certa desordem etc. Nesta tradução, busca-se seguir o modelo do original. Recorre-se, aqui, a algumas abreviações que, a exemplo daquelas encontradas no texto original, se repetirão, tais como: "consciência"/"consciente": [cs.]; "masturbação": [masturb.]; "fantasia" / "fantasiar": [fant.]; sexo / sexual: [sex.]; sonho: [sonh.]; inconsciente: [ics.]; obsessão / obsessivo: [obsess.]; lembrança / lembrar: [lemb.] etc. As terminações de advérbios em "-mente" serão encurtadas (p. ex.: normalmente => normalm.). Espelhando-se no que Freud estabeleceu para a representação de "m" ou "n" duplo em alemão, aqui se grafará a palavra "não" como "ñ". Substantivos terminados no sufixo "-ção" serão grafados até a letra "-ç" (p. ex.: relação: "relaç."). A palavra "ano(s)" também será abreviada: "a.", sempre que antecedida de um numeral. No caso de verbos conjugados no mais-que-perfeito, na maioria das vezes optamos pela forma sintética ("cantara", "deixara", "comera" etc.). Outras abreviaturas aqui utilizadas serão facilmente entendidas com a ajuda dos próprios contextos, tais como: "enquanto": [enqt]; "quando": [qd]; "muito": [mt]; "também": [tb]; "você": [vc] etc. Em linhas gerais, evita-se "reorganizar" ou "corrigir", na tradução, o texto original, seja do ponto de vista linguístico, seja sob a ótica estilística, pois isso roubaria ao manuscrito original seu caráter provisório. Além disso, grandes seriam os riscos na tentativa de se completar algum sentido que possa parecer, de certo modo, incompleto. O objetivo desta tradução não é, portanto, reescrever nem muito menos interpretar os registros originais freudianos. Com esta tradução, espera-se que leitoras e leitores tenham uma ideia das dificuldades encontradas na leitura dos registros originais de Freud, um gênero textual "criptografado". Atente-se, portanto, para um ponto importante: pelas explicações dadas, os registros originais não são um texto lapidado, já acabado, mas sim carente de elaboração. Por esse motivo, contêm falhas ortográficas, de pontuação, misturas de níveis e registros de linguagem etc. Por fim, a reelaboração desse texto já encontrou forma

e existência na própria publicação da história clínica, escrita e editada por Freud, a que os registros originais serviram de base. (N.T.)

[2] Sobre o significado do nome da governanta, ver nota do próprio Freud, no item b da Parte I do caso Homem dos Ratos, em que ele chama a atenção para o fato de que o nome Peter, que pode ser usado tanto como nome quanto como sobrenome, pode ainda ser empregado tanto no masculino quanto no feminino em alemão. (N.E.)

[3] Conforme as notas da edição alemã (*G.W., Nach.*, p. 512, n. 1), Spas é uma localidade na antiga província austro-húngara da Galícia, atual Ucrânia. (N.E.)

[4] Trata-se do capitão Novak, conforme mencionado mais à frente. (N.E.)

[5] Como na edição original, evitamos "corrigir" a pontuação de Freud, que algumas vezes abre os colchetes, mas não os fecha. Contudo, para evitar a desnecessária proliferação de notas, fecharemos colchetes todas as vezes em que o sentido não for controverso. Além disso, sempre que forem utilizados para completar uma palavra abreviada, os colchetes são dos editores. Nos demais casos, são do próprio autor. (N.E.)

[6] Coroa (unidade monetária). (N.T.)

[7] Julius Wagner-Jauregg (1857-1940), professor catedrático de Psiquiatria na Universidade de Viena e detentor de um Prêmio Nobel. (N.T.)

[8] Conforme nota da edição alemã (*G.W., Nach.*, p. 517, n. 1), Brühl é um subúrbio de Viena. (N.E.)

[9] A correção do ano é do próprio Freud. (N.E.)

[10] A correção da data é do próprio Freud. (N.E.)

[11] Numa tradução literal, a palavra alemã "*Schuldbewusstsein*" pode ser traduzida como "consciência de culpa". Optamos, aqui, pelo termo "sentimento de culpa". (N.T.)

[12] Trata-se do sonho discutido no capítulo IV de *A Interpretação do sonho*, em que uma paciente jovem sonha com a morte de seu sobrinho Karl, substituindo o outro sobrinho, Otto, que efetivamente tinha falecido. (N.E.)

[13] No sentido de "*verwunderlicher*" [de modo ainda mais surpreendente]; na versão publicada, está escrito: "ele se espantava" (*G.W.*, v. 7, p. 403; *Studienausgabe*, v. 7, p. 53). Freud escreveu, nas anotações ora traduzidas, o vocábulo "*wunderbarer*", que significa, literalmente, "mais maravilhoso", mas que aqui deve ser entendido como "*verwunderlicher*", aqui vertido em português como "de modo ainda mais surpreendente". (N.T.)

[14] Conforme anota o editor alemão (*G.W., Nach.*, p. 522, n. 3), a alusão refere-se a Shakespeare, *Júlio César*, III. 3º ato, 2ª cena: "Como César

me amava, choro por ele; como era feliz, regozijo-me; como era corajoso, respeito-o; mas como era dominador, matei-o". (N.E.)

[15] Conforme anota o editor alemão (*G.W., Nach.*, p. 524, n. 3), trata-se de referência a Friedrich Nietzsche, *Jenseits von Gut und Böse* [*Para além do bem e do mal*], IV, 68: 'Eu o fiz', diz minha memória, 'não posso tê-lo feito' – diz meu orgulho e mantém-se implacável. Por fim – a memória cede". (N.E.)

[16] Conforme anota o editor alemão (*G.W., Nach.*, p. 526), trata-se de estação termal às margens do lago Traunsee. (N.E.)

[17] Ao contrário da versão publicada, onde consta "ausência".

[18] Conforme nota do editor alemão (*G.W., Nach.*, p. 527, n. 1), o profeta pagão Balaão foi instruído a amaldiçoar os israelitas, mas, em vez disso, abençoou-os. Cf. *Mos.* 4, 22-24. (N.E.)

[19] Conforme nota do editor alemão (*G.W., Nach.*, p. 527, n. 1), foi "onde o paciente submeteu-se ao tratamento de águas". (N.E.)

[20] O verbo que Freud usa no original alemão é *"blasen"*, que significa "soprar", "assoprar", "tocar (instrumentos de sopro)", mas que também é usado como termo da linguagem vulgar no sentido de "provocar a ejaculação através da felação". (N.T.)

[21] Escrito assim no manuscrito. Freud anotou o título da obra de Goethe de forma invertida, escrevendo *Wahrtheit u Dichtung*, quando, na verdade, o título correto é *Dichtung und Wahrheit* [*Poesia e verdade*]. (N.T.)

[22] Distrito de Neunkirchen, onde há um desfiladeiro. (N.E.)

[23] Conforme nota do editor alemão (*G.W., Nach.*, p. 529, n. 4, trata-se de outro paciente de Freud, cuja identidade não pode ser estabelecida com segurança. (N.E.)

[24] Conforme nota do editor alemão (*G.W., Nach.*, p. 530, n. 3), "o rio desenha um laço em Verona que quase o leva de volta ao local onde ele desemboca na cidade". Em italiano, rio Adige. (N.E.)

[25] O vinte e um é um jogo praticado em cassinos, que também se designa como blackjack. (N.T.)

[26] Prenome feminino na forma diminutiva, correspondente a "Terezinha". A forma "Reserl" é comum na Baviera e na Áustria. (N.T.)

[27] Anjinhos eram instrumentos de tortura, usados na Europa durante a Idade Média e no Brasil durante a escravidão, através dos quais se prendiam os polegares das vítimas em dois anéis que, mediante uma pequena chave ou parafuso, exerciam uma pressão gradativa. (N.T.)

[28] *Flegeljahre: Eine Biografie*, de Jean Paul (1763-1825). O título do livro pode ser traduzido como: *Puberdade: uma biografia*. (N.T.)

²⁹ Erro de Freud ao escrever *"Schwertern"*. *"Schwestern"* significa "irmãs", e *"Schwertern"*, "espadas". (N.T.)

³⁰ Baseada no título do livro *Poetischer Trichter, die Teutsche Dicht- und Reimkunst in sechs Stunden einzugießen* [Funil poético, a arte literária e poética ... a ser derramada em seis aulas], publicado em Nuremberg pelo escritor G. Ph. Harsdörffer (1607-1658); a expressão "funil de Nuremberg" representaria, de forma jocosa, um método automático de ensino no qual o aluno não precisa esforçar-se para aprender, já que a matéria a ser aprendida vai penetrando em sua mente de forma automática, como se passasse por um funil. (N.T.)

³¹ Esse fraseologismo corresponde à expressão brasileira "a ficha vai cair para você". (N.T.)

³² Freud emprega o termo "série sexual" [*Sexualreihe*] também em sua obra *Drei Abhandlungen zur Sexualtheorie* [*Três ensaios sobre a teoria sexual*]. (N.T.)

³³ Conforme nota do editor alemão (*G.W., Nach.*, p. 536, n. 3), a alusão não se refere à irmã homônima do paciente, uma vez que ela, no momento da análise, ainda estava viva. (N.E.)

³⁴ Pressburg é o nome usado na Áustria para a cidade de Bratislava, capital da atual Eslováquia. (N.T.)

³⁵ Conforme informa nota do editor alemão (*G.W., Nach.*, p. 539, n. 1), Karl Samuel Grünhut era professor de Direito na Universidade de Viena. (N.E.)

³⁶ Conforme anota o editor alemão (*G.W., Nach.*, p. 539, n. 3), trata-se de termo iídiche para designar moças não judias. (N.E.)

³⁷ Capitão Novak. (N.E.)

³⁸ Karl Kraus era um escritor satírico, indicado ao prêmio Nobel, conhecido como editor do periódico vienense *Die Fackel* [A tocha], crítico ferrenho da psicanálise. (N.E.)

³⁹ Conforme anota o editor alemão (*G.W., Nach.*, p. 542, n. 1), em sua juventude, Freud fora apaixonado por uma moça com esse mesmo nome, o que explicaria os pontos de exclamação. (N.E.)

⁴⁰ A palavra alemã *"Samen"* significa "sêmen"/"semente". (N.T.)

⁴¹ A edição alemã (*G.W., Nach.*, p. 544, n. 1) informa que a alusão remete à lenda romana segundo a qual Lucrécia, uma patrícia, depois de ser violentada por Sextus Tarquinius, filho do rei, comete suicídio com golpes de punhal. (N.E.)

⁴² Felação. (N.T.)

⁴³ Segundo nota do editor alemão (*G.W., Nach.*, p. 544, n. 4), p.c. é abreviatura para *"pour condoler"* [condolências] e p.f., para *"pour féliciter"* [felicitações]. (N.E.)

44 Conforme nota do editor alemão (*G.W., Nach.*, p. 545, n. 1), trata-se de um insulto iídiche no sentido de mandar entrar uma pessoa que estraga a vida dos outros. (N.E.)

45 O termo *"Freudenhausmädchen"* significa "moças do bordel". A palavra *"Freude"* significa "alegria". Devido à semelhança das palavras, é possível brincar com o sentido do nome de Freud, remetendo a sentidos próximos de "moças da casa de Freud/da alegria". Em suas anotações quase telegráficas, Freud grafa o vocábulo de maneira incorreta, o que também foi mantido no texto traduzido acima. (N.T./N.E.)

46 Alusão ao irmão de Freud, que viveu entre 1866 e 1943. (N.E.)

47 Conforme nota do editor alemão (*G.W., Nach.*, p. 548, n. 2), "medo de sífilis". (N.E.)

48 Em alemão, as palavras *"Ratte"* [rato] e *"Rate"* [prestação] apresentam apenas uma distinção na pronúncia: na primeira palavra, o "a" é longo, e na segunda, breve. (N.T.)

49 Conforme nota do editor alemão (*G.W., Nach.*, p. 548, n. 3): "Isso se refere à relação etimológica da palavra '*Rate*' [prestação] com o verbo latino '*reor*' [achar, crer, julgar] ou o adjetivo dele derivado '*ratum*'[calcular, fazer contas]". (N.E.)

50 Em alemão: *Römisches Bad*. Foi um suntuoso balneário vienense construído por ocasião da exposição internacional de 1873 e fechado nos anos 1950. Estava localizado em Leopoldstadt, 2º Distrito de Viena. (N.T.)

51 A primeira parte do sobrenome "Ratzenstein" lembra a palavra *"Ratte"* ("rato"). (N.T.)

52 Freud escreve o verbo no plural, mas a referência que ele faz é à ópera cômico-satírica *Die Meistersinger von Nürnberg* [*Os mestres-cantores de Nuremberg*], composta em três atos por Richard Wagner; um dos personagens chama-se David. (N.T.)

53 Conforme nota do editor alemão (*G.W., Nach.*, p. 550, n. 2), David era o nome do tenente citado anteriormente. Durante algum tempo, Freud supôs, erroneamente, que David seria também o nome do pai de seu paciente, embora, mais à frente, anote expressamente: "Seu pai não se chama David, mas sim Friedrich". (N.E.)

54 Recorde-se, aqui, a questão da semelhança de pronúncia entre as palavras *"Ratte"* e *"Rate"*, mas também a diferença semântica entre ambas. (N.T.)

55 Conforme nota do editor alemão (*G.W., Nach.*, p. 550, n. 4), trata-se de balneário termal localizado na Estíria, perto de Graz, na Áustria. (N.E.)

56 Conforme nota do editor alemão (*G.W., Nach.*, p. 551, n. 2), a mãe do paciente desejava que ele se casasse com essa moça. (N.E.)

⁵⁷ O jogo de palavras só funciona na língua alemã: *"Laue"* significa "frouxo", e *"Laie"*, "leigo". (N.T.)

⁵⁸ Na verdade, a palavra polonesa *"vielka"* significa "grande". A palavra alemã *"alt"* significa "velho", "antigo". (N.T.)

⁵⁹ A pronúncia da letra W em alemão coincide com a pronúncia do substantivo *"Weh"* (dó) presente no título da canção. (N.T.)

⁶⁰ A palavra alemã *"aber"* significa "mas", em português. O acento tônico de *"aber"* recai sobre a primeira sílaba, de modo que a vogal "e", em conjunto com a consoante "r", é átona, mas não "muda". (N.T.)

⁶¹ A palavra alemã *"Abwehr"* significa "defesa". (N.T.)

⁶² Conforme nota do editor alemão (*G.W., Nach.*, p. 552, n. 5), refere-se a alunos cujos sobrenomes começavam com a letra K. (N.E.)

⁶³ Variante do termo *"Nikolaus"*, representação popular de um homem com gorro vermelho, vestes longas de cor vermelha e longa barba, que, conforme uma tradição antiga, distribui presentes às crianças no dia 6 de dezembro. (N.T.)

⁶⁴ Conforme nota do editor alemão (*G.W., Nach.*, p. 553, n. 2), é difícil decifrar o numeral no manuscrito, que pode também ser um "9". (N.E.)

⁶⁵ O termo *"Parvenütum"* corresponde a "arrivismo", "alpinismo social". (N.E.)

⁶⁶ Conforme nota do editor alemão (*G.W., Nach.*, p. 555, n. 1), refere-se à palavra *"Parachkopf"*, insulto iídiche. Seu sentido se assemelha, no português brasileiro, a alguém com "merda na cabeça", "indivíduo sem noção". (N.E.)

⁶⁷ A noite em que morreu o pai do paciente. (N.E.)

⁶⁸ Conforme nota do editor alemão (*G.W., Nach.*, p. 557, n. 2), o Mondsee é um lago localizado no município homônimo, na região de Salzkammergut, Alta Áustria. (N.E.)

⁶⁹ Unterach am Attersee é um município da Áustria, conhecido como A pequena Veneza. (N.E.)

⁷⁰ Conforme nota do editor alemão (*G.W., Nach.*, p. 558, n. 1), no manuscrito, não é possível estabelecer se o numeral é "3" ou "1", ficando incerto se se trata da primavera de 1903 ou de 1901. (N.E.)

⁷¹ Conforme nota do editor alemão (*G.W., Nach.*, p. 559, n. 1), trata-se de uma colina nos Bosques Vienenses. (N.E.)

⁷² Segundo a edição alemã (*G.W., Nach.*, p. 561, n. 2), Freud teria se equivocado, sendo 2 de janeiro a data correta. (N.E.)

⁷³ Conforme nota do editor alemão (*G.W., Nach.*, p. 561, n. 3), não é possível decidir, com base no manuscrito, se se trata do numeral "10", não estando excluída a possibilidade de ser o "16". (N.E.)

[74] No manuscrito, o numeral não fica claro, podendo ser também o "4" (*G.W., Nach.*, p. 563, n. 3). (N.E.)

[75] Conforme informa o editor alemão (*G.W., Nach.*, p. 563, n. 4 e p. 564, n. 1 e 2), os personagens aludidos seriam Ernst Schweninger (1850-1924), médico de Bismarck, e o publicitário Maximilian Harden (1861-1927). Os dois teriam proferido juntos, em 1898, uma palestra sobre a Medicina. O artigo de Schönthans, mencionado adiante, parodia essa palestra. Além deles, o trecho menciona ainda Friedrich Jodl (1849-1914), professor de Filosofia na Universidade de Viena, e Franz Schönthan (1894-1913), conhecido como autor de comédias e farsas. (N.E.)

[76] Freud insiste na palavra "rabo", que em alemão – "*Schwanz*" – também pode significar "pênis" na linguagem cotidiana. (N.T.)

[77] O verbo empregado em alemão (*sich aufblasen*) tem o sentido denotativo de "inflar-se", "encher-se de ar", mas também o sentido conotativo de "parecer mais importante do que realmente é". (N.T.)

[78] Expressão iídiche para "prostituta". (N.T.)

[79] Lembre-se aqui que, ao empregar a palavra "Schwanz" (rabo), a conotação em português brasileiro não deverá ser entendida como "traseiro", mas sim, como em alemão, "pênis", "pau". (N.T.)

[80] Irmão do paciente. (N.E.)

[81] Também chamado de Budapester Orpheum [Orfeu de Budapeste], era um teatro de variedades que havia em Viena com apresentações de cantores populares, peças teatrais e humoristas. (N.T.)

[82] Ainda no alemão atual, é usada a palavra "*Mausi*" como forma carinhosa de dizer "meu benzinho", "minha gatinha", embora a tradução literal seja "minha ratinha". (N.T.)

[83] Mais uma vez, Freud trabalha com jogos de palavra que funcionam na língua alemã, mas que em português não têm correspondente. Na frase "mora numa floresta virgem", o verbo empregado no original é "*hauset*" [mora, habita]. O mal-entendido ocorre quando o paciente entende o verbo "*mauset*", derivado de "*Maus*" [camundongo], que, entre outros sentidos, quer dizer "caçar ratos". (N.T.)

[84] Em alemão, Freud usa o verbo "*abreißen*" [arrancar], e o paciente, o verbo "*herunterreißen*" [puxar para baixo], que o emprega numa expressão idiomática vulgar. (N.T.)

[85] Em alemão, "*Tulpenzwiebel*", literalmente "cebola de tulipa" (N.T.).

[86] Retenção do testículo na cavidade abdominal ou no canal inguinal. (N.T.)

[87] Em alemão, "gordo" significa "*dick*". (N.T.)

[88] O editor alemão informa (*G.W., Nach.*, p. 569, n. 1), que dois dias mais tarde, em 22 de janeiro de 1908, Freud faz uma comunicação à Sociedade psicanalítica de Viena, com esclarecimentos sobre *"dick"* ou *"Dick"*, bem como *"Zwicker"* ou *"Kneifer"*.

[89] Freud colocou entre colchetes um sinônimo alemão para *"Zwicker"* [pincenê]. O sinônimo é *"Kneifer"*, que, etimologicamente, vem do verbo *"kneifen"* [beliscar], podendo ser entendido também como "beliscador". O mesmo ocorre com *"Zwicker"*, que vem do verbo *"zwicken"* [beliscar]. (N.T.)

OBSERVAÇÕES PSICANALÍTICAS SOBRE UM CASO DE PARANOIA (*DEMENTIA PARANOIDES*) DESCRITO COM BASE EM DADOS AUTOBIOGRÁFICOS (CASO SCHREBER) (1912 [1911])

Ao examinarmos analiticamente a paranoia, nós, médicos que não atuamos em instituições públicas, somos confrontados com dificuldades de natureza especial. Não podemos aceitar nem manter durante muito tempo pacientes acometidos dessa enfermidade, pois a perspectiva de alcançarmos êxito terapêutico é a condição imposta por nosso tratamento. Desse modo, apenas excepcionalmente acontece de eu poder fazer uma incursão mais profunda na estrutura da paranoia, seja porque a incerteza do diagnóstico nem sempre fácil justifica a tentativa de exercer influência, seja por ceder aos pedidos dos familiares e aceitar, em que pese o diagnóstico seguro, manter em tratamento esse doente por um determinado período. Afora isso, naturalmente vejo paranoicos (e dementes) com frequência suficiente e aprendo com eles tanto quanto outros psiquiatras com seus casos, mas, em geral, isso não basta para tomar decisões analíticas.

O exame psicanalítico da paranoia seria absolutamente impossível, se os doentes não possuíssem a peculiaridade, ainda que de forma distorcida, de revelar justamente aquilo que os outros neuróticos escondem como segredo. Como os paranoicos não podem ser obrigados a superar suas resistências internas e, de qualquer maneira, somente dizem o que querem dizer, é lícito que, justamente nesse tipo de afecção, o relato escrito ou a história clínica impressa entrem em cena como sucedâneos do contato pessoal com o paciente. Por esse motivo, não considero impróprio conectar interpretações analíticas à história clínica de um paranoico (*dementia paranoides*) que eu nunca tenha visto, mas que tenha, ele próprio, descrito sua história clínica e a levado a conhecimento público através de impressão.

Trata-se, neste caso específico, do antigo presidente da Corte de Apelação da Saxônia, o doutor em Direito Daniel Paul Schreber, cujas *Memórias de um doente dos nervos*[1] apareceram em forma de livro no ano 1903 e, se eu estiver bem informado, despertaram um grande interesse junto aos psiquiatras. É possível que hoje o Dr. Schreber ainda esteja vivo e que se tenha distanciado tanto do sistema delirante por ele defendido em 1903, a ponto de considerar constrangedoras essas observações sobre seu livro. Todavia, admitindo-se que ele ainda insista na identidade de sua personalidade atual e na de antigamente, permito-me fazer referência a seus próprios argumentos, os quais esse "homem de espírito elevado, dotado de excepcional perspicácia e de acurado senso de observação"[i] contrapunha aos esforços envidados para demovê-lo daquela publicação: "A esse respeito, não deixei de levar em conta as objeções que parecem fazer frente a uma publicação: trata-se, na verdade, da consideração por certas pessoas que ainda vivem. Por outro lado, penso que poderia ser valioso para a ciência e para o conhecimento

---

[i] Essa autocaracterização, que certamente não é injustificada, encontra-se na p. 35 do livro de Schreber.

de verdades religiosas possibilitar, ainda durante a minha vida, quaisquer observações da parte de profissionais sobre meu corpo e meu destino pessoal. Diante dessa ponderação, todos os motivos pessoais devem se calar".[i] Em outro trecho do livro, ele deixa patente sua decisão em perseverar no projeto de publicação, mesmo que, em consequência, seu médico em Leipzig, o conselheiro Dr. Flechsig, apresentasse uma denúncia contra ele. Nesse contexto, ele exige de Flechsig a mesma coisa que agora, de minha própria parte, está-lhe sendo exigida: "Espero que, também no caso do conselheiro Dr. Flechsig, o interesse científico pelo conteúdo de minhas *Memórias* faça recuarem eventuais suscetibilidades pessoais".

Embora, na sequência, eu vá elencar todos os trechos das *Memórias* que fundamentam minhas interpretações, faço questão de solicitar aos leitores deste trabalho que primeiramente se familiarizem com o livro pelo menos lendo-o uma única vez.

I
HISTÓRIA CLÍNICA

O Dr. Schreber relata[ii]: "Em duas oportunidades, estive doente dos nervos, ambas as vezes devido a um esgotamento psíquico; a primeira vez (quando eu era diretor do Tribunal de Província em Chemnitz), por ocasião de uma candidatura ao Reichstag[2], e a segunda, em virtude da inusitada carga de trabalho que enfrentei ao tomar posse como presidente da Corte de Apelação de Dresden, cargo a que eu fora recém-nomeado".

---

[i] Prefácio das *Memórias*.
[ii] *Memórias*, p. 34.

O primeiro adoecimento surgiu no outono de 1884 e, no final de 1885, já estava completamente sanado. Em um "laudo médico" emitido posteriormente, Flechsig, em cuja clínica o paciente ficou internado seis meses àquela época, descreveu seu estado clínico como um surto de severa hipocondria. O Dr. Schreber assegura que essa doença "transcorreu sem quaisquer incidentes que resvalassem no domínio do suprassensível [?]".[i]

Nem seus manuscritos nem os laudos anexados pelos médicos fornecem informações suficientes sobre a história anterior ou sobre a situação de vida recente do paciente. Eu nem sequer teria condições de determinar a idade que ele tinha no momento do adoecimento, embora o alto cargo ocupado por ele no serviço judiciário antes do segundo adoecimento assegure um determinado limite inferior. Temos notícia de que o Dr. Schreber, à época da "hipocondria", já se encontrava casado havia muito tempo. Escreve ele: "Quase que ainda mais sincera foi a gratidão sentida por minha esposa, que realmente venerava no professor [Dr.] Flechsig aquele que lhe tinha devolvido o marido e que, por esse motivo, durante anos manteve seu retrato sobre sua escrivaninha" (p. 36). E no mesmo trecho: "Após meu restabelecimento da primeira enfermidade, vivi oito anos com minha esposa, um período, em geral, marcado por anos bem felizes e também ricos em honrarias sociais, e apenas passageiramente enturvados pela esperança, diversas vezes malograda, de sermos abençoados com filhos".

Em junho de 1893, foi-lhe anunciada sua nomeação iminente como presidente da Corte de Apelação; tomou posse no dia 1º de outubro do mesmo ano. No intervalo

---

[i] *Memórias*, p. 35.

entre esses dois períodos,[i] são registrados alguns sonhos, aos quais somente mais tarde ele será movido a atribuir importância. Sonhou algumas vezes que sua antiga doença nervosa havia voltado, fato que o fazia sentir-se tão infeliz no sonho quanto feliz após despertar, ao ver que não passara de um sonho. Além disso, certa vez, já próximo do amanhecer, em um estado entre o sono e o despertar, teve "a ideia [*Vorstellung*] de que realmente deveria ser muito bom ser uma mulher submetendo-se ao coito" (p. 36), uma ideia que ele, se estivesse em plena consciência, teria rejeitado com grande indignação.

No final de outubro de 1893, o segundo adoecimento começou com uma insônia torturante que o fez voltar a procurar a clínica do Dr. Flechsig, onde, porém, seu estado rapidamente se agravou. A evolução ulterior desse adoecimento é descrita em um laudo mais tarde emitido pelo diretor do Instituto Sonnenstein (p. 380): "No início de sua internação na clínica,[ii] ele manifestava ideias mais hipocondríacas, queixava-se de sofrer de um amolecimento cerebral, de que em breve morreria etc.; mas logo acrescentaram-se algumas ideias de perseguição ao quadro clínico, na verdade devido a alucinações, as quais, entretanto, no início pareciam surgir mais de modo esporádico, ao passo que simultaneamente se manifestava uma hiperestesia de elevado grau, uma grande sensibilidade à luz e aos ruídos. Em uma fase posterior, foram-se avolumando as alucinações visuais e auditivas, que, aliadas a distúrbios cenestésicos, dominavam todas as suas sensações e todos os seus pensamentos; julgava-se morto e putrefato,

---

[i] Portanto, ainda antes do efeito do excesso de trabalho, objeto de sua acusação, em seu novo cargo.

[ii] Na clínica de Leipzig, aos cuidados do Dr. Flechsig.

acometido de peste, supunha em seu delírio que fariam em seu corpo todo tipo de manipulações abomináveis e, como afirma até hoje, passou pelas coisas mais terríveis que alguém jamais pudesse imaginar, e tudo isso, na verdade, em nome de um objetivo sagrado. As intuições doentias exigiam tanto do enfermo que ele, inacessível para qualquer outra impressão, ficava sentado durante horas totalmente rígido e imóvel (estupor alucinatório); por outro lado, elas o atormentavam tanto que ele desejava a própria morte: durante o banho tentou afogar-se repetidas vezes e exigia o 'cianureto de potássio indicado para seu caso'. Aos poucos, as ideias delirantes foram assumindo um caráter místico e religioso, ele já tratava diretamente com Deus, os demônios já faziam seu jogo com ele, via 'aparições milagrosas', ouvia 'música sagrada' e, por fim, até acreditava estar vivendo em um outro mundo".

Acrescentemos que ele xingava diversas pessoas pelas quais acreditava estar sendo perseguido e prejudicado, sobretudo seu médico Flechsig; chamava-o de "assassino de almas" e bradava inúmeras vezes "pequeno Flechsig", enfatizando claramente a primeira palavra (p. 383). Após uma breve passagem por Leipzig, em junho de 1894 chegou ao Instituto Sonnenstein, situado nas cercanias de Pirna, permanecendo até a configuração definitiva de seu estado clínico. No decorrer dos anos seguintes, seu quadro clínico transformou-se de tal modo, que preferimos descrevê-lo com as palavras do diretor do instituto, o Dr. Weber:

"Sem ainda entrar em maiores detalhes sobre o decurso da doença, saliente-se apenas o modo como, na sequência, a partir da psicose inicialmente mais aguda que, ao mesmo tempo, prejudicava imediatamente todo o funcionamento psíquico, e que podia ser chamada de delírio alucinatório, o quadro clínico paranoico que se tem atualmente foi ganhando relevo de forma cada vez mais decisiva, por assim dizer, por cristalização" (p. 385). Afinal de contas, por um lado, ele desenvolvera uma engenhosa construção delirante que requer nosso interesse; por outro lado, sua personalidade se reconstruíra, mostrando-se capaz de enfrentar as tarefas impostas pela vida, à exceção de alguns distúrbios específicos.

No laudo médico de 1899, o Dr. Weber faz o seguinte relato sobre o paciente:

"Desse modo, deixando-se de lado alguns sintomas psicomotores que se impõem imediatamente como doentios até mesmo aos olhos do observador superficial, atualmente o Sr. presidente da Corte de Apelação, Dr. Schreber, não parece nem confuso, nem psiquicamente inibido, nem visivelmente prejudicado em sua inteligência, – é sensato, tem uma excelente memória, dispõe de um nível considerável de conhecimentos não somente em matérias jurídicas, mas também em muitas outras áreas, e é capaz de reproduzi-los em uma sequência estruturada de pensamentos, demonstra interesse pelos acontecimentos nos campos da política, da ciência e da arte etc., dedicando-se a eles de maneira continuada... e praticamente não deixando transparecer nada que chame muito a atenção do observador desprovido de maiores informações. Não obstante, o paciente está tomado por ideias mórbidas que se fecharam num sistema completo, que são mais ou menos fixas e não parecem acessíveis a uma correção através de uma perspectiva objetiva e de um julgamento das condições de fato" (p. 386).

O paciente que passara por tamanha transformação considerava-se capaz de levar a vida com autonomia e adotava medidas adequadas, visando impor a anulação de sua curatela e a liberação do instituto. O Dr. Weber opunha-se a esses desejos e expedia laudos no sentido oposto; todavia, no laudo emitido em 1900, não consegue deixar de fazer a seguinte descrição reconhecedora do caráter e da conduta do paciente: "Nos últimos nove meses, o signatário teve fartas oportunidades de conversar com o Sr. presidente Schreber, durante as refeições diárias no círculo familiar do paciente, sobre todos os assuntos possíveis. Independentemente dos temas discutidos – excluindo-se, é claro, suas ideias delirantes –, fossem eles sobre eventos na área da administração pública e da justiça, da política, da arte e literatura, da vida social ou quaisquer outros assuntos, o Dr. Schreber sempre revelava vivo interesse por tudo, conhecimentos profundos, boa memória e julgamento pertinente, além de apresentar, no tocante a questões de ética, uma concepção que somente podia inspirar adeptos. Em conversas descontraídas com as senhoras presentes, mostrava-se igualmente simpático e amável, e, no modo humorístico, sempre revelou tato e decência, nunca incluía, nas inofensivas conversas à mesa, temas que não devessem ser resolvidos ali, mas sim durante a consulta médica" (p. 397). Naquele tempo, mesmo quando se tratava de um assunto de negócios que interessasse à família inteira, ele intervinha de maneira profissional e correspondentemente eficaz (p. 401, 510).

Nas repetidas petições enviadas ao Tribunal, através das quais o Dr. Schreber lutou por sua liberação, ele absolutamente não negava seu delírio nem escondia sua intenção de tornar públicas as suas *Memórias*. Enfatizava, muito mais, o valor do movimento de seus pensamentos em prol da vida religiosa e o fato de sua irredutibilidade pela ciência contemporânea; ao mesmo tempo, também aludia à absoluta inocuidade (p. 430) de todos aqueles atos aos quais sabia estar sendo forçado através do conteúdo do delírio. A perspicácia e a precisão daquele que era reconhecidamente paranoico também conduziram, então, ao triunfo. Em julho de 1902, foi revogada a interdição decretada contra o Dr. Schreber; no ano seguinte, vieram a lume as *Memórias de um doente dos nervos* em livro, embora censuradas e reduzidas com a subtração de algumas partes valiosas de seu conteúdo.

Na resolução que restituiu a liberdade ao Dr. Schreber, o conteúdo de seu sistema delirante é resumido em poucas frases: "Ele se considera convocado a salvar o mundo e a devolver a ele a bem-aventurança perdida. Porém, somente seria capaz de fazê-lo, se primeiramente se transformasse de homem em uma mulher" (p. 475).

Podemos depreender uma exposição mais pormenorizada de seu delírio em um laudo definitivo emitido em 1899 pelo médico do instituto, Dr. Weber: "O sistema delirante do paciente culmina no ponto em que se sente convocado a salvar o mundo e trazer de volta à humanidade a bem-aventurança perdida. Ele chegou a essa tarefa, assim afirma o próprio paciente, através de inspirações diretamente divinas, de forma semelhante à que é ensinada pelos profetas; são justamente os nervos mais agitados, como o foram os seus durante um longo tempo, que teriam, de fato, a capacidade de exercer atração sobre Deus, mas tratar-se-ia, naquele contexto, de coisas que não se podem absolutamente expressar, ou apenas com muita dificuldade, em linguagem humana, porque elas estariam além de qualquer experiência humana e só teriam sido reveladas a ele. O mais essencial em sua missão redentora é que antes deveria acontecer sua *transformação em mulher*. Não que ele de fato *quisesse* transformar-se em mulher, tratava-se, muito mais, de um 'dever' fundamentado na ordem do mundo, do qual ele simplesmente não poderia esquivar-se, embora pessoalmente ele preferisse muito mais permanecer em sua honrada posição masculina na vida; mas agora, o Além não poderia ser reconquistado para ele e para o restante da humanidade, a não ser através de sua iminente transformação em uma mulher pela via de milagres divinos, transformação que ocorreria, talvez, somente após o transcurso de muitos anos e décadas. Ele seria, como estabelecido por ele, o objeto exclusivo dos milagres divinos e, desse modo, a pessoa mais extraordinária que já teria vivido na face da Terra; há anos, a cada hora e a cada minuto, ele estaria vivenciando esses milagres em seu corpo, e eles também seriam confirmados através das vozes que falam com ele. Nos primeiros anos de sua doença, teria experimentado em diferentes órgãos de seu corpo destruições que facilmente teriam levado à morte qualquer outra pessoa, teria vivido durante muito tempo sem estômago, sem intestinos, quase sem pulmões, com esôfago dilacerado, sem bexiga, com ossos das costelas esmagados, e às vezes teria engolido parte da traqueia junto com os alimentos, mas milagres divinos ('raios') sempre teriam voltado a recompor o que foi destruído, e é por isso que, enquanto ele permanecer um homem, ele não seria, de maneira nenhuma, mortal. Aqueles fenômenos ameaçadores haviam desaparecido agora, há muito tempo; em compensação, sua 'feminilidade' teria assumido o primeiro plano, o que seria um processo de desenvolvimento que exigiria décadas, ou até mesmo séculos, até ser concluído, e cujo final dificilmente alguma das pessoas atualmente vivas presenciaria. Ele tinha a sensação de que 'nervos femininos' já teriam penetrado em massa o seu corpo, dos quais, mediante fecundação de Deus, nasceriam novas criaturas. Só então ele poderá morrer de uma causa natural e terá então, como todas as pessoas, reconquistado a bem-aventurança. Nesse ínterim, não apenas o Sol, mas também as árvores e as aves, que seriam algo como 'restos miraculados de antigas almas humanas', falavam com ele em sons humanos, e por todos os lugares aconteciam coisas miraculosas ao seu redor" (p. 386).

O interesse demonstrado pelo psiquiatra praticante por essas formações delirantes em geral se esgota quando ele tiver constatado a atividade do delírio e julgado sua influência sobre a condução de vida do paciente; sua perplexidade não é o início de sua compreensão. De seu conhecimento das psiconeuroses, o psicanalista traz consigo a suposição de que mesmo essas produções de pensamentos tão singulares, tão distantes do modo comum de pensar das pessoas, procedem das moções mais gerais e mais compreensíveis da vida psíquica, e gostaria de vir a conhecer os motivos bem como os caminhos dessa reconfiguração. Imbuído dessa intenção, ele, com prazer, vai aprofundar-se tanto na história do desenvolvimento quanto nos detalhes do delírio.

a) Os dois pontos principais destacados pelo perito médico são o papel de redentor e a transformação em mulher. O delírio do redentor é uma fantasia que nos é familiar, com frequência constitui o cerne da paranoia religiosa. O acréscimo de que a redenção teria de ocorrer mediante a transformação do homem em uma mulher é incomum e, em si mesmo, desconcertante, tendo em vista que ele se distancia muito do mito histórico que a fantasia do doente quer reproduzir. É lógico supor com o laudo médico que a ambição de encenar o redentor seria o elemento pulsional desse complexo delirante, em função do qual a *emasculação* só poderia reivindicar o significado de um meio para esse fim. Ainda que isso possa apresentar-se assim na configuração definitiva do delírio, o estudo das *Memórias* acaba nos impondo uma concepção bem diferente. Passa a ser de nosso conhecimento que a transformação em uma mulher (emasculação) foi o delírio primário, que ela primeiramente foi julgada como sendo um ato de grave prejuízo e perseguição, e que só secundariamente ela entrou em relação com o papel do redentor. Também se torna indubitável que ela deveria antes ocorrer para o fim de abuso sexual, e não a serviço de intenções mais elevadas. Em termos formais, um delírio de perseguição sexual reconfigurou-se posteriormente para o paciente em delírio religioso de grandeza. Na figura do perseguidor, surgiu, em primeiro lugar, o médico responsável pelo tratamento, Prof. Flechsig, e posteriormente o próprio *Deus* tomou o seu lugar.

Citarei aqui, na íntegra, os trechos comprobatórios retirados das *Memórias*: (p. 56) "Desse modo, montou-se um complô contra mim (por volta de março ou abril de 1894), visando a que, tão logo fosse reconhecido ou presumido o caráter incurável de minha doença dos nervos, eu fosse entregue a um homem, de maneira a que minha alma fosse abandonada a ele, mas meu corpo – em uma concepção equivocada da tendência acima descrita, que serve de base à ordem do mundo – fosse transformado em um corpo feminino, abandonado enquanto tal ao ser humano em questão[i] para fins de abuso sexual e fosse, em seguida, simplesmente 'deixado largado', portanto, sem dúvida, que fosse abandonado à decomposição". (p. 59) "Nesse sentido, do ponto de vista humano, que

---

[i] Do contexto deste e de outros trechos, entende-se que a pessoa em questão que deveria perpetrar o abuso era ninguém mais, ninguém menos que o próprio Flechsig (cf. mais adiante).

àquela época ainda me dominava em grande parte, era decerto totalmente natural que eu visse meu verdadeiro inimigo sempre apenas no Prof. Flechsig ou em sua alma (mais tarde a essa também veio se juntar a alma de Von W., o que ainda será detalhado mais abaixo) e considerasse a onipotência de Deus como minha aliada natural, aliada essa que eu só imaginava em uma situação de emergência perante apenas o Prof. Flechsig e que eu, por esse mesmo motivo, acreditava ter de proteger com todos os meios imagináveis, inclusive o autossacrifício. O fato de que o próprio Deus teria sido o cúmplice, se não até mesmo o incitador do plano voltado para o assassinato da alma a ser perpetrado contra mim e para a entrega de meu corpo como mulher prostituta, é um pensamento que só se impôs a mim muito mais tarde, em parte, um pensamento que, na verdade, como me é lícito dizer, só me veio claramente à consciência durante a redação do presente manuscrito".

(p. 61): "Todas as tentativas voltadas para a perpetração de um assassinato de alma, para a emasculação com fins *contrários à ordem do mundo*[i] (isto é, para a satisfação da cobiça sexual de um ser humano) e posteriormente para a destruição de minha razão fracassaram. Do combate aparentemente tão desigual travado por um único ser humano fraco com o próprio Deus, eu saio vencedor, mesmo tendo passado por alguns amargos sofrimentos e privações, porque a ordem do mundo está do meu lado".

Na nota 34, é anunciada em seguida a reconfiguração ulterior do delírio de emasculação e da relação com Deus: "Posteriormente ainda se discorrerá sobre o fato de que uma emasculação reside no âmbito da possibilidade em relação

---

[i] Os "raios divinos" são, como resultará da explanação, idênticos às vozes que falam na "língua fundamental".

a outro fim – *fim compatível com a ordem do mundo*, e que talvez contenha até mesmo a provável solução do conflito".

Essas declarações são decisivas para a concepção do delírio de emasculação e, por conseguinte, para a compreensão do caso em geral. Acrescentemos que as "vozes" que o paciente ouvia nunca tratavam a transformação em uma mulher senão como uma vergonha sexual, em razão da qual elas estavam no direito de escarnecer do doente. "Não raro, raios de sol acreditavam ter o direito de escarnecer de mim, chamando-me de 'Miss Schreber', com respeito à supostamente iminente emasculação" (p. 127). – "Esse aí afirma ter sido um presidente da Corte de Apelação, ele que se deixa f…"[i] – "O senhor não tem vergonha da senhora sua esposa?".

Ademais, a natureza primária da fantasia de emasculação e sua independência inicial da representação de redentor são atestadas em outro lugar pela "ideia" [*Vorstellung*] mencionada no início, vinda à tona no estado intermediário entre o sono e a vigília, de que deveria ser bom ser uma mulher submetendo-se ao coito (p. 36). Essa fantasia tornou-se consciente no período de incubação do adoecimento, ainda antes do efeito da sobrecarga de trabalho em Dresden.

O mês de novembro de 1895 é descrito pelo próprio Schreber como o período em que se produziu a correlação da fantasia de emasculação e a ideia do redentor, e, de tal maneira, que foi aberta uma via de reconciliação com a primeira. "Mas, desde então, passei a ter a indubitável consciência de que a ordem do mundo estaria exigindo

---

[i] Copio as reticências e todas as outras peculiaridades da escrita original das *Memórias*. Eu mesmo não saberia nenhum motivo para ser tão pudico ao tratar de coisa séria.

autoritariamente a emasculação, fosse-me ela pessoalmente conveniente ou não, e de que, por essa razão, nada me restaria a fazer, por *motivos de bom senso*, a não ser criar laços de amizade com o pensamento da transformação em uma mulher. Como outra consequência da emasculação, só podia naturalmente ser considerada uma fecundação através de raios divinos, visando à criação de novos seres humanos" (p. 177).

A transformação em uma mulher fora o *punctum saliens*, o primeiro germe da construção delirante; ela também se revelou como o único elemento que sobreviveu ao processo e como a única que soube afirmar seu lugar nos atos reais do convalescente. "A única coisa que pode ser considerada insensata aos olhos de outras pessoas é a circunstância, que também foi abordada pelo senhor perito responsável, de eu às vezes ser visto em pé diante do espelho, portando alguns adereços femininos (fitas, colares de bijuteria etc.) com o dorso seminu, ou de outra forma. Aliás, isso somente acontece *quando estou sozinho*, jamais, pelo menos na medida em que eu possa evitar, às vistas de outras pessoas" (p. 429). O senhor presidente da Corte confessou essas estripulias em um período (julho de 1901), em que ele encontrou a maneira certa de se exprimir sobre sua saúde restabelecida no domínio prático: "Agora sei, depois de muito tempo, que as pessoas que vejo diante de mim não são 'homens feitos às pressas', mas sim verdadeiros humanos, e que, por esse motivo, eu tenho de me comportar em relação a eles como um ser humano sensato costuma fazer ao lidar com outras pessoas" (p. 409). Em oposição a essa ativação da fantasia de emasculação, o doente, em prol de reconhecimento para sua missão de redentor, nunca empreendeu outra coisa que não fosse a própria publicação de suas *Memórias*.

b) A relação de nosso doente com *Deus* é tão singular e repleta de traços determinantes tão contraditórios entre si que é necessária uma boa dose de confiança para persistir na expectativa de que nesse "delírio" seja possível, entretanto, encontrar "método". Com a ajuda das declarações nas *Memórias*, precisamos conseguir chegar a uma orientação mais exata sobre o sistema teológico-psicológico do Dr. Schreber e expor seus pontos de vista sobre os *nervos*, a *bem-aventurança*, a *hierarquia divina* e as *qualidades de Deus* em sua correlação (delirante) aparente. Em todas as partes da teoria, salta aos olhos a mistura peculiar de elementos triviais e engenhosos, de elementos emprestados e originais.

A alma humana está contida nos *nervos* do corpo, os quais devem ser imaginados como uma estrutura de excepcional delicadeza – comparáveis aos mais finos fios de tecido. Alguns desses nervos se prestam apenas à captação de impressões sensoriais, outros (*os nervos do entendimento* [*Verstandesnerven*]) produzem tudo o que é psíquico, devendo-se observar a relação segundo a qual *cada um dos nervos do entendimento representa a totalidade da individualidade espiritual do ser humano*, e o maior ou menor número de nervos do entendimento presentes influencia apenas o período de tempo durante o qual as impressões podem ser mantidas.[i]

---

[i] Na nota acerca dessa doutrina sublinhada por Schreber, é enfatizada sua utilidade no esclarecimento da hereditariedade. "O sêmen masculino contém um nervo do pai e une-se a um nervo extraído do corpo da mãe para fazer aparecer uma nova unidade" (p. 7). Há aqui, portanto, uma característica que temos de atribuir ao espermatozoide, que foi transmitida aos nervos, tornando provável, por conseguinte, que a origem dos "nervos" schreberianos se encontre na esfera da representação sexual. Nas *Memórias*, não acontece raramente que uma nota incidental a respeito de uma doutrina delirante contenha

Enquanto os humanos são feitos de corpo e nervos, Deus é, em princípio, apenas nervo. No entanto, os nervos de Deus não existem em número limitado, como no corpo humano; são, ao contrário, infinitos ou eternos. Possuem todas as qualidades dos nervos humanos em uma dimensão enormemente elevada. Em sua capacidade de criar, ou seja, de se transformar em todas as coisas possíveis do mundo criado, chamam-se *raios*. Entre Deus e o céu estrelado ou o Sol, há uma estreita relação.[i]

Concluída a obra da criação, Deus retirou-se a uma distância incomensurável (p. 11, 252) e deixou o mundo em geral entregue às suas próprias leis. Limitou-se a chamar para si a alma dos mortos. Só excepcionalmente ele se dispunha a entrar em contato[ii] com seres humanos altamente dotados ou interferir na história do mundo através de um milagre. Um contato regular de Deus com almas humanas, segundo a ordem do mundo, ocorre apenas após a morte.[iii] Quando um ser humano morre, as partes de sua alma (nervos) são submetidas a um processo de purificação, para finalmente serem rearticuladas ao próprio Deus como "vestíbulos do Céu".[3] Surge, assim, um eterno circuito das coisas, que está sujeito à ordem do mundo (p. 19). Ao criar algo, Deus se despoja de uma parte de si próprio e

---

    a indicação desejada sobre a gênese e, consequentemente, sobre o significado do delírio.

[i] Sobre essa relação, ver mais adiante o seguinte trecho: Sol. – A equivalência (ou melhor, a condensação) de nervos e raios poderia facilmente ter tomado como um ponto em comum a sua aparência linear. – Além disso, os nervos-raios têm o mesmo potencial criador que os nervos-espermatozoides.

[ii] Na "língua fundamental" (v. adiante), isso é caracterizado como "estabelecer uma conexão nervosa com eles".

[iii] Posteriormente conheceremos quais críticas são feitas a Deus em relação a esse tema.

dá, a uma parte de seus nervos, uma forma modificada. A perda aparentemente resultante desse fato é, por sua vez, substituída, quando, decorridos séculos e milênios, os nervos bem-aventurados das pessoas falecidas voltam a se reintegrar a ele como "vestíbulos do Céu".

As almas limpas por meio do processo de purificação encontram-se no gozo da *bem-aventurança*.[i] "Nesse meio-tempo, elas atenuaram sua autoconsciência e foram fundidas a outras almas em unidades superiores. Importantes almas, como as de um Goethe, Bismarck etc., talvez ainda tenham de preservar sua consciência identitária durante séculos, até poderem dissolver-se, elas próprias, em complexos anímicos superiores (como 'raios de Jeová' para o antigo judaísmo, 'raios de Zoroastro' para os persas). Durante a purificação, as almas aprendem a língua falada pelo próprio Deus, a chamada 'língua fundamental', um alemão um tanto arcaico, mas, de qualquer modo, vigoroso, que na verdade se destacaria através de uma grande riqueza de eufemismos" (p. 13).[ii]

O próprio Deus não é nenhum ser simples. "Acima dos 'vestíbulos do Céu', pairava o próprio Deus, a quem também foi dada, em oposição a esses 'reinos anteriores de Deus', a designação de 'reinos de Deus posteriores'. Os reinos posteriores de Deus estavam sujeitos (e ainda hoje se submetem) a uma peculiar bipartição, segundo a qual se distingue entre um Deus inferior (Arimã) e um Deus superior (Ormuzd)" (p. 19). Sobre o significado mais preciso

---

[i] Esta consiste essencialmente em uma sensação de volúpia.

[ii] Durante sua doença, uma única vez o paciente teve o privilégio de ver diante de seu olho espiritual a onipotência de Deus em sua completa pureza. Naquela oportunidade, Deus pronunciou na língua fundamental a palavra bastante corriqueira, vigorosa, mas que não soa nada amável: biscate! (p. 136).

dessa bipartição, Schreber não sabe dizer outra coisa a não ser que o Deus inferior estava inclinado preferencialmente para os povos de raça morena (os semitas), e o superior, para os povos louros (arianos). Não obstante, nessas alturas também já não se pode mais exigir conhecimentos humanos. Seja como for, aprendemos ainda "que o Deus inferior e o superior, apesar da unidade de onipotência de Deus de certo modo existente, têm de ser entendidos como dois seres distintos, os quais, cada um deles, *também em relação recíproca*, têm seu egoísmo especial e sua pulsão especial de autoconservação, e, por isso, sempre procuram, de maneira alternada, passar um à frente do outro" (p. 140). Também durante o estágio agudo da doença, os dois seres divinos se comportaram de forma bem diferente em relação ao infeliz Schreber.[i]

Na época em que gozava de boa saúde, o presidente da Corte de Apelação Dr. Schreber fora um cético em questões religiosas (p. 29, 64); nem sequer ousou abraçar uma crença sólida na existência de um deus pessoal. No entanto, ele extrai desse fato de sua história anterior um argumento para apoiar a plena realidade de seu delírio.[ii] Mas aquele que ler o que se segue sobre as qualidades de caráter do Deus schreberiano terá de admitir que a

---

[i] Uma nota à p. 20 leva-nos a supor que um trecho do *Manfredo*, de Byron, tenha sido decisivo para a escolha dos nomes persas dos deuses. Em outra oportunidade, ainda nos depararemos com a influência desse poema.

[ii] "De antemão, já me parece psicologicamente impensável que no meu caso se tratasse de meras ilusões dos sentidos. Pois a ilusão sensorial de estar em contato com Deus ou com almas desgarradas só poderá justificadamente surgir naqueles seres humanos que, em seu estado de nervos doentiamente excitado, já traziam consigo uma crença sólida em Deus e na imortalidade da alma. *Mas este, pelo que foi mencionado no início deste capítulo, absolutamente não foi o meu caso*" (p. 79).

transformação produzida pelo adoecimento paranoico não foi tão profunda e que no, agora, redentor ainda restou muito do antigo cético.

O fato é que a ordem do mundo tem uma lacuna, em função da qual a existência do próprio Deus parece ameaçada. Em virtude de um nexo que não pode ser explicado mais precisamente, os nervos de seres humanos *vivos*, notadamente no estado de *uma excitação extrema*, exercem uma atração tal sobre os nervos divinos que Deus não mais consegue se livrar deles, estando, portanto, ameaçado em sua existência (p. 11). Esse caso extraordinariamente raro ocorreu então com Schreber, e teve, como consequência para ele, os maiores sofrimentos. Esse fato ativou a moção de autopreservação de Deus (p. 30), resultando em que Deus está muito distante da perfeição que as religiões lhe atribuem. Ao longo de todo o livro de Schreber, arrasta-se a amarga acusação de que Deus, acostumado apenas ao contato com mortos, *não compreende o ser humano vivo*.

(p. 55): "Mas reina aqui um mal-entendido fundamental, que desde então atravessa toda a minha vida como um fio vermelho e que se baseia justamente no fato de que *Deus, de acordo com a ordem do mundo, não conhecia verdadeiramente o ser humano vivo*, nem precisava conhecer, mas, em vez disso, de acordo com a ordem do mundo, somente precisava ter contato com cadáveres". – (p. 141): "Por sua vez, o fato de que..., consoante a minha convicção, precisa mais uma vez ser relacionado ao fato de Deus não saber, por assim dizer, lidar com os seres humanos vivos, mas, inversamente, estar acostumado apenas ao contato com cadáveres ou, no máximo, com pessoas deitadas dormindo (sonhando)". – (p. 246): "*Incredibile scriptu*, eu mesmo gostaria de acrescentar, só que tudo realmente é verdade, por menos que outros seres humanos possam captar a ideia de uma incapacidade tão total de Deus em julgar corretamente os seres humanos vivos, e por mais tempo que eu também tenha levado para me acostumar a esse pensamento após as inúmeras observações que fiz sobre esse tema".

Apenas por causa desse mal-entendido de Deus em relação aos seres humanos vivos, foi possível acontecer que o próprio Deus fosse o instigador do complô direcionado contra Schreber, que Deus o considerasse estúpido e lhe impusesse as mais duras provações (p. 264). Ele se submeteu a um "pensar compulsivo" altamente incômodo, visando livrar-se dessa condenação. (p. 206): "Em cada suspensão de minha atividade de pensar, Deus instantaneamente julga extintas as minhas capacidades de espírito, considera instalada a destruição da minha razão, por ele esperada, (a estupidez) e, com isso, considera a possibilidade do retrocesso como dada".

Uma indignação especialmente violenta é provocada pelo comportamento de Deus no tocante à urgente necessidade de evacuar (ou de ca...). O trecho é tão característico que eu quero citá-lo integralmente. Para facilitar o entendimento, gostaria de adiantar que tanto os milagres quanto as vozes provêm de Deus (isto é, dos raios divinos).

(p. 225): "Por causa de seu significado característico, ainda tenho de dedicar algumas observações à pergunta recém-mencionada: 'Por que o senhor não ca...?', por menos decente que seja esse tema, que me vejo obrigado a abordar neste contexto. Como tudo o mais em meu corpo, a necessidade de evacuar também é provocada por milagre; isso ocorre quando o bolo fecal nos intestinos é impelido para a frente (às vezes também novamente para trás), e quando, uma vez realizada a evacuação, não há mais material suficiente, e o meu orifício anal fica lambuzado ao menos pelos poucos restos do conteúdo fecal ainda existentes. Trata-se, aqui, de um milagre do Deus superior, que é repetido todos os dias no mínimo várias dúzias de vezes. A isso se vincula a ideia, francamente inconcebível para humanos e só explicável pelo total desconhecimento de Deus em relação às pessoas enquanto organismos, de que 'ca...' seria, de certo modo, o último ato, ou seja, com a miraculação da urgente necessidade de 'ca...' seria alcançado o objetivo de destruição da razão, e dada a possibilidade de um retrocesso definitivo dos raios. Como me parece, para se chegar ao fundo dessa ideia, é necessário pensar na existência de um mal-entendido quanto ao significado simbólico do ato de evacuação, a saber, que aquele que tiver estabelecido uma relação equivalente à minha com raios divinos estaria de certa maneira no direito de ca... sobre o mundo inteiro....

"Mas ao mesmo tempo, aí também se revela toda a perfídia[i] da política que é lançada contra mim. Quase toda vez que sou miraculado pela necessidade de evacuação, envia-se ao sanitário – excitando, para tanto, os nervos do ser humano em questão – qualquer outra pessoa do meu ambiente, para me impedir de evacuar; trata-se de um fenômeno que ao longo de anos observei inúmeras (milhares de) vezes e com tamanha regularidade que fica excluída qualquer possibilidade de se pensar em um acaso. Mas a mim mesmo, perante a pergunta: 'Por que o senhor não ca...?', dá-se a célebre resposta: 'Porque eu sou burro, ou algo assim'. A pena quase se recusa a escrever o tremendo disparate de que Deus, em sua cegueira devido ao não conhecimento da natureza humana, realmente vai tão longe, a ponto de supor que pudesse existir uma

---

[i] Nesse trecho, em uma nota, tenta-se atenuar a dureza da palavra "perfídia", através de uma referência a uma das justificativas de Deus a serem ainda mencionadas.

pessoa que, por burrice, não pudesse ca... – o que todo e qualquer animal é capaz de fazer. Quando eu, no caso de uma necessidade, realmente evacuo – e para tanto, como quase sempre encontro o sanitário ocupado, geralmente acabo fazendo uso de um balde, – isso está toda vez ligado a um desenvolvimento extremamente vigoroso da volúpia da alma. É que a liberação da pressão causada pelas fezes presentes nos intestinos tem como efeito para os nervos da volúpia uma intensa sensação de bem-estar; a mesma coisa ocorre durante o ato de urinar. Por esse motivo, durante a evacuação e a micção, todos os raios sempre e sem exceção ficavam unidos; justamente por essa mesma razão, quando eu estou me preparando para exercer essas funções naturais, procuram constantemente, embora em vão na maioria das vezes, desfazer por milagre novamente a minha urgência de evacuar e de urinar".[i]

O estranho *Deus* de Schreber também não é capaz de aprender algo a partir da experiência. (p. 186): "Extrair uma lição para o futuro a partir da experiência assim obtida parece ser, em virtude de quaisquer qualidades existentes no ser de Deus, uma impossibilidade". Por esse motivo, ele pode repetir, sem variações ao longo dos anos, as mesmas torturantes provações, os mesmos milagres e as mesmas manifestações das vozes, até se tornar, necessariamente, o alvo de escárnio para o perseguido.

(p. 333): "Decorre do aqui exposto que Deus, em quase tudo o que me acontece, após os milagres terem perdido a maior parte de seu terrível efeito anterior,

---

[i] Essa confissão do prazer da excreção, que passamos a entender como uma das componentes autoeróticas da sexualidade infantil, deve ser relacionada às palavras do pequeno Hans na "Análise da fobia de um garoto de 5 anos" (p. 333, v. VII).

parece-me excessivamente ridículo ou infantil. A consequência disso para o meu comportamento é que sou frequentemente obrigado, por uma questão de legítima defesa, a fazer o papel de escarnecedor de Deus, e, dependendo das circunstâncias, até mesmo em voz alta...".[i]

Não obstante, essa crítica a Deus e essa revolta contra Deus encontra-se em Schreber uma enérgica contracorrente que é expressa em inúmeros trechos. (p. 333): "No entanto, aqui também tenho de enfatizar com grande determinação que isso nada mais é que um episódio, que, como espero, alcançará seu fim no máximo com meu falecimento, e que também por esse motivo cabe apenas a mim, mas não a outras pessoas, o direito de zombar de Deus. Para as outras pessoas, Deus continua a ser o onipotente criador do Céu e da Terra, o fundamento originário de todas as coisas e a salvação de seu futuro, a quem se devem tributar – ainda que algumas das concepções religiosas tradicionais careçam de uma retificação – adoração e suprema veneração".

Por essa razão, repetidas vezes se tenta encontrar uma justificativa para a conduta de Deus contra o paciente, visão que, tão sutil quanto todas as teodiceias, encontra sua explicação tanto na natureza geral das almas quanto na necessidade de Deus de se autopreservar, como também na influência enganosa da alma de Flechsig (p. 60 e segs., p. 160). Porém, como um todo, a doença é entendida como um combate do ser humano Schreber contra Deus, no qual o ser humano fraco se sagra vencedor, porque ele tem a ordem do mundo em seu favor (p. 61).

---

[i] Também na "língua fundamental", nem sempre Deus era a parte que xingava, mas ocasionalmente também a parte xingada, como por exemplo: "Ai, maldição! Não é nada fácil dize que nosso querido Deus dá o r..." (p. 194).

Teria sido fácil concluir a partir dos laudos médicos que, no caso de Schreber, estar-se-ia às voltas com a forma popular da fantasia de redentor. O paciente é filho de Deus, predestinado a salvar o mundo de sua miséria ou do declínio ameaçador etc. Por isso, não me furtei de expor detalhadamente as peculiaridades da relação de Schreber para com Deus. O significado que é atribuído a essa relação para o restante da humanidade é mencionado nas *Memórias* apenas raramente e somente a partir do final da produção delirante. Consiste essencialmente em que nenhum morto pode tornar-se bem-aventurado, enquanto sua (de Schreber) pessoa absorver a maior parte dos raios divinos por sua força de atração (p. 32). Mesmo a indisfarçável identificação com Jesus Cristo só aparece muito tardiamente (p. 338, 431).

Nenhuma tentativa de explicação do caso Schreber terá uma perspectiva de se mostrar correta, se não levar em consideração essas particularidades de sua ideia de Deus, essa mistura de traços de veneração e de revolta. Vamos nos voltar agora a outro tema que está intimamente ligado a Deus, o da bem-aventurança.

Também em Schreber, a bem-aventurança é a "vida no Além", à qual a alma humana é elevada após a morte por meio de purificação. Ele a descreve como um estado ininterrupto de fruição aliado à contemplação de Deus. Ora, isso é pouco original, mas, em compensação, somos surpreendidos pela distinção que Schreber faz entre uma bem-aventurança masculina e uma feminina. (p. 18): "A bem-aventurança masculina situava-se em uma posição superior à feminina; esta, por seu turno, parecia consistir sobretudo em uma incessante voluptuosidade".[i] Outros

---

[i] A vida no Além está tão dentro do sentido da realização de desejo, que lá, finalmente, livramo-nos das diferenças entre os sexos. Há

trechos proclamam a coincidência entre bem-aventurança e volúpia em termos mais claros e sem referência à diferença entre os sexos, da mesma forma como não se volta a abordar a componente da bem-aventurança, ou seja, a contemplação de Deus. Veja-se, como ilustração, o trecho (p. 51): "...com a natureza dos nervos divinos, graças à qual a bem-aventurança [é] ..., embora não exclusivamente, pelo menos simultaneamente, uma sensação de volúpia extremamente intensa". E o trecho (p. 281): "A volúpia pode ser entendida como uma parte da bem-aventurança que, de certo modo, foi previamente concedida aos seres humanos e a outras criaturas vivas", de maneira que a bem-aventurança celestial deveria ser entendida essencialmente como intensificação e prolongamento do prazer sensual terreno!

Essa concepção de bem-aventurança não é absolutamente uma parte do delírio oriundo dos primeiros estágios da doença e eliminado posteriormente como inconciliável. Ainda na "fundamentação do recurso" (julho de 1901), o doente destaca como uma de suas grandes intuições o fato de "a volúpia estar simplesmente em uma relação – que até agora não veio ao conhecimento de outros seres humanos – próxima à bem-aventurança dos espíritos falecidos".[i]

Veremos certamente que essa "relação próxima" é o rochedo sobre o qual o doente construiu a esperança de

---

uma correspondência direta entre a realização do desejo de vida no reino dos céus e o fato de que lá finalmente as pessoas se livrem da diferença entre os sexos.
"E aquelas figuras celestiais,
Elas não perguntam se é homem e mulher" (Mignon). [Freud cita, nesse trecho, uma passagem da *Canção de Mignon*, contida no 8º Livro, Capítulo 2, da obra *Wilhelm Meisters Lehrjahre*, de Johann Wolfgang von Goethe. (N.T.)]

[i] Com relação ao possível sentido profundo dessa revelação schreberiana, cf. trecho mais adiante.

uma reconciliação final com Deus e uma cessação de seus sofrimentos. Os raios de Deus perdem a postura hostil, tão logo se asseguram de se dissolver em seu corpo com volúpia de alma (p. 133); o próprio Deus exige encontrar a volúpia nele (p. 283) e ameaça retirar seus raios, se ele relaxar nos cuidados com a volúpia e não puder oferecer o que foi exigido por Deus (p. 320).

Essa surpreendente sexualização da bem-aventurança celestial nos dá a impressão de que o conceito de bem-aventurança [*Seligkeit*] de Schreber teria surgido a partir da condensação dos dois significados principais da palavra alemã[4]: falecido e sensualmente feliz.[i] Mas nela também encontraremos a ocasião para colocar à prova a relação do nosso paciente com o erotismo em geral, com as questões do gozo sexual, pois nós, psicanalistas, defendemos até agora a opinião de que as raízes de todo adoecimento nervoso e psíquico seriam encontradas preferencialmente na vida sexual, e na verdade alguns de nós o fazem apenas por motivos de experiência, e os outros, além disso, em consequência de considerações teóricas.

Depois das provas até aqui apresentadas sobre o delírio de Schreber, é mister refutar, sem maiores delongas, o temor de que justamente esse adoecimento paranoide poderia revelar-se como o "caso negativo", procurado durante tanto tempo, no qual a sexualidade desempenharia um papel extremamente irrelevante. O próprio Schreber pronuncia-se inúmeras vezes de uma tal maneira, como

---

[i] Vemos duas maneiras extremas dessas duas acepções na expressão "*mein seliger Vater*" [meu finado pai] e no texto da ária da ópera *Don Juan*:
"Sim, ser teu para todo o sempre,
Como serei bem-aventurado."
Mas também não pode ser sem sentido o fato de nossa língua empregar a mesma palavra em situações tão distintas.

se fosse um adepto de nosso preconceito. Ele sempre nomeia, em um só fôlego, "distúrbio nervoso" e transgressão erótica, como se ambos não se pudessem separar.[i]

Antes de seu adoecimento, o presidente da Corte de Apelação Dr. Schreber fora um homem de costumes austeros (p. 281): "Haverá poucas pessoas" – afirma ele, e não vejo nenhuma justificativa para desconfiar dele – "que cresceram em meio a princípios morais tão rigorosos quanto eu e que se impuseram ao longo de toda a sua vida, inclusive no aspecto sexual, uma contenção correspondente a esses princípios da mesma maneira como eu posso afirmar de minha própria pessoa". Uma vez travado o duro combate anímico, que aflorou através das manifestações da doença, a relação com o erotismo se transformara. Ele acabou entendendo que o cultivo da volúpia era para ele um dever, cujo cumprimento seria a única forma de pôr termo ao duro conflito eclodido nele, ou, como ele próprio pensava, por causa dele. A volúpia, assim lhe asseguravam as vozes, tornara-se "temente a Deus" (p. 285), e ele apenas lamentava por não ser capaz de dedicar o dia inteiro ao cultivo da volúpia[ii] (p. 285).

---

[i] (p. 52): "Se, em algum corpo celeste, a *podridão* moral ('libertinagens voluptuosas') *ou talvez também o distúrbio nervoso* tivesse tomado de tal modo a humanidade inteira" – então, estima Schreber, apoiando-se nos relatos bíblicos de Sodoma e Gomorra, do dilúvio etc., poderia se chegar a uma catástrofe de proporções mundiais. – (p. 91): "...teria disseminado o temor e o pavor entre os homens, destruído as bases da religião e provocado a proliferação *de distúrbios nervosos e de uma imoralidade de forma generalizada*, que então teriam gerado o irrompimento de avassaladoras epidemias sobre a humanidade". – (p. 163): "Por conseguinte, as almas provavelmente consideravam como 'príncipe dos infernos' aquele inquietante poder que podia ser gerado a partir de uma *decadência moral* da humanidade *ou de uma superexcitação nervosa generalizada em consequência de uma supercultura* hostil a Deus".

[ii] No contexto do delírio, afirma o texto (p. 179): "Mas, a atração perdia o caráter apavorante para os nervos em questão, no momento em que

Tal foi o resultado da transformação ocorrida na doença de Schreber de acordo com as duas correntes principais de seu delírio. Antes ele era um homem inclinado à ascese sexual e um cético em relação a Deus; após o transcurso da doença, tornou-se um crente em Deus e um dedicado adepto da volúpia. Contudo, da mesma maneira como sua recuperada crença em Deus era de uma espécie peculiar, a parcela de fruição sexual que ele conquistara também apresentava um caráter inteiramente inusitado. Não se tratava mais de liberdade sexual masculina, mas sim de sensação sexual feminina, ele adotava uma posição feminina em relação a Deus, sentia-se como a mulher de Deus.[i]

Nenhuma outra parte de seu delírio é descrita pelo doente com tantos pormenores, poderíamos dizer, com tanta insistência quanto a transformação em mulher afirmada por ele. Os nervos por ele absorvidos assumiram em seu corpo o caráter de nervos de volúpia femininos e, além disso, também conferiram a ele um estilo mais ou

---

e na medida em que eles, ao penetrarem no meu corpo, se deparavam com a sensação de volúpia da alma, da qual eles, por sua vez, tomavam parte. No meu corpo, eles então voltavam a encontrar um substituto total ou pelo menos quase equivalente para a bem-aventurança celeste que foi perdida, a qual também sem dúvida consistia em um gozo voluptuoso".

[i] Nota da p. 4 do Prefácio: "Algo de semelhante à concepção de Jesus Cristo por uma virgem imaculada – ou seja, por uma virgem que nunca mantivera contato com um homem – aconteceu em meu próprio corpo. Já por duas vezes distintas (para ser mais preciso, na época em que eu ainda estava na Clínica do Dr. Flechsig), eu tive um órgão genital feminino, embora não totalmente desenvolvido, e cheguei a sentir no meu ventre movimentos de estremecimento equivalentes aos das primeiras moções de vida do embrião humano: por milagre divino, nervos de Deus, correspondentes ao sêmen masculino, foram lançados no meu corpo; assim aconteceu, portanto, uma fecundação".

menos feminino, e à sua pele, particularmente, a suavidade própria do sexo feminino (p. 87). Fazendo uma leve pressão com a mão contra qualquer parte do corpo, ele sente esses nervos, sob a superfície da pele, como tecidos com uma constituição semelhante à de um fio ou cordão, e eles se encontram principalmente no tórax, ali onde as mulheres têm seios (p. 277). "Fazendo uma pressão sobre esses tecidos, consigo provocar em mim, especialmente se eu pensar em algo feminino, uma sensação de volúpia análoga à feminina." Certamente ele sabe que esses tecidos, conforme sua origem, não passam de antigos nervos de Deus, que, todavia, na passagem para o seu corpo, dificilmente poderiam ter perdido sua qualidade de nervos (p. 279). Através de "desenhos" (representação visual), ele tem condições de causar, a si e aos nervos, a impressão de que seu corpo estaria provido de mamas femininas e órgãos genitais femininos. (p. 233): "Desenhar um traseiro feminino no meu corpo – *honni soit qui mal y pense*[5] – tornou-se um hábito de tal forma que, cada vez que eu me inclino, quase o faço involuntariamente". Ele quer "afirmar ousadamente que quem me visse diante do espelho, com a parte superior do tronco desnudada – ainda mais se a ilusão fosse amparada por alguns adereços femininos –, teria a impressão indubitável de um *dorso feminino*" (p. 280). De modo provocador, ele oferece-se a um exame médico para fazer provar que seu corpo inteiro, da cabeça aos pés, está permeado de nervos de volúpia, o que, na sua opinião, ocorre apenas no corpo feminino, enquanto no homem, segundo lhe consta, os nervos da volúpia só se encontram nos órgãos genitais e próximo a estes (p. 274). A volúpia da alma que se desenvolveu em seu corpo por esse acúmulo de nervos é tão forte que, principalmente quando ele está deitado na cama, basta um mínimo esforço de imaginação para se criar um bem-estar sensual que oferece uma intuição bastante nítida do gozo sexual feminino no coito (p. 269).

Se recordarmos o sonho ocorrido no período de incubação da doença, ainda antes da mudança para Dresden, então fica evidente, sem sombra de dúvida, que o delírio da transformação em uma mulher nada mais é que a realização do conteúdo daquele sonho. Àquela época, ele se opusera a esse sonho com indignação masculina, da mesma maneira como inicialmente ele também havia se defendido contra sua realização durante a doença, vendo a transformação em mulher como uma humilhação que teria sido impingida a ele com intensões hostis. Não obstante, chegou um momento (novembro de 1895) em que ele começou a se conciliar com essa transformação, vinculando-a aos propósitos superiores de Deus. (p. 177 e 178): "A partir de então, inscrevi em minha bandeira, com plena consciência, o cultivo da feminilidade".

Ele chegou, então, à convicção mais firme de que o próprio Deus, para sua própria satisfação, estaria exigindo dele a feminilidade.

(p. 281): "Mas assim que eu – se me permitirem expressar-me assim – estou sozinho com Deus, é uma necessidade, para mim, fazer uso de todos os meios imagináveis, bem como de todo o empenho das forças de meu entendimento, em particular de minha força de imaginação, para que os raios divinos recebam de mim a impressão mais contínua possível, ou levando em conta isso ser impossível ao ser humano – pelo menos em alguns períodos do dia, de uma mulher regalando-se com sensações voluptuosas".

(p. 283): "Por outro lado, Deus exige um *gozo constante* correspondente às condições de existência das almas, de acordo com a ordem do mundo; cabe a mim, oferecer a ele o mesmo, ... sob a forma do mais abundante desenvolvimento de volúpia da alma; se, ao fazê-lo, restar-me um pouco do prazer sensual, estarei justificado a recebê-lo como um pequeno ressarcimento pelo excesso de sofrimentos e privações a mim impostos há anos; ...".

(p. 284): "...mesmo após as impressões obtidas, acredito ter o direito de expressar a opinião de que Deus jamais passaria a uma ação de retirada, que primeiramente causasse algum dano considerável a meu bem-estar corporal; em vez disso, sem opor nenhuma resistência, ele seguiria a atração em permanente harmonia, se me fosse possível desempenhar sempre o papel da mulher deitada em um abraço sexual comigo mesmo, deixar *sempre* meu olhar repousar sobre criaturas femininas, *sempre* olhar imagens femininas etc.".

No sistema de Schreber, as duas partes principais de seu delírio, a transformação em mulher e o contato privilegiado com Deus, estão interligadas através da posição feminina em relação a Deus. Para nós, será uma tarefa impreterível comprovar a relação *genética* essencial entre essas duas partes, pois, de outra forma, com os nossos comentários sobre o delírio de Schreber acabaríamos na ridícula situação descrita por Kant na célebre parábola da *Crítica da razão pura*, aquela do homem que segura a peneira, enquanto outro ordenha um bode.

II
TENTATIVAS DE INTERPRETAÇÃO

A partir de dois ângulos, seria possível tentar abrir caminho para a compreensão dessa história clínica de um paciente paranoide e nela revelar os conhecidos complexos e forças pulsionais da vida anímica. Pelas declarações delirantes do próprio doente e pelos motivos de seu adoecimento.

O primeiro caminho pareceria tentador, desde que C. G. Jung deu o brilhante exemplo da interpretação de um caso de demência precoce incomparavelmente mais grave, com manifestações sintomáticas incomparavelmente mais afastadas do normal.[i] Ademais, a grande inteligência e o caráter comunicativo do doente parecem nos facilitar a solução da tarefa por essa via. Não é nada raro ele próprio entregar em nossas mãos a chave do enigma, ao acrescentar, como se fosse incidentalmente, um comentário, uma citação ou um exemplo relacionado a uma frase delirante ou ao questionar expressamente alguma analogia que subitamente lhe ocorreu. Nesse último caso, basta então deixar de fora o revestimento negativo, como estamos habituados a fazer na técnica psicanalítica, tomar o exemplo pela coisa propriamente dita, a citação ou a confirmação pela fonte, para estarmos de posse da buscada tradução da maneira paranoica de expressão para a normal. Uma prova dessa técnica mereça talvez uma exposição mais detalhada. Schreber queixa-se do incômodo causado pelas chamadas "aves miraculadas" ou "pássaros falantes", aos quais ele atribui uma série de qualidades bastante conspícuas (p. 208-214). Conforme a convicção do paciente, eles foram formados de restos de antigos "vestíbulos do Céu", isto é, almas humanas tornadas bem-aventuradas, e, carregados com ptomaína (veneno de cadáveres), descarregam-no sobre ele. Foram habilitados a "recitar locuções decoradas e sem nenhum sentido", que lhes foram "inculcadas". Toda vez que eles descarregam nele

---

[i] C. G. Jung. *Über die Psychologie der Dementia praecox* [Sobre a psicologia da demência precoce], 1907.

a ptomaína com que estão carregados, ou seja, sempre que "desfiam as frases que lhes foram de certo modo inculcadas", penetram, de alguma maneira, a sua alma, pronunciando as palavras "maldito sujeito" ou "ah, seu maldito", as únicas palavras de que ainda são capazes para exprimir um sentimento genuíno. Eles não entendem o sentido das palavras que falam, mas possuem uma receptividade natural para a semelhança dos sons, que não precisa ser integral. Assim, para eles pouco importa que se diga:

> *Santiago* ou *Karthago*,
> *Chinesentum* ou *Jesus Christum*,
> *Abendrot* ou *Atemnot*,
> *Ariman* ou *Ackermann*[6]

Lendo-se a descrição anterior, não se pode evitar o pensamento [*Einfalles*] de que ela, necessariamente, é uma alusão a jovens garotas que, em tom crítico, gostamos de comparar a gansos,[7] e às quais atribuímos, sem nenhum galanteio, um "cérebro de ave", das quais afirmamos que só sabem dizer frases aprendidas de cor e que deixam entrever sua falta de instrução confundindo palavras estrangeiras pronunciadas de modo semelhante. O "maldito sujeito", únicas palavras que elas realmente levam a sério, seria então o triunfo do jovem homem que soube impressioná-las. E veja-se que, algumas páginas mais tarde (p. 214), esbarra-se nas frases de Schreber, que asseguram uma interpretação como essa. "Para facilitar a distinção, por brincadeira, atribuí, a um grande número das demais almas de aves, nomes de moças, já que elas, no conjunto, graças a sua curiosidade, sua tendência à volúpia etc., de imediato, podem ser comparadas a mocinhas. Em parte, esses nomes de moças também foram apreendidos pelos raios de Deus e conservados para caracterizar as respectivas almas de aves."

Dessa interpretação nada rigorosa das "aves miraculadas" extraímos então uma indicação para a compreensão dos enigmáticos "vestíbulos do Céu".

Não ignoro que falte uma boa dose de tato e discrição, sempre que abandonamos os casos típicos da interpretação no trabalho psicanalítico, e que o ouvinte ou leitor só nos acompanhará até onde lhe permita a familiaridade que adquiriu com a técnica analítica. Temos, pois, motivos suficientes para tomar as precauções para que paralelamente ao aumento de perspicácia não haja uma diminuição da medida de segurança e confiabilidade. Está, então, na natureza da coisa que um profissional exagere na prudência, e outro, na ousadia. Somente após muitas tentativas e melhor conhecimento do objeto, poderemos definir os limites corretos do direito à interpretação. Na elaboração do caso Schreber, a discrição me foi ditada pela circunstância de que as resistências contra a publicação das *Memórias* acabaram tendo o efeito de subtrair do nosso conhecimento uma parte considerável do material, talvez a mais importante para a nossa compreensão.[i] Então, por exemplo, o Capítulo III do livro, que começou com este aviso muito promissor: "Agora, primeiramente abordo alguns acontecimentos relativos a *outros membros de minha*

---

[i] Laudo do Dr. Weber (p. 402): "Observando-se o conteúdo de seu manuscrito e considerando-se uma profusão de indiscrições ali contidas a respeito dele e de outros, a ilustração desinibida de processos e situações mais duvidosas e esteticamente quase impossíveis, a utilização de xingamentos os mais chocantes etc., seria então bastante incompreensível que um homem, que em geral se destacou pelo tato e sensibilidade refinada, pudesse empreender uma ação que o comprometeria tão gravemente diante da opinião pública, a não ser que..." etc. – De uma história clínica que deve descrever a humanidade transtornada e sua luta por restabelecimento, não se poderá mesmo exigir que ela seja "discretamente" e "esteticamente" sedutora.

família que podem ser pensados como estando relacionados com o presumido assassinato de almas e que, de qualquer modo, trazem todos consigo uma marca mais ou menos enigmática, dificilmente explicável por outras experiências humanas"; e logo em seguida esse mesmo capítulo é encerrado com a frase: "O conteúdo restante deste capítulo foi suprimido, por ser impróprio para publicação". Portanto, terei de me dar por contente, se eu conseguir reconduzir, com alguma segurança, justamente o cerne da produção delirante à sua origem em motivos humanos conhecidos.

Com essa intenção, acrescentarei uma pequena parte da história clínica, a que os laudos médicos não deram o devido valor, embora o próprio doente tudo tenha feito para colocá-la em primeiro plano. Refiro-me à relação de Schreber com seu primeiro médico, o conselheiro Prof. Flechsig, em Leipzig.

Já temos conhecimento de que o caso Schreber inicialmente trazia em si a marca do delírio de perseguição, que só foi apagada a partir do ponto de virada da doença (da "reconciliação"). As perseguições tornam-se então cada vez mais toleráveis, o propósito, conforme à ordem do mundo, faz recuar, na emasculação que o ameaça, a humilhação desta. No entanto, o autor de todas as perseguições é Flechsig, e ele permanece como seu instigador ao longo de todo o curso da doença.[i]

---

[i] Prefácio à p. VIII: "Ainda agora o nome do senhor é-me proferido todo dia centenas de vezes pelas vozes que falam comigo em circunstâncias sempre recorrentes, sobretudo apontando-o como autor daqueles danos, embora as relações pessoais que existiram entre nós durante algum tempo já tenham passado há muito tempo para um segundo plano para mim; e por isso eu mesmo dificilmente teria qualquer motivo para sempre me lembrar novamente de sua pessoa, especialmente com algum sentimento de rancor".

Qual foi, afinal, o crime de Flechsig e que motivos o levaram a fazê-lo, tudo isso é relatado pelo paciente com aquela indeterminação e intangibilidade características que podemos considerar como indícios de um trabalho de formação delirante especialmente intenso, se for permitido julgar a paranoia segundo o modelo do sonho que acabou se tornando muito mais conhecido. Flechsig cometeu ou tentou um "assassinato de alma" no paciente, um ato que pode ser comparado, por exemplo, aos esforços do diabo e dos demônios para se apoderarem de uma alma e que talvez tenha se prefigurado em incidentes entre membros das famílias Flechsig e Schreber falecidos há muito tempo.[i] Bem que gostaríamos muito de saber mais sobre o sentido desse assassinato de alma, mas nesse caso as fontes outra vez falham tendenciosamente (p. 28): "Em que consiste a verdadeira essência do assassinato de alma e, por assim dizer, a sua técnica, não sou capaz de dizer além daquilo a que já indiquei anteriormente. Apenas poderia acrescentar, por exemplo (segue-se um trecho cujo conteúdo é impróprio para publicação)". Devido a essa omissão, permanece opaco para nós o que se quer dizer com "assassinato de alma". O único indício que escapou ao crivo da censura mencionaremos alhures.

Seja como for, logo seguiu-se um novo desenvolvimento do delírio, que dizia respeito à relação do paciente com Deus, sem alterar sua relação com Flechsig. Se até aquele momento vira seu verdadeiro inimigo apenas na pessoa de Flechsig (ou, muito mais, em sua alma) e considerara a onipotência de Deus sua aliada, agora já não podia rejeitar o pensamento de que o próprio Deus era cúmplice, senão o próprio instigador, do plano dirigido

---

[i] p. 22 e segs.

contra ele (p. 59). Todavia, Flechsig continuou sendo o primeiro aliciador, a cuja influência Deus se sujeitava (p. 60). Ele conseguiu, com toda a sua alma ou com parte dela, ascender ao Céu, e com isso tornar-se – sem morte e purificação prévia – "líder dos raios" (p. 56).[i] A alma de Flechsig manteve esse papel, mesmo depois de o doente ter trocado a clínica de Leipzig pelo instituto do Dr. Pierson. A influência do novo ambiente de convívio então se revelou, assim que a este veio juntar-se a alma do enfermeiro-chefe, a alma de Von W., na pessoa de quem o doente reconheceu um antigo companheiro de casa.[ii] Então, a alma de Flechsig introduziu a "divisão de almas", que assumiu grandes dimensões. Em um determinado momento, havia de 40 a 60 cisões da alma de Flechsig; duas partes maiores da alma eram chamadas de "Flechsig superior" e "Flechsig médio" (p. 111). O mesmo ocorria com a alma de Von W. (a do enfermeiro-chefe). Às vezes, era muito curioso como essas duas almas, apesar de sua aliança, combatiam-se, como o orgulho aristocrático de um e a vaidade professoral do outro se repeliam mutuamente (p. 113). Nas primeiras semanas de seu internamento

---

[i] De acordo com outra versão significativa, mas que logo foi rejeitada, o Prof. Flechsig teria se matado com um tiro, seja em Weissenburg, na Alsácia, seja na delegacia de polícia de Leipzig. O paciente viu passar seu cortejo fúnebre, mas que não se movia na direção que se podia esperar, dada a situação da Clínica Universitária em relação ao cemitério. Outras vezes, Flechsig lhe apareceu na companhia de um policial ou em conversa com a esposa, conversa da qual ele se tornou testemunha por meio da vinculação de nervos, e em cujo contexto o Prof. Flechsig, perante esposa, autodenominava-se "Deus Flechsig", de modo que ela ficava inclinada a considerá-lo louco (p. 82).

[ii] Sobre esse von W., as vozes lhe diziam que em uma investigação ele teria dito, de modo intencional ou por negligência, inverdades sobre ele, acusando-o de onanismo; como punição, ele teria sido posto agora à disposição do paciente.

definitivo no Instituto Sonnenstein (verão de 1894), a alma do novo médico, Dr. Weber, entrou em ação, e logo em seguida ocorreu aquela reviravolta no desenvolvimento do delírio, que ficamos conhecendo como "reconciliação".

Durante o outro internamento no Sonnenstein, quando Deus começou a apreciar melhor o doente, aconteceu uma devastação entre as almas que se haviam multiplicado de forma inconveniente, em virtude da qual a alma de Flechsig só subsistiu em uma ou duas formas, e a de Von W., em uma única forma. Não tardou muito e esta última desapareceu por completo; as partes da alma de Flechsig, que aos poucos foram perdendo sua inteligência e seu poder, passaram então a ser designadas como "Flechsig posterior" e como "partido do 'pois, e agora!'". Que a alma de Flechsig conservou até o final a sua importância, nós o sabemos pelo prólogo, pela "carta aberta ao Sr. conselheiro Prof. Dr. Flechsig".

Esse documento notável exprime a firme convicção de que o próprio médico que o influenciava também teria tido as mesmas visões e recebido os mesmos esclarecimentos sobre coisas sobrenaturais que o doente, e assegura, de antemão, que para o autor das *Memórias* estaria longe a intenção de um ataque à honra do médico. O mesmo é repetido com seriedade e insistência nas petições do paciente (p. 343, 445); vê-se que ele se esforça em separar a "alma Flechsig" do vivente com esse nome, em separar o Flechsig do delírio do Flechsig de carne e osso.[i]

---

[i] "Desse modo, também preciso *reconhecer como possível* que tudo o que foi relatado nos primeiros capítulos das minhas *Memórias* sobre processos que estejam vinculados ao nome *Flechsig* se refere apenas à alma Flechsig, que deve ser distinguida do homem vivo e cuja existência particular é certamente segura, mas não pode ser explicada pelas vias naturais" (p. 342).

A partir do estudo de uma série de casos de delírio de perseguição, eu e outros chegamos à impressão de que a relação do doente com seu perseguidor pode ser resolvida através de uma simples fórmula.[i] A pessoa a quem o delírio atribui tão grande poder e influência, e para cuja mão convergem todos os fios do complô, é, se for nomeada expressamente, a mesma a quem cabia, antes do adoecimento, uma importância de grandeza semelhante para a vida afetiva dos pacientes, ou seria então um substituto facilmente reconhecível dessa pessoa. O significado afetivo é projetado como poder exterior, a tonalidade do afeto é revertida em seu contrário; aquele que agora, por causa de sua perseguição, é odiado e temido é alguém antigamente amado e adorado. A perseguição instituída pelo delírio serve, sobretudo, para justificar a transformação afetiva no paciente.

Partindo desse ponto de vista, voltemo-nos para as relações que outrora haviam existido entre o paciente e seu médico e perseguidor Flechsig. Já é do nosso conhecimento que Schreber, nos anos 1884 e 1885, passou por um primeiro distúrbio nervoso, "que [transcorreu] sem quaisquer incidentes que resvalassem no domínio do suprassensível" (p. 35). Durante esse estado caracterizado como "hipocondria", que aparentemente se manteve nos limites de uma neurose, Flechsig era o médico do paciente. Naquele período, Schreber passou seis meses internado na Clínica Universitária de Leipzig. Chega a

---

[i] Cf. K. Abraham. Die psychosexuellen Differenzen der Hysterie und der Dementia praecox [As diferenças psicossexuais da histeria e a demência precoce]. *Zentralblatt für Nervenheilkunde und Psychiatrie* [Folha central de neurologia e psiquiatria]. Juliheft 1908. – Nesse trabalho, o consciencioso autor me atribui alguma influência – a partir de nossa correspondência – sobre o desenvolvimento de seus pontos de vista.

nosso conhecimento que, restabelecido, ele guardou boas recordações de seu médico. "O principal era que eu, no final das contas (após uma viagem de convalescença bastante longa), estava curado e, naquela oportunidade, eu só podia estar tomado por sentimentos de calorosa gratidão ao Prof. Flechsig, os quais fiz questão de expressar especialmente através de uma posterior visita ao médico e de honorários adequados conforme minha maneira de ver." É certo que Schreber, em suas *Memórias*, não tece elogios ao primeiro tratamento realizado por Flechsig sem algumas reservas, mas isso pode ser facilmente compreendido com base na mudança de posição modificada em seu contrário. A observação contida no trecho escrito logo após essas palavras de Schreber permite atestar os calorosos sentimentos demonstrados na primeira fase. "Quase que ainda mais sincera foi a gratidão sentida por minha esposa, que realmente venerava no Prof. Flechsig aquele que lhe tinha devolvido o marido e que, por esse motivo, durante anos manteve seu retrato em sua escrivaninha" (p. 36).

Já que nos é vedado conhecer a causação do primeiro adoecimento, cuja compreensão seria certamente indispensável para o esclarecimento da segunda grave doença, vemo-nos agora obrigados a penetrar aleatoriamente em um contexto desconhecido para nós. Sabemos que, no período de incubação da doença (entre a sua nomeação e a sua posse, de junho a outubro de 1893), ocorreram sonhos, repetidas vezes, cujo conteúdo era que sua antiga doença nervosa teria voltado. Além disso, uma vez teve a sensação, em um estado de semiadormecimento, de que devia ser bom ser uma mulher submetendo-se ao coito. Se colocarmos esses sonhos e a representação dessa fantasia relatados por Schreber em imediata contiguidade, também em relação ao conteúdo, temos então o direito de concluir que com a lembrança da doença foi despertada também a do médico, e que a posição feminina da fantasia valia para o médico desde o princípio. Ou talvez o sonho de que a doença teria retornado tivesse, afinal, o sentido de uma nostalgia: gostaria de voltar a ver Flechsig. Nossa ignorância sobre o teor psíquico da primeira doença não nos deixa prosseguir por aí. Talvez desse estado tenha restado um apego carinhoso ao médico, apego que agora – por razões desconhecidas – ganhava um reforço à altura de uma inclinação erótica. Imediatamente irrompeu uma rejeição indignada à fantasia feminina ainda mantida em forma impessoal – um verdadeiro "protesto masculino", nas palavras, mas não no sentido, de Alfred Adler[i] –; mas na grave psicose que em breve irromperia, a fantasia feminina impôs-se inexoravelmente, e precisamos apenas fazer pequenas correções na imprecisão paranoica do modo de expressão de Schreber, para adivinharmos que o paciente temia um abuso sexual por parte do próprio médico. Portanto, a causação desse adoecimento foi um avanço de libido homossexual, seu objeto foi provavelmente desde o início o médico Flechsig, e a revolta contra essa moção libidinal produziu o conflito, a partir do qual foram engendradas as manifestações da doença.

Detenho-me, por um momento, diante de uma torrente de acusações e objeções. Quem conhece a psiquiatria de hoje tem o direito de estar preparado para aborrecimentos.

---

[i] Adler. Der psychische Hermaphroditismus im Leben und in der Neurose [O hermafroditismo psíquico na vida e na neurose]. *Fortschritte der Medizin* [Progressos da Medicina], n. 10, 1910. – Segundo Adler, o protesto masculino participa do surgimento do sintoma; no caso aqui abordado, a pessoa protesta contra o sintoma já formado.

Acaso não constitui leviandade, indiscrição e calúnia irresponsáveis acusar de homossexualidade um homem de reputação ética tão elevada como o presidente em afastamento da Corte de Apelação do Tribunal? Não, o próprio doente divulgou a seus contemporâneos sua fantasia de transformação em uma mulher e desconsiderou sensibilidades pessoais em nome de interesses de uma compreensão [*Einsicht*] superior. Portanto, ele próprio nos deu o direito de nos ocuparmos com essa fantasia, e nossa tradução nos termos técnicos médicos não acrescentou a menor coisa ao conteúdo. – Sim, mas isso ele fez como doente; seu delírio de ser transformado em mulher foi uma ideia doentia. – Isso nós não esquecemos. Nós também só temos de nos ocupar com o significado e com a origem dessa ideia doentia. Fazemos referência à sua própria distinção entre o ser humano Flechsig e a "alma-Flechsig". Não o repreendemos por nada, nem por tido moções homossexuais nem por ter feito esforços para recalcá-las. Os psiquiatras deveriam, enfim, aprender com esse doente que, em meio a todo o seu delírio, esforça-se em não confundir o mundo do inconsciente com o mundo da realidade.

Mas não está escrito expressamente em nenhum trecho que a temida transformação em uma mulher deveria ocorrer em benefício de Flechsig? – Isso é verdade, e não é difícil de entender que se evitasse uma acusação tão patente nas *Memórias* destinadas à publicação sem a intenção de ofender o ser humano "Flechsig". No entanto, a atenuação da expressão provocada por uma consideração como essa não vai tão longe, a ponto de poder mascarar o verdadeiro sentido da acusação. Estamos no direito de afirmar que isso inclusive encontra-se escrito expressamente neste trecho, por exemplo (p. 56): "Dessa maneira, foi preparado um complô dirigido contra mim (por volta de março ou

abril de 1894), visando a que, tão logo fosse reconhecido ou presumido o caráter incurável de minha doença dos nervos, *eu fosse entregue a um ser humano de tal forma* que a minha alma lhe fosse abandonada, mas meu corpo ... devia ser transformado em um corpo feminino e, *enquanto tal, entregue ao homem em questão* para fins de abuso sexual...
...".[i] Será supérfluo destacar que jamais foi nomeada uma única pessoa que se pudesse colocar no lugar de Flechsig. Ao final da internação na clínica de Leipzig, emerge o temor de "ser lançado aos enfermeiros" para fins de abuso sexual (p. 98). A conhecida posição feminina em relação a Deus, admitida sem acanhamento na evolução ulterior do delírio, certamente apaga a última dúvida quanto ao papel originalmente atribuído ao médico. A outra das repreensões endereçadas a Flechsig ecoa retumbante ao longo do livro. Ele teria tentado cometer assassinato de alma nele. Já sabemos que as circunstâncias desse crime não estão claras para o próprio doente, mas que elas estão em relação com coisas confidenciais que precisaram ser excluídas da publicação (Capítulo III). Aqui, um único fio leva adiante. O assassinato de alma é esclarecido com apoio no conteúdo mítico do *Fausto*, de Goethe, do *Manfredo*, de Lord Byron, do *Franco-atirador*,[8] de Weber (p. 22) e, dentre esses exemplos, outro também é destacado em outro trecho. Na discussão da cisão de Deus em duas pessoas, Schreber identifica o Deus "inferior" e o "superior" com Arimã e Ormuzd (p. 19), e logo em seguida se encontra esta observação incidental: "Aliás, o nome Arimã também surge no *Manfredo* de Lord Byron no contexto de um assassinato de alma" (p. 20). Nesse poema tão excelente não se encontra praticamente nada que se pudesse colocar

---

[i] Grifos meus.

em paralelo com o pacto de alma em *Fausto*, e lá também procurei em vão a expressão "assassinato de alma", embora o cerne e o mistério do poema sejam um incesto entre irmãos. Aqui se rompe novamente o curto fio.[i]

Com a intenção de retornar, ao longo deste trabalho, a outras objeções, queremos agora nos declarar no direito de persistir firmemente na suposição de ver o fundamento do adoecimento de Schreber em uma irrupção de uma moção homossexual. Para corroborar essa suposição, há um detalhe da história clínica digno de atenção, mas não explicável de outra forma. Outro "colapso nervoso", decisivo para o transcurso da doença, acometeu o doente enquanto sua mulher tirava umas rápidas férias para seu próprio descanso. Até aquele momento, ela passava diariamente várias horas com ele e fazia as refeições do meio-dia com ele. Ao voltar, depois de uma ausência de quatro dias, encontrou-o tão tristemente transformado que ele próprio não desejava

---

[i] Para apoiar a afirmação acima: Manfredo diz ao demônio que quer tirá-lo da vida (cena final):
...*my past power*
was purchased by no compact with thy crew.
[meu antigo poder
foi comprado sem nenhum pacto com a tua gente]
Portanto, o pacto de alma é contestado de maneira direta. Esse erro de Schreber provavelmente não é desprovido de intenção. – Aliás, era lógico fazer uma ligação entre o conteúdo do *Manfredo* e a relação incestuosa, repetidas vezes declarada, do poeta com sua meia-irmã; e salta aos olhos que o outro drama de Byron, o grandioso *Caim*, passe-se na família primitiva, na qual o incesto entre irmãos só podia permanecer sem acusações. – Também não queremos deixar o tema do assassinato de almas, sem antes fazer menção a este trecho (p. 23): "ressaltando-se que em épocas anteriores Flechsig era apontado como autor dos assassinatos de almas, ao passo que agora, em uma reviravolta deliberada da relação, há muito tempo estão querendo 'representar' a mim como aquele que teria perpetrado assassinato de alma, ...".

mais vê-la. "Decisiva para meu colapso psíquico foi, na verdade, certa vez em que eu, numa única noite, tive um número muito incomum de poluções (com certeza uma meia dúzia)" (p. 44). Por certo, entendemos que a simples presença da esposa já exercia uma influência protetora contra a atração dos homens em redor dele; e se admitirmos que um processo de polução em um adulto não pode se produzir sem participação anímica, completaremos as poluções daquela noite com fantasias homossexuais que permaneceram inconscientes.

Por que essa irrupção de libido homossexual acometeu o paciente justamente naquela época, naquela situação entre a nomeação e a mudança, isso não podemos descobrir sem um conhecimento mais preciso de sua história de vida. Em geral, o ser humano, ao longo de toda a sua vida, oscila entre sentimentos heterossexuais e homossexuais, e impedimento [*Versagung*] ou decepção em um dos lados costuma pressioná-lo para o outro. Desses fatores, nada nos é conhecido no caso de Schreber; mas não deixemos de chamar a atenção para um fator somático que poderia muito bem ser considerado. No momento de seu adoecimento, o Dr. Schreber estava com 51 anos, encontrava-se, no tocante à vida sexual, naquele período crítico da vida em que a função sexual da mulher, após uma intensificação anterior, passa a sofrer uma drástica regressão, de cuja importância, contudo, o homem parece também não estar isento; também há para o homem um "climatério" com disposições ao adoecimento que daí decorrem.[i]

---

[i] Devo esse conhecimento sobre a idade de Schreber no momento de seu adoecimento a uma comunicação amável da parte de seus parentes, que o Dr. Stegmann em Dresden pediu para mim. À exceção desse dado, neste ensaio nada é aproveitado a não ser o que se origina do próprio texto das *Memórias*.

Posso bem imaginar como deve parecer delicada a suposição de que, passados oito anos,[i] subitamente possa irromper em um homem, de modo intensificado, um sentimento de simpatia por um médico, e tornar-se o motivo de uma perturbação anímica tão grave. Porém, acho que não temos o direito de deixar de lado uma hipótese como essa por causa de sua improbabilidade interna, se ela se recomenda a nós por outros motivos, em vez de tentar ver até onde se chega com a sua implementação. Essa improbabilidade talvez seja temporária e se deva ao fato de a suposição questionável ainda não estar inserida em nenhum contexto, de ela ser a primeira hipótese com a qual abordamos o problema. Àquele que não consegue manter suspenso seu julgamento e considera nossa hipótese totalmente intolerável, a ele podemos facilmente mostrar uma possibilidade, através da qual aquela hipótese perde seu caráter desconcertante. O sentimento de simpatia pelo médico pode facilmente ser devido a um "processo de transferência", mediante o qual um investimento afetivo do doente tenha sido deslocado de uma pessoa que lhe era importante para a pessoa realmente indiferente do médico, de modo que o médico parece ter sido escolhido como substituto, sub-rogado, de alguém que estaria muito mais próximo do paciente. Mais concretamente, através do médico o paciente foi levado a se lembrar da essência de seu irmão ou de seu pai, reencontrou nele seu irmão ou seu pai, e então, sob determinadas condições, nada mais há de desconcertante, caso o anseio por esse substituto volte a surgir nele e tenha um efeito tão intenso, que só possa ser explicado através de sua origem e de seu significado primordial.

---

[i] O intervalo entre o primeiro e o segundo adoecimento de Schreber.

No interesse dessa tentativa de explicação, só podia me parecer importante saber se o pai do paciente ainda estava vivo à época de seu adoecimento, se ele tinha um irmão, e se este, naquela mesma época, estava vivo ou era um "bem-aventurado". Fiquei então satisfeito quando, após longa busca nas *Memórias*, finalmente me deparei com um trecho no qual o doente elimina essa incerteza com estas palavras (p. 442): "A memória de meu pai e de meu irmão ... é-me tão sagrada quanto" etc. Portanto, por ocasião do segundo adoecimento (talvez também do primeiro?), ambos já haviam falecido.

Penso que não continuaremos a nos rebelar contra a hipótese de que o motivo do adoecimento foi o surgimento de uma fantasia feminina de desejo (homossexual passiva), que tomara por objeto a pessoa do médico. Contra essa mesma fantasia, ergueu-se, da parte da personalidade de Schreber, uma intensa resistência, e a luta defensiva, que talvez tivesse podido igualmente consumar-se em outras formas, escolheu, por motivos que desconhecemos, a forma do delírio de perseguição. Aquele por quem o doente antes ansiava agora se tornava o perseguidor, e o conteúdo da fantasia de desejo, o conteúdo da perseguição. Presumimos que essa concepção esquemática também se provará passível de implementação em outros casos de delírio paranoide. Todavia, o que distingue o caso Schreber de outros é o desenvolvimento que ele toma, bem como a transformação a que ele se submete ao longo desse desenvolvimento.

Uma dessas transformações consiste na substituição de Flechsig pela pessoa superior de Deus; ela parece, a princípio, significar um agravamento do conflito, uma intensificação da intolerável perseguição; mas logo vem à tona que ela prepara a segunda transformação e, com esta, a solução do conflito. Se era impossível familiarizar-se com o papel da prostituta feminina perante o médico, a tarefa de oferecer ao próprio Deus a volúpia que ele busca não esbarra na mesma resistência do Eu. A emasculação não é mais nenhum ultraje, ela se torna "de acordo com a ordem do mundo", ingressa em um grande contexto cósmico, serve aos fins de uma nova criação do mundo humano aniquilado. "Novos seres humanos nascidos do espírito de Schreber" vão venerar seus ancestrais naquele que, em seu delírio, acredita-se perseguido. Com isso encontrou-se uma saída que satisfaz as duas partes litigantes. O Eu é compensado pela megalomania, mas a fantasia feminina de desejo impôs-se, tornou-se aceitável. Luta e doença podem cessar. Só que a consideração à realidade intensificada nesse meio-tempo obriga a deslocar a solução do presente para o futuro distante, a se contentar com uma realização de desejo, por assim dizer, assintótica.[i] A transformação em mulher provavelmente ocorrerá em algum momento; até lá, a pessoa do Dr. Schreber permanecerá indestrutível.

Nos manuais de psiquiatria, amiúde se faz referência a um desenvolvimento da megalomania a partir do delírio de perseguição, devendo ocorrer da seguinte maneira: o doente, originariamente acometido pelo delírio[ii*] de ser

---

[i] Quase no final do livro, lê-se (p. 290): "Menciono, apenas como possibilidades a serem consideradas, uma emasculação a ser eventualmente ainda consumada, com o efeito de que, por meio da fertilização divina, nasça do meu ventre uma nova descendência".

[ii] *Em alemão, a palavra utilizada por Freud é *Wahn*, aqui traduzida como "delírio". Observe-se que os termos alemães para "megalomania" (*Größenwahn*, trad. literal: delírio ou mania de grandeza) e "delírio de perseguição" ou "delírio paranoide" (*Verfolgungswahn*, que significa delírio ou mania de perseguição) são palavras compostas por justaposição que tem o vocábulo *"Wahn"* como base de sua formação.

objeto de perseguição por parte de forças as mais poderosas, sente a necessidade de se explicar essa perseguição e assim chega à hipótese de que ele mesmo seria uma personalidade grandiosa, digna de uma semelhante perseguição. Desse modo, o desencadeamento da megalomania é atribuído a um processo que, segundo um bom termo de Ernest Jones, chamamos de "racionalização". Entretanto, consideramos um procedimento inteiramente não psicológico atribuir a uma racionalização consequências afetivas tão intensas, e por isso queremos distinguir nitidamente entre nossa opinião e aquela citada nos manuais. Por ora, não afirmamos conhecer a fonte da megalomania.

Retomando agora o caso Schreber, cumpre-nos confessar que a investigação minuciosa das transformações ocorridas em seu delírio oferece dificuldades extremas. Em que vias e com que meios se realiza a ascensão de Flechsig a Deus? De onde ele extrai a megalomania que, de modo tão feliz, possibilita uma reconciliação com a perseguição e que, analiticamente falando, permite a hipótese da fantasia de desejo a ser recalcada? Aqui as *Memórias* nos fornecem um primeiro ponto de referência, mostrando-nos que, para o paciente, "Flechsig" e "Deus" pertencem a uma mesma série. Uma fantasia permite-lhe ouvir escondido uma conversa entre Flechsig e sua esposa, na qual ele se apresenta como "Deus Flechsig", e por isso é considerado por ela louco (p. 82); mas, além disso, o seguinte traço da formação de delírio de Schreber nos chama a atenção. Assim como o perseguidor, se olharmos o delírio como um todo, divide-se [*zerlegt*] em Flechsig e Deus, o próprio Flechsig se cliva posteriormente em duas personalidades, no Flechsig "superior" e no "médio", e Deus, no "inferior" e no "superior". No caso de Flechsig, a divisão [*Zerlegung*] vai ainda mais longe em estágios tardios da doença (p. 193). Uma separação dessa natureza é bem característica da paranoia. A paranoia separa, assim como a histeria condensa. Ou, melhor dito, a paranoia leva novamente à dissolução as condensações e identificações efetuadas na fantasia inconsciente. O fato de essa separação ser repetida várias vezes em Schreber é, de acordo com C. G. Jung,[i] expressão da importância da pessoa em questão. Todas essas cisões de Flechsig e de Deus em várias pessoas significam, portanto, o mesmo que a divisão do perseguidor em Flechsig e em Deus. São duplicações da mesma relação importante, como Otto Rank as reconheceu nas formações de mitos.[ii] Mas, para a interpretação de todos esses traços isolados, resta-nos a alusão à separação do perseguidor em Flechsig e Deus, assim como à concepção dessa separação como reação paranoide a uma identificação antes existente entre ambos ou ao seu pertencimento à mesma série. Se o perseguidor Flechsig foi, um dia, uma pessoa amada, então Deus é também apenas o retorno de outra pessoa amada de forma semelhante, mas talvez mais importante.

Se dermos prosseguimento a esse curso de pensamento que parece justificado, teremos de nos dizer que essa pessoa não pode ser outra senão o pai, e com isso que Flechsig é mais claramente forçado ao papel do irmão (mais velho,

---

[i] C. G. Jung. Ein Beitrag zur Psychologie des Gerüchtes [Uma contribuição à psicologia do boato]. *Zentralblatt für Psychoanalyse* [Folha central de psicanálise], n. 3, 1910. Provavelmente está correto quando Jung prossegue afirmando que essa separação, que corresponde à tendência geral da esquizofrenia, é analiticamente despotenciadora, e deverá impedir o êxito a impressões mais intensas. Todavia, o discurso de uma de suas pacientes: "Ah! o senhor também é um Dr. J., hoje pela manhã já esteve comigo um que se fez passar por Dr. J." devem ser traduzidas por uma admissão: "O senhor agora está me fazendo lembrar de outro, de minha série de transferências, que não aquele de sua última visita".

[ii] O. Rank. Der Mythus von der Geburt des Helden [O mito do nascimento do herói]. *Schriften zur Angewandten Seelenkunde*, n. V, 1909.

esperamos). Portanto, a raiz daquela fantasia feminina, que desencadeava tanta relutância no paciente, teria sido o anseio pelo pai e pelo irmão, que chegara a uma intensificação erótica, da qual o anseio pelo irmão passou por transferência ao médico Flechsig, ao passo que, com a sua recondução ao pai, alcançava-se um equilíbrio no combate.

Se a inserção do pai no delírio de Schreber deve nos parecer justificada, ela então tem de trazer proveito à nossa compreensão e ajudar-nos a esclarecer detalhes incompreensíveis do delírio. Lembramo-nos bem dos traços peculiares que encontramos no Deus de Schreber e na relação dele com seu Deus. Era a mais singular mistura de crítica blasfema e insurreição rebelde com piedosa devoção. Deus, que se submeteu à influência sedutora de Flechsig, não era capaz de aprender algo a partir da experiência, não conhecia o ser humano vivo, porque só sabia lidar com cadáveres, e manifestava seu poder em uma série de milagres que, embora bastante impressionantes, eram ao mesmo tempo insípidos e pueris.

Ora, o pai do Dr. Schreber, presidente da Corte de Apelação, não foi um homem de pouca importância. Era o Dr. Daniel Gottlieb Moritz Schreber, cuja memória ainda hoje é preservada pelas várias Associações Schreber existentes sobretudo na Saxônia, um médico, cujos esforços visando à formação harmoniosa da juventude, à ação conjugada da educação no seio familiar e na escola, bem como à utilização dos cuidados com o corpo e do trabalho com o corpo para aumentar os níveis de saúde, exerceram influência prolongada entre seus contemporâneos.[i] Sua reputação como fundador da ginástica

---

[i] Graças ao gentil envio de meu colega Dr. Stegmann, de Dresden, pude ter acesso a um número de uma revista intitulada *Der Freund der*

terapêutica na Alemanha ainda é testemunhada pelas numerosas edições nas quais sua *Ginástica médica de salão* é difundida em nossos meios.

Por certo, um pai como esse não era inadequado para, na carinhosa lembrança do filho, de quem fora arrancado tão cedo pela morte, ser glorificado como Deus. Há, em nosso modo de sentir, na verdade um abismo insuperável entre a personalidade de Deus e a de qualquer ser humano, mesmo o mais brilhante. Contudo, cumpre-nos pensar que isso nem sempre foi assim. Para os povos antigos, seus deuses lhes eram humanamente mais próximos. Entre os romanos, o imperador falecido era regularmente deificado. Ao ter seu primeiro problema de saúde, o sóbrio e diligente Vespasiano exclamou: "Ai de mim, acho que estou me tornando um deus".[i]

Conhecemos exatamente a posição infantil do menino em relação ao seu pai; ela contém a mesma união de submissão devocional e insurreição rebelde que encontramos na relação de Schreber para com seu Deus, é o modelo inconfundível, a cópia fiel deste último. O fato de o pai de Schreber ter sido médico, e, a bem da verdade, um médico muito conceituado e certamente estimado por seus pacientes, explica-nos os traços mais proeminentes que Schreber destaca criticamente em seu Deus. Pode haver uma expressão de escárnio mais forte em relação a um

---

Schreber-Vereine [O amigo das Associações Schreber]. Nesse exemplar (2º ano de publicação, volume X), no centenário de nascimento do Dr. Schreber, havia dados sobre a vida do homem celebrado. Dr. Schreber Sênior nasceu em 1808 e faleceu em 1861, com apenas 53 anos. Sei, da fonte antes mencionada, que nosso paciente tinha 19 anos na época.

[i] *Biografias dos Césares*, da autoria de Suetônio, cap. 23. Essa divinização teve início com Júlio César. Em suas inscrições, Augusto se autodenominava *Divi filius*.

médico como esse do que afirmar que ele nada entende do ser humano vivo e só sabe lidar com cadáveres? Decerto faz parte da natureza de Deus que ele faça milagres, mas um médico também faz milagres, como dele afirmam seus pacientes entusiasmados, ele realiza curas miraculosas. Mas se justamente esses milagres, aos quais a hipocondria do doente forneceu o material, têm um resultado tão inacreditável, tão absurdo e em parte tão ridículo, somos então lembrados da afirmação da *Interpretação do sonho* de que o que há de absurdo no sonho expressaria zombaria e escárnio.[i] Na paranoia, ela serve, portanto, aos mesmos fins de representação. Quanto a outras repreensões, tais como a de que Deus, por experiência, nada aprende, é plausível a concepção de que estamos lidando com o mecanismo infantil de "retaliação",[ii] mediante o qual se manda de volta ao emissor, sem modificação, uma repreensão recebida, semelhantemente às vozes mencionadas à página 23, ao fazerem supor que a acusação de "assassinato de alma" levantada contra Flechsig era originalmente uma autoacusação.[iii]

Encorajados pelas possibilidades de a profissão paterna esclarecer as características especiais do Deus de Schreber, podemos agora ousar explicar, através de uma interpretação, o arranjo singular da entidade divina. Como se sabe, o mundo divino consiste dos "reinos anteriores

---

[i] *Traumdeutung*, v. 2/3 (*Ges. Werke*, p. 428 e segs).

[ii] Há uma semelhança extraordinária com uma revanche dessa natureza, quando um dia o paciente anota esta frase: "*Por ser em vão, deve-se abandonar qualquer tentativa de ação educativa sobre o exterior*" (p. 188). O ineducável é Deus.

[iii] "Enquanto agora, numa inversão intencional da relação, já há muito tempo me querem 'representar' como aquele que teria cometido o assassinato de alma" etc.

de Deus", que também são chamados de "vestíbulos do Céu", que contêm as almas humanas de falecidos, e do Deus "inferior" e do "superior", que juntos se chamam "reinos posteriores de Deus" (p. 19). Mesmo que estejamos preparados para não conseguir resolver uma condensação aqui presente, queremos, no entanto, utilizar aquela indicação obtida anteriormente, de que as aves "miraculadas" desmascaradas como moças são derivadas dos vestíbulos do Céu, a fim de reivindicar os reinos *anteriores* de Deus e os *vestíbulos* do Céu como símbolos da feminilidade, e os reinos *posteriores* de Deus como símbolos da virilidade. Se soubéssemos com certeza que o irmão falecido de Schreber era mais velho, então teríamos o direito de considerar a separação de Deus no Deus inferior e no superior como a expressão da lembrança de que, após a morte prematura do pai, o irmão mais velho assumiu o papel do pai.

Por fim, nesse contexto também gostaria de fazer menção ao *Sol*, que, devido a seus "raios", acabou assumindo uma grande importância como expressão do delírio. Schreber tem uma relação muito especial com o Sol. O Sol fala com Schreber com palavras humanas, fazendo-se conhecer como um ser animado ou como órgão de um ser ainda superior, localizado atrás dele (p. 9). Um laudo médico informa que Schreber "investe aos berros diretamente contra o Sol com palavras de ameaça e insulto" (p. 382),[i] que ele lhe grita que precisa se esconder diante dele. O próprio Schreber relata que o Sol empalidece diante dele.[ii] A participação do Sol em seu destino revela-se

---

[i] "O Sol é uma puta" (p. 384).

[ii] (p. 139, nota:) "De resto, ainda agora o sol me proporciona em parte uma imagem diferente daquela que eu tinha dele no período anterior à minha doença. Seus raios empalidecem diante de mim, quando eu,

no fato de que ele passa a apresentar importantes alterações em sua aparência, tão logo mudanças começam a ocorrer em Schreber, p. ex., nas primeiras semanas de sua temporada no Instituto Sonnenstein[i] (p. 135). Schreber nos facilita a interpretação desse mito do Sol. Ele faz uma identificação direta entre o Sol e Deus, ora com o Deus inferior (Arimã),[ii] ora com o superior (p. 137): "No dia seguinte ... vi o Deus superior (Ormuzd), dessa vez não com meu olho espiritual, mas com meu olho terreno. Era o Sol, mas não o Sol em seu aspecto habitual conhecido de todos, mas sim etc.". Portanto, é apenas consequente que Schreber não o trate de maneira diferente, a não ser como o próprio Deus.

Não sou responsável pela monotonia das soluções psicanalíticas, quando faço valer que o Sol nada mais é do que novamente um símbolo sublimado do pai. Aqui o simbolismo ultrapassa o gênero [*Geschlecht*] gramatical; pelo menos em alemão,[9] pois na maioria das outras línguas o Sol é masculino. Sua contraparte nesse espelhamento do casal parental é o que geralmente é caracterizado como "mãe Terra". Na solução psicanalítica de fantasias patogênicas de neuróticos, encontramos com bastante frequência a confirmação desse enunciado. Quero apenas fazer uma referência à relação com mitos cósmicos. Um de meus pacientes, que perdera o pai precocemente e tentava

---

voltado para ele, falo em voz alta. Posso tranquilamente olhar para o Sol, ficando apenas levemente ofuscado, ao passo que, em meus dias de saúde, como certamente para outras pessoas, olhar fixamente para o sol durante um minuto não seria absolutamente possível".

[i] Mencione-se aqui que o nome do instituto Sonnenstein é uma palavra composta através desta justaposição: *Sonne(n)* [Sol] + *Stein* [pedra].

[ii] p. 88: "Agora (desde julho de 1894) as vozes que falam comigo fazem uma identificação direta entre Arimã e o Sol".

reencontrá-lo em tudo o que há de grande e sublime na natureza, fez-me parecer provável que o hino de Nietzsche "Antes do nascer do sol" expressaria o mesmo anseio.[i] Outro, que em sua neurose após a morte do pai tivera seu primeiro ataque de angústia e vertigem quando o Sol o iluminou enquanto fazia o trabalho de jardinagem com a pá, sustentava por conta própria a interpretação de ter sentido medo, porque o pai o teria observado enquanto ele trabalhava a mãe com um instrumento afiado. Quando eu ousei fazer uma objeção sensata, ele tornou sua exposição mais plausível, explicando que já comparara o pai com o Sol, quando ainda era vivo, embora, na época, com a intenção de parodiar. Sempre que o perguntavam aonde seu pai estava indo no verão, teria dado a resposta com as retumbantes palavras do "Prólogo no Céu"[10]:

E sua viagem pré-traçada
Ele realiza com estrondo de trovão

Por recomendação médica, o pai costumava frequentar, todos os anos, as termas de Marienbad. Nesse paciente, a posição infantil em relação ao pai se impusera em dois estágios. Enquanto o pai era vivo, total insurreição e discórdia aberta; imediatamente após a morte do pai, uma neurose, que se baseava em submissão servil e obediência posterior ao pai.

No caso Schreber, encontramo-nos, portanto, no terreno bastante familiar do complexo paterno.[ii] Se, para

---

[i] *Assim falou Zaratustra*. Terceira parte. – Nietzsche também só havia conhecido o pai quando era criança.

[ii] Do mesmo modo que a "fantasia feminina de desejo" de Schreber é tão somente uma das configurações típicas do complexo nuclear infantil.

o doente, a luta com Flechsig se revela um conflito com Deus, então temos de traduzir este como um conflito infantil com o pai amado, cujos detalhes que nos são desconhecidos determinaram o conteúdo do delírio. Nada falta do material que nesses casos normalmente é revelado mediante a análise, tudo está representado através de quaisquer alusões. Nessas experiências infantis, o pai surge como o perturbador da satisfação, em geral autoerótica, buscada pela criança, satisfação que, na fantasia, será mais tarde amiúde substituída por uma satisfação menos inglória.[i] No final do delírio de Schreber, o anseio [*Strebung*] sexual infantil celebra um grandioso triunfo; a voluptuosidade torna-se temente a Deus, o próprio Deus (o pai) não cessa de exigi-la do paciente. A mais temida ameaça do pai, a da castração, certamente forneceu o material necessário à fantasia de desejo, primeiramente combatida e depois aceita, de transformação em uma mulher. A alusão a uma culpabilização encoberta pela formação substitutiva "assassinato de alma" é extremamente nítida. O enfermeiro-chefe é considerado idêntico àquele companheiro de casa chamado Von W., que, conforme indicação das vozes, acusara-o falsamente de onanismo (p. 108). As vozes dizem, como que para dar um fundamento à ameaça de castração (p. 127): "Na verdade, o senhor deve ser *apresentado* [*dargestellt*] como entregue à devassidão voluptuosa".[ii] Por fim, há a coerção de pensamento [*Denkzwang*] (p. 47) a que o doente se submete por supor

---

[i] Cf. as notas acerca da análise do "Rattenmann" ["homem dos ratos"] (v. VII, p. 427).

[ii] Os sistemas de "figurar/representar" [*Darstellens*; o termo alemão também significa "expor" (N.T.)] e transcrever/anotar" [*Aufschreibens*] (p. 126) aludem, em ligação com as "almas provadas", a vivências escolares.

que, se parasse de pensar um instante, Deus iria crer que ele teria se tornado estúpido e dele se afastaria, e que é a reação que conhecemos por outras vias à ameaça ou ao temor de se perder a razão por causa da atividade sexual, especialmente do onanismo.[i] Diante do sem-número de ideias delirantes hipocondríacas[ii] desenvolvidas pelo doente, talvez não se deva dar grande importância ao fato de algumas delas coincidirem literalmente com os temores hipocondríacos dos onanistas.[iii]

A quem fosse mais atrevido que eu na interpretação ou soubesse, através de relações com a família de Schreber, mais sobre pessoas, meio social e pequenos incidentes, decerto lhe seria fácil remontar inúmeros detalhes do delírio de Schreber a suas fontes e, assim, reconhecê-los em sua importância, fazendo-o apesar da censura a que as *Memórias* foram submetidas. Pressionados pela necessidade, temos de nos contentar com um esboço tão nebuloso do

---

[i] (p. 206:) "Que este seria o alvo almejado foi antes admitido abertamente na frase emanada do Deus superior, ouvida por mim inúmeras vezes: 'Queremos lhe destruir a razão [*Verstand*]'".

[ii] Não quero furtar-me de observar aqui que eu só considerarei confiável uma teoria da paranoia, quando esta tiver logrado inserir em seu contexto os sintomas *hipocondríacos* quase regularmente concomitantes. Parece-me que cabe à hipocondria a mesma posição em relação à paranoia que à neurose de angústia em relação à histeria.

[iii] (p. 154:) "Por esse motivo, tentavam bombear minha medula espinal, o que era feito pelos chamados 'homenzinhos' [*kleine Männer*] que me eram colocados nos pés. Mais tarde farei uma nova comunicação sobre esses 'homenzinhos' que mostravam algum parentesco com aquele fenômeno já descrito no Cap. VI; em geral, eram dois de cada vez, um 'pequeno Flechsig' e um 'pequeno Von W.', cuja voz eu também percebia em meus pés". – Von W. é o mesmo de quem partiu a acusação de onanismo. Os "homenzinhos" são descritos pelo próprio Schreber como um dos fenômenos mais notáveis e, de certa maneira, mais enigmáticos (p. 157). Parece que eles nasceram de uma condensação de crianças e... espermatozoides.

material infantil em que o adoecimento paranoico figurou o atual conflito.

Visando justificar aquele conflito desencadeado em torno da fantasia feminina de desejo, talvez eu ainda tenha o direito de acrescentar algo. Sabemos que temos a tarefa de relacionar o surgimento de uma fantasia de desejo a um *impedimento* [*Versagung*], a uma privação na vida real. Ora, Schreber nos confessa essa privação. Seu casamento, em geral descrito como feliz, não lhe concedeu a bênção de ter filhos, sobretudo o filho homem que o tivesse consolado da perda do pai e do irmão, e sobre o qual a ternura homossexual insatisfeita tivesse podido fluir.[i] Sua linhagem ameaçava extinguir-se, e parece que ele tinha bastante orgulho de sua ascendência e de sua família (p. 24). "Os Flechsig e os Schreber, com efeito, pertenciam ambos, conforme se dizia, 'à mais alta nobreza celeste'. Em particular, os Schreber portavam o título de 'Margraves da Toscana e da Tasmânia', correspondendo a um hábito das almas de se enfeitar, cedendo a uma vaidade pessoal, com títulos terrenos um tanto pomposos."[ii] O grande Napoleão, ainda que somente após grandes conflitos interiores, só se separou de sua Josefina porque ela não pode dar continuidade à dinastia;[iii] é possível que o Dr. Schreber

---

[i] (p. 36:) "Após meu restabelecimento da primeira enfermidade, vivi oito anos com minha esposa, em sua totalidade anos muito felizes e também ricos em honrarias sociais, ocasionalmente enturvados apenas pela esperança reiteradas vezes malograda de sermos abençoados com filhos".

[ii] Na sequência dessa declaração que preservou no delírio o escárnio cordial de dias saudáveis, ele rastreia as relações entre as famílias Flechsig e Schreber em séculos passados, semelhante a um noivo que, não conseguindo entender como pudera viver tantos anos sem contato com a amada, quer tê-la conhecido já em outros tempos anteriores.

[iii] Nesse contexto, é digna de menção uma reclamação do doente contra dados do laudo médico (p. 436): "Nunca brinquei com a ideia

tenha construído a fantasia de que, se fosse uma mulher, ele lidaria melhor com a questão de ter filhos, e assim encontrou o caminho de se colocar de volta na posição feminina em relação ao pai, dos primeiros anos da infância. O delírio posteriormente deslocado cada vez mais para o futuro, segundo o qual, mediante sua emasculação, o mundo seria povoado por "novos seres humanos oriundos do espírito de Schreber" (p. 288), foi, portanto, destinado a remediar sua falta de filhos. Se os "homenzinhos", que o próprio Schreber acha tão enigmáticos, são crianças, então consideramos totalmente compreensível que eles, em grande número, estejam reunidos sobre a sua cabeça (p. 158); elas são realmente as "crianças de seu espírito". (Conferir a nota sobre a representação da origem do pai e sobre o nascimento de Atena na história clínica "O homem dos ratos", G.W., v. VII, p. 449, 450).

III
SOBRE O MECANISMO DA PARANOIA

Até aqui abordamos o complexo paterno predominante no caso Schreber e a fantasia de desejo central dessa doença. Nisso tudo, nada há que seja característico do quadro clínico da paranoia, nada que não pudéssemos encontrar em outros casos de neurose e que realmente não tenhamos encontrado. Somos obrigados a situar a peculiaridade da paranoia (ou da demência paranoide) em outra coisa, [ou seja,] na forma especial de manifestação

---

de uma *separação* nem nunca demonstrei indiferença em relação à manutenção dos laços matrimoniais, ao contrário do que faz supor o texto do laudo médico, segundo o qual 'eu sempre estaria com uma insinuação pronta de que minha esposa poderia pedir a separação".

dos sintomas, e, para estes, a nossa expectativa não responsabilizará os complexos, mas o mecanismo de formação de sintomas ou o de recalcamento. Diríamos que o caráter paranoide consiste em que, para se defender de uma fantasia de desejo homossexual, reage-se justamente com um delírio de perseguição dessa natureza.

Torna-se muito mais significativo se formos advertidos pela experiência a atribuir justamente à fantasia homossexual de desejo uma relação mais íntima, talvez constante, com a forma de doença. Por desconfiar de minha própria experiência nesse campo, nos últimos anos investiguei, juntamente a meus amigos Carl Gustav Jung, em Zurique, e Sándor Ferenczi, em Budapeste, uma série de casos de adoecimento paranoide observados por eles sobre esse aspecto específico. Tratava-se de homens e mulheres cujas histórias clínicas estavam à nossa disposição como material de investigação, distintos por raça, profissão e classe social, e víamos com surpresa como era possível reconhecer claramente, em todos esses casos, a defesa contra o desejo homossexual no centro do conflito da doença, e como eles todos haviam fracassado no enfrentamento de sua homossexualidade inconscientemente intensificada.[i] Isso certamente não correspondia à nossa expectativa. Justamente no caso da paranoia, a etiologia sexual não é absolutamente evidente; longe disso, afrontas e discriminações sociais, especialmente no caso de homens, surgem de maneira notável como causação da paranoia. Basta agora

---

[i] Outra confirmação encontra-se na análise do doente de paranoia J. B., realizada por A. Maeder (*Psychologische Untersuchungen an Dementia praecox-Kranken* [Análises psicológicas em doentes de demência precoce]. *Jahrbuch für psychoanalyt. und psychopath. Forschungen* [Anuário de pesquisas psicanal. e psicopat.], v. II, 1910). Lamento não ter podido ler esse trabalho no momento em que redigia o meu.

aprofundarmo-nos um pouco, para reconhecermos nesses danos sociais a participação da componente homossexual da vida afetiva como aquilo que realmente produz efeitos. Enquanto a atividade normal impedir a visão das profundezas da vida anímica, é lícito duvidar de que as relações afetivas de um indivíduo para com seus semelhantes na vida social tenham algo a ver com o erotismo do ponto de vista fático ou genético. O delírio revela regularmente essas relações e reconduz o sentimento social até sua raiz no desejo erótico grosseiramente sensual. O próprio Dr. Schreber, cujo delírio culminou em uma fantasia de desejo homossexual impossível de ser ignorada, não apresentara, no tempo em que estava com saúde – de acordo com todos os relatos –, nenhum indício de homossexualidade no sentido vulgar.

Penso que não seja nem supérfluo nem injustificado quando tento mostrar que nossa compreensão atual dos processos psíquicos adquiridos através da psicanálise já pode intervir na compreensão do papel do desejo homossexual no adoecimento paranoico. Investigações recentes[i] chamaram-nos a atenção para um estágio na história do desenvolvimento da libido, estágio que é percorrido no caminho entre o autoerotismo e o amor de objeto.[ii] Designaram-no como *narcisismo* [*Narzissismus*]; prefiro o termo *narcismo* [*Narziβmus*],[11] quiçá menos correto, porém mais curto e menos dissonante. Consiste em que

---

[i] I. Sadger. Ein Fall von multipler Perversion mit hysterischen Absenzen [Um caso de perversão múltipla com ausências histéricas]. *Jahrbuch für psychoanalyt. Forschungen*, v. IIB, 1910. – Freud. Eine Kindheitserinnerung des Leonardo da Vinci [Uma recordação de infância de Leonardo da Vinci]. *Schriften zur angewandten Seelenkunde*, Heft VII [Caderno VII], 1910, 5. ed.].

[ii] *Drei Abhandlungen zur Sexualtheorie*. 1905, 5. ed. (v. V destas *Ges. Werke*).

o indivíduo em desenvolvimento, que agrupa em uma unidade suas pulsões sexuais que trabalham de forma autoerótica a fim de obter um objeto de amor, toma primeiramente a si mesmo, a seu próprio corpo, como objeto de amor, antes de passar deste para a escolha de objeto de outra pessoa. Uma fase intermediária como essa entre autoerotismo e escolha de objeto talvez seja normalmente indispensável; parece que muitas pessoas ficam retidas nela durante um tempo excepcionalmente longo, e que muita coisa desse estado persiste em estágios ulteriores do desenvolvimento. Nesse Si-mesmo [*Selbst*] tomado como objeto do amor, os órgãos genitais já podem ser a coisa mais importante. O próximo caminho conduz à escolha de um objeto com órgãos genitais semelhantes, ou seja, passando pela escolha homossexual de objeto até a heterossexualidade. Supomos que aqueles que mais tarde se tornam manifestamente homossexuais nunca se libertaram da exigência de que o objeto tenha órgãos genitais iguais a seus próprios, destacando-se que uma considerável influência cabe às teorias da sexualidade infantil, que atribuem, de início, os mesmos órgãos genitais a ambos os sexos.

Uma vez alcançada a escolha objetal heterossexual, as aspirações homossexuais não são, de modo algum, eliminadas ou interrompidas, mas simplesmente distanciadas da meta sexual e conduzidas a novos usos. Agora elas se juntam a partes de pulsões do Eu, para constituir com elas, na qualidade de componentes "de apoio", as pulsões sociais, e assim representam a contribuição do erotismo à amizade, à camaradagem, ao espírito comunitário, e ao amor aos humanos em geral. Praticamente não seria possível depreender, a partir das relações sociais normais entre as pessoas, a verdadeira extensão dessas contribuições oriundas de fonte erótica com a inibição da meta sexual.

Todavia, faz parte desse mesmo contexto o fato de que justamente homossexuais manifestos e, entre estes, aqueles arredios a dar asas à sensualidade se destacam pela intensa participação nos interesses gerais da humanidade, nos interesses oriundos da sublimação do erotismo.

Nos *Três ensaios sobre a teoria sexual*, expressei a opinião de que cada etapa de desenvolvimento da psicossexualidade produz uma possibilidade de "fixação" e, por conseguinte, um ponto de disposição. Pessoas que não se desprenderam inteiramente do estágio do narcisismo e que, portanto, ali possuam uma fixação que possa agir como disposição à doença estão expostas ao perigo de que uma avalanche de libido, que não encontra nenhuma outra forma de vazão, submeta suas pulsões sociais à sexualização, fazendo, assim, recuar as sublimações por elas conquistadas ao longo do desenvolvimento. Um semelhante resultado pode ser provocado por tudo que cause uma corrente regressiva da libido ("regressão"), seja, por um lado, um fortalecimento colateral através de decepção com a mulher ou um represamento direto devido a insucessos nas relações sociais com o homem – ambos casos de "impedimento" [*Versagung*] –, ou, por outro lado, uma intensificação geral da libido que seja demasiadamente violenta para poder encontrar vazão pelas vias já abertas e que, por isso, rompe o dique no ponto fraco da construção. Por pensarmos em nossas análises que os paranoicos *buscam defender-se de uma semelhante sexualização de seus investimentos pulsionais sociais*, somos instados a supor que se deva procurar o ponto fraco de seu desenvolvimento na parte localizada entre autoerotismo, narcisismo e homossexualidade, e que ali resida sua disposição à doença, que talvez ainda precise ser determinada com mais exatidão. Teríamos de atribuir uma disposição análoga à demência precoce de Kraepelin ou à esquizofrenia (segundo Bleuler), e esperamos obter, na sequência deste trabalho, pontos de referência para fundamentar as diferenças de forma e de desfecho das duas afecções, mediante as diversidades correspondentes na fixação da disposição.

Se assim vamos tomar a suposição da fantasia de desejo homossexual de *amar o homem* como o cerne do conflito no caso da paranoia do homem, então certamente não esqueceremos que a confirmação de uma hipótese tão importante precisaria ter como condição a investigação de um grande número de todas as formas de adoecimento paranoico. Precisamos, pois, estar preparados para eventualmente restringir nossa afirmação a um único tipo de paranoia. Seja como for, permanece notável que as principais formas conhecidas de paranoia possam todas ser representadas como contradições à sentença *"eu* [um homem] *o* [um homem] *amo"*, e que, de fato, elas esgotem todas as formulações possíveis dessa contradição.

A sentença "eu o [o homem] amo" é contradita:

a) Pelo delírio de perseguição, quando ele proclama em voz alta:

Eu não o *amo* – na verdade, eu o *odeio*. Mas essa contradição, que no inconsciente[i] não poderia ser expressa de outro modo, não pode, no caso do paranoico, tornar-se consciente nessa forma. O mecanismo da formação de sintoma exige que a percepção interna, o sentimento, seja substituída por uma percepção que venha do exterior. Desse modo, a sentença "na verdade, eu o odeio" transforma-se, por *projeção*, nesta outra: *Ele me odeia* (me persegue), o que então me autoriza a odiá-lo. Dessa

---

[i] Em sua versão "na língua fundamental", conforme Schreber.

maneira, o sentimento inconsciente impulsor aparece como consequência de uma percepção externa:

Na verdade, eu não o *amo* – na verdade, eu o *odeio* – porque *ele me persegue*.

A observação não deixa nenhuma dúvida de que o perseguidor não é outro senão aquele que foi amado um dia.

b) A *erotomania*, que sem essa concepção ficaria totalmente incompreensível, estabelece outro ponto de ataque para a contradição.

Eu não *o* amo – na verdade, eu *a* amo.

E a mesma compulsão à projeção impõe uma transformação à sentença: Eu noto que *ela* me ama.

Eu não *o* amo – na verdade, eu *a* amo – porque *ela me ama*. Muitos casos de erotomania poderiam dar a impressão de fixações heterossexuais exageradas ou deformadas sem justificativa de outro tipo, se não se atentasse para o fato de que todos esses enamoramentos não iniciam com a percepção interna de amar, mas sim com aquela que vem do exterior, a de ser amado. Porém, nessa forma da paranoia a sentença intermediária "eu *a* amo" também pode se tornar consciente, porque sua contradição em relação à primeira sentença não é discrepante nem tão inconciliável como a existente entre amar e odiar. Com efeito, pelo menos ainda permanece possível, além de amá-*lo*, amá-*la* também. Assim sendo, pode acontecer de o substituto por projeção "*ela me ama*" voltar a ceder lugar à frase da "língua fundamental" "na verdade, eu *a* amo".

c) O terceiro tipo de contradição ainda possível seria agora o delírio de ciúme, que podemos estudar em formas características tanto no homem quanto na mulher.

α) O delírio do ciúme do alcoólatra. Em todos os sentidos, o papel do álcool nessa afecção é-nos compreensível. Sabemos que esse meio de fruição [*Genußmittel*] elimina inibições e faz regredir sublimações. Não raro, o homem é levado ao álcool pela decepção com as mulheres, mas, em regra geral, isso quer dizer que ele se encaminha a uma taverna e para a companhia de outros homens, a qual lhe garante a satisfação emocional ressentida em sua casa junto à mulher. Ora, se agora esses homens se tornarem objetos de um investimento libidinal mais intenso em seu inconsciente, então ele se defenderá disso através do terceiro tipo de contradição:

Não sou *eu* quem ama o homem – na verdade, *é ela quem o ama* –, e suspeita da mulher com todos os homens que ele está tentado a amar.

A desfiguração por projeção tem de ser anulada aqui, porque, com a mudança do sujeito que ama, o processo, de qualquer maneira, é lançado para fora do Eu. O fato de a mulher amar os homens permanece uma questão da percepção externa; o fato de o próprio indivíduo não amar, mas odiar, o fato de não se amar esta pessoa, mas aquela, estes são sem dúvida, fatos da percepção interna.

β) A paranoia de ciúme das mulheres produz-se de maneira inteiramente análoga.

Não sou *eu* quem ama as mulheres – mas é *ele quem as ama*. A mulher ciumenta suspeita do homem com todas as mulheres de quem ela mesma gosta, devido a seu narcisismo disposicional que se tornou superintenso e a sua homossexualidade. Na escolha dos objetos de amor imputados ao homem revela-se, de modo inconfundível, a influência do período da vida em que se deu a fixação; com frequência são pessoas idosas, impróprias ao amor real, revivescências das babás, criadas, amigas de sua infância ou diretamente de suas irmãs concorrentes.

Agora se deveria crer que uma sentença composta de três termos, como "eu o amo", permitiria apenas três tipos de contradição. O delírio de ciúme contradiz o sujeito; o delírio de perseguição, o verbo; a erotomania, o objeto. Não obstante, realmente ainda é possível um quarto tipo de contradição, a recusa total de toda a sentença:

Eu não amo absolutamente e ninguém – e esta sentença parece psicologicamente equivalente, já que se tem de ir a algum lugar com sua libido, com esta sentença: Eu só me amo. Esse tipo de contradição nos daria, portanto, a megalomania, que entendemos como uma *superestimação sexual do próprio eu* e que assim podemos pôr ao lado da conhecida superestimação do objeto de amor.[i]

Para outras partes da doutrina da paranoia, não deixa de ter importância que se possa constatar um acréscimo de megalomania na maioria das formas de adoecimento paranoico. É que temos o direito de supor que a megalomania seja sobretudo de natureza infantil, sendo sacrificada no desenvolvimento posterior no seio da sociedade, da mesma forma como ela não é reprimida tão intensamente por nenhuma outra influência, a não ser por um enamoramento que se apodere fortemente do indivíduo.

> Pois onde o amor desperta, morre
> o Eu, o sombrio déspota.[ii]

Feitas essas explanações sobre o inesperado significado da fantasia de desejo homossexual para a paranoia, voltemos àqueles dois fatores para os quais queríamos,

---

[i] *Drei Abhandlungen zur Sexualtheorie*. 5. ed., 1922, p. 17. [No vol. V destas *Ges. Werke*]. – A mesma concepção e fórmula em Abraham (1. c.) e Maeder (1. c.).

[ii] Dschelaledin Rumi, trad. [alemã] de Rückert; citado por Kuhlenbeck na introdução ao volume V das obras de Giordano Bruno. [Na transliteração em português, o nome do poeta persa (século XIII) é grafado como Jalaluddin Rumi. (N.T.)]

logo de início, deslocar o que há de característico nessa forma de adoecimento: para o mecanismo da *formação de sintoma* e para o do *recalcamento*.

Em primeiro lugar, certamente não temos o direito de supor que esses dois mecanismos sejam idênticos, nem que a formação de sintoma aconteça pela mesma via que o recalcamento, por exemplo, percorrendo o mesmo caminho, mas em direção oposta. Uma semelhante identidade não é, de forma alguma, muito provável; todavia, antes da investigação, queremos nos abster de fazer qualquer declaração a esse respeito.

Na formação de sintoma da paranoia, sobretudo um traço chama a atenção, aquele que merece ser chamado de *projeção*. Uma percepção interna é reprimida [*unterdrückt*], e, para substituí-la, seu conteúdo chega à consciência como percepção vinda do exterior, após ter experimentado certa deformação. No delírio de perseguição, a deformação consiste em uma transformação do afeto; aquilo que deveria ter sido sentido interiormente como amor é percebido como ódio vindo do exterior. Seríamos tentados a caracterizar esse curioso processo como o que há de mais importante na paranoia e absolutamente patognomônico em relação a ela, se não fôssemos lembrados a tempo de que 1º) a projeção não desempenha o mesmo papel em todas as formas de paranoia, e 2º) que ela não ocorre apenas na paranoia, mas também sob outras circunstâncias da vida psíquica, e também que lhe cabe uma participação regular na nossa posição em relação ao mundo exterior. Quando não buscamos em nós mesmos as causas originárias de determinadas impressões sensoriais, como procuramos as causas de outras percepções, mas em vez disso as deslocamos para o exterior, esse processo normal também merece ser designado como uma projeção. Dessa maneira, alertados para o fato de que a compreensão da projeção envolve problemas psicológicos mais gerais, decidimos agora reservar para outra ocasião o estudo da projeção e, com isso, do mecanismo da formação de sintomas paranoicos em geral, voltando-nos à questão sobre que ideias logramos construir acerca do mecanismo do recalcamento no caso da paranoia. Adianto, como justificativa de nossa renúncia temporária, que vamos descobrir que o tipo de processo de recalcamento está mais estreitamente relacionado à história do desenvolvimento da libido e à disposição que ela traz do que ao tipo de formação de sintoma.

Na psicanálise, de um modo bastante genérico, temos deixado os fenômenos patológicos emergirem do recalcamento. Examinando mais detidamente o que está sendo chamado de "recalcamento", encontramos então a ocasião de decompor o processo em três fases que permitem uma clara distinção conceitual.

1) A primeira fase consiste na *fixação*, que é precursora e a condição de todo "recalcamento". O fato da fixação pode ser assim enunciado: uma pulsão ou uma parte constitutiva da pulsão não acompanha o desenvolvimento normalmente previsto, permanecendo, em consequência dessa inibição do desenvolvimento, em um estágio mais infantil. Em relação às formações psíquicas ulteriores, a respectiva corrente libidinal comporta-se como se fora uma corrente pertencente ao sistema do inconsciente, como se fora recalcada. Já afirmamos que a disposição à doença ulterior reside nessas fixações das pulsões e podemos acrescentar que nelas reside sobretudo a determinação do desfecho [*Ausgang*] da terceira fase do recalcamento.

2) A segunda fase do recalcamento é o recalcamento propriamente dito, que até aqui tem sido considerado preferencialmente. Ele emana dos sistemas do Eu suscetíveis

de consciência dotados de desenvolvimento mais elevado, podendo, na realidade, ser descrito como um "recalcamento ulterior" [*Nachdrängen*]. Dá a impressão de um processo essencialmente ativo, ao passo que a projeção representa um "ficar para trás" de forma realmente passiva. Estão sujeitos ao recalcamento ou os derivados psíquicos daquelas pulsões que ficaram primariamente para trás se, mediante seu fortalecimento, tiver havido um conflito entre eles e o Eu (ou as pulsões sintônicas com o Eu), ou aquelas aspirações psíquicas contra as quais, por outros motivos, toma corpo uma forte aversão. No entanto, essa aversão não teria como consequência o recalcamento, se não se formasse uma conexão entre as desagradáveis aspirações a serem recalcadas e aquelas já recalcadas. Onde isso venha a ocorrer entram em ação a repulsa [*Abstoßung*] dos sistemas conscientes e a atração dos sistemas inconscientes, no mesmo sentido, para o êxito do recalcamento. Na realidade, os dois casos que separamos aqui podem, na realidade, ser menos rigorosamente diferenciados, diferenciando-se apenas por mais ou menos contribuições da parte das pulsões primariamente recalcadas.

3) Como terceira e mais importante fase dos fenômenos patológicos, mencione-se a do fracasso do recalcamento, da *irrupção*, do *retorno do recalcado*. Essa irrupção ocorre a partir do lugar da fixação e tem como conteúdo uma regressão do desenvolvimento da libido até esse mesmo lugar.

Já mencionamos as multiplicidades da fixação; são tantas quanto os muitos estágios encontrados no desenvolvimento da libido. Precisamos estar preparados para outras multiplicidades existentes nos mecanismos do recalcamento propriamente dito e naqueles da irrupção (ou da formação de sintoma), e certamente já temos o direito de supor agora que não poderemos atribuir todas essas multiplicidades unicamente à história do desenvolvimento da libido.

É fácil imaginar que, com essas explanações, tocamos de leve no problema da escolha da neurose, o qual, todavia, não pode ser abordado sem outros tipos de trabalhos preliminares. Lembremo-nos agora de que já abordamos a fixação e postergamos a formação de sintomas, e restrinjamo-nos à questão de saber se, a partir da análise do caso Schreber, é possível obter-se uma indicação do mecanismo que prevalece na paranoia, do recalcamento (propriamente dito).

No auge da doença, formou-se em Schreber, sob a influência de visões "em parte de natureza tenebrosa, mas, em parte, também de inscritível grandiosidade" (p. 73), a convicção de uma grande catástrofe, um fim do mundo. Vozes lhe diziam que agora a obra de um passado de 14 mil anos estaria perdida, que o destino da Terra se resumia à duração de apenas 212 anos; no último período de sua permanência no instituto de Flechsig, ele considerava esse período como já transcorrido. Ele próprio "era o único ser humano verdadeiro que restara", e as poucas figuras humanas que ele ainda via, o médico, os enfermeiros e os pacientes, ele os designava como "homens miraculados, feitos às pressas e sem esmero". Ocasionalmente a corrente contrária também abria caminho; certa feita lhe mostraram uma página de jornal em que se podia ler a notícia de sua própria morte (p. 81), ele existia em uma segunda forma, de natureza inferior, e certo dia faleceu placidamente (p. 75). Mas a configuração do delírio que retinha o Eu e sacrificava o mundo revelou-se como, de longe, a mais forte. Sobre a causação dessa catástrofe ele fazia diferentes conjecturas: ora ele pensava em um processo de congelamento ocasionado pelo retraimento do Sol, ora em uma destruição por terremoto, ressaltando-se que ele, na qualidade de "vidente", chegava a ter um papel semelhante ao que presumivelmente tivera outro vidente por ocasião do terremoto de Lisboa em 1755 (p. 91). Ou então Flechsig era o culpado, por ter espalhado, através de seus truques de mágica, o temor e o terror entre as pessoas, destruído as bases da religião e causado a propagação de um nervosismo e uma imoralidade generalizados, em consequência dos quais epidemias devastadoras abateram-se sobre os humanos (p. 91). De qualquer forma, o fim do mundo era a consequência do conflito que irrompera entre Flechsig e ele, ou, como se mostrava a etiologia na segunda fase do delírio, a consequência de sua ligação – que já se tornara indissolúvel – com Deus, ou seja, o necessário resultado de seu adoecimento. Anos mais tarde, quando Dr. Schreber, já de volta à comunidade humana, nada conseguia descobrir nos livros, nas partituras musicais e em outros objetos de uso pessoal que voltavam a lhe chegar às mãos, fato que seria conciliável com a hipótese de um grande abismo temporal na história da humanidade, chegou a admitir que não era mais possível manter sua versão. (p. 85): "...não posso deixar de reconhecer que, *do ponto de vista exterior*, tudo permaneceu como antes. Mas, quanto a afirmar se, *apesar disso, não se efetuou uma profunda modificação interna*, isso será discutido mais abaixo". Ele não podia duvidar de que durante sua doença o mundo chegara ao fim, e aquele mundo que ele agora via diante de si com certeza não era o mesmo de antes.

Uma semelhante catástrofe mundial durante o estágio tempestuoso da paranoia também não é rara em outras histórias clínicas.[i] Com base em nossa concepção

---

[i] Outro tipo de "fim do mundo" motivado por outros eventos ocorre no auge do êxtase amoroso (*Tristão e Isolda*, de Wagner); aqui não é o

de investimento libidinal, e se nos deixarmos guiar pela avaliação de que os outros humanos são "homens feitos às pressas e sem esmero", não é difícil achar uma explicação para essas catástrofes.[i] O doente retirava das pessoas em seu entorno e do mundo exterior em geral o investimento libidinal que até então lhes era dirigido; por conseguinte, tudo para ele se tornou indiferente e desconexo, e precisa ser explicado por meio de uma racionalização secundária como "miraculado, feito às pressas e sem esmero". O fim do mundo é a projeção dessa catástrofe interior; seu mundo subjetivo acabou-se, depois que retirou dele o seu amor.[ii]

Pronunciada a maldição com que Fausto renuncia ao mundo, o coro dos espíritos entoa este canto:

> Ai de ti! Ai!
> Aniquilaste-o,
> O lindo mundo,
> Com mão possante;
> Vai ruindo, cai fundo!
> Um semideus fê-lo em pedaços
> ....
> Ó tu, potente,
> Dos térreos filhos,

Eu, mas o objeto único que absorve todos os investimentos oferecidos ao mundo exterior.

[i] Cf. Abraham. Die psychosexuellen Differenzen der Hysterie und der Dementia praecox [As diferenças psicossexuais da histeria e da demência precoce]. *Zentralbl. F. Nervenh. und Psych.* [Jornal de neurologia e psiquiatria], 1908. – Jung. *Zur Psychologie der Dementia praecox* [Sobre a psicologia da demência precoce], 1907. – O breve trabalho de Abraham contém quase todos os pontos de vista essenciais deste estudo sobre o caso Schreber.

[ii] Talvez não apenas o investimento libidinal, mas o interesse em geral, isto é, os investimentos que partem do Eu. Ver mais adiante a discussão acerca dessa questão.

Mais resplandecente
Reergue-o em teus pensares!¹²

E o paranoico o reconstrói, decerto não mais resplandecente, mas pelo menos de forma que possa voltar a viver nele. Ele o reconstrói com o trabalho de seu delírio. *O que consideramos produção da doença, a formação do delírio, é na realidade a tentativa de cura, a reconstrução.* Passada a catástrofe, a reconstrução tem um êxito mais ou menos bom, mas nunca integral; conforme as palavras de Schreber, ocorreu uma "profunda modificação interna". Mas aquele ser humano resgatou uma relação com as pessoas e as coisas do mundo, que era amiúde muito intensa, e que, mesmo que também possa ser hostil, antigamente era esperançosamente carinhosa. Diremos, então: o processo de recalcamento propriamente dito consiste em um descolamento da libido em relação a pessoas – e coisas – antes amadas. Ele realiza-se em silêncio; não recebemos dele nenhuma informação, somos obrigados a inferi-lo a partir dos processos subsequentes. O que se faz notar gritantemente é o processo de cura que faz retroceder o recalcamento e reconduz a libido às pessoas por este [pelo recalcamento] abandonadas. Na paranoia, esse processo se consuma pela via da projeção. Não foi correto afirmar que a sensação reprimida interiormente seria projetada para fora; seria muito mais acertado dizer que o que foi suspenso [*Aufgehobene*] interiormente retorna a partir de fora. A análise minuciosa do processo de projeção, que postergamos para outro momento, dar-nos-á a última segurança a esse respeito.

Agora, contudo, não deixaremos de ficar satisfeitos com o fato de o novo conhecimento adquirido nos obrigar a uma série de novas discussões.

1) A próxima conjectura nos diz que um desprendimento da libido nem ocorre exclusivamente na paranoia nem pode provocar, onde ela normalmente ocorre, consequências tão funestas. É perfeitamente possível que o desprendimento da libido seja o mecanismo essencial e regular de todo e qualquer recalcamento; sobre isso nada sabemos, enquanto as outras afecções do recalcamento não forem submetidas a uma investigação análoga. É certo que na vida psíquica normal (e não apenas no luto) realizamos constantemente esses desprendimentos da libido em relação a pessoas ou a outros objetos, sem por isso adoecermos. Quando Fausto se desliga do mundo com aquelas maldições, dali não resulta nenhuma paranoia ou outra neurose, mas sim um estado de ânimo psíquico especial. A rigor, o descolamento da libido não pode ser, portanto, o elemento patogênico da paranoia; faz-se mister uma característica especial que permita distinguir o desprendimento paranoico da libido de outros gêneros do mesmo processo. Não é difícil fazer uma sugestão para uma característica dessa natureza. Qual é o uso ulterior da libido liberada através do desprendimento? É normal que procuremos imediatamente um substituto para a aderência anulada; até que essa substituição logre resultado, mantemos a libido livremente flutuando na psique, onde ela produz tensões e influencia o ânimo do indivíduo; na histeria, o montante de libido liberado transforma-se em inervações corporais ou em angústia. No entanto, na paranoia temos um indício clínico de que a libido retirada do objeto seja levada a uma utilização especial. Trazemos à memória que a maioria dos casos de paranoia exibe uma parte de megalomania, e que a megalomania por si só já pode constituir uma paranoia. Donde queremos concluir que a libido liberada na paranoia é anexada ao

Eu, é utilizada no engrandecimento do Eu. Com isso, novamente se alcança o estágio de narcisismo já conhecido a partir do desenvolvimento da libido, estágio em que o próprio eu era o único objeto sexual. Em razão dessa afirmação clínica, supomos que os paranoicos trouxeram consigo uma *fixação no narcisismo* e declaramos que o *retrocesso desde a homossexualidade sublimada até o narcisismo* indica o montante de *regressão* característica da paranoia.

2) Outra objeção igualmente plausível pode apoiar-se na história clínica de Schreber (como também em muitas outras), ao reivindicar que o delírio de perseguição (em relação a Flechsig) vem à tona inconfundivelmente mais cedo do que a fantasia do fim do mundo, de modo que o próprio suposto retorno do recalcado antecederia o recalcamento, o que é um claro contrassenso. Em virtude dessa objeção, temos de deixar as considerações mais genéricas e passar para uma avaliação pormenorizada das reais circunstâncias, que certamente são muito mais complicadas. É necessário reconhecer a possibilidade de que um semelhante desprendimento da libido tanto pode ser parcial, um recuo de um complexo isolado, quanto geral. O desprendimento [*Lösung*] parcial deve ser, de longe, o mais frequente e ser aquele que introduz o geral, porque, na verdade, de início, ele é motivado unicamente pelas influências da vida. Pode então permanecer no desprendimento parcial, ou este poderá ser completado até tornar-se o geral, que se manifesta a olhos vistos por meio da megalomania. No caso Schreber, o desprendimento da libido em relação à pessoa de Flechsig pode muito bem ter sido o evento primário; logo em seguida ocorre o delírio, que conduz a libido de volta a Flechsig (tendo um sinal negativo como marca do recalcamento realizado), anulando assim a obra do recalcamento. A luta do recalcamento desencadeia-se

novamente, mas dessa vez serve-se de meios mais potentes; na medida em que o objeto em litígio se torna o mais importante no mundo exterior, querendo, por um lado, atrair para si toda a libido, e, por outro, mobilizar todas as resistências contra si, a luta em torno do único objeto é comparável a uma batalha, ao longo da qual a vitória do recalcamento se expressa pela convicção de que o mundo teria acabado, e somente o Si-mesmo [*Selbst*] teria restado. Examinando-se as engenhosas construções que o delírio de Schreber ergue em solo religioso (a hierarquia de Deus – as almas provadas– os vestíbulos do Céu – o Deus inferior e o superior), é possível medir retrospectivamente quanta riqueza de sublimações foi arruinada pela catástrofe do desprendimento geral da libido.

3) Uma terceira reflexão, que se coloca no terreno dos pontos de vista aqui desenvolvidos, lança a questão de saber se devemos admitir que o desprendimento geral da libido em relação ao mundo exterior seja suficientemente eficaz para explicar, a partir dele, o "fim do mundo", ou se os investimentos do Eu, preservados nesse caso, não teriam de bastar para manter a relação com o mundo exterior. Seria então necessário, por um lado, ou fazer coincidir aquilo que chamamos de investimento libidinal (interesse oriundo de fontes eróticas) com o interesse em geral ou, por outro lado, considerar a possibilidade de que uma perturbação substancial na acomodação da libido também possa induzir uma perturbação correspondente nos investimentos do Eu. Esses são então problemas para cuja resposta ainda nos encontramos inteiramente desamparados e inaptos. Se pudéssemos partir de uma doutrina assegurada das pulsões, a situação então seria outra. Mas, na verdade, não dispomos de nada semelhante. Entendemos a pulsão como o conceito-limite do somático perante o

anímico, nela vemos o representante psíquico de forças orgânicas e admitimos a distinção popular entre pulsões do Eu e pulsão sexual, a qual nos parece concordar com a dupla posição biológica do ser individual, que aspira à sua própria preservação, bem como à da espécie. Mas tudo o que vá além disso são construções que estamos erguendo e que também prontamente deixaremos cair por terra, para nos orientar no emaranhado dos processos psíquicos mais obscuros, e esperamos justamente de investigações psicanalíticas sobre processos anímicos patológicos que elas nos imponham determinadas decisões nas questões da doutrina das pulsões. Por se tratar de investigações ainda muito recentes e isoladas, essa expectativa pode ainda não ter encontrado sua realização. Não se pode ignorar a possibilidade de repercussões dos efeitos de distúrbios da libido sobre os investimentos do Eu, tampouco se pode negar a possibilidade inversa, isto é, o distúrbio secundário ou induzido dos processos libidinais através de alterações anormais no Eu. É até provável que processos dessa natureza constituam o caráter distintivo da psicose. No momento, não se pode indicar o que disso se aplica à paranoia. Eu gostaria de destacar um único ponto de vista. Não se pode afirmar que o paranoico tenha retirado inteiramente seu interesse do mundo exterior, mesmo no ponto alto do recalcamento, como às vezes é necessário descrever acerca de certas outras formas de psicose alucinatória (como a *amentia* de Meinert). Ele percebe o mundo exterior, presta contas das suas transformações, é estimulado pela sua impressão a atividades explicativas ("feitos às pressas e sem esmero"), e por isso considero muito mais provável que a sua relação alterada com o mundo se explique apenas ou predominantemente pela perda de interesse libidinal.

4) Nas estreitas relações entre a paranoia e a demência precoce, não podemos fugir à questão de saber como uma semelhante concepção da primeira afecção deverá necessariamente repercutir sobre a concepção da segunda. Considero bem fundamentado o passo dado por Kraepelin, de fundir grande parte do que antes era chamado de paranoia com a catatonia e outras formas em uma unidade clínica, para a qual o nome escolhido, demência precoce, seja, no entanto, particularmente inapropriado. Quanto a Bleuler ter caracterizado o mesmo grupo de formas como esquizofrenia, vale objetar que esse nome só parece bem utilizável enquanto não nos lembramos do seu significado literal. Além disso, ele pré-julga demasiadamente, por empregar uma característica teoricamente postulada para a nomeação, característica que, inclusive, não tem a ver exclusivamente com a afecção e que, à luz de outras concepções, não pode ser declarada como essencial. Mas, no final, não é muito importante como são nomeados os quadros de doença. Parecer-me-ia mais essencial manter a paranoia como um tipo clínico autônomo, ainda que seu quadro seja tão frequentemente complicado por traços esquizofrênicos, pois, do ponto de vista da teoria da libido, ela se deixaria distinguir da demência precoce por outra localização da fixação disposicional e por outro mecanismo de retorno (formação de sintomas), e teria em comum com ela a característica principal do recalcamento propriamente dito, a saber, o desprendimento da libido com regressão para o Eu. Eu consideraria mais apropriado nomear a demência precoce de parafrenia, que, de conteúdo em si indeterminado, expressa as suas relações com a já irremediavelmente nomeada paranoia, além de também aludir à hebefrenia absorvida nela. Não viria ao caso levar em consideração

o fato de esse nome já ter sido proposto para outro fim, porque esses outros usos não se impuseram.

Com bastante veemência, Abraham (*op. cit.*) expôs que a característica do desprendimento da libido em relação ao mundo exterior é particularmente evidente na demência precoce. A partir dessa característica, inferimos o recalcamento por meio do desprendimento da libido. Aqui entendemos o estágio das alucinações tempestuosas como uma fase do combate entre o recalcamento e uma tentativa de cura, que pretende levar a libido de volta a seus objetos. Nos delírios e nas estereotipias motoras da doença, Jung reconheceu, com extraordinária perspicácia analítica, os restos obstinadamente retidos dos antigos investimentos de objeto. Essa tentativa de cura que o observador toma pela própria doença não se serve, contrariamente à paranoia, da projeção, mas do mecanismo alucinatório (histérico). Trata-se de uma das grandes diferenças em relação à paranoia; essa diferença é passível de uma explicação genética a partir de outra perspectiva. O desfecho da demência precoce, quando a afecção não permanece demasiadamente parcial, fornece a segunda diferença. Em geral, ele é mais desfavorável que o da paranoia; ao contrário desta última, a vitória não reside na reconstrução, mas no recalcamento. A regressão não vai apenas até o narcisismo, que se manifesta em megalomania, mas até a completa suspensão do amor objetal e o retorno ao autoerotismo infantil. Portanto, a fixação disposicional precisa estar mais recuada do que a da paranoia, deve estar inclusa no início do desenvolvimento, que vai do autoerotismo ao amor de objeto. Ademais, não é absolutamente provável que os impulsos homossexuais, que na paranoia encontramos tão amiúde, quiçá regularmente, tenham um papel igualmente importante na etiologia da demência precoce, caracterizada por sua natureza muito menos restrita.

Nossas hipóteses sobre as fixações disposicionais na paranoia e na parafrenia tornam facilmente compreensível que um caso possa começar com sintomas paranoicos e em seguida evoluir para uma demência; que manifestações paranoides e esquizofrênicas se combinem em quaisquer proporções; que um quadro de doença como o de Schreber possa vir a acontecer, merecendo o nome de uma demência paranoica; e que tal quadro de doença faça jus ao caráter parafrênico devido ao surgimento da fantasia de desejo e das alucinações, e ao caráter paranoide devido à causação, ao mecanismo de projeção e ao desfecho. Pois, ao longo do desenvolvimento, várias fixações podem ter sido deixadas para trás, tendo permitido a irrupção sucessiva da libido que fora afastada; primeiramente, talvez, a libido adquirida ulteriormente e depois, no decorrer da doença, a libido original mais próxima do ponto de partida. Gostaríamos muito de saber a que condições esse caso deve a resolução relativamente favorável, pois não é de bom grado que se tomará a decisão de responsabilizar exclusivamente pelo desfecho algo tão fortuito como a "melhoria graças à transferência de residência", que sobreveio com a saída do instituto de Flechsig.[i] Todavia, nossos conhecimentos insuficientes sobre os contextos íntimos dessa história clínica tornam impossível a resposta a essa questão importante. Poder-se-ia lançar a hipótese de que o matiz essencialmente positivo do complexo paterno, ou seja, a relação – na realidade de anos posteriores –, provavelmente não conturbada, com um excelente pai tenha possibilitado a reconciliação com

---

[i] Cf. Riklin. *Über Versetzungsbesserungen* [Sobre melhorias por mudança de residência]. *Psychiatrisch-neurologische Wochenschrift* [Semanário de psiquiatria e neurologia], 1905, n. 16-18.

a fantasia homossexual e consequentemente a evolução de uma espécie de cura.

Por eu não temer críticas nem recear a autocrítica, não tenho nenhum motivo para evitar mencionar uma semelhança que talvez venha a prejudicar nossa teoria da libido no julgamento de muitos leitores. Na verdade, os "raios divinos" de Schreber compostos por condensação de raios solares, fibras nervosas e espermatozoides são tão somente os investimentos libidinais materializados e projetados para fora, e emprestam ao seu delírio uma concordância flagrante com nossa teoria. Que o mundo tenha de acabar, porque o Eu do paciente atrai para si todos os raios, que mais tarde, durante o processo de reconstrução, ele tenha de ficar angustiantemente preocupado com que Deus não desfaça a ligação de raios com ele, esses e alguns outros detalhes da formação do delírio de Schreber soam quase como percepções endopsíquicas dos processos cuja hipótese aqui apresentei como base de um entendimento da paranoia. Mas, em compensação, posso apresentar o testemunho de um amigo e especialista de que eu desenvolvi a teoria da paranoia antes de tomar conhecimento do conteúdo do livro de Schreber. Ficará a cargo do futuro decidir se na teoria há mais delírio do que eu penso, ou se no delírio há mais verdade do que hoje em dia alguns consideram crível.

Por fim, eu não gostaria de concluir este trabalho, que na verdade representa apenas um fragmento de um contexto maior, sem apresentar um panorama sobre as duas proposições que a teoria libidinal das neuroses e psicoses procura provar, a saber, a de que as neuroses se originam essencialmente do conflito entre o Eu e a pulsão sexual, e a de que as suas formas conservam as marcas da história do desenvolvimento da libido – e do Eu.

Post-scriptum[13]

Ao tratar da história clínica do presidente da Corte de Apelação Dr. Schreber, restringi-me propositadamente a um mínimo de interpretação, sendo-me lícito confiar em que todo leitor instruído em psicanálise terá depreendido mais a partir do material fornecido do que eu tenha enunciado explicitamente; que não lhe tenha sido difícil puxar mais estreitamente os fios do contexto e chegar a conclusões a que eu tão somente tenha aludido. Um feliz acaso que guiou a atenção de outros autores do mesmo volume sobre a autobiografia de Schreber também leva a imaginar o quanto ainda pode ser extraído do teor simbólico das fantasias e das ideias delirantes do engenhoso paranoico.[i]

Um enriquecimento fortuito de meus conhecimentos desde a publicação de meu trabalho sobre Schreber colocou-me em posição de apreciar melhor uma de suas afirmações delirantes e de reconhecer sua riqueza de relações mitológicas. À página 593, menciono a especial relação do doente com o Sol, que me vi obrigado a explicar como um "símbolo paterno" sublimado. O Sol fala com ele usando palavras humanas, apresentando-se a Schreber como um ser vivo. O paciente costuma xingar o Sol e gritar-lhe ameaças; ele também assegura que seus raios empalidecem diante dele, quando ele fala em voz alta voltado para o Sol. Após sua "recuperação", vangloria-se de conseguir olhar para o Sol tranquilamente

---

[i] Cf. Jung. *Wandlungen und Symbole der Libido* [Metamorfoses e símbolos da libido]. *Jahrbuch für psychoanalyt. und psychopath. Forschungen*, v. III, (1911), p. 164 e 207; Spielrein. *Über den psychischen Inhalt eines Falles von Schizophrenie usw.* [Sobre o conteúdo psíquico de um caso de esquizofrenia etc.]. *Id.*, p. 350.

e com isso ficar apenas levemente ofuscado, o que antes obviamente não teria sido possível (observação à p. 139 do livro de Schreber).

Ora, é a esse privilégio delirante de poder fitar o Sol sem ser ofuscado que se liga o interesse por mitologia. Salomon Reinach[i] escreve que os antigos pesquisadores em ciências da natureza atribuíam esse poder apenas às águias, que, por habitarem as mais altas camadas aéreas, foram colocadas em uma conexão particularmente íntima com o céu, o Sol e os raios.[ii] Porém, as mesmas fontes também relatam que a águia submete seus filhotes a uma prova, antes de reconhecê-los como legítimos. Se eles não conseguirem fitar o Sol sem piscar o olho, são postos fora do ninho.

Não pode haver nenhuma dúvida acerca do significado desse mito animal. Nesse caso em particular, certamente apenas se atribui aos animais aquilo que entre os seres humanos é um costume consagrado. O que a águia faz com seus filhotes é um *ordálio*, uma prova de linhagem, como ela é relatada pelos mais diversos povos de tempos antigos. Era assim que os celtas habitantes das margens do Reno confiavam seus recém-nascidos às ondas da corrente, para se convencer de que eles eram realmente de seu sangue. A tribo dos psilos na atual Trípoli, que se gabava de ascender de serpentes, expunha seus filhos ao contato com essas serpentes; os filhos legítimos ou não eram mordidos ou rapidamente se recuperavam das consequências

---

[i] Salomon Reinach (1858-1032), arqueólogo francês e especialista em história das religiões. Cultes, mythes et religions [Cultos, mitos e religiões], t. III, 1908, p. 80. (*Apud* Keller. Tiere des Alterums [Animais da Antiguidade].)

[ii] Nas partes mais elevadas dos templos, afixavam-se imagens de águias, que deveriam servir como para-raios "mágicos". (S. Reinach, l. c.)

da mordida.[i] Os pressupostos dessas provas [*Erprobungen*] nos conduzem às profundezas da maneira *totêmica* de pensar dos povos primitivos. O totem – o animal ou a força da natureza concebida animisticamente, da qual a tribo deriva sua ascendência – preserva os membros da tribo como sendo seus filhos, da mesma maneira como ele próprio, na qualidade de pai da tribo, é venerado e eventualmente preservado por eles. Nesse ponto nos deparamos com coisas que me parecem adequadas a possibilitar um entendimento psicanalítico dos primórdios da religião.

A águia que leva seus filhotes a fitar o Sol e exige que eles não sejam ofuscados pela sua luz comporta-se, portanto, como um descendente do Sol que submete seus filhos à prova de ancestralidade. E, ao se vangloriar de poder fitar o Sol sem ser punido nem ofuscado, Schreber reencontrou a expressão mitológica para sua relação infantil com o Sol, confirmou mais uma vez que concebemos o seu Sol como um símbolo do pai. Se nos lembrarmos de que em sua doença Schreber manifesta livremente seu orgulho pela família ("Os Schreber pertencem à mais alta nobreza celeste")[ii] e que encontramos um motivo humano em sua falta de filhos para que ele adoecesse de uma fantasia de desejo feminina, fica-nos bastante evidente a relação entre seu privilégio delirante e as bases de seu estado doentio.

Este breve suplemento sobre a análise de um paranoide pode demonstrar como estava bem fundamentada a afirmação de Jung de que as forças formadoras dos mitos

---

[i] Ver indicações bibliográficas em Reinach 1. c., t. III e t. I, p. 74.
[ii] *Memórias*, p. 24. – "*Adel*" [nobreza] está relacionado com "*Adler*" [águia]. [Vê-se, nesse trecho, que Schreber apela para a semelhança entre essas duas palavras alemãs, que na verdade não são etimologicamente aparentadas. (N.T.)]

da humanidade não se extinguiram, mas ainda hoje elas geram nas neuroses os mesmos produtos psíquicos, tal como nos mais remotos tempos. Gostaria de retomar uma alusão[i] feita anteriormente na qual eu declaro que o mesmo vale para as forças formadoras da religião. E penso que em breve estará na hora de ampliarmos uma proposição proferida há muito tempo por nós, psicanalistas, de acrescentarmos a seu conteúdo individual, entendido do ponto de vista ontogenético, a perspectiva antropológica, filogenética. Dissemos: no sonho e na neurose reencontramos a *criança* com as peculiaridades de suas formas de pensar e de sua vida afetiva. Acrescentaremos: também reencontramos o ser humano *selvagem*, *primitivo*, da forma como ele se revela à luz da Ciência da Antiguidade[14] e da pesquisa etnográfica.

---

[i] Zwangshandlungen und Religionsübungen [Atos obsessivos e práticas religiosas], 1907. (v. VII destas *Ges. Werke*.)

Psychoanalytische Bemerkungen über einen autobiographisch beschriebenen Fall von Paranoia (Dementia paranoides)

1911   *Jahrbuch der psychoanalytischen und psychopathologische Forschungen*, v. 3, n. 1, p. 9-68

1924   *Gesammelte Schriften*, t. VIII, p. 355-431

1943   *Gesammelte Werke*, t. VIII, p. 240-316

O interesse freudiano pelo tema da paranoia remonta à década de 1890. No "Manuscrito H" (publicado nesta coleção no volume *Neurose, psicose, perversão*), anexo à carta de 24 de janeiro de 1895 remetida a Fließ, a paranoia é descrita como "um modo patológico de defesa", que teria o propósito de se "defender de uma representação intolerável para o Eu, projetando seu conteúdo no mundo exterior" (Freud, 2016, p. 17). O mecanismo psíquico normal da projeção, na paranoia, seria transformado. Freud relata diversos fragmentos isolados de caso a fim de fundamentar essas hipóteses. Conclui o manuscrito assegurando que os paranoicos "amam *o delírio como a si mesmos*. Eis o segredo" (p. 20). Ao longo dos anos, outros elementos vão se juntando a esse quebra-cabeças. Primeiro, entra em cena a hipótese de retorno a um modo de funcionamento autoerótico. Mais tarde, no âmbito da discussão de um caso de paranoia feminina, surge a hipótese da correlação entre paranoia e homossexualidade passiva reprimida, conforme cartas a Jung e a Ferenczi, datadas de janeiro e fevereiro de 1908, respectivamente (cf. Assoun, 2009, p. 1157). O encontro com a autobiografia de Schreber, ocorrido em 1910, é decisivo no aprofundamento dessas intuições preliminares.

Daniel Paul Schreber nasceu em 1842 e faleceu em 1911, no seio de uma tradicional família burguesa protestante alemã, que produziu juristas e médicos renomados. Seu pai, Daniel Gottlieb Moritz Schreber, era um reformador conhecido pela invenção de métodos educacionais drásticos, que visavam inventar um "homem novo", a fim de remediar a "decadência europeia". Fundada em aspirações de racionalização total do corpo e do espírito, sua pedagogia envolvia desde a ginástica até a ortopedia, e não escondia seu horizonte higienista. O irmão mais velho de Schreber cometeu suicídio em 1877.

A doença de Schreber teve início em 1884, quando fracassa em sua candidatura ao Parlamento [*Reichstag*], pelo Partido Liberal Nacional, com apoio dos conservadores. Nessa primeira fase da doença, é tratado pelo psiquiatra e neurologista Paul Flechsig, que mais tarde desempenharia um papel importante em seu delírio. Um segundo desencadeamento ocorre em 1893, quando é empossado presidente da Corte de Apelação de Dresden. Nessa internação, é acompanhado pelo

Dr. Weber. O sistema delirante em torno da "língua fundamental" constitui-se nessa altura. Após essa internação, Schreber é interditado e perde seus direitos civis. É nesse contexto que escreve, entre 1900 e 1902, suas famosas *Memórias de um doente de nervos*, que foi publicada um ano depois, em 1903, como parte essencial do esforço para recuperar seus direitos. Uma terceira crise ocorre em 1911, também desencadeada por ocasião de uma questão jurídica. Morre logo em seguida.

Freud só conheceu Schreber através de sua autobiografia, mais especificamente no verão de 1910, quando discute a história clínica com Ferenczi, durante a temporada de férias. A riqueza do texto schreberiano é tal que quase se pode escutar as vozes que atravessam a escrita. Diversas cartas trocadas com seus interlocutores entre 1910 e 1911 testemunham o entusiasmo de Freud com seu estudo, que incluiu o levantamento de documentos acerca da personalidade tirânica do pai de Schreber. Freud apresenta o caso em setembro de 1911, em Weimar, e publica seu estudo logo após o falecimento de Schreber. O *Post-scriptum* é publicado no ano seguinte, no início de 1912.

Desde o início do estudo, fica clara a diferença metodológica e política entre o discurso psiquiátrico e o método psicanalítico, o que se demonstra já no aspecto meramente descritivo do primeiro em oposição ao esforço de reconstrução detalhada da história clínica no segundo. Ao contrário do paradigma kraepeliano que objetivava a paranoia, Freud se dedica ao desdobramento paulatino dos mecanismos delirantes e das significações inconscientes da paranoia. Paul-Laurent Assoun (2009, p. 1161) destaca o "corpo a corpo textual entre o discurso paranoico autobiográfico e a escrita analítica do inconsciente".

Dada a situação absolutamente particular deste caso, em que dispomos não apenas da descrição do psicanalista, mas também da versão original escrita pelo próprio paciente, além de uma rica documentação de informações históricas acerca de sua família e sua vida, toda uma corrente crítica se estabeleceu. Já na década de 1950, começam a surgir estudos que confrontavam a escrita freudiana a esses dados, destacando-se as contribuições de Ida MacAlpine e de William Niederland. O caso Schreber pode ser lido também em sua dimensão política e social, como fizeram Elias Canetti e Eric Santner. Schreber também desempenha um importante papel nas análises que Gilles Deleuze e Félix Guattari propõem das relações entre capitalismo e esquizofrenia. Além disso, o caso tem sido revisitado à luz das teorias de gênero, enfatizando aspectos que extrapolam leituras familiaristas da vida psíquica.

Jacques Lacan dedicou o Seminário *As psicoses* ao caso, de onde extraiu seu modelo explicativo baseado na forclusão do Nome-do-pai. Freud demostrou que o delírio paranoico é uma tentativa de cura. Isso implica o reconhecimento de que há não apenas uma lógica no delírio, mas também um sujeito na psicose. Por sua vez, Lacan sugere que essa tentativa de cura não era uma experiência caótica de mero desmoronamento, mas um arranjo de diversos e heterogêneos fatores envolvidos na experiência psicótica, o que chamou inicialmente de "solução elegante".

REFERÊNCIAS

ASSOUN, P. L. *Dictionnaire des oeuvres psychanalytiques.* Paris: PUF, 2009.

FREUD, S. Manuscrito H (Paranoia). In: *Neurose, psicose, perversão.* Tradução de Maria Rita Salzano Moraes. Belo Horizonte: Autêntica, 2006. p. 15-21.

NOTAS

[1] No original alemão: "Denkwürdigkeiten eines Nervenkranken". (N.T.)

[2] *Reichstag* era a denominação do Parlamento da Alemanha entre 1871 e 1918. (N.T.)

[3] O termo *"Vorhof"* utilizado por Freud, aqui traduzido como "vestíbulo", também é empregado como uma das partes da vulva, a saber: *"Scheidenvorhof"* (vestíbulo da vulva ou da vagina). (N.T.)

[4] Em alemão, o termo usado por Freud no sentido de "bem-aventurança" é *"Seligkeit"*, sendo o adjetivo *"selig"*. (N.T.)

[5] A expressão francesa significa literalmente em português: "maldito seja quem nisso vê malícia". Observe-se que, ao contrário da forma empregada por Freud, a grafia correta da primeira palavra é *"honni"*. (N.T.)

[6] Trecho mantido com as palavras em alemão, preservando aqui a semelhança. Em tradução teríamos "*Santiago* ou *Cartago*, *Chinesismo* ou *Jesus Cristo*, *Crepúsculo* ou Falta de ar, *Arimã* ou *Ackermann*". Como se vê, aqui não importa o sentido de cada termo e sua tradução literal, mas o jogo de sons e principalmente de rimas nelas contido. (N.T.)

[7] Em alemão, há expressões com a palavra *"Gans"* (ganso), que, por si só, pode ser usada na acepção, normalmente pejorativa, de "jovem mulher inexperiente". Também há expressões idiomáticas com a palavra *"Gans"* combinada com adjetivos que reforçam a ideia pejorativa e que geralmente são empregadas como xingamento em relação a mulheres, como p. ex.: *"blöde, dumme Gans"* (tradução literal: "ganso bobo, estúpido"). Em português, esse tipo de expressão em geral recorre a outros animais, como burra, jumenta etc., embora a ideia de "cérebro de ave" seja mais associada à expressão "cérebro de galinha". (N.T.)

[8] Ópera *O franco-atirador*, da autoria de Carl Maria Weber, encenada pela primeira vez em 1821. (N.T.)

[9] Na língua alemã a palavra "Sol" [*die Sonne*] é do gênero gramatical feminino, ao passo que "Lua" [*der Mond*] seria uma palavra do gênero masculino. (N.R.)

[10] Em alemão, os versos de Schreber citados por Freud são estes: "*Und seine vorgeschriebne Reise/Vollendet er mit Donnergang*". Trata-se de uma paródia aos versos 245 e 246 do "Prólogo no Céu", terceiro e último texto introdutório à tragédia *Fausto*, de Johann Wolfgang von Goethe: "[...] *Und ihre vorgeschriebne Reise/Vollendet sie mit Donnergang* [...]". Em sua tradução brasileira, Jenny Klabin Segall (GOETHE, J. W. *Fausto: uma tragédia*. Primeira parte. São Paulo: Editora 34, 2004. p. 49) escreve: "[...] E seu percurso pré-traçado/Vence com majestoso passo [...]". Na presente tradução do texto de Freud, optou-se por uma tradução literal dos versos parodiados por Schreber, notadamente no tocante à palavra "*Donnergang*", pré-anunciada por Freud na frase anterior pelos termos "com as retumbantes palavras do 'Prólogo no Céu'" [em alemão: "*mit den tönenden Worten des 'Prologs im Himmel*'"]. Observe-se, ainda, que no original é o Sol, substantivo feminino em alemão, que realiza a viagem. Por isso, tanto o pronome possessivo (*ihre*) quanto o pronome pessoal (*sie*) contidos nos versos originais estão no gênero feminino. Na paródia de Schreber, ele os utiliza no masculino ("*seine*" e "*er*"), pois a referência passa a ser o pai [*Vater*], substantivo masculino em alemão. (N.T.)

[11] Se em português o termo corrente sempre foi e ainda é "narcisismo", seu correspondente morfológico em alemão, "Narzissismus", ao longo do tempo foi substituído por "Narzißmus", termo que consta nos consagrados dicionários de língua alemã Duden e Wahrig. Nesta tradução, o termo utilizado em português será "narcisismo". (N.T.)

[12] A citação desse fragmento de *Fausto* é feita a partir da tradução de Jenny Klabin Segall (GOETHE, J. W. *Fausto: uma tragédia*. Primeira parte. São Paulo: Editora 34, 2004. p. 163, versos 1607-1612 e 1617-1621). Ressalve-se, porém, que a tradução utiliza o termo "coro de gênios". Além disso, no último verso citado em alemão ["*In deinem Busen baue sie auf!*"], a palavra "*Busen*", na tradução brasileira, somente surge no verso seguinte: "Dê-lhe o peito acolhida". Nesta tradução do texto de Freud, optou-se por "coro de espíritos", para ser mantida a cadeia semântica estabelecida pelas referências ao texto do próprio Schreber, em que surgem palavras como "espíritos" e "médium vidente". (N.T.)

[13] 1912.

[14] O termo utilizado por Freud, "*Altertumswissenschaft*", significa literalmente "Ciência da Antiguidade". Segundo o dicionário *Duden* de língua alemã, esse termo significa "Ciência das culturas da Antiguidade" e engloba as noções de "arqueologia" e "culturas dos povos da Antiguidade Clássica". (N.T.)

DA HISTÓRIA DE UMA NEUROSE INFANTIL (CASO HOMEM DOS LOBOS) (1918)

I
NOTAS PRELIMINARES

O caso clínico que relatarei aqui[i] – mais uma vez apenas de modo fragmentário – caracteriza-se por um número de peculiaridades que precisam ser destacadas antes de sua exposição. Ele diz respeito a um rapaz que aos 18 anos ficou doente após uma infecção gonorreica e que se encontrava totalmente dependente e inapto para a vida quando, vários anos mais tarde, entrou em tratamento

---

[i] Esta história clínica foi escrita logo após a conclusão do tratamento, no inverno de 1914-1915, sob a impressão recente naquela época das reinterpretações que C. G. Jung e Alfred Adler pretendiam realizar dos resultados psicanalíticos. Portanto, ela está ligada ao ensaio "A história do movimento psicanalítico" (*Ges. Werke*, v. X), publicado no *Jahrbuch der Psychoanalyse*, v. VI, 1914, e complementa a polêmica essencialmente pessoal ali contida, mediante uma apreciação objetiva do material analítico. Originalmente, destinava-se ao volume seguinte do *Jahrbuch*, mas, como a publicação deste último, devido aos estorvos da Grande Guerra, foi postergada indefinidamente, decidi incluí-la nesta Coleção organizada por um novo editor. Não obstante, muito do que nela deveria ter sido discutido pela primeira vez eu já precisara abordar em minhas *Conferências introdutórias sobre a psicanálise*, proferidas em 1916-1917. O texto da primeira redação não sofreu alterações de grande importância; notas adicionais estão indicadas por meio de colchetes.

psicanalítico. A década de sua juventude anterior ao momento de seu adoecimento, ele a passara de forma praticamente normal, tendo cumprido os estudos secundários sem muito transtorno. Porém, seus primeiros anos haviam sido dominados por um grave distúrbio neurótico que começou um pouco antes de seu quarto aniversário como histeria de medo (fobia a animais), transformando-se, em seguida, em uma neurose obsessiva com conteúdo religioso, estendendo-se, com seus desdobramentos, até seu décimo ano de vida.

Apenas essa neurose infantil será objeto de minhas comunicações. Apesar da solicitação expressa do paciente, recusei escrever a história completa de seu adoecimento, tratamento e restabelecimento, porque reconheci que essa tarefa era tecnicamente inexequível e socialmente inadmissível. Assim, também fica eliminada a possibilidade de revelar o nexo entre sua doença infantil e sua doença posterior definitiva. Sobre esta, apenas posso indicar que, por sua causa, o paciente passou muito tempo em sanatórios alemães, e na época foi classificado pela mais competente autoridade como um caso de "insanidade maníaco-depressiva". Esse diagnóstico certamente se aplicava ao pai do paciente, cuja vida rica em atividades e interesses fora atribulada por repetidos ataques de grave depressão. No próprio filho, ao longo de vários anos de observação, não pude perceber nenhuma mudança de humor que, em intensidade e de acordo com as condições de seu surgimento, houvesse excedido a situação psíquica manifesta. Imaginei a hipótese de que esse caso, como muitos outros comprovados pela clínica psiquiátrica com diagnósticos variados e alternantes, deva ser entendido como uma sequela decorrente de uma neurose obsessiva que se extinguiu de forma espontânea e foi curada com falhas.

Minha descrição abordará, portanto, uma neurose infantil que não foi analisada durante a sua existência, mas somente 15 anos após seu término. Comparada à outra, essa situação tem suas vantagens e desvantagens. De antemão, a análise realizada diretamente na própria criança neurótica parecerá mais confiável, mas não logra ser muito rica em conteúdo; precisamos emprestar demasiadas palavras e pensamentos à criança, e mesmo assim talvez encontremos as camadas mais profundas impenetráveis para a consciência. A análise do adoecimento infantil por meio da lembrança no adulto intelectualmente maduro prescinde dessas restrições; levar-se-ão em conta, porém, a distorção e o ajuste a que é submetido o próprio passado, ao se fazer uma retrospectiva em um momento mais tardio da vida. O primeiro caso talvez forneça os resultados mais convincentes; o segundo é, de longe, o mais instrutivo.

Mas, seja como for, é lícito[1] afirmar que análises de neuroses infantis podem exigir um interesse teórico especialmente elevado. Elas contribuem para o correto entendimento das neuroses de adultos quase da mesma maneira como o fazem os sonhos infantis em relação aos sonhos dos adultos. Não que sejam mais fáceis de interpretar ou mais pobres de elementos; a dificuldade de afinizar-se com a vida anímica infantil torna-as uma parte muito árdua do trabalho do médico. Contudo, nelas estão ausentes tantas das sedimentações ulteriores que o essencial da neurose acaba por vir à tona de modo inconfundível. Sabe-se que a resistência aos resultados da psicanálise assumiu uma nova forma na atual fase da disputa pela psicanálise. Antes, contentavam-se em contestar a realidade dos fatos estabelecidos pela análise, e a melhor técnica de fazê-lo era evitar a verificação. Aos poucos, esse procedimento parece estar se esgotando; trilha-se agora o outro caminho de se reconhecerem os fatos, eliminando-se, contudo, as conclusões deles decorrentes mediante reinterpretações, de modo que, mais uma vez, evitaram-se as novidades chocantes. O estudo das neuroses infantis revela a completa inadequação dessas tentativas superficiais ou forçadas de reinterpretação. Ele mostra a participação extraordinária das tão negadas forças pulsionais libidinais na configuração da neurose e permite reconhecer a ausência de aspirações a metas culturais remotas, das quais a criança ainda nada sabe e que, por isso, nada lhe podem significar.

Outro aspecto para o qual a análise aqui comunicada recomenda atenção está relacionado à gravidade do adoecimento e à duração do seu tratamento. As análises que em breve espaço de tempo conduzem a um resultado satisfatório serão valiosas para a autoestima do terapeuta e demonstrarão o significado médico da psicanálise; no tocante ao fomento do saber científico, permanecem, na maioria das vezes, irrelevantes. Com elas, não se aprende nada de novo. Só tiveram sucesso tão rapidamente porque já se sabia tudo o que era necessário à sua resolução. Só se pode apreender algo novo partindo-se de análises que ofereçam dificuldades especiais, para cuja superação se demande muito tempo. Somente nesses casos se consegue descer às camadas mais profundas e mais primitivas do desenvolvimento psíquico e dali extrair as soluções para os problemas das configurações posteriores. Dizemos a nós mesmos então que, em rigor, somente a análise que tenha avançado tão longe merece esse nome. É claro que um caso isolado não ensina tudo o que se gostaria de saber. Para ser mais preciso, ele poderia ensinar tudo, se apenas fôssemos capazes de apreender tudo e não tivéssemos de nos contentar com pouco, pela inexperiência da própria percepção.

Em relação a essas dificuldades fecundas, o caso clínico a ser aqui descrito não deixou em nada a desejar. Os primeiros anos do tratamento quase não registraram mudanças. Uma feliz constelação de fatores permitiu, contudo, que todas as circunstâncias externas possibilitassem a continuação do ensaio terapêutico. Posso facilmente imaginar que, em circunstâncias menos favoráveis, o tratamento teria sido abandonado após algum tempo. Quanto à posição do médico, posso apenas afirmar que, nesse caso, ele precisa comportar-se de modo tão "atemporal" quanto o próprio inconsciente, caso queira apreender e alcançar algo. Realizá-lo-á, por fim, se lograr renunciar à ambição terapêutica tacanha. Em poucos outros casos, será legítimo esperar a mesma proporção de paciência, flexibilidade, compreensão e confiança requerida da parte do doente e de seus familiares. Mas o analista tem o direito de dizer a si mesmo que os resultados que ele obteve em um caso, em um trabalho tão prolongado, também ajudarão a encurtar substancialmente a duração do tratamento de uma próxima doença com a mesma gravidade, superando, assim, progressivamente, a atemporalidade do inconsciente, após ter se submetido a ela uma primeira vez.

O paciente de quem aqui me ocupo manteve-se muito tempo inatacavelmente entrincheirado em uma posição de dócil apatia. Escutava atentamente, entendia tudo e não deixava que nada se aproximasse dele. Sua impecável inteligência encontrava-se como que cortada das forças pulsionais que dominavam sua conduta nas poucas relações vitais que lhe haviam restado. Foi necessária uma longa instrução para movê-lo a assumir uma parte independente no trabalho, e quando, em consequência desse esforço, emergiram as primeiras libertações, ele suspendeu imediatamente o trabalho para evitar outras alterações e manter-se comodamente na situação estabelecida. Seu receio frente a uma existência autônoma era tão grande que compensava todos os desconfortos da condição de doente. Encontrou-se um único caminho para superá-lo. Precisei esperar até que a ligação à minha pessoa se tornasse suficientemente intensa para equilibrá-la, em seguida joguei esse fator contra o outro. Determinei, não sem me deixar guiar por bons indícios de oportunidade, que o tratamento teria de terminar em um determinado prazo, não importando até onde tivesse avançado. Eu estava decidido a cumprir esse prazo; por fim, o paciente acreditou na minha seriedade. Sob a pressão implacável do prazo estabelecido, sua resistência e sua fixação na condição de doente cederam, e a análise forneceu então, em um período desproporcionalmente curto, todo o material que tornou possível a resolução de suas inibições e a eliminação de seus sintomas. Desse último período do trabalho, em que a resistência desapareceu temporariamente e em que o doente passava a impressão de uma lucidez alcançável apenas pela hipnose, também provêm todos os esclarecimentos que me permitiram compreender a sua neurose infantil.

Foi assim que o transcurso desse tratamento ilustrou a proposição há muito tempo reconhecida pela técnica analítica de que a extensão do caminho a ser trilhado pela análise com o paciente e a abundância de material a ser dominado nesse caminho estão fora de questão em relação com a resistência encontrada durante o trabalho, e que só entram em questão na medida em que forem necessariamente proporcionais a ela. Trata-se do mesmo processo que ocorre quando agora um exército inimigo gasta semanas e meses para atravessar o trecho de uma região que, normalmente, em tempos de paz, seria percorrido por um trem expresso em poucas horas, e que, pouco tempo antes, havia sido transposto pelo exército local em alguns dias.

Uma terceira peculiaridade da análise aqui descrita apenas tornou mais difícil minha decisão em comunicá-la. *Grosso modo* seus resultados coincidiram satisfatoriamente com o nosso conhecimento atual ou ajustaram-se bem a ele. Entretanto, a mim mesmo alguns detalhes pareciam tão notáveis ou inverossímeis que hesitei em pedir a outros que acreditassem neles. Exortei o paciente a fazer a crítica mais severa de suas lembranças, mas ele nada encontrou de improvável em suas afirmações, atendo-se firmemente a elas. Que os leitores estejam ao menos convencidos de que eu mesmo apenas relato aquilo que se ofereceu a mim como experiência independente, não influenciada pela minha expectativa. Assim, só me restava recordar as sábias palavras: há mais coisas entre o Céu e a Terra do que sonha nossa filosofia.[2] Aquele que fosse capaz de eliminar mais radicalmente suas convicções prévias certamente conseguiria descobrir ainda mais coisas desse tipo.

II
PANORAMA DO AMBIENTE E DA HISTÓRIA CLÍNICA

Não posso escrever a história de meu paciente de forma puramente histórica ou puramente pragmática, não posso fornecer uma história do tratamento ou uma história clínica; em vez disso, vejo-me obrigado a combinar entre si ambos os modos de exposição. Como é sabido, não se encontrou nenhum caminho para de alguma maneira abrigar, no relato da análise, a convicção dela resultante. Registros protocolares exaustivos dos processos ao longo das sessões de análise certamente não contribuiriam em nada para esse fim; também se exclui sua confecção devido à técnica do tratamento. Portanto, essas análises não são publicadas para suscitar convicção naqueles que até agora exibiram uma conduta hostil e de descrença. Só se espera levar algo de novo àqueles investigadores que, pelas próprias experiências com doentes, já tenham adquirido convicções.

Vou começar retratando o mundo da criança e comunicando, da história de sua infância, aquilo que pude vir a conhecer sem esforço, e o que, por anos a fio, não se tornou mais completo nem mais transparente.

Pais que haviam se casado jovens levam ainda uma vida conjugal feliz, sobre a qual seus adoecimentos logo passam a lançar as primeiras sombras, as enfermidades abdominais da mãe e os primeiros acessos de alteração de humor do pai que culminaram em sua ausência de casa. O paciente, naturalmente, só viria a entender a doença do pai muito mais tarde; o estado doentio da mãe já lhe é conhecido nos primeiros anos da infância. Por esse motivo, ela se dedicava relativamente pouco às crianças. Um dia, seguramente antes do seu quarto ano de vida, enquanto a mãe o conduz pela mão, ele escuta os lamentos da mãe dirigidos ao médico que ela acompanha até a porta e grava as suas palavras para mais tarde utilizá-las para si mesmo. Não é filho único; antes dele vem uma irmã dois anos mais velha, cheia de vida, talentosa e precocemente maliciosa, que desempenharia um grande papel em sua vida.

Uma babá toma conta dele, até onde ele se lembra, uma mulher do povo, velha e iletrada, cheia de incansável carinho por ele. Para ela, o garoto era o sucedâneo de um filho seu que morrera precocemente. A família vive em uma propriedade rural que, no verão, é trocada por outra. A cidade grande não fica longe de ambas as propriedades. Uma ruptura ocorre em sua vida quando os pais vendem as propriedades e mudam-se para a cidade. Com frequência, parentes próximos hospedam-se por longas temporadas nesta ou naquela propriedade, irmãos do pai, irmãs da mãe e os respectivos filhos, os avós maternos. No verão, os pais costumam fazer uma viagem de algumas semanas. Uma lembrança encobridora mostra-lhe o momento em que ele, acompanhado da babá, segue com os olhos o carro que rapta o pai, a mãe e a irmã, e em seguida volta pacificamente para dentro de casa. Àquela época, ele devia ser muito pequeno.[i] No verão seguinte, deixaram a irmã em casa e contrataram uma governanta inglesa, a quem cabia a supervisão das crianças.

Em anos posteriores, contaram-lhe muitas histórias de sua infância.[ii] Muitas coisas, ele mesmo já as sabia, mas naturalmente sem contexto de tempo ou conteúdo. Uma dessas lendas, que devido a seu adoecimento ulterior fora repetida inúmeras vezes diante dele, apresenta-nos o problema de cuja solução nos ocuparemos. Em princípio ele deve ter sido uma criança muito meiga, dócil e normalmente calma, de tal modo que costumavam dizer que ele deveria ter sido a menina, e a irmã mais velha, o menino. Mas, certa vez, ao voltarem das férias de verão,

---

[i] Dois anos e meio. Posteriormente, quase todas as datas puderam ser determinadas com segurança.

[ii] Em geral, é lícito que comunicações desse tipo sejam aproveitadas como material de irrestrita confiabilidade. Por isso, seria natural que se preenchessem, com facilidade, as lacunas na memória do paciente mediante informações obtidas junto aos familiares mais idosos; só que eu desaconselho o uso dessa técnica com bastante determinação. Tudo o que os parentes contam, estimulados por perguntas e solicitações, está sujeito a todas as considerações críticas que se possam conceber. Em geral, lamenta-se que a criação de uma dependência dessas informações tenha provocado, nesse contexto, um prejuízo à confiança na análise e colocado uma instância acima dela. Tudo aquilo que em geral possa ser lembrado virá à tona ao longo da análise.

os pais encontraram-no transformado. O menino passara a ser descontente, irritável, violento, por qualquer motivo ficava ofendido, então se enfurecia e gritava como um selvagem, a ponto de os pais, vendo esse estado perdurar, manifestarem a preocupação de que, no futuro, não seria possível enviá-lo à escola. Era o verão em que estava presente a governanta inglesa, que se revelou uma pessoa insensata, intratável, inclusive afeita à bebida. Por esse motivo, a mãe inclinou-se a relacionar a alteração de caráter do garoto à influência dessa inglesa, supondo que ela o tivesse irritado com seu modo de tratá-lo. A arguta avó, que compartilhara o verão com os netos, sustentou a opinião de que a irritabilidade do garoto seria provocada pelas desavenças entre a governanta e a babá. A inglesa chamara repetidas vezes a babá de bruxa, obrigando-a a sair do aposento; o garoto tomara partido abertamente por sua querida "Nânia",[3] mostrando, assim, seu ódio à governanta. Seja como for, logo após o retorno dos pais, a inglesa foi demitida, sem que algo mudasse na maneira insuportável da criança.

A lembrança desse período ruim foi conservada pelo paciente. Ele acha que fez a primeira de suas cenas quando, certa vez, não ganhou dois presentes no Natal, ao contrário do que deveria ter sido, já que o dia de Natal era, ao mesmo tempo, o dia do seu aniversário. Com suas exigências e suscetibilidades, não poupava nem sequer sua querida Nânia; na verdade, talvez a atormentasse da maneira mais impiedosa. Mas, em suas lembranças, a fase de mudança de caráter está indissoluvelmente ligada a muitos outros fenômenos peculiares e doentios que ele não sabe pôr em ordem cronológica. Tudo isso que deverá ser relatado agora, que não pode ter acontecido de modo simultâneo e está cheio de contradições de conteúdo, ele joga em um mesmo e único intervalo de tempo, que exprime com as palavras "ainda na primeira propriedade". Ele acredita que teriam deixado essa propriedade quando ele estava com 5 anos. Dessa maneira, sabe contar que sofreu de um medo do qual sua irmã se aproveitava para atormentá-lo. Havia certo livro de imagens em que um lobo estava representado em posição ereta e avançando a passos largos. Quando lhe mostravam essa imagem, começava a gritar como se estivesse enfurecido, temendo que o lobo viesse devorá-lo. Todavia, a irmã sempre sabia dar um jeito de ele forçosamente ver a figura, deleitando-se com o pavor do menino. Entretanto, ele também sentia medo de outros animais, grandes e pequenos. Uma vez saiu caçando uma grande e bonita borboleta de asas com listras amarelas que terminavam em pontas,[4] para apanhá-la. (Era sem dúvida uma "borboleta rabo-de-andorinha".[5]) De repente foi tomado por um terrível medo do animal, desistindo da perseguição aos gritos. Também sentia medo e aversão diante de besouros e lagartas. Porém, conseguia lembrar-se de que naquela mesma época torturara besouros e retalhara lagartas; para ele, cavalos também eram criaturas infamiliares [*unheimliche*]. Gritava quando batiam em um cavalo, e uma vez, por esse motivo, precisou sair de um circo. Outras vezes, era ele mesmo quem gostava de bater em cavalos. Sua lembrança não permitiu decidir se esses tipos opostos de conduta em relação aos animais tiveram efetivamente uma vigência simultânea, ou se, em vez disso, não haviam sucedido um ao outro, e, nesse caso, em que sequência e quando ocorrera. Também não era capaz de dizer se seu período de malvadeza dera lugar a uma fase de doença, ou se prosseguiu ao longo desta última. Em todo caso, através das suas comunicações que serão relatadas a seguir, estávamos justificados em supor que ele passou, naqueles anos da infância, por um adoecimento bem reconhecível como neurose obsessiva. Contou que, durante todo um longo tempo, fora muito devoto. Antes de adormecer, precisava rezar um longo tempo e fazer uma série interminável de sinais da cruz. À noite, também costumava pegar uma cadeira, na qual subia para dar uma volta por todas as imagens de santos penduradas nas paredes do quarto, beijando cada uma com devoção. Esse cerimonial religioso combinava muito mal – ou talvez, por que não, muito bem – com o fato de ele se lembrar de pensamentos sacrílegos, que lhe vinham à cabeça como uma inspiração do demônio. Ele tinha de pensar: Deus-porco ou Deus-excremento. Alguma vez, durante uma viagem a um balneário alemão, foi atormentado pela compulsão de pensar na Santíssima Trindade, quando ele via pela rua três montinhos de estrume de cavalo ou de outro excremento. Àquela época também seguia um cerimonial singular, sempre que via pessoas que lhe causavam pena, como mendigos, aleijados,[6] anciães. Precisava então expirar ruidosamente, para evitar ficar do mesmo jeito que eles, e em outras determinadas situações também era preciso inspirar com força. Naturalmente, fazia sentido, para mim, supor que esses nítidos sintomas de neurose obsessiva pertenciam a um período e a uma fase de desenvolvimento um pouco mais tardios que os sinais de medo e as ações cruéis contra animais.

Os anos mais maduros do paciente foram determinados por uma relação muito desfavorável com seu pai, que, naquele tempo, após reiteradas crises de depressão, não conseguia esconder as facetas doentias de seu caráter. Nos primeiros anos da infância, essa relação fora muito carinhosa, como preservou a lembrança do filho. O pai o queria muito bem e gostava de brincar com ele. Desde pequeno, teve orgulho do pai e sempre dizia que queria se tornar um senhor como ele. A Nânia lhe dissera que a irmã era a filha da mãe, mas ele, o do pai, o que o deixava muito satisfeito. No final da infância, instalou-se um estranhamento entre ele e o pai. O pai preferia indubitavelmente a irmã, e ele ficou muito ofendido com isso. Mais tarde, o medo do pai foi se tornando dominante.

Por volta dos 8 anos, desapareceram todos os fenômenos que o paciente atribui à fase de vida iniciada com a ruindade. Não desapareceram de um só golpe, mas algumas vezes retornavam, terminando por ceder finalmente, como pensa o paciente, à influência dos professores e educadores que passaram então a ocupar o lugar das mulheres encarregadas de sua criação. Estes são, portanto, em um curtíssimo esboço, os enigmas cuja solução foi confiada à análise: de onde vinha a repentina mudança de caráter do garoto, o que significavam sua fobia e suas perversidades, como ele chegou à sua devoção compulsiva, e como se relacionam todos esses fenômenos? Lembro mais uma vez que nosso trabalho terapêutico dizia respeito a um adoecimento neurótico então recente, mas posterior, e que só era possível obter esclarecimentos para aqueles problemas anteriores se o transcurso da análise se afastasse do presente por algum tempo, a fim de nos forçar ao desvio através dos primórdios da infância.

III
A SEDUÇÃO E SUAS CONSEQUÊNCIAS IMEDIATAS

É compreensível que a suspeita imediata apontasse para a governanta inglesa, diante de cuja presença ocorreu a alteração no garoto. Em relação a ela, foram conservadas duas lembranças encobridoras em si incompreensíveis.

Uma vez, enquanto ela caminhava na frente, teria dito aos que a seguiam: Olhem só o meu rabinho!⁷ De outra feita, durante uma viagem, seu chapéu fora levado pelo vento, para a grande satisfação dos irmãos. Isso apontava ao complexo de castração, permitindo, talvez, a construção de que uma ameaça sua dirigida ao garoto teria contribuído muito para o seu comportamento anormal. Não há nenhum perigo em comunicar essas construções ao analisado, elas jamais causam danos à análise, se estiverem equivocadas, e é claro que não as formulamos se não tivermos a intenção de alcançar, por meio delas, uma aproximação qualquer com a realidade. Como efeito imediato dessa formulação, surgiram sonhos cuja interpretação não foi inteiramente bem-sucedida, mas que sempre pareciam jogar com o mesmo conteúdo. Até onde se podia entendê-los, tratava-se de ações agressivas do garoto contra a irmã ou contra a governanta, bem como de enérgicas repreensões e castigos por isso. Como se ele tivesse... após o banho... querido desnudar a irmã... arrancar-lhe as roupas... ou os véus... e coisas do gênero. Mas não se conseguiu obter um conteúdo seguro a partir da interpretação, e quando tivemos a impressão de que o mesmo material estava sendo trabalhado nesses sonhos de maneira sempre alternada, estava garantido o entendimento dessas supostas reminiscências. Só podia tratar-se de fantasias que um dia o sonhador, provavelmente nos anos da puberdade, havia criado sobre sua infância e que agora mais uma vez emergiam dessa forma tão difícil de ser reconhecida.

Seu entendimento surgiu de um só golpe, quando o paciente repentinamente se lembrou que a irmã, "quando ele ainda era muito pequeno, na primeira propriedade", o teria seduzido para práticas sexuais. Primeiramente veio a lembrança da irmã, no mesmo banheiro que as crianças compartilhavam, fazendo esta exigência: Vamos mostrar o bumbum um ao outro, e fez seguir a ação às palavras. Depois disso apresentou-se o mais essencial da sedução, com todos os detalhes de tempo e lugar. Foi na primavera, em uma ocasião em que o pai estava ausente; as crianças estavam brincando no chão de um cômodo, enquanto a mãe trabalhava no compartimento contíguo. A irmã agarrou o seu membro, brincou com ele, enquanto dizia coisas incompreensíveis sobre a Nânia, como uma explicação. Que a Nânia fazia essas mesmas coisas com todo mundo, por exemplo, com o jardineiro, que ela punha de ponta-cabeça e agarrava seus genitais.

Com isso, estava dada a compreensão das fantasias previamente supostas. Elas deviam apagar a lembrança de um processo que mais tarde a autoestima masculina do paciente considerou chocante, e atingiram essa meta colocando um oposto de desejo no lugar da verdade histórica. Segundo essas fantasias, não fora ele quem desempenhara o papel passivo perante a irmã; ao contrário, fora agressivo, quisera ver a irmã desnuda, fora repudiado e castigado, e por isso teve o ataque de raiva de que a tradição familiar tanto falava. Também era adequado enredar a governanta nessa ficção, tendo em vista que a mãe e a avó lhe atribuíam a culpa principal pelos seus acessos de raiva. Portanto, essas fantasias correspondiam exatamente à formação de uma lenda através da qual uma nação, que mais tarde se torna grande e soberba, procura esconder a pequenez e a desventura de seus primórdios.

Na realidade, a governanta só podia ter uma participação muito remota na sedução e suas consequências. As cenas com a irmã aconteceram na primavera do mesmo ano, em cujos meses de pleno verão a inglesa entrou como substituta dos pais. A hostilidade do menino com a governanta deu-se, muito mais, de outro modo. Ao insultar a babá e difamá-la, chamando-a de bruxa, a governanta seguia, em relação a ele, os passos da irmã, que primeiramente contara aquelas coisas terríveis sobre a babá, e assim lhe permitia que trouxesse à luz, contra ela própria, a aversão que, como veremos mais tarde, desenvolvera-se contra a irmã em consequência da sedução.

Contudo, é certo que a sedução por parte da irmã não foi nenhuma fantasia. Sua credibilidade foi aumentada por uma comunicação jamais esquecida obtida em anos posteriores, já na maturidade. Um primo, uma década mais velho que ele, disse-lhe, em uma conversa sobre a irmã, que lembrava muito bem como ela havia sido uma coisinha atrevida e sensual. Com a idade de 4 ou 5 anos, uma vez ela teria sentado no seu colo e aberto a sua calça para agarrar seu membro.

Gostaria agora de interromper a história da infância de meu paciente para falar dessa irmã, de seu desenvolvimento, de seus destinos posteriores e de sua influência sobre ele. Era dois anos mais velha que ele e sempre permanecera à sua frente. Quando criança, fora indomável como um menino, mais tarde iniciou um brilhante desenvolvimento intelectual; destacava-se por uma inteligência aguda e realista, em seus estudos preferia as ciências naturais, mas também produzia poemas que o pai apreciava muito. Era intelectualmente muito superior a seus inúmeros primeiros pretendentes, costumava escarnecer deles. Porém, nos primeiros anos da casa dos 20, começou a sofrer alterações de humor, queixava-se de não ser suficientemente bonita e acabou retirando-se de todo convívio social. Enviada a uma viagem na companhia de uma senhora amiga mais idosa, contou, ao retornar, coisas totalmente inverossímeis, sobre como fora maltratada por sua acompanhante, mas, ao que tudo indica, passou a ter uma fixação na suposta torturadora. Em uma segunda viagem, logo em seguida, envenenou-se e morreu longe de casa. Provavelmente, sua afecção correspondia ao início de uma *dementia praecox*.[8] Era uma das testemunhas da considerável herança neuropática na família, mas, de forma nenhuma, a única. Um tio, irmão do pai, morreu depois de longos anos de existência excêntrica, com sinais que permitem concluir uma grave neurose obsessiva; um bom número de parentes colaterais estava e está afetado por perturbações nervosas mais leves.

Para nosso paciente, a irmã era na infância – excetuando-se no momento a sedução – uma concorrente incômoda pelo prestígio junto aos pais, e ele sentia como opressiva a superioridade cruelmente ostentada por ela. À irmã, ele invejava particularmente o respeito que o pai testemunhava diante das capacidades de seu espírito e de suas habilidades intelectuais, enquanto ele próprio, intelectualmente inibido desde sua neurose obsessiva, precisava contentar-se com uma avaliação medíocre. A partir dos seus 14 anos de idade, a relação entre os irmãos começou a melhorar; uma disposição intelectual semelhante e uma oposição conjunta aos pais uniram-nos a tal ponto que passaram a conviver como os melhores companheiros. Na tempestuosa excitação sexual de sua puberdade, ele ousou buscar uma aproximação corporal íntima junto a ela. Quando ela, com igual determinação e habilidade, o repelira, ele voltou-se imediatamente dela para uma garota camponesa que trabalhava na casa e tinha o mesmo nome da irmã. Assim consumava um passo decisivo para a sua escolha heterossexual de objeto, pois todas as moças por quem mais tarde veio a se apaixonar, amiúde sob os claros indícios de obsessão, eram igualmente serviçais cuja instrução e inteligência precisavam ser bem inferiores à sua. Se todos esses objetos de amor eram substitutos da irmã que lhe foi negada, então não é possível refutar que, nesse contexto, uma tendência a degradar a irmã, a eliminar sua superioridade intelectual, que outrora tanto o oprimira, tenha obtido o poder de decisão sobre sua escolha do objeto.

Segundo Alfred Adler, a conduta sexual do ser humano, como tudo o mais, estaria subordinada a motivos desse tipo oriundas da vontade de poder, da pulsão de autoafirmação do indivíduo. Sem jamais negar a validade desses motivos de poder e privilégio, nunca estive convicto de que podem desempenhar o papel dominante e exclusivo a elas atribuído. Se eu não tivesse conduzido a análise de meu paciente até o final, eu então teria precisado tomar a observação deste caso como ocasião para fazer uma correção de meu julgamento no sentido de Adler. Inesperadamente, a conclusão desta análise trouxe novo material que voltou a mostrar que esses motivos de poder (em nosso caso, a tendência à degradação) haviam determinado a escolha do objeto apenas no sentido de uma contribuição e de uma racionalização, ao passo que a verdadeira determinação, mais profunda, permitir-me-á insistir em minhas convicções.[i]

Quando chegou a notícia da morte da irmã, contou-me o paciente, ele mal sentiu um indício de dor. Compeliu-se a esboçar sinais de luto e, com toda a frieza, pôde alegrar-se de agora ter se tornado o único herdeiro dos bens. Quando isso aconteceu, ele já se encontrava afetado por sua recente doença. Não obstante, confesso que essa comunicação me deixou inseguro na análise

---

[i] V. adiante, p. 733.

diagnóstica do caso durante todo um período. Cabia supor, certamente, que a dor da perda do membro mais amado de sua família sofreria uma inibição em sua expressão através do ciúme persistente alimentado contra ela e da intromissão da paixão incestuosa tornada inconsciente, mas eu não conseguia renunciar a um substituto para a irrupção de dor que não aconteceu. Por fim, um substituto foi encontrado em outra manifestação de sentimentos que lhe permanecera incompreensível. Poucos meses após a morte da irmã, ele próprio fez uma viagem à região onde ela falecera e lá procurou o túmulo de um grande poeta, que àquela época era seu ideal, derramando lágrimas ardentes sobre a sepultura. Essa foi uma reação que causou estranheza também a ele mesmo, pois ele sabia que já haviam transcorrido mais de duas gerações desde a morte do venerado poeta. Ele só a compreendeu ao lembrar que o pai costumava comparar os poemas da falecida irmã com os do grande poeta. Outra pista relativa à correta intepretação dessa homenagem aparentemente endereçada ao poeta fora-me fornecida por ele, em seu relato, mediante um erro que eu pude extrair nesse ponto. Antes, ele havia indicado repetidas vezes que a irmã teria se dado um tiro, e depois precisou retificar que ela tomara veneno. O poeta, no entanto, fora morto em um duelo de pistolas.

Retomo agora a história do irmão, mas a qual, a partir deste trecho, tenho de expor, em certa medida, de forma pragmática. Revelou-se que a idade do garoto, no momento em que a irmã iniciou seus atos de sedução, era de 3 anos e 3 meses. Como já adiantamos, o fato ocorreu na primavera do mesmo ano em que os pais, durante o outono subsequente, o encontraram tão radicalmente transformado. É bastante plausível associar essa mudança com o despertar de sua atividade sexual ocorrida nesse ínterim.

Como o garoto reagia às seduções da irmã mais velha? A resposta é: com repúdio, mas o repúdio concernia à pessoa, não à coisa. Como objeto sexual, a irmã não lhe era apropriada, provavelmente porque sua relação com ela já estava determinada em sentido hostil pela concorrência pelo amor dos pais. Ele a evitava, e os galanteios desta também logo tiveram fim. Porém, em vez dela, ele procurou conquistar outra pessoa mais amada, e comunicações da própria irmã, que se referira ao modelo da Nânia, orientaram a sua escolha para esta. Passou então a brincar com seu membro diante da Nânia, o que, como ocorre em muitos outros casos em que as crianças não escondem o onanismo, precisa ser entendido como tentativa de sedução. A Nânia o decepcionou, fazia uma cara séria e explicava que aquilo não era bom. Crianças que fizessem isso ficariam com uma "ferida" no local.

O efeito dessa comunicação, que equivaleu a uma ameaça, deve ser acompanhado em vários ângulos. Sua dependência da Nânia foi consequentemente afrouxada. Ele poderia ter ficado bravo com ela; mais tarde, quando seus acessos de raiva começaram, também ficou claro que ele realmente estava irritado com ela. Entretanto, era uma característica sua primeiramente defender com obstinação, contra algo novo, toda e qualquer posição libidinal que ele devesse abandonar. Quando a governanta entrou em cena, pondo-se a insultar a Nânia, expulsando-a do cômodo, querendo aniquilar sua autoridade, ele, ao contrário, exacerbou seu amor pela ameaçada e assumiu um comportamento de repúdio e desafio em relação à agressiva governanta. Apesar disso, começou a buscar em segredo outro objeto sexual. A sedução havia lhe dado a meta sexual passiva de ser tocado nos genitais; saberemos com quem ele pretendia alcançá-la, e que caminhos o conduziram a essa escolha.

Corresponde inteiramente às nossas expectativas saber que com suas primeiras excitações genitais iniciou-se a sua investigação sexual, e que, logo a seguir, ele viu-se confrontado com o problema da castração. Nesse período, ele pôde observar duas meninas, sua irmã e uma amiga dela, enquanto urinavam. Diante dessa visão, sua perspicácia já poderia tê-lo feito entender do que se tratava, só que, naquela situação, ele comportou-se como bem sabemos que o fazem outros meninos. Rechaçou a ideia de ver ali confirmada a ferida mencionada pela Nânia em sua ameaça e explicou para si mesmo que aquilo seria "o bumbum da frente" das meninas. Mas essa decisão não liquidava o tema da castração; de tudo o que ouvia, extraía novas alusões a isso. Uma vez, quando as crianças ganharam umas bengalas coloridas de açúcar,[9] a governanta, que era inclinada a fantasias torpes, explicou que seriam pedaços de cobras retalhadas. A partir disso ele se lembrou de que certa vez o pai, durante um passeio, encontrara uma cobra e a cortou em pedaços com sua bengala. Escutou a leitura da história (extraída de "Reineke, a raposa"[10]) em que o lobo queria pegar peixes no inverno, e, ao usar o rabo[11] como isca, este partiu-se no gelo. Aprendeu os diferentes nomes com que se designam os cavalos conforme o caráter intacto de seu sexo.[12] Portanto, ele estava ocupado com o pensamento da castração, mas ainda não tinha nenhuma crença e nenhum medo em relação a isso. Outros problemas de ordem sexual surgiram-lhe através das histórias infantis que ele conheceu àquela época. Em "Chapeuzinho Vermelho" e em "Os sete cabritinhos", as crianças eram resgatadas da barriga do lobo. O lobo então era um ser feminino, ou homens também podiam carregar filhos no ventre? Naquele tempo, isso ainda não estava decidido. Além disso, na época dessa investigação, ele ainda não conhecia nenhum medo do lobo.

Uma das comunicações do paciente nos trilhará o caminho para o entendimento da alteração de caráter que lhe aconteceu durante a ausência dos pais, em uma conexão mais remota com a sedução. Ele conta ter abandonado a masturbação logo após a rejeição e a ameaça da Nânia. *Portanto, a vida sexual que começou sob a regência da zona genital sucumbiu a uma inibição externa e, influenciada por esta, foi remetida a uma fase anterior de organização pré-genital.* Em consequência da repressão [*Unterdrückung*] do onanismo, a vida sexual do garoto assumiu um caráter sádico-anal. Ele tornou-se irritadiço, atormentador, satisfazendo-se,[13] dessa maneira, com animais e pessoas. Seu objeto principal era a querida Nânia, que ele sabia martirizar até ela irromper em lágrimas. Assim ele se vingava dela pela rejeição sofrida e, ao mesmo tempo, satisfazia seu apetite sexual na forma correspondente à fase regressiva. Ele começou a praticar crueldades contra animais pequenos, a caçar moscas para lhes arrancar as asas, a pisotear besouros; em sua fantasia, adorava também bater em animais de grande porte, tais como cavalos. Eram, pois, exercícios inteiramente ativos, sádicos; em um contexto posterior falaremos sobre as moções anais dessa época.

É muito precioso que na lembrança do paciente também emergissem fantasias simultâneas de natureza totalmente diversa, em cujo conteúdo garotos eram castigados e espancados, espancados principalmente no pênis; a quem esses objetos anônimos serviam de bodes expiatórios,[14] pode-se facilmente adivinhar, através de outras fantasias, que representavam o herdeiro do trono sendo preso num espaço estreito e espancado. O herdeiro do trono era evidentemente ele próprio; portanto, o sadismo voltara-se contra a própria pessoa na fantasia, e foi invertido em masoquismo. O detalhe de o próprio membro sexual receber o castigo admite concluirmos que, nessa transformação, já havia a participação de uma consciência de culpa em relação ao onanismo.

Na análise, não restou dúvida de que essas aspirações passivas haviam surgido concomitantemente com as tendências ativo-sádicas ou logo após estas.[i] Isso corresponde à *ambivalência* do doente, caracterizada por uma nitidez, uma intensidade e uma persistência incomuns, que aqui se manifestou pela primeira vez na formação homogênea dos pares de pulsões parciais opostas. Mesmo no que se seguiu, esse comportamento permaneceu tão característico para ele quanto o outro traço de que, na verdade, nenhuma das posições já instituídas da libido era eliminada completamente por uma posterior. Ao contrário, ela continuava a existir com todas as outras, permitindo-lhe uma oscilação constante que se revelou inconciliável com a aquisição de um caráter fixo.

As aspirações masoquistas do garoto conduzem a outro ponto que me poupei de mencionar, porque só poderá ser assegurado através da análise da fase seguinte do seu desenvolvimento. Já mencionei que, após ser rejeitado pela Nânia, desatrelou dela sua expectativa libidinosa, passando a ter em vista, como objeto sexual, outra pessoa. Essa pessoa era o pai, que estava ausente naquela época. Com certeza, foi levado a essa escolha por uma confluência de fatores, inclusive fortuitos, como a

---

[i] Entendo por aspirações passivas aquelas com meta sexual passiva, mas, neste caso, certamente não tenho em vista uma transformação pulsional, mas apenas uma transformação de meta.

lembrança do despedaçamento da cobra; mas com isso ele sobretudo renovava a sua primeira e mais primordial escolha de objeto que, correspondendo ao narcisismo da criança pequena, havia se consumado pela via da identificação. Já ouvimos que o pai tinha sido seu modelo admirado e que, quando perguntado sobre o que queria ser um dia, costumava responder: um senhor como o pai. Esse objeto de identificação de sua corrente ativa tornava-se agora o objeto sexual de uma corrente passiva na fase sádico-anal. Isso causa a impressão de que a sedução da irmã o teria impelido para o papel passivo, dando-lhe uma meta sexual passiva. Agora, sob o efeito continuado dessa experiência, ele descrevia o caminho que levava desde a irmã, passando pela Nânia, até chegar ao pai, da posição passiva em relação à mulher[15] até a posição passiva em relação ao homem, e assim acabou encontrando a conexão com sua primeira fase de desenvolvimento espontâneo. Agora o pai voltava a ser seu objeto, e a identificação foi substituída pela escolha de objeto, de acordo com o desenvolvimento mais elevado; a transformação da posição ativa em passiva era o resultado e o indício da sedução ocorrida naquele meio-tempo. É claro que não teria sido tão facilmente praticável assumir uma posição ativa em relação ao pai hiperpoderoso durante a fase sádica. Quando o pai retornou, no final do verão ou no outono, seus acessos de fúria e suas cenas de alvoroço passaram a ter um novo uso. Em relação à Nânia, eles haviam servido a propósitos ativo-sádicos; em relação ao pai, perseguiam intenções masoquistas. Ao exibir sua malvadeza, ele queria forçar o pai a castigá-lo e espancá-lo, recebendo dele, dessa forma, a satisfação sexual masoquista desejada. Portanto, seus ataques de gritos eram francamente tentativas de sedução. De acordo com a motivação do masoquismo, através desse tipo de castigo, ele também teria encontrado a satisfação para seu sentimento de culpa. Ele guardou uma lembrança de como, durante uma dessas cenas de malvadeza, ele vai aumentando o berreiro, à medida que o pai se aproxima. Mas o pai não o espanca e, em vez disso, procura acalmá-lo, brincando, diante dele, com as almofadas da caminha, como se fora um jogo de bola.

Em vista da inexplicável malvadeza da criança, não sei com que frequência os pais e os educadores teriam ocasião de lembrar uma situação típica como essa. Comportando-se assim, de modo tão indomável, a criança faz uma confissão e quer provocar uma punição. No castigo, ela busca, ao mesmo tempo, acalmar sua consciência de culpa e satisfazer sua aspiração sexual masoquista.

Devemos a clarificação ulterior de nosso caso clínico, todavia, a uma lembrança surgida com grande precisão, segundo a qual todos os sintomas de medo só se apresentaram como sinais da mudança de caráter a partir de um determinado episódio. Antes disso, ele não teria tido medo nenhum, e imediatamente após esse determinado episódio o medo teria passado a se manifestar de forma atormentadora. É possível indicarmos com segurança o momento dessa mudança: foi um pouco antes de seu quarto aniversário. Graças a esse ponto de referência, o período da infância com o qual gostaríamos de nos ocupar divide-se em duas fases: a primeira, caracterizada pela malvadeza e pela perversidade, compreendida entre a sedução aos 3 anos e 3 meses até o quarto aniversário, e a subsequente, mais longa, em que predominam os sinais da neurose. Porém, o acontecimento que permite essa separação não foi nenhum trauma externo, mas um sonho, do qual ele acordou com medo.

IV
O SONHO E A CENA PRIMORDIAL

Devido a seu teor vinculado a materiais oriundos de contos de fadas, já publiquei este sonho em outro lugar,[i] e primeiramente repetirei o que lá já foi comunicado:

"*Sonhei que é noite, e estou deitado em minha cama, (minha cama ficava com os pés voltados para a janela, diante da janela havia uma fileira de velhas nogueiras. Sei que era inverno quando sonhei e que era de noite). De repente, a janela abre-se sozinha e vejo com grande pavor que, na grande nogueira defronte à janela, estão sentados alguns lobos brancos. Eram seis ou sete. Os lobos eram totalmente brancos e pareciam mais com raposas ou cães pastores,[16] pois tinham grandes rabos como raposas, e suas orelhas estavam em pé como as de cães quando estão de guarda. Com grande medo, evidentemente, de ser devorado pelos lobos, dei um grito e acordei. Minha babá correu até minha cama para verificar o que acontecera comigo. Levou um bom tempo até eu me convencer de que fora apenas um sonho, de tão natural e nítida que me parecera a imagem, a maneira como a janela se abre e como os lobos estão sentados na árvore. Por fim me acalmei, sentia-me como se tivesse escapado de um perigo e voltei a adormecer.*

"A única ação no sonho foi a janela abrindo-se, pois os lobos estavam sentados bem quietos, sem nenhum movimento, sobre os galhos da árvore, à direita e à esquerda do tronco, e me fitavam. Era como se estivessem dirigindo toda sua atenção para mim. – Acho que este foi meu primeiro sonho de angústia[17] [*Angsttraum*]. Àquela época, eu estava com 3, 4, no máximo 5 anos de idade. Desde

---

[i] Materiais de contos de fadas em sonhos. *Internationale Zeitschrift für Ärztliche Psychoanalyse* [Revista Internacional de Psicanálise Médica], v. I, 1913. (v. X desta edição das *Ges. Werke*.)

então, até meus 11 ou 12 anos, sempre tive medo de ver alguma coisa horrível em sonhos."

Ele ainda entrega um desenho da árvore com os lobos, que confirma sua descrição. A análise do sonho traz à luz o material que segue.

Ele sempre colocou esse sonho em relação com a lembrança de que, naqueles anos da infância, mostrava um medo terrível da imagem de um lobo em um livro de contos de fadas. A irmã mais velha, bem superior a ele, costumava provocá-lo, segurando diante dele, sob um pretexto qualquer, justamente essa imagem, ao que ele começava a gritar apavorado. Nessa imagem, o lobo estava em posição ereta, com uma perna[18] estendida, as garras estiradas e as orelhas em pé. Segundo ele, essa imagem seria uma ilustração do conto de fadas "Chapeuzinho Vermelho".

Por que os lobos são brancos? Isso o faz lembrar-se das ovelhas, pois grandes rebanhos ovinos eram criados perto da propriedade. Ocasionalmente, o pai levava-o para visitar esses rebanhos, e todas as vezes ele ficava muito orgulhoso e feliz. Mais tarde – segundo informações coletadas, isso ocorreu muito provavelmente antes do período desse sonho –, irrompeu uma peste entre as ovelhas. O pai mandou chamar um discípulo de Pasteur, que vacinou os animais, mas após a vacinação eles morreram em quantidades ainda maiores que antes.

Como os lobos sobem na árvore? A esse respeito, ocorre-lhe uma história que escutara seu avô contar. Não consegue se lembrar se fora antes ou depois do sonho, mas seu conteúdo aponta, decididamente, para a primeira opção. Eis a história: um alfaiate está trabalhando em seu quarto, quando a janela se abre, e um lobo pula para dentro. O alfaiate bate nele com a vara de medida – não, corrige-se, agarra o animal pelo rabo, arrancando-o, e o lobo foge, às pressas, apavorado. Passado algum tempo, o alfaiate entra na floresta e de repente vê aproximar-se um bando de lobos, dos quais foge subindo numa árvore. Primeiramente, os lobos ficam perplexos, mas o mutilado, que se encontra entre eles e quer vingar-se do alfaiate, sugere que subam um no outro, até o último alcançar o alfaiate. Ele próprio – é um velho lobo vigoroso – quer compor a base dessa pirâmide. Os lobos assim o fazem, mas o alfaiate acaba reconhecendo o visitante que castigara e subitamente grita as mesmas palavras de antes: peguem o cinza pelo rabo. Diante dessa lembrança, o lobo sem rabo toma um susto, sai correndo, e os outros todos caem aos trambolhões.

Nesse conto encontra-se a árvore na qual estão sentados os lobos no sonho. Mas ele contém igualmente uma inequívoca conexão com o complexo de castração. O *velho* lobo teve o rabo cortado pelo alfaiate. Os rabos de raposa dos lobos presentes no sonho certamente são compensações por essa ausência de rabo.

Por que são seis ou sete lobos? Parecia não haver resposta para essa pergunta, até eu lançar a dúvida sobre se a sua imagem angustiante poderia estar relacionada ao conto de fadas "Chapeuzinho Vermelho". Esse conto só dá ocasião para duas ilustrações: o encontro casual de "Chapeuzinho Vermelho" com o lobo na floresta e a cena em que o lobo está deitado na cama usando a touca da avó. Portanto, outro conto de fadas tinha de estar escondido por trás da lembrança dessa imagem. Ele logo descobriu que só poderia ser a história "O lobo e os sete cabritinhos". Nela se encontra o número sete, mas também o seis, pois o lobo somente devora seis cabritinhos, o sétimo se esconde na caixa do relógio.[19] A cor branca também aparece nessa história, pois o lobo faz o padeiro embranquecer sua pata, depois de os cabritinhos o terem reconhecido, na primeira visita, pela pata cinzenta. Ambos os contos têm muito em comum. Nos dois, há o devorar, o cortar da barriga, o retirar as pessoas devoradas, sua substituição por pedras pesadas, e, por fim, em ambas, o lobo mau morre. Ainda no conto dos cabritinhos também aparece a árvore. Após o repasto, o lobo se deita debaixo de uma árvore e põe-se a roncar.

Em outro momento, ainda terei de me ocupar desse sonho por causa de uma circunstância especial, para interpretá-lo e apreciá-lo mais a fundo. Trata-se, na verdade, de um primeiro sonho de angústia lembrado da infância, cujo conteúdo, relacionado a outros sonhos imediatamente subsequentes e a certas ocorrências na infância do sonhador, desperta um interesse muito especial. Restringimo-nos, aqui, à relação do sonho com dois contos de fadas que têm muito em comum, "Chapeuzinho Vermelho" e "O lobo e os sete cabritinhos". A impressão que esses contos produziram no sonhador-criança manifestou-se através de uma verdadeira fobia a animais, que só se distinguia de outros casos semelhantes porque o animal angustiante não era um objeto facilmente acessível à percepção (como p. ex.

cavalo e cão), mas apenas conhecido a partir de relato e livro ilustrado.

Em outra ocasião, exporei a explicação que há para essas fobias a animais e o significado que lhes cabe. Antecipando-me, apenas observo que essa explicação muito se afina com o caráter principal que a neurose do sonhador permitiu reconhecer em períodos posteriores de sua vida. O medo [Angst] do pai fora o motivo mais intenso de seu adoecimento, e a posição ambivalente em relação a todo e qualquer substituto paterno dominava a sua vida, bem como a sua conduta no tratamento.

Se o lobo, em meu paciente, foi apenas o primeiro substituto do pai, então cabe indagar se os contos do lobo que devora os cabritinhos e da Chapeuzinho Vermelho têm outro conteúdo secreto que não seja o medo infantil do pai.[i] Além disso, o pai de meu paciente tinha a peculiaridade de "*repreender carinhosamente*", que tantas pessoas apresentam ao lidarem com seus filhos, e aquela ameaça brincalhona "vou te devorar" pode ter sido expressa mais de uma vez nos primeiros anos, quando o pai costumava brincar com o filhinho e mimá-lo. Uma de minhas pacientes contou-me que seus dois filhos[20] nunca conseguiram gostar do avô, porque ele, em suas brincadeiras carinhosas, costumava assustá-los dizendo que lhes cortaria a barriga.

Agora deixemos de lado tudo aquilo que antecipa o aproveitamento do sonho neste ensaio e retornemos à sua interpretação imediata. Quero observar que essa interpretação foi uma tarefa cuja solução estendeu-se por

---

[i] Comparar a semelhança dessas duas histórias infantis com o mito de Cronos, fato destacado por O. Rank (*Völkerpsychologische Parallelen zu den infantilen Sexualtheorien* [Paralelos sobre as teorias sexuais infantis à luz da psicologia dos povos]). *Zentralblatt f. Psychoanalyse* [Folha Central de Psicanálise], v. II, 8).

vários anos. O paciente comunicou o sonho muito no início e logo aceitou a minha convicção de que por trás dele escondia-se a causação de sua neurose infantil. Ao longo do tratamento, sempre voltávamos ao sonho, mas só foi nos últimos meses da terapia que logramos entendê-lo por completo, e isso ocorreu, na verdade, graças ao trabalho espontâneo do paciente. Ele sempre havia enfatizado que dois fatores do sonho lhe teriam causado a maior impressão, em primeiro lugar, a completa tranquilidade e imobilidade dos lobos e, em segundo, a atenção tensa com que todos olhavam para ele. Também considerava notável aquela duradoura sensação de realidade com que terminava o sonho.

Queremos tratar deste último. A partir das experiências na Interpretação do sonho, sabemos que a essa sensação de realidade é atribuído um determinado significado. Ela nos assegura de que algo no material latente do sonho reivindica realidade na lembrança, portanto, que o sonho se refere a um evento que realmente ocorreu e que não foi meramente fantasiado. Naturalmente, pode apenas tratar-se da realidade de algo desconhecido; a convicção, por exemplo, de que o avô realmente contara a história do alfaiate e do lobo ou de que ele ouvira a leitura das histórias da Chapeuzinho Vermelho e dos sete cabritinhos nunca poderia ser substituída pela duradoura sensação de realidade que o sonho deixara atrás de si. O sonho parecia apontar para um evento cuja realidade é bastante enfatizada em oposição à irrealidade dos contos de fadas.

Se cabia supor, por trás do conteúdo do sonho, uma cena desconhecida como essa, isto é, já esquecida no momento do sonho, então ela tinha de ter acontecido muito prematuramente. Pois o próprio sonhador afirmava: quando tive o sonho, eu estava com 3, 4, no máximo 5 anos de idade. Podemos acrescentar: e o sonho lembrou-me algo que devia pertencer a uma época ainda mais anterior.

Aquilo que o sonhador destacara do conteúdo manifesto do sonho, os fatores do olhar atento e da imobilidade, devia conduzir ao conteúdo daquela cena. Naturalmente esperamos que esse material reproduza o material desconhecido da cena com alguma desfiguração, talvez até com uma desfiguração que leve à oposição.

Da matéria-prima resultante da primeira análise com o paciente podiam-se igualmente tirar várias conclusões que deviam ser integradas ao contexto buscado. Por trás da menção à criação de ovelhas, deviam ser buscadas as provas da sua investigação sexual, cujos interesses ele conseguia satisfazer em suas visitas com o pai, mas aí também deviam estar presentes alusões ao medo da morte, pois a maioria das ovelhas morreu devido à epidemia. O que era mais prioritário no sonho, os lobos na árvore, conduzia diretamente à história contada pelo avô, na qual não podia haver nada mais fascinante e estimulante para o sonho do que sua ligação ao tema da castração.

Ademais, concluíramos, com base na primeira análise incompleta do sonho, que o lobo seria um substituto paterno, de modo que esse primeiro sonho de angústia teria trazido à baila aquele medo do pai que doravante deveria dominar a sua vida. Entretanto, essa conclusão ainda não era obrigatória. No entanto, se compilarmos como resultado da análise provisória, aquilo que se obtém a partir do material fornecido pelo sonhador, vemo-nos, então, diante dos seguintes fragmentos para reconstrução:

Um evento real – de tempo muito antigo – olhar – imobilidade – problemas sexuais – castração – o pai – algo terrível.

Um dia o paciente resolveu continuar a interpretação do sonho. Segundo ele, o trecho do sonho em que se diz:

de repente, a janela abre-se sozinha não fica totalmente esclarecido pela relação com a janela à qual o alfaiate está sentado, e por onde o lobo entra no quarto. Tem de ter o seguinte significado: os olhos de repente se abrem. Ou seja, estou dormindo e subitamente desperto, nesse contexto vejo algo: a árvore com os lobos. Contra isso, não havia nenhuma objeção a fazer, mas podia ser mais explorado. Ele estava desperto e lhe foi dado algo para ver. O olhar atento, que no sonho é atribuído aos lobos, deve ser muito mais deslocado para ele. Em um ponto decisivo ocorrera uma reversão, que, além disso, anuncia-se mediante outra reversão no conteúdo manifesto do sonho. Na verdade, também era uma reversão o fato de os lobos, no sonho, estarem sentados na árvore, quando, na história contada pelo avô, encontravam-se em baixo e não conseguiam subir na árvore.

E se, agora, o outro fator enfatizado pelo sonhador também estivesse desfigurado por uma reversão ou inversão? Então, em vez de imobilidade (os lobos estão lá sentados imóveis, olham para ele, mas não se mexem), seria preciso dizer: fortíssimo movimento. Portanto, de repente, ele acordou e viu, diante de si, uma cena com fortíssima movimentação, que ficou olhando com tensa atenção. Em um dos casos, a desfiguração consistiria em uma troca entre sujeito e objeto, atividade e passividade, ser olhado em vez de olhar; no outro caso, consistiria em uma transformação no oposto: quietude em vez de movimentação.

De outra feita, mais um avanço na compreensão do sonho foi trazido por esta ocorrência que aflorou de repente: a árvore é a árvore de Natal. Agora ele sabia que tivera o sonho pouco antes do Natal, em meio à expectativa natalina. Como o dia de Natal também era o dia de seu aniversário, agora era possível constatar com segurança o ponto temporal do sonho e da transformação dele decorrente. Foi um pouco antes do seu quarto aniversário. Portanto, adormecera na tensa expectativa do dia que deveria trazer-lhe dois presentes. Sabemos que a criança, sob tais circunstâncias, facilmente antecipa a realização de seus desejos no sonho. Desse modo, no sonho, já era Natal, o conteúdo onírico mostrava-lhe a sua distribuição de presentes, na árvore estavam pendurados os mimos a ele destinados. Mas, em vez de haver presentes, havia – lobos, e o sonho chegou a seu fim com ele temendo ser devorado pelo lobo (provavelmente pelo pai) e buscando refúgio na babá. Conhecer o desenvolvimento de sua sexualidade antes do sonho possibilita-nos preencher a lacuna no sonho e esclarecer a transformação da satisfação em medo. Entre os desejos formadores do sonho, deve ter sido estimulado o mais forte, o da satisfação sexual que ele, àquela época, ansiava obter do pai. A força desse desejo logrou renovar o vestígio mnêmico de uma cena desde muito tempo esquecida, que lhe podia mostrar como era a satisfação sexual passando pelo pai; e o resultado foi susto, pavor, diante da realização desse desejo, recalcamento da moção figurada por esse desejo e, por esse motivo, fuga para longe do pai em direção à babá, mais inofensiva.

A importância dessa data natalina permanecera gravada na suposta lembrança de que ele tivera o primeiro acesso de fúria porque ficara insatisfeito com os presentes de Natal. A lembrança reunia o que era correto e falso, e, sem alteração, não podia estar correta, pois, conforme as reiteradas afirmações dos pais, a malvadeza do garoto já chamara a atenção após o seu retorno no outono, e não só a partir do Natal, porém nessa lembrança ficara preservado o essencial das relações entre falta de satisfação amorosa, fúria e período natalino.

Mas que imagem o anseio sexual atuante na calada da noite podia ter convocado, imagem que fosse capaz de dissuadi-lo tão intensamente da realização desejada? De acordo com o material da análise, essa imagem precisava preencher uma condição, precisava estar apta a fundamentar a convicção da existência da castração. O medo de castração tornava-se então o motor da transformação de afeto.

Aqui chegamos ao ponto em que precisarei abandonar o apoio no transcurso da análise. Temo que este também seja o lugar em que a crença do leitor me abandonará.

Naquela noite, o que se reativou do caos dos vestígios mnêmicos inconscientes foi a imagem de um coito entre os pais em circunstâncias não muito usuais e particularmente favoráveis à observação. Pouco a pouco, lográvamos obter respostas satisfatórias a todas as questões que se podiam ligar a essa cena, na medida em que aquele primeiro sonho retornava no decorrer do tratamento em inúmeras variações e reedições, para as quais a análise fornecia os esclarecimentos desejados. Desse modo, primeiramente se revelou a idade da criança no momento da observação, cerca de um ano e meio.[i] Naquela ocasião, ele sofria de malária, cujo ataque se repetia diariamente numa determinada hora.[ii] A partir de seu décimo ano, foi submetido a sentimentos periódicos de depressão que iniciavam à tarde e culminavam por volta da quinta hora. Esse sintoma ainda existia durante o período do tratamento analítico. A depressão recorrente substituía o acesso de febre ou fadiga daquela época; a quinta hora era o momento do aumento

---

[i] Paralelamente, considerar-se-ia a idade de 6 meses, com uma probabilidade muito menor e, na verdade pouco defensável.

[ii] Comparar as transformações ulteriores desse fator na neurose obsessiva. Nos sonhos ocorridos durante o tratamento, substituição por um forte vento (*aria* = ar).

da febre ou o da observação do coito, se é que ambos não coincidem.[i] Por causa justamente dessa enfermidade, ele se encontrava provavelmente no quarto dos pais. Esse adoecimento, também corroborado por uma tradição direta, sugere-nos transferir o evento para o verão e, por conseguinte, supor para ele, nascido no dia de Natal, a idade de $n + 1$ ano e meio. Portanto, ele estava dormindo em sua caminha no quarto dos pais e, digamos que por causa do aumento da febre, despertara à tarde, talvez por volta da quinta hora, que mais tarde ficaria marcada pela depressão. Isso combina com a suposição de que em um dia quente de verão os pais tenham se recolhido seminus[ii] para fazer uma sesta. Ao despertar, ele foi testemunha de um *coitus a tergo*[21] repetido três vezes,[iii] pôde ver o genital da mãe, bem como o membro do pai, e entendeu o processo, assim como seu significado.[iv] Por fim, acabou

---

[i] Associe-se a isso o fato de o paciente ter desenhado apenas *cinco* lobos para ilustrar o seu sonho, embora o texto do sonho fale de seis ou sete.

[ii] Com roupa de baixo branca, os lobos *brancos*.

[iii] De onde vêm essas três vezes? Uma vez ele de repente afirmou que eu teria apurado esse detalhe através de interpretação. Não era verdade. Foi uma ocorrência espontânea, desprovida de qualquer crítica, que ele atribuiu a mim, como era seu costume, tornando-a confiável através dessa projeção.

[iv] Quero dizer que ele entendeu o processo no momento do sonho com a idade de 4 anos, e não no momento da observação. Com 1 ano e meio, absorveu as impressões, cujo entendimento *a posteriori* foi-lhe possibilitado, no momento do sonho, através de seu desenvolvimento, sua excitação sexual e sua investigação sexual. [No trecho anterior, Freud utiliza o termo *"nachträglich"* (que em sua obra também será ampliado na forma do substantivo *"Nachträglichkeit"*), aqui traduzido como "ressignificador". Embora, em sua composição morfológica, esse vocábulo denote, através da preposição *"nach"* (após, depois de), a ideia de *a posteriori*, ele também encerra um sentido de "processo de reelaboração". A um tal processo o próprio Freud refere-se na

incomodando o intercurso entre os pais de uma maneira que falaremos mais tarde.

No fundo, não é nada excepcional nem causa a impressão de ser produto de uma fantasia libertina o fato de um casal jovem, casado há apenas poucos anos, combinar uma sesta no calor do verão com um contato carinhoso, esquecendo a presença do menininho de 1 ano e meio que está dormindo em sua caminha. Na minha opinião, trata-se, ao contrário, de algo muito banal, cotidiano, e mesmo a posição descoberta no coito não pode alterar nada nesse julgamento. Especialmente porque o material comprobatório não fornece nenhum indício de

---

primeira nota de rodapé contida no original de seu ensaio intitulado "Bemerkungen über einen Fall von Zwangsneurose" [O homem dos ratos]. Ali, Freud ressalta as seguintes ideias: "Se não se quiser errar no juízo sobre a realidade, é preciso sobretudo lembrar-se de que as 'lembranças da infância' das pessoas somente são constatadas numa idade posterior (na maioria das vezes durante a puberdade) e, nesse contexto, submetidas a um complicado processo de reelaboração, que é análogo à formação dos mitos de um povo acerca de sua história primitiva". Para fundamentar a presente proposta de tradução, ressalte-se o que assevera Friedrich-Wilhelm Eickhoff em seu ensaio "Über Nachträglickeit: die Modernität eines alten Konzepts" [Sobre *Nachträglichkeit*: a modernidade de um conceito antigo], publicado no *Jahrbuch der Psychoanalyse*, v. 51, 2006, p. 143. Segundo o autor, há, nas palavras de Freud, em "O homem dos ratos", uma alusão implícita ao conceito-chave de *Nachträglichkeit*. Sobre a escolha do termo "ressignificador" como tradução de *nachträglich* em português e, por conseguinte, de "ressignificação" para verter o termo "*Nachträglichkeit*", faça-se referência, também, à tese de doutorado de Daniele John (2006), intitulada *A ressignificação da história de vida: temporalidade e narrativa no percurso da análise*, defendida na Pontifícia Universidade Católica de São Paulo. Destaque-se a seguinte afirmação feita por John (2006, p. 300): "O fenômeno de *Nachträglichkeit* é associado à obtenção de novos níveis de entendimento, de compreensão, de revisão de sentido, de elaboração, enquanto sua formulação inicial estava ligada simplesmente a uma maturidade orgânica que dava acesso a sensações corporais antes impossíveis de serem sentidas". (N.T.)]

que o coito sempre fosse consumado na posição por trás. Uma única vez já teria bastado para dar ao espectador a chance de observações que teriam sido dificultadas ou excluídas, se os amantes tivessem escolhido outra posição. Portanto, o próprio conteúdo dessa cena não pode servir como argumento contra sua credibilidade. A dúvida sobre a improbabilidade vai orientar-se em relação a três outros pontos: em relação ao fato de uma criança na tenra idade de 1 ano e meio ter sido capaz de acolher as percepções de um processo tão complexo e de preservá-las em seu inconsciente com tamanha fidelidade; em segundo lugar, em relação ao fato de ser possível uma elaboração *a posteriori*, até chegar a entendê-las, dessas impressões assim recebidas aos 4 anos de idade; e, por fim, que se consiga, através de algum tipo de procedimento, tornar conscientes, de forma coerente e convincente, os detalhes de uma cena como essa, vivenciada e entendida sob essas circunstâncias.[i]

Mais tarde verificarei cuidadosamente esta e outras dúvidas, e asseguro ao leitor que não sou menos crítico do que ele em relação à suposição de semelhante observação pela criança, e, peço-lhe que se decida comigo por uma crença *provisória* na realidade dessa cena. De imediato

---

[i] Não se pode atenuar a primeira dessas dificuldades com a suposição de que a criança, à época da observação, seria, com toda a probabilidade, um ano mais velha, ou seja, estaria com 2 anos e meio, idade com a qual ela eventualmente seria plenamente capaz de falar. Para meu paciente, um deslocamento de datas como esse estava praticamente excluído devido a todas as circunstâncias colaterais. Além disso, queira-se levar em consideração que não é uma raridade, absolutamente, o fato de cenas de observação como essas do coito dos pais serem descobertas na análise. Porém, sua condição é justamente que elas ocorram no período mais precoce da infância. Numa determinada camada social, quanto mais idade tiver a criança, mais cuidadosos serão os pais para impedir à criança a oportunidade de uma observação como essa.

continuaremos o estudo das ligações dessa "cena primordial" [*Urzsene*] com o sonho, com os sintomas e com a história de vida do paciente. Em separado, acompanharemos quais efeitos resultaram do conteúdo essencial da cena e de uma de suas impressões visuais.

No tocante a esta última, refiro-me às posições que ele viu os pais adotarem, a vertical, do homem, e a curvada como o animal, da mulher. Já ouvimos que na época do medo sua irmã costumava assustá-lo com a imagem no livro de contos de fadas, em que o lobo era figurado em posição vertical com uma perna estendida, as garras estiradas e as orelhas em alerta. Durante o tratamento, não se deixou desanimar em vasculhar os antiquários até reencontrar o livro ilustrado de contos de fadas de sua infância e reconheceu sua imagem assustadora em uma ilustração do conto "O lobo e os sete cabritinhos". Segundo ele, a posição do lobo nessa imagem poderia tê-lo lembrado da do pai durante a cena primordial construída. De qualquer modo, essa imagem tornou-se um ponto de partida para outros efeitos angustiantes. Com 7 ou 8 anos de idade, quando recebeu a notícia de que no dia seguinte chegaria um novo professor para ele, sonhou na mesma noite com esse professor em forma de leão que rugia fortemente enquanto se aproximava de sua cama na posição do lobo daquela ilustração, e mais uma vez ele se via com medo. Àquela época, a fobia a lobos já fora superada, por isso ele teve a liberdade de escolher outro animal amedrontador, e reconheceu, nesse sonho tardio, o professor como substituto do pai. Nos últimos anos de sua infância, cada um de seus professores desempenhou o mesmo papel do pai, e foi dotado com a influência do pai tanto para o bem como para o mal.

O destino brindou-o com uma ocasião peculiar para reavivar sua fobia a lobos durante o período ginasial e para tornar a relação que estava em sua base o ponto de partida de graves inibições. O professor que ensinava latim em sua classe se chamava *Wolf*.²² Esse professor o intimidara desde o início, e certa vez lhe fez uma grave reprimenda, porque numa tradução do latim ele cometera um erro bobo, e, a partir de então, não mais conseguiu livrar-se do paralisante medo que sentia daquele professor, sentimento que logo se transferiu para outros professores. No entanto, a circunstância na qual ele tropeçara na tradução também não era inconsequente. Ele tinha de traduzir a palavra latina "*filius*" e acabou fazendo-o com o francês "*fils*", em vez de usar a palavra correspondente da língua materna. É que o lobo continuava justamente sendo o pai.[i]

O primeiro dos "sintomas passageiros"[ii] que o paciente produziu no tratamento ainda remontava também à fobia a lobos e ao conto dos sete cabritinhos. No cômodo em que foram realizadas as primeiras sessões, havia um grande relógio de caixa na parede em frente ao paciente, que, deitado em um divã, ficava com as costas voltadas para mim. Chamava-me a atenção que ele, de tempos em tempos, virasse o rosto para mim, olhasse-me com muita

---

[i] Após essa reprimenda do professor-lobo, ele veio a saber, pois era a opinião geral dos colegas, que, para se acalmar, o professor – esperava receber dinheiro dele. Depois retornaremos a esse tema. – Posso imaginar o alívio que significaria para a consideração racionalista de uma história infantil como essa, se fosse possível supor que todo o medo do lobo teria partido na realidade do professor de latim de mesmo nome, teria sido projetado de volta à infância e, apoiando-se na ilustração do conto de fadas, teria causado a fantasia da cena primordial. No entanto, isso não se sustenta; há testemunhos bastante seguros que dão prioridade temporal da fobia a lobos e seu deslocamento para os anos da infância passados na primeira propriedade. E o sonho aos 4 anos?

[ii] Ferenczi, *Über passagere Symptombildungen während der Analyse* [Das formações de sintomas transitórios durante a análise]. *Zentralblatt für Psychoanalyse*, v. II. 1912, p. 588 e segs.

amabilidade, como que se acalmando, e em seguida tirasse os olhos de mim, voltando-os para o relógio. Àquela época, eu achava que ele estivesse dando um sinal de seu anseio pelo término da sessão. Muito tempo mais tarde, o paciente me lembrou dessa pantomima e me deu sua explicação, lembrando-se de que o mais jovem dos sete cabritinhos havia encontrado um esconderijo na caixa do relógio de parede, enquanto os seis irmãos seriam devorados pelo lobo. Naquele momento, ele queria dizer, portanto: *Seja bom comigo. Preciso ter medo de você? Você vai me devorar? Devo esconder-me de você na caixa do relógio de parede como o cabritinho caçula?*

Sem dúvida, o lobo temido por ele era o pai, mas o medo de lobo estava vinculado à condição da posição ereta. Com grande certeza, sua lembrança afirmava que ele não teria se assustado com imagens do lobo andando sobre as quatro patas ou deitado na cama como na história da Chapeuzinho Vermelho. Não tinha significado menor a posição que ele vira a mulher assumir, de acordo com nossa construção da cena primordial; mas esse significado ficava limitado ao campo sexual. O fenômeno mais notável da sua vida amorosa, depois da maturidade, foram acessos de enamoramento sensual compulsivo que surgiam em uma sequência enigmática e voltavam a desaparecer, desencadeando nele uma imensa energia, mesmo em períodos de qualquer outra inibição, e fugindo inteiramente ao seu controle. Por causa de uma circunstância particularmente valiosa, preciso ainda adiar a apreciação plena desses amores compulsivos, mas posso mencionar aqui que estavam ligados a uma determinada condição oculta à sua consciência, que só pôde ser conhecida no tratamento. Era preciso que a mulher tivesse se colocado na posição que nós atribuímos à mãe na cena primordial.

Desde a puberdade, ele sentia que nádegas grandes e proeminentes eram o mais forte atrativo[23] da mulher; outro coito que não fosse por trás quase não lhe causava deleite. A ponderação crítica certamente tem o direito de objetar, aqui, que essa predileção sexual pelas partes posteriores do corpo seria uma característica geral própria das pessoas que tendem à neurose obsessiva e que ela não justificaria a derivação de uma impressão particular da infância. Ela pertenceria à estrutura da disposição anal-erótica e àqueles traços arcaicos que caracterizam essa constituição. É lícito conceber a cópula por trás – *more ferarum*[24] – certamente como a forma filogenética mais antiga. Também retornaremos a esse ponto em uma discussão posterior, quando tivermos acrescentado o material relativo à sua condição amorosa inconsciente.

Prossigamos, agora, na discussão das ligações entre sonho e cena primordial. De acordo com as nossas expectativas até agora, o sonho deveria mostrar à criança, que se alegra com a realização de seus desejos no Natal, a imagem da satisfação sexual por intermédio do pai tal como ela a tinha visto naquela cena primordial, como modelo da própria satisfação que anseia do pai. Porém, em vez dessa imagem, surge o material da história que o avô um pouco antes tinha contado: a árvore, os lobos, a ausência de rabo na forma supercompensada dos rabos espessos dos supostos lobos. Falta-nos, aqui, um nexo, uma ponte associativa que leve desde o conteúdo da história primordial até o da história do lobo. Mais uma vez, essa ligação só será dada pela posição e apenas por ela. Na história contada pelo avô, o lobo sem rabo conclama os outros *a subirem nele*. Através desse detalhe, a lembrança da imagem da cena primordial foi despertada, por essa via o material da cena primordial pôde ser substituído pelo material da história do lobo, ao mesmo tempo que o número dois dos pais foi devidamente substituído pelo número plural dos lobos. O conteúdo do sonho passou por mais uma transformação, quando o material da história do lobo adequou-se ao conteúdo da história dos sete cabritinhos, tomando-lhe emprestado o número sete.[i]

A transformação do material: cena primordial – história do lobo – conto dos sete cabritinhos – é o reflexo do avanço do pensamento durante a formação do sonho: anseio por satisfação sexual através do pai – compreensão de que ela está condicionada à castração – medo do pai. Penso que só agora foi esclarecido por completo o sonho de angústia do garoto de 4 anos.[ii]

---

[i] No sonho, eram seis ou sete. Seis é o número de crianças devoradas, a sétima se salva escondendo-se na caixa do relógio. Continua sendo lei rigorosa da interpretação de sonhos que todo detalhe encontre um esclarecimento. [Nesta nota, Freud, ao se referir aos "filhotes" (cabritinhos) devorados, realmente usa a palavra "crianças" [*Kinder*] em alemão, jogo de palavras que será retomado mais adiante. (N.T.)]

[ii] Depois de termos logrado fazer a síntese desse sonho, quero tentar apresentar de forma panorâmica as ligações do seu conteúdo manifesto com os pensamentos oníricos latentes.
É noite, estou deitado na minha cama. Essas últimas palavras são o início da reprodução da cena primordial. "É noite" é desfiguração de: *eu tinha dormido*. A observação: *Sei que era inverno quando sonhei e que era noite* refere-se à lembrança do sonho e não faz parte do seu conteúdo. Ela está correta: era uma das noites antes do aniversário, ou seja, do dia de Natal.
De repente, a janela abre-se sozinha. Isso deve ser traduzido como *de repente, desperto por mim mesmo*, lembrança da cena primordial. A influência da história do lobo, em que o lobo pula para dentro de casa pela janela, faz-se valer modificada, e transforma a impressão direta numa impressão figurativa. Ao mesmo tempo, a introdução da janela tem a função de acomodar no presente o conteúdo seguinte do sonho. Na noite de Natal, a porta de repente se abre, e vê-se a árvore de Natal com os presentes. Aqui se faz valer, portanto, a influência da atual expectativa do Natal, que inclui a satisfação sexual.

Após tudo o que já foi tratado, posso ser breve quanto ao efeito patogênico da cena primária e quanto à alteração que o despertar dessa cena produziu no desenvolvimento

---

A grande nogueira. Substituta da árvore de Natal, ou seja, atual: mas, além disso, é também a árvore da história do lobo, em que se refugia o alfaiate perseguido, e sob a qual os lobos espreitam. A árvore alta também é, como amiúde pude me convencer, um símbolo da observação, do voyeurismo. Estando-se sentado na árvore, é possível ver tudo o que estiver acontecendo embaixo e propriamente não ser visto. Comparar com a conhecida história de Boccaccio e outras pilhérias semelhantes. [Freud certamente se refere à 69ª história do *Decamerão*, de Giovanni Boccaccio. (N.T.)]
Os lobos. Seu número: *seis ou sete.* Na história do lobo, há uma alcateia sem indicação de número. A determinação do número mostra a influência do conto dos sete cabritinhos, dos quais seis são devorados. A substituição do número dois por um número plural na cena primordial, que seria absurdo, é bem-vinda pela resistência como meio de desfiguração. No desenho feito para o sonho, o sonhador deu expressão ao número 5, que provavelmente corrige a indicação era noite.
Eles estão sentados na árvore. Eles substituem, em primeiro lugar, os presentes de Natal pendurados na árvore. Mas eles também estão transpostos para a árvore, porque pode querer dizer que eles estão assistindo. Na história do avô, eles estavam deitados no chão, em volta da árvore. Portanto, no sonho sua relação com a árvore foi invertida, donde se pode concluir que no conteúdo do sonho ocorrem outras inversões do material latente.
Eles olham para ele com tensa atenção. Inteiramente oriundo da cena primordial, esse traço entrou no sonho à custa de uma total reversão.
Eles são totalmente brancos. Esse traço, em si não essencial, fortemente enfatizado no relato do sonhador, deve sua intensidade a uma abundante fusão de elementos provenientes de todas as camadas do material, e reúne então detalhes secundários das outras fontes do sonho com uma parte mais importante da cena primordial. Esta última determinação provém certamente do branco da roupa de cama e da roupa íntima dos pais, além do branco dos rebanhos de ovelhas e dos cães pastores, como referência às suas investigações sexuais em animais, e o branco no conto dos sete cabritinhos, no qual a mãe é reconhecida pela brancura de sua mão. Mais tarde, entenderemos a cor branca também como indicação da morte.
Eles estão sentados imóveis. Isso contradiz o conteúdo mais notável da cena observada: a movimentação que, devido à posição à qual ela

da sua sexualidade. Vamos acompanhar apenas aquele efeito a que o sonho deu expressão. Mais tarde teremos de esclarecer que da cena primordial não partiu uma corrente sexual única, mas sim toda uma série delas, francamente uma fragmentação da libido. Além disso, consideraremos que a ativação dessa cena (intencionalmente, evito

---

conduz, estabelece a ligação entre cena primordial e história do lobo. *Eles têm rabos como raposas.* Isso deve contradizer um resultado obtido a partir da repercussão da cena primordial sobre a história do lobo, e que deve ser reconhecido como a conclusão mais importante da investigação sexual: ou seja, realmente há uma castração. O susto com que foi recebido esse resultado do pensamento finalmente abre passagem no sonho e produz sua conclusão.
O medo de ser devorado pelos lobos. Ao sonhador, esse medo não parecia motivado pelo conteúdo do sonho. Ele dizia: eu não precisei ter tido medo, pois os lobos pareciam muito mais, raposas ou cães, e, também, não avançavam para cima de mim como para me morder; ao contrário, estavam muito tranquilos e nem um pouco assustadores. Reconhecemos que o trabalho do sonho se empenhou, durante algum tempo, em tornar inofensivos os conteúdos desagradáveis, transformando-os em seus opostos. (Eles não se movem, na verdade têm rabos belíssimos.) Até que esse recurso por fim falha, e irrompe o medo. Ele encontra sua expressão com a ajuda do conto em que os cabritinhos-crianças são devorados pelo lobo-pai. É possível que mesmo esse conteúdo do conto tenha feito lembrar as ameaças de brincadeira feitas pelo pai quando brincava com o filho, de modo que o medo de ser devorado pelo lobo poderia ser tanto uma reminiscência quanto um substituto por deslocamento.
Os motivos de desejo desse sonho são palpáveis; aos desejos cotidianos superficiais, de que chegue logo o Natal com seus presentes (sonho de impaciência), vem-se juntar o desejo mais profundo, então permanente, de satisfação sexual através do pai, que primeiramente é substituído pelo desejo de voltar a ver aquilo que naquela ocasião fora tão fascinante. Transcorre, então, o processo psíquico que vai desde a realização desse desejo na cena primordial evocada até o repúdio do desejo, agora tornado inevitável, e até o recalcamento.
A extensão e a prolixidade desta exposição, a que me vejo obrigado em meu empenho de oferecer ao leitor algum equivalente da força probatória de uma análise realizada por mim, talvez possam desencorajá-lo também de exigir a publicação de análises que tenham se estendido por vários anos.

a palavra: lembrança) tem o mesmo efeito que teria se fosse uma vivência recente. A cena age *a posteriori* e nada perdeu de seu frescor no intervalo transcorrido entre 1 ano e meio e 4 anos de idade. Talvez ainda encontremos no que se segue algum ponto de referência para o fato de que ela já produzia determinados efeitos na época de sua percepção, portanto, a partir de 1 ano e meio de idade.

Ao se aprofundar na situação da cena primordial, o paciente trouxe à luz as seguintes autopercepções: antes ele tinha suposto que o processo observado seria um ato violento, só que não combinava com isso a expressão de deleite que viu no rosto da mãe; ele teve de reconhecer que se tratava de uma satisfação.[i] O essencialmente novo que lhe foi trazido pela observação do intercurso dos pais foi a

---

[i] Talvez a melhor maneira de levar em conta a declaração do paciente seja supor que o objeto de sua observação foi primeiramente um coito em posição normal que não pode deixar de despertar a impressão de um ato sádico. Só depois deste, a posição foi trocada, de modo que ele teve oportunidade de fazer outras observações e julgamentos. Contudo, essa suposição não foi confirmada, além de não me parecer indispensável. Por causa da exposição abreviada do texto, não queremos perder de vista a situação real de que o analisando, com mais de 25 anos, empresta a impressões e moções de seu quarto ano de vida, palavras que ele, àquela época, não teria encontrado. Negligenciando-se essa observação, facilmente se poderá achar estranho e inverossímil que uma criança de 4 anos seja capaz desse tipo de julgamento especializado e pensamentos cultivados. Trata-se, simplesmente de um segundo caso de *posterioridade*. Com um 1 e meio de idade, a criança recebe uma impressão à qual não pode reagir adequadamente; só a entende, só é atingido por ela com a revivescência da impressão aos 4 anos de idade e só pode avaliar duas décadas mais tarde, durante a análise, mediante uma atividade consciente de pensamento, o que lhe aconteceu naquela época. O analisando ignora, então, com razão, as três fases temporais e introduz seu Eu atual na situação que havia passado há o muito tempo. E nisso o acompanhamos, pois, com uma auto-observação e uma interpretação corretas, o efeito tem de ser o de como se fosse possível negligenciar a distância entre a segunda e a terceira fase. E não temos nenhum outro meio para descrever os processos na segunda fase.

convicção da realidade da castração, cuja possibilidade já havia antes ocupado seus pensamentos. (A visão das duas meninas urinando, a ameaça da Nânia, a interpretação da governanta para os bastões de açúcar, a lembrança de o pai ter feito uma cobra em pedaços). Pois, agora, ele via com os próprios olhos a ferida de que a Nânia falara e entendia que a sua existência era uma condição para o intercurso com o pai. Ele já não podia confundi-la com o bumbum, como na observação das meninas pequenas urinando.[i]

O desfecho do sonho foi medo, do qual ele não se acalmou enquanto não teve a sua Nânia a seu lado. Portanto, ele se refugiava nela quando fugia do pai. O medo era uma recusa do desejo de satisfação sexual através do pai, uma aspiração que lhe havia inspirado o sonho. Sua expressão: ser devorado pelo lobo era apenas uma — como depois veremos: transposição regressiva — do desejo de ser copulado pelo pai, isto é, de ser satisfeito da mesma maneira como a mãe. Sua última meta sexual, a posição passiva em relação ao pai, sucumbira a um recalcamento, e o medo do pai entrou em seu lugar na forma da fobia a lobos.

E a força motriz desse recalcamento? De acordo com toda a situação, só podia tratar-se da libido genital narcisista que, por preocupação por seu membro viril, rebelou-se contra uma satisfação, para a qual parecia haver a condição da renúncia a esse membro. Do narcisismo ameaçado ele extraiu a virilidade com a qual se defendeu da posição passiva em relação ao pai.

Agora nos damos conta de que, neste ponto da exposição, precisamos mudar nossa terminologia. Durante o sonho, ele havia atingido uma nova fase de sua organização

---

[i] Mais tarde, quando acompanharmos o seu erotismo anal, veremos como ele lidou com essa parte do problema.

sexual. Até então, os opostos sexuais eram para ele *ativo* e *passivo*. Desde a sedução, sua meta sexual fora passiva, ser tocado nos genitais, e transformou-se então, através de regressão ao estágio anterior da organização sádico-anal, na meta masoquista de ser fisicamente castigado, punido. Era-lhe indiferente se deveria alcançar esse objetivo com um homem ou uma mulher. Sem considerar a diferença sexual, passara da Nânia para o pai, exigira da Nânia que fosse tocado em seu pênis, quis provocar o castigo físico por parte do pai. Nesse caso, o genital não era levado em conta; era na fantasia de ser espancado no pênis que ainda se manifestava a conexão encoberta pela regressão. Agora, a ativação da cena primordial no sonho o reconduzia à organização genital. Ele descobriu a vagina e o significado biológico de masculino e feminino. Agora entendia que ativo era igual a masculino, mas passivo, a feminino. Assim, sua meta teria se transformado em uma meta feminina, teria de aceitar a expressão: ser copulado pelo pai em vez de ser espancado por ele em seu genital ou em seu bumbum. Essa meta feminina sucumbia agora ao recalcamento e teve de se deixar substituir pelo medo de ser devorado pelo lobo.

Aqui precisamos interromper a discussão sobre o desenvolvimento de sua sexualidade, até que nova luz, oriunda de estágios posteriores de sua história, recaia sobre esses estágios mais precoces. Quanto à apreciação da fobia a lobos, acrescentamos ainda que o pai e a mãe, ambos se tornaram lobos. A mãe, na verdade, desempenhava o papel do lobo castrado que permitia que os outros lhe montassem, o pai, o daquele que montava. Não obstante, seu medo se referia apenas, como o ouvimos assegurar, ao lobo em posição ereta, ou seja, ao pai. Além disso, devemos dar-nos conta de que o medo em que o sonho desembocou encontrava um modelo na história contada pelo avô. Nela, o lobo castrado que mandou os outros lhe montarem foi tomado pelo medo, tão logo o lembraram de sua falta de rabo. Portanto, parece que, durante o processo onírico, ele se identificou com a mãe castrada e que agora se revoltava contra esse resultado. Em uma tradução que esperamos ser adequada: se você quer ser satisfeito pelo pai, você tem de aceitar a castração como a mãe; mas isso eu não quero. Portanto, um claro protesto da virilidade! Além disso, tenhamos claro que o desenvolvimento da sexualidade do caso que aqui acompanhamos tem, para nossa pesquisa, a grande desvantagem de não estar livre de problemas. Em primeiro lugar, ele é influenciado de forma decisiva pela sedução e depois é desviado pela cena da observação do coito que age, *a posteriori*, como uma segunda sedução.

V
ALGUMAS DISCUSSÕES

Foi dito que o urso polar e a baleia não conseguem travar uma guerra entre si, porque, cada um restrito a seu próprio elemento, não estabelece contato com o outro. Para mim, fica igualmente impossível discutir com trabalhadores do campo da psicologia ou das neuroses que não reconheçam os pressupostos da psicanálise e considerem artificiais os seus resultados. Mas, paralelamente, desenvolveu-se nos últimos anos uma oposição por parte de outros que, pelo menos segundo sua própria maneira de ver, encontram-se no terreno da análise, não contestam sua técnica e seus resultados e apenas se consideram autorizados a extrair outras conclusões do mesmo material e a submetê-lo a outras concepções.

Não obstante, a controvérsia teórica é infecunda na maioria das vezes. Tão logo começamos a nos distanciar do material a partir do qual devemos explorar, corremos o risco de nos embriagar com nossas afirmações e, por fim, de defender pontos de vista passíveis de serem contestados por toda e qualquer observação. Por esse motivo, parece-me incomparavelmente mais adequado combater concepções divergentes pondo à prova cada um dos seus casos e problemas.

Algumas páginas antes (p. 65), declarei que certamente seria considerado improvável que "uma criança na tenra idade de 1 ano e meio ter sido capaz de acolher as percepções de um processo tão complexo e de preservá-las em seu inconsciente com tamanha fidelidade; em segundo lugar, em relação ao fato de ser possível uma elaboração *a posteriori*, até chegar a entendê-las, dessas impressões assim recebidas aos 4 anos de idade; e, por fim, que se consiga, através de algum tipo de procedimento, tornar conscientes, de forma coerente e convincente, os detalhes de uma cena como essa, vivenciada e entendida sob essas circunstâncias".

A última questão é puramente relacionada a fatos. Quem se der ao trabalho de levar a análise por meio da técnica prescrita, até essas profundezas, vai se convencer de que isso certamente é muito possível; quem deixa de fazê-lo, interrompendo a análise em algum nível mais avançado, renunciou ao seu julgamento. Com isso, porém, não está decidida a concepção acerca do que foi alcançado na análise profunda.

As outras duas dúvidas apoiam-se em um menoscabo das primeiras impressões infantis, às quais não são concedidos efeitos tão duradouros. Eles querem buscar a causação das neuroses quase exclusivamente nos conflitos graves da vida adulta e supõem que a importância da infância nos seria encenada na análise apenas através da tendência dos neuróticos em expressar seus interesses atuais em reminiscências e símbolos do passado mais distante. Com uma avaliação como essa do fator infantil, eliminar-se-iam muitos dos aspectos que faziam parte das peculiaridades mais íntimas da análise, mas certamente também muitos aspectos que lhe valem resistências e afastam a confiança dos que estão de fora.

Portanto, apresentamos para o debate a concepção de que essas primeiras cenas da infância, tal como as fornece uma análise exaustiva das neuroses, por exemplo, o nosso caso, não seriam reproduções de acontecimentos reais, aos quais seria lícito atribuir uma influência sobre a configuração da vida ulterior e sobre a formação do sintoma, mas sim formações da fantasia que extraem seu estímulo do período do amadurecimento, que são destinadas a uma representação, de certo modo simbólica, de desejos e interesses reais, e que devem seu surgimento a uma tendência regressiva, a um afastamento das tarefas do presente. Se assim for, então podemos naturalmente nos poupar de todas essas desconcertantes exigências à vida anímica e ao trabalho intelectual de crianças na mais tenra idade.

Além do desejo, compartilhado por todos nós, de racionalização e simplificação dessa difícil tarefa, alguns aspectos factuais também vêm ao encontro dessa concepção. De antemão também é possível eliminar uma dúvida que justamente poderia surgir para o analista praticante. É preciso admitir que, se a mencionada concepção sobre essas cenas infantis for a correta, então de imediato nada se alterará no exercício da análise. Se o neurótico tem a má característica de afastar seu interesse do momento presente e prendê-lo a essas formações substitutivas regressivas de sua fantasia, então nada poderá ser feito a não ser segui-lo em seus caminhos, e trazer-lhe essas produções inconscientes para o consciente, pois para nós elas são, abstraindo-se por inteiro seu desvalor real, altamente valiosas como atuais portadoras e possuidoras do interesse que queremos liberar para direcioná-lo para as tarefas do presente. A análise teria de transcorrer exatamente como aquela que, plena de ingênua confiança, toma por verdadeiras essas fantasias. Só no final da análise, após serem desveladas essas fantasias, viria a diferença. Dir-se-ia, então, ao paciente: "Pois bem. Sua neurose transcorreu como se o Sr. nos anos de sua infância tivesse recebido e continuado a tecer essas impressões. O Sr. certamente compreende que isso não é possível. Eram produtos da atividade de sua fantasia que o afastavam de tarefas reais que estavam à sua frente. Deixe-nos agora investigar quais eram essas tarefas e que vias de ligação existiam entre elas e as suas fantasias". Uma vez solucionadas as fantasias infantis, poderia ser iniciado um segundo capítulo do tratamento, voltado para a vida real.

Uma redução desse caminho, ou seja, uma alteração do tratamento psicanalítico praticado até aqui, seria tecnicamente inadmissível. Se não tornarmos o doente consciente dessas fantasias em toda a sua amplitude, não será possível colocar à sua disposição o interesse a elas vinculado. Se ele for desviado delas, tão logo se vislumbre a sua existência e os seus esboços gerais, estar-se-á apenas apoiando a obra do recalcamento, por meio do qual elas se tornaram inacessíveis a todos os esforços do doente. Se elas lhe forem desvalorizadas precocemente, por exemplo, revelando-lhe que se trata apenas de fantasias que na verdade não têm nenhum significado real, nunca se contará com sua cooperação para conduzi-las à consciência. Portanto, em um procedimento correto, a técnica analítica não deveria sofrer nenhuma modificação, independentemente de como essas cenas infantis sejam avaliadas.

Mencionei que a concepção dessas cenas como fantasias regressivas pode evocar alguns fatores reais que a apoiem. Destaque-se, sobretudo, o seguinte fator: essas cenas infantis – até onde chega a minha experiência até agora – não são reproduzidas no tratamento como lembranças, elas são resultados da construção. Com certeza, para alguns, o conflito já parecerá decidido com essa concessão.

Não gostaria de ser mal compreendido. Todo analista sabe e já vivenciou inúmeras vezes que, num tratamento bem-sucedido, o paciente comunica todo um número de lembranças espontâneas dos anos de sua infância, por cujo aparecimento – talvez um primeiro aparecimento – o médico se sente isento de toda culpa, pois não sugeriu ao doente um conteúdo semelhante por meio de uma tentativa qualquer de construção. Essas lembranças antes inconscientes nem sequer precisam ser sempre verdadeiras; podem sê-lo, mas, com frequência, estão desfiguradas em relação à verdade, impregnadas de elementos fantasiados, de modo bem semelhante às chamadas lembranças encobridoras que permaneceram preservadas espontaneamente. Apenas quero afirmar: cenas como as de meu paciente, oriundas de uma época tão antiga e com semelhante conteúdo, que então passam a reivindicar uma importância tão extraordinária para a história do caso, não são, em geral, reproduzidas como lembranças, mas precisam ser adivinhadas – construídas – passo a passo e arduamente a partir de uma soma de indícios. Basta, também, para esse argumento, que eu admita que tais cenas não se tornam conscientes como lembranças nos casos de neurose obsessiva ou que eu restrinja a indicação a este único caso que aqui estamos estudando.

Entretanto, não sou de opinião de que essas cenas deveriam necessariamente ser fantasias, porque elas não retornam como lembranças. Parece-me absolutamente equivalente à lembrança o fato de ela – como em nosso caso – ser substituída por sonhos cuja análise regularmente conduz de volta à mesma cena, e que reproduzem cada parte e seu conteúdo em uma incansável elaboração. Sonhar também é um lembrar, ainda que o seja sob as condições do período noturno e da formação do sonho. Por meio desse retorno em sonhos eu explico para mim mesmo que, nos próprios pacientes, vai se formando gradativamente uma firme convicção da realidade dessas cenas primordiais, uma convicção que em nada é inferior àquela fundamentada na lembrança.[i]

Os oponentes não precisam naturalmente desistir da batalha contra esses argumentos como se fosse uma causa perdida. Como se sabe, sonhos são passíveis de ser manobrados.[ii] E a convicção do analisando pode ser um produto da sugestão, para a qual se continua buscando um papel no jogo de forças do tratamento analítico. O psicoterapeuta da velha guarda iria sugerir a seu paciente que este está são, que superou suas inibições etc.; mas o

---

[i] Uma passagem da primeira edição de minha *A Interpretação do sonho* (1900) comprova que muito cedo me ocupei desse problema. Na p. 126 escrevo, sobre a análise da fala que surgiu em um sonho: *Isso não se pode ter*, que essa fala provinha de mim mesmo; alguns dias antes, eu havia explicado "que as vivências infantis mais antigas *não as temos mais* como tais, mas que são substituídas na análise por 'transferências' e sonhos" (*Ges. Werke*, v. II/III, p. 190).

[ii] O mecanismo do sonho não pode ser influenciado, mas o material do sonho pode ser parcialmente comandado.

psicanalista sugeriria que, quando criança, o paciente teve esta ou aquela vivência que agora precisaria lembrar para ficar são. Essa seria a diferença entre os dois.

    Deixemos claro que essa última tentativa de explicação dos oponentes desemboca em uma resolução muito mais radical das cenas infantis do que foi anunciado no início. Acreditava-se que elas não fossem realidades, mas fantasias. Agora fica evidente: não são fantasias do doente, mas do próprio analista, que as impõe ao analisando a partir de alguns complexos pessoais. Decerto, ao ouvir essa crítica, o analista vai demonstrar a si mesmo, para se tranquilizar, como a construção dessa fantasia supostamente inspirada por ele aos poucos se foi realizando, como foi ocorrendo a configuração dessa fantasia, independentemente, em muitos pontos, dos estímulos médicos, como que a partir de uma determinada fase do tratamento tudo pareceu convergir para ela, e como agora, na síntese, os resultados mais diversos e notáveis irradiam dela, como os grandes e os menores problemas e singularidades do caso clínico encontraram sua solução a partir daquela única hipótese, e vai alegar que não ousa atribuir-se a perspicácia de planejar um acontecimento que pudesse preencher todas essas exigências de uma só vez. Mas esse apelo também não terá efeito sobre a outra parte que não tenha, por si mesma, vivenciado a análise. Refinado autoengano – dirá um dos lados, embotamento do julgamento – dirá o outro; e não se tomará uma decisão.

    Voltemo-nos agora para outro fator que sustenta a concepção oponente em relação às cenas infantis construídas. Trata-se do seguinte: todos os processos que foram utilizados para esclarecer essas formações questionáveis como sendo fantasias realmente existem e devem ser reconhecidos como relevantes. O afastamento do interesse pelas tarefas da vida real,[i] a existência de fantasias como formações substitutivas das ações não realizadas, a tendência regressiva que se expressa nessas criações – regressiva em mais de um sentido, na medida em que ocorre ao mesmo tempo um recuo diante da vida e uma recorrência ao passado –, tudo isso é verdade e pode ser confirmado regularmente pela análise. Caberia pensar que bastaria esclarecer também as supostas primeiras reminiscências infantis em questão para essa explicação ter, de acordo com os princípios econômicos da Ciência, a primazia sobre outra que não pode ser suficiente sem novas e estranhas suposições.

Permito-me, neste ponto, chamar a atenção para o fato de as contradições na literatura psicanalítica de hoje comumente serem elaboradas segundo o princípio do *pars pro toto*.[25] De um conjunto altamente composto extrai-se uma parte dos fatores atuantes, que é proclamada como a verdade, e então, em seu favor, contestam-se a outra parte e o todo. Examinando-se mais de perto a que grupo coube essa preferência, descobre-se então que é aquele que contém o que já é conhecido de outro lugar ou o que dele mais se aproxima. Em Jung, trata-se da atualidade e da regressão, em Adler, dos motivos egoístas. Mas é relegado e rejeitado como erro justamente aquilo que na psicanálise é novo e lhe é peculiar. Por esse caminho, podem ser rejeitados mais facilmente os avanços revolucionários da incômoda psicanálise.

Não é dispensável destacar que nenhum dos fatores aos quais a concepção oponente recorre para a compreensão das cenas infantis precisou ser ensinado por Jung como uma novidade. O atual conflito, o afastamento da

---

[i] Tenho bons motivos para preferir afirmar: o afastamento da *libido* dos *conflitos* atuais.

realidade, a satisfação substitutiva na fantasia, a regressão ao material do passado, tudo isso, precisamente nessa mesma combinação, talvez com mínimas alterações terminológicas, constituiu desde sempre uma parte integrante de minha própria doutrina. Não era o seu todo, apenas a parte da causação que, partindo da realidade, atua na formação da neurose em direção regressiva. Ao lado disso, ainda deixei espaço para uma segunda influência progressiva que atua a partir das impressões da infância, indicando o caminho à libido que recua diante da vida, e que ajuda a entender a normalmente inexplicável regressão à infância. Na minha concepção, é assim que os dois fatores atuam conjuntamente na formação do sintoma, embora uma atuação conjunta mais precoce me pareça igualmente relevante. Afirmo que *a influência da infância já se faz sentir na situação inicial da formação da neurose, na medida em que ela determina decisivamente se e em que ponto o indivíduo fracassa no domínio dos problemas reais da vida.*

Portanto, está em discussão a importância do fator infantil. A tarefa consiste em encontrar um caso, isento de qualquer dúvida, que consiga demonstrar essa importância. Mas um caso assim é o caso clínico de que aqui estamos tratando com tantos pormenores, e que se caracteriza pelo fato de a neurose detectada na vida adulta ser precedida por uma neurose surgida nos primeiros anos da infância. Exatamente por isso, escolhi esse caso para a comunicação. Caso alguém queira opor-se a ele porque a fobia a animais não lhe parece importante o bastante para ser reconhecida como neurose autônoma, então gostaria de lhe sublinhar de que a essa fobia, sem intervalo, sucederam um cerimonial obsessivo, ações obsessivas e pensamentos que consideraremos nos próximos capítulos deste ensaio.

Um adoecimento neurótico no quarto e no quinto ano da infância prova sobretudo que as vivências infantis, por si sós, são capazes de produzir uma neurose, sem ser necessária, para isso, a fuga diante de uma tarefa imposta pela vida. Alguém objetará que à criança também são apresentadas continuamente tarefas das quais talvez ela queira se esquivar. Isso está certo, mas a vida de uma criança antes da idade escolar é fácil de visualizar, sendo possível investigar se ali se encontra uma "tarefa" determinante da causação da neurose. Entretanto, não se descobre nada além de moções pulsionais, cuja satisfação é impossível para a criança e para cuja dominação ela não está preparada, além das fontes de onde elas fluem.

A enorme redução do intervalo existente entre a irrupção da neurose e o período das vivências infantis em questão permite, como era de se esperar, que a parte regressiva da causação encolha ao máximo, e que a sua parte progressiva traga à luz, descoberta, a influência de impressões mais antigas. Espero que esta história clínica forneça uma imagem clara dessa relação. Por outras razões ainda, a neurose infantil acaba dando uma resposta decisiva à questão da natureza das cenas primordiais ou das vivências mais antigas da infância apuradas na análise.

Suponhamos como premissa incontestável que uma cena primordial como essa tenha se desenvolvido de forma tecnicamente correta, que ela seja imprescindível para a solução conjunta de todos os enigmas de que nos encarrega a sintomatologia do adoecimento infantil, que todos os efeitos dela irradiem, assim como todos os fios da análise tenham conduzido até ela; desse modo, considerando-se seu conteúdo, é impossível que ela seja outra coisa a não ser a reprodução de uma realidade vivenciada pela criança. Pois, assim como o adulto, a criança só pode produzir fantasias a partir de material adquirido em algum lugar; à criança, os caminhos dessa aquisição são em parte (como a leitura) fechados, e o espaço de tempo disponível para a aquisição é curto e, de acordo com essas fontes, é fácil de explorar.

Neste nosso caso, a cena primordial contém a imagem do intercurso entre os pais em uma posição bastante favorável a certas observações. Mas nada seria provado sobre a realidade dessa cena se a encontrássemos em um paciente cujos sintomas, a saber, os efeitos da cena, houvessem surgido em algum momento de sua vida adulta. Esse paciente pode ter adquirido, em diferentes momentos desse longo intervalo, as impressões, as representações e os conhecimentos que ele então transforma em uma imagem de fantasia, projetando-os de volta a sua infância e atrelando-os a seus pais. Porém, se os efeitos de uma cena como essa surgem no quarto e no quinto ano de vida, então é necessário que a criança tenha assistido a essa cena com uma idade ainda mais precoce. Então, permanecem de pé todas as estranhas conclusões resultantes de nossa análise da neurose infantil. A menos que alguém quisesse supor que o paciente não apenas teria fantasiado inconscientemente essa cena primordial, mas também tramado a transformação de seu caráter, o seu medo de lobos e a sua compulsão religiosa, uma informação que estaria em contradição com sua natureza normalmente sóbria e a tradição direta em sua família. Portanto, isso tem de ficar assim – não vejo nenhuma outra possibilidade –, ou a análise que parte de sua neurose infantil é um absoluto desvario, ou tudo está correto tal como eu o expus anteriormente.

Em uma passagem anterior, também estranhamos a ambiguidade de que a predileção do paciente pelas nádegas femininas e pelo coito naquela posição em que as nádegas sobressaem parecia requerer uma derivação do coito observado entre os pais, mas, ao mesmo tempo, essa preferência era um traço geral das constituições arcaicas com disposição à neurose obsessiva. Aqui se oferece uma informação sugestiva que resolve a contradição como sobredeterminação. A pessoa em quem ele observou essa posição durante o coito era de fato seu pai carnal, de quem ele também podia ter herdado essa predileção constitucional. Nem a doença ulterior do pai nem a história familiar contestam isso; como já foi mencionado, um irmão do pai morreu num estado que precisa ser entendido como o desenlace de uma grave enfermidade obsessiva.

Neste contexto lembramo-nos de que a irmã, ao seduzir aquele menino com 3 anos e 3 meses, formulou contra a velha e boa babá a insólita calúnia de que ela virava todas as pessoas de ponta-cabeça e lhes agarrava os genitais.[i] Não pode deixar de se nos impor a ideia de que talvez a irmã em uma idade igualmente tenra tivesse assistido a uma cena igual à observada mais tarde pelo irmão e daí tivesse extraído o estímulo para o colocar de ponta-cabeça no ato sexual. Essa suposição também traria uma indicação de uma fonte de sua própria precocidade sexual.

[Originalmente, eu não tinha a intenção de continuar, neste lugar, a discussão acerca do real valor das "cenas primordiais", mas, como nesse meio-tempo fui levado a abordar esse tema em minhas *Conferências introdutórias sobre a psicanálise* num contexto mais amplo e não mais com uma intenção polêmica, seria então confuso se eu quisesse abster-me de empregar, neste nosso caso, os pontos de vista que ali se definiram. Prosseguirei, então, de forma complementar e retificadora: sem dúvida há ainda outra

---

[i] Comparar com a p. 645.

concepção da cena primordial subjacente ao sonho que muito se desvia da decisão anteriormente tomada e ao mesmo tempo nos isenta de algumas dificuldades. Com essa modificação, nada vai ganhar a doutrina que quer reduzir as cenas infantis a símbolos regressivos; ela me parece definitivamente liquidada, sobretudo através desta análise de uma neurose infantil – bem como através de qualquer outra.

Na verdade, eu acho que também podemos formular os fatos da seguinte maneira. Não podemos renunciar à suposição de que a criança observa um coito, com cuja visão obteve a convicção de que a castração poderia ser mais que uma ameaça vazia; também a importância que recebem mais tarde as posições do homem e da mulher para o desenvolvimento do medo e como condição para o amor não deixa outra opção a não ser concluir que deve, necessariamente, ter sido um *coitus a tergo, more ferarum*. Mas há outro fator que não é tão insubstituível e pode ser abandonado. Talvez não tenha sido um coito dos pais, mas de animais, o que a criança observou e em seguida atribuiu aos pais, como se tivesse concluído que os pais também não o fariam de outro modo.

Essa concepção é beneficiada sobretudo pelo fato de que os lobos do sonho são, na verdade, cães pastores, e também aparecem como tais no desenho. Pouco tempo antes do sonho, o garoto foi levado, repetidas vezes, aos rebanhos de ovelhas, onde pôde ver esses grandes cães brancos e provavelmente também observá-los durante o coito. A isso eu também gostaria de relacionar o número três, que o sonhador apresentou sem qualquer motivação especial, e supor que lhe ficou na memória o fato de ele ter feito três dessas observações junto aos cães pastores. Em meio ao estado de excitação e expectativa de sua noite de sonho, veio juntar-se a transferência para os pais da imagem mnêmica recém-obtida com *todos* os seus detalhes, só através da qual, porém, foram possibilitadas aquelas poderosas influências afetivas. Houve então uma compreensão *a posteriori* daquelas impressões recebidas talvez poucas semanas ou poucos meses antes, um processo que cada um de nós talvez já tenha vivenciado. A transferência dos cães copulando para os pais não se consumou então por meio de um procedimento de inferência vinculado a palavras, mas buscando na lembrança uma cena real em que os pais estavam juntos, a qual pôde fundir-se com a situação do coito. Todos os detalhes da cena afirmados na análise do sonho podem ter se reproduzido exatamente. Foi realmente em uma tarde de verão, em que o garoto estava sofrendo de malária, os pais estavam ambos presentes vestindo roupas brancas, quando a criança despertou de seu sono, mas – a cena era inofensiva. O restante fora acrescentado pelo desejo posterior do curioso em também espiar seus pais em seu intercurso amoroso, com base em suas experiências com os cães, e agora a cena assim fantasiada desdobrava todos os efeitos que lhe atribuímos, os mesmos, como se ela tivesse sido inteiramente real e não composta de duas partes coladas, uma anterior, indiferente, e uma posterior, altamente impressionante.

Imediatamente fica claro em que medida foi facilitada a exigência de credulidade que nos foi imputada. Não mais precisamos supor que os pais consumaram o coito na presença da criança, ainda que em idade muito tenra, o que, para muitos de nós, constitui uma representação desagradável. O montante da posterioridade fica muito reduzido; agora ele diz respeito apenas a alguns meses do quarto ano de vida e não remonta, absolutamente, aos obscuros primeiros anos da infância. Quase nada de estranho permanece na conduta da criança, que transfere dos cães para os pais e tem medo do lobo, em vez do pai. Ela se encontra, de fato, na fase de desenvolvimento de sua visão do mundo, que foi caracterizada em *Totem e tabu* como o retorno do totemismo. A doutrina que as cenas primordiais das neuroses pretendem esclarecer através de um refantasiar a partir de épocas mais tardias parece encontrar um forte apoio em nossa observação de nosso neurótico, apesar da tenra idade de 4 anos. Por mais jovem que fosse, bem que ele conseguiu substituir uma impressão de seu quarto ano de vida por um trauma fantasiado com 1 ano e meio; mas essa regressão não parece nem enigmática nem tendenciosa. A cena que era preciso produzir tinha de preencher certas condições que, devido às circunstâncias de vida do sonhador, só puderam ser encontradas nessa época mais precoce, como a de se encontrar na cama no dormitório os pais.

Mas o que parecerá absolutamente decisivo para a maioria dos leitores no que diz respeito à exatidão da concepção aqui sugerida é o que eu posso oferecer a partir dos resultados analíticos obtidos em outros casos. A cena de uma observação do intercurso dos pais na infância muito precoce – seja ela lembrança real ou fantasia – não é verdadeiramente nenhuma raridade nas análises de humanos neuróticos. Talvez ela seja encontrada com a mesma frequência naqueles que não se tornaram neuróticos. Talvez ela faça parte do patrimônio regular de seu tesouro de lembranças – consciente ou inconsciente. Mas, sempre que pude desenvolver através da análise uma cena como essa, ela apresentou a mesma peculiaridade que também nos desconcertou em nosso paciente, ela dizia respeito ao *coitus a tergo*, o único que possibilita ao espectador a inspeção dos genitais. Então não mais é preciso duvidar de que se trata apenas de uma fantasia, talvez regularmente estimulada pela observação do intercurso entre os animais. E ainda mais: indiquei que minha exposição da "cena primordial" permaneceu incompleta, pois me reservei para mais tarde comunicar de que modo a criança perturba o intercurso dos pais. Agora preciso acrescentar que a natureza dessa perturbação também é a mesma em todos os casos.

Posso imaginar que agora me expus a graves suspeições por parte dos leitores desta história clínica. Se esses argumentos me estivessem disponíveis em favor de uma semelhante concepção da "cena primordial", como é que eu, porventura, poderia justificar o fato de primeiramente defender outra que parece tão absurda? Ou será que no intervalo entre a primeira redação da história clínica e este suplemento eu teria feito essas novas experiências que me forçaram a mudar minha concepção inicial e eu não quis confessá-lo por motivos quaisquer? Em troca, confesso outra coisa: que desta vez tenho a intenção de encerrar a discussão sobre o real valor da cena primordial com um *non liquet*.[26] Esta história clínica ainda não acabou; ao continuar o seu curso, surgirá um fator que perturbará a segurança que agora acreditávamos desfrutar. Então, nada mais restará com certeza do que a remissão às passagens de minhas *Conferências*, em que tratei do problema das fantasias primordiais ou cenas primordiais.]

VI
A NEUROSE OBSESSIVA

Pela terceira vez agora, ele experimentava uma influência que modificou o seu desenvolvimento de modo decisivo. Quando estava com 4 anos e meio de idade e seu estado de irritabilidade e medo continuava sem melhora, sua mãe decidiu apresentar-lhe a história bíblica, na esperança de reorientá-lo e edificá-lo. E conseguiu, a introdução da religião pôs fim à fase anterior, mas trouxe consigo uma substituição dos sintomas de medo por sintomas obsessivos. Até então, ele não conseguia cair facilmente no sono, porque temia sonhar coisas tão ruins como aquelas da noite da véspera de Natal: agora, antes de se deitar, precisava beijar todas as imagens de santos do quarto, dizer orações e fazer incontáveis sinais da cruz sobre a sua pessoa e sobre a cama.

De forma panorâmica, sua infância divide-se nas seguintes épocas: em primeiro lugar, a época anterior até a sedução (3 anos e 3 meses), na qual ocorreu a cena primordial; em segundo, a época da mudança de caráter até o sonho de angústia (4 anos); em terceiro, a da fobia animais até a introdução na religião (4 anos e meio); e a partir daí a da neurose obsessiva até depois dos 10 anos. Uma substituição repentina e uniforme de uma fase pela seguinte não está nem na natureza das circunstâncias nem na de nosso paciente, para quem, ao contrário, a conservação de tudo o que passou e a coexistência das mais diversas correntes eram características. Quando o medo surgiu, a malvadeza não se dissipou, mas prosseguiu cedendo aos poucos, ao ingressar no período da devoção religiosa. Mas nessa última fase já não se fala mais de fobia a lobos. A neurose obsessiva transcorria descontinuamente; o primeiro ataque foi o mais longo e o mais intenso; outros vieram aos 8 e aos 10 anos, a cada vez de acordo com circunstâncias que tinham uma ligação visível com o conteúdo da neurose. A própria mãe contava-lhe a história sagrada e mandava a Nânia ler-lhe em voz alta sobre esse tema num livro enfeitado com ilustrações. Na comunicação, o peso principal recaiu, naturalmente, sobre a história da paixão. A Nânia, que era muito devota e supersticiosa, dava suas explicações sobre a história, mas também tinha de ouvir todas as objeções e dúvidas do pequeno crítico. Se as lutas, que agora começavam a abalá-lo, terminavam, finalmente, em uma vitória da fé, a influência da Nânia não deixou de ter parte nisso.

O que ele me comunicou como lembrança de suas reações à introdução na religião esbarrou, de início, em minha decidida descrença. Aqueles não podiam ser, pensava eu, os pensamentos de uma criança de 4 anos e meio a 5 anos; talvez ele fizesse recuar para esse passado distante aquilo que surgia das reflexões de um adulto de quase 30 anos.[i] Só que o paciente não quis saber nada sobre essa correção; não foi possível, como em tantas outras diferenças de julgamento entre nós, persuadi-lo; por fim, a conexão de seus pensamentos lembrados com seus sintomas relatados, assim como o modo como se encaixam que justamente a crítica às doutrinas da religião, da qual eu não queria acreditar que aquela criança fosse capaz, só é levada a cabo por uma ínfima minoria de adultos.

Agora apresentarei o material de suas lembranças e só depois buscarei um caminho que leve à sua compreensão.

A impressão que ele teve da história sagrada, como ele relata, não foi inicialmente agradável. Primeiramente se revoltou contra o caráter sofredor da pessoa de Cristo e, em seguida, contra todo o contexto de sua história. Dirigia sua crítica insatisfeita contra Deus-Pai. Se ele era

---

[i] Repetidas vezes, fiz também a tentativa de avançar em pelo menos um ano a história do doente, ou seja, deslocar a sedução para 4 anos e 3 meses, o sonho para o quinto aniversário etc. Na verdade, não havia nada a ganhar nos intervalos, só que o paciente permaneceu inflexível também nesse ponto, sem poder, inclusive, livrar-me da última dúvida a esse respeito. Pela impressão que sua história produz e por todas as discussões e conclusões vinculadas a ela, essa posposição de um ano seria por certo indiferente.

todo-poderoso, então era sua culpa que os seres humanos fossem maus e maltratassem os outros, o que os fazia depois ir para o inferno. Ele deveria tê-las feito boas; ele próprio seria então culpado de todo o mal e de todo o tormento. Escandalizou-se com o mandamento de oferecer a outra face quando se recebeu uma bofetada, com o fato de que Cristo na cruz teria desejado que dele afastassem o cálice, mas também com o fato de que não tivesse havido nenhum milagre para prová-lo como filho de Deus. Desse modo, portanto, estava despertada sua perspicácia, e soube investigar, com implacável rigor, as fraquezas da poética sagrada.

Não tardou muito e a essa crítica racionalista vieram juntar-se ruminações e dúvidas que nos lograram revelar a cooperação de moções secretas. Uma das primeiras perguntas que ele dirigiu à Nânia foi se Cristo também tinha traseiro: a Nânia deu a informação de que ele tinha sido um deus e também um ser humano. Como ser humano, ele tinha e fazia tudo como as outras pessoas. Só que isso não lhe satisfez de modo nenhum, mas ele soube consolar-se sozinho, dizendo para si mesmo que o traseiro nada mais seria que a continuação das pernas. Apenas apaziguado o medo de precisar degradar a pessoa sagrada, ele voltou a se acender, quando lhe surgiu a pergunta se Cristo também cagava.[27] Não ousava fazer essa pergunta à devota Nânia, mas ele mesmo encontrou uma escapatória que ela não poderia ter lhe mostrado de melhor maneira. Como Cristo fizera vinho do nada, ele também teria transformado a comida em nada, e assim se poupar à defecação.

Estaremos mais próximos de compreender essas ruminações quando fizermos uma conexão com um trecho anteriormente comentado sobre o desenvolvimento da sua sexualidade. Sabemos que sua vida sexual, desde a rejeição através da Nânia e a repressão a ela ligada da atividade genital iniciante, desenvolveu-se nas direções do sadismo e do masoquismo. Ele atormentava, maltratava pequenos animais, fantasiava com espancar os cavalos e, por outro lado, com o ser espancado do príncipe herdeiro.[i] No sadismo, ele mantinha em pé a arcaica identificação com o pai, no masoquismo ele o havia escolhido como objeto sexual. Encontrava-se plenamente numa fase de organização pré--genital, na qual eu vislumbrei a disposição para a neurose obsessiva. Pelo impacto daquele sonho que o trouxe sob a influência da cena primordial, ele teria podido avançar até a organização genital e transformar seu masoquismo em relação ao pai em posição feminina em relação a ele, ou seja, em homossexualidade. Só que esse sonho não trouxe esse avanço, ele terminou em angústia. A relação com o pai, que deveria conduzir da meta sexual de ser castigado por ele à meta seguinte de ser copulado pelo pai como uma mulher, foi recuada pelo protesto de sua masculinidade narcisista para um estágio ainda mais primitivo, e foi cindida por um deslocamento para um substituto do pai, sob a forma de medo de ser devorado pelo lobo, mas de modo algum foi resolvida dessa maneira. Ao contrário, só podemos fazer justiça a esse estado de coisas aparentemente complicado, se nos ativermos à coexistência das três aspirações sexuais que tinham o pai como meta. Desde o sonho ele era homossexual no inconsciente, na neurose, estava no nível do canibalismo; permaneceu dominante a antiga posição masoquista. Todas as três correntes tinham metas sexuais passivas; tratava-se do mesmo objeto sexual,

---

i Principalmente espancamentos no pênis. p. 652.

da mesma moção sexual, mas nesta havia se desenvolvido uma cisão em três níveis distintos.

O conhecimento da história sagrada dava-lhe agora a possibilidade de sublimar a predominante posição masoquista em relação ao pai. Ele se tornou Cristo, o que lhe era especialmente fácil devido ao mesmo dia de aniversário. Desse modo, tornara-se algo grande e também – o que momentaneamente não foi enfatizado o bastante – um homem. Na dúvida sobre se Cristo pode ter um traseiro, transparece a posição homossexual recalcada, pois essa ruminação não podia significar outra coisa a não ser a pergunta sobre se ele poderia ser usado pelo pai como uma mulher, como a mãe na cena primordial. Quando chegarmos à solução das outras ideias obsessivas, encontraremos a confirmação dessa interpretação. Ao recalcamento da homossexualidade passiva agora correspondia a preocupação de que seria vergonhoso ligar a pessoa sagrada com essas impertinências. Observa-se que ele se esforçava em manter sua nova sublimação livre do suplemento que ela extraía das fontes do recalcado. Mas ele não conseguiu.

Ainda não compreendemos por que ele agora se revoltava também contra o caráter passivo de Cristo e contra os maus tratos do pai, e com isso também começava a negar seu ideal masoquista até então vigente, inclusive em sua sublimação. É lícito supor que esse segundo conflito fosse particularmente propício para a emergência dos pensamentos obsessivos degradantes (entre a corrente masoquista dominante e a corrente homossexual recalcada), pois é simplesmente natural que num conflito psíquico se somem todas as aspirações opostas, ainda que oriundas das fontes mais diversas. O motivo de suas revoltas e, consequentemente, o da crítica à religião vamos conhecer a partir de novas comunicações.

A partir das comunicações sobre a história sagrada, sua investigação sexual também obtivera um ganho. Até então não havia tido nenhuma razão para supor que as crianças vêm só da mulher. Ao contrário, a Nânia o fizera crer que ele era o filho do pai, e a irmã, da mãe, e essa relação mais próxima com o pai lhe era muito valiosa. Agora ele ficou sabendo que Maria era chamada de a mãe de Deus. Então os filhos vinham da mulher, e a informação da Nânia não se sustentava mais. Além disso, os relatos o deixaram confuso sobre quem realmente era o pai de Cristo. Estava inclinado a achar que era José, pois ouvira falar que eles sempre viveram juntos, mas a Nânia dizia: José era apenas *como* um pai para ele, o verdadeiro pai era Deus. Ele não sabia o que fazer com isso. Entendia apenas o seguinte: se porventura era possível discutir esse assunto, então a relação entre pai e filho não era tão íntima como sempre imaginara.

De certa maneira o garoto percebeu a ambivalência de sentimentos em relação ao pai, que está consagrada em todas as religiões e atacou a sua religião por causa do afrouxamento desse vínculo entre pai e filho. Naturalmente, sua oposição logo deixou de ser uma dúvida sobre a verdade da doutrina e se voltou diretamente contra a pessoa de Deus. Deus tratara seu filho com dureza e crueldade, mas não era melhor em relação aos seres humanos. Havia sacrificado seu filho e exigira o mesmo de Abraão. Ele começou a temer Deus.

Se ele era Cristo, então seu pai era Deus. Mas o Deus que a religião lhe impingira não era nenhum bom substituto para o pai que ele amara e que ele não queria deixar que lhe roubassem. O amor por esse pai criou-lhe sua perspicácia crítica. Ele se defendeu de Deus para poder reter o pai e, ao fazê-lo, na verdade defendia o antigo pai contra o novo. Ele precisava consumar ali uma parte difícil da tarefa que era o desligamento do pai.

Portanto, era do antigo amor por seu pai, tornado manifesto em uma época muito distante, de onde ele extraía a energia para combater Deus e a perspicácia para criticar a religião. Mas, por outro lado, essa hostilidade contra o novo Deus também não era nenhum ato originário, ela tinha por modelo uma moção hostil contra o pai, a qual surgira sob a influência do sonho de angústia e, no fundo, era tão somente um ressurgimento dela. As duas moções de sentimento opostas que deveriam reger toda a sua vida futura aqui se encontravam na luta de ambivalência em torno do tema da religião. O que resultou dessa luta como sintoma, as ideias blasfemas, a compulsão que o obrigava a pensar em Deus-porcaria, Deus-porco, era, por isso, um verdadeiro resultado de compromisso, como nos mostrará a análise dessas ideias em relação ao erotismo[28] anal.

Alguns outros sintomas obsessivos de caráter menos típico levam com igual certeza ao pai, mas também permitem reconhecer a conexão da neurose obsessiva com ocorrências anteriores.

Do cerimonial de devoção com o qual, por fim, ele expiava suas blasfêmias também fazia parte o mandamento de respirar de forma solene sob determinadas condições. Ao fazer o sinal da cruz, a cada vez ele tinha de inspirar profundamente ou expirar com força. Respiração, na sua língua, equivale a espírito. Esse era, portanto, o papel do Espírito Santo. Ele tinha de inspirar o Espírito Santo ou expirar os maus espíritos sobre os quais ele tinha ouvido falar e lido.[29] A esses espíritos do mal ele também atribuía os pensamentos blasfemos pelos quais ele precisava impor-se tanta expiação. Mas se sentia obrigado a expirar quando via mendigos, aleijados, pessoas feias, velhas, miseráveis, e não conseguia conciliar essa compulsão com os espíritos. Ele só dava a si mesmo a explicação de que fazia aquilo para não se tornar como eles.

A análise trouxe então, em ligação com um sonho, o esclarecimento de que a expiração ao ver pessoas miseráveis só havia começado após o sexto ano e estava ligada ao pai. Havia longos meses que não via o pai, quando, um dia, a mãe disse que iria com os filhos até a cidade para lhes mostrar algo que os deixaria muito felizes. Ela levou-os, então, a um sanatório, onde voltaram a vê-lo; ele parecia mal e causou muita pena ao filho. O pai também era, portanto, a imagem primordial de todos os aleijados, mendigos e pobres, diante dos quais ele precisava expirar, como ele também era a imagem primordial dos rostos desagradáveis que normalmente são vistos em situações de angústia e das caricaturas desenhadas por escárnio. Em outro lugar, veremos ainda que essa posição compassiva remonta a um detalhe particular da cena primordial, que teve um efeito muito tardio na neurose obsessiva.

A resolução de não se tornar como eles, que motivou sua expiração diante dos aleijados, era, portanto, a antiga identificação com o pai, transformada em negativo. Só que, ao fazê-lo, ele copiava o pai também em sentido positivo, pois a respiração forte era uma imitação do ruído que ele ouvira o pai emitir durante o coito.[i] O Espírito Santo devia sua origem a esse sinal da excitação sensual do homem. Através do recalcamento essa respiração tornou-se um mau espírito, para o qual ainda havia outra genealogia, ou seja, a malária, da qual ele sofria na época da cena primordial.

---

[i] Pressupondo-se a natureza real da cena primordial!

A rejeição a esses maus espíritos correspondia a um traço inequivocamente ascético que se manifestou ainda em outras reações. Ao ouvir falar que Cristo certa vez prendera maus espíritos[30] em porcos que em seguida se precipitaram em um abismo, pensou em sua irmã que, em seus primeiros anos de vida, antes de ele ter sua lembrança, rolou do caminho de arrecifes até a praia. Ela também era um mau espírito e uma porca; daqui havia um caminho curto até o Deus-porco. O próprio pai revelara-se igualmente dominado pela sensualidade. Ao conhecer a história dos primeiros seres humanos, ele chamou-lhe a atenção para a semelhança de seu destino com o de Adão. Em conversa com a Nânia, admirava-se hipocritamente de Adão ter se deixado levar à desgraça por uma mulher, e prometeu à Nânia que jamais se casaria. Por causa da sedução da irmã, uma hostilidade contra as mulheres encontrou uma forte expressão naquela época. Ela ainda o perturbaria muitas vezes ao longo de sua vida amorosa que estava por vir. Para ele, a irmã tornara-se a permanente corporificação da tentação e do pecado. Sempre que se confessava, imaginava-se puro e livre de pecados. Mas então lhe parecia que a irmã ficava à espreita, para lançá-lo novamente no pecado, e, antes que ele se descuidasse, já provocava uma cena de briga com ela, o que o fazia de novo pecador. Desse modo, via-se obrigado a sempre reproduzir, de novo, o fato da sedução. A propósito, quanto a seus pensamentos blasfemos, por mais que o oprimissem, jamais os revelou durante a confissão.

Sem perceber, chegamos à sintomatologia dos anos mais tardios da neurose obsessiva e por isso queremos relatar o seu desfecho, sem levarmos em conta muitos aspectos que a permeiam. Já sabemos que, prescindindo de seu caráter permanente, recebia reforços temporários; uma das vezes, fato que ainda não nos ficou muito claro, foi quando morreu um garoto que morava em sua mesma rua e com quem ele conseguia identificar-se. Quando estava com 10 anos de idade, recebeu um preceptor alemão, que não tardou em obter grande influência sobre ele. É muito instrutivo que toda a sua grave devoção tenha desaparecido para nunca mais ressurgir, após ele ter percebido e ficado sabendo, em conversas esclarecedoras com o professor, que esse substituto do pai não dava nenhum valor à devoção e não achava nada sobre a verdade da religião. A devoção caiu junto com a dependência do pai, que agora estava sendo substituído por um novo pai mais acessível. Certamente isso não aconteceu sem um último lampejar da neurose obsessiva, da qual lembrava especialmente a compulsão de pensar na Santíssima Trindade sempre que visse três montinhos de estrume juntos na rua. Não cedia nunca a um estímulo, sem antes ainda fazer uma tentativa de se agarrar àquilo que fora degradado. Quando o professor o dissuadiu de atentar contra os pequenos bichos, certamente pôs termo a essas más ações, mas não sem antes voltar a se entregar mais uma vez a fundo à tarefa de retalhar lagartas. No tratamento analítico ele se comportava desse mesmo jeito, quando desenvolvia uma "reação negativa" passageira; após cada solução incisiva, procurava, por algum tempo, negar seu efeito mediante um agravamento do sintoma solucionado. Sabemos que as crianças, de maneira bem geral, comportam-se de maneira semelhante em relação a proibições. Se lhes fazemos uma reprimenda, porque, por exemplo, produziram um barulho intolerável, elas voltam a repeti-lo após a proibição, antes de pararem com ele. Assim conseguem mostrar que pararam aparentemente por vontade própria e que desobedeceram à proibição.

Sob a influência do professor alemão, originou-se uma nova e melhor sublimação de seu sadismo, que àquela época, em correspondência à puberdade já próxima, ganhara a primazia sobre o masoquismo. Ele começou a se entusiasmar com a vida de soldado, com uniformes, armas e cavalos, e alimentava, com isso, contínuos sonhos diurnos. Dessa maneira, sob a influência de um homem, libertara-se de suas posições passivas e encontrava-se, antes de tudo, em caminhos bastante normais. Um efeito posterior da afeição a esse professor, que logo em seguida o deixaria, foi que em sua vida adulta ele viesse a preferir o elemento alemão (médicos, instituições, mulheres) ao nacional (representação do pai), e do qual a transferência no tratamento extraiu grande vantagem.

No período anterior à libertação pelo professor, ocorre ainda um sonho que menciono porque, até seu surgimento, estivera esquecido no tratamento. Ele se via montado em um cavalo e sendo perseguido por uma lagarta gigantesca. Reconheceu no sonho uma alusão a outro mais antigo, da época anterior ao professor, que havíamos interpretado há muito tempo. Nesse sonho mais antigo, ele viu o diabo com vestes pretas e na posição ereta que outrora tanto o assustara com o lobo e o leão. Com o dedo estirado, ele apontava para um caracol gigante. Ele logo deduziu que aquele diabo seria o demônio de um conhecido poema, e o próprio sonho, a remodelação de uma imagem muito difundida que figurava o diabo em uma cena de amor com uma jovem. O caracol[31] no lugar da mulher era o símbolo sexual feminino por excelência. Guiados pelo gesto demonstrativo do demônio, logo pudemos indicar como sendo o sentido do sonho que ele ansiava por alguém que lhe desse os últimos ensinamentos que ainda faltavam sobre os enigmas da relação sexual, assim como na época o pai dera os primeiros na cena primordial.

Em relação ao sonho mais tardio, em que o símbolo feminino foi substituído pelo masculino, ele lembrou-se de uma determinada experiência que teve pouco antes. Um dia, enquanto cavalgava pela propriedade, passou por um camponês que dormia, e ao lado do qual estava seu filho pequeno. Este acordou o pai e disse-lhe algo que fez o pai insultar e perseguir o cavaleiro, de modo que ele rapidamente se distanciou em seu cavalo. A isso juntou-se a segunda lembrança de que naquela mesma propriedade havia árvores que eram totalmente brancas, totalmente recobertas por lagartas. Entendemos que ele também adotou a fuga diante da realização da fantasia de que o filho estava dormindo com o pai e que recorreu às árvores brancas para produzir uma alusão ao sonho de angústia com os lobos brancos na nogueira. Era, portanto, uma irrupção direta do medo daquela posição feminina em relação ao homem, da qual ele se protegera através da sublimação religiosa e logo deveria proteger-se com mais eficácia através da sublimação militar.

Porém, seria um grande equívoco supor que após a suspensão dos sintomas obsessivos não tivessem restado quaisquer efeitos permanentes da neurose obsessiva. O processo conduzira a uma vitória da fé piedosa sobre a rebeldia da investigação crítica e tivera como pressuposto o recalcamento da posição homossexual. Desses dois fatores resultaram desvantagens permanentes. A partir dessa primeira grande derrota, a atividade intelectual ficou gravemente lesada. Não se desenvolveu zelo por aprender, nada mais se via daquela perspicácia com a qual, em sua tenra idade de 5 anos, ele havia desintegrado criticamente as doutrinas religiosas. O recalcamento da homossexualidade hiperintensa, ocorrido durante aquele sonho de angústia, reservou essa importante moção para o inconsciente, mantendo-a, assim, na posição de meta original e dela extraindo todas as sublimações a que ela, em outras situações, normalmente se oferece. Por isso, faltavam ao paciente todos os interesses sociais que fornecem conteúdo à vida. Só quando, na terapia analítica, conseguiu-se liberar a homossexualidade desse aprisionamento, o estado de coisas pôde mudar para melhor, e foi muito notável vivenciar – sem advertência direta do médico – como cada parcela liberada da libido homossexual buscava uma aplicação na vida e um atrelamento aos grandes assuntos comuns da humanidade.

VII
EROTISMO ANAL E COMPLEXO DE CASTRAÇÃO

Peço ao leitor para lembrar que obtive esta história de uma neurose infantil como um produto derivado, por assim dizer, da análise de um adoecimento em idade madura. Portanto, tive de montá-la a partir de fragmentos ainda menores do que aqueles normalmente disponíveis para uma síntese. Esse tipo de tarefa, geralmente não complicada, encontra um limite natural, quando se trata de reduzir uma estrutura multidimensional ao plano descritivo. Preciso, portanto, contentar-me em apresentar peças acessórias que o leitor poderá reunir em um todo vivo. Como foi enfatizado repetidas vezes, a neurose obsessiva descrita surgiu no terreno de uma constituição sádico-anal. Mas até agora só tratamos de um fator principal, o sadismo e suas transformações. Tudo o que concerne ao erotismo anal foi deixado intencionalmente de lado e deverá ser reunido aqui de forma complementar.

Há muito tempo, os analistas estão de acordo com o fato de que às múltiplas moções pulsionais agrupadas como erotismo anal é atribuída uma importância extraordinária, que seria bastante impossível superestimar, para a estrutura da vida sexual e da atividade anímica em geral. E também, que uma das mais importantes manifestações do erotismo transformado proveniente dessa fonte ocorre no tratamento dado ao dinheiro, essa matéria valiosa que no curso da vida atraiu para si o interesse psíquico que originalmente era voltado ao excremento, ao produto da zona anal. Acostumamo-nos a reconduzir o interesse por dinheiro, desde que seja de natureza libidinal e não racional, ao prazer excrementício, e a exigir dos seres humanos normais que mantenham sua relação com o dinheiro inteiramente livre de influências libidinais e regulem-na de acordo com propósitos reais.

Em nosso paciente, por ocasião de seu adoecimento posterior, essa relação estava perturbada em medida particularmente lamentável, e isso não era o mínimo diante de sua falta de autonomia e incapacidade de lidar com a vida. Através da herança do pai e do tio, ele tornara-se muito rico, atribuía visivelmente muito valor em ser visto como rico e podia ficar muito ofendido caso alguém o subestimasse nesse aspecto. Mas ele não sabia quanto possuía, o que gastava, o que lhe sobejava. Era difícil dizer se deveria ser chamado de avaro ou perdulário. Ora se comportava desta maneira, ora daquela, jamais de uma forma que pudesse apontar para uma intenção coerente. De acordo com alguns traços surpreendentes que apresentarei mais adiante, era possível considerá-lo um esbanjador insensível, que vê na riqueza o mérito maior de sua pessoa e nem sequer permite considerar interesses afetivos ao lado de interesses pecuniários. Mas ele não avaliava os outros por sua riqueza e em muitas ocasiões mostrava-se, ao contrário, modesto, prestativo e compassivo. O dinheiro simplesmente fugia a seu acesso consciente e significava, para ele, qualquer outra coisa.

Já mencionei (p. 648) que eu achava muito suspeita a maneira como ele se consolara pela perda da irmã, que nos últimos anos transformara-se em sua melhor amiga, com esta reflexão: agora ele não precisaria mais dividir a herança dos pais com ela. Talvez ainda chamasse mais a atenção a calma com que ele conseguia contar isso, como se não tivesse nenhuma compreensão da crueza de sentimentos confessada dessa maneira. É certo que a análise o tenha reabilitado, ao lhe mostrar que a dor pela irmã sofrera apenas um deslocamento, mas agora havia se tornado ainda mais incompreensível que ele tivesse querido encontrar no enriquecimento um substituto para a irmã.

Sua conduta em outro caso pareceu-lhe, a si mesmo, enigmática. Após a morte do pai, o patrimônio deixado foi dividido entre ele e a mãe. A mãe o administrava e atendia às suas exigências monetárias, como ele próprio admitia, de modo irrepreensível, generoso. Não obstante, toda conversa entre os dois sobre questões de dinheiro costumava terminar com as mais violentas recriminações da parte dele: que ela não o amava, que pensava em economizar à custa dele e que ela provavelmente preferia vê-lo morto para dispor sozinha do dinheiro. Chorando, a mãe asseverava seu desinteresse, ele se envergonhava e podia assegurar com razão que não pensava absolutamente nada disso em relação a ela, mas ele estava seguro de que repetiria a mesma cena na próxima ocasião.

Ao fato de que para ele, muito antes da análise, o excremento tinha o significado de dinheiro emerge de várias coincidências, das quais comunicarei duas. Numa época em que o intestino ainda não fazia parte de seu sofrimento, foi visitar um primo pobre numa cidade grande. Quando estava de partida, recriminou-se por não apoiar esse parente com dinheiro e imediatamente depois sentiu "talvez a mais urgente necessidade de evacuar de sua vida". Dois anos mais tarde, estabeleceu de fato uma pensão para esse primo. O outro caso: com 18 anos, durante a preparação para o exame do ensino médio, visitou um colega e combinou com ele aquilo que o medo comum de serem reprovados[32] no exame fez parecer aconselhável.[i] Tinham decidido subornar o bedel da escola, e a sua parte na soma a ser levantada era naturalmente a maior. No caminho de casa, pensou que de bom grado daria ainda mais, se apenas fosse aprovado, se nada lhe acontecesse na prova, e realmente lhe aconteceu outro infortúnio,[33] antes mesmo de chegar à porta de sua casa.[ii]

Estamos preparados para saber que em seu adoecimento ulterior ele sofria de persistentes perturbações da função intestinal, ainda que oscilassem de acordo com as circunstâncias. Quando entrou em tratamento comigo, ele tinha se acostumado a lavagens aplicadas por um acompanhante; passava meses sem ter evacuações espontâneas, a menos que se acrescentasse uma excitação repentina de um determinado lado, em consequência da qual a atividade normal do intestino podia restabelecer-se por alguns dias. Sua queixa principal era que, para ele, o mundo estava envolto em um véu, ou que ele estava separado do mundo

---

[i] O paciente comunicou que sua língua materna não conhece o uso corrente em alemão da expressão "ser reprovado" [*Durchfall*] como caracterização de perturbações intestinais.

[ii] Essa expressão tem o mesmo sentido na língua materna do paciente e em alemão.

por um véu. Esse véu só se rasgava no momento em que, durante a lavagem, o conteúdo abandonava o intestino, e ele então voltava a se sentir saudável e normal.[i]

O colega a quem encaminhei o paciente para uma avaliação sobre o estado de seu intestino foi criterioso o bastante para declará-lo funcional ou mesmo psiquicamente condicionado, abstendo-se de prescrever uma medicação invasiva. Além disso, nem esta nem a dieta recomendada adiantaram. Durante os anos de tratamento analítico, não houve nenhuma evacuação espontânea (à exceção daquelas influências repentinas). O paciente deixou-se convencer de que qualquer tratamento mais intensivo do órgão teimoso agravaria ainda mais seu estado, dando-se por satisfeito em forçar a evacuação, uma a duas vezes por semana, por meio de lavagem ou um laxante.

Na discussão sobre as perturbações intestinais, deixei um espaço mais amplo para o estado clínico ulterior do paciente do que normalmente cabe no plano desse trabalho que se ocupa de sua neurose infantil. Para isso, dois motivos foram decisivos: em primeiro lugar, que a sintomatologia intestinal, na verdade, continuou, com poucas alterações, desde a neurose infantil até a posterior, e, em segundo, que lhe coube um papel principal na conclusão do tratamento.

Sabemos a importância que tem a dúvida para o médico que analisa uma neurose obsessiva. É a mais poderosa arma do doente, o meio predileto de sua resistência. Graças a essa dúvida, o nosso paciente também conseguiu, entrincheirado por trás de uma respeitosa indiferença, deixar que resvalassem por ele, durante anos, os esforços

---

[i] O efeito era o mesmo, se a lavagem fosse ministrada por outrem ou providenciada por ele mesmo.

do tratamento. Nada mudava, e não se encontrou nenhum caminho para convencê-lo. Por fim, reconheci a importância da perturbação intestinal para os meus propósitos; ela representava a pequena parcela de histeria que regularmente se encontra na base de uma neurose obsessiva. Prometi ao paciente o pleno restabelecimento de sua atividade intestinal, tornei clara a sua descrença por meio dessa garantia, e então tive a satisfação de ver dissipar-se a sua dúvida quando o intestino, como um órgão histericamente afetado, começou a "entrar na conversa" no trabalho, reencontrando, em poucas semanas, sua função normal, que se encontrava prejudicada havia tanto tempo.

Retorno agora à infância do paciente, a uma época em que era impossível que o excremento pudesse ter tido para ele o significado de dinheiro.

Perturbações intestinais começaram muito cedo para ele, sobretudo a mais frequente e a mais normal para a criança: a incontinência. Mas certamente teremos razão se recursarmos uma explicação patológica para essas ocorrências mais precoces e virmos nelas apenas uma prova da intenção de não deixar que perturbassem ou impedissem o prazer ligado à função da evacuar. Um intenso prazer por piadas e exibições anais, como o que corresponde normalmente à grosseria natural de certas classes sociais, conservou-se nele até depois do início do seu adoecimento posterior.

Na época da governanta inglesa, ocorreu repetidas vezes de a Nânia e ele terem de compartilhar o quarto da odiada. A Nânia então constatou com compreensão que justamente naquelas noites ele tinha feito na cama, o que normalmente não era o caso. Isso não o envergonhava absolutamente; era uma manifestação de desafio à governanta.

Um ano mais tarde (com 4 anos e meio), durante a época do medo, aconteceu de ele fazer nas calças durante o dia. Sentiu-se terrivelmente envergonhado e, enquanto o limpavam, lamuriava-se: assim não podia mais viver. Naquele meio-tempo, portanto, algo havia mudado, sobre cuja pista fomos guiados acompanhando a sua queixa. Verificou-se que ele tinha repetido de outra pessoa as palavras: assim não podia mais viver. Certa vez,[i] a mãe o levara consigo, enquanto acompanhava à estação ferroviária o médico que a visitara. Durante o trajeto, ela se queixou de suas dores e hemorragias, e desafogou-se com as mesmas palavras: *assim não posso mais viver*, sem esperar que a criança que levava pela mão as guardaria na memória. Essa queixa, que, além disso, ele repetiria inúmeras vezes durante sua doença posterior, significava, portanto, uma – identificação com a mãe.

Logo configurou-se na lembrança um elo temporal e de conteúdo que ainda faltava entre os dois eventos. Tudo começou quando, no início do seu período de angústia[34] [Angst], a mãe, preocupada, emitiu um alerta para que se protegessem as crianças da disenteria que havia aparecido nos arredores da propriedade. Ele se informou de que se tratava e, quando lhe disseram que na disenteria havia sangue nas fezes, ficou cheio de angústia e afirmou que também nas suas fezes havia sangue; ele temia morrer de disenteria, mas se deixou convencer pelo exame de que havia se enganado e nada teria a temer. Entendemos que nessa angústia queria se impor a sua identificação com a mãe, de cujas hemorragias ele ouvira falar na conversa com o médico. Numa tentativa posterior de identificação (com 4 anos e meio),

---

[i] Não se determinou com maior precisão quando foi isso, mas, em todo caso, antes do sonho de angústia, aos 4 anos, provavelmente antes da viagem dos pais.

ele deixou o sangue de lado; ele não se entendia mais, acreditava estar com vergonha, sem se dar conta de que estava abalado pelo medo da morte,[35] que se revelava inequivocamente em sua queixa.

A mãe, com afecção no baixo-ventre,[36] temia nessa época por si e pelos filhos; é inteiramente provável que seu estado de angústia, além dos próprios motivos da mãe, se apoiasse na identificação com a própria mãe.

Mas então, o que deveria significar a identificação com a mãe?

Entre o uso atrevido da incontinência com 3 anos e meio e o pavor a ela aos 4 anos e meio está o sonho com o qual começou o seu período de angústia, que lhe trouxe o entendimento *a posteriori* da cena (p. 674) vivenciada com 1 ano e meio e um esclarecimento sobre o papel da mulher durante o ato sexual. É evidente que também se pode ligar a mudança em sua conduta em relação à evacuação a essa grande reviravolta. Disenteria era, para ele, sem dúvida, o nome da doença sobre a qual ele ouvira a mãe queixar-se, com a qual não se podia viver; para ele, a mãe não estava doente do baixo-ventre, mas do intestino. Sob a influência da cena primordial, revelou-se para ele o nexo de que a mãe adoecera em razão daquilo que o pai fizera[i] com ela, e o seu medo de apresentar sangue nas fezes, de ser tão doente quanto a mãe, era o repúdio à identificação com a mãe naquela cena sexual, o mesmo repúdio com que despertara do sonho. Mas o medo também era a prova de que ele, na elaboração ulterior da cena primordial, colocara-se na posição da mãe, sentira inveja da relação entre ela e o pai. O órgão no qual podia manifestar-se a identificação com a mulher, a posição

---

[i] No que ele, na verdade, provavelmente não estava errado.

homossexual passiva em relação ao homem, era a zona anal. Então, as perturbações na função dessa zona tinham recebido o significado de moções femininas de ternura, e as conservaram também durante o adoecimento posterior.

Neste lugar, é preciso dar ouvidos a uma objeção, cuja discussão poderá muito contribuir para aclarar essa situação aparentemente tão confusa. Fomos levados a supor que, durante o processo onírico, ele entendera que a mulher é castrada e que, em vez do órgão genital masculino, tem uma ferida que serve para a relação sexual, e que a castração é a condição da feminilidade, e que por causa dessa perda ameaçadora ele teria recalcado a posição feminina em relação ao homem, e que teria despertado com medo do entusiasmo homossexual. Como se concilia esse entendimento da relação sexual, esse reconhecimento da vagina, com a escolha do intestino para a identificação com a mulher? Os sintomas intestinais não estão apoiados na concepção provavelmente mais antiga, que contradiz por completo a angústia de castração [Kastrationsangst], segundo a qual a saída do intestino seria o lugar da relação sexual[37]?

Por certo, essa contradição existe, e as duas concepções não são absolutamente conciliáveis entre si. A questão é apenas se elas têm necessariamente de se conciliar. Nossa estranheza provém do fato de que sempre nos inclinamos a tratar os processos anímicos inconscientes como os conscientes e de esquecermos as profundas diferenças dos dois sistemas psíquicos.

Quando a expectativa excitante do sonho natalino lhe apresentou, como em um passe de mágica, a imagem da relação sexual dos pais outrora observada (ou construída), certamente emergiu primeiramente a antiga versão, segundo a qual o lugar do corpo da mulher que recebe o membro era a saída do intestino. No que mais ele poderia ter acreditado, ao ser espectador dessa cena com um ano e meio?[i] Mas então ocorreu algo novo, quando ele tinha 4 anos. Suas lembranças desde então, as alusões que ouvira sobre a castração, despertaram e lançaram uma dúvida sobre a "teoria da cloaca", sugerindo-lhe a noção da diferença entre os sexos e do papel sexual da mulher. Ele comportou-se em relação a isso como as crianças costumam se comportar quando se dá um esclarecimento indesejado – sexual ou de outra natureza. Rejeitou o novo – no nosso caso, por motivos de medo da castração – e agarrou-se ao antigo. Ele decidiu-se pelo intestino contra a vagina do mesmo modo e por motivos semelhantes, com os quais ele mais tarde tomaria partido pelo pai contra Deus. O novo esclarecimento foi rechaçado, e a antiga teoria foi mantida; esta última pôde fornecer o material para a identificação com a mulher, identificação que mais tarde surgiria como medo da morte por doença intestinal [*Darmtod*],[38] e para os primeiros escrúpulos religiosos, sobre se Cristo havia tido um traseiro etc. Não que a nova visão não tivesse produzido efeitos; pelo contrário, ela desenvolveu um efeito extraordinariamente intenso, tornando-se um motivo para manter no recalcamento e excluir de posterior elaboração consciente todo o processo onírico. Mas, com isso, seu efeito ficou esgotado; ela não exerceu nenhuma influência sobre a decisão do problema sexual. Sem dúvida, constituía uma contradição o fato de que, a partir de então, podia subsistir angústia de castração junto à identificação com a mulher por meio do intestino, mas era apenas uma contradição lógica, o que não quer dizer muita coisa. Agora, o processo inteiro é, muito mais,

---

[i] Ou enquanto não entendeu o coito dos cães.

característico da maneira como trabalha o inconsciente. Um recalcamento [Verdrängung] é algo diferente de uma rejeição [*Verwerfung*]³⁹.

Quando estudávamos a gênese da fobia a lobos, acompanhamos o efeito da nova visão do ato sexual; agora que estamos investigando as perturbações da atividade intestinal, encontramo-nos no terreno da antiga teoria da cloaca. Os dois pontos de vista permanecem separados entre si através de um estágio de recalcamento. A posição feminina em relação ao homem, rechaçada pelo ato de recalcamento, recolhe-se, por assim dizer, na sintomatologia intestinal, manifestando-se nas frequentes diarreias, constipações e dores intestinais dos anos da infância. As fantasias sexuais mais tardias, que se constroem sobre a base de um conhecimento sexuais correto, podem agora manifestar-se de maneira regressiva como perturbações intestinais. Mas não as entendemos, sem antes termos descoberto a mudança de significado do excremento desde os primeiros dias da infância.[i]

Numa passagem anterior, deixei entrever que foi reservado um fragmento do conteúdo da cena primordial, que agora posso completar. A criança interrompeu, por fim, o convívio dos pais por meio de uma evacuação que lhe deu motivo para gritar. A respeito da crítica a esse complemento, é válido tudo o que eu anteriormente submeti à discussão sobre o outro conteúdo da mesma cena. O paciente aceitou esse ato final construído por mim e pareceu confirmá-lo através da "formação passageira de sintoma". Outro complemento que eu havia sugerido, de que o pai, descontente com o incômodo, deu vazão a seu

---

[i] Comparar com: "Sobre as transformações da pulsão" etc. (v. X desta edição das *Ges. Werke*).

mau humor com xingamentos, teve de ser abandonado. O material da análise não reagiu a ele.

O detalhe que eu acrescentei agora não deve naturalmente ser colocado em uma linha com o outro conteúdo da cena. Nele, não se trata de uma impressão de fora, cujo retorno é esperado em muitos indícios posteriores, mas de uma reação da própria criança. Nada mudaria na história toda se naquela ocasião essa manifestação não tivesse ocorrido ou tivesse sido, a partir de um momento posterior, incluída no processo da cena. Mas sua concepção não gera nenhuma dúvida. Ela significa um estado de excitação da zona anal (no sentido mais amplo). Em outros casos de natureza semelhante, uma observação como essa do intercurso sexual terminava com um esvaziamento da bexiga; sob as mesmas circunstâncias um homem adulto sentiria uma ereção. O fato de o nosso garotinho produzir um esvaziamento do intestino[40] como indício de sua excitação sexual deve ser julgado como um caráter de sua constituição sexual inata. De imediato, ele adota uma posição passiva, revela mais inclinação a uma identificação posterior com a mulher do que com o homem.

Com isso ele utiliza o conteúdo do intestino, como qualquer outra criança, em um de seus primeiros e mais originários significados. O cocô é o primeiro *presente*, a primeira oferenda da ternura da criança, uma parte do próprio corpo, de que ela se despoja, mas também só em favor de uma pessoa querida.[i] Utilizar o excremento

---

[i] Creio que seja fácil comprovar que lactantes só sujam com seus excrementos pessoas que são conhecidas e amadas por eles; desconhecidos não merecem essa distinção de sua parte. Nos *Três ensaios sobre a teoria sexual*, mencionei o emprego primevo do excremento para a estimulação autoerótica da mucosa intestinal; como um avanço, acrescenta-se, agora, que para a defecação se torna decisiva a consideração por um objeto, a

como desafio à governanta, como, em nosso caso, com 3 anos e meio, é apenas a viragem negativa desse significado primeiro de presente. O *grumus merdae*[41] que os assaltantes deixam no local do crime parece significar as duas coisas: o escárnio e a compensação expressa de forma regressiva. Sempre que se alcança um estágio superior, o anterior ainda pode continuar a encontrar utilização no sentido rebaixado negativamente. O recalcamento encontra sua expressão na relação de oposição.[i]

Num estágio ulterior do desenvolvimento da sexualidade, o excremento adquire o significado de *filho/criança*. Pois o filho é parido pelo ânus, assim como as fezes. O significado de presente do excremento admite facilmente essa transformação. No uso corrente da linguagem, o filho é caracterizado como um "presente"; a mulher afirma com mais frequência que ela "deu um filho de presente" ao marido, mas no uso do inconsciente é considerado igualmente, com direito, o outro lado da relação, que a mulher "recebeu" o filho como presente do homem.

O significado de *dinheiro* do excremento ramifica em uma direção diferente do significado de presente.

A precoce lembrança encobridora de nosso doente, de que ele produz seu primeiro ataque de raiva por não ter ganhado presentes suficientes no Natal, desvela agora seu sentido mais profundo. O que lhe faltava era a satisfação sexual que ele havia entendido como sendo anal. Antes do sonho, sua investigação sexual estava preparada

---

quem a criança obedece ou quer agradar. Essa relação então prossegue, na medida em que a criança mais velha também só permite que determinadas pessoas privilegiadas a sentem no vaso ou a ajudem a urinar, considerando-se, no entanto, também outras intenções de satisfação.

[i] É sabido que não há "não" no inconsciente; opostos coincidem. A negação só é introduzida através do processo de recalcamento.

dessa forma e tinha compreendido durante o processo do sonho que o ato sexual solucionaria o enigma da origem das criancinhas. Já antes do sonho, ele não gostava de criancinhas. Uma vez encontrou um pássaro ainda sem penas que caíra do ninho, tomou-o por um pequeno ser humano e se horrorizou com ele. A análise demonstrou que, para ele, todos os pequenos animais, lagartas, insetos, contra os quais ele dirigia sua fúria, significavam criancinhas.[i] Sua relação com a irmã mais velha deu-lhe muita oportunidade para refletir sobre o vínculo das crianças mais velhas com as mais novas; quando a Nânia uma vez lhe disse que a mãe o amava muito por ele ser o mais novo, ele teve um motivo compreensível para desejar que nenhum irmão mais novo o sucedesse. O medo desse bebê foi então reavivado sob a influência do sonho que lhe apresentou o intercurso dos pais.

Devemos, portanto, acrescentar à corrente sexual que já conhecemos uma nova que, como as outras, provém da cena primordial reproduzida no sonho. Na identificação com a mulher (a mãe), ele está pronto a dar ao pai um filho de presente e tem ciúme da mãe, que já o fez e talvez o faça de novo.

---

[i] Da mesma maneira, parasitas e pragas, que, em sonhos e fobias, com frequência representam criancinhas. [O termo empregado por Freud para designar tais "parasitas" e "pragas", como consta nesta tradução, é "*Ungeziefer*". Trata-se do mesmo termo utilizado por Kafka para designar o "bicho" em que Gregor Samsa, personagem principal de *A metamorfose*, uma certa manhã, após sonhos inquietos, acorda transformado. "*Ungeziefer*" é uma designação hiperonímica usada, em geral, para designar pequenos bichos indesejáveis que podem surgir como pragas, transmitir doenças ou apenas, devido a seu aspecto, incomodar as pessoas. Dentre esses bichos, podem-se listar pulgas, piolhos, percevejos, ácaros, baratas, traças etc., mas também ratos e camundongos. (N.T.)]

Pelo desvio através dos pontos de partida comuns do significado de presente, o dinheiro agora pode atrair para si o significado de filho e, dessa forma, assumir a expressão da satisfação feminina (homossexual). Esse processo consumou-se em nosso paciente, quando, certa vez, enquanto os dois irmãos estavam em um sanatório alemão, ele viu o pai dar à irmã duas cédulas grandes de dinheiro. Em sua fantasia, sempre suspeitara do pai com a irmã; agora seu ciúme despertara, e ele se lançou sobre a irmã quando os dois ficaram a sós, exigindo dela sua parte no dinheiro, com tanta impetuosidade e tantas acusações que ela, aos prantos, arremessou-lhe todo o dinheiro. Não havia sido apenas o dinheiro real que o irritara, mas, muito mais, o filho, a satisfação sexual anal pelo pai. Desta ele conseguiu então consolar-se quando – o pai ainda vivo – a irmã morreu. Seu pensamento ultrajante diante da notícia da morte da irmã não significou, na verdade, nada além disto: agora sou o único filho, agora o pai terá de amar apenas a mim. Mas o pano de fundo homossexual dessa ponderação inteiramente passível de se tornar consciente era tão intolerável que seu travestimento em sórdida avareza certamente foi tornado possível como um grande alívio.

Algo parecido ocorreu quando, após a morte do pai, ele fez aquelas acusações injustas à mãe, de que ela queria enganá-lo com o dinheiro, de que ela gostava mais do dinheiro do que dele. O velho ciúme por ela ter amado mais outro filho do que a ele e a possibilidade de ela ainda ter desejado outro filho depois dele compeliam-no a incriminações que, como ele mesmo reconhecia, não se sustentavam.

Essa análise do significado de excremento nos esclarece agora que os pensamentos obsessivos que forçosamente levavam a uma ligação entre Deus e excremento significavam algo diferente da injúria pela qual ele os reconhecia. Bem mais que isso, eles eram autênticos resultados de compromisso dos quais participavam, por um lado, uma corrente carinhosa e dedicada, e, por outro, uma corrente hostil e insultante. "Deus – excremento" era provavelmente uma abreviação de alguma oferta que na vida também se ouve de forma não abreviada. "Cagar em Deus",[42] "cagar algo para Deus"[43] também significa dar a ele um filho de presente ou ganhar dele um filho. O antigo significado de presente, negativamente rebaixado, e o significado ulterior de filho desenvolvido mais tarde a partir dele estão unidos nas palavras obsessivas. No último expressa-se uma ternura feminina, a disposição em renunciar à própria masculinidade, se em troca puder ser amado como mulher. Portanto, precisamente aquela moção contra Deus que se expressa com palavras inequívocas no sistema delirante do paranoico presidente da Corte de Apelação Schreber.[i]

Quando, mais tarde, eu relatar sobre a última resolução de sintoma em meu paciente, mostrar-se-á mais uma vez como a perturbação intestinal se colocou a serviço da corrente homossexual e expressou a posição feminina em relação ao pai. Um novo significado do excremento deverá agora nos abrir caminho para a discussão do complexo de castração.

Quando o bolo fecal excita a mucosa intestinal, ele desempenha, para esta, o papel de um órgão ativo, comporta-se como o pênis em relação à mucosa vaginal e se torna, por assim dizer, o precursor dele no período da cloaca. A entrega do excremento por amor a outra pessoa torna-se, por sua vez, o modelo da castração, é o primeiro

---

[i] V. v. VIII, p. 239 e segs.

caso de renúncia a uma parte do próprio corpo,[i] para ganhar o favor de outra pessoa amada. Portanto, o amor, sempre narcisista, por seu pênis não prescinde, portanto, de uma contribuição por parte do erotismo anal. O excremento, a criança, o pênis dão, pois, como resultado, uma unidade, um conceito inconsciente – *sit venia verbo*[44] –, o do pequeno separável do corpo. Por essas vias de conexão, podem consumar-se deslocamentos e intensificações do investimento libidinal que são importantes para a patologia e que são descobertos pela análise.

Já nos é conhecida a tomada de posição inicial de nosso paciente em relação ao problema da castração. Ele a rejeitou e se ateve ao ponto de vista do intercurso pelo ânus. Quando eu disse que ele a rejeitou, o significado mais imediato dessa expressão é que ele não quis saber nada dela no sentido do recalcamento. Com isso, na verdade, não tinha sido pronunciado nenhum julgamento sobre a sua existência, mas era como se ela não existisse. Mas essa posição não pode ter permanecido como a definitiva, nem sequer para os anos de sua neurose infantil. Posteriormente, encontram-se boas provas de que ele reconhecera a castração como um fato. Também em relação a esse ponto, ele se comportou como era característico de sua natureza, o que certamente nos dificultou excepcionalmente tanto a exposição quanto a empatia. Primeiramente ele se revoltou e depois cedeu, mas uma reação não eliminava a outra. No final, nele acabaram coexistindo duas correntes opostas, das quais uma abominava a castração, e a outra estava pronta para aceitá-la e para se consolar com a feminilidade como substituto. A terceira, a mais antiga e a mais profunda, que simplesmente havia rejeitado a

---

[i] E inteiramente como tal, o excremento é tratado pela criança.

castração, embora o julgamento sobre a sua realidade ainda não estivesse em questão, certamente ainda era ativável. Em outro lugar,[i] relatei uma alucinação do quinto ano de vida justamente desse paciente, à qual eu gostaria de acrescentar, aqui, apenas um breve comentário:

"Quando eu tinha 5 anos de idade, estava brincando no jardim perto da minha babá e fazia cortes com meu canivete na casca de uma daquelas nogueiras, que também têm um papel em meu sonho.[ii,iii] De repente percebi, com um terror indizível, que eu tinha cortado meu dedo mindinho da mão (direita ou esquerda?), de tal maneira que ele só estava pendurado pela pele. Eu não sentia dor nenhuma, mas uma grande angústia. Não me atrevia a dizer nada à babá, que se encontrava a apenas poucos passos de distância, afundei no banco mais próximo e permaneci sentado lá, incapaz de olhar mais uma vez para o dedo. Finalmente me acalmei, olhei para o dedo, e, veja só, ele estava totalmente ileso."

Como sabemos, quando contava 4 anos e meio, após a comunicação sobre a história sagrada, teve início nele uma intensa elaboração de pensamento que desembocou na devoção religiosa obsessiva. Temos, portanto, o direito

---

[i] Sobre *fausse reconnaissance* ("*déjà raconté*") durante o trabalho psicanalítico. *Internationale Zeitschrift für Ärztliche Psychoanalyse*, v. I, 1913 (v. X desta edição das *Ges. Werke*). [A expressão francesa "*fausse reconnaissance*" significa "falso reconhecimento", e "*déjà raconté*" quer dizer "já contado". (N.T.)]

[ii] Comparar "Materiais de histórias infantis em sonhos". *Internationale Zeitschrift für Ärztliche Psychoanalyse*, v. I, 2º caderno (v. X desta edição das *Ges. Werke*).

[iii] Correção feita em relato posterior: "Acho que eu não estava cortando a árvore. Foi uma mistura com outra lembrança, que também deve ter sido falseada alucinatoriamente, de eu ter feito um corte em uma árvore com o canivete e de ter saído *sangue* da árvore".

de supor que essa alucinação aconteça no período em que decidiu reconhecer a realidade da castração e que ela talvez devesse marcar justamente esse passo. Também a pequena correção feita pelo paciente não é sem interesse. Se ele alucinou a mesma experiência horripilante que Tasso relata sobre seu herói Tancredo em *Jerusalém libertada*, então certamente se justifica a interpretação de que também para o meu pequeno paciente a árvore significava uma mulher. Com isso, ele fazia o papel do pai e relacionava as hemorragias da mãe, que lhe eram familiares, com a castração das mulheres, por ele reconhecida, com "a ferida".

Mais tarde, ele contaria que o estímulo para a alucinação do dedo cortado foi-lhe dado pela história de uma parenta sua que nascera com seis dedos em um pé, e que logo em seguida teve esse membro excedente cortado com um machado. Portanto, as mulheres não tinham pênis, porque este lhes era removido no nascimento. Por essa via, ele aceitava, na época, a neurose obsessiva, o que ele já vivenciara durante o processo do sonho e naquela ocasião refutara por meio de recalcamento. Tampouco pôde permanecer-lhe desconhecida a circuncisão ritual de Cristo, bem como a dos judeus em geral, durante a leitura da história sagrada e das conversas sobre ela.

Não há dúvidas de que, para ele, durante aquele período o pai tornara-se aquela pessoa assustadora a partir da qual a castração ameaça. O Deus cruel, com quem ele se debatia àquela época, que deixa as pessoas se tornarem culpadas para então castigá-las, que sacrifica seu filho e os filhos dos homens, lançava seu caráter de volta sobre o pai, que ele, por outro lado, procurava defender desse Deus. Aqui, o menino tem um esquema filogenético a ser cumprido e realiza-o, ainda que suas experiências pessoais não se harmonizem com ele. As ameaças de castração ou alusões que ele experimentara haviam partido, bem mais, de mulheres,[i] mas isso não podia deter o resultado final por muito tempo. Por fim, foi mesmo do pai que ele temia a castração. Nesse ponto, a hereditariedade venceu a vivência acidental; na pré-história da humanidade, era sem dúvida o pai que praticava a castração como castigo, e depois a reduziu à circuncisão. Quanto mais longe ele chegava no recalcamento da sensualidade[ii] ao longo do processo de neurose obsessiva, mais natural deve ter se tornado, para ele, dotar o pai, o verdadeiro representante da atividade sensual, dessas más intenções.

A identificação do pai com o castrador[iii] adquiriu importância como fonte de uma intensa hostilidade inconsciente contra ele, ampliada até o desejo de morte, e também como fonte dos sentimentos de culpa que reagiam a ela. Mas, até então, ele se comportava normalmente, isto é, como todo neurótico possuído por um complexo de Édipo positivo. O surpreendente era que, também nesse ponto, existia nele uma contracorrente em que o pai era muito mais o castrado e, como tal, provocava sua compaixão.

Na análise do cerimonial da respiração ao avistar aleijados, mendigos etc., pude mostrar que também esse sintoma remontava ao pai, que, como doente, causara-lhe

---

[i] Já sabemos isso a respeito da Nânia e ainda vamos constatá-lo em relação a outra mulher.

[ii] V. as provas disso à p. 642.

[iii] Entre os mais torturantes, mas também os mais grotescos sintomas de seu sofrimento ulterior, estava a sua relação com cada – alfaiate, a quem encomendasse uma peça de roupa, seu respeito e sua timidez perante essa pessoa importante, suas tentativas de ganhar a simpatia dele através de gorjetas e seu desespero com o sucesso do trabalho, não importando como este viesse a ser concluído.

pena durante a visita no sanatório. A análise permitiu acompanhar esse fio ainda mais remotamente. Em um período muito anterior, provavelmente ainda antes da sedução (3 anos e 3 meses), havia na propriedade um pobre trabalhador diarista que transportava a água para a casa. Ele não podia falar, supostamente porque lhe haviam cortado a língua. Talvez ele fosse um surdo-mudo.[45] O pequeno gostava muito dele e se sentia sinceramente pesaroso por ele. Quando este morreu, ele o procurava no céu.[i] Esse foi, então, o primeiro aleijado de quem ele se compadeceu; de acordo com o contexto e seu alinhavamento na análise, indubitavelmente um substituto do pai.

A análise ligou a esse homem a lembrança de outros serviçais que lhe eram simpáticos, dos quais ele destacava que eram doentios ou judeus (circuncisão!). Inclusive o criado que o ajudara a se limpar, quando ele teve aquele infortúnio aos 4 anos e meio, era um judeu e tísico, e gozava de sua compaixão. Todas essas pessoas fazem parte do período anterior à visita ao pai no sanatório, ou seja, antes da formação do sintoma que devia muito mais manter afastada, através da expiração, uma identificação com os compadecidos. Em seguida, a análise, em conexão com um sonho, voltou-se subitamente para a pré-história, permitindo-lhe formular a afirmação de que, durante o coito da cena primordial, ele havia observado o desaparecimento do pênis, e por isso compadeceu-se do pai e alegrou-se com o reaparecimento daquilo que acreditara perdido. Portanto, uma nova moção de sentimentos que mais uma vez partia dessa cena. Além disso, a origem

---

[i] Nesse contexto, menciono sonhos que ocorreram posteriormente ao sonho de angústia, mas ainda na primeira propriedade, e que figuravam a cena do coito como processo entre corpos celestes.

narcisista da compaixão[i], que a própria palavra testemunha, é aqui inteiramente inequívoca.

VIII
COMPLEMENTOS DO PERÍODO PRIMORDIAL – SOLUÇÃO

Acontece em muitas análises, quando o final se aproxima, de emergir repentinamente novo material de lembrança que até então fora mantido cuidadosamente escondido. Ou então é lançada uma observação insignificante, num tom desinteressado, como se fora algo supérfluo, e a ela se acrescenta algo, outra vez, que logo faz o médico aguçar os ouvidos, e finalmente se reconhece naquela migalha menosprezada de lembrança a chave para os mais importantes segredos que a neurose do doente encobria.

Bem no início, meu paciente relatara uma lembrança da época em que sua malvadeza costumava transformar-se em angústia. Ele perseguia uma linda e grande borboleta com listras amarelas, cujas asas terminavam em extremidades pontiagudas – portanto, uma rabo-de-andorinha. De súbito, após a borboleta pousar em uma flor, foi tomado por um terrível medo do animal e saiu correndo dali aos gritos.

Essa lembrança retornava de tempos em tempos na análise e exigia uma explicação, que durante um longo período não obteve. Certamente cabia supor, de antemão, que um detalhe como esse não havia conservado, por si só, um lugar na memória, mas surgia, isso sim, como lembrança encobridora de algo mais importante a que, de algum modo, estava ligado. Um dia ele disse que o nome de borboleta em sua língua era *babuchka*,[46] mãezinha velha;

---

[i] *Mitleid* = literalmente "sofrer com". Assim temos a morfologia de "compaixão" em alemão.

em geral, as borboletas pareciam-lhe mulheres e moças, e os besouros e as lagartas, garotos. Por consequência, naquela cena de angústia, devia necessariamente ter sido despertada a lembrança de um ser feminino. Não quero ficar calado em relação ao fato de que, naquela ocasião, eu sugeri a possibilidade de as listras amarelas da borboleta terem recordado o riscado semelhante de uma peça de roupa trajada por uma mulher. Faço isso tão somente para mostrar, com um exemplo, quão insuficiente é, em geral, a articulação do médico para a solução das questões levantadas, e quão injusto é responsabilizar a imaginação e a sugestão do médico pelos resultados da análise.

Num contexto totalmente outro, muitos meses mais tarde, o paciente fez então a observação de que o abrir e fechar das asas, quando a borboleta estava pousada, teria causado nele a impressão infamiliar. Teria sido como quando uma mulher abre as pernas, e as pernas assim produzissem a figura de um V romano, que, como sabemos, corresponde à hora em torno da qual, ainda em seus anos de meninice, mas também ainda agora, costumava ocorrer um abatimento em seu estado de espírito.

Esse foi um pensamento repentino ao qual eu nunca teria chegado, mas que ganhou valor através da consideração de que o processo associativo que ali se desnudava tinha um caráter bastante infantil. Amiúde, observei que a atenção das crianças é atraída bem mais por movimentos do que por formas em repouso, e elas frequentemente estabelecem associações baseadas em movimento semelhante, que são desprezadas ou omitidas por nós, adultos.

Depois disso, o pequeno problema voltou a aquiescer durante um longo tempo. Quero ainda mencionar a fácil suposição de que as extremidades pontiagudas ou similares a hastes das asas da borboleta poderiam ter tido um significado de símbolos genitais.

Certo dia surgiu, tímida e confusamente, uma espécie de lembrança de que muito cedo, ainda antes da babá, teria havido uma ama que o amava muito. Ela tinha o mesmo nome de sua mãe. Certamente ele retribuía o seu carinho. Portanto, um primeiro amor perdido. Mas chegamos ao consenso de que ali deveria ter acontecido algo que mais tarde seria de importância.

Depois ele corrigiu mais uma vez sua lembrança. Ela não poderia ter tido o mesmo nome da mãe, fora um equívoco seu, que naturalmente provava que, para ele, na lembrança, ela se fundira com a mãe. Seu nome correto ocorreu-lhe por um desvio. Num repente, ele teve de pensar num galpão que havia na primeira propriedade, onde eram conservadas as frutas colhidas, e num determinado tipo de pera de excelente sabor, grandes peras com listras amarelas na casca. Pera se chama, em sua língua, *gruscha*, e esse também era o nome da ama.

Ficou claro, portanto, que por trás da lembrança encobridora da borboleta caçada escondia-se a memória da ama. Mas as listras amarelas não estavam no seu vestido, e sim na pera, que tinha o mesmo nome que ela. Mas de onde vinha o medo quando se ativou a lembrança dela? A articulação imediata, grosseira, teria podido enunciar que nessa moça ele teria visto pela primeira vez, ainda pequeno, os movimentos das pernas que ele fixara como o signo do V romano, movimentos que tornavam o genital acessível. Reservamo-nos essa articulação e esperamos por mais material.

Não tardou e veio então a lembrança de uma cena, incompleta, mas precisa, até onde ela havia sido preservada. Gruscha estava no chão, ao lado dela havia um balde e uma vassoura curta feita com gravetos amarrados; ele estava presente, e ela o provocava ou o repreendia.

O que nela faltava podia ser facilmente introduzido a partir de outros lugares. Nos primeiros meses do tratamento, ele havia relatado sobre uma paixão que surgiu compulsivamente por uma moça camponesa, de quem contraiu aos 18 anos o que ocasionaria o seu adoecimento posterior. Àquela época, ele opôs-se de modo ostensivo a comunicar o nome da moça. Tratou-se de uma resistência bastante isolada; normalmente ele obedecia sem reservas à regra analítica fundamental. Mas ele afirmava que tinha de se envergonhar muito de pronunciar aquele nome, porque ele era tipicamente camponês; uma moça mais distinta jamais o usaria. O nome, que finalmente descobrimos, era *Matrona*. Tinha som maternal. Era evidente que a vergonha estava deslocada. Do fato propriamente dito de esses enamoramentos envolverem exclusivamente as moças mais inferiores ele não se envergonhava, apenas do nome. Se a aventura com a Matrona podia ter algo em comum com a cena da Gruscha, então a vergonha precisava ser transportada de volta até esse episódio anterior.

De outra feita, contou que, ao conhecer a história de Johannes Huss,[47] ficou muito comovido com ela, e sua atenção ficou presa nos feixes de lenha que eram carregados para a sua fogueira. No entanto, a simpatia por Huss desperta uma suspeita bem definida; encontrei-a, com frequência, em pacientes jovens e sempre consegui esclarecê-la do mesmo modo. Um desses pacientes chegou, inclusive, a fornecer uma versão dramática dos destinos de Huss; ele começou a escrever seu drama no dia em que lhe foi tirado o objeto de sua paixão mantida em segredo. Huss teve a morte pelo fogo, ele se torna, como outros que preenchem a mesma condição, o herói dos antigos enuréticos. Meu próprio paciente relacionou o feixe de lenha na fogueira de Huss com a vassoura (feixe com gravetos) da ama.

Esse material se juntou espontaneamente para preencher a lacuna na lembrança da cena da Gruscha. Quando viu a moça lavando o chão, ele urinou dentro do quarto, e logo em seguida, certamente brincando, ela fez uma ameaça de castração.[i]

Não sei se os leitores já conseguem adivinhar por que comuniquei de modo tão detalhado esse episódio da primeira infância.[ii] É que ele estabelece uma importante ligação entre a cena primordial e a compulsão amorosa posterior, que se tornou tão decisiva para seu destino, e, além disso, introduz uma condição amorosa que esclarece essa compulsão.

Ao ver a moça agachada no chão, ocupada em lavá-lo, ajoelhada, as nádegas projetadas, as costas em posição horizontal, ele reencontrou nela a posição que a mãe adotara durante a cena do coito. Para ele, ela se transformara na mãe, ele foi arrebatado pela excitação sexual em consequência daquela imagem,[iii] e se comportou masculinamente em relação a ela como o pai, cuja ação, na época, ele só

---

[i] É muito curioso que a reação de vergonha esteja tão intimamente ligada com o esvaziamento involuntário da bexiga (tanto noturno quanto diurno) e não, como seria de esperar, ligada também à incontinência intestinal. A experiência não deixa subsistir nenhuma dúvida a esse respeito. Também a relação regular entre a incontinência da bexiga e o fogo dá o que pensar. É possível que nessas reações e ligações se encontrem sedimentos da história cultural da humanidade, que chegam a locais mais profundos do que tudo o que foi preservado para nós através de seus vestígios no mito e no folclore.

[ii] Esse episódio ocorre por volta dos 2 anos e meio, entre a suposta observação do coito e a sedução.

[iii] Antes do sonho!

pôde entender como um urinar. O fato de ele urinar no chão foi, na verdade, uma tentativa de sedução, e a moça respondeu a isso com uma ameaça de castração, como se ela o tivesse entendido.

A compulsão que partia da cena primordial transferiu-se para essa cena com a Gruscha e continuou a produzir efeitos através dela. No entanto, a condição de amor sofreu uma modificação, que é testemunhada pela influência da segunda cena; transferiu-se da posição da mulher para a atividade que ela realizava nessa posição. Isso se tornou evidente, por exemplo, através da experiência com a Matrona. Ele estava fazendo um passeio pelo vilarejo que pertencia à (última) propriedade, e viu, à beira da lagoa, uma moça camponesa ajoelhada e ocupada lavando roupas na lagoa. Apaixonou-se momentaneamente pela lavadeira e com irresistível impetuosidade, embora ainda não pudesse ver seu rosto, de maneira nenhuma. Pela situação e pela atividade, ela entrou para ele no lugar da Gruscha. Agora entendemos como a vergonha que se referia ao conteúdo da cena com a Gruscha pôde ligar-se ao nome da Matrona.

A influência coerciva da cena da Gruscha é mostrada ainda mais claramente por outro acesso de paixão ocorrido alguns anos antes. Havia uma jovem camponesa, que prestava serviços na casa da família e lhe agradava havia muito tempo, mas ele não era capaz de não se aproximar dela. Um dia, ao encontrá-la sozinha no cômodo, foi arrebatado pela paixão. Encontrou-a agachada no chão, ocupada com a lavagem, a tina e a vassoura do seu lado, ou seja, exatamente como a moça de sua infância.

Mesmo sua escolha definitiva de objeto que se tornou tão significativa para sua vida revela-se, pelas circunstâncias imediatas que não serão mencionadas aqui, dependente da mesma condição de amor, como um prolongamento da compulsão que desde a cena primordial, passando pela cena da Gruscha, dominava sua escolha amorosa. Numa passagem anterior, observei que certamente reconheço no paciente seu anseio em degradar o objeto de seu amor. Ele deve ser reconduzido a uma reação contra a pressão da irmã, que lhe era superior. Mas naquela ocasião prometi mostrar que esse motivo de natureza arbitrária não era o único decisivo, mas que encobria uma determinação mais profunda através de motivos puramente eróticos. A lembrança da ama lavando o chão, evidentemente numa posição degradante, trouxe à luz essa motivação. Todos os posteriores objetos de amor foram pessoas substitutas dela, que, por sua vez, tinha se tornado o primeiro substituto da mãe, pelo acaso da situação. A primeira ideia súbita do paciente em relação ao problema do medo da borboleta pode ser facilmente reconhecida, *a posteriori*, como alusão remota à cena primordial (a quinta hora). Ele confirmou a ligação da cena da Gruscha com a ameaça de castração por meio de um sonho particularmente rico em sentido, que ele próprio soube traduzir. Ele contou: Sonhei que *um homem arranca as asas de uma espe.* Espe?, fui obrigado a perguntar, o que o Sr. quer dizer com isso? – Ora, o inseto com as listras amarelas no corpo que pode picar. Deve ter sido uma alusão à Gruscha, à pera de listras amarelas. – Então o Sr. quer dizer *Wespe* [vespa], consegui corrigir. – Chama-se *Wespe* [vespa]? Eu realmente achava que se chamava espe. (Como muitos outros, ele se valia da sua condição de falante de língua estrangeira para encobrir os atos sintomáticos.) Mas espe sou eu, S. P.[48] (as iniciais de seu nome). A espe é, naturalmente, uma Wespe [vespa] mutilada. O sonho diz claramente que ele estaria vingando-se da Gruscha por sua ameaça de castração.

A ação do menino de 2 anos e meio na cena da Gruscha é o primeiro efeito da cena primordial de que tomamos conhecimento, ela o figura como cópia do pai e nos permite discernir uma tendência de desenvolvimento numa direção que mais tarde merecerá o nome de masculina. Através da sedução, ele é pressionado a uma passividade que certamente também já estava preparada por seu comportamento de espectador no intercurso dos pais.

Ainda preciso destacar, da história do tratamento, que se teve a impressão de que, com a resolução da cena de Gruscha, da primeira experiência que ele realmente conseguiu lembrar e lembrou sem a minha suposição e interferência, estaria resolvida a tarefa do tratamento. A partir dali, não houve mais quaisquer resistências, só era preciso ainda reunir e compor. A velha teoria do trauma, que na verdade havia sido construída sobre impressões da terapia psicanalítica, recuperou sua vigência de uma só vez. Por interesse crítico, fiz novamente a tentativa de impor ao paciente outra versão de sua história, que fosse mais bem-vinda ao sóbrio entendimento. Disse-lhe que, na verdade, não cabia duvidar da cena com a Gruscha, mas, a rigor, ela nada significava e teria sido intensificada posteriormente, por regressão, pelos eventos de sua escolha de objeto, a qual, em consequência da tendência à degradação, fora desviada da irmã para as criadas. Mas que a observação do coito seria uma fantasia de seus anos posteriores, cujo núcleo histórico poderia ter sido talvez a observação ou a vivência de uma inocente lavagem. Talvez alguns leitores achem que só com essas hipóteses eu já teria me aproximado do entendimento do caso; mas o paciente olhou para mim sem compreender e um tanto desdenhosamente, quando lhe apresentei essa versão, e nunca mais voltou a reagir a ela. Meus próprios argumentos contra uma racionalização como essa eu desenvolvi no contexto acima.

[Entretanto, a cena da Gruscha não contém apenas as condições decisivas da escolha do objeto para a vida do paciente, assim nos preservando do erro de superestimar a importância da tendência à degradação da mulher. Ela também serve para me justificar, quando anteriormente deixei de defender, sem qualquer objeção, a recondução da cena primordial a uma observação de animais feita um pouco antes do sonho, como se fosse a única solução possível (p. 666). Ela havia emergido espontaneamente na lembrança do paciente e sem a minha intervenção. O medo da borboleta de listras amarelas que remonta a ela provou que ela havia tido um conteúdo significativo ou que tinha se tornado possível emprestar, *a posteriori*, esse significado a seu conteúdo. Esse algo significativo que faltava na lembrança podia com certeza ser complementado pelas ocorrências repentinas que a acompanhavam e pelas conclusões ligadas a ela. Resultou, então, que o medo da borboleta era inteiramente análogo ao medo do lobo; em ambos os casos, era medo diante da castração, inicialmente referido à pessoa que primeiramente formulou a ameaça de castração, e, em seguida, transposto para a outra na qual o medo tivesse de encontrar aderência de acordo com o modelo filogenético. A cena com a Gruscha ocorrera quando ele tinha 2 anos e meio de idade, mas a experiência do medo da borboleta amarela, certamente após o sonho de angústia. Era fácil entender que foi a compreensão posterior da possibilidade de castração que desenvolveu, *a posteriori*, o medo a partir da cena com a Gruscha; mas, em si mesma, essa cena não continha nada de chocante ou improvável, mas, muito mais, detalhes inteiramente banais dos quais não havia razão para duvidar.

Nada exigia que ela fosse reconduzida a uma fantasia da criança; e isso tampouco parece possível.

Surge agora a questão: estamos autorizados a ver no urinar do garoto em pé, enquanto a moça ajoelhada lava o chão, uma prova de sua excitação sexual? Então essa excitação testemunharia a influência de uma impressão anterior que tanto poderia ser o fato efetivo da cena primordial quanto uma observação de animais anterior aos 2 anos e meio. Ou aquela situação foi inteiramente inocente, o esvaziamento da bexiga do garoto puramente casual, e a cena inteira foi sexualizada só mais tarde na lembrança, depois que situações semelhantes foram reconhecidas como importantes?

Nesse ponto não ouso tomar nenhuma decisão. Devo dizer que já tenho a psicanálise em grande conta, por ela ter chegado à formulação dessas perguntas. Mas não posso negar que a cena com a Gruscha, o papel que lhe coube na análise e os efeitos que partiam dela na vida explicam-se certamente do modo mais natural e mais completo, se neste caso considerarmos como realidade a cena primordial, que outras vezes pode ser uma fantasia. No fundo, ela nada afirma de impossível; a suposição de sua realidade também se concilia por inteiro com a influência estimulante das observações de animais, à qual apontam os cães pastores da imagem do sonho.

Dessa conclusão insatisfatória volto-me à questão que tentei tratar nas *Conferências introdutórias sobre a psicanálise*. Eu mesmo gostaria de saber se a cena primordial, no caso de meu paciente, foi fantasia ou experiência real, mas, considerando outros casos semelhantes, é preciso dizer que na verdade essa decisão não é muito importante. As cenas de observação do intercurso sexual dos pais, de sedução na infância e de ameaça de castração são indubitavelmente patrimônio herdado, herança filogenética, mas também podem ser aquisição de vivências pessoais. Em meu paciente, a sedução pela irmã mais velha foi uma realidade incontestável; por que não o seria também a observação do coito dos pais?

Tudo o que vemos na história primordial da neurose é que a criança recorre a essa vivência filogenética quando sua própria vivência não basta. Ela preenche as lacunas da verdade individual com verdade pré-histórica, encaixa a experiência dos ancestrais no lugar da própria experiência. No reconhecimento dessa herança filogenética, concordo plenamente com Jung (*A psicologia dos processos inconscientes*, 1917, uma obra que não podia mais influenciar as minhas *Conferências*); mas considero um erro metodológico recorrer a uma explicação da filogênese, sem antes haver esgotado as possibilidades da ontogênese; não compreendo por que se quer obstinadamente contestar à pré-história infantil uma importância que se concede de boa vontade à pré-história ancestral; não posso ignorar que os motivos das produções filogenéticas, por sua vez, necessitam de esclarecimento que em toda uma série de casos lhe pode ser concedido a partir da infância individual; e, por último, não me admira se a manutenção das mesmas circunstâncias fizer ressurgir organicamente no indivíduo aquilo que elas criaram em tempos pré-históricos e herdaram como disposição para readquiri-lo.]

No intervalo entre a cena primordial e a sedução (1 ano e meio – 3 anos e 3 meses), é preciso intercalar ainda o carregador de água surdo, que foi para ele substituto do pai, como a Gruscha foi um substituto materno. Acho que é infundado falar aqui de uma tendência à degradação, ainda que ambos os genitores se encontrem representados por serviçais. A criança passa por cima das diferenças sociais que ainda significam pouco para ela e alinha ao lado dos pais pessoas de condições mais simples, se estas, de maneira semelhante aos pais, demonstram-lhe amor. Da mesma forma, pouca importância tem essa tendência a substituir os pais por animais, pois a criança está muito longe de menosprezá-los. Sem se considerar essa degradação, tios e tias são tomados como substitutos dos pais, como é testemunhado através de múltiplas lembranças de nossos pacientes.

Dessa mesma época também faz parte uma notícia obscura de uma fase em que ele nada queria comer além de doces, o que causou preocupação pelo seu desenvolvimento. Contaram-lhe sobre um tio que também se recusara a comer e depois morrera jovem de definhamento. Também soube que com a idade de 3 meses estivera tão gravemente doente (uma infecção pulmonar?), que até já lhe haviam preparado a mortalha. Conseguiram amedrontá-lo de tal forma que ele voltou a comer; em anos mais tardios da infância ele chegava até a exagerar essa obrigação, como se quisesse proteger-se da morte com que o ameaçavam. O medo da morte, que àquela época haviam invocado para sua proteção, tornou a se mostrar posteriormente, quando a mãe alertou para o perigo de disenteria; ele provocou mais tarde mais um acesso de neurose obsessiva (p. 642). Queremos tentar rastrear suas origens e seus significados em uma passagem mais adiante.

Gostaria de demandar para a perturbação alimentar o significado de um dos primeiríssimos adoecimentos neuróticos; de modo que perturbação alimentar, fobia a lobos, devoção compulsiva resultam na série completa de adoecimentos infantis que trazem consigo a disposição para o colapso neurótico nos anos após a puberdade. Contra mim, objetarão que poucas crianças escapam a perturbações como um desprazer de comer passageiro ou uma fobia a animais. Mas esse argumento me é muito bem-vindo. Estou pronto para afirmar que toda neurose de um adulto se constrói sobre sua neurose infantil, mas esta nem sempre é suficientemente intensa para chamar a atenção e ser reconhecida como tal. Então, essa objeção só realça a importância teórica das neuroses infantis para a concepção dos adoecimentos que tratamos como neuroses e que queremos derivar apenas dos efeitos da vida adulta. Se nosso paciente não tivesse acrescentado à sua perturbação alimentar e à sua fobia a animais também a devoção compulsiva, então a sua história não se distinguiria de maneira notável da de outras pessoas, e estaríamos empobrecidos de valiosos materiais capazes de nos preservar de erros naturais.

A análise seria insatisfatória se ela não trouxesse o entendimento daquela queixa na qual o paciente resumia seu sofrimento. Essa queixa dizia que o mundo estaria, para ele, como que coberto por um véu, e o ensinamento psicanalítico rechaça a expectativa de que essas palavras poderiam ser destituídas de significado e escolhidas fortuitamente. O véu rasgou-se – curiosamente – apenas em uma situação, mais precisamente quando, em decorrência de uma lavagem, as fezes passaram pelo ânus. Em seguida, ele voltou a se sentir bem e, por um breve período de tempo, viu o mundo nitidamente. Interpretar esse "véu" foi tão difícil quanto no caso do medo da borboleta. Nesse caso também ele não se aferrou ao véu, este ia se dissipando mais e mais em um sentimento de crepúsculo, *"ténèbres"*,[49] e em outras coisas incompreensíveis.

Só pouco antes da despedida do tratamento, ele se lembrou de ter ouvido falar que viera ao mundo com um "capuz da sorte" ["empelicado"[50]]. Por esse motivo, sempre se considerara uma criança de sorte, à qual nenhum mal poderia atingir. Só depois essa segurança o abandonou, quando teve de reconhecer a doença gonorreica como uma lesão grave em seu corpo. Diante dessa afronta ao seu narcisismo, ele desmoronou. Diremos que, com isso, ele repetiu um mecanismo que já se apresentara nele. Sua fobia a lobos também irrompeu quando foi colocado diante do fato de que uma castração era possível e, evidentemente, alinhou a gonorreia à castração.

O capuz da sorte [a touca de pelica] é, portanto, o véu que o ocultava do mundo e lhe ocultava o mundo. Sua queixa é, na verdade, uma fantasia de desejo realizada, ela o mostra de volta ao corpo materno, certamente a fantasia de desejo de fuga do mundo. Cabe traduzi-la assim: sou tão infeliz na vida, tenho de retornar ao ventre materno.

Mas o que pode significar o fato de esse véu simbólico, que já fora real, rasgar-se no momento da evacuação após o clister,[51] e de sua doença o abandonar sob essa condição? O contexto nos permite responder: quando o véu do nascimento se rasga, ele enxerga o mundo e renasce. O bolo fecal é o filho, e, como tal, ele nasce uma segunda vez para uma vida mais feliz. Essa seria, portanto, a fantasia de renascimento sobre a qual Jung chamou a atenção recentemente, e à qual ele concedeu uma posição dominante na vida de desejo dos neuróticos.

Seria bom, se estivesse completo. Certos detalhes da situação e a consideração pelo nexo requerido com a história de vida especial obrigam-nos a continuar a interpretação. A condição do renascimento é que um homem lhe administre o clister (só mais tarde ele se viu forçado a ele mesmo substituir esse homem). Isso só pode significar que ele se identificou com a mãe, o homem faz o papel do pai, o clister repete o ato de copulação, como fruto do qual o filho-excremento – ele novamente – nasce. Portanto, a fantasia de renascimento está intimamente ligada à condição da satisfação sexual através do homem. Então, a tradução agora seria: só se lhe for permitido substituir a mulher, ocupar o lugar da mãe, para se deixar satisfazer pelo pai e parir para ele um filho, é que sua doença o abandona. Nesse caso, a fantasia de renascimento era, portanto, apenas uma reprodução mutilada, censurada, da fantasia de desejo homossexual.

Se examinarmos mais de perto, não podemos deixar de notar que o doente, nessa condição de seu restabelecimento, apenas repete, afinal, a situação da chamada cena primordial: naquela ocasião, ele quis se colocar no lugar da mãe; a criança-excremento, como havíamos suposto muito tempo antes, ele mesmo produziu naquela cena. Ele ainda continua fixado, como que fascinado, na cena que se tornou decisiva para sua vida sexual, e cujo retorno naquela noite de sonho inaugurou sua condição de doente. O rasgar-se do véu é análogo ao abrir dos olhos, à abertura das janelas. A cena primordial foi remodelada em condição para o restabelecimento.

Aquilo que é figurado pela queixa e figurado pela exceção pode ser facilmente reunido numa unidade que então revela seu sentido inteiro. Ele deseja retornar ao ventre materno, não para simplesmente voltar a nascer, mas para ali ser encontrado pelo pai durante o coito, para receber dele a satisfação, para lhe parir um filho.

Ter nascido do pai, como ele inicialmente pensara, ser satisfeito sexualmente por ele, dar-lhe um filho de presente, isso à custa de sua masculinidade, e na linguagem do erotismo anal: com esses desejos, fecha-se o círculo da fixação no pai, e com isso a homossexualidade encontrou sua expressão mais elevada e mais íntima.[i]

---

[i] O possível sentido secundário de que o véu figure o hímen que é rasgado no intercurso com o homem não coincide exatamente com a

Penso que a partir desse exemplo também seja lançada uma luz sobre o sentido e a origem da fantasia do ventre materno, bem como a do renascimento. A primeira surge frequentemente, como em nosso caso da ligação ao pai. Deseja-se entrar no ventre materno para substituí-la durante o coito, para ocupar o seu lugar junto ao pai. É provável que a fantasia do renascimento seja regularmente uma atenuação, por assim dizer, um eufemismo para a fantasia do intercurso incestuoso com a mãe, uma abreviação *anagógica* dela, utilizando aqui a expressão de H. Silberer. Deseja-se retornar àquela situação em que se estava nos genitais da mãe, onde o homem identifica-se com seu pênis, deixando-se representar por ele. As duas fantasias revelam-se, então, como contrapartes que, de acordo com a posição masculina ou feminina da pessoa em questão, dão expressão ao desejo do intercurso sexual com o pai ou a mãe. Não se pode rejeitar a possibilidade de que ambas as fantasias, portanto, ambos os desejos incestuosos, estejam unidos na queixa e na condição de restabelecimento de nosso paciente.

Quero ainda uma vez tentar reinterpretar os últimos resultados da análise de acordo com o modelo dos oponentes: o paciente denuncia sua fuga do mundo em uma típica fantasia do ventre materno, vislumbra o seu restabelecimento unicamente em um renascimento concebido de maneira característica. Este último ele expressa em sintomas anais correspondendo à sua disposição predominante. De acordo com o modelo da fantasia anal de renascimento, ele engendrou para si uma cena de infância que repete seus desejos com meios de expressão arcaicamente simbólicos.

---

condição do restabelecimento e não tem nenhuma ligação com a vida do paciente, para quem a virgindade não tinha nenhuma importância.

Seus sintomas então se encadeiam, como se partissem de uma cena primordial como essa. Ele teve de se decidir por empreender todo esse caminho de volta porque se deparou com uma tarefa de vida para cuja solução ele era demasiadamente preguiçoso, ou porque tinha todos os motivos para desconfiar de suas inferioridades e pensava que essas medidas eram a melhor maneira de se proteger de ser preterido.

Tudo isso seria muito bom e bonito, se o infeliz já não tivesse tido um sonho, aos 4 anos de idade, que deu origem à sua neurose e foi estimulado pela história do alfaiate e do lobo contada por seu avô, um sonho cuja interpretação tornou necessária a suposição de uma cena primordial como essa. Em relação a esses fatos pequenos, mas inatacáveis, fracassam infelizmente as simplificações que as teorias de Jung e Adler querem nos oferecer. Tal como estão as coisas, parece-me muito mais que a fantasia de renascimento seja um derivado da cena primordial do que, ao contrário, a cena primordial seja um reflexo da fantasia de nascimento. Talvez também seja lícito supor que o paciente àquela época, quatro anos após seu nascimento, por certo ainda era demasiadamente jovem para se desejar um renascimento. Mas tenho necessariamente de retirar este último argumento; minhas próprias observações demonstram que as crianças têm sido subestimadas, e que não se sabe mais o que é lícito creditar a elas.[i]

---

[i] Admito que essa seja a questão mais delicada de toda a doutrina analítica. Não precisei das informações de Adler ou Jung para me ocupar criticamente da possibilidade de que as experiências esquecidas da infância postuladas pela análise – vivenciadas em uma infância inacreditavelmente precoce! – fundamentam-se muito mais em fantasias criadas em ocasiões posteriores, e de que se deveria supor a manifestação de um fator constitutivo ou de uma disposição preservada filogeneticamente, sempre que se acredite encontrar nas análises o efeito de uma impressão infantil como essa. Ao contrário,

IX
RESUMOS E PROBLEMAS

Não sei se o leitor deste relato de análise anteriormente apresentado conseguiu formar uma imagem nítida do surgimento e desenvolvimento da doença em meu paciente. Tendo a temer que este não foi o caso. Porém, por menos que eu costume tomar partido em favor da arte de minha exposição, desta vez eu gostaria de argumentar em prol de circunstâncias atenuantes. Tratou-se de uma tarefa jamais empreendida anteriormente introduzir na descrição fases tão precoces e camadas tão profundas da vida anímica, e é melhor resolvê-la mal do que recorrer à fuga diante dela, o que, além disso, pode acarretar determinados perigos àquilo que foi impedido. Portanto, é preferível mostrar de maneira ousada que não se deixou deter pela consciência de suas próprias inferioridades.

O próprio caso não foi particularmente propício. Aquilo que possibilitou a riqueza das informações sobre a infância, ou seja, o fato de poder estudar a criança por intermédio do adulto, teve de ser conquistado com as mais severas fragmentações da análise e as correspondentes imprecisões na exposição. Peculiaridades pessoais, um caráter nacional estranho ao nosso, tornaram

---

nenhuma dúvida exigiu mais de mim, nenhuma outra incerteza retardou de maneira mais decisiva as publicações. Fui o primeiro a dar a conhecer tanto o papel das fantasias na formação do sintoma quanto o "retrofantasiar" a partir de estímulos tardios de volta para a infância, assim como sua sexualização *a posteriori*, o que nenhum de meus opositores assinalou. (V. *Interpretação do sonho*, 1. ed., p. 49 [v. VII, p. 381]). No entanto, se eu mantive a concepção mais difícil e mais improvável como minha, isso se deu com argumentos, como os que se impõem ao investigador no caso aqui descrito ou no de qualquer outra neurose infantil e que agora volto a apresentar aos leitores para que decidam.

trabalhosa a empatia. A distância entre a personalidade amavelmente atenciosa do doente, sua inteligência arguta, sua nobre maneira de pensar e sua vida pulsional totalmente indômita tornaram necessário um trabalho de preparação e de educação extremamente longo, através do qual a visão panorâmica foi dificultada. No entanto, do caráter do caso, que apresentou as tarefas mais difíceis para a descrição, o paciente mesmo é inteiramente inocente. Na psicologia do adulto, conseguimos distinguir com sucesso os processos anímicos em conscientes e inconscientes e descrevê-los com palavras claras. Na criança, essa distinção quase nos abandona. Com frequência, é embaraçoso indicar o que se gostaria de caracterizar como consciente e como inconsciente. Processos que se tornaram os dominantes e que, de acordo com seu comportamento posterior, precisam ser equiparados aos conscientes não estiveram, no entanto, conscientes na criança. Pode-se facilmente entender por quê; na criança, o consciente ainda não adquiriu todas as suas características, ainda se encontra em desenvolvimento e não possui direito a capacidade de se converter em representações linguísticas. A confusão da qual normalmente nos culpamos, entre o fenômeno de algo emergir na consciência como percepção e a pertença a um sistema psíquico suposto que deveríamos de algum modo denominar convencionalmente, mas que nós igualmente chamamos de consciência (sistema Cs), essa confusão é inofensiva na descrição psicológica do adulto, mas induz a erros na criança. Mesmo a introdução do "pré-consciente" não ajuda muito neste caso, pois o pré-consciente da criança também não precisa coincidir com o do adulto. Contentemo-nos, portanto, com termos identificado claramente a escuridão.

É natural que um caso como o aqui descrito pudesse dar ocasião para se colocar em discussão todos os resultados e problemas da psicanálise. Seria um trabalho interminável e injustificado. É preciso se dizer a si mesmo que não se pode aprender tudo a partir de um único caso, não se pode decidir tudo a partir dele, e por isso é preciso contentar-se em valorizá-lo por aquilo que ele mostra mais nitidamente. A tarefa explicativa na psicanálise é, em geral, estritamente limitada. Cabe esclarecer as formações de sintoma evidentes através do descobrimento de sua gênese; os mecanismos psíquicos e os processos pulsionais aos quais assim fomos levados não cabe explicar, mas descrever. Para se obter novas generalizações a partir das constatações sobre esses dois últimos pontos, são necessários inúmeros casos como este, efetiva e profundamente analisados. Não é fácil obtê-los, cada um deles consome anos de trabalho. O avanço nesses campos só se consuma, portanto, lentamente. Não há dúvida de que existe a tentação de se contentar em "arranhar" a superfície psíquica de um número de pessoas, substituindo então o que foi omitido por especulação que é colocada sob o patrocínio de alguma corrente filosófica. Também se podem fazer valer necessidades práticas em favor desse procedimento, mas as necessidades da Ciência não podem ser satisfeitas por nenhum substituto.

Quero tentar esboçar um panorama sintético do desenvolvimento sexual de meu paciente e, para tanto, posso iniciar com os indícios mais precoces. O primeiro de que temos notícia sobre ele é a perturbação no prazer de comer, que, de acordo com outras experiências, mas certamente com toda reserva, eu quero conceber como o resultado de um processo no âmbito sexual. Como primeira organização sexual reconhecível, tive de considerar aquela chamada de *canibal* ou *oral*, na qual ainda domina a cena o apoio originário da excitação sexual na pulsão de alimentação. Não serão esperadas manifestações diretas dessa fase, mas certamente indícios no caso de ocorrerem perturbações. A afetação da pulsão de alimentação – que naturalmente, em outros casos, também pode ter outras causas – chama-nos a atenção para o fato de que o organismo não conseguiu dominar a excitação sexual. A meta sexual dessa fase só poderia ser o canibalismo, o devorar; ele vem à luz, em nosso paciente, através de regressão de um nível mais elevado, no medo: de ser devorado pelo lobo. Esse medo tivemos de traduzir assim: de ser copulado pelo pai. É sabido que, em anos mais avançados, em meninas na fase da puberdade ou pouco depois, há uma neurose que apressa a recusa sexual através de anorexia; será lícito vinculá-la a essa fase oral da vida sexual. No auge do paroxismo apaixonado ("de tanto amor eu poderia te devorar"[52]) e no contato carinhoso com crianças pequenas, em que o próprio adulto assume gestos infantis, volta a aflorar a meta de amor da organização oral. Noutra passagem, formulei a conjectura de que o pai de nosso paciente teria ele mesmo usado o "repreender carinhosamente", teria brincado de lobo ou cachorro com o pequeno e ameaçado devorá-lo de brincadeira (p. 660). O paciente não fez mais do que confirmar essa suposição através de sua conduta suspeita na transferência. Sempre que, diante das dificuldades do tratamento, ele retrocedia para a transferência, ameaçava com o devorar e posteriormente com todos os outros maus tratos possíveis, mas tudo não passava de expressão de carinho.

O uso linguístico adotou certas marcas permanentes dessa fase sexual oral: ele fala de um objeto de amor "apetitoso", chama-se a amada de "doce". Lembremo-nos de que o nosso pequeno paciente também só queria comer coisas doces. Guloseimas, balas representam regularmente no sonho, carícias, satisfações sexuais.

Parece que a essa fase também pertence faz parte um medo (no caso de perturbação, naturalmente) que se apresenta como medo pela vida [*Lebensangst*] e pode prender-se a tudo que é mostrado à criança como sendo adequado. No caso do nosso paciente, ele foi usado para conduzi-lo à superação do desprazer de comer, na verdade, e mesmo para a supercompensação deste. Seremos guiados à possível fonte de sua perturbação alimentar, se nos lembrarmos – ancorados naquela tão discutida suposição – de que a observação do coito, da qual partiram tantos efeitos *a posteriori*, ocorreu com a idade de 1 ano e meio, certamente antes das dificuldades alimentares. Talvez estejamos legitimados a supor que ela acelerou os processos de maturação sexual, também gerando, assim, efeitos diretos, embora discretos.

Naturalmente também sei que se pode explicar a sintomatologia desse período, o medo de lobo, a perturbação alimentar, de maneira diferente e mais simples, sem se considerar a sexualidade e um estágio de organização pré-genital. Quem faz questão de negligenciar os signos da condição neurótica e o nexo dos fenômenos preferirá essa outra explicação, e não poderei impedi-lo de fazê-lo. É difícil apurar algo decisivo a respeito desses inícios da vida sexual de outra maneira que não seja pelos desvios indicados.

A cena com a Grucha (com cerca de 2 anos e meio) mostra-nos o nosso pequeno no início de um desenvolvimento que merece ser reconhecido como normal, exceto talvez por sua precocidade: identificação com o pai, erotismo urinário em substituição à masculinidade. Ela encontra-se, na verdade, inteiramente sob a influência da cena primordial. Até aqui, concebemos a identificação com o pai como narcisista, e, considerando-se o conteúdo da cena primordial, não podemos negar que ela já corresponde ao estágio da organização genital. O genital masculino começou a desempenhar seu papel e continua a fazê-lo sob a influência da sedução da irmã.

Mas tem-se a impressão de que a sedução não promove meramente o desenvolvimento, mas perturba-o e desvia-o em grau mais elevado. Ela fornece uma meta sexual passiva que no fundo é inconciliável com a ação do genital masculino. No primeiro obstáculo externo, na alusão da Nânia à castração, desmorona a organização genital ainda tímida (aos 3 anos e 3 meses) e regride ao estágio anterior a ela, o da organização sádico-anal, que talvez, em outras circunstâncias, teria transcorrido com indícios tão leves como em outras crianças.

A organização sádico-anal pode ser facilmente reconhecida como continuação da oral. A violenta atividade muscular sobre o objeto, que a distingue, encontra seu lugar como ato preparatório para o devorar, que então deixa de existir como meta sexual. O ato preparatório torna-se uma meta autônoma. A novidade em relação ao estágio anterior consiste essencialmente em que o órgão receptor passivo, separado da zona da boca, é formado na zona anal. Aqui são insinuados paralelismos biológicos ou a concepção das organizações pré-genitais humanas como restos de dispositivos que se conservaram de maneira duradoura em determinadas classes de animais. A constituição da pulsão de investigar a partir de suas componentes é igualmente característica desse estágio.

O erotismo anal não se faz notar de maneira chamativa. Sob a influência do sadismo, o excremento trocou seu significado carinhoso pelo ofensivo. Na transformação do sadismo em masoquismo, há a participação de um sentimento de culpa que aponta para processos de desenvolvimento em esferas outras que não as sexuais.

A sedução continua a exercer sua influência, na medida em que mantém a passividade da meta sexual. Ela agora transforma uma boa parte do sadismo em sua contraparte passiva, o masoquismo. É discutível se temos o direito de imputar inteiramente à sedução o caráter da passividade, pois a reação da criança de 1 ano e meio à observação do coito já era predominantemente passiva. A coexcitação sexual manifestou-se em uma evacuação, em que, todavia, também se deve distinguir uma componente ativa. Ao lado do masoquismo, que domina sua aspiração sexual e se manifesta em fantasias, subsiste também o sadismo e atua contra pequenos animais. Sua investigação sexual começou a partir da sedução, abordando essencialmente dois problemas: de onde vêm os bebês e se uma perda do genital é possível, e entrelaçou-se com as manifestações de suas moções pulsionais. Ela guia suas tendências sádicas para os pequenos animais como representantes das crianças pequenas.

Conduzimos a descrição até as proximidades do quarto aniversário, ponto temporal em que o sonho traz *a posteriori* o efeito da observação do coito, feita com 1 ano e meio de idade. Os processos que então se desenrolam não podemos apreender completamente nem descrever suficientemente. A ativação da imagem, que agora pode ser compreendida graças ao avanço do desenvolvimento intelectual, age como um acontecimento recente, mas também como um novo trauma, uma interferência alheia análoga à sedução. A organização genital interrompida é restabelecida de uma só vez, mas o avanço consumado no sonho não pode ser mantido. Contrariamente, através de um processo que só pode ser equiparado a um recalcamento, chega-se a uma rejeição do que é novo e sua substituição por uma fobia.

Portanto, a organização sádico-anal também subsiste na fase de fobia animal que agora se inicia, só que mesclada com os fenômenos de angústia. A criança leva adiante tanto as atividades sádicas quanto as masoquistas, mas reage com angústia diante de uma parte delas; a reversão do sadismo em seu contrário provavelmente faz outros avanços.

Da análise do sonho de angústia depreendemos que o recalcamento se associa ao reconhecimento da castração. O novo é rejeitado [*verworfen*], porque sua aceitação custaria o pênis. Uma reflexão mais cuidadosa talvez permita reconhecer o seguinte: o que é recalcado é a posição homossexual no sentido genital, a qual havia se formado sob a influência do conhecimento. Mas ela permanece agora conservada para o inconsciente, constituída como uma camada mais profunda bloqueada. O motor desse recalcamento parece ser a masculinidade narcisista do genital, a qual entra em um conflito, há muito tempo preparado, com a passividade da meta sexual homossexual. O recalcamento é, portanto, uma consequência da masculinidade.

A partir daqui, poder-se-ia cair na tentação de se alterar uma parte da teoria psicanalítica. Pois acredita-se que se tem nas mãos o fato de que é do conflito entre aspirações masculinas e femininas, ou seja, da bissexualidade, que provêm o recalcamento e a formação da neurose. Só que essa concepção é lacunosa. Das duas moções sexuais conflitantes, uma é conforme ao Eu, a outra ofende o interesse narcisista; por esse motivo, ela sucumbe ao recalcamento. Nesse caso, é também o Eu que faz operar o recalcamento, em favor de uma das aspirações sexuais. Em outros casos, não existe um conflito como esse entre masculinidade e feminilidade; há apenas uma aspiração sexual que reclama aceitação, mas infringe determinadas forças do Eu, e por isso ela mesma é violada. Muito mais frequentes que conflitos no interior da sexualidade encontram-se os outros que se produzem entre a sexualidade e as tendências morais do Eu. Não existe um conflito moral dessa natureza em nosso caso. Portanto, enfatizar a bissexualidade como motivo do recalcamento seria muito limitado; por outro lado, enfatizar o conflito entre o Eu e a aspiração sexual (libido) cobre as duas ocorrências.

À doutrina do "protesto masculino", como Adler a desenvolveu, cabe objetar que de modo algum o recalcamento sempre toma o partido da masculinidade e atinge a feminilidade; em grandes categorias inteiras de casos, é a masculinidade que precisa sofrer o recalcamento por parte do Eu.

Além disso, uma apreciação mais justa do processo de recalcamento em nosso caso contestaria à masculinidade narcisista o significado de motivo único. A posição homossexual que surge durante o sonho é tão intensa que o Eu do pequeno homem é impedido de dominá-la, e dela se defende através do processo de recalcamento. Como auxiliar nesse propósito, é invocada a masculinidade narcisista do genital, oposta àquela posição. Devo declarar, apenas para evitar mal-entendidos, que todas as moções narcisistas agem a partir do Eu e permanecem no Eu, e os recalcamentos são dirigidos contra investimentos libidinais no objeto.

Deixemos de lado o processo de recalcamento, que talvez não tenhamos conseguido dominar por completo, e voltemo-nos para o estado que se produz após o despertar do sonho. Se a masculinidade realmente tivesse triunfado sobre homossexualidade (feminilidade) durante o processo do sonho, então agora teríamos de encontrar como dominante uma aspiração sexual ativa de caráter declaradamente masculino. Esse não é o caso, o essencial da organização sexual não sofreu alterações, a fase sádico-anal prossegue em sua existência, ela permaneceu sendo a dominante. A vitória da masculinidade mostra-se apenas no fato de que agora se reage com angústia às metas sexuais passivas da organização dominante (que são masoquistas, mas não femininas). Não existe nenhuma moção sexual masculina vencedora, mas apenas uma passiva, além de uma revolta contra ela.

Posso imaginar que dificuldades causa ao leitor essa rigorosa separação, incomum mas indispensável, entre ativo-masculino e passivo-feminino, e por isso não quero evitar repetições. O estado após o sonho pode ser descrito, portanto, deste modo: as aspirações sexuais foram cindidas, no inconsciente foi alcançado o estágio da organização genital e foi constituída uma homossexualidade muito intensa; sobreposta a ela subsiste (virtualmente no consciente) a anterior corrente sexual sádica e predominantemente masoquista; o Eu alterou sua posição em relação à sexualidade como um todo e se encontra em rejeição sexual, e rechaça com angústia as metas masoquistas dominantes, assim como reagiu às metas homossexuais mais profundas com a formação de uma fobia. Portanto, o resultado do sonho não foi tanto a vitória de uma corrente masculina, mas a reação contra uma corrente feminina e passiva. Seria brutal atribuir a essa reação o caráter da masculinidade. O Eu não tem justamente quaisquer aspirações sexuais, apenas o interesse em sua autopreservação e na manutenção de seu narcisismo.

Olhemos agora para a fobia. Ela surgiu no nível da organização genital e mostra-nos o mecanismo relativamente simples de uma histeria de angústia/medo [*Agsthysterie*].[53] Através do desenvolvimento de medo [*Angst*], o Eu protege-se do que avalia ser um perigo hiperpotente, a satisfação homossexual. Não obstante, o processo de recalcamento deixa, atrás de si, um vestígio que não se pode ignorar. O objeto a que se vinculou a temida meta sexual precisa fazer-se representar por um outro perante a consciência. Não é o medo do *pai*, mas o medo do *lobo* que se torna consciente. Também não se ficou, na formação da fobia, com um único conteúdo. Um bom tempo depois, o lobo é substituído pelo leão. Com as moções sádicas contra os pequenos animais concorre uma fobia a eles como representantes dos rivais, das eventuais crianças pequenas. Especialmente interessante é o surgimento da fobia a borboletas. É como uma repetição do mecanismo que produziu a fobia a lobos no sonho. Mediante um estímulo casual, é ativada uma antiga vivência, a cena com a Gruscha, cuja ameaça de castração produz um efeito *a posteriori*, ao passo que, quando ela aconteceu, não deixou nenhuma impressão.[i]

---

[i] Como mencionei, a cena da Gruscha foi uma proeza espontânea da lembrança do paciente, na qual não houve nenhuma construção ou estímulo por parte do médico; a lacuna nela existente foi preenchida pela análise de uma maneira que precisa ser chamada de impecável, se se atribui absolutamente algum valor ao modo de trabalho da análise. Um esclarecimento racionalista dessa fobia poderia afirmar tão somente: não há nada de incomum em que uma criança com predisposição a estados angústia [*Angstzustände*] tenha um acesso de medo [*Angst*] diante de uma borboleta com asas listradas de amarelo, provavelmente em consequência de uma inclinação herdada ao medo. (Comparar com Stanley Hall, A Synthetic Genetic Study of Fear. *American Journal of Psychology*, XXV, 1914). Na ignorância dessa causa, procura-se, então, por uma ligação da infância para esse medo e utiliza-se o acaso da identidade de nomes e o retorno das listras, para se construir a fantasia de uma aventura com a ama ainda lembrada. Contudo, quando as questões secundárias do episódio, em si inocente, tais como limpeza, balde, vassoura, mostram mais tarde na vida o poder de determinar de modo duradouro e compulsivo a escolha de objeto desse ser humano, então essa fobia à borboleta adquire um significado incompreensível. Esse estado de coisas torna--se, no mínimo, tão esquisito quanto aquele afirmado por mim, e

Pode-se dizer que o medo [*Angst*] que entra na formação dessas fobias é medo/angústia de castração [*Kastrationsangst*]. Essa afirmação não contém nenhuma contradição em relação à concepção de que o medo teria surgido a partir do recalcamento da libido homossexual. Em ambos os modos de expressão está-se falando do mesmo processo em que o Eu extrai libido da moção de desejo homossexual, libido que é convertida em medo [*Angst*] livremente flutuante, e pode, então, ligar-se a fobias. No primeiro modo de expressão, apenas foi incluído o motivo que impulsiona o Eu.

Olhando-se mais de perto, descobrimos então que esse primeiro adoecimento de nosso paciente (não considerando a perturbação alimentar) não se esgota quando se lhe extrai a fobia, mas precisa ser entendido como uma genuína histeria, à qual correspondem, além de sintomas de medo, também fenômenos de conversão. Uma parte da moção homossexual é retida no órgão que dela participa; o intestino passa a se comportar, a partir daí e também na época posterior, como um órgão histericamente afetado. A homossexualidade inconsciente, recalcada, retirou-se para o intestino. Justamente essa porção de histeria prestou os melhores serviços na solução da doença ulterior.

Ora, também não nos deve faltar coragem para abordar as relações ainda mais complicadas da neurose obsessiva. Coloquemos a situação, mais uma vez, diante de nós: uma corrente sexual masoquista dominante e uma corrente homossexual recalcada, em contrapartida, um Eu

---

o ganho a partir da concepção racionalista dessas cenas dissipou-se. A cena da Gruscha torna-se, para nós, muito valiosa, uma vez que em relação a ela podemos preparar nosso julgamento sobre a cena primordial, menos segura.

prisioneiro da recusa histérica: que processos transformam esse estado no da neurose obsessiva?

A transformação não ocorre de forma espontânea, por desenvolvimento interno, mas através de influência alheia vinda de fora. Seu resultado visível é que a relação com o pai, que está em primeiro plano e que até então encontrara expressão na fobia a lobos, manifesta-se agora em devoção obsessiva. Não posso deixar de assinalar que o processo no caso desse paciente fornece uma confirmação inequívoca de uma afirmação que formulei em *Totem e tabu* sobre a relação do animal totêmico com a divindade.[i] Ali optei por sustentar que a representação de Deus não era um desenvolvimento do totem, mas que ela se alçaria, independentemente dele, da raiz comum aos dois para substituí-lo. O totem seria o primeiro substituto do pai, mas o Deus, um substituto posterior, no qual o pai voltaria a ganhar sua forma humana. O mesmo encontramos também em nosso paciente. Na fobia a lobos, ele cumpre o estágio do substituto totêmico do pai, estágio que então se interrompe e, em consequência de novas relações entre ele e o pai, é substituído por uma fase de devoção religiosa.

A influência que provoca essa transformação é a familiarização, transmitida pela mãe, com as doutrinas da religião e da história sagrada. O resultado é aquele desejado pela educação. Prepara-se um lento fim para a organização sexual sádico-masoquista, a fobia a lobos desaparece com rapidez, e, em lugar da recusa angustiada da sexualidade, surge uma forma mais elevada de sua repressão. A devoção torna-se o poder dominante na vida da criança. Só que essas superações não ocorrem sem lutas, das quais são indícios

---

i *Totem e tabu*, p. 137, 1913 (disponível no v. IX desta edição de *Ges. Werke*).

os pensamentos blasfemos, e como sua consequência estabelece-se um exagero compulsivo do cerimonial religioso.

Se abstrairmos desses fenômenos patológicos, podemos afirmar que a religião, nesse caso, realizou tudo aquilo a que fora destinada na educação do indivíduo. Ela domou suas aspirações sexuais, oferecendo-lhes uma sublimação e uma firme ancoragem, desvalorizou suas relações familiares, e com isso evitou um isolamento ameaçador, abrindo-lhe a conexão com a grande comunidade social. A criança arisca e medrosa torna-se sociável, moral e educável.

O principal motor da influência religiosa foi a identificação com a figura de Cristo, a qual lhe era particularmente facilitada pela coincidência de sua data de nascimento. Aqui, o imenso amor pelo pai, que tornou necessário o recalcamento, encontrou por fim uma saída na sublimação ideal. Enquanto Cristo, era permitido amar o pai, que agora se chamava Deus, com um fervor que, em vão, buscara descarga no pai terreno. Os caminhos pelos quais se podia testemunhar esse amor foram indicados pela religião, e também a eles não estava atrelada a consciência de culpa que não podia libertar-se das aspirações amorosas individuais. Se, desse modo, a corrente sexual mais profunda, já precipitada como homossexualidade inconsciente, ainda podia ser drenada, então a aspiração masoquista mais superficial encontrava uma incomparável sublimação, sem muita renúncia, na história da paixão de Cristo, que, por ordem e em honra do pai divino, deixou-se maltratar e sacrificar. Dessa maneira, a religião fez sua obra no pequeno desencaminhado por meio de uma mescla de satisfação, sublimação, desvio do sensual para processos puramente espirituais, e pelo acesso a vínculos sociais que ela oferece ao crente.

Sua revolta inicial contra a religião tinha três diferentes pontos de partida. O primeiro era sobretudo a sua característica, da qual já vimos alguns exemplos, de repelir todas as novidades. Ele defendia cada posição libidinal uma vez conquistada, por medo de perdê-la ao renunciar a ela e por desconfiança frente à probabilidade de se instalar uma completa substituição por uma nova. Trata-se de uma peculiaridade psicológica importante e fundamental, que apresentei nos *Três ensaios sobre a teoria sexual* como capacidade de *fixação*. Sob o nome de "inércia" psíquica, Jung quis torná-la a principal causação de todos os fracassos dos neuróticos. Mas creio que injustamente, pois seu alcance é muito mais amplo e também desempenha seu papel relevante na vida de não neuróticos [*Nervöser*]. A fácil mobilidade ou a difícil fluidez dos investimentos libidinais de energia e também de outros tipos é uma característica especial, própria de muitos normais e nem sequer de todos os neuróticos, e que ainda não foi colocada em relação com outras características, algo assim como um número primo, não mais passível de se dividir. Sabemos tão somente que a propriedade da mobilidade dos investimentos psíquicos retrocede notavelmente com o avançar da idade. Ela nos forneceu uma das indicações para os limites da intervenção psicanalítica. Mas existem pessoas nas quais essa plasticidade psíquica se conserva muito além do limite de idade habitual, e outras nas quais ela se perde muito prematuramente. Se elas forem neuróticas, então se tem o mal-estar de descobrir que sob condições aparentemente iguais não se podem desfazer nelas alterações que em outras pessoas foi possível dominar com facilidade. Portanto, também nas transposições de processos psíquicos cabe ser considerado o conceito de *entropia*, cuja medida se contrapõe a uma regressão do acontecido.

Um segundo ponto de ataque lhe foi oferecido pelo fato de a própria doutrina da religião não ter por fundamento uma relação unívoca com Deus-Pai, mas estar permeada pelos indícios da posição ambivalente que presidiu seu surgimento. Ele sentiu essa ambivalência com a sua própria, altamente desenvolvida, e conectou a ela aquela aguda crítica que nos causou tanto espanto por vir de uma criança de 5 anos de idade. Mas o mais importante foi, seguramente, um terceiro fator, a cuja ação nos é lícito reconduzir os resultados patológicos de sua luta contra a religião. A corrente que impelia para o homem e que deveria ser sublimada pela religião não mais estava livre, mas foi parcialmente isolada por recalcamento e, por conseguinte, subtraída da sublimação, vinculada a sua meta sexual originário. Em virtude dessa relação, a parte recalcada aspirava a abrir o caminho até q parte sublimada ou a trazê-la para debaixo de si. As primeiras ruminações que diziam respeito à pessoa de Cristo já continham a pergunta sobre se esse filho sublime também poderia cumprir a relação sexual com o pai mantida no inconsciente. As rejeições a esse empenho não tiveram nenhum outro resultado, a não ser deixar virem à tona pensamentos obsessivos aparentemente blasfemos, nos quais a ternura corporal por Deus se impunha na forma de sua degradação. Foi necessário que uma violenta luta defensiva contra essas formações de compromisso conduzisse, então, ao exagero obsessivo de todas as atividades, nas quais a devoção e o puro amor a Deus encontrassem sua saída prefigurada. Por fim, venceu a religião, mas o seu fundamento pulsional revelou-se incomparavelmente mais intenso do que a responsabilidade de seus produtos de sublimação. Assim que a vida trouxe um novo substituto do pai, cuja influência se dirigiu contra a religião, esta foi abandonada e substituída por outra coisa. Pensemos ainda na interessante complicação, na qual a devoção nasceu sob a influência de mulheres (mãe e babá), enquanto a influência masculina tornou possível libertar-se dela.

O surgimento da neurose obsessiva no terreno da organização sádico-anal confirma, como um todo, o que expus em outro lugar "sobre a disposição para a neurose obsessiva".[i] Todavia, a existência anterior de uma forte histeria torna o nosso caso, nesse aspecto, mais opaco. Quero concluir o panorama sobre o desenvolvimento sexual de nosso doente lançando um breve raio de luz sobre suas mudanças posteriores. Com os anos da puberdade, apareceu nele a corrente a ser chamada de normal, fortemente sensual, masculina, com a meta sexual da organização genital, cujos destinos preenchem o período de tempo sua doença posterior. Ela se ligou diretamente à cena da Gruscha, desta tomou emprestado o caráter de paixão compulsiva, que surge e desaparece como um acesso, e teve de lutar com as inibições oriundas dos restos da neurose infantil. Com uma violenta irrupção em direção à mulher, ele conquistou finalmente a plena masculinidade; a partir de então esse objeto sexual foi mantido, mas ele não se alegrou com essa posse, pois uma forte inclinação para o homem, agora inteiramente inconsciente, que reunia em si todas as forças das fases anteriores, afastava-o sempre novamente do objeto feminino, obrigando-o, nos intervalos, a exagerar a dependência da mulher. No tratamento ele apresentou a queixa de não conseguir conviver com mulheres, e todo o trabalho se orientou para desvelar a relação com homens, inconsciente para ele. Para resumi-lo em uma fórmula, sua infância se caracterizou pela oscilação entre atividade e passividade, sua puberdade, pela luta por masculinidade, e o período a partir

---

[i] *Internationale Zeitschrift für ärztliche Psychoanalyse*, v. I, 1913, p. 525 e segs. (disponível no v. VIII desta edição das *Ges. Werke*).

de sua doença, pela luta pelo objeto da aspiração masculina. A circunstância de seu adoecimento não se inclui entre os "tipos de adoecimento neurótico", que me foi possível reunir como casos especiais de "impedimento",[i] e chama assim a atenção para uma lacuna nessa série. Ele desmoronou quando uma afecção orgânica do genital fez reviver seu medo/angústia de castração [Kastrationsangst], causou a ruptura de seu narcisismo, compelindo-o a renunciar à expectativa de ser pessoalmente privilegiado pelo destino. Ele adoeceu, portanto, de um "impedimento" narcísico. Essa hiperintensidade de seu narcisismo estava em completa harmonia com os outros indícios de um desenvolvimento sexual inibido, ou seja, que sua escolha amorosa heterossexual, apesar de toda a energia, concentrava em si muito poucas aspirações psíquicas, e que a posição homossexual, muito mais próxima do narcisismo, afirmara-se nele, como poder inconsciente, com tamanha tenacidade. Naturalmente, o tratamento psicanalítico, em perturbações como essa, não pode provocar uma reviravolta instantânea e uma equivalência com um desenvolvimento normal, mas apenas eliminar os obstáculos e tornar os caminhos transitáveis, para que as influências da vida possam implementar o desenvolvimento nas melhores direções.

Como peculiaridades de sua essência psíquica, que foram descobertas pelo tratamento psicanalítico, mas não depois esclarecidas, e consequentemente também não puderam ser diretamente influenciadas, compilo as seguintes: a já mencionada tenacidade da fixação, o desenvolvimento

---

[i] *Zentralblatt für Psychoanalyse*, v. II, 6, 1912. Über neurotische Erkrankungstypen [Sobre tipos neuróticos de adoecimento]. Disponível no v. VIII desta edição das *Ges. Werke*. [Cf. o mesmo artigo no volume *Neurose, psicose, perversão*, p. 71, desta coleção das Obras Incompletas de Sigmund Freud). (N.R.)]

extraordinário da propensão à ambivalência e, como terceiro traço de uma constituição a ser considerada arcaica, a capacidade de manter os mais variados e contraditórios investimentos libidinais, todos funcionando uns ao lado dos outros. A constante oscilação entre estes, através da qual a resolução e o progresso pareceram excluídos durante longo tempo, dominaram o quadro clínico da época posterior, que aqui apenas pude esboçar. Sem sombra de dúvida, esse era um traço da característica do inconsciente que nele tinha continuado nos processos tornados conscientes; mas ele só se mostrava nos resultados de moções afetivas, em âmbitos puramente lógicos ele revelava muito mais uma particular destreza em detectar contradições e inconciliabilidades. Desse modo, tinha-se de sua vida anímica uma impressão como a que nos causa a religião do Antigo Egito, que se torna tão irrepresentável para nós pelo fato de conservar os estágios de desenvolvimento junto dos produtos finais, por fazer perdurarem tanto deuses mais antigos e os significados dos deuses quanto os mais jovens, estendendo numa superfície o que em outros desenvolvimentos é uma estrutura com profundidade.

Agora concluí aquilo que eu queria comunicar sobre este caso clínico. Apenas dois dos inúmeros problemas que ele promove ainda me parecem ser dignos de um destaque especial. O primeiro diz respeito aos esquemas herdados filogeneticamente, que, como "categorias" filosóficas, providenciam a acomodação das impressões de vida. Gostaria de defender a concepção de que eles seriam precipitados da história da cultura humana. O complexo de Édipo, que envolve o vínculo da criança com os pais, está entre eles, é, na verdade, o exemplo mais bem conhecido dessa espécie. Quando não se encaixam no esquema hereditário, as vivências passam por uma remodelação na fantasia, cuja obra seria certamente proveitoso estudar em detalhes. Justamente esses casos são apropriados para nos demonstrar a existência autônoma do esquema. Podemos observar com frequência que o esquema sai vitorioso sobre a vivência individual, como em nosso caso, quando o pai se torna o castrador e o ameaçador da sexualidade infantil, apesar de um complexo de Édipo invertido em outros aspectos. Outro efeito ocorre quando a ama aparece no lugar da mãe ou se funde com ela. As contradições da vivência em relação ao esquema parecem trazer material abundante para os conflitos infantis.

O segundo problema não se encontra distante do anterior, mas é muito mais relevante. Quando se considera a conduta da criança de 5 anos diante da cena primordial reativada,[i] mesmo se pensando apenas nas reações muito mais simples da criança de 1 ano e meio ao vivenciar essa cena, dificilmente se poderá negar a concepção de que está em ação na criança uma espécie de saber difícil de definir, algo como uma preparação para a compreensão.[ii] No que isso pode consistir foge a qualquer imaginação; temos à disposição, tão somente, a excelente analogia com o vasto saber *instintivo* [*instinktiven*] dos animais.

Se houvesse um patrimônio instintivo como esse também no ser humano, então não seria de admirar se ele

---

[i] Tenho o direito de não considerar que esse comportamento só pudesse ser expresso em palavras duas décadas mais tarde, pois todos os efeitos que derivamos da cena já haviam se manifestado, na verdade, em forma de sintomas, obsessões etc., na infância e muito tempo antes da análise. Então, é indiferente se se quer considerá-la como cena primordial ou fantasia primordial.

[ii] Mais uma vez preciso frisar que essas reflexões seriam inúteis, se sonho e neurose não pertencessem ao próprio período da infância.

afetasse bem particularmente os processos da vida sexual, embora aquele não possa absolutamente limitar-se a eles. Esse instintivo seria o núcleo do inconsciente, uma atividade intelectual primitiva que mais tarde é destronada e sobreposta pela razão humana, a ser adquirida, mas que com muita frequência, talvez em todos, conserva a força para atrair para si processos psíquicos mais elevados. O recalcamento seria o retorno a esse estágio instintivo, e assim o ser humano pagaria, com sua capacidade para a neurose, sua grande nova aquisição e com a possibilidade das neuroses, testemunharia a existência do estágio anterior, de tipo instintivo. Mas o significado dos traumas da tenra infância residiria em trazer para esse inconsciente um material que o protege de ser consumido pelo desenvolvimento subsequente.

Sei que pensamentos semelhantes que sublinham na vida anímica o fator hereditário adquirido filogeneticamente já foram formulados a partir de diferentes lados, e na verdade penso que se estava disposto demais a lhes outorgar um lugar na apreciação psicanalítica. Elas só me parecem admissíveis quando a psicanálise, respeitando corretamente a ordem das instâncias, depara-se com os vestígios do que foi herdado, depois de ter aberto caminho através do estrato do que foi adquirido individualmente.[i]

---

i [*Nota acrescentada em 1923*:] Volto a resumir a cronologia dos eventos mencionados nesta história:
Nascimento no dia de Natal.
1 ano e meio: malária. Observação do coito dos pais ou de seu estar juntos, no qual ele posteriormente introduziu a fantasia do coito.
Pouco antes dos 2 anos e meio: cena com a Gruscha.
2 anos e meio: Lembrança encobridora da partida dos pais com a irmã. Ela o mostra sozinho com a Nânia, recusando, assim, a Gruscha e a irmã.
Antes dos 3 anos e 3 meses: queixa da mãe diante do médico.

3 anos e 3 meses: início da sedução pela irmã, logo em seguida ameaça de castração pela Nânia.
3 anos e meio: a governanta inglesa, início da mudança de caráter.
4 anos: sonho dos lobos, surgimento da fobia.
4 anos e meio: influência da história bíblica. Emergência dos sintomas obsessivos.
Pouco antes dos 5 anos: alucinação da perda do dedo.
5 anos: saída da primeira propriedade.
Após os 6 anos: visita ao pai doente.
8 anos/10 anos: últimas irrupções da neurose obsessiva.
Minha exposição tornou fácil deduzir que o paciente era russo. Dei-lhe alta, como curado, de acordo com a minha avaliação, poucas semanas antes da irrupção da inesperada Guerra Mundial, e só voltei a vê-lo quando as vicissitudes da guerra haviam franqueado o acesso das potências centrais ao sul da Rússia. Ele então veio a Viena e contou de uma aspiração surgida imediatamente após o término do tratamento de se livrar da influência do médico. Em alguns meses de trabalho, estava então dominada uma parte ainda não superada da transferência: a partir de então, o paciente, a quem a guerra roubara sua pátria, sua fortuna e todos os vínculos familiares, sentiu-se normal e comportou-se de modo impecável. Talvez justamente sua miséria, através da satisfação de seu sentimento de culpa, tenha contribuído para o fortalecimento de seu restabelecimento.

Aus der Geschichte einer infantilen Neurose

1918   *Sammlung kleiner Schriften zur Neurosenlehre*, 4, p. 229-251.
1924   *Gesammelte Schriften*, t. VIII, p. 439-567.
1947   *Gesammelte Werke*, t. XII, p. 27-157.

A história clínica mais controversa da obra freudiana foi publicada em 1918, quatro anos depois de ter sido redigida. O caso que ficou conhecido como Homem dos Lobos foi atendido por Freud de fevereiro de 1910 a julho de 1914. A primeira menção a ele data do outono de 1912, quando Freud recomenda no fórum aberto da revista *Zentralblatt* especial atenção dos psicanalistas a sonhos contendo elementos que fizessem supor que o sonhador fora exposto enquanto criança a cenas de intercurso sexual. Essa recomendação meio inusitada sugere que o analista estivesse às voltas com o paciente em questão. A redação da história clínica começa em outubro de 1914 e estende-se até novembro. As primeiras 54 primeiras páginas foram escritas em um único impulso! Um mês mais tarde, Freud apresenta o caso em reunião da Sociedade psicanalítica de Viena. No início de maio de 1915, alguns retoques finais arrematam o texto. Entre a redação e a efetiva publicação, muitos obstáculos se interpõem, o maior deles sendo, obviamente, a eclosão da Primeira Guerra Mundial.

Vale a pena atentar para um detalhe no título desta história clínica, que justifica a presença da preposição "Da": "Da história de uma neurose infantil". Com efeito, não se trata da história de uma neurose infantil no sentido de um paciente criança, mas da reconstrução de uma neurose infantil em um paciente adulto. Por isso, o título original inclui a preposição *Aus*, aqui mantida sob a forma "Da". Como nota Assoun (2009, p. 623), e o relato da "história de uma neurose infantil a partir de uma história do tratamento de uma neurose adulta, bem como de um 'abstrato textual' a partir desta história". Chama a atenção o fato de Freud não ter voltado a escrever longas monografias clínicas depois da publicação do caso Homem dos Lobos. Ao conduzir o tratamento analítico de Pankejeff, Freud parece ter esbarrado em um ponto delicado ligado à própria desorganização que a psicanálise introduziu nas classificações pré-existentes, sem que ela mesma tivesse estabelecido seu próprio sistema nosográfico.

Sergei Constantinovitch Pankejeff nasceu em 1887 na Rússia czarista, em uma família abastada, de origem nobre. Ainda jovem, perde a irmã mais velha, que se mata em 1906. Seu pai, depressivo e alcóolatra, se mata dois anos mais tarde. Na Biblioteca do Congresso em Washington, existem várias fotografias de sua infância, em que ele aparece, junto com a irmã e a mãe, cercado de uma profusão de animais. Seu pai era adepto da caça e exibia as carcaças de lobos e outros animais aos filhos, que brincavam e dançavam com a mãe em torno desses troféus paternos. Depois de tratar-se com Freud, casa-se em 1914 e retorna à Rússia, onde se forma em direito. Não demora muito para ser perseguido pela Revolução bolchevique em 1919. Retorna a Viena arruinado, quando retoma sua análise com Freud por um breve período, entre novembro de 1919 e fevereiro de 1920. Vive precariamente da venda de objetos pessoais que conseguiu trazer consigo e de doações de amigos. O próprio Freud organiza campanhas para coletar fundos e o ajuda a conseguir um modesto emprego. Pankejeff tem uma existência longeva, falecendo os 92 anos de idade, em 1979. Antes de procurar Freud em Viena, Pankejeff havia se tratado em Berlim, em Frankfurt e em Munique, onde Kraepelin diagnosticou-o com psicose maníaco-depressiva.

Sua vida foi marcada pela psicanálise. Em 1926, procura Freud mais uma vez, depois de uma recaída com sintomas paranoicos. É encaminhado para Ruth Mack Brunswick, que o toma em análise entre 1926 e 1927. A psicanalista redige ainda um suplemento ao caso, publicado em 1928, quando fixa a alcunha de "homem dos lobos", à qual o paciente se identifica. O próprio Pankejeff publica suas memórias em 1971, com o título *The Wolf-Man and Sigmund Freud*, além de uma série de entrevistas, em 1980. Nesse sentido, o caso introduziu também um novo elemento no cenário ainda incipiente da clínica psicanalítica: a questão dos tratamentos longos. Até então, as análises de Freud eram limitadas no tempo: cerca de seis meses para Dora, quatro meses para Hans, um ano para o Homem dos Ratos. O caso Homem dos Lobos se confunde com a própria vida de Pankejeff. Seu tratamento, mobilizando uma série de analistas, dura a extensão de uma vida, apontando a função estabilizadora que a própria psicanálise passou a desempenhar para ele

A história ficou famosa por vários motivos, principalmente pela controvérsia em torno do estatuto da "cena primordial" e pela querela diagnóstica que ele suscita. Apesar de Freud caracterizá-lo como neurose obsessiva, o caso engrossou, por muitos anos, o caldo dos defensores dos estados limítrofes. Muito se discutiu acerca de uma suposta psicose. Sugere-se hoje ainda o diagnóstico de psicose ordinária. O que mostra que um caso único interessa justamente por ser *único*.

REFERÊNCIA

ASSOUN, P. L. *Dictionnaire des oeuvres psychanalytiques*. Paris: PUF, 2009.

NOTAS

[1] Com muita frequência, Freud recorre, em seu texto, aos verbos modais *"können"* e *"dürfen"*, que, de maneira muito genérica, podem ser traduzidos em português pelo verbo "poder". O verbo *"können"* tem o sentido de "poder" como habilidade/capacidade física e/ou intelectual, às vezes, principalmente na linguagem cotidiana, também significando permissão. Já o verbo *"dürfen"*, ao ser usado em orações afirmativas, normalmente tem o sentido claro de permissão. Nesta tradução, tentar-se-á deixar claro, sempre que possível, o sentido do verbo *"dürfen"*, optando-se, em vez do verbo "poder", por expressões como "é lícito", "é legítimo" etc. Desse modo, o verbo "poder" – ou algum sinônimo ("lograr", "conseguir" etc.) – será usado nas frases originalmente escritas com o verbo modal *"können"*. Tentaremos evitar, assim, ambiguidades que muitas vezes passariam desapercebidas aos leitores da tradução, mas que poderiam gerar interpretações equivocadas. (N.T.)

[2] *Freud faz referência a uma fala de Hamlet, que, comovido ao se deparar com o espírito de seu pai, diz a seu amigo Horácio: "There are more things in heaven and earth, Horatio, then are dreamt of in your philosophy". Aqui, a tradução desse trecho foi feita de forma relativamente livre, tomando-se por base a frase alemã e o original de Shakespeare. Por esse motivo, ao contrário de uma versão já consagrada em português do Brasil, não se recorreu ao adjetivo "vã" (filosofia), que inexiste no original inglês e na versão alemã. Mas a palavra que Freud usa é "Schulweisheit" – sabedoria acadêmica, que é uma "vã" filosofia. (N.T.)*

[3] O garoto fora criado na Rússia tzarista, por isso o uso do termo "Nanja", escrito em alemão, como referência ao termo "babá" em russo (няня). Adotamos aqui a escrita "Nânia", que mais se aproxima da pronúncia do vocábulo original. (N.T.)

[4] O vocábulo *"Zipfel"*, utilizado por Freud no original para designar "extremidade", "ponta", também pode significar, na linguagem popular, "pênis". (N.T.)

[5] O vocábulo *"Schwanz"*, encontrado na designação original da espécie de borboleta "rabo-de-andorinha" (*Schwalbenschwanz*), também pode significar, na linguagem popular, "pênis". (N.T.)

[6] Manteve-se, nesta tradução, o sentido original de *"Krüppel"*, vocábulo usado por Freud, que na época em que o autor escreveu seu ensaio era comumente utilizado para designar deficientes físicos. Atualmente, o mesmo vocábulo, como constata o dicionário de língua alemã *Duden*, tem sentido depreciativo e discriminatório, assim como o termo "aleijado", seu correspondente em português. (N.T.)

[7] O vocábulo "*Schwänzchen*" significa "rabinho", mas também pode ter o sentido, dependendo do contexto, de "pintinho" (pequeno pênis). (N.T.)

[8] Demência precoce. Em latim no texto original. (N.T.)

[9] Bastão de açúcar listrado que parece uma bengala. (N.T.)

[10] "Reineke, a Raposa" [em alemão: "Reineke Fuchs"] é um poema épico que remonta à Idade Média, cujo personagem principal é uma raposa astuta e travessa. Ao longo dos séculos, surgiram diferentes variações sobre esse tema, dentre as quais se destaca o poema épico homônimo de Johann Wolfgang von Goethe, publicado em 1794 e composto de 12 cantos em versos hexâmetros. (N.T.)

[11] Na língua alemã, a palavra "*Schwanz*", utilizada por Freud no texto original e aqui traduzida como "rabo", não tem, na linguagem popular, nenhuma conotação relacionada a "traseiro", mas sim ao órgão sexual masculino. (N.T.)

[12] Tomem-se aqui, como exemplos, os termos "*Hengst*" [garanhão] e "*Wallach*" (cavalo capão/eunuco). (N.T.)

[13] O verbo "*sich befriedigen*", utilizado por Freud no texto original, denota a ideia de "satisfazer-se", mas também pode ter o significado de "masturbar-se". (N.T.)

[14] O termo utilizado por Freud é "*Prügelknabe*", que tem o significado metafórico de "bode expiatório", mas que traz, em sua composição, dois termos: "*Prügel*", que significa "porrete", mas também remete ao verbo "*prügeln*" [açoitar], e "*Knabe*" [garoto]. (N.T.)

[15] No original, Freud utiliza a palavra "*Weib*" para designar a mulher como "parceira no ato sexual em oposição ao homem". Atualmente, o termo "*Weib*" tem, em geral, uma carga bastante pejorativa em alemão, denotando, por exemplo, a mulher como "objeto de cobiça sexual" ou como "potencial parceira sexual". Em português, existe o termo "fêmea", que, como atesta o *Dicionário Houaiss da Língua Portuguesa*, estatisticamente é pouco usado no sentido de "ser humano do sexo feminino". Ademais, devido à carga negativa que o vocábulo "fêmea" encerra, optamos nesta tradução pelo termo "mulher", que sempre será mantido nos trechos em que surgir o termo "*Weib*" no sentido aqui exposto. Em alemão, também se pode encontrar o vocábulo "*Frau*", que a depender do contexto poderá ter os seguintes correspondentes em português: a) "mulher" (pessoa adulta do sexo feminino); b) "esposa" (em oposição a "marido"); ou ainda c) "senhora" (proprietária de uma casa ou como tratamento cerimonioso em geral ligado ao sobrenome, independentemente de se tratar de uma mulher casada ou solteira). (N.T.)

[16] No texto original, Freud utiliza o termo "*Schäferhund*", que no Brasil se costuma traduzir como "pastor alemão", embora o termo original

não traga nenhuma referência a "alemão", significando, em uma tradução literal, simplesmente "cão pastor" ou "cão de pastoreio". (N.T.)

[17] Freud utiliza aqui a palavra composta por *Angst* [medo/angústia] e *Traum*, logo sonho de medo ou sonho de angústia. Optou-se aqui pela forma "sonho de angústia" (N.R.)

[18] No alemão padrão utilizado na Áustria, a palavra "*Fuß*", utilizada por Freud no original, pode significar "pé", mas também "perna". Opta-se, aqui, por "perna", por se entender que o animal normalmente não estenderia apenas o "pé/a pata", mas a "perna", de que faz parte também a "pata". (N.T.)

[19] Trata-se de um tipo de relógio de parede em que se acopla uma espécie de caixa (de madeira, de metal etc.), como se fosse um cofre, para se guardarem alguns pertences. (N.T.)

[20] Freud utiliza o termo "*Kinder*", que em geral significa "crianças", mas neste texto quer dizer "filhos", sem se especificar, todavia, o sexo das duas crianças. (N.T.)

[21] "*Coitus a tergo*" é a relação sexual em que ocorre uma "penetração por trás". Na cena descrita, a mulher é penetrada pelo homem por trás. (N.T./N.E.)

[22] *Wolf* é um sobrenome que tem como correspondente, em português, "Lobo". (N.T.)

[23] Nesse trecho, Freud usa o vocábulo "*Reiz*", que pode ser traduzido por "encanto", "atrativo", "excitação", "sensação", "estímulo" etc. (N.T.)

[24] Trata-se do coito por trás, à semelhança dos animais quadrúpedes. (N.T.)

[25] Em português: "a parte pelo todo". (N.T.)

[26] No tocante à expressão latina *non liquet* [não está claro], escreve Renzo Tosi, em seu *Dicionário de sentenças latinas e gregas*: "[T]rata-se de uma antiga fórmula jurídica, expressa por Cícero (*Pro Cluentio*, 28, 76), que indicava a falta de elementos suficientes para se proferir um veredito, havendo portanto lugar para averiguações suplementares ou para adiamento". (N.T.)

[27] Freud emprega o verbo "*scheißen*" [cagar], como deve ter sido usado pela própria criança. Em seguida, reassumindo as rédeas de seu próprio discurso científico, usa o termo técnico "*Defäkation*" [defecação]. (N.T.)

[28] O termo "*Erotik*", usado por Freud, pode ser entendido como "erotismo" e como "sexualidade". (N.T.)

[29] Esse sintoma tinha se desenvolvido, como viremos a saber, no sexto ano de vida, quando ele já sabia ler. (N.T.)

30 Cf., por exemplo, *Mateus* 8, 30-33. (N.T.)

31 O termo usado por Freud em alemão, "*Schnecke*", que, em seu sentido denotativo, pode significar "caracol", "lesma", também tem as seguintes acepções figuradas: "órgão sexual feminino", "prostituta" e "mulher jovem". (N.T.)

32 O verbo "*durchfallen*", usado por Freud em alemão no sentido de "ser reprovado", também remete ao substantivo "*Durchfall*", que significa "diarreia". (N.T.)

33 Em alemão, Freud utiliza a expressão "*ihm passierte ein Malheur*", que literalmente significa "aconteceu-lhe um infortúnio". Quando se diz isso metaforicamente em relação a uma criança, significa que ela defecou ainda vestida. Trata-se de uma expressão equivalente a "*sich in die Hosen machen*" [fazer nas calças]. (N.T.)

34 Conforme visto no caso do Pequeno Hans, Freud usa reiteradamente o vocábulo *Angst* que recobre tanto o sentido de medo quanto de angústia. Como aqui se trata mais da sensação difusa, sem um objeto claro, optou-se por "angústia". (N.R.)

35 O termo "*Todesangst*", utilizado por Freud, também pode significar "angústia mortal", "medo imenso". (N.T.)

36 Freud utiliza o termo "*Unterleib*", que pode significar não só a região abdominal, mas também os órgãos genitais internos da mulher. (N.T.)

37 Em seu texto, traz o termo "intestino" como um fio condutor em diversas palavras, inclusive em algumas compostas por justaposição, que, uma vez traduzidas, não trazem em português o elemento "intestino". Para expressar "ânus", o autor utiliza o termo "*Darmausgang*", que significa literalmente a "saída do intestino" ou a "abertura exterior do tubo digestivo, na extremidade do reto, pela qual se expelem os excrementos" (*Dicionário Houaiss*). (N.T.)

38 Para exprimir o sentido de cólera-morbo, Freud utiliza o termo "*Darmtod*", que literalmente significa "morte do/pelo intestino". (N.T.)

39 Trata-se aqui do termo geralmente traduzido pelos leitores lacanianos como "forclusão" ou "foraclusão". (N.R.)

40 O termo alemão "*Darmentleerung*" significa normalmente "evacuação". Optou-se, aqui, pela tradução literal (esvaziamento do intestino) para se manter o jogo de palavras com "*Harnentleerung*", traduzido no período anterior por "esvaziamento da bexiga", que significa, simplesmente, "micção". (N.T.)

41 A expressão latina corresponde a "monte de merda". (N.T.)

42 No original: "*auf Gott scheißen*". (N.T.)

43 No original: "*Gott etwas scheißen*". (N.T.)

⁴⁴ A expressão latina *"sit venia verbo"* significa "desculpe-se a expressão" ou "com perdão da palavra". (N.T.)

⁴⁵ O próprio Freud usa, no original, o termo "surdo-mudo" [*Taubstummer*], que atualmente não é reconhecido como um termo ideal, já que a comunidade surda tem a língua de sinais, através da qual se comunica, isto é, tem voz. (N.T.)

⁴⁶ Freud traduz o vocábulo *"Babuschka"* por "mãezinha velha", mas é comum traduzi-lo por "avó", "vovó". (N.T.)

⁴⁷ Também conhecido como Jan Hus (1370-1415), foi um teólogo cristão e clérigo reformista, nascido no Reino da Boêmia (atual República Tcheca). Foi um grande opositor da autoridade papal, pois acreditava que o papa não podia perdoar os pecados, apenas Deus podia fazê-lo. Também tinha a intenção de dividir as riquezas da Igreja Católica com os pobres de sua terra. Sentenciado como herege pelo tribunal do Concílio de Constança, foi queimado na fogueira em 1415. (N.T.)

⁴⁸ A pronúncia da palavra *"espe"* em alemão (*Espe*) coincide com a pronúncia das duas consoantes iniciais do nome do paciente (S.P.). (N.T.)

⁴⁹ Palavra francesa que significa "escuridão". (N.T.)

⁵⁰ Quando uma criança nasce "empelicada", ela vem ao mundo com a cabeça envolta no âmnio materno, o que, na crença popular, é sinal de proteção especial. Em outros trechos desta tradução, para manter o jogo de palavras que Freud faz entre o termo original alemão *"Glückshaube"*, que significa, em tradução literal, "touca da sorte", e o vocábulo *"Schleier"* (véu), recorremos ao termo "touca de pelica". (N.T.)

⁵¹ É digna de nota a variação de termos que Freud utiliza para uma mesma noção especializada. Ao referir-se à *lavagem intestinal* a que seu paciente era submetido, o autor utiliza, em seu texto original, o termo *"Stuhlentleerung"*, mas também os sinônimos *"Lavement"* e *"Klysma"*. Nesta tradução, optou-se pela variação com os termos: "lavagem intestinal", "enema" e "clister". (N.T.)

⁵² Trata-se, aqui, da tradução literal da frase alemã *"ich könnte dich fressen vor Liebe"*. Existe, em alemão, a expressão idiomática *"jemanden vor Liebe fressen können"* [trad. lit.: "ser capaz de devorar alguém por amor"], que simplesmente significa "amar muito alguém". Note-se que o verbo *"fressen"*, que significa "comer" (usado em relação a animais) ou "devorar", não tem, por si só, conotação sexual. (N.T.)

⁵³ É importante lembrar que o termo usado por Freud, *"Angst"*, tanto pode ser traduzido por "angústia" quanto por "medo". (N.T.)

Posfácio
CINCO

Marcus André Vieira

I.

Este livro reúne uma galeria restrita de personagens. Dora, Hans, o Homem dos Ratos, Schreber e o Homem dos Lobos são os protagonistas das cinco histórias clínicas que expõem, em seu desenrolar, o delicado trabalho de Freud. São histórias, mas, também, casos, pois, além de descreverem uma trajetória, contam um "causo": o do encontro de cada um deles com o modo de intervenção do psicanalista.

Não são, porém, casos no sentido da clínica médica. O próprio Freud, sabendo não ser com a pena e a tinta do médico que redigia suas histórias clínicas, ressentia-se de que elas tivessem inevitavelmente um "aspecto literário". Soube, porém, aceitar o que seu caminho impunha e o modo de expressão que sua clínica exigia. Nada acontece em uma análise se não mergulhamos com cada um em sua história, o que inclui a maneira como ela é contada. É parte indissociável do processo e é exatamente por isso que, ao caminharmos, estaremos recompondo o que terá sido. Quando dela nos retiramos, a história de uma vida estará refeita e, com ela, surgem caminhos alternativos.

Considerados a partir da clínica médica da época, a do encontro de um olhar necessariamente externo com um objeto necessariamente sob controle, esses casos seriam "contos de fadas científicos". Foi assim que Krafft-Ebing, autoridade médica de então, se referiu aos dezoito fragmentos clínicos apresentados por Freud à Sociedade Psiquiátrica de Viena. O tempo soube mostrar como essa contaminação pelo subjetivo, tida como indevida por considerar o elemento temperamental e imprevisto do humano, nos leva para longe da ciência experimental e nos protege do maquinismo de sermos pautados exclusivamente pelos afetos das cobaias; sem contar a rigidez dos questionários e escalas que dirigem a redação científica da psicologia e boa parte das decisões éticas de hoje.

Na edição que o leitor tem em mãos, apreendemos com clareza, com as histórias clínicas de Freud, como ele se situava para acompanhar o encontro de cada um desses pacientes com o inconsciente. A prática freudiana envolve um sem-número de fenômenos, eventos que se desenrolam à medida que mergulhamos em uma história: surpresas, dores e alegrias, o incômodo com repetições tediosas e, sobretudo, a estranheza de algumas lembranças (com as quais contamos para reconfigurar um destino). É precária a estabilidade entre esses diversos habitantes da cidade subjetiva de cada um, pois nunca está definido, de uma vez por todas, o que nela se conta e nela se esquece. Por isso, é preciso estarmos munidos de alguns conceitos-ferramenta que nos permitam flanar nessa cidade sem sucumbirmos à pura errância.

Dada essa precária instabilidade estrutural da clínica psicanalítica, foi necessário ainda delimitar as fronteiras, os pontos-limite do campo dessa prática. É o que realizam esses cinco casos. Passo a passo, no curto espaço de dez anos, Freud constitui os marcos que vieram balizar a clínica nascente. Esses marcos, revisitados incessantemente ao longo de toda a vida de Freud, são a fundação do espaço em que se desdobra o tratamento analítico, tendo sido decisivos na formação de várias gerações de analistas.

Reivindicar para esta coleção o termo *incompleto* está em sintonia com a precariedade estrutural da clínica freudiana, de fronteiras sempre ainda por definir. No mesmo sentido, reunir as cinco grandes análises de Freud num mesmo volume busca conferir a justa importância ao trabalho de balizamento freudiano para a delimitação do campo de ação do psicanalista. São decisões que contrastam com a tradição das traduções freudianas de língua portuguesa de situar essas cinco grandes análises em meio a outros textos, espalhadas. Essa foi, por exemplo, a tônica nos países de língua inglesa no que diz respeito ao encontro de Freud com seus leitores, em que, infelizmente, a cronologia e a totalização de uma edição *standard* imperaram.

II.

A multiplicidade precária do material inconsciente, no avesso da necessária padronização social que cabe à consciência, seguiu orientando o trabalho de boa parte dos psicanalistas após Freud. Ainda bem. Essa é uma das razões pelas quais a psicanálise se disseminou ignorando tantas fronteiras, mas também se fragmentou, avançando em uma babelização que lhe é própria ainda que seja às vezes nefasta. Nesse contexto, a publicação do presente volume vem recolocar a questão, bem atual, da pertinência dos casos de Freud para o exercício da psicanálise: a que ponto os psicanalistas continuam recorrendo a essas histórias clínicas? Podem já dispensá-las como bússolas de sua prática?

Apesar de estarem referidos a alguém de carne e osso, esses casos foram sempre, essencialmente, textos. É o que a excepcionalidade de Schreber neste volume ratifica, um caso construído por Freud a partir da leitura do livro publicado pelo próprio paciente e não de encontros presenciais. Ora, um texto presta-se a inúmeras leituras e a dos psicanalistas talvez não seja a melhor. Melhor perguntar, então: a quem interessaria, hoje, essas histórias?

Uma primeira hipótese: ao priorizar seu caráter literário, a história clínica de cada um dos cinco poderia ser lida como uma pequena novela.

É uma maneira tentadora de lidar com os casos freudianos, tomando seus protagonistas como personagens. Além de o próprio Freud reconhecer que os relatos poderiam ser lidos como *roman à clef*, não faltaram filmes que tomaram esses pacientes como seres de ficção, incluindo seus detratores. Os tratamentos seriam lidos, por exemplo, sob o ângulo de uma epopeia iniciática em que atravessaríamos, juntamente com o protagonista, uma edificante ascese rumo à elevação terapêutico-espiritual.

Nesse sentido, poderiam, inclusive, ser tomados como clássicos da literatura universal, patrimônio da humanidade. Não parece boa ideia. Um clássico, no sentido primeiro do senso comum, é o que se presta à classe, bom para a sala de aula. Os clássicos são os classificados, postos na gaveta ou no balcão de venda, compondo o acervo de citações de uma pessoa culta. Se assim fosse, por que mais uma versão, *reloaded*?

Melhor o sentido que dá Italo Calvino a um clássico e que pode ser resumido pela definição cortante de Millôr Fernandes (1998, p. 98) para quem um clássico é um texto que "não se contentou em chatear apenas seus contemporâneos". Bom clássico é o que se mantém vivo em seus efeitos sobre leitores de várias gerações como texto-que-perturba.

Talvez, assim, tenhamos uma ideia mais aproximada do efeito causado pela leitura dessas histórias. Os tipos podem ser aparentemente razoáveis: uma moça de família, um oficial do exército, um menino simpático, até mesmo o presidente Schreber, um juiz ou, eventualmente, um paciente injustamente internado. Mas as experiências e fantasias que esses pacientes compartilham com Freud são especialmente bizarras dado o que será desenterrado da cidade de cada um.

III.

As histórias clínicas freudianas deveriam ser incluídas no rol da literatura fantástica. Em vez de sessão da tarde modorrenta, estão mais para a série que nos força a maratonar por nos perturbar, não restando saída a não ser a entrada, em queda livre.

Talvez isso explique por que as biografias sejam hoje tão valorizadas. Buscamos não apenas uma história a mais para nos acomodarmos nos sofás dos domingos da vida. Em meio a tantas histórias mais ou menos edificantes nas redes em que passamos nossos dias, queremos compensar a extrema ficcionalização da realidade que essa explosão de narrativas promove com alguma veracidade, decididos a acreditar que é tudo verdade, bastando, para isso, a nota "baseado em fatos reais". É uma tentativa de dar corpo a alguém através de sua história, trazer seu contexto para lhe dar um lugar no real.

Em boa medida, os casos deste volume são biografias, compondo o retrato de um mundo especialmente interessante. É o tempo de uma Viena sede de um império múltiplo de centralismo frágil. É a topologia de uma Viena encruzilhada, centro de um absolutismo patriarcal em ocaso, mas, também, centro geográfico e cultural de uma Europa multipolar, hoje inexistente, em que se entrelaçavam oriente e ocidente como jamais houve novamente. Fica clara a importância das notas de tradução que nos permitem a inserção possível no contexto de Freud, o que não significa que o texto deva ser dividido com um pesado aparelho crítico, do qual felizmente fomos, aqui, poupados.

Esta é uma segunda possibilidade de leitura: tomar as histórias clínicas freudianas como anais de uma micro-história subjetiva. No lugar dos personagens, a biografia. Em vez de Dora, Ida; em lugar do Homem dos Lobos, Sergei Pankejeff.

Nesse sentido, Sergei é exemplar. Não morreu cedo como Ernst, o Homem dos Ratos, não se tornou dona de casa angustiada e anônima como Ida-Dora, nem esqueceu seu tratamento como Herbert Graff, o Pequeno Hans. Colocou-se à disposição da psicanálise e de seus historiadores, deu entrevistas, redigiu suas memórias. Viveu 92 anos e atravessou o século XX a ponto de sua história se confundir não somente com a da psicanálise, mas também com a do próprio século. Exatamente por isso, é o que melhor nos ensina o engano da aposta na história como modo de capturar o que dá vida ao caso.

É nesse sentido que se encaminha a leitura do historiador Carlo Ginzburg (1991), um dos grandes nomes da micro-história, ou história dos anais. Após estabelecer toda uma série de analogias entre o caso do Homem dos Lobos e elementos do folclore eslavo, documentos de um inquérito do século XVII sobre um lobisomem e a seita dos Andarilhos do Bem, de Friul, nos séculos XVI a XVIII, Ginzburg situa o sonho fundamental do caso como induzido por seu contexto cultural. Sergei, nascido no dia do Natal, com uma coifa – condição relativamente rara, mas conhecida, de uma membrana fetal envolvendo a cabeça –, tinha sido criado por uma governanta inglesa e por uma "nania" eslava. As lendas eslavas vinculariam as pessoas que nascem com a coifa e no Natal a poderes excepcionais, entre os quais o de se tornar lobisomem. A neurose de Sergei se explicaria como fruto do conflito cultural ao qual estava submetido, entre a aristocracia e a cultura popular. Por essa razão, o Homem dos Lobos não teria seguido o caminho que estaria aberto dois ou três séculos atrás. Em vez de se tornar lobisomem, tornou-se neurótico, à beira da psicose.

IV.

Acrescentar dados ao dossiê de uma história não elimina a necessidade de uma operação de leitura que extraia da biografia alguém que nos dê o sentimento de estar ali, em carne e osso. Um personagem unicamente histórico terá sua verdade sempre refém do último revisionista que, de posse de novos dados ou simplesmente de um ódio cego, queira mudar o sentido do que terá sido. Mantendo-nos nesse plano, ainda por cima, apenas por transferência para com o autor admitiríamos a interpretação freudiana como mais próxima do real do que outras.

A força de Freud nas histórias clínicas deste livro está no que move seu trabalho, naquilo que causa o interesse do analisante, apesar da ausência de promessas de sucesso terapêutico e de paraísos no além. Essa deve ser a aposta sob pena de não podermos distinguir o caso paradigmático freudiano de uma ficção histórico-biográfica.

Assim, compreende-se por que a psicanálise, à diferença da ciência, não procede por um conhecimento cumulativo. Ela não prolongará as ramificações acima em direção a uma rede cada vez mais vasta de saberes sobre seus pacientes. Procederá, para cada caso, tal como Freud, a um delineamento da rede dos conhecimentos de uma vida apenas para chegar a seu umbigo, seu ponto vital. Os conhecimentos sobre o ser humano podem variar contextualmente e mesmo evoluir. Os conhecimentos sobre o que faz cada um ser o que é, por outro lado, são necessariamente limitados a uma existência e deverão ser reconstituídos, caso a caso.

Isso posto, o relato de um tratamento, por parte do analista, é o retrato de uma prática, o que inclui mostrar o que deu certo e o que não deu e, sobretudo, apresentar os caminhos conceituais que facilitam a busca psicanalítica dos obscuros grãos de singularidade de cada um. Dora é, aqui, exemplar.

A especificidade freudiana é vincular essa singularidade ao sexual. Com Dora aprendemos que é a força do que não apreendemos de nós mesmos que movimenta o desejo no teatro dos sexos. Dora mostra como sua "caixa de joias" é sempre apresentada e remetida a alguém. Ao pai, encarnado por Freud segundo o modo inicial de entendimento do caso, mas também e sobretudo à amante do pai, encarnação maior do objeto do desejo, como podemos ler na célebre nota redigida por Freud *a posteriori*, em que diz ter avaliado mal esse componente na história de Dora.

Nossa paixão se endereça a um além do que se quer, e o ser amado é o que encerra esse não-sei-que a repercutir meu ponto cego. É desse ponto que trata a psicanálise, porque são nossos pontos cegos que oferecem o que temos de mais vivo, já que não colonizado. São os que mais nos causam estranheza. Sempre fora de alcance, teimam em se oferecer como a coisa em si. Uma vez próximos, porém, nos assombram com a vertigem de uma impossível satisfação absoluta. Sim, porque, seres de desejo que somos, só poderíamos encontrar esse nirvana na morte.

V.

O caminho de uma análise é, portanto, labiríntico, temos que seguir pistas falsas e, nesse quesito, o Homem dos Ratos é mestre. Ernst nos leva ao outro lado do espelho de Dora. Por demais "masculino", direto e ordenado, é obrigado a um sem-número de desvios para não se encontrar cara a cara com isso que tanto lhe atrai quanto causa horror. A cada passagem por esse obscuro ponto em uma análise, no entanto, as versões que para ele convergem se recombinam, levando à redistribuição das cartas subjetivas e a mudanças efetivas.

Esse "isso", a parte mais viva de nós mesmos é a tal ponto idiossincrática que não tem como se apresentar sossegada diante de nós. Nem sabemos como dizê-la, já que não cabe na língua materna, com que aprendemos a tudo nomear menos o que nos faz únicos. Sua presença, portanto, nunca será exatamente histórica, documental, mas sim semificcional e arqueológica. Será preciso produzir uma montagem narrativa com os cacos de memória que encerram essa vida que não se diz, construir, com eles, uma cena matricial. Em vez de fotografia, colagem.

Esse tipo de cena, nada "primitiva" como em outras traduções, é, aqui, vertido como "cena primordial", fundadora, por reunir vários elementos em torno de um centro indefinível. A cena que vale é a que colhe em sua rede o desejo indefinível que nos move. É o olhar imóvel dos lobos através da janela de Sergei, o fascínio por uma incomensurável Sra. K. para Dora, a imensidão do cavalo para Max ou a violência do capitão cruel para Ernst.

Além das cenas primordiais, a estranheza do inconsciente se dirá, igualmente, nos quase neológicos modos de nomear os fragmentos que guardam um pouco do que insiste em nos levar adiante: *Lumpf*, *Lodi*, a *mulher de Deus*, *Wespa*, a *rataria*, entre tantos exemplos que podem ser pinçados em inúmeras páginas deste volume.

Nesse sentido, um dos valores maiores da tradução aqui presente, assim como o da coleção Obras Incompletas como um todo, é a exigência de resgatar o modo de escrita de Freud. Ela sempre esteve em genial consonância com seu trabalho quotidiano de compilar memórias entreouvidas, meio adivinhadas, para situar o que importa. Ouvimos, assim, ao longo dos textos, um Freud quase tátil, legível em sua simplicidade e ousada ambição de deslocar os termos mais entranhados para extrair deles o estranhamento infamiliar necessário a seu ofício.

Do mesmo modo, segue o trabalho desta edição de manter, no diário de tratamento do Homem dos Ratos, as notas de Freud na composição gráfica de suas anotações nas margens do texto, assim como de suas idiossincrasias ortográficas.

O mesmo vale para os achados de tradução desta edição. Todo cuidado é necessário para trazer a nosso falar essas invenções linguageiras que encarnam o impronunciável que nos habita. Cito apenas uma: *xixizador*, para o *Wiwimacher*, o *faz-pipi* de traduções anteriores. Não há maneira melhor do que uma tradução ao estilo de Ezra Pound, o de uma transcriação, para materializar, para o assustado Hans que temos em nós, sua quase obsessão por um pedaço do corpo. É fixação que pode nos levar longe, uma vez essa parte corporal encantada, investida do desejo de quem nos é precioso.

VI.

Ao fechar este volume, o leitor pode se perguntar o que determinam esses casos em seu conjunto. O vivo de uma análise transparece em outros textos de Freud de variadas maneiras, seja na força do feminino ou do sonho, por exemplo. Neste volume, como se apresenta?

Como o chão em que pisamos em uma análise, a meu ver. Incerto, cativante e desterrante ao mesmo tempo. Nesse sentido, os casos paradigmáticos, marcadores do campo psicanalítico, demarcam não apenas fronteiras, mas o próprio país da psicanálise. Ensinam o que tem uma análise para que a psicanálise possa durar tanto, sem comprovação científica ou clichês motivacionais, resistindo às corporações religiosas ou universitárias, ou aos imperativos do mercado.

Afinal, o que tem a psicanálise para nos permitir viver em tempos de guerra e morte ou, ainda, em mundos de fascismo e miséria?

Schreber é, aqui, a última baliza-chave, já que põe a céu aberto, nas palavras de Freud, o que os demais encontram como obscuros objetos de desejo. Nem tanto mistérios do corpo, mas a incongruência e o absurdo de uma existência revelados de forma esquizofrênica ainda que organizadas de maneira delirante.

Quando não está mais escondido nas dobras do corpo ou nas zonas erógenas, o desejo se sobressai como força estranha e indestrutível. É preciso se deixar levar pela escrita de Freud para pressentir que sua prática, prática do desejo nascida na Europa central, entre o que viria a ser o ocidente e os países do leste, desvela o que nos move tanto como falta quanto como excesso, como imperativo vital, como tsunami.

Não poderia ser esse outro nome para a pulsão de morte? Esse, creio, é o maior desafio desses casos, o de nos levar a tomar a morte não como fim da vida, mas como a opacidade viva que o próprio sexual encerra. Lidar com o opaco do humano quando não é recalcado ou esquecido e que pode ser força de luta, por ser o que em nós quer sempre mais e mais. É o que, segundo o poeta, nos faz mendigo, nos faz suplicar, o que não tem remédio nem nunca terá, que incendeia o corpo sem que nenhum unguento possa aliviar.

Conta-se que Freud, em célebre confidência a Jung, teria chamado esse desejo incendiário de *peste*. De fato, em plena Europa burguesa, que acreditava nas luzes enquanto saqueava suas colônias, Freud traz a impossibilidade de nos eximir de nossos excessos. Nada mais atual quando assistimos ao capital rentista seguir em expropriações – mais virtuais, mas não menos reais, em nada reduzindo as diferenças gritantes entre explorado e explorador, colonizador e escravizado.

Tal como foram guias para Freud, essas histórias clínicas podem apontar os caminhos para o psicanalista hoje, e para aqueles que sabem e vivem o incêndio, o abuso e a guerra e, ainda assim, resistem e, ainda assim, com seu desejo, criam novos mundos.

Então, além de acompanhar cada um até seu ponto de viva singularidade, trata-se, também, na cidade, de recolher as formas, os modos identitários de onde partem os analisantes hoje para se virarem com o gozo opaco de seu corpo e sua história. Aqui, outros são requeridos a se juntarem ao esforço de Freud. Mulheres, migrantes, indígenas, negros, trans são guias, pois, raramente, podem se dar ao luxo de se contentar com a confiança em um sábio senhorial (afinal, o que os senhores mais querem é os eliminar).

Não ter opção a não ser compor com o opaco do corpo sem passar pelo saber colonizador do eu é o que pode ocorrer igualmente com o analisante ao cabo de seu enfrentamento analítico com o destino.

Seja qual for o caso, quando só resta do desejo o gozo de desejar, a vida como fome fundamental, é que essa composição com o opaco do gozo pode fazer do corpo caixa de ressonância para o que da vida é mutante, quando pão e poesia ambos, tudo ao mesmo tempo agora, tornam-se a luta que vale.

REFERÊNCIAS

MILLOR, Fernandes. *A bíblia do caos*. Porto Alegre: LPM, 1998.

GINZBURG, Carlo. Chaves do mistério: Morelli, Freud e Sherlock Holmes. In: *O signo de três*. São Paulo: Perspectiva, 1991.

OBRAS INCOMPLETAS
DE SIGMUND FREUD

A tradução e a edição da obra de Freud envolvem múltiplos aspectos e dificuldades. Ao lado do rigor filológico e do cuidado estilístico, ao menos em igual proporção, deve figurar a precisão conceitual. Embora Freud seja um escritor talentoso, tendo sido agraciado com o prêmio Goethe, entre outros motivos, pela qualidade literária de sua prosa científica, seus textos fundamentam uma prática: a clínica psicanalítica. É claro que os conceitos que emanam da Psicanálise também interessam, em maior ou menor grau, a áreas conexas, como a crítica social, a teoria literária, a prática filosófica, etc. Nesse sentido, uma tradução nunca é neutra ou anódina. Isso porque existem dimensões não apenas linguísticas (terminológicas, semânticas, estilísticas) envolvidas na tradução, mas também éticas, políticas, teóricas e, sobretudo, clínicas. Assim, escolhas terminológicas não são sem efeitos práticos.

A tradução de Freud – autor tão multifacetado – deve ser encarada de forma complexa. Sua tradução não envolve somente o conhecimento das duas línguas e de uma boa técnica de tradução. Do texto de Freud se traduz também o substrato teórico que sustenta uma prática clínica amparada nas capacidades transformadoras da palavra. A questão é que, na estilística de Freud e nas suas opções de vocabulário, via de regra, forma e conteúdo confluem. É fundamental, portanto, proceder à "escuta do texto" para que alguém possa desse autor se tornar "intérprete".

A coleção Obras Incompletas de Sigmund Freud não pretende apenas oferecer uma nova tradução, direta do alemão e atenta ao *uso* dos conceitos pela comunidade psicanalítica brasileira. Ela pretende ainda oferecer uma nova maneira de organizar e de tratar os textos.

Gilson Iannini
Editor e coordenador da coleção

Pedro Heliodoro Tavares
*Coordenador da coleção
e coordenador de tradução*

Conselho editorial
*Ana Cecília Carvalho
Antônio Teixeira
Claudia Berliner
Christian Dunker
Claire Gillie
Daniel Kupermann
Edson L. A. de Sousa
Emiliano de Brito Rossi
Ernani Chaves
Glacy Gorski
Guilherme Massara
Jeferson Machado Pinto
João Azenha Junior
Kathrin Rosenfield
Luís Carlos Menezes
Maria Rita Salzano Moraes
Marcus Coelen
Marcus Vinícius Silva
Nelson Coelho Junior
Paulo César Ribeiro
Romero Freitas
Romildo do Rêgo Barros
Sérgio Laia
Tito Lívio C. Romão
Vladimir Safatle
Walter Carlos Costa*

VOLUMES TEMÁTICOS
I - Psicanálise
- O interesse pela Psicanálise [1913]
- História do movimento psicanalítico [1914]
- Psicanálise e Psiquiatria [1917]
- Uma dificuldade da Psicanálise [1917]
- A Psicanálise deve ser ensinada na universidade? [1919]
- "Psicanálise" e "Teoria da libido" [1922-1923]
- Breve compêndio de Psicanálise [1924]
- As resistências à Psicanálise [1924]
- "Autoapresentação" [1924]
- Psico-Análise [1926]
- Sobre uma visão de mundo [1933]

II - Fundamentos da clínica psicanalítica
Publicado em 2017 | Tradução de Claudia Dornbusch
- Tratamento psíquico (tratamento anímico) [1890]
- O método psicanalítico freudiano [1903]
- Sobre psicoterapia [1904]
- Sobre Psicanálise selvagem [1910]
- Recomendações ao médico para o tratamento psicanalítico [1912]
- Sobre a dinâmica da transferência [1912]
- Sobre o início do tratamento (Novas recomendações sobre a técnica da Psicanálise I) [1913]
- Recordar, repetir e perlaborar (Novas recomendações sobre a técnica da Psicanálise II) [1914]
- Observações sobre o amor transferencial (Novas recomendações sobre a técnica da Psicanálise III) [1914]
- Sobre fausse reconnaissance (déjà raconté) no curso do trabalho psicanalítico [1914]
- Caminhos da terapia psicanalítica [1918]
- A questão da análise leiga [1926]
- Análise finita e infinita [1937]
- Construções em análise [1937]

III - Conceitos fundamentais da Psicanálise
- Cartas e rascunhos
- O mecanismo psíquico do esquecimento [1898]
- Lembranças encobridoras [1899]
- Formulações sobre dois princípios do acontecer psíquico [1911]

- Algumas considerações sobre o conceito de inconsciente na Psicanálise [1912]
- Para introduzir o narcisismo [1914]
- As pulsões e seus destinos [1915]
- O recalque [1915]
- O inconsciente [1915]
- A transferência [1917]
- Além do princípio de prazer [1920]
- O Eu e o Isso [1923]
- Nota sobre o bloco mágico [1925]
- A decomposição da personalidade psíquica [1933]

IV - Sonhos, sintomas e atos falhos

- Sobre o sonho [1901]
- Manejo da Interpretação do sonho [1911]
- Sonhos e folclore [1911]
- Um sonho como meio de comprovação [1913]
- Material de contos de fadas em sonhos [1913]
- Complementação metapsicológica à doutrina dos sonhos [1915]
- Uma relação entre um símbolo e um sintoma [1916]
- Os atos falhos [1916]
- O sentido do sintoma [1917]
- Os caminhos da formação de sintoma [1917]
- Observações sobre teoria e prática da interpretação de sonhos [1922]
- Algumas notas posteriores à totalidade da Interpretação do sonho [1925]
- Inibição, sintoma e angústia [1925]
- Revisão da doutrina dos sonhos [1933]
- As sutilezas de um ato falho [1935]
- Distúrbio de memória na Acrópole [1936]

V - Histórias clínicas

- Fragmento de uma análise de histeria (Caso Dora) [1905]
- Análise de fobia em um menino de cinco anos (Caso Pequeno Hans) [1909]
- Considerações sobre um caso de neurose obsessiva (Caso Homem dos Ratos) [1909]
- Considerações psicanalíticas sobre um caso de paranoia relatado de forma autobiográfica [Dementia Paranoides] (Caso Schreber) [1911]
- História de uma neurose infantil (Caso Homem dos Lobos) [1914]

VI - Histeria, obsessão e outras neuroses

- Cartas e rascunhos
- Sobre o mecanismo psíquico dos fenômenos histéricos [1893]
- Obsessões e fobias: seu mecanismo psíquico e sua etiologia [1894]
- As neuropsicoses de defesa [1894]
- Observações adicionais sobre as neuropsicoses de defesa [1896]
- A etiologia da histeria [1896]
- A hereditariedade e a etiologia das neuroses [1896]
- A sexualidade na etiologia das neuroses [1898]
- Minhas perspectivas sobre o papel da sexualidade na etiologia das neuroses [1905]
- Atos obsessivos e práticas religiosas [1907]
- Fantasias histéricas e sua ligação com a bissexualidade [1908]
- Considerações gerais sobre o ataque histérico [1908]
- Caráter e erotismo anal [1908]
- O romance familiar dos neuróticos [1908]
- A disposição para a neurose obsessiva: uma contribuição ao problema da escolha da neurose [1913]
- Paralelos mitológicos de uma representação obsessiva visual/plástica [1916]
- Sobre transposições da pulsão, especialmente no erotismo anal [1917]

VII - Neurose, psicose, perversão

Publicado em 2016 | Tradução de Maria Rita Salzano Moraes

- Cartas e rascunhos
- Sobre o sentido antitético das palavras primitivas [1910]
- Sobre tipos neuróticos de adoecimento [1912]
- Luto e melancolia [1915]
- Comunicação sobre um caso de paranoia que contraria a teoria psicanalítica [1915]
- "Bate-se numa criança" [1919]
- Sobre a psicogênese de um caso de homossexualidade feminina [1920]
- Sobre alguns mecanismos neuróticos no ciúme, na paranoia e na homossexualidade [1922]
- Uma neurose demoníaca no século XVII [1922]
- O declínio do complexo de Édipo [1924]
- A perda da realidade na neurose e na psicose [1924]

- Neurose e psicose [1924]
- O problema econômico do masoquismo [1924]
- A negação [1925]
- O fetichismo [1927]

VIII - Arte, literatura e os artistas
Publicado em 2015 | Tradução de Ernani Chaves
- Personagens psicopáticos no palco [1905]
- O poeta e o fantasiar [1907]
- Uma lembrança de infância de Leonardo da Vinci [1910]
- O motivo da escolha dos três cofrinhos [1913]
- Moisés de Michelangelo [1914]
- Transitoriedade [1915]
- Alguns tipos de caráter no trabalho analítico [1916]
- Uma lembrança de infância em "Poesia e verdade" [1917]
- O humor [1927]
- Dostoiévski e o parricídio [1927]
- Prêmio Goethe [1930]

IX - Amor, sexualidade e feminilidade
Publicado em 2018 | Tradução de Maria Rita Salzano Moraes
- Cartas sobre a bissexualidade (1898 -1904)
- Sobre o esclarecimento sexual das crianças [1907]
- Teorias sexuais infantis [1908]
- Contribuições para a psicologia do amor [1910]
  a) Sobre um tipo especial de escolha objetal no homem
  b) Sobre a mais geral degradação da vida amorosa
  c) O tabu da virgindade
- Duas mentiras contadas por crianças [1913]
- A vida sexual dos seres humanos [1916]
- Desenvolvimento da libido e organização sexual [1916]
- Organização genital infantil [1923]
- O Declínio do Complexo de Édipo (1924)
- Algumas consequências psíquicas da distinção anatômica entre os sexos [1925]
- Sobre tipos libidinais [1931]
- Sobre a sexualidade feminina [1931]
- A feminilidade [1933]
- Carta a uma mãe preocupada com a homossexualidade de seu filho [1935]

X - **Cultura, sociedade, religião:** *O mal-estar na cultura* **e outros escritos**
Publicado em 2020 | Tradução de Maria Rita Salzano Moraes
- A moral sexual "civilizada" e doença nervosa [1908]
- Considerações contemporâneas sobre guerra e morte [1915]
- Psicologia de massas e análise do Eu [1921]
- O futuro de uma ilusão [1927]
- Uma vivência religiosa [1927]
- O mal-estar na cultura [1930]
- Sobre a conquista do fogo [1931]
- Por que a guerra? [1932]
- Comentário sobre o antissemitismo [1938]

VOLUMES MONOGRÁFICOS

- **As pulsões e seus destinos [edição bilíngue]**
  Publicado em 2013 | Tradução de Pedro Heliodoro Tavares
- **Sobre a concepção das afasias**
  Publicado em 2013 | Tradução de Emiliano de Brito Rossi
- **Compêndio de Psicanálise e outros escritos inacabados**
  Publicado em 2014 | Tradução de Pedro Heliodoro Tavares
- **O infamiliar (edição bilíngue). Seguido de "O homem da areia" (de E.T.A. Hoffmann)**
  Publicado em 2019 | Tradução de Ernani Chaves e
  Pedro Heliodoro Tavares
- **Além do princípio de prazer (edição bilíngue)**
  Publicado em 2020 | Tradução de Maria Rita Salzano Moraes
- O delírio e os sonhos na "Gradiva" de Jensen. Seguido de "Gradiva" (de W. Jensen)
- Três ensaios sobre a teoria sexual
- Psicopatologia da vida cotidiana
- O chiste e sua relação com o inconsciente
- Estudos sobre histeria
- Cinco lições de Psicanálise
- Totem e tabu
- O homem Moisés e a religião monoteísta
- A Interpretação do sonho

Gilson Iannini
Professor do Departamento de Psicologia da UFMG, ensinou no Departamento de Filosofia da UFOP por quase duas décadas. Doutor em Filosofia (USP) e mestre em Psicanálise (Université Paris VIII). Autor de *Estilo e verdade em Jacques Lacan* (Autêntica, 2012) e organizador de *Caro dr. Freud: respostas do século XXI a uma carta sobre homossexualidade* (Autêntica, 2019).

Pedro Heliodoro Tavares
Psicanalista, germanista, tradutor. Professor adjunto na área de Alemão no Departamento de Língua e Literatura Estrangeiras da Universidade Federal de Santa Catarina. Entre 2011 e 2018 foi Professor da Área de Alemão – Língua, Literatura e Tradução (USP). Doutor em Psicanálise e Psicopatologia (Université Paris VII). Autor de *Versões de Freud* (7Letras, 2011) e co-organizador de *Tradução e psicanálise* (7Letras, 2013).

Tito Lívio Cruz Romão
Doutor em Estudos da Tradução pela Universidade Federal de Santa Catarina (UFSC), mestre em Tradução pela Universidade de Mainz (na Alemanha), especialista em Interpretação de Conferências pela Universidade de

Heidelberg (na Alemanha), graduado em Letras (francês, inglês e português) pela Universidade Estadual do Ceará (UECE). Desde 1993 é professor efetivo da área de Alemão na UECE. Entre 1997 e 2001 foi leitor brasileiro no Centro de Estudos da Tradução da Universidade de Viena. Desde 2017 é membro permanente do Programa de Pós-Graduação em Literatura Comparada da Universisade Federal do Ceará (UFC). É tradutor literário e de obras filosóficas e jurídicas, bem como tradutor e intérprete público.

Maria Rita Salzano Moraes

Professora do Departamento de Linguística Aplicada da Unicamp. Doutora em Linguística (Unicamp) e mestre em Linguística Aplicada (Unicamp). Tradutora.

Marcus André Vieira

Psicanalista, membro da Escola Brasileira de Psicanálise e da Associação Mundial de Psicanálise. Doutor em Psicanálise pela Universidade Paris 8, ensina na PUC-Rio. É autor, entre outros, de *A arte da escrita cega* (Subversos), *Restos: uma introdução lacaniana ao objeto da Psicanálise* (Contracapa) e *A ética da paixão* (Zahar). Tem obras traduzidas na Argentina e na França.

Copyright da organização © 2022 Gilson Iannini e Pedro Heliodoro Tavares

Títulos originais: *Bruchstück einer Hysterie-Analyse; Analyse der Phobie eines fünfjährigen Knaben; Bemerkungen über einen Fall von Zwangsneurose; Originalnotizen zu einem Fall von Zwangsneurose (Rattenmann); Psychoanalytische Bemerkungen über einen autobiographisch beschriebenen Fall von Paranoia (Dementia paranoides); Aus der Geschichte einer infantilen Neurose*

Todos os direitos reservados pela Autêntica Editora Ltda. Nenhuma parte desta publicação poderá ser reproduzida, seja por meios mecânicos, eletrônicos ou em cópia reprográfica, sem a autorização prévia da Editora.

EDITOR DA COLEÇÃO
Gilson Iannini

EDITORAS RESPONSÁVEIS
Rejane Dias
Cecília Martins

ORGANIZADORES
Gilson Iannini
Pedro Heliodoro Tavares

NOTAS EDITORIAIS
Gilson Iannini

CONSULTORIA CIENTÍFICA
Carla Rodrigues
Cecilia Lana Nascimento
Claudia Moreira
Henri Kaufmanner
Maria Rita Salzano Moraes
Vinicius Moreira Lima

REVISÃO
Aline Sobreira

PROJETO GRÁFICO
Diogo Droschi
(sobre imagem
Sigmund Freud's Study /
Authenticated News)

CAPA
Alberto Bittencourt

DIAGRAMAÇÃO
Waldênia Alvarenga

Dados Internacionais de Catalogação na Publicação (CIP)
(Câmara Brasileira do Livro, SP, Brasil)

Freud, Sigmund, 1856-1939
  Histórias clínicas / Sigmund Freud ; coordenação Gilson Iannini, Pedro Heliodoro Tavares ; tradução Tito Lívio Cruz Romão ; prefácio Pedro Heliodoro Tavares, Tito Lívio Cruz Romão ; posfácio Marcus André Vieira. -- 1. ed.; 2. reimp. -- Belo Horizonte: Autêntica, 2024. -- (Obras Incompletas de Sigmund Freud)

  Bibliografia.
  ISBN 978-65-5928-085-8

  1. Freud, Sigmund, 1856-1939 - Crítica e interpretação 2. Psicanálise I. Iannini, Gilson. II. Tavares, Pedro Heliodoro. III. Romão, Tito Lívio Cruz. VI. Vieira, Marcus André. V. Título. VI. Série.

22-118218   CDD-150.195

Índices para catálogo sistemático:
1. Psicanálise : Psicologia 150.195
Eliete Marques da Silva - Bibliotecária - CRB-8/9380

GRUPO AUTÊNTICA

Belo Horizonte
Rua Carlos Turner, 420
Silveira . 31140-520
Belo Horizonte . MG
Tel.: (55 31) 3465 4500

São Paulo
Av. Paulista, 2.073, Conjunto Nacional
Horsa I . Salas 404-406 . Bela Vista
01311-940 . São Paulo . SP
Tel.: (55 11) 3034 4468

www.grupoautentica.com.br
SAC: atendimentoleitor@grupoautentica.com.br

Este livro foi composto com tipografia Bembo Std e impresso
em papel Off-White 70 g/m² na Formato Artes Gráficas.